L'assurance du particulier

Tome 1 : Assurances de dommages

L'assurance du particulier

Tome 1 : Assurances de dommages
Nouvelle édition 2017-2018

Roland Bisenius

Vademecum

promoculture
larcier

Des reproductions peuvent être autorisées par luxorr (Luxembourg Organisation for Reproduction Rights) – www.luxorr.lu

Pour toute information sur notre fonds et les nouveautés dans votre domaine de spécialisation, consultez notre site web : www.promoculture-larcier.com

© DBIT s.a. département Promoculture-Larcier 2017 3e édition
Membre du Groupe Larcier
7, rue des 3 Cantons
L-8399 Windhof

Tous droits réservés pour tous pays.
Il est interdit, sauf accord préalable et écrit de l'éditeur, de reproduire (notamment par photocopie) partiellement ou totalement le présent ouvrage, de le stocker dans une banque de données ou de le communiquer au public, sous quelque forme et de quelque manière que ce soit.

Imprimé en Belgique

ISBN : 978-2-87998-011-9
ISSN 2227-9660

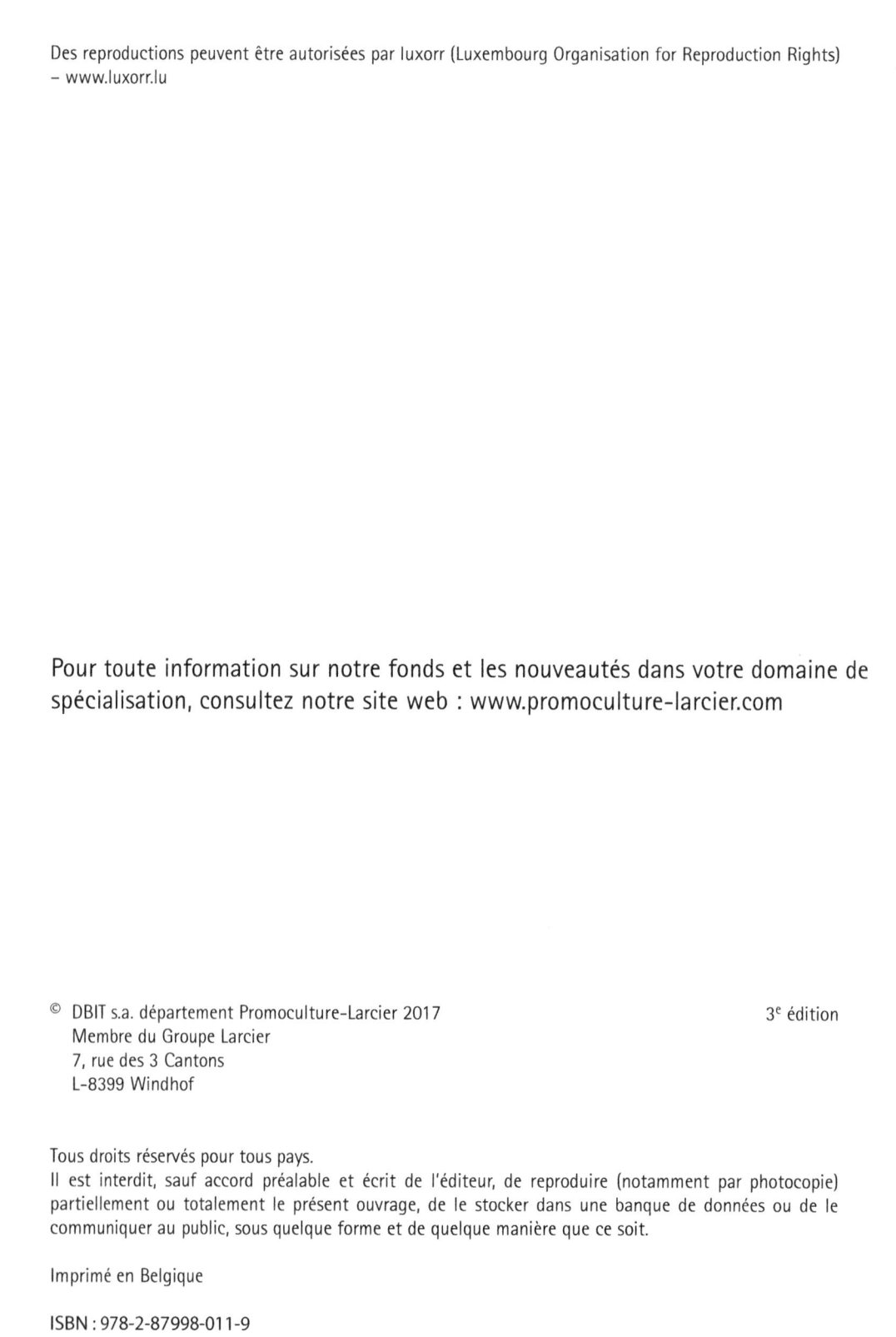

Table des matières

PARTIE 1
Données historiques 41

CHAPITRE 1
L'évolution historique de l'assurance 43

    1 – La naissance de l'assurance 44

    2 – L'assurance au Grand-Duché de Luxembourg 44

        2.1 L'arrivée des premières compagnies d'assurances 44

        2.2 Les premières compagnies luxembourgeoises d'assurances 44

    3 – La réassurance au Grand-Duché de Luxembourg 45

    4 – La bancassurance et l'assurbanque au Grand-Duché de Luxembourg 45

    5 – L'assurance dans l'architecture de la place financière au Luxembourg 46

PARTIE 2
Généralités 49

CHAPITRE 2
Principes de base 51

    1 – Définitions 52

        1.1 L'assurance 52

        1.2 Les intervenants dans une opération d'assurance 52

            1.2.1 *L'entreprise d'assurances* 52

	1.2.2	*Le preneur d'assurance*	53
	1.2.3	*L'assuré*	55
	1.2.4	*Le bénéficiaire*	55
	1.2.5	*La personne lésée*	55
1.3	L'assurance de dommages		55
1.4	L'assurance de personnes		56

2 – Les éléments d'une opération d'assurance … 56

- 2.1 Le risque … 56
- 2.2 Les prestations de l'entreprise d'assurances … 57
- 2.3 La compensation ou mutualisation des risques … 57

3 – Les bases techniques de l'assurance … 58

- 3.1 La multitude des risques … 58
- 3.2 La dispersion des risques … 58
- 3.3 L'homogénéité des risques … 58
- 3.4 La fréquence … 58
- 3.5 La compensation et la souscription d'affaires nouvelles … 58
- 3.6 La prime … 59
  - 3.6.1 *Le calcul de la prime* … 59
  - 3.6.2 *La franchise* … 62
  - 3.6.3 *La franchise fixe ou absolue* … 62
  - 3.6.4 *La franchise simple* … 62
  - 3.6.5 *L'opposabilité et la non-opposabilité d'une franchise* … 63
  - 3.6.6 *La franchise rachetable* … 63
- 3.7 La division des risques … 63
  - 3.7.1 *La coassurance* … 64
  - 3.7.2 *La réassurance* … 65
  - 3.7.3 *Le fronting* … 68
  - 3.7.4 *Les captives* … 69

4 – La classification des branches d'assurances … 70

- 4.1 Classification classique … 70
  - 4.1.1 *Les assurances de dommages* … 71

4.1.2	*Les assurances de personnes*	72
4.1.3	*Les différences entre assurances de dommages et assurances de personnes*	72
4.1.4	*Les assurances de frais*	73

4.2 Classification UE (Union Européenne) 74

5 – La surveillance des compagnies d'assurances 76

5.1 Base légale 76

5.2 L'exécution de la surveillance 76

5.3 La mission du commissariat aux assurances 77

5.4 L'agrément requis pour l'exercice de la profession 79

5.5 Le contrôle 79

5.5.1	*Les produits d'assurance*	79
5.5.2	*Les assurances obligatoires*	79
5.5.3	*Les assurances vie et maladie*	79
5.5.4	*Les intermédiaires*	80

6 – Positionnement de l'assurance dans l'architecture financière 80

7 – Vérifiez vos connaissances 82

Chapitre 3
Le contrat d'assurance 83

1 – Définition du contrat d'assurance 84

1.1 Le contrat d'assurance 84

1.2 L'opération de capitalisation 85

2 – Les caractères généraux du contrat d'assurance 85

2.1 Le caractère synallagmatique (ou bilatéral) 85

2.2 Le caractère onéreux 85

2.3 Le caractère aléatoire 86

2.4 Le caractère consensuel 86

2.5 Le contrat d'assurance est un contrat d'adhésion 86

2.6 La bonne foi 86

2.7 Le contrat d'assurance de dommages ne peut être source d'enrichissement 86

3 – Dispositions communes à tous les contrats 87

3.1 Les renseignements sur le risque et l'information du preneur avant la conclusion du contrat 87

    3.1.1 La proposition d'assurance 87

    3.1.2 La note de couverture 88

    3.1.3 La police présignée 89

    3.1.4 L'information de l'entreprise d'assurances au preneur d'assurance avant la conclusion du contrat 90

    3.1.5 Les informations à fournir par l'intermédiaire d'assurance 93

    3.1.6 Les modalités d'information 94

3.2 Les obligations de déclaration du preneur d'assurance et les omissions ou inexactitudes intentionnelles et non intentionnelles 95

    3.2.1 Les obligations de déclaration du preneur d'assurance 95

    3.2.2 Les omissions ou inexactitudes intentionnelles 97

    3.2.3 Les omissions ou inexactitudes non intentionnelles 97

    3.2.4 Tableau récapitulatif 99

3.3 L'étendue de la garantie 100

    3.3.1 Le dol et la faute 100

    3.3.2 La guerre 100

3.4 Le contenu du contrat ainsi que les informations au preneur d'assurance en cours de contrat 101

    3.4.1 Le contenu du contrat 101

    3.4.2 Les Conditions Générales 102

    3.4.3 Les Conditions Particulières 103

    3.4.4 Les informations au preneur d'assurance en cours de contrat 103

3.5 L'exécution du contrat 104

    3.5.1 La déchéance partielle ou totale 104

    3.5.2 Les assurances combinées 105

    3.5.3 Les modalités de paiement de la prime et l'avis d'échéance 106

3.5.4 Le non-paiement de la prime ... 107
3.5.5 Le non-paiement de la prime en assurances autres que de personnes ... 107
3.5.6 Le non-paiement de la prime en assurance sur la vie ... 110
3.5.7 L'effet de la suspension à l'égard des primes à échoir ... 111
3.5.8 La déclaration du sinistre ... 112
3.5.9 Les devoirs de l'assuré en cas de sinistre ... 113
3.5.10 Les sanctions pour non-respect des obligations en cas de sinistre ... 113
3.5.11 L'obligation de l'assuré relatif à l'état des lieux ... 114
3.5.12 La prestation de l'entreprise d'assurances ... 114

3.6 L'inexistence et la modification du risque ... 115
3.6.1 L'inexistence du risque ... 115
3.6.2 La diminution du risque ... 116
3.6.3 L'aggravation du risque ... 117

3.7 La prise d'effet de la garantie et la durée du contrat ... 119
3.7.1 La prise d'effet de la garantie ... 119
3.7.2 L'incontestabilité en assurance de personnes ... 120
3.7.3 Le droit et la forme de rétraction en assurance de personnes ... 120
3.7.4 La durée des obligations nées du contrat ... 121
3.7.5 La volonté de résilier le contrat par le preneur ou l'entreprise d'assurance ... 121
3.7.6 L'information relative au droit de résiliation ... 122
3.7.7 L'effet de la résiliation ... 122
3.7.8 La reconduction tacite ... 123

3.8 La fin du contrat ... 125
3.8.1 Les modalités de résiliation ... 125
3.8.2 La résiliation après sinistre ... 130
3.8.3 La résiliation en cas de transfert de portefeuille ... 131
3.8.4 Le crédit de prime ... 131
3.8.5 L'augmentation tarifaire ... 132
3.8.6 La faillite du preneur d'assurance ... 134
3.8.7 La faillite de l'entreprise d'assurances ... 134

3.9 La prescription 134
    3.9.1 *La notion de prescription* 134
    3.9.2 *la prescription et le délai de prescription* 134
    3.9.3 *La suspension et l'interruption de la prescription* 136
3.10 La clause d'arbitrage 137
3.11 La juridiction compétente 137

4 – Dispositions propres aux assurances à caractère indemnitaire 137

4.1 L'intérêt d'assurance 138
4.2 L'assurance pour compte 138
4.3 L'étendue de la prestation d'assurance 139
4.4 Le cumul des assurances à caractères différents 139
4.5 La subrogation de l'entreprise d'assurances 140
4.6 Le décès du preneur d'assurance, bénéficiaire
    de la garantie 145
4.7 Les contrats conclus intuitu personae 147

5 – Dispositions propres aux assurances à caractère forfaitaire 148

5.1 L'intérêt d'assurance 148
5.2 Le consentement de l'assuré 148
5.3 L'absence de subrogation 149
5.4 Le cumul d'indemnités et prestations 150

6 – L'adaptation du contrat d'assurance 150

6.1 L'avenant 150
    6.1.1 *être demandé par le preneur d'assurance*
    ou son intermédiaire 150
    6.1.2 *être demandé par l'entreprise d'assurances* 151
    6.1.3 *être légal* 151

7 – La langue officielle du contrat 151

8 – Égalité de traitement entre femmes et hommes 152

9 – Dispositions additionnelles applicables aux contrats à distance 152

9.1 Les informations pré-contractuelles 153
9.2 Durée des obligations et services non demandés 154
9.3 Communications commerciales 154
9.4 Informations techniques préalables à fournir
    par l'entreprise d'assurances 155
9.5 Le moment de la conclusion d'un contrat d'assurance
    par voie électronique 156
9.6 Preuve des obligations professionnelles 156

10 – Vérifiez vos connaissances 156

Chapitre 4
L'intermédiation en assurance 159

Préambule 160

1 – Notions légales 160
1.1 L'intermédiation en assurance 160
1.2 L'intermédiaire d'assurances 161
1.3 L'intermédiaire 161
1.4 L'agent d'assurances 161
1.5 Le courtier 161
1.6 L'État membre d'origine 162
1.7 L'État membre d'accueil 162
1.8 L'autorité compétente 162

2 – L'agrément préalable 162

3 – L'agent d'assurance 163
3.1 Les conditions d'agrément d'agent 164
3.2 La demande d'agrément d'agent 164
3.3 Le contrôle de connaissances pour agents d'assurances 165
3.4 Le jury d'examen pour candidats agents 166
3.5 Les titres conférés aux agents d'assurances 166
3.6 Le changement d'adresse
    et de titre d'agent d'assurances 166

3.7 Le transfert et la demande de retrait d'agrément d'agent d'assurances 167

3.8 Le décès de l'agent d'assurances 168

4 – L'agence d'assurances 168

5 – Les courtiers d'assurances, sous-courtiers et sociétés de courtage d'assurances 169

5.1 Les assises financières 169

5.2 Les conditions d'agrément de courtiers d'assurances, sous-courtiers et de sociétés de courtage d'assurances 170

5.3 La demande d'agrément comme courtier 172

    5.3.1 *Le candidat courtier d'assurances* 172

    5.3.2 *Le sous-courtier* 172

5.4 Le contrôle des connaissances pour courtiers d'assurances 173

5.5 Le jury d'examen pour courtier 173

5.6 La vérification des connaissances du sous-courtier 174

5.7 La responsabilité civile du courtier 174

5.8 Le compte rendu annuel 174

5.9 Le transfert et la demande de retrait d'agrément du sous-courtier 175

5.10 Le décès du courtier 175

5.11 Les sociétés de courtage d'assurances 175

5.12 Le rôle de conseil du courtier 176

5.13 Le retrait d'agrément 177

6 – Les intermédiaires non soumis à un agrément préalable 178

7 – Dispositions communes aux PSA et intermédiaires personnes morales en assurances 179

7.1 L'actionnariat 179

7.2 Les sanctions 179

8 – Le registre des intermédiaires 180

9 – L'incompatibilité entre agent et courtier 182

10 – Le cumul des fonctions de courtiers d'assurances et de courtiers de réassurances 182

11 – Les obligations des intermédiaires d'assurances 182
- 11.1 La recherche de nouveaux clients 182
- 11.2 L'information préalable et le conseil 183
- 11.3 Les primes et autres sommes 185
- 11.4 L'assistance en cas de sinistre 185
- 11.5 Le secret professionnel 185
- 11.6 La lutte contre le blanchiment 186

12 – Les droits des intermédiaires d'assurances 187
- 12.1 La rémunération des services prestés 187
    - 12.1.1 La commission d'acquisition 187
    - 12.1.2 La commission d'encaissement 187
    - 12.1.3 La rémunération en cas de cessation d'activités 188
    - 12.1.4 Le droit à la formation 188

13 – La déontologie professionnelle en assurance vie 188
- 13.1 L'apparence 189
- 13.2 L'argumentation 189
- 13.3 Le questionnaire médical 189
- 13.4 Le consentement 190
- 13.5 Le paiement des primes 190
- 13.6 La concurrence 190
- 13.7 Les pratiques loyales 191

14 – La comptabilité agence 188
- 14.1 La portabilité de la prime 191
    - 14.1.1 La prime comptant 191
    - 14.1.2 La prime terme 192
    - 14.1.3 Le titre universel de paiement (TUP) et domiciliation bancaire 192

14.2 L'encaissement des primes comptants et termes.................... 192
    14.2.1 *Les bordereaux de quittances*.................... 192
    14.2.2 *Les extraits de comptes*.................... 193
14.3 Le solde agence.................... 193
    14.3.1 *Le solde anormal*.................... 193
    14.3.2 *Le rapport de caisse*.................... 194

15 – La surveillance des intermédiaires.................... 194

16 – L'affiliation à la sécurité sociale.................... 195
16.1 L'affiliation.................... 196
16.2 L'assiette cotisable.................... 196
    16.2.1 *Les personnes non dispensées*.................... 196
    16.2.2 *L'agent d'assurances dont l'activité est accessoire*.................... 197
    16.2.3 *L'agent qui exerce déjà une activité principale comme travailleur indépendant*.................... 197
    16.2.4 *Les personnes pensionnées qui poursuivent une activité d'agent*.................... 197
16.3 Le minimum et le maximum cotisable.................... 198
    16.3.1 *Exemple de calcul de cotisation mensuelle*.................... 198
    16.3.2 *Exemple de calcul d'un revenu mensuel inférieur au salaire social minimum*.................... 198
16.4 Prestations.................... 199

17 – L'imposition des commissions d'intermédiation en assurance.................... 201

CHAPITRE 5
La déductibilité fiscale.................... 203

1 – La déductibilité fiscale des primes d'assurances.................... 204

2 – Les primes d'assurances déductibles.................... 204
2.1 Les primes d'assurance selon l'article 111 LIR.................... 204
2.2 Les versements au profit des contrats d'assurance pension selon l'article 111 bis LIR.................... 205
2.3 Les primes payées sur base de l'article 110 LIR dans le cadre d'un régime de pension complémentaire d'entreprise.................... 206

3 – **Les plafonds déductibles** 207

    3.1 Le plafond de base 207

    3.2 Les plafonds majorés et surmajorés pour une assurance temporaire au décès à prime unique 208

    3.3 Le plafond majoré pour une assurance d'indemnité journalière 210

    3.4 Le plafond des versements des contrats de prévoyance vieillesse sur base de l'article 111bis LIR 210

4 – **Les conditions de déductibilité des primes payées** 211

5 – **Le capital payé au terme du contrat et l'approche fiscale** 212

    5.1 Le capital d'une assurance de personnes touché à titre d'héritage 213

        5.1.1 *Le principe de base* 213

        5.1.2 *Le taux d'imposition de base* 213

        5.1.3 *La majoration du taux de base* 214

6 – **L'imposition d'une rente payée au terme du contrat** 215

7 – **Le montant forfaitaire** 215

8 – **Exclusion des primes en relation avec un prêt** 215

9 – **Exemple d'économie d'impôts** 216

10 – **Vérifiez vos connaissances** 217

CHAPITRE 6
Généralités et règlement sinistre en assurances de dommages 219

1 – **Le principe indemnitaire** 220

2 – **Les frais de sauvetage** 221

3 – **Les modalités d'évaluation de la valeur assurée** 222

    3.1 Valeur à neuf 222

    3.2 Valeur de reconstruction d'un bien immobilier 223

    3.3 Valeur de reconstitution d'un bien mobilier 224

3.4 Valeur de remplacement 225

3.5 La valeur agréée 225

3.6 Valeur vénale 225

4 – La fixation du montant assuré 226

    4.1 L'assurance en valeur totale 227

    4.2 L'assurance en valeur partielle 227

    4.3 L'assurance au premier risque 228

    4.4 La cession entre vifs de la chose assurée 228

5 – Règlement du sinistre 229

    5.1 La preuve du sinistre 230

    5.2 L'état des lieux 231

    5.3 La sous-assurance et la règle proportionnelle 231

    5.4 La sur-assurance 233

        5.4.1 *La sur-assurance de bonne foi (indépendamment de tout sinistre)* 234

        5.4.2 *La sur-assurance de mauvaise foi* 234

    5.5 La répartition de la charge du sinistre en cas de pluralité de contrats 234

        5.5.1 *Valeur déterminable de l'intérêt assurable* 235

        5.5.2 *Valeur non déterminable de l'intérêt assurable* 237

    5.6 L'expertise 238

    5.7 Remplacement, reconstruction ou reconstitution d'un objet endommagé 239

    5.8 La quittance pour solde et la transaction 240

    5.9 Le paiement de l'indemnité et le privilège de l'entreprise d'assurances 240

        5.9.1 *Les créanciers privilégiés et hypothécaires* 240

        5.9.2 *Le règlement d'un sinistre via l'intermédiaire* 242

        5.9.3 *La faillite de l'assuré* 242

    5.10 Insolvabilité d'une entreprise d'assurances 243

6 – Règlement d'un dommage corporel 243

    6.1 Notions 243

6.2 Le bénéficiaire d'une indemnité
en dommage corporel 244

6.3 Le préjudice en cas de blessures 244

    6.3.1 *Le préjudice économique ou patrimonial
en cas de blessures* 248

    6.3.2 *Le préjudice moral ou extra-patrimonial
en cas de blessures* 250

6.4 Le préjudice en cas de décès 251

    6.4.1 *Le préjudice économique ou patrimonial
en cas de décès* 251

    6.4.2 *Le préjudice moral ou extra-patrimonial
en cas de décès* 251

6.5 La procédure de gestion d'un dommage corporel 252

6.6 Les recours éventuels 252

7 – Règlement de l'indemnité 253

7.1 la fraude à l'assurance 253

7.2 Obligation de déclaration 253

7.3 Aggravation du risque 254

7.4 Résiliation après sinistre 254

7.5 Délai de prescription 254

7.6 Valeur agréée 255

7.7 Remboursement des primes 255

**8 – L'intervention de l'entreprise d'assurances
dans la procédure** 255

9 – Vérifiez vos connaissances 257

Partie 3
Responsabilité civile 259

Chapitre 7
Assurances obligatoires 261

1 – Les risques relatifs aux moyens de transport 263

2 – Les risques relatifs à certaines professions 263

3 – Les risques relatifs à certains sports 263

4 – Les risques susceptibles d'être dangereux
  pour l'homme et l'environnement 263

5 – Divers 264
  5.1 La législation relative aux chiens 264
  5.2 Loi cadre relative aux services 265
  5.3 Service volontaire des jeunes 266
  5.4 Jeunes au pair 266

Chapitre 8
Notions de responsabilité 267

1 – Définition 268

2 – Les auteurs responsables 268

3 – La responsabilité pénale et la responsabilité civile 269
  3.1 La responsabilité pénale 269
  3.2 La responsabilité civile 270

Chapitre 9
La responsabilité contractuelle 271

1 – Définition 272

2 – Les différentes natures de l'inexécution 272

3 – La preuve de l'inexécution 274
  3.1 L'obligation de résultat 274
  3.2 L'obligation de moyen 274

4 – La faute contractuelle 275
  4.1 En obligation de résultat 275
  4.2 En obligation de moyen 275

5 – Les dommages et intérêts 275

6 – Exemple de responsabilité contractuelle
  et extracontractuelle 276

Chapitre 10
La responsabilité extra-contractuelle 277

1 – Remarque préliminaire 278

2 – Les délits et les quasi-délits 278

3 – La faute et le fait personnel 279

    3.1 La responsabilité du fait personnel 279

    3.2 Les conditions d'engagement de la responsabilité 279

        3.2.1 *Le dommage* 279

        3.2.2 *La faute* 281

        3.2.3 *Le lien de causalité entre dommage et faute* 282

    3.3 L'imputabilité 282

    3.4 L'apport de la preuve de la faute 282

4 – La présomption de faute 282

    4.1 La responsabilité du fait d'autrui 283

    4.2 La responsabilité du fait des choses 284

    4.3 La responsabilité du fait des animaux 287

    4.4 La responsabilité du fait des bâtiments 288

5 – La responsabilité sans faute 288

    5.1 Le trouble de voisinage 288

    5.2 La responsabilité de l'État et des collectivités publiques 288

6 – Vérifiez vos connaissances 290

Chapitre 11
L'assurance responsabilité civile 291

1 – Remarque préliminaire 292

2 – Les responsabilités pouvant être couvertes 292

3 – L'objet du contrat 292

4 – La notion d'assuré et de tiers 293

4.1 L'assuré 293
4.2 Le tiers 293

5 – L'étendue de l'assurance 294
    5.1 Les dommages garantis 294
    5.2 Les événements garantis 295
        5.2.1 L'intoxication alimentaire 295
        5.2.2 L'incendie et les dégâts des eaux 295
        5.2.3 Les objets confiés 296

6 – Les montants garantis, limites de garanties et plafonds de garanties 297

7 – L'indexation 298

8 – La garantie dans le temps 298

9 – L'étendue territoriale 302

10 – Les exclusions 302
    10.1 D'une manière générale 302
    10.2 De manière spécifique 303

11 – Le règlement du sinistre 303
    11.1 La reconnaissance de la matérialité des faits 303
    11.2 L'action directe de la victime 304
    11.3 Si une responsabilité est mise en cause 304
    11.4 La transmission des pièces 305
    11.5 Le défaut de comparaître 305
    11.6 Le montant du sinistre 305
    11.7 La libre disposition de l'indemnité 305
    11.8 La quittance pour solde de compte 306
    11.9 L'indemnisation par l'assuré 306
    11.10 Le droit propre de la personne lésée 306
    11.11 L'opposabilité des exceptions, nullités et déchéances 307
    11.12 Le recours contre le preneur d'assurance 307
    11.13 Intervention dans la procédure 307

Chapitre 12
Formes d'assurances de responsabilité civile 309

1 – Les assurances de responsabilité civile du particulier 310

    1.1 L'assurance responsabilité civile Vie Privée 310

        1.1.1   La base légale 310

        1.1.2   Les personnes assurées 310

        1.1.3   La garantie normale 310

        1.1.4   Les garanties accessoires 312

        1.1.5   Les exclusions spécifiques 312

        1.1.6   La tarification 313

    1.2 L'assurance responsabilité civile propriétaire d'immeuble 313

        1.2.1   La base légale 313

        1.2.2   Les personnes assurées 313

        1.2.3   La garantie normale 314

        1.2.4   Les garanties accessoires 314

        1.2.5   Les exclusions spécifiques 314

        1.2.6   La tarification 315

    1.3 L'assurance responsabilités civiles obligatoires relatives à certains sports 315

        1.3.1   La base légale 315

        1.3.2   Les personnes assurées et les garanties normales 315

        1.3.3   Les garanties accessoires 316

        1.3.4   Les exclusions spécifiques 317

        1.3.5   L'autorisation légale 317

        1.3.6   L'étendue territoriale 317

        1.3.7   La tarification 318

2 – L'assurance responsabilité civile des entreprises et des prestataires de services 318

    2.1 Les personnes assurées et les garanties normales 319

    2.2 Les garanties accessoires 319

    2.3 Les exclusions spécifiques 320

2.4 La tarification 320
2.5 Précisions pour certains secteurs professionnels 320
    2.5.1 Les professions médicales et paramédicales 320
    2.5.2 Le secteur HORESCA 321
    2.5.3 Les agriculteurs et viticulteurs 323
    2.5.4 Les conseils juridiques 324
    2.5.5 Les architectes et ingénieurs conseils 324
    2.5.6 Les exclusions spécifiques 324

3 – L'assurance responsabilité civile après livraison/travaux 325

3.1 Les bases juridiques 325
3.2 Les notions de livraison et de travaux 325
    3.2.1 La livraison 325
    3.2.2 L'après-travaux 325
3.3 La directive européenne RC produits du 25 juillet 1985 325
3.4 L'objet et l'étendue de la garantie 326
3.5 Exclusions générales 327

4 – La responsabilité de l'État et des collectivités publiques 328

Partie 4
Automobile 329

Chapitre 13
La responsabilité civile automobile 331

1 – Remarque préliminaire 332

1.1 Les conditions générales d'assurance responsabilité civile auto 332
1.2 L'assurance Responsabilité Civile Automobile est une assurance obligatoire 332
    1.2.1 Les lieux où l'assurance est obligatoire 332
    1.2.2 Les véhicules exempts de l'assurance obligatoire 333
    1.2.3 Celui qui doit contracter l'assurance 334
    1.2.4 La communication préalable des Conditions Générales et Spéciales au Commissariat aux Assurances 335

1.3 Les directives européennes en matière d'assurance automobile 335
    1.3.1   *Directive I* 335
    1.3.2   *Directive II* 335
    1.3.3   *Directive III* 336
    1.3.4   *Directive IV* 336
    1.3.5   *Directive V* 337
    1.3.6   *Directive dite VI* 338

2 – Les bases de l'assurance 338

3 – L'étendue territoriale 338

4 – Définitions 339
    4.1 Assurance frontière 339
    4.2 Assuré 339
    4.3 Carte verte 339
    4.4 Entreprise d'assurance autorisée 339
    4.5 Entreprise d'assurance établie 340
    4.6 Personnes lésées 340
    4.7 Preneur d'assurance 340
    4.8 Sinistre 340
    4.9 Véhicule 340
    4.10 Victime faible 341

5 – Objet et étendue de l'assurance 341

6 – Les sommes assurées 342
    6.1 La limite facultative de garantie 343
    6.2 Plusieurs personnes lésées 344

7 – Les recours 344
    7.1 L'inopposabilité et la hauteur d'un recours 345
    7.2 Le recours en cas de transport en surnombre 346
        7.2.1   *Le nombre de places assurées* 346
        7.2.2   *La notion de transport en surnombre* 346
        7.2.3   *Les conséquences du transport en surnombre* 347

- **7.3 Le recours pour transport de personnes sur des places non inscrites** 347
  - 7.3.1 *La notion de transport sur des places non inscrites* 347
  - 7.3.2 *Les conséquences du transport sur des places non inscrites* 347
- **7.4 Le recours en cas de cessation de garantie** 348
- **7.5 Recours en cas de transfert de véhicule** 348
- **7.6 Recours en cas d'abus d'alcool ou de consommation de stupéfiants** 348
- **7.7 Recours en cas de sinistre intentionnel** 349

8 – Les dommages causés à l'étranger 349
- **8.1 La législation applicable en cas de sinistre à l'étranger** 349
- **8.2 Si la législation étrangère prévoit des garanties plus étendues** 350
- **8.3 Le Bureau Luxembourgeois** 350

9 – Le secours bénévole 350
- **9.1 Notion** 350
- **9.2 La limite d'intervention** 350
- **9.3 Lorsqu'il y a plusieurs véhicules qui sont impliqués dans l'accident** 351
- **9.4 La subsidiarité du montant payé pour secours bénévole** 351
- **9.5 Ceux qui ne peuvent bénéficier du remboursement de frais exposés pour secours bénévole** 351

10 – Les franchises 351
- **10.1 La franchise permis récent** 352
- **10.2 La non-opposabilité des franchises** 352
- **10.3 Les montants que le preneur doit rembourser à l'entreprise d'assurances** 352
- **10.4 Le délai pour le remboursement des franchises** 352

11 – Les exclusions 353
- **11.1 Les personnes exclues** 353
- **11.2 La transmutation d'atomes** 353
- **11.3 La réquisition civile et militaire** 353

11.4 Les exclusions facultatives sans limitation de recours de la part de l'entreprise d'assurances et opposables à la victime 354

11.5 Les exclusions facultatives avec recours de la part de l'entreprise d'assurances 356

11.6 Tableau récapitulatif des cas de recours et de leurs étendues 358

12 – La déclaration et le règlement du sinistre 359

12.1 L'attitude de l'entreprise d'assurances ou du représentant chargé du règlement des sinistres, une fois le sinistre déclaré 360

12.2 La sanction en cas de non-respect du délai pour présenter une offre d'indemnisation 361

12.3 Le recours au Fonds de garantie automobile 361

12.4 Champs d'application de la carte verte 362

12.5 Champs d'application de la IVe directive 362

12.6 Résumé graphique du processus de la IVe directive 363

12.7 Résumé graphique du suivi d'un dossier sinistre 366

    12.7.1 *Sinistre au Luxembourg sans couverture dégâts matériels* 367

    12.7.2 *Sinistre au Luxembourg avec couverture dégâts matériels* 368

    12.7.3 *Sinistre à l'étranger sans couverture dégâts matériels* 369

    12.7.4 *Sinistre à l'étranger avec couverture dégâts matériels* 370

12.8 Préjudice de l'entreprise d'assurances pour défaut de déclaration de sinistre 371

12.9 Non-engagement de l'entreprise d'assurances 371

12.10 Citation du preneur d'assurance en justice 371

12.11 L'obligation de l'entreprise d'assurances d'informer le preneur d'assurance sur l'évolution du dossier sinistre 372

12.12 La prise en charge des amendes et des frais de poursuite 372

12.13 La prise en charge des frais et honoraires d'avocat 372

13 – La subrogation ... 372

14 – Dispositions diverses ... 374
    14.1 La suspension ... 374
    14.2 La suspension de plein droit ... 374
    14.3 La suspension facultative ... 374
    14.4 La remise de l'attestation d'assurance ... 374
    14.5 La remise en vigueur d'un contrat suspendu ... 374
    14.6 La résiliation du contrat ... 375
    14.7 Les autres cas de résiliation ... 375
    14.8 La personnalisation de la prime (échelle Bonus/Malus) ... 375
        14.8.1 *L'échelle bonus/malus et la notion de sinistre* ... 377
        14.8.2 *Les sinistres non pris en considération pour l'échelle bonus/malus* ... 377
        14.8.3 *La période d'observation* ... 377
        14.8.4 *L'influence sur l'échelle bonus/malus d'un changement de véhicule ou d'entreprise d'assurances* ... 380
        14.8.5 *L'influence sur l'échelle bonus/malus du changement du preneur d'assurance* ... 380
        14.8.6 *Le transfert de bonus* ... 380
        14.8.7 *Reprise d'un bonus provenant de l'étranger* ... 381
    14.9 L'adresse qui est considérée comme domicile de preneur d'assurance ... 381
    14.10 Les notifications à faire à l'entreprise d'assurances ... 382
    14.11 Les contestations nées à l'occasion de l'assurance ... 382
    14.12 Les documents à remettre par l'entreprise d'assurances lors de la fin du contrat ... 382

15 – Vérifiez vos connaissances ... 382

CHAPITRE 14
L'assurance défense et recours ... 385

CHAPITRE 15
L'assurance dommages matériels au véhicule ... 387

1 – Définitions ... 388
    1.1 Le véhicule assuré ... 388

1.2 La valeur à neuf 388

1.3 La valeur de remplacement 388

1.4 La valeur de récupération 388

1.5 Le matériel audiovisuel ou de transmission 389

2 – Les formes d'assurances 389

    2.1 Les garanties incendie, vol et bris de glace 389

        2.1.1 *L'étendue de la garantie incendie* 389

        2.1.2 *L'étendue de la garantie vol* 390

        2.1.3 *La problématique des vols de véhicules* 391

        2.1.4 *Lexique de la délinquance acquisitive* 391

        2.1.5 *L'étendue de la garantie bris de glace* 392

        2.1.6 *Les forces de la nature* 392

        2.1.7 *Collision avec du gibier ou des animaux errants* 393

    2.2 Les formules d'assurances dommages matériels et les modalités de souscription 394

        2.2.1 *Dommages matériels au véhicule* 394

        2.2.2 *Dommages matériels au véhicule/Tierce-collision-combinée* 395

        2.2.3 *Les modalités de souscription d'une assurance dommages matériels au véhicule.* 397

        2.2.4 *La bonification pour absence de sinistre* 397

    2.3 L'assistance 398

        2.3.1 *L'assistance au véhicule* 398

        2.3.2 *L'assistance aux occupants du véhicule* 399

3 – Les franchises et la règle proportionnelle 399

    3.1 Les franchises conventionnelles 399

    3.2 Les franchises relatives à l'alcool 400

    3.3 Le cumul des franchises 400

    3.4 La règle proportionnelle 401

    3.5 Tableau récapitulatif des franchises 401

4 – Le règlement du sinistre 401

    4.1 L'indemnisation en valeur à neuf en cas de vol et de souscription d'une couverture dommage au véhicule 401

4.2	Les accidents de trajet	402
	4.2.1 Définition légale	402
	4.2.2 L'indemnisation des dégâts causés au véhicule	403
	4.2.3 Les dégâts matériels accessoires	404
4.3	Véhicule de remplacement	405
5 –	**Vérifiez vos connaissances**	405

Chapitre 16
La tarification en assurance automobile 407

1 – La tarification 408

2 – La renonciation à un intermédiaire en assurance RC Auto 409

Chapitre 17
Le fonds de garantie automobile 411

1 – Membres 412

2 – Mission 412

3 – Indemnisation par la sécurité sociale ou l'employeur 416

4 – Indemnisation par une entreprise d'assurances RC auto ou dommage 416

5 – Absence de recours et de subrogation 416

6 – Absence d'engagement du fonds 416

7 – Constitution de partie civile 416

8 – Limite d'intervention 417

9 – De certains délais 418

10 – Exclusions 418

    10.1 Les dommages corporels et dégâts matériels subis par 418

    10.2 Les dommages matériels 418

11 – Exemple d'intervention du fonds 419

12 – Coordonnées du fonds de garantie automobile 420

Chapitre 18
Le bureau luxembourgeois 421

1 – **Dénomination officielle** 422

2 – **Membres** 422

3 – **Missions** 422

4 – **Coordonnées du bureau luxembourgeois** 424

Chapitre 19
Le pool des risques aggravés 425

1 – **Membres** 426

2 – **Mission** 426

3 – **La part de chaque membre du pool** 426

Chapitre 20
Le constat amiable 427

1 – **Préambule** 428

2 – **Précisions sur certaines rubriques** 428

    2.1 Date de l'accident 429

    2.2 Localisation 429

    2.3 Blessés même légers 429

    2.4 Dégâts matériels autres 430

    2.5 Témoins 430

    2.6 Preneur d'assurance 431

    2.7 Véhicule 431

    2.8 Société d'assurance 431

    2.9 Conducteur 431

    2.10 Point de choc 432

    2.11 Dégâts apparents 432

    2.12 Circonstances 432

    2.13 Croquis de l'accident 432

2.14 Mes observations ... 432

2.15 Signature des conducteurs ... 433

3 – Conseils ... 433

3.1 Vous heurtez le véhicule devant vous et celui qui vous suit percute le vôtre ... 433

3.2 Est-ce que le constat à lui seul est suffisant ? ... 434

3.3 Que faire si la partie adverse ne comprend pas le français ? ... 434

3.4 La partie adverse vous propose de déposer votre copie chez l'entreprise d'assurances ... 434

CHAPITRE 21
Jurisprudence en matière automobile ... 437

1 – Ceinture de sécurité ... 438

2 – Délit de fuite ... 438

2.1 Appréciation de l'état du conducteur ... 438

2.2 Infraction constatée ... 439

2.3 Musique à volume sonore, perte de contact auditif ... 439

2.4 Véhicule laissé sur les lieux de l'accident ... 439

2.5 Absence de qualités physiques requises ... 439

2.6 Accident intentionnel ... 440

2.7 Auteur identifié d'un accident fuyant pour échapper aux constatations ... 440

2.8 Élément intentionnel, prévenu prétendant n'avoir pas réalisé l'accident en raison de son état d'ivresse ... 441

2.9 Infraction de conduite d'un véhicule en l'absence des qualités physiques requises ... 441

3 – Interdiction de conduire ... 441

4 – Ivresse ... 442

4.1 Conduite en état d'ivresse et consommation d'alcool entre les faits et le dépistage ... 442

4.2 Détermination a posteriori du taux d'alcoolémie par application d'un taux de dégressivité de l'alcool dans le sang ... 443

4.3 Influence de l'alcool, un seul indice, rapport d'expertise unilatéral 443

4.4 État de nécessité 444

4.5 Prélèvement sanguin 444

4.6 Prise de sang, consommation après l'accident 445

5 – Moins value pour dépréciation du véhicule 445

6 – Permis de conduire 445

    6.1 Circulation sans être titulaire d'un permis de conduire valable 445

    6.2 Défaut, période de stage, formation 446

    6.3 Permis étranger, résidence habituelle 446

    6.4 Retrait administratif, permis non valable 446

    6.5 Retrait administratif, conduite sans permis valable 446

    6.6 Conduite sans permis ni assurance valable 447

    6.7 Conduite sans permis valable, étranger ayant omis de transcrire son permis dans le délai légal 447

    6.8 Absence manifeste de permis de conduire 447

7 – Priorité 448

    7.1 Débiteur, décharge priorité, excès de vitesse 448

    7.2 Débiteur de priorité 448

    7.3 Débiteur, force majeure 449

8 – Témoin 449

    8.1 Épouse 449

    8.2 Époux 449

    8.3 Propre cause 449

9 – Vitesse 450

    9.1 Vitesse exagérée, faute grave de l'assuré, assurance 450

    9.2 Obligation de prévoyance 450

PARTIE 5
Incendie 451

CHAPITRE 22
Assurance incendie 453

CHAPITRE 23
Les biens assurés en assurance incendie 455
  1 – Le bâtiment 456
  2 – Le contenu 457
    2.1 Le mobilier 457
    2.2 Les animaux 457
    2.3 Les objets de valeurs 457
    2.4 Les collections 458
    2.5 Le matériel 458
    2.6 Les marchandises 458
    2.7 Particularité pour les véhicules à moteur 458
  3 – La situation du risque 459
    3.1 Villégiature 459
    3.2 Les logements d'étudiant à l'étranger 460
    3.3 Déménagement 460
  4 – La clause d'exclusivité 462
  5 – Grille de calcul pour le contenu 462
  6 – Vérifiez vos connaissances 464

CHAPITRE 24
Généralités sur l'assurance incendie 465
  1 – Définition de la notion incendie 466
    1.1 La garantie normale 466
    1.2 Les garanties accessoires 468
      1.2.1 *Les garanties accessoires légales* 468
      1.2.2 *Les garanties accessoires facultatives* 469
    1.3 Les exclusions spécifiques 471

2 – L'assurance incendie ... 472
2.1 L'objet de l'assurance ... 472
2.2 La règle proportionnelle ... 472
2.2.1 La RP de primes : ... 472
2.2.2 La RP de capitaux ... 473
2.3 Abandon de règle proportionnelle ... 473
3 – L'indexation ... 474
4 – Vérifiez vos connaissances ... 475

Chapitre 25
Les responsabilités en assurance incendie ... 477
1 – Remarque préliminaire ... 478
2 – Le risque locatif ... 479
2.1 La base légale du risque locatif ... 479
2.2 Le locataire unique ... 480
2.2.1 2.La présomption de responsabilité ... 480
2.2.2 2.Les exonérations ... 480
2.3 En cas de pluralité de locataires ... 481
2.3.1 2.Destruction totale de l'immeuble ... 481
2.3.2 2.Destruction partielle ... 482
2.3.3 2.Les exonérations ... 484
2.4 Le propriétaire occupant partiel ... 485
2.5 La clause de risque locatif ... 485
2.6 Exemple de sinistre risque locatif ... 485
3 – Le recours des voisins et des tiers ... 487
3.1 Principe de base ... 490
3.2 La clause « Recours des voisins et des tiers » ... 490
4 – Le recours du propriétaire ... 490
5 – L'abandon de recours contre le locataire ... 491
6 – Le trouble de jouissance immobilier ... 491
7 – Vérifiez vos connaissances ... 492

Chapitre 26
Le règlement de sinistre en assurance incendie ... 493

1 – La base légale ... 494

1.1 L'impossibilité de réaliser un bénéfice ... 494

1.2 L'évaluation des pertes éprouvées ... 494

1.3 Le paiement de l'indemnité ... 494

1.4 Le bénéficiaire de l'indemnité en risque locatif et recours des voisins ... 495

1.5 Créancier privilégiés et hypothécaires ... 495

2 – La détermination de l'indemnité ... 496

3 – Les formes de règlement ... 496

4 – Vérifiez vos connaissances ... 497

Chapitre 27
La tarification en assurance incendie ... 499

1 – Le mode de construction et la couverture ... 500

2 – La situation locale ... 500

3 – Le voisinage ... 501

4 – L'usage ... 501

5 – Règle du quart ... 501

6 – Taxe pompier ... 502

Partie 6
Autres dommages aux biens ... 503

Chapitre 28
L'assurance attentats et conflits de travail ... 505

1 – Remarque préliminaire ... 506

2 – Définitions ... 506

2.1 L'attentat ... 506

2.2 Le conflit de travail ... 507

3 – La garantie normale ... 507

CHAPITRE 29
L'assurance tempête 509

1 – Remarque préliminaire 510

2 – Définitions et garantie normale 510

3 – Les garanties accessoires non payantes 510

4 – Les exclusions spécifiques 511

5 – Le règlement des sinistres 512

    5.1 La définition de sinistre tempête 512

    5.2 La règle proportionnelle 513

    5.3 La franchise 513

    5.4 L'exonération 513

6 – Vérifiez vos connaissances 514

CHAPITRE 30
L'assurance dégâts des eaux 515

1 – La garantie normale 516

2 – Les garanties accessoires non payantes 516

    2.1 Dommages aux biens de l'assuré 516

        2.1.1 *Comment protéger ses biens contre l'hiver* 518

        2.1.2 *Ce qu'il faut faire après un sinistre* 520

    2.2 Dommages aux biens appartenant à des tiers 520

3 – Les exclusions spécifiques 520

4 – Vérifiez vos connaissances 522

CHAPITRE 31
L'assurance vol 523

1 – La garantie normale 524

2 – Les garanties accessoires payantes 524

    2.1 Les détériorations immobilières 524

    2.2 Le vandalisme 524

	2.3 Vol dans une habitation donnée en location	525
	2.4 Le vol dans les caves et greniers	525
	2.5 Inhabitation au-delà d'un certain nombre de jours	526

3 – Les biens assurés et les limitations de garanties 527

4 – Les mesures de prévention 527
    4.1 Les mesures de protection mécaniques et électriques 528
        4.1.1 *La protection mécanique* 528
        4.1.2 *La protection électrique* 530
    4.2 La sécurité par quelques gestes simples 531

5 – Les exclusions spécifiques 532

6 – La problématique des certains objets emportés avec soi 533

7 – La réversibilité 534

8 – Le règlement de sinistre 535
    8.1 Les obligations de l'assuré 535
    8.2 La récupération des objets volés 536

9 – La tarification 537
    9.1 Situation du risque 537
    9.2 Mesures de protection 537
    9.3 Nature du risque 537
    9.4 Locaux non habités 537

10 – Vérifiez vos connaissances 537

CHAPITRE 32
L'assurance bris de glace 539

1 – La garantie normale 540

2 – Les frais de clôture provisoire 540

3 – Les garanties accessoires payantes 541

4 – Les exclusions spécifiques 541

5 – La tarification 542

Chapitre 33
Les frais et pertes communs à certaines garanties ... 543

1 – Remarque préliminaire ... 544

2 – Les frais légalement admis ... 544

    2.1 Les frais de sauvetage ... 544

    2.2 Le frais de démolition ... 544

3 – Les frais facultatifs ... 545

    3.1 Les frais médicaux ... 545

    3.2 Les frais de déblais et de dépollution ... 545

    3.3 Les frais et honoraires d'expert ... 545

    3.4 Les pertes indirectes sur justificatifs ... 546

    3.5 Les frais de déplacement et de relogement ... 546

    3.6 Le chômage immobilier et la perte de loyer ... 547

        3.6.1   *Le chômage immobilier* ... 547

        3.6.2   *La perte de loyer* ... 548

    3.7 La perte financière des locataires ... 549

Chapitre 34
Les catastrophes naturelles ... 551

1 – Notion ... 552

2 – Cadre légal ... 552

3 – La couverture contractuelle ... 553

    3.1 le dommage au véhicule ... 554

    3.2 l'assurance tous risques ... 554

    3.3 L'assurance bagages ... 554

    3.4 La tempête ... 555

    3.5 Inondation ... 555

4 – Mesures de prévention – précaution ... 555

Chapitre 35
L'assurance combinée 557

- **1 – Le principe** 558
- **2 – Les événements assurés** 559
- **3 – Les sommes assurées bâtiment et contenu** 560
- **4 – La règle proportionnelle** 560
  - 4.1 La RP de primes : 560
  - 4.2 La RP de capitaux 561
- **5 – L'indexation** 561
- **6 – Le tableau de garanties** 562
- **7 – Vérifiez vos connaissances** 562

Chapitre 36
L'assurance défense et recours 565

- **1 – Remarque préliminaire** 566
- **2 – Risques assures et limitations de garanties** 566
  - 2.1 La défense 566
  - 2.2 Le recours 566
  - 2.3 Les franchises 567
  - 2.4 Les montants garantis 567
- **3 – Le règlement du sinistre** 567
  - 3.1 Le libre choix de l'avocat 567
  - 3.2 L'intervention de l'entreprise d'assurances et l'incidence sur le classement Bonus/Malus en RC AUTO 567
  - 3.3 La prise en charge des frais de procédure civile et/ou pénale 567
  - 3.4 La fixation des montants à réclamer 568
  - 3.5 Le règlement du sinistre 568
  - 3.6 Exemple de sinistre RC Auto, Défense et Recours et Fonds de Garantie Automobile 568

Chapitre 37
L'assurance protection juridique 571

1 – Préambule 572

2 – La base légale 572
- 2.1 Définition 572
- 2.2 La police distincte ou la mention spéciale 574
- 2.3 Le libre choix de l'avocat par l'assuré lui-même 574
- 2.4 Le conflit d'intérêts 574
- 2.5 L'arbitrage 575
- 2.6 Le règlement du sinistre 575

3 – Les formes d'assurances et les prestations 576
- 3.1 Les formes d'assurances 576
- 3.2 Les prestations 577
  - 3.2.1 Régler le dommage à l'amiable 578
  - 3.2.2 Régler le dommage dans une procédure civile 578
  - 3.2.3 Défendre ou représenter l'assuré dans une procédure civile, pénale ou administrative 578

4 – L'étendue territoriale 578

5 – Les sommes assurées et les franchises 578
- 5.1 Les sommes assurées 578
- 5.2 Les franchises 579

6 – Les exclusions 579

7 – La procédure de règlement sinistre 580

8 – Vérifiez vos connaissances 581

Chapitre 38
L'assistance 583

1 – La base 584
- 1.1 La branche assistance 586
- 1.2 L'assistance aux personnes en difficultés hors de leur domicile ou résidence permanente 586

1.3 Exclusions 586
2 – Les prestations les plus usuelles 587
    2.1 Assistance aux personnes 587
    2.2 Assistance aux véhicules 588
    2.3 Assistance voyage 588
3 – L'étendue territoriale 589
4 – La tarification 589

Dictionnaires 591
    Dictionnaire **Français/Allemand/Anglais** 591
    Dictionnaire **Allemand/Français/Anglais** 602
    Dictionnaire **Anglais/Allemand/Français** 612

Index alphabétique 623

Partie 1

Données historiques

Chapitre 1

L'évolution historique de l'assurance

1 – La naissance de l'assurance.. 44

2 – L'assurance au Grand-Duché de Luxembourg 44

3 – La réassurance au Grand-Duché de Luxembourg 45

4 – La bancassurance et l'assurbanque au Grand-Duché de Luxembourg 45

5 – L'assurance dans l'achitecture de la place financière au Luxembourg................. 46

1 – LA NAISSANCE DE L'ASSURANCE

L'assurance est née au Moyen-Âge et ne concernait en son temps que l'activité maritime.

À l'époque, ce n'était qu'une forme d'assurance de choses, c'est-à-dire qu'elle ne couvrait que la cargaison contre les seuls risques de la mer.

Ce n'est qu'au XVIe siècle que suivront les assurances sur la vie.

Après le grand incendie de Londres de 1666, apparaissent les premières assurances terrestres et tout d'abord l'assurance contre l'incendie.

Presque toutes les autres formes d'assurances, actuellement connues, virent le jour plus ou moins parallèlement à l'évolution économique à laquelle elles se réfèrent.

2 – L'ASSURANCE AU GRAND-DUCHÉ DE LUXEMBOURG

2.1 L'arrivée des premières compagnies d'assurances

Suite à la loi sur les sociétés d'assurances[1], plusieurs compagnies étrangères viennent s'installer au Grand-Duché de Luxembourg.

Nous ne citerons ici que les trois premières :
- le 30.06.1853, La Paternelle ;
- le 14.07.1853, Les Propriétaires Réunis ;
- le 15.07.1853, La Compagnie de Bruxelles, etc.

L'activité de ces compagnies portait essentiellement sur les branches incendie et vie.

2.2 Les premières compagnies luxembourgeoises d'assurances

Ce n'est qu'à partir de 1920 que nous verrons la naissance des premières compagnies luxembourgeoises d'assurances :
- le 29.02.1920, La Luxembourgeoise ;

---
1 20 mars 1853.

- le 28.10.1922, Le Foyer ;
- sans préjudice de la date exacte en 1922, La Nationale Luxembourgeoise (reprise en 1935 par Le Foyer).

À dater de 1920, l'activité des entreprises d'assurances reflétait l'essor économique du pays à ce moment-là. C'est ainsi que, outre les branches incendie et vie, on assurait également les risques de responsabilité civile, d'accident, de transport, grêle, bris de glace, vol et mortalité du bétail.

3– LA RÉASSURANCE AU GRAND-DUCHÉ DE LUXEMBOURG

Les sociétés de réassurances établies au Grand-Duché de Luxembourg sont pour la plupart des sociétés dites « captives »[2].

On entend par captive de réassurance une société de réassurances créée par un groupe industriel, commercial ou de services, qui opère sur le marché international, pour prendre en charge une partie des risques des entreprises appartenant à ce groupe.

À la fin de l'exercice 2012, le Luxembourg comptait 331 sociétés d'assurances et de réassurances avec un total de 5.629 salariés[3].

4– LA BANCASSURANCE ET L'ASSURBANQUE AU GRAND-DUCHÉ DE LUXEMBOURG

La bancassurance et l'assurbanque sont un rapprochement stratégique entre une banque et une entreprise d'assurances, visant à mettre en commun certains moyens pour exercer des activités complémentaires et contribuer ainsi à accroître la distribution de leurs produits.

En bancassurance, c'est la banque dans le cadre d'une collaboration avec une entreprise d'assurances – qui peut appartenir à la même maison mère – qui réunit les intérêts des deux parties pour distribuer des produits d'assurances et/ou bancaires.

---

2 Base légale : loi du 6 décembre 1991.
3 Rapport annuel Commissariat aux Assurances 2012/2013.

En assurbanque, c'est l'entreprise d'assurances dans le cadre d'une collaboration avec une banque, qui réunit les intérêts des deux parties pour distribuer des produits bancaires, comme p.ex. des prêts aux particuliers, etc.

5- L'ASSURANCE DANS L'ARCHITECTURE DE LA PLACE FINANCIÈRE AU LUXEMBOURG

Le tableau suivant donne un aperçu sur l'assurance dans l'architecture de la place financière au Luxembourg

L'évolution historique de l'assurance   47

Architecture de la place financière luxembourgeoise

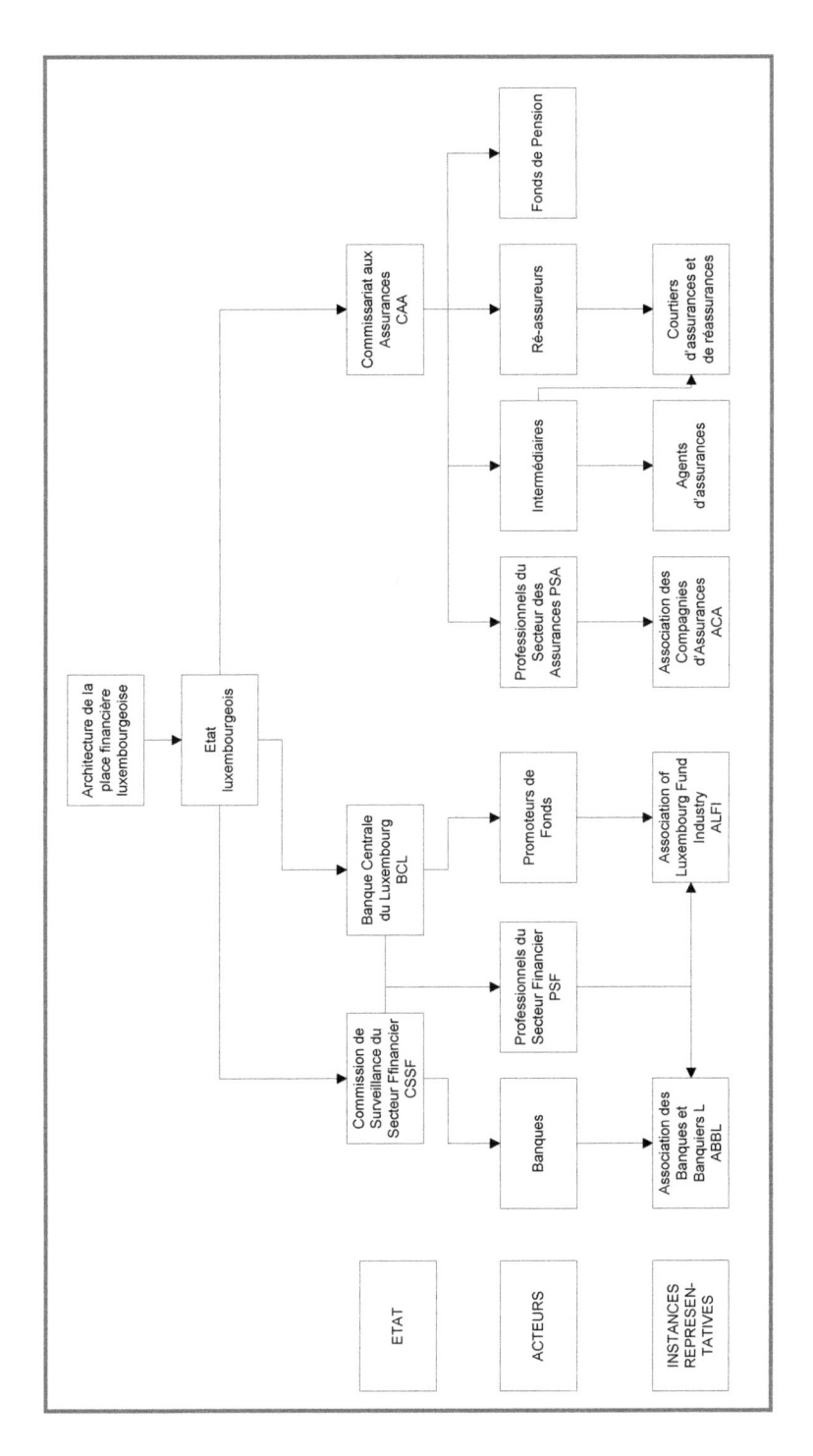

ETAT
- Etat luxembourgeois
  - Commission de Surveillance du Secteur Financier CSSF
  - Banque Centrale du Luxembourg BCL
  - Commissariat aux Assurances CAA

ACTEURS
- Banques
- Professionnels du Secteur Financier PSF
- Promoteurs de Fonds
- Professionnels du Secteur des Assurances PSA
- Intermédiaires
  - Agents d'assurances
- Ré-assureurs
- Fonds de Pension
- Courtiers d'assurances et de réassurances

INSTANCES REPRESENTATIVES
- Association des Banques et Banquiers L ABBL
- Association of Luxembourg Fund Industry ALFI
- Association des Compagnies d'Assurances ACA

PROMOCULTURE - LARCIER

Partie 2

Généralités

Chapitre 2 – Principes de base 51
Chapitre 3 – Le contrat d'assurance 83
Chapitre 4 – L'intermédiation en assurance 159
Chapitre 5 – La déductibilité fiscale 203
Chapitre 6 – Généralités et règlement sinistre en assurances de dommages 219

Chapitre 2

Principes de base

1— Définitions 52
2— Les éléments d'une opération d'assurance 56
3— Les bases techniques de l'assurance 58
4— La classification des branches d'assurances 70
5— La surveillance des compagnies d'assurances 76
6— Positionnement de l'assurance dans l'architecture financière 80
7— Vérifiez vos connaissances 82

I – DÉFINITIONS

1.1 L'assurance

L'assurance est l'opération par laquelle :
- moyennant le paiement d'une prime,
- l'entreprise d'assurances s'engage à indemniser une personne convenue
- des dommages causés par la réalisation d'un risque assuré ou d'une prestation prévue au contrat.

1.2 Les intervenants dans une opération d'assurance

Les personnes qui interviennent dans une opération d'assurance sont les suivantes :

1.2.1 *L'entreprise d'assurances*

L'entreprise d'assurances est celle qui s'engage, moyennant le paiement d'une prime, à fournir en cas de réalisation d'un risque assuré une prestation prévue au contrat d'assurance.

L'entreprise d'assurances peut être :
- une **compagnie « à primes fixes »**, c'est-à-dire une société qui s'engage contre le paiement d'une prime déterminée à fournir les prestations prévues au contrat d'assurance ;
- une **mutuelle**, c'est-à-dire un groupe de personnes qui se réunissent pour supporter ensemble un risque commun. Dans les mutuelles, on ne parle pas de prime mais de **cotisation** en principe **variable**. Chaque sociétaire est à la fois entreprise d'assurances et assuré.

> REMARQUE POUR LES MUTUELLES :
> Au Grand-Duché de Luxembourg, on retrouve plutôt les associations d'assurances mutuelles.

Dans le cadre de la création de nouvelles professions au sein du secteur de l'assurance luxembourgeoise, le législateur prévoit plusieurs nouveaux professionnels du secteur de l'assurance (PSA)[4].

---

4 Loi du 12 juillet 2013 sur les professionnels du secteur des assurances (PSA) publié au Mémorial A 129 du 22 juillet 2013 (loi modifiée du 6 décembre 1991 sur le secteur des assurances (LSA) et loi modifiée du 12 novembre 2004 relative à la lutte contre le blanchiment et contre le financement du terrorisme).

C'est ainsi qu'il se pourrait que la gestion journalière de portefeuilles d'assurances soit confiée à une société de gestion de portefeuille d'assurances autre qu'une entreprise d'assurances. Dans ce cas la personne morale, qui doit être dirigée par une personne physique agréée, doit être avoir l'agrément officiel du Ministre.

Au même titre, il se peut que le règlement sinistre soit confié à une personne morale autre qu'une entreprise d'assurances, appelée régleur sinistre dont l'activité consiste à fournir des services en relation avec l'indemnisation des bénéficiaires de contrats d'assurances. Dans ce cas la personne morale, qui doit être dirigée par une personne physique agréée, doit être agréée par le Ministre.

Les agréments accordés et qualifications professionnelles, reconnues aux personnes avant l'entrée en vigueur de la législation traitant spécifiquement des PSA, restent acquis.

Par contre, l'agrément est subordonné :
- à une **assise financière** moyennant la justification d'un capital libéré d'au moins :
  - cinquante mille euros pour les personnes morales qui doit être portée à cent vingt-cinq mille euros dans les cinq ans à partir de l'agrément ;
  - vingt-cinq mille euros pour les personnes physiques qui[5] doit être portée à cinquante mille euros dans les cinq ans à partir de l'agrément
- la souscription d'une **assurance couvrant la responsabilité civile** auprès d'une entreprise d'assurances autorisée à pratiquer l'assurance RC au Grand-Duché de Luxembourg[6].

I.2.2 Le preneur d'assurance

Les termes de souscripteur et de preneur d'assurance sont parfois assimilé à tort. Il s'ensuit qu'on lit souvent que le souscripteur équivaut au preneur d'assurance et qu'il s'agit de la personne qui **souscrit** le contrat d'assurance, qui **paie la prime,** et à laquelle **incombe les droits et obligations résultant du contrat.** En réalité le souscripteur est celui qui signe le contrat alors que le preneur d'assurance est celui qui conclut le contrat. Le législateur définit le preneur d'assurance comme étant la personne qui souscrit le contrat d'assurance[7].

Toute personne peut **contracter** un contrat, si elle n'est pas déclarée incapable par la loi.

---

5 Patrimoine net du PSA personne physique.
6 Art. 103-5 points 1, 2 et 3 loi (LSA) PSA.
7 Art. 1.C LCA.

Sont à considérer comme incapables :
- les personnes qui :
  - souffrent d'une infirmité mentale (les aliénés, les faibles d'esprits) ;
  - sont frappés d'une incapacité spécifique (p.ex. les prodigues) ;
- les mineurs non émancipés.

Ne peuvent pas non plus contracter un contrat seules malgré qu'elles ne soient juridiquement pas incapables de le faire, les personnes :
- illettrées ;
- aveugles ;
- et faillies.

Par personne, on entend tant les personnes physiques que morales :
- les **personnes physiques**[8] doivent être majeures pour pouvoir contracter.

  Ne peuvent pas contracter seuls un contrat d'assurance dans la mesure où ils sont considérés comme non capables : les mineurs non émancipés et les majeurs protégés (c'est-à-dire les personnes qui, à cause d'une altération personnelle, sont dans l'impossibilité de pourvoir seules à leurs intérêts).

  Comme un mineur est privé du droit de pouvoir décider du devenir de ses biens, il est par la force des choses placé sous l'autorité d'une personne que exercera ce droit dans le cadre légalement prévu à cet effet. Dans le cas général, ce droit incombe normalement aux parents et peut, en leur absence, être transféré à un tuteur dûment autorisé à cet effet. C'est ainsi qu'une souscription d'un contrat d'assurance pour son compte est néanmoins possible dans le cas où le mineur est dûment représenté tel que prévu dans le Code Civil[9].

  > **EXEMPLE :**
  >
  > La fille de monsieur Schmit âgée de 16 ans ne peut pas contracter sans le consentement et la co-signature de son père ou de sa mère.

- les **personnes morales**[10] sont en principe capables de contracter dès lors que les engagements sont pris par des personnes dûment autorisées à le faire.

---

8 Chacun de nous individuellement.
9 Art. 1124 ss Code Civil.
10 Sociétés et associations.

S'il y a **plusieurs preneurs** d'assurance, ils ne sont **pas solidaires** de **plein droit**. Une convention dans les Conditions Particulières peut néanmoins y déroger.

En ce qui concerne les époux liés par les liens du mariage, il y a une solidarité qui découle du régime primaire des droits et obligations entre époux.

1.2.3 L'assuré

L'assuré est :
- en assurances de **dommages** : celui qui est garanti par l'assurance contre les pertes patrimoniales ;
- en assurances de **personnes** : celui sur la tête duquel repose le risque de survenance de l'événement assuré.

1.2.4 Le bénéficiaire

Le bénéficiaire est la personne en faveur de laquelle sont stipulées les prestations, en cas de réalisation d'un risque assuré.

> REMARQUE :
> L'assuré, le preneur d'assurance et le bénéficiaire **peuvent** être une même personne ou bien des personnes différentes.

EXEMPLES :
Monsieur Schmit (preneur et assuré en même temps) souscrit un contrat d'assurance incendie. Lors d'un sinistre incendie, le mobilier est partiellement détruit. L'indemnité à payer revient dans ce cas à Monsieur Schmit (propriétaire bénéficiaire).
Monsieur Schmit souscrit un contrat d'assurance sur sa vie (preneur d'assurance et assuré), p.ex. au profit d'une banque (bénéficiaire), pour payer le solde restant dû d'un prêt souscrit auprès de cette banque au cas où il décéderait avant le remboursement intégral du prêt.

1.2.5 La personne lésée

Dans une assurance de responsabilité, la personne lésée est la **victime du dommage** dont l'assuré est responsable.

1.3 L'assurance de dommages

Dans ce genre d'assurance, la prestation de l'entreprise d'assurances dépend d'un événement incertain et **couvre** un **dommage** ou le **patrimoine** d'une personne. Cette personne peut être le preneur d'assurance, un assuré ou un tiers.

Les assurances de dommages couvrent :
- le preneur d'assurance ou l'assuré, dans la mesure où il s'agit d'une personne différente du preneur d'assurance, le dommage direct et en fonction de la couverture souscrite les conséquences indirectes qui découlent de l'endommagement ou de la destruction d'un bien ;
- le dommage subi par un tiers dans la mesure où la responsabilité d'un assuré peut être retenue sur base d'un événement couvert au titre d'une assurance de la responsabilité civile.

> **EXEMPLE POUR LE PRENEUR D'ASSURANCE**
> L'assurance incendie de monsieur Schmit intervient au moment où sa maison est détruite par un incendie.
>
> **EXEMPLE POUR UN TIERS**
> L'assurance responsabilité civile vie privée de monsieur Weber intervient au cas où son chien a mordu le fils de son voisin.

1.4 L'assurance de personnes
Dans ce genre d'assurance, la prestation de l'assurance dépend d'un événement incertain qui affecte l'intégrité physique ou la situation **familiale** d'une personne.

2– LES ÉLÉMENTS D'UNE OPÉRATION D'ASSURANCE

2.1 Le risque
Le risque est un événement futur et aléatoire qui ne dépend pas de la volonté de l'assuré :
- il est **futur** : c'est-à-dire qu'il ne peut pas avoir déjà eu lieu au moment de la souscription du contrat d'assurance.

> **EXEMPLE :**
> On ne peut pas assurer un objet qui est déjà détruit.

- il est **aléatoire** : c'est-à-dire incertain dans les assurances de dommages ou certain, mais dont la date de survenance n'est pas connue dans les assurances de personnes.

> **EXEMPLES :**
> En assurance incendie : il est incertain qu'un incendie détruise la maison assurée.
> En assurance vie, formule décès : la réalisation du risque c'est-à-dire le décès est certain, mais le moment de survenance du décès n'est pas connu.

- il **ne dépend pas de la volonté de l'assuré,** d'où p.ex. l'exclusion dans les Conditions Générales du fait intentionnel.

2.2 Les prestations de l'entreprise d'assurances

En cas de réalisation du risque, l'entreprise d'assurances verse :
- soit une **indemnité** qui est fixée après la survenance du sinistre ;
- soit un **forfait** qui est déterminé lors de la souscription du risque ;
- ou fait exécuter un **service** en exécution du contrat.

Suivant le genre d'assurance, la prestation de l'entreprise d'assurances peut être réglée à différentes personnes.

> **EXEMPLE :**
>
> | FORME D'ASSURANCE | INDEMNITÉ OU FORFAIT VERSÉ AU |
> |---|---|
> | incendie, dommage au véhicule | preneur d'assurance ou à l'assuré |
> | responsabilité civile | tiers |
> | vie | bénéficiaire |

2.3 La compensation ou mutualisation des risques

Afin de faire face à ses engagements, l'entreprise d'assurances doit rassembler un certain nombre de risques de même nature qu'elle compense au sein de la mutualité des assurés ainsi constituée.

La mutualité représente les personnes qui mettent en commun les risques dont elles redoutent les conséquences. En procédant de la sorte, elles contribuent au règlement des sinistres qui risquent de frapper quelques-unes d'entre elles.

Cette mutualité est constituée par chaque entreprise d'assurances, quelle que soit la forme juridique de la société d'assurance.

3 – LES BASES TECHNIQUES DE L'ASSURANCE

Les fondements techniques de l'assurance reposent sur le calcul des probabilités, encore faut-il que les éléments qui les constituent soient fiables.

3.1 La multitude des risques

Afin d'approcher au plus la maîtrise du hasard, les entreprises d'assurances essaient de souscrire une multitude de risques. Cette maîtrise du hasard est dictée par la « loi des grands nombres », c'est-à-dire plus le nombre de cas observés est grand plus les résultats de ces observations se rapprochent de la probabilité théorique de la survenance d'un événement (dans notre cas la réalisation du risque).

3.2 La dispersion des risques

Afin d'éviter que la prime à payer par chaque assuré ne soit trop élevée, l'entreprise d'assurances veillera à souscrire une multitude de risques mais dont seulement une minorité se réalisera. En d'autres termes : pour que la compensation à l'intérieur de la mutualité puisse fonctionner, il faut que le nombre de risques souscrits dépassent le volume des risques qui se réaliseront.

3.3 L'homogénéité des risques

L'exactitude des observations statistiques présuppose des risques homogènes regroupés par catégories et sous-catégories, portant sur un même objet et sur une même valeur et, dans la mesure du possible, sur une même durée.

3.4 La fréquence

Afin que la compensation puisse pleinement jouer, la probabilité de réalisation d'un risque ne peut se calculer que si le risque est suffisamment fréquent. Il en découle qu'un événement qui ne risque jamais de se produire ou qui est trop fréquent ne saurait être assuré.

3.5 La compensation et la souscription d'affaires nouvelles

Afin de garantir la compensation au sein de la mutualité, l'entreprise d'assurances doit faire face aux contrats qui disparaissent dans le temps et réaliser des affaires nouvelles en remplacement.

3.6 La prime

La **prime** est toute espèce de rémunération que l'entreprise d'assurances demande en échange de ses engagements. Elle **est payable d'avance**[11].

3.6.1 *Le calcul de la prime*

À travers des observations statistiques, l'entreprise d'assurances cherche à connaître le coût de ses engagements pour lui permettre de calculer la prime nécessaire au règlement des sinistres au sein de la mutualité. Cette prime s'appelle **prime pure** ou encore prime d'équilibre.

En l'occurrence, il s'agit d'un montant prévisionnel pour sinistre à venir dont la hauteur peut changer d'une année à l'autre, en fonction de la fréquence et de la gravité des sinistres. Si l'entreprise d'assurances peut influencer la fréquence par le biais d'une bonne politique de souscription, elle n'a cependant pas de moyens pour agir au niveau de la gravité.

> **EXEMPLE :**
> Supposons une population de 5.000 propriétaires de maisons dont chacun assure sa maison pour 350.000 €. Par ailleurs, l'observation statistique révèle que chaque année 4 maisons sont détruites par le feu.
> Dans ce cas, l'entreprise d'assurances a besoin de 4 x 350.000 € = 1.400.000 € pour faire face aux engagements qu'elle a pris envers les assurés.
> La prime incendie qu'elle doit prélever auprès de chaque assuré pour régler les dommages est de :
> 1.400.000 (charge sinistres) : 5.000 (clients) = 280 € hors chargements, frais et impôts.
> Exprimé en ‰ on dira que 4 sinistres sur 5.000 clients représentent une fréquence de 0,8 ‰[12]
> La prime pure se calcule dès lors comme suit :
> Fréquence x coût = prime pure
> 0,8‰ x 350.000 = 280.-€

À la **prime pure,** viennent encore s'ajouter les **chargements** c'est-à-dire les éléments destinés à couvrir les frais de gestion ainsi que les frais commerciaux de l'entreprise d'assurances (p.ex. les salaires des employés, les rémunérations des intermédiaires, etc.). La prime pure augmentée des chargements donne la **prime de base** tarifaire.

À cette prime de base, l'entreprise d'assurances applique le cas échéant des facteurs **correctifs** qui peuvent être d'ordres techniques et/ou

---

11   Art. 21 LSA.
12   4/5.000 = 0.8‰

commerciaux. Tel peut notamment être le cas de souscription de plusieurs risques du même genre auprès de la même entreprise d'assurances. La prime de base corrigée par les correctifs techniques et commerciaux donne la **prime brute**.

Pour certains risques s'y ajoutent des correctifs temporels tels que le bonus malus en assurance de la responsabilité civile automobile, un rabais en fonction de l'âge de l'assuré, etc. La prime brute ainsi corrigée donne la **prime nette**.

La prime nette quant à elle est influencée par le mode de paiement, le prorata temporis et les taxes :

- supplément qui peut varier d'entreprise d'assurances à entreprise d'assurances pour paiement semestriel, trimestriel ou mensuel ;
- les impôts qui s'élèvent à **4 %** pour tous les produits d'assurances à l'exception des **produits vie** qui sont **exempts d'impôts** ;
- la taxe pompiers à hauteur de 6 % qui est uniquement prélevée en assurance incendie ;
- les frais d'établissement du contrat ou de l'avenant.

La prime qui est finalement à payer par le preneur d'assurances s'appelle **prime comptant**.

> **EXEMPLE :**
> Cet exemple n'est qu'une illustration de ce qui précède, dans lequel nous avons réuni tous les facteurs de calcul de la prime qui existent actuellement sur le marché. L'exemple n'est donc pas attribuable à une quelconque entreprise d'assurances en particulier et ne saurait être transposé comme tel.
> Revenons donc sur la prime pure de l'exemple 3.6.1 de 280 € et admettons que monsieur Schmit souscrive le contrat le 1er août 2014 et que l'échéance soit fixée au 1er janvier.

Principes de base

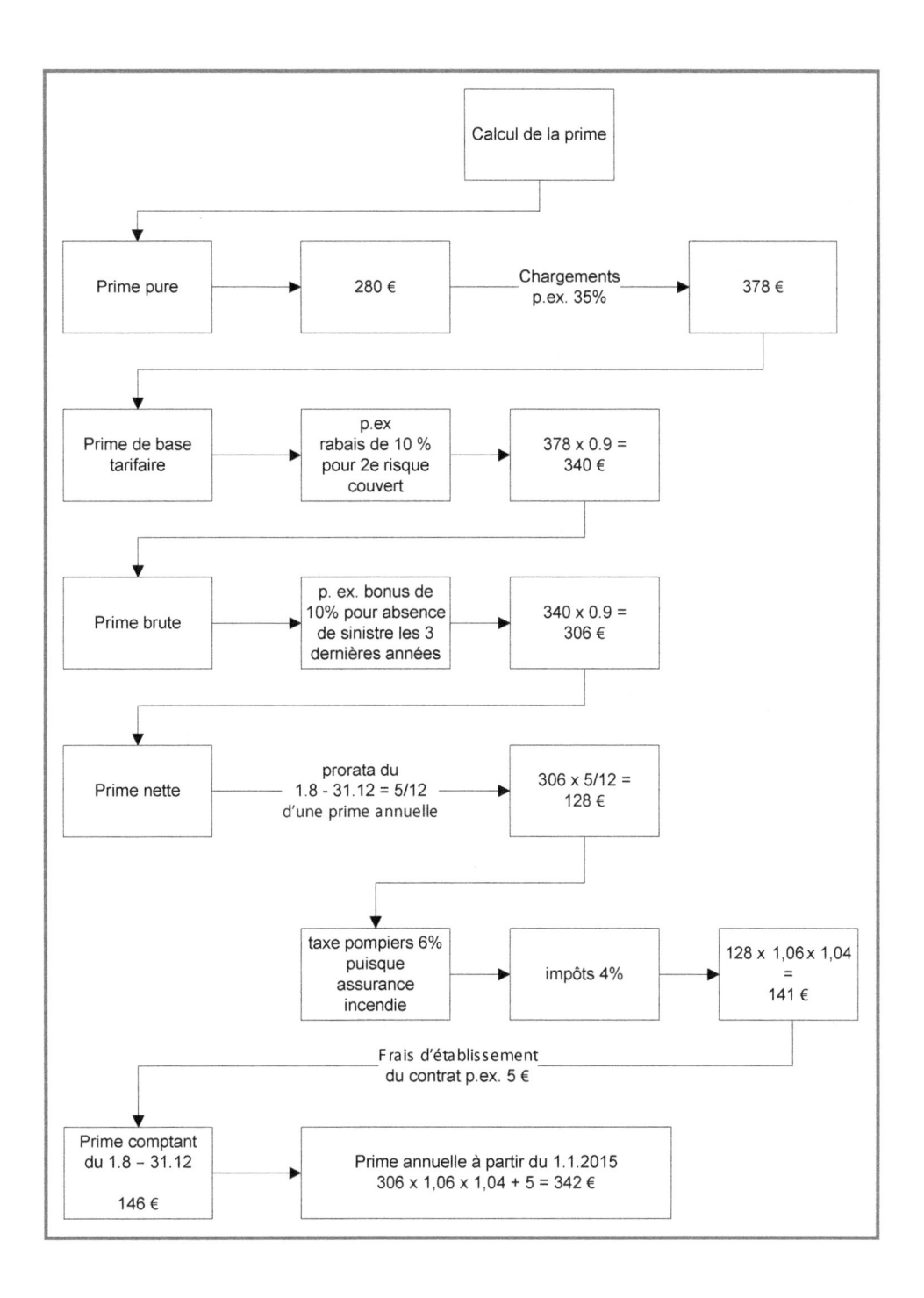

```
                        ┌─────────────────────┐
                        │ Calcul de la prime  │
                        └──────────┬──────────┘
                                   │
        ┌──────────────┐    ┌──────▼──────┐   Chargements    ┌──────────┐
        │  Prime pure  │───▶│    280 €    │──── p.ex. 35% ──▶│  378 €   │
        └──────────────┘    └─────────────┘                  └────┬─────┘
                                                                  │
        ┌──────────────┐    ┌──────────────┐                ┌─────▼──────┐
        │ Prime de base│    │    p.ex      │                │ 378 x 0.9 =│
        │   tarifaire  │───▶│ rabais de 10%│───────────────▶│   340 €    │
        │              │    │ pour 2e risque│               │            │
        └──────────────┘    │   couvert    │                └─────┬──────┘
                            └──────────────┘                      │
        ┌──────────────┐    ┌──────────────┐                ┌─────▼──────┐
        │              │    │ p. ex. bonus de│              │            │
        │  Prime brute │───▶│ 10% pour absence│─────────────▶│ 340 x 0.9 =│
        │              │    │ de sinistre les 3│            │   306 €    │
        │              │    │ dernières années│             │            │
        └──────────────┘    └──────────────┘                └─────┬──────┘
                                                                  │
        ┌──────────────┐    ┌──────────────┐                ┌─────▼──────┐
        │              │    │   prorata du │                │306 x 5/12 =│
        │  Prime nette │───▶│ 1.8 - 31.12 = 5/12│───────────▶│   128 €    │
        │              │    │d'une prime annuelle│          │            │
        └──────────────┘    └──────────────┘                └─────┬──────┘
                                                                  │
                            ┌──────────────┐                ┌─────▼──────┐
                            │taxe pompiers 6%│   ┌────────┐ │128 x 1,06 x 1,04│
                            │   puisque    │──▶│impôts 4%│▶│      =     │
                            │  assurance   │   └────────┘  │   141 €    │
                            │   incendie   │               │            │
                            └──────────────┘               └─────┬──────┘
                                   Frais d'établissement         │
                                   du contrat p.ex. 5 €          │
        ┌──────────────┐    ┌──────────────────────────────────────┐
        │Prime comptant│    │                                      │
        │du 1.8 – 31.12│───▶│ Prime annuelle à partir du 1.1.2015  │
        │              │    │   306 x 1,06 x 1,04 + 5 = 342 €      │
        │    146 €     │    │                                      │
        └──────────────┘    └──────────────────────────────────────┘
```

3.6.2 *La franchise*

La franchise est la part du risque que le preneur d'assurance ou l'assuré doit prendre lui-même à sa charge au moment d'un sinistre.

Qu'elles soient légales ou conventionnelles, il existe plusieurs sortes de franchises :

3.6.3 *La franchise fixe ou absolue*

Si, en présence d'une franchise fixe, le montant du dommage est :
- **inférieur** à la franchise, l'entreprise d'assurances est libérée de tout paiement d'indemnité ;
- **supérieur** à la franchise, l'entreprise d'assurances indemnise le montant du dommage diminué du montant de la franchise.

> **EXEMPLE :**
> Admettons qu'un contrat incendie prévoie une franchise fixe de 100 €. Lors de la survenance d'un dommage de :
> - 80 €, l'entreprise d'assurances n'intervient pas ;
> - 2.340 €, l'entreprise d'assurances règle 2.340 – la franchise de 100 € = 2.240 €.

3.6.4 *La franchise simple*

Une franchise simple est dictée par un seuil d'intervention. Si, en présence d'une franchise simple, le montant du dommage est :
- **inférieur** à la franchise (seuil), l'entreprise d'assurances est libérée de tout paiement d'indemnité ;
- **supérieur** à la franchise (seuil), l'entreprise d'assurances indemnise l'intégralité du montant du dommage.

> **EXEMPLE :**
> Admettons qu'un contrat incendie prévoie une franchise simple de 100 €. Lors de la survenance d'un dommage de :
> - 80 €, l'entreprise d'assurances n'intervient pas ;
> - 2.340 €, l'entreprise d'assurances règle l'intégralité du dommage, soit 2.340 €.

3.6.5 *L'opposabilité et la non-opposabilité d'une franchise*

Une franchise est dite **opposable** à la victime lorsque l'entreprise d'assurances l'applique à l'encontre de la victime, que celle-ci soit responsable ou non de la survenance d'un accident. On peut trouver ce genre d'approche dans les **assurances de personnes,** où la victime est personnellement impliquée dans la survenance d'un dommage par le non-respect, p.ex. d'une obligation découlant du contrat.

> **Exemple :**
> Franchise d'un tiers à appliquer sur l'indemnité en assurance de la protection du conducteur, pour avoir omis de porter la ceinture de sécurité au moment de l'accident.

Les franchises **non opposables** à la victime sont plutôt présentes dans les assurances de la **responsabilité civile** et plus particulièrement celles rendues obligatoires par le législateur. Une franchise en responsabilité civile obligatoire automobile ne peut jamais être opposée à la victime. En l'occurrence, l'entreprise d'assurances est notamment contrainte d'indemniser d'abord la victime entièrement. Dans une prochaine étape, elle peut exercer un recours contre son propre preneur d'assurance et/ou assuré pour récupérer le montant de la franchise.

FRANCHISE (F)	DOMMAGE (D) < FRANCHISE	DOMMAGE > FRANCHISE
Fixe	0	D – F
Simple (seuil)	0	D

3.6.6 *La franchise rachetable*

Dans certains cas, le contrat d'assurance prévoit la possibilité de racheter la franchise contre paiement d'un supplément de prime pour éviter au preneur d'assurance de devoir porter une partie du dommage à sa charge.

> **Exemple :**
> La franchise permis récent en assurance responsabilité civile automobile est obligatoire[13].

3.7 La division des risques

Lorsqu'un risque ou un ensemble de risques est trop important, une seule entreprise d'assurances n'a ni les moyens ni la volonté de prendre seule ce risque en charge. Dans ce cas, elle opte pour la division du risque dans

---

13   Voir point 10.1, chapitre 13 La responsabilité civile automobile.

laquelle on distingue deux sortes de divisions : la **coassurance** et la **réassurance**, qui peuvent être mises en œuvre en même temps.

3.7.1 *La coassurance*

La coassurance sert à partager le risque entre plusieurs entreprises d'assurances. Chaque entreprise d'assurances s'engage directement envers l'assuré pour un pourcentage convenu, reçoit un même pourcentage de prime et, en cas de réalisation du risque, elle participera dans la même proportion au règlement du sinistre.

À défaut de convention contraire, les **coassureurs** ne sont **pas tenus solidairement** et chacun d'eux n'est engagé que pour sa part[14].

Généralement, on émet une seule police qui est gérée par l'entreprise d'assurances qui détient la plus grande part. Dans ce cas, on parle de **compagnie « apéritrice »** et de **« police collective à quittance unique »**.

L'assuré peut adresser à la compagnie apéritrice toutes les significations et notifications, sauf celles relatives à une action en justice intentée contres les autres coassureurs.

Si aucun apériteur n'est prévu dans le contrat, l'assuré peut considérer n'importe lequel des coassureurs comme apériteur. Dans ce cas, il doit cependant toujours s'adresser au même co-assureur comme apériteur.

> **Exemple :**
> Reprenons les données de l'exemple du point 3.6.1 et supposons qu'une des maisons vaille 550.000 €.
> Au cas où cette maison se trouve parmi les 4 maisons qui brûlent chaque année, l'entreprise d'assurances devra faire face à une charge sinistre de :
>
> | | |
> |---|---|
> | 3 maisons à 350.000 € | 1.050.000 € |
> | 1 maison à 550.000 € | 550.000 € |
> | Total | 1.600.000 € |

---

14 Art. 35 LCA.

En matière de prime, l'entreprise d'assurances aura encaissé :

4.999 x 280 €[15]	1.399.720 €
1 x 440 €[16]	440 €
Total	1.400.160 €

Pour régler les quatre sinistres, il lui **manque** donc :
1.600.000 – 1.400.160 = **199.840 €**
En passant par la coassurance, notre entreprise d'assurances aurait pu équilibrer ses résultats.
Au lieu de prendre la maison de 550.000 € entièrement en charge, elle aurait dû limiter son engagement à 350.000 € soit 63,6363 % du risque. Dans ce cas, ses engagements auraient été :

3 maisons à 350.000 €	1.050.000 €
1 maison à 550.000 * 0,636363	350.000 €
Total	1.400.000 €

En matière de prime, l'entreprise d'assurances aurait encaissé :

4.999 x 280 €	1.399.720 €
1 x 440 x 0,636363	280 €
Total	1.400.000 €

3.7.2   *La réassurance*

La réassurance est une opération d'assurance par laquelle l'entreprise d'assurances (**cédante**) s'assure elle-même auprès d'une autre entreprise d'assurances (le réassureur ou **cessionnaire**) pour une partie des risques pris en charge. La part conservée par la cédante (entreprise d'assurances) s'appelle la **rétention**. Le cessionnaire (réassureur) suit la cédante (entreprise d'assurances).

En plaçant une partie de son engagement en réassurance, l'entreprise d'assurances cherche une optimisation de l'homogénéité de la communauté des risques dont elle a la gestion et de disposer des liquidités nécessaires en cas de sinistre grave.

---

15   Pour le montant de 280 € voir exemple 3.6.1
16   Si l'entreprise d'assurances perçoit une prime de 280 € pour un risque d'une valeur de 350.000 €, la prime pour un risque de 550.000 € sera dans une même proportion de 440 €.

De même que l'entreprise d'assurances, le réassureur peut lui aussi faire réassurer la part qu'il a pris en charge. Dans ce cas, on parle de **rétrocession**.

On distingue plusieurs formes (**traités**) de réassurance.

La **réassurance facultative** ou **obligatoire** :
- la **réassurance facultative** : la cédante est libre de faire réassurer ou non chaque affaire, le réassureur est libre d'accepter ou de refuser de réassurer ;
- la **réassurance obligatoire** : la cédante est tenu de céder toutes les affaires, le réassureur doit les accepter ;
- la **réassurance facultative/obligatoire** : (fac/ob) : la cédante est libre de céder ou non ses affaires, le réassureur est tenu de les accepter.

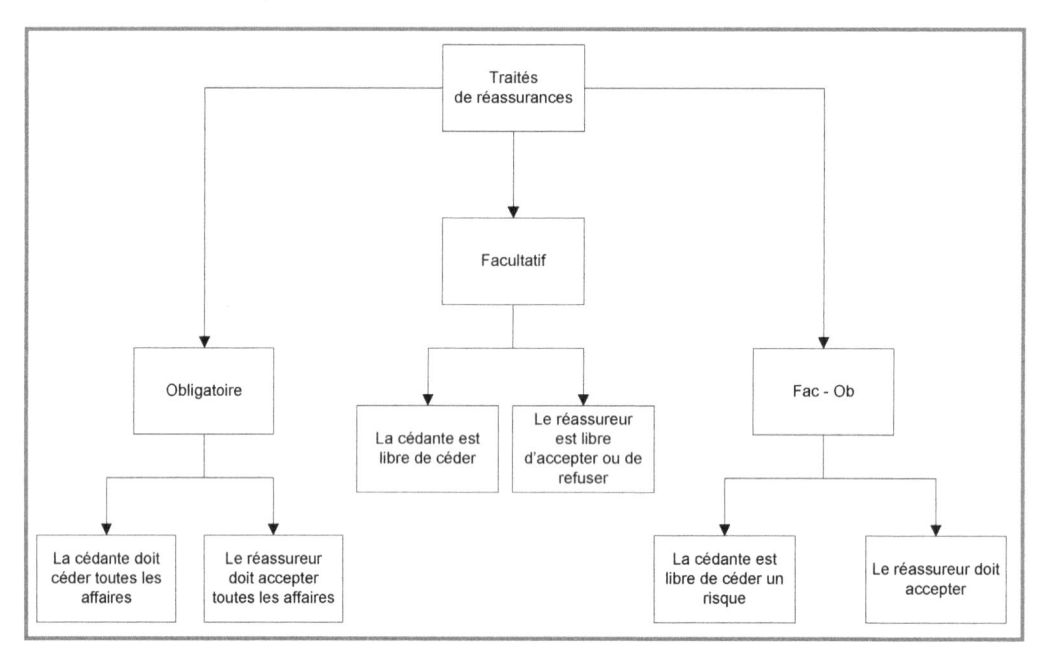

```
                        Traités
                     de réassurances
                            |
        ┌───────────────────┼───────────────────┐
        |                   |                   |
   Obligatoire          Facultatif           Fac - Ob
        |                   |                   |
   ┌────┴────┐        ┌─────┴─────┐        ┌────┴────┐
La cédante  Le réas- La cédante  Le réas-  La cédante  Le réas-
doit céder  sureur   est libre   sureur    est libre   sureur
toutes les  doit     de céder    est libre de céder    doit
affaires    accepter             d'accepter un risque  accepter
            toutes les           ou de
            affaires             refuser
```

La **réassurance de somme** (ou encore réassurance proportionnelle selon les capitaux assurés) :
- la **réassurance en quote-part** (ou en participation) : le réassureur prend en charge un pourcentage des risques assurés par la cédante ;
- la **réassurance en excédent de risque** (ou de garantie ou de plein) : le réassureur prend en charge la partie du risque qui

excède le « plein de conservation » de la cédante (c'est-à-dire le maximum qu'il conserve).

La **réassurance de dommages** (ou encore réassurance non proportionnelle selon les montants des sinistres) :
- la **réassurance en excédent de sinistres** (excess loss) : le réassureur prend en charge, pour chaque sinistre, la partie qui dépasse un montant donné ;
- la **réassurance en excédent de pertes** (stop loss) : le réassureur prend en charge la partie des sinistres totaux d'un exercice dépassant un montant donné.

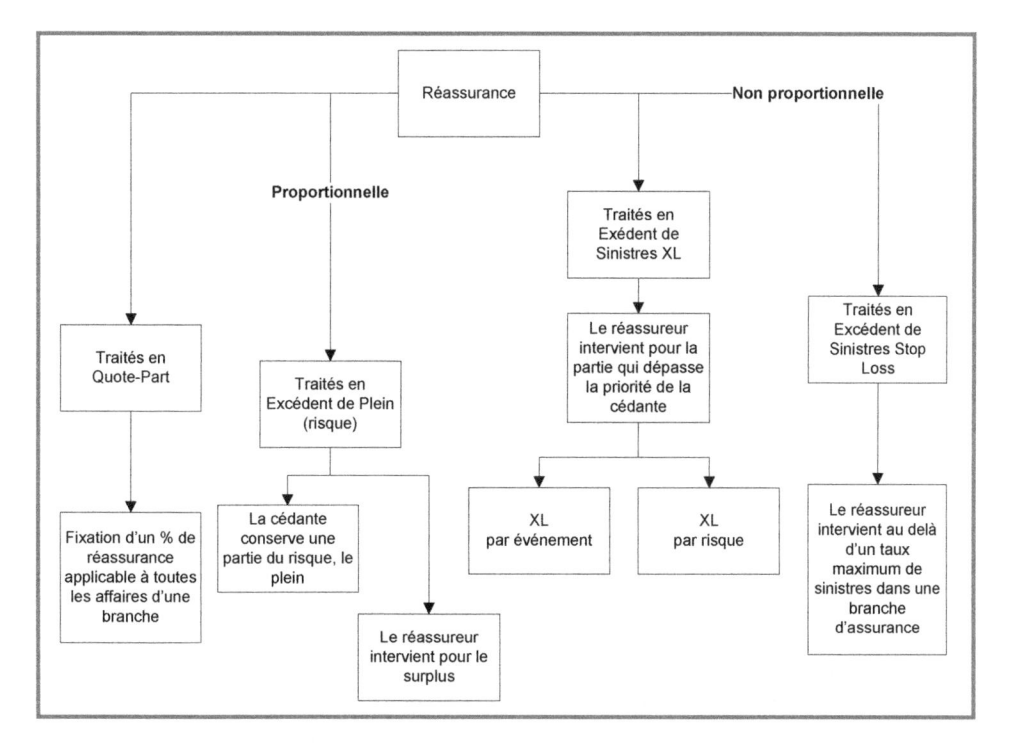

```
                          Réassurance
           ┌──────────────────┼──────────────────┐
      Proportionnelle                       Non proportionnelle
           │                                       │
           │                        ┌──────────────┴──────────────┐
           │                   Traités en                    Traités en
           │                   Exédent de                    Excédent de
           │                   Sinistres XL                  Sinistres Stop Loss
           │                        │                              │
   ┌───────┴────────┐          Le réassureur               Le réassureur
   │                │          intervient pour la          intervient au delà
Traités en     Traités en      partie qui dépasse          d'un taux
Quote-Part     Excédent de     la priorité de la           maximum de
               Plein (risque)  cédante                     sinistres dans une
   │                │               │                      branche d'assurance
   │                │        ┌──────┴──────┐
Fixation     La cédante      XL            XL
d'un % de    conserve une    par           par
réassurance  partie du       événement     risque
applicable   risque, le
à toutes     plein
les affaires      │
d'une        Le réassureur
branche      intervient pour le
             surplus
```

La **détermination** de la **cession**

L'exemple qui suit permet d'illustrer la répercussion du plein sur la politique de souscription de l'entreprise d'assurances et voir comment et quand il atteint sa limite de souscription pour un risque.

Admettons qu'une entreprise d'assurances fixe, en risque incendie, son plein à 10.000 € et que son traité de réassurance prévoit une réassurance de 20 pleins. Il s'ensuit que sa capacité de souscription s'élève à :

PLEINS	NOMBRE	CAPACITÉ DE SOUSCRIPTION
Plein propre de l'entreprise d'assurances	1	10.000
Pleins réassurés	20	200.000
Capacité totale de souscription	21	210.000

EXEMPLE	SOMME ASSURÉE	RÉTENTION	CESSION	% DE RÉASSURANCE
1	10.000	10.000	0	0,00
2	12.000	10.000	2.000	16.66
3	70.000	10.000	60.000	85.71
4	175.000	10.000	165.000	94.28
5	300.000	10.000	290.000	96.66

Il résulte de cet exemple que l'entreprise d'assurances aura des difficultés pour accepter le risque 5 étant donné que la somme assurée dépasse de 90.000 € sa capacité de souscription.

3.7.3 *Le fronting*

Le fronting est l'opération par laquelle un **groupe multinational** demande à une **entreprise d'assurances** ou un réassureur appelé, le **fronté**, non représenté sur un **marché local**, d'émettre pour un **risque local** un **contrat d'assurances**.

En pratique, l'entreprise d'assurances locale, contre rémunération, accepte de couvrir aux conditions du fronté le risque et le cède normalement complètement à celui-ci.

L'objectif primaire est bien entendu la souscription du risque et, accessoirement, de disposer d'une entreprise d'assurances locale qui s'occupe du règlement de toutes les taxes et surtout qui maîtrise la législation locale en cas de sinistre éventuel. Un tel sinistre serait ainsi réglé sur base des conditions du fronté, mais en respectant la législation locale avec l'aide de l'entreprise d'assurances locale.

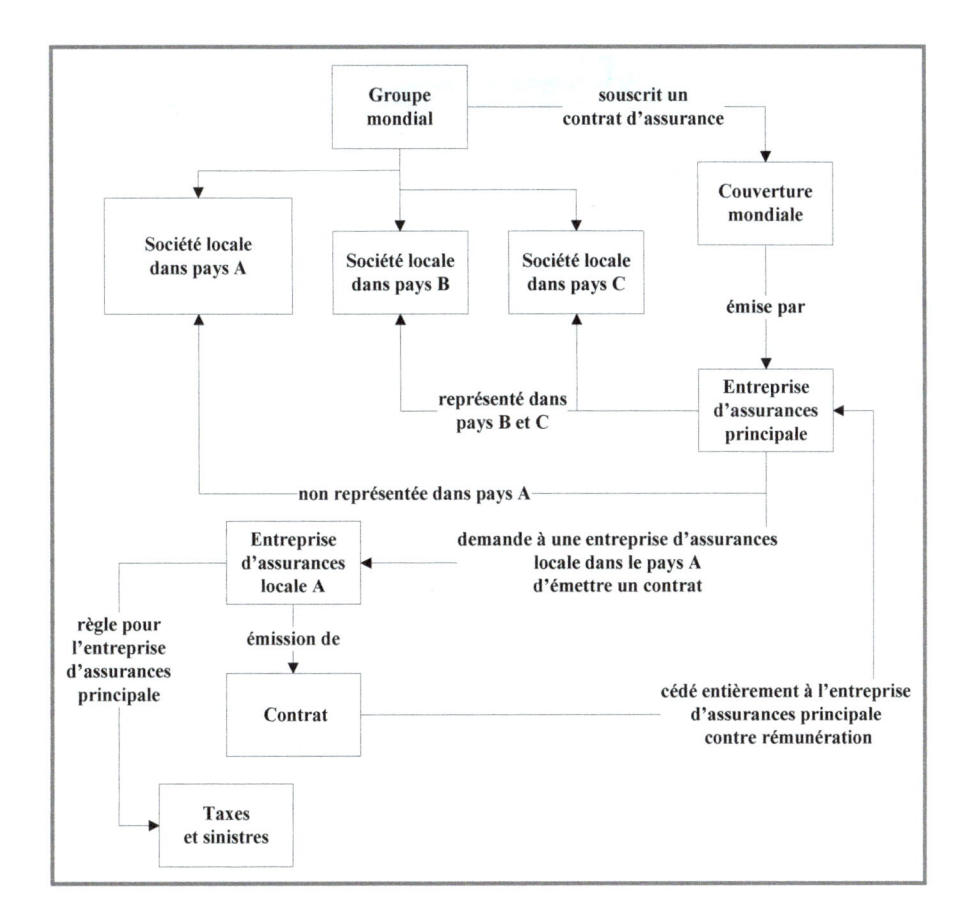

```
                    Groupe          souscrit un
                    mondial         contrat d'assurance
           ┌───────────┼───────────┐      │
           ▼           ▼           ▼      ▼
     Société locale Société locale Société locale  Couverture
     dans pays A    dans pays B    dans pays C     mondiale
                                                      │
                                               émise par
                    représenté dans                   │
                    pays B et C                       ▼
                                                Entreprise
                                                d'assurances
                                                principale
              ─── non représentée dans pays A ───

              Entreprise      demande à une entreprise d'assurances
              d'assurances ◄  locale dans le pays A
              locale A        d'émettre un contrat
  règle pour     │
  l'entreprise   émission de
  d'assurances   │
  principale     ▼
              Contrat  ─────── cédé entièrement à l'entreprise
                                d'assurances principale
                                contre rémunération
              Taxes
              et sinistres
```

3.7.4 Les captives

Une captive est, soit une société d'assurances, soit une société de réassurances, qui sont créées par un groupe industriel ou financier pour gérer les risques de ce groupe.

La finalité d'une captive est de gérer les risques de ce groupe avec, ou sans intermédiaire, et de profiter des revenus financiers ainsi générés.

Au Grand-Duché de Luxembourg, les captives de réassurances sont réglementées par le législateur[17].

---

17   Art. 46 de la loi du 24 février 1984.

4 – LA CLASSIFICATION DES BRANCHES D'ASSURANCES

4.1 Classification classique

Dans la classification classique on distingue :
- les assurances de dommages ;
- les assurances de personnes.

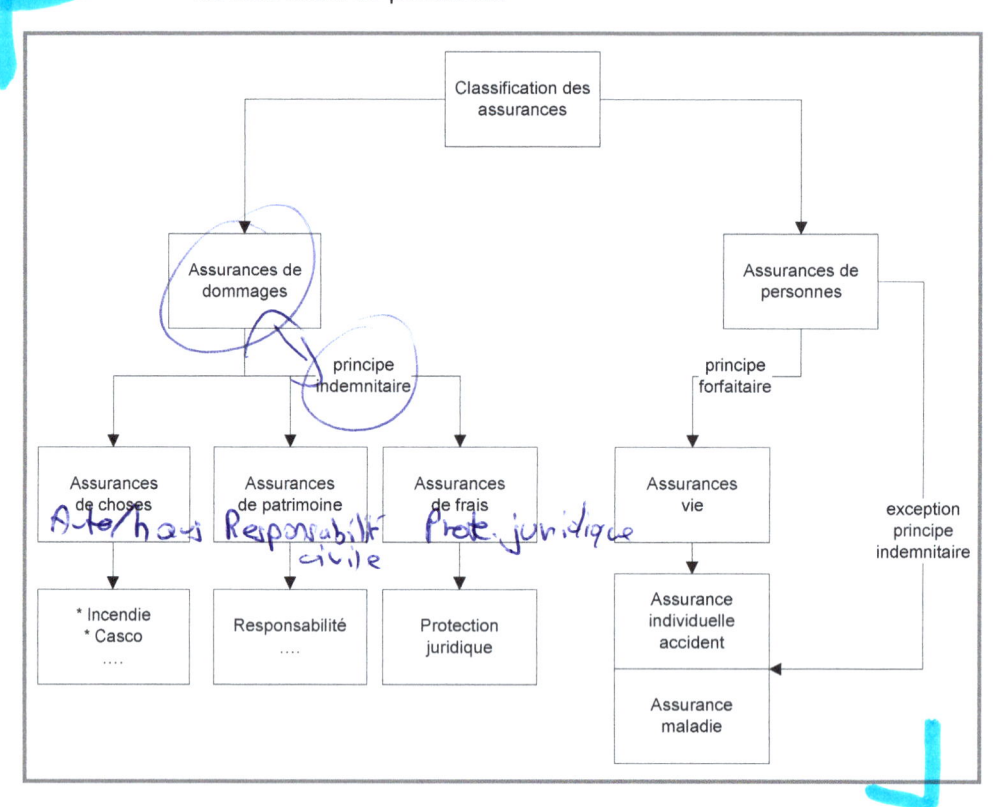

```
                        Classification des
                            assurances
                    ┌───────────┴───────────┐
            Assurances de              Assurances de
              dommages                   personnes
                 │                           │
          principe                      principe
          indemnitaire                  forfaitaire
      ┌──────────┼──────────┐               │
  Assurances  Assurances  Assurances    Assurances
  de choses   de patrimoine de frais       vie
      │           │           │             │
  * Incendie  Responsabilité Protection  Assurance
  * Casco         ....       juridique   individuelle
     ....                                  accident   ← exception
                                              │       principe
                                          Assurance   indemnitaire
                                           maladie
```

(annotations manuscrites : Auto/hab – Responsabilité civile – Prot. juridique)

En examinant la loi sur le contrat d'assurance, on retrouve la même approche structurée sous une autre forme. Pour lire le tableau ci-dessous il faut commencer par la partie inférieure :

- dans un premier temps on retrouve les énumérations de certaines familles d'assurances ;
- dans la suite on voit que ces familles rangent soit dans les assurances de dommages soit dans les assurances de personnes ;
- puis on voit que toutes les assurances de dommages sont à caractère indemnitaire ;

- en ce qui concerne les assurances vie, elles ont toutes un caractère forfaitaire alors que les autres assurances de personnes sont à cheval entre les caractères indemnitaires et forfaitaires ;
- finalement on abouti sur les dispositions communes qui s'appliquent tant aux assurances à caractère indemnitaire qu'aux assurances à caractère forfaitaires.

Dispositions générales communes					
Assurances indemnitaires				Assurances forfaitaires	
Assurances de dommages				Assurances de personnes	
Assurances de choses	Assurances de responsabilités	Assurances protection juridique	Autres assurances de personnes		Assurances vie

On notera cependant qu'au niveau de la structure de la loi sur le contrat d'assurance on ne parle pas d'assurances de frais en tant que tel mais on se limite à la seule assurance de protection juridique.

4.1.1 *Les assurances de dommages*

Les assurances de dommages ont pour objet de couvrir les conséquences d'un événement incertain qui cause un **dommage au patrimoine d'une personne**. Elles ne peuvent **jamais** être une cause de **bénéfice** pour l'assuré ou la victime et ne garantissent que l'indemnité des **pertes réelles** que l'assuré a éprouvées.

Les assurances de dommages sont **subdivisées** comme suit :

- les **assurances de choses**

  Le but des assurances de choses est de couvrir les pertes matérielles de l'assuré.

  > EXEMPLE :
  > La maison détruite par un incendie

- les **assurances de responsabilités**

  Le but des assurances de responsabilités est de couvrir les conséquences pécuniaires de la responsabilité incombant à l'assuré à la suite de dommages causés à des tiers (autrui) et dont il est civilement responsable.

  > EXEMPLE :
  > Le fils de Monsieur Schmit casse une fenêtre de la maison du voisin.

- les **assurances de frais**

    Le but des assurances de frais est de prendre en charge les frais nécessaires pour résoudre des différends entre parties. Si ces assurances reposaient naguère principalement sur la couverture Défense et Recours, qui est toujours accessoire à une assurance de la responsabilité civile, les assurances Protection Juridique, de nos jours, sont des produits isolés et couvrent par ailleurs le volet contractuel qui est exclu en assurances Défense et Recours.

> **EXEMPLE :**
> À cause d'un différend avec son garagiste, Monsieur Schmit doit faire appel à un avocat pour défendre ses intérêts.

4.1.2 *Les assurances de personnes*

Les assurances de personnes ont pour objet de couvrir l'**intégrité physique** de l'assuré et de lui régler, en cas de réalisation du risque :
- un **forfait** dans les assurances **vie** ;
- suivant ce qui est convenu par les parties soit un **forfait**, soit une **indemnité** dans les assurances de personnes **autres** que sur la **vie** ;

> **EXEMPLE :**
> En assurance vie, l'assuré touche, à la date prévue au contrat, le capital convenu d'avance.

Dans les assurances de personnes, tant les prestations que les primes dépendent d'un événement incertain qui affecte la vie, l'intégrité physique ou la situation familiale de l'assuré.

Les assurances de personnes regroupent les branches :
- individuel accident ;
- maladie ;
- vie.

4.1.3 *Les différences entre assurances de dommages et assurances de personnes*

L'objet des assurances de **dommages** est de couvrir le patrimoine de l'assuré lorsqu'il est touché par la destruction de ses propres biens ou à la suite de dommages causés à un tiers dont il serait responsable.

En raison des engagements qu'elle a pris, l'entreprise d'assurances devra en cas de réalisation du risque indemniser l'assuré ou la victime des conséquences du sinistre. On dit encore que les assurances de dommages sont à **caractère indemnitaire**.

L'objet des assurances de **personnes** est de couvrir l'intégrité physique de l'assuré, à hauteur de la somme assurée, retenue au moment de la souscription du contrat. Les assurances de personnes autres que sur la vie sont à caractère forfaitaire ou indemnitaire, alors que les assurances vie sont exclusivement à caractère **forfaitaire**.

Une assurance est dite **indemnitaire** lorsque l'entreprise d'assurances s'engage à fournir la prestation nécessaire pour réparer tout ou partie d'un dommage subi par l'assuré ou dont celui-ci est responsable. La prestation de l'entreprise d'assurances dépend de l'importance du dommage et il s'agit de remettre l'assuré, respectivement la victime, dans une situation comme si aucun sinistre n'avait eu lieu. L'indemnité sert ainsi à compenser la privation que l'usage du bien assuré a pu causer à l'assuré ou à la victime. Il s'agit de réparer le seul dommage et rien que le dommage, toute source d'**enrichissement** est **exclue**. Il résulte de ce qui précède que le montant d'une indemnité ne peut être fixé qu'après la survenance du sinistre.

Une assurance est dite **forfaitaire** lorsque la prestation de l'entreprise d'assurances ne dépend pas de l'importance du dommage. L'entreprise d'assurances verse la prestation convenue d'avance.

ASSURANCES	
DE DOMMAGES	DE PERSONNES
L'indemnité ne peut pas dépasser le montant du sinistre (caractère indemnitaire) et ne peut être fixée qu'après la survenance du sinistre.	L'indemnité est fixée par la police même (caractère forfaitaire). Le cas échéant l'indemnité ne peut pas dépasser le montant du sinistre (si à caractère indemnitaire).
L'assuré doit apporter la preuve du préjudice que lui a causé le sinistre.	Pas de preuve requise (sauf en ce qui concerne la preuve des frais exposés).
L'indemnité ne peut pas dépasser le montant du dommage effectivement subi même si plusieurs contrats couvrent le même risque.	Sauf pour les assurances à caractère indemnitaire, rien ne s'oppose au cumul résultant de plusieurs contrats.
Dans la mesure où il n'est pas défendu par le législateur, l'entreprise d'assurances a un recours contre le tiers responsable.	Pas de recours possible.

4.1.4 Les assurances de frais

Les assurances de frais portent sur une assistance juridique et dans la mesure de ce qui est défini dans le contrat d'assurance :
- la prise en charge des frais et
- le cas échéant fournir un service en relation avec une couverture d'assurance

en relation avec un litige entre le preneur d'assurance et/ou l'assuré d'un côté et de l'autre un tiers. Ce volet d'indemnisation n'est ainsi :
- ni dans les assurances de dommages qui portent sur l'indemnisation de son propre patrimoine ;
- ni dans les assurances de responsabilité qui visent l'indemnisation du dommage causé à autrui respectivement la défense contre des demandes injustifiées dans la mesure où la garantie responsabilité civile sort ses effets.

4.2 Classification UE (Union Européenne)

I. BRANCHES AUTRES QUE VIE[18]

NUMÉRO	BRANCHE	DÉTAIL
1	Accidents	y compris les accidents de travail et les maladies professionnelles • prestations forfaitaires ; • prestations indemnitaires ; • combinaisons ; • personnes transportées.
2	Maladie	• prestations forfaitaires ; • prestations indemnitaires..
3	Corps de véhicules terrestres	tout dommage subi par : • véhicules terrestres automoteurs ; • véhicules terrestres non automoteurs.
4	Corps de véhicules ferroviaires	tout dommage subi par les véhicules ferroviaires
5	Corps de véhicules aériens	tout dommage subi par les véhicules aériens
6	Corps de véhicules maritimes, lacustres et fluviaux	tout dommage subi par : • véhicules fluviaux ; • véhicules lacustres ; • véhicules maritimes.
7	Marchandises transportées	y compris les marchandises, bagages et tous autres biens tout dommage subi par les marchandises transportées ou bagages, quel que soit le moyen de transport.

---

18 Voir texte coordonné du 15.2.1995 de la loi du 6.12.1991 sur le secteur des assurances publié au Mémorial A 12 du 15.2.1995 page 624.

NUMÉRO	BRANCHE	DÉTAIL
8	Incendie et éléments naturels	tout dommage subi par les biens (autres que les biens compris dans les branches 3, 4, 5, 6 et 7) lorsque ce dommage est causé par : • incendie ; • explosion ; • tempête ; • éléments naturels autres que la tempête ; • énergie nucléaire ; • affaissement de terrain.
9	Autres dommages aux biens	tout dommage subi par les biens (autres que les biens compris dans les branches 3, 4, 5, 6 et 7) lorsque ce dommage est causé par la grêle ou la gelée, ainsi que par tout événement tel le vol, autre que ceux compris sous 8
10	RC véhicules terrestres automoteurs	toute responsabilité résultant de l'emploi de véhicules terrestres automoteurs (y compris la responsabilité du transporteur)
11	RC véhicules aériens	toute responsabilité résultant de l'emploi de véhicules aériens (y compris la responsabilité du transporteur)
12	RC véhicules maritimes, lacustres et fluviaux	toute responsabilité résultant de l'emploi de véhicules fluviaux, lacustres et maritimes (y compris la responsabilité du transporteur)
13	RC générale	toute responsabilité autre que celles mentionnées sous les numéros 10, 11 et 12
14	Crédit	• insolvabilité générale ; • crédit à l'exportation ; • vente à tempérament ; • crédit hypothécaire ; • crédit agricole.
15	Caution	• caution directe ; • caution indirecte
16	Pertes pécuniaires diverses	• risques d'emploi ; • insuffisance de recettes (générale) ; • mauvais temps ; • pertes de bénéfice ; • persistance de frais généraux ; • dépenses commerciales imprévues ; • perte de la valeur vénale ; • pertes de loyers ou de revenus ; • pertes commerciales indirectes autres que celles mentionnées précédemment ; • pertes pécuniaires non commerciales ; • autres pertes pécuniaires.
17	Protection juridique	
18	Assistance	• assistance aux personnes en difficulté au cours de déplacements ou d'absences du domicile ou du lieu de résidence permanente ; • assistance en d'autres circonstances.

II. BRANCHES VIE

NUMÉRO	BRANCHE	DÉTAIL
1	Vie avec ou sans contre-assurance	• décès ; • vie ; • mixte : opérations d'assurances se rapportant aux garanties qui comportent à titre accessoire les assurances sur la vie et qui, à la suite de maladie ou d'accident, notamment en cas d'invalidité, prévoient une prestation non indemnitaire et complémentaire à la prestation principale.
2	Opération de capitalisation	
3	Gestion de fonds collectifs de retraite	

Alors même que les dénominations suivantes ne sont pas trop utilisées par les entreprises directes locales, il nous semble utile de les mentionner dans un contexte international :

BRANCHE	DÉTAIL
21	il s'agit des produits classiques en assurance vie. La branche recouvre surtout le fait que le taux d'intérêt est garanti par l'assurance.
23	il s'agit des produits d'assurance vie liés à des fonds d'investissement. Le risque financier est pris en charge par l'assuré.
26	il s'agit de produits financiers commercialisés dans un cadre fiscal particulier avec un horizon de temps de 5 à 7 ans. Seul le souscripteur existe, il n'y pas d'assuré.

5 – LA SURVEILLANCE DES COMPAGNIES D'ASSURANCES

5.1 Base légale

La base légale est constituée par la loi du 06.12.1991 sur le secteur des assurances.

5.2 L'exécution de la surveillance

Sous l'autorité du Ministre ayant dans ses attributions la surveillance du secteur des assurances, un établissement public dénommé « **Commissariat aux Assurances** » est chargé de la surveillance des entreprises d'assurances.

5.3 La mission du commissariat aux assurances

La surveillance du secteur des assurances, des réassurances et des intermédiaires d'assurances n'a pas pour objet de garantir les intérêts individuels des entreprises ou des professionnels surveillés ou de leurs clients, ou de tiers, mais elle se fait exclusivement dans l'intérêt public.

Dans cet esprit, l'autorité de contrôle a pour mission :

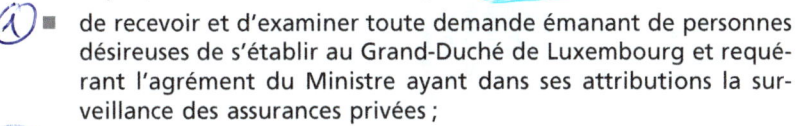

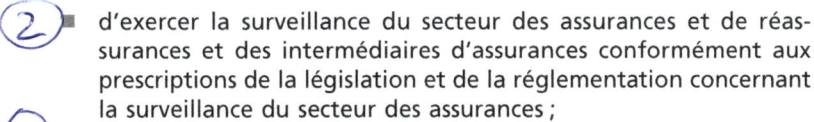

- de recevoir et d'examiner toute demande émanant de personnes désireuses de s'établir au Grand-Duché de Luxembourg et requérant l'agrément du Ministre ayant dans ses attributions la surveillance des assurances privées ;
- d'exercer la surveillance du secteur des assurances et de réassurances et des intermédiaires d'assurances conformément aux prescriptions de la législation et de la réglementation concernant la surveillance du secteur des assurances ;
- d'assurer la coordination de l'exécution des initiatives et mesures gouvernementales visant à une expansion ordonnée des activités d'assurance et de réassurance au Grand-Duché de Luxembourg ;
- de suivre les dossiers et de participer aux négociations relatives aux problèmes de l'assurance et de la réassurance sur le plan communautaire et international ;
- de présenter au Gouvernement toutes suggestions susceptibles d'améliorer l'environnement législatif et réglementaire concernant l'activité d'assurance et de réassurances au Grand-Duché de Luxembourg ;
- d'examiner toute autre question ayant trait à l'activité d'assurance et de réassurance que le Ministre lui soumettra.

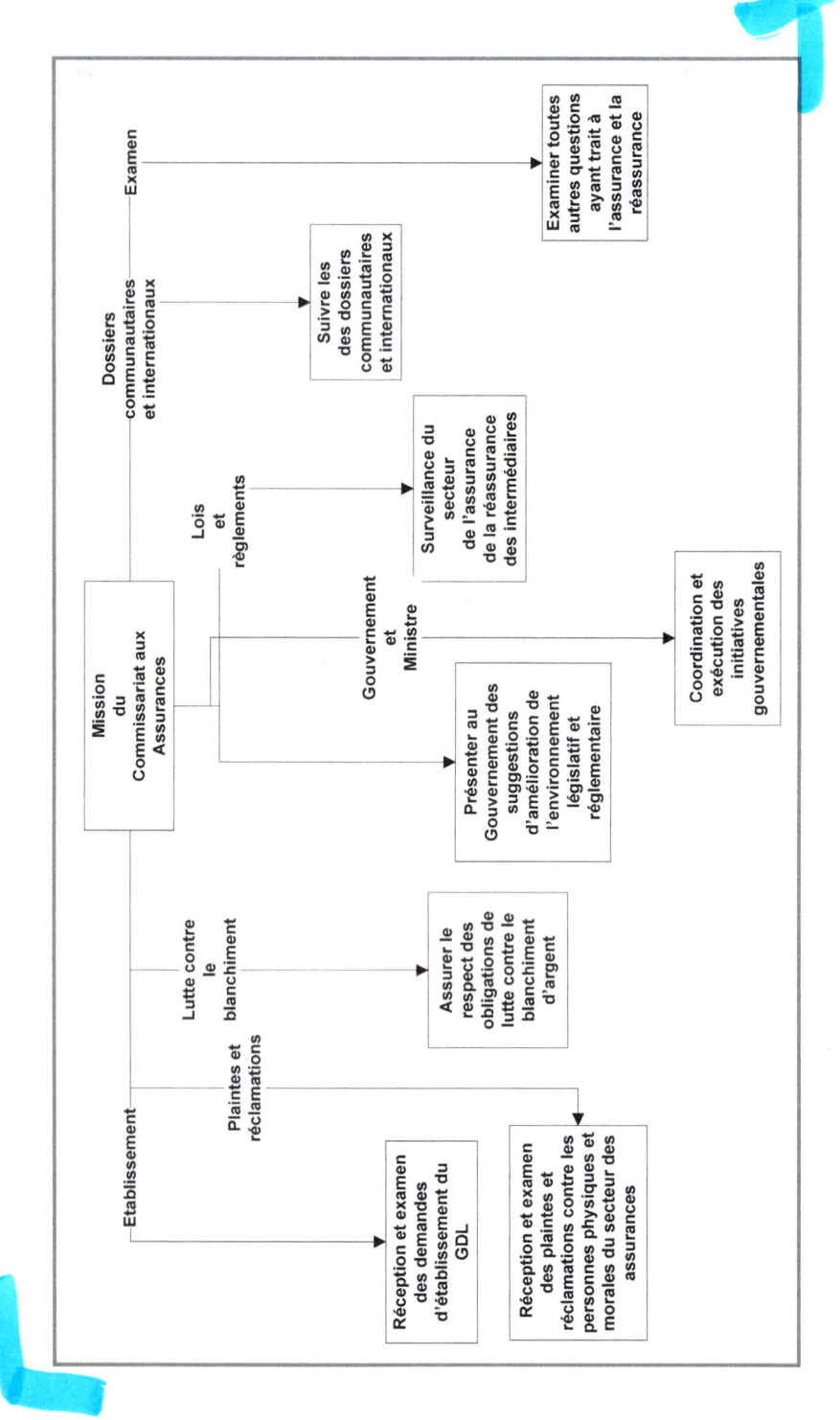

Mission du Commissariat aux Assurances

Dossiers communautaires et internationaux

- **Examen** → Examiner toutes autres questions ayant trait à l'assurance et la réassurance
- Suivre les dossiers communautaires et internationaux

Lois et règlements

- Surveillance du secteur de la réassurance des intermédiaires

Gouvernement et Ministre

- Présenter au Gouvernement des suggestions d'amélioration de l'environnement législatif et réglementaire
- Coordination et exécution des initiatives gouvernementales

Lutte contre le blanchiment

- Assurer le respect des obligations de lutte contre le blanchiment d'argent

Plaintes et réclamations

- Réception et examen des plaintes et réclamations contre les personnes physiques et morales du secteur des assurances

Établissement

- Réception et examen des demandes d'établissement du GDL

5.4 L'agrément requis pour l'exercice de la profession

- l'agrément est donné par branche entière ou pour certains groupes de branches ;
- une extension d'activité donne lieu à un agrément spécifique pour la branche concernée ;
- une même entreprise d'assurances ne peut à la fois vendre des produits de la branche vie et des produits de la branche non-vie ;
- l'agrément est révocable ;
- ni les personnes physiques ni morales ne peuvent exercer des opérations d'assurance en l'absence d'un agrément[19].

5.5 Le contrôle

5.5.1 *Les produits d'assurance*

Tant les Conditions Générales que Particulières ou Spéciales, les propositions d'assurance et tarifs ainsi que leurs modifications ultérieures doivent être conformes à la législation. Dans le passé, ces textes ont dû être approuvés avant leur parution sur le marché par le Ministre ayant dans ses attributions l'autorité de contrôle. En l'occurrence, on parlait d'un contrôle a priori. Ce contrôle a priori est remplacé par le **contrôle a posteriori**, et ce, **de manière non systématique**. En d'autres termes : à ce jour les entreprises d'assurances sont devenues responsables elles-mêmes de la conformité de leurs textes avec la législation. L'autorité de contrôle intervient après le lancement d'un produit pour vérifier cette conformité dans un esprit revenant à dire : tout est permis sauf ce qui est dicté ou interdit par la loi.

5.5.2 *Les assurances obligatoires*

Pour les contrats **d'assurances obligatoires**[20], les Conditions Générales et Spéciales doivent être communiquées à l'autorité de contrôle **préalablement à leur utilisation**.

5.5.3 *Les assurances vie et maladie*

Dans l'assurance sur la vie ainsi que dans l'assurance maladie pratiquée suivant les techniques de l'assurance sur la vie, les bases utilisées pour le calcul des tarifs et des provisions techniques ainsi que leurs modifications ultérieures doivent être communiquées à l'autorité de contrôle au plus tard au moment de la première mise sur le marché des contrats y relatifs.

---

19 Pour plus de détails voir chapitre 4 relatif à l'intermédiation en assurance.
20 Voir Chapitre 7.

5.5.4 *Les intermédiaires*

L'autorité de contrôle est chargée de la surveillance des obligations prévues dans le chef des intermédiaires par le législateur.

À cet effet elle peut :
- se faire délivrer tous documents et toutes pièces utiles par les intermédiaires luxembourgeois et par les entreprises d'assurances mandantes ;
- effectuer des contrôles sur place dans les locaux professionnels des mêmes personnes et dans les locaux professionnels des entreprises d'assurances mandantes ;
- s'entourer de tous renseignements utiles auprès d'autres organismes administratifs ou judiciaires ou auprès de tierces personnes[21].

Outre les sanctions pénales, l'autorité de contrôle peut prévoir une amende d'ordre qui ne peut pas dépasser cinquante mille euros[22] qui, en cas de récidive dans les cinq années de la dernière sanction devenue définitive, peut être doublée.

En supplément de cette amende, l'autorité de contrôle peut, sur place, prononcer l'une des sanctions disciplinaires suivantes :
- un avertissement ;
- un blâme ;
- l'interdiction d'effectuer certaines opérations et toute autre limitation dans l'exercice de l'activité ;
- la suspension temporaire d'un ou de plusieurs dirigeants de l'intermédiaire, personne morale.

Les décisions prises par le Ministre ou l'autorité de contrôle peuvent être déférées au tribunal administratif[23].

6 – POSITIONNEMENT DE L'ASSURANCE DANS L'ARCHITECTURE FINANCIÈRE

Le tableau ci-après reprend de manière sommaire le positionnement de l'assurance dans l'architecture de la place financière au Grand-Duché de Luxembourg.

---

21 Art. 111.1 LSA.
22 Art. 111 loi LSA (PSA).
23 Art. 111.3 LSA.

Principes de base — 81

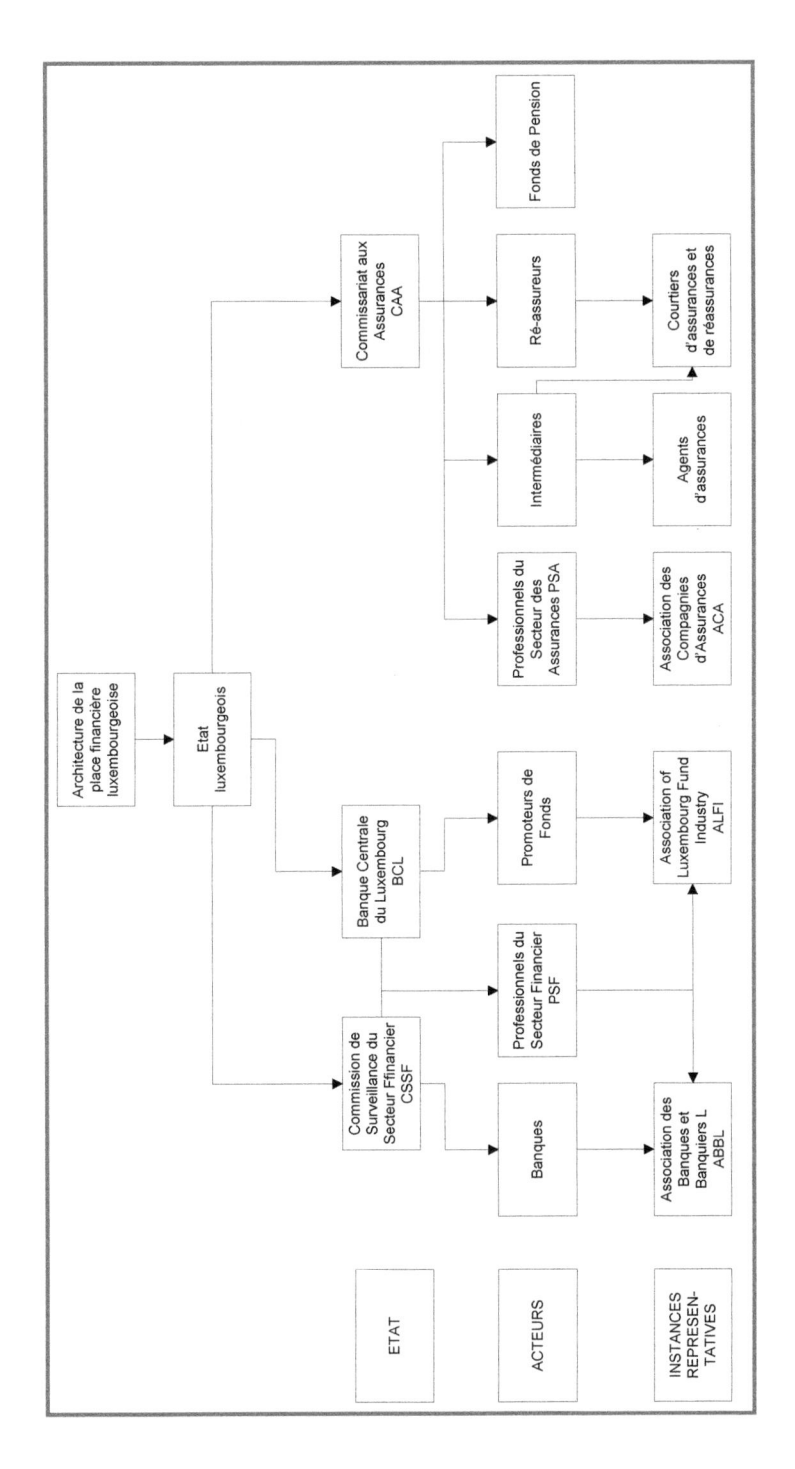

Architecture de la place financière luxembourgeoise

ETAT
- Etat luxembourgeois
  - Commission de Surveillance du Secteur Financier CSSF
  - Banque Centrale du Luxembourg BCL
  - Commissariat aux Assurances CAA

ACTEURS
- Banques
- Professionnels du Secteur Financier PSF
- Promoteurs de Fonds
- Professionnels du Secteur des Assurances PSA
- Intermédiaires
  - Agents d'assurances
- Ré-assureurs
- Fonds de Pension

INSTANCES REPRESEN-TATIVES
- Association des Banques et Banquiers L ABBL
- Association of Luxembourg Fund Industry ALFI
- Association des Compagnies d'Assurances ACA
- Courtiers d'assurances et de réassurances

PROMOCULTURE - LARCIER

7- VÉRIFIEZ VOS CONNAISSANCES

1) Quelle est la différence entre une compagnie à prime fixe et une mutuelle ?
2) Quelle est la différence entre une indemnité et un forfait ?
3) Comment calcule-t-on une prime comptant ?
4) Dans quel cas une franchise est-elle non-opposable ?
5) Définissez les notions « apériteur » et « quittance unique ».
6) En quoi consiste le fronting ?
7) Établissez un diagramme de la classification des assurances.
8) En quoi consiste la mission du Commissariat aux Assurances ?

Chapitre 3

Le contrat d'assurance

1 – Définition du contrat d'assurance 84
2 – Les caractères généraux du contrat d'assurance 85
3 – Dispositions communes à tous les contrats 87
4 – Dispositions propres aux assurances à caractère indemnitaire 137
5 – Dispositions propres aux assurances à caractère forfaitaire 148
6 – L'adaptation du contrat d'assurance 150
7 – La langue officielle du contrat 151
8 – Égalité de traitement entre femmes et hommes 152
9 – Dispositions additionnelles applicables aux contrats à distance 152
10 – Vérifiez vos connaissances 156

I – DÉFINITION DU CONTRAT D'ASSURANCE

On distingue le contrat d'assurance de l'opération de capitalisation.

1.1 Le contrat d'assurance

Un contrat d'assurance[24] est un contrat en vertu duquel :
- moyennant **le paiement d'une prime** fixe ou variable,
- une partie appelée **entreprise d'assurances**,
- s'**engage** envers une autre partie, appelée preneur d'assurance,
- à **fournir une prestation** telle qu'elle est prévue dans le contrat

au cas où :
- dans les **assurances** de **dommages** survient un événement incertain que l'assuré a intérêt à ne pas voir se réaliser ;
- dans les **assurances** de **personnes** survient un événement incertain qui affecte la vie, l'intégrité physique ou la situation familiale de l'assuré.

Un contrat nominatif basé sur les techniques des opérations de capitalisation peut être considéré comme un contrat d'assurance, pour autant qu'il comporte une clause d'attribution bénéficiaire.

> **EXEMPLE :**
>
> Monsieur Schmit souscrit un contrat d'assurance sur la vie dont lui, ou à défaut son épouse Weber, est bénéficiaire. Ce contrat qui peut être à long terme, constitue une opération d'épargne dont les primes sont capitalisées selon la méthode des intérêts composés.

Comme tout contrat, le contrat d'assurance présente un certain nombre de caractères qui doivent être réunis.

La particularité d'un contrat d'assurance réside dans le fait qu'il évolue dans le temps. Il s'ensuit que, au-delà de sa formation initiale, il y a également lieu de voir les modifications qu'il subit dans le temps.

---

24 Art. 1A LCA.

1.2 L'opération de capitalisation

Une opération de capitalisation[25] est un contrat **au porteur** comportant l'engagement, en échange de versements uniques ou périodiques, de fournir une prestation fixée dans le contrat ou liée à l'évolution de la valeur ou du rendement des actifs auxquels le contrat est adossé.

Une **opération de capitalisation** n'est pas un contrat d'assurance au sens du terme puisqu'il ne comporte pas d'aléa. Elle se distingue du contrat d'assurance par le fait qu'elle est **au porteur**, alors que le **contrat d'assurance est nominatif**, et qu'elle ne comporte pas de clause bénéficiaire.

2– LES CARACTÈRES GÉNÉRAUX DU CONTRAT D'ASSURANCE

2.1 Le caractère synallagmatique (ou bilatéral)

Le contrat d'assurance est un acte synallagmatique (ou bilatéral) comportant pour chacune des parties contractantes des obligations réciproques.

D'une manière générale, on peut dire que tant l'entreprise d'assurances que le preneur d'assurance s'engagent l'un vis-à-vis de l'autre. En effet, le bien-fondé de l'engagement de l'un réside dans l'exécution des engagements de l'autre.

C'est ainsi que l'entreprise d'assurances indemnisera les dommages couverts si le risque se réalise.

D'un autre côté le preneur d'assurance :
- fournira les renseignements nécessaires à la conclusion de la police ;
- payera la prime ;
- signalera toute modification du risque survenant pendant la période de validité de l'assurance ;
- déclarera les sinistres ;
- prendra les mesures nécessaires pour atténuer le dommage.

2.2 Le caractère onéreux

Le contrat d'assurance est onéreux, c'est-à-dire que, en contrepartie de la prime perçue, l'entreprise d'assurances s'oblige à indemniser la personne convenue des pertes ou dommages éventuels qui peuvent se produire si le risque se réalise.

---

25 Art. 1B LCA.

2.3 Le caractère aléatoire

Le contrat d'assurance est aléatoire, c'est-à-dire qu'il comprend un élément incertain. Un tel contrat peut encore être qualifié de convention réciproque dans laquelle les avantages et pertes des parties, ou d'une d'entre elles, dépendent d'un événement incertain.

Il résulte de ce qui précède que le caractère aléatoire réunit deux facteurs d'incertitude, à savoir :
- la réalisation du risque et
- la perte ou le gain qui en résultera.

2.4 Le caractère consensuel

Le contrat d'assurance est consensuel, car il est réputé conclu dès qu'il y a **accord** des parties sur les **primes** et le **contenu** c.-à-d. le risque à couvrir. En d'autres termes : le preneur d'assurances peut en principe se désister tant que l'entreprise d'assurances n'a pas acceptée sa proposition.

Il existe néanmoins une exception à cette règle, à savoir en assurance vie où le preneur d'assurances peut se désister jusqu'à 30 jours à dater de celui où il a été informé que le contrat à été conclu.

La preuve de l'existence du contrat est cependant réglementée par le législateur.

2.5 Le contrat d'assurance est un contrat d'adhésion

Le contrat d'assurance est un contrat d'adhésion, c'est-à-dire qu'une partie (l'entreprise d'assurances) se trouve dans une situation économique privilégiée lui permettant, dans le cadre de ce qui est permis par la loi, de prédéfinir le contenu du contrat. Son contractant (le preneur d'assurance) ne peut qu'adhérer au schéma qui lui est proposé avec peu de possibilités de le discuter.

2.6 La bonne foi

Dans une opération d'assurance, la bonne foi du preneur d'assurance est toujours **présumée**. Le cas échéant, l'entreprise d'assurances doit prouver le contraire.

2.7 Le contrat d'assurance de dommages ne peut être source d'enrichissement

Le contrat d'assurance de dommages (ou indemnitaire) ne peut jamais être une cause de bénéfice pour l'assuré lui-même ou la victime ; il ne garantit que l'indemnité des pertes réelles éprouvées.

3 – DISPOSITIONS COMMUNES À TOUS LES CONTRATS

3.1 Les renseignements sur le risque et l'information du preneur avant la conclusion du contrat

Avant toute conclusion d'un contrat, l'entreprise d'assurances a besoin d'un certain nombre de renseignements qui lui permettent d'apprécier le risque et de calculer la prime. Dans le but d'un équilibre entre parties contractantes, l'entreprise d'assurances doit préalablement à la conclusion du contrat communiquer certaines informations au preneur d'assurance.

3.1.1 *La proposition d'assurance*

La proposition d'assurance[26] est un **formulaire émanant de l'entreprise d'assurances** que le futur **preneur d'assurance doit** remplir et **signer**. Elle renseigne l'entreprise d'assurances davantage sur le risque à couvrir et lui fournit les éléments d'appréciation dont elle a besoin. Par le biais de ce mécanisme, le preneur d'assurance devient celui qui offre, alors que l'entreprise d'assurances est l'acceptant. Elle est néanmoins libre d'accepter le risque proposé ou de le refuser.

La proposition d'assurance comprend deux parties :
- les **désirs du client** (quel bien ou qu'elle personne doit-on assurer, contre quel risque et à hauteur de quel montant, etc) ;
- les **réponses aux questions** qui sont indispensables pour l'appréciation du risque et le calcul de la prime.

La proposition d'assurance **n'engage ni** le candidat **preneur d'assurance ni l'entreprise d'assurances** pour conclure un contrat.

Le candidat preneur d'assurance a le droit d'être informé dans les meilleurs délais si l'entreprise d'assurances entend prendre en charge le risque ou non. C'est pourquoi le législateur, en présence d'une proposition d'assurance signée par le futur preneur d'assurance, oblige l'entreprise d'assurances sous peine de dommages et intérêts à faire **parvenir** au candidat preneur d'assurance **dans les 30 jours de la réception** de la proposition :
- soit une offre d'assurance ;
- soit de demander une enquête pour un supplément d'informations ;
- soit de refuser d'assurer le risque.

---

26 Art. 1N LCA.

Dans le but d'informer le candidat preneur sur ses droits, ceux-ci doivent être repris sur la proposition. Il en est de même de l'information selon laquelle la signature de la proposition d'assurance ne fait pas courir la couverture.

Le contrat d'assurance se forme seulement dès lors que le preneur d'assurance aura signé l'offre remise par l'entreprise d'assurances. La signature du preneur d'assurance manifeste ainsi l'acceptation du prix et du contenu proposés par l'offrant. La volonté de souscrire dans le chef de l'entreprise d'assurances a été prouvée à suffisance dans son offre et en particulier dans les Conditions Particulières signées par ses représentants dument autorisées à le faire.

3.1.2 *La note de couverture*

La note de couverture[27] est un **document** qui **émane de l'entreprise d'assurances**. Dans ce cas l'entreprise d'assurances, à la **demande** du **preneur d'assurance**, avant même la rédaction d'un contrat d'assurance prend le risque **provisoirement** en charge.

Sauf si une autre disposition a été prise, la note de couverture prend effet le **lendemain** à **zéro heure** de son émission par l'entreprise d'assurances.

Elle indique :
- le nom de l'entreprise d'assurances, l'adresse du siège social et, le cas échéant, l'adresse de la succursale qui accorde la couverture ;
- les noms et domicile du preneur d'assurance ;
- la chose ou la personne assurée ;
- la nature des risques garantis ;
- le moment à partir duquel le risque est garanti et la durée de cette garantie ;
- les bases de tarification.

> **EXEMPLE :**
> Madame Muller veut acquérir une maison et se rend le 15 mars 2014, munie d'une garantie bancaire, à une adjudication publique. Comme aucune autre personne n'entend suivre Madame Muller dans son offre, elle devient l'heureuse propriétaire de cette maison.
> Comme elle veut couvrir au plus vite le risque contre l'incendie, elle contacte vers 16.30 heures son entreprise d'assurances pour se faire remettre une note de couverture.

---

27   Art. 1M LCA.

> L'effet de cette couverture peut soit être immédiat, c'est-à-dire à 16.30 heures le 15 mars 2014, soit le lendemain du jour de l'établissement de la note de couverture à zéro heure, c'est-à-dire 00.00 heure le 16 mars 2014.
> Comme l'entreprise d'assurances n'a pas vu le risque et n'a pu se faire une appréciation du risque, la durée de la note de couverture est limitée à 30 jours.

Pendant la durée de la note de couverture, le preneur d'assurance peut à tout moment décider de renoncer à la couverture accordée.

Si le preneur est intéressé à la couverture et si l'entreprise d'assurances est prête à accepter le risque définitivement, l'entreprise d'assurances peut pendant la durée de la note de couverture établir un contrat définitif.

Par contre, si l'entreprise d'assurances n'est pas prête à accepter le risque définitivement, la couverture cesse avec la fin de la note de couverture.

Il résulte de ce qui précède que l'entreprise d'assurances devra porter un grand soin à la rédaction de la note de couverture pour parer à toute équivoque visant, à savoir si la note de couverture constitue :

- uniquement la preuve d'un contrat provisoire ou autrement dit temporaire ou bien
- la preuve provisoire d'un contrat définitif (non encore émis).

3.1.3 *La police présignée*

La police présignée[28] est un contrat d'assurance qui est **préalablement signé par l'entreprise d'assurances**. Contrairement à la note de couverture, qui est établie à la demande du preneur d'assurance, **la police présignée n'est pas sollicitée par le preneur d'assurance**. Elle est contractée aux conditions qui y sont décrites et, le cas échéant, est complétée par le preneur d'assurance en des endroits prévus à cet effet. Le contrat est formé dès la signature par le preneur d'assurance.

Sauf si une autre disposition a été prise, la police présignée prend effet le lendemain à zéro heure de la réception par l'entreprise d'assurances. Cette date sera communiquée au preneur d'assurance par l'entreprise d'assurances.

À partir du jour où le preneur d'assurance aura reçu la police présignée, il a le droit de résilier le contrat avec effet immédiat et ceci pendant un délai de 30 jours. Le même droit de résiliation est accordé à l'entreprise

---

28 Art. 10 LCA.

d'assurances. Afin d'éviter que le preneur d'assurance ne se trouve sans couverture, la résiliation par l'entreprise d'assurances ne devient effective que huit jours après sa notification.

Pour les polices présignées d'une durée inférieure à 30 jours, ni le preneur d'assurance ni l'entreprise d'assurances ne peuvent résilier le contrat.

> **Exemple :**
> Le 15 mai 2014, avec sa concubine Hoffmann, monsieur Wagner procède à la réservation d'une croisière qui l'emmènera du 1er au 31 octobre 2014 dans les fjords de la Scandinavie. En même temps, il signe une police présignée comprenant une assurance annulation de voyage, une assurance bagages ainsi qu'une garantie assistance.
> Le 20 mai 2014, monsieur Wagner reçoit un courrier de l'entreprise d'assurances qui l'informe qu'elle vient de recevoir en date du 18 mai 2014 la police présignée et que la couverture a pris effet à dater du 19 mai 2014 à 00.00 heure. Après avoir lu l'ensemble de la documentation qu'on lui a remise, monsieur Wagner estime qu'il n'a pas suffisamment réfléchi lors de la conclusion de la police présignée et entend résilier le contrat. Dans ce cas, il peut en informer son entreprise d'assurances dans les 30 jours de la réception de la police présignée, soit pendant la période du 20 mai 2014 au 19 juin 2014. La résiliation prend effet immédiatement après notification à l'entreprise d'assurances.
> Si c'est l'entreprise d'assurances qui entend résilier la police présignée, elle peut le faire à son tour mais seulement dans les 30 jours de la réception de la police présignée. Dans notre cas, pendant la période du 18 mai 2014 au 17 juin 2014.

3.1.4 L'information de l'entreprise d'assurances au preneur d'assurance avant la conclusion du contrat

Avant la conclusion d'un contrat, l'entreprise d'assurances est tenue d'informer le preneur d'assurance de ses droits[29].

C'est pourquoi l'entreprise d'assurances, **avant** la conclusion du contrat, doit communiquer au preneur d'assurance les informations suivantes :
- la dénomination ou raison sociale et la forme juridique de l'entreprise d'assurances ;
- le nom de l'État membre où est établi le siège social et, le cas échéant, l'agence ou la succursale avec laquelle le contrat sera conclu ;

---

29 Art. 10 LCA.

- l'adresse du siège social et le numéro d'immatriculation au registre de commerce et des sociétés de l'entreprise d'assurances ou de tout registre étranger équivalent et, le cas échéant, l'adresse et le numéro d'immatriculation de l'agence ou de la succursale avec laquelle le contrat sera conclu. Les coordonnées des autorités de surveillance compétentes à l'égard des entités et des personnes visées ci-avant ;
- la définition de chaque garantie et option ainsi que de toute limitation ou exclusion apportées à ces garanties ;
- la durée du contrat ;
- les modalités d'exercice du droit de résiliation ou de renonciation au contrat. L'existence ou l'absence d'un droit de rétractation et, si ce droit existe :
  - sa durée et les modalités de son exercice, y compris des informations :
    - sur le montant que le preneur peut être tenu de payer, ainsi que
    - sur les conséquences découlant de l'absence d'exercice de ce droit, ainsi que
    - des instructions pratiques pour l'exercice du droit de rétractation indiquant, entre autre, l'adresse à laquelle la notification doit être envoyée ;
- les modalités et la durée de versement des primes ;
- les informations sur tous les frais accessoires et les taxes occasionnés par la conclusion du contrat ;
- les informations sur les primes relatives à chaque garantie, qu'elle soit principale ou complémentaire, lorsque de telles informations s'avèrent appropriées ;
- la loi qui sera applicable au contrat au cas où les parties n'auraient pas de liberté de choix ou, si les parties ont la liberté de choisir la loi applicable, la loi que l'entreprise d'assurances propose ;
- la juridiction compétente pour connaître des litiges nés du contrat ;
- les dispositions relatives à l'examen des réclamations des preneurs d'assurance au sujet du contrat, y compris, le cas échéant, l'existence ou l'absence d'une instance chargée d'examiner les réclamations et, si une telle instance existe, les modalités d'accès à cette dernière, sans préjudice de la possibilité pour le preneur d'assurance d'intenter une action en justice,

REMARQUE :

Le législateur n'a pas défini ce qu'il y a lieu d'entendre par « avant la conclusion du contrat ». Faut-il entendre un certain délai avant la remise des documents contractuels, s'agit-il du moment où la proposition d'assurance est signée ou bien peut-on envisager le moment de la signature de l'offre de l'entreprise d'assurances actant l'accord sur le contenu et le prix proposés par l'entreprise d'assurances transformant le projet des Conditions Particulières et les Conditions générales en contrat d'assurances ?
Dans son Code de Déontologie[30], l'ACA formule la même obligation d'une autre manière en utilisant le terme pré-contractuel. Cette formulation ne livre pas non plus des renseignements plus précis quant au délai endéans lequel les informations sont à fournir au client.

REMARQUE :

Le Commissariat aux Assurances est l'organe officiel pour recevoir et examiner les plaintes et réclamations émanant d'un preneur d'assurances[31].
Sur initiative privée, l'Association des compagnies d'assurances (ACA) ainsi que l'Union Luxembourgeoise des consommateurs (ULC) ont mis en place un « médiateur en Assurance ». L'avis de ce médiateur n'est pas impératif et le preneur d'assurance peut toujours intenter une action en justice. En cas de contestation, le preneur peut à son choix s'adresser par écrit soit à son entreprise d'assurances, soit au médiateur pour adresse à
– l'ACA :
  * 12, rue Erasme, L-1468 Luxembourg
  * BP 448, L-2014 Luxembourg
  * www.aca.lu
  * aca@aca.lu ou
– ULCL
  * 55, rue des Bruyères, 1274 Howald
  * www.ulc.lu
  * ulc@pt.lu

- la langue ou les langues dans laquelle/lesquelles sont communiquées les conditions générales et spéciales ainsi que l'information pré-contractuelle des contrats d'assurances à distance et, en outre, la langue ou les langues dans laquelle ou lesquelles l'entreprise d'assurances s'engage, en accord avec le preneur, à communiquer pendant la durée du contrat ;
- toute limitation de la durée pendant laquelle les informations fournies sont valables ;
- le cas échéant, une notification indiquant que le contrat d'assurance est lié à des instruments qui impliquent des risques particuliers du fait de leurs spécificités ou des opérations à exécuter ou dont le prix dépend des fluctuations des marchés financiers, sur lesquelles l'entreprise d'assurances n'a aucune influence et

---

30 Point 1.2.
31 Point 2.5 LSA.

que les performances passées ne laissent pas présager les performances futures.

En cas de souscription d'une assurance sur la vie, les informations à transmettre doivent porter en supplément sur :
- les modalités de calcul et d'attribution des participations aux bénéfices ;
- les indications des valeurs de rachat et de réduction et la nature des garanties y afférentes ;
- une énumération des valeurs de référence utilisées (unités de compte) dans les contrats à capital variable ;
- des indications sur la nature des actifs représentatifs des contrats à capital variable ;
- des indications générales relatives au régime fiscal applicable au type de police.

Dans l'absolu, on peut considérer les informations à fournir au client à charge des entreprises d'assurances et des intermédiaires comme une obligation de résultat, dans la mesure où il s'agit de fournir des données et expliquer la forme de leur exécution. L'énumération des différentes informations détaille dans une certaine mesure un point de la mission de surveillance du Commissariat aux Assurances en tant qu'autorité de contrôle du secteur.

3.1.5 *Les informations à fournir par l'intermédiaire d'assurance*

Avant la conclusion d'un contrat d'assurance, chaque intermédiaire d'assurance est tenu de fournir au client un certain nombre d'informations. Par contrat au sens de la présente il faut :
- soit un premier contrat d'assurance ;
- soit la modification d'un contrat d'assurance ;
- soit le renouvellement d'un contrat d'assurance.

Les informations à fournir par l'intermédiaire d'assurance portent au minimum sur :
- son identité ;
- le registre dans lequel il est inscrit et le moyen avec lequel le preneur peut vérifier que l'intermédiaire est immatriculé ;
- toute participation, qu'elle soit directe ou indirecte, qui dépasse 10 % des droits de vote ou du capital d'une entreprise d'assurances déterminée qu'il détient ;
- toute participation, qu'elle soit directe ou indirecte, qui dépasse 10 % des droits de vote ou du capital de l'intermédiaire détenue

par une entreprise d'assurances déterminée ou par l'entreprise mère d'une entreprise d'assurances déterminée ;
- les procédures permettant aux clients et aux autres intéressés de déposer plainte contre des intermédiaires. Pour le surplus, il informera le client sur les procédures extrajudiciaires de réclamation et de recours.

En fonction de sa qualité d'intermédiaire :
- l'agent indiquera au client le nom de l'entreprise ou des entreprises d'assurances pour lesquelles il travaille ;
- le dirigeant d'une société de courtage d'assurances indiquera au client le nom de la société de courtage d'assurances pour laquelle il travaille ;
- le sous-courtier d'assurances indiquera au client le nom du courtier d'assurances, respectivement de la société de courtage d'assurances, pour le ou laquelle il travaille.

Le **courtier** doit fonder ses conseils sur base d'un **nombre suffisant** de contrats d'assurances offerts sur le marché pour recommander celui qui est le mieux adapté aux besoins du client.

> REMARQUE :
> Le texte légal ne définit cependant pas ce qu'il y a lieu d'entendre par « un nombre suffisant ». Comme les mots contrats d'assurances sont repris au pluriel, l'auteur part du principe que le courtier doit baser son conseil sur au moins deux contrats.

Face à un **contrat d'assurance spécifique**, l'intermédiaire précise avant la conclusion du contrat, les raisons qui motivent son conseil.

3.1.6 *Les modalités d'information*

Toutes les informations que l'intermédiaire doit fournir à son client doivent être communiquées :
- sur papier ou un autre support durable qui est disponible ou accessible au client ;
- avec clarté et exactitude et compréhensible pour le client ;
- dans une langue officielle[32] de l'État membre de l'engagement ou dans toute autre langue comprise par les parties.

Si le client le demande ou en cas de couverture immédiate, les informations peuvent être fournies oralement. Dans ce cas les informations sont néanmoins à fournir sur papier ou un autre support durable après la

---

32 Rappelons que pour le Luxembourg les langues officielles sont le luxembourgeois, le français et l'allemand. Même si la langue du pays est une langue officielle, l'auteur ne connaît pas un contrat d'assurance rédigé en langue luxembourgeoise.

conclusion du contrat d'assurances. Le même principe est d'application en cas de vente téléphonique.

3.2 Les obligations de déclaration du preneur d'assurance et les omissions ou inexactitudes intentionnelles et non intentionnelles

3.2.1 Les obligations de déclaration du preneur d'assurance

Lors de la **conclusion** du contrat, le preneur d'assurance doit déclarer **toutes** les circonstances :
- qu'il connaît ;
- et qu'il estime raisonnablement constituer un élément d'appréciation du risque[33].

> **EXEMPLE :**
> Lors de la conclusion de son assurance incendie, monsieur Schmit déclare disposer d'une cheminée d'intérieur parce qu'il estime que cette cheminée pourrait constituer un élément dans l'appréciation du risque.

> REMARQUE :
> De l'avis de l'auteur, le preneur d'assurance devra, en pratique avoir des difficultés pour pouvoir se prononcer de manière spontanée sur les éléments constitutifs d'appréciation du risque. Ceci reviendrait en fait à ce qu'il soit à même de connaître les modalités de souscription des différentes entreprises d'assurances de la place. Peut-on raisonnablement partir du principe que le preneur d'assurance dispose du discernement nécessaire pour savoir p.ex. que l'entreprise d'assurances A considère la présence d'un escalier en bois comme un critère qui a une influence sur la qualité du risque en assurance incendie, alors que, pour l'entreprise d'assurance B la présence d'un tel escalier est sans importance ?
> En droit britannique, le Consumer Insurance Act 2012 renverse la preuve de l'apport d'information dans la mesure où il appartient à l'entreprise d'assurances de poser des questions sur les risques couverts et les clients sont tenus d'y répondre de manière précise et complète[34].

Par contre, le preneur d'assurance n'est pas obligé de déclarer des circonstances que l'entreprise d'assurances connaît déjà ou que celle-ci devrait raisonnablement connaître.

---

33 Art. 11 LCA.
34 L'argus de l'assurance N 7301 du 22 février 2013 page 23.

> **EXEMPLE :**
> Madame Muller a souscrit une assurance responsabilité civile obligatoire pour une planche à voile ainsi qu'une assurance combinée près de la même entreprise d'assurances.
> Lors d'un incendie, l'entreprise d'assurances met en doute l'existence de la planche à voile et soutient que Madame Muller aurait dû la déclarer. D'après le texte légal, on peut estimer que l'entreprise d'assurances devrait raisonnablement connaître l'existence de la planche à voile puisqu'elle l'assure en responsabilité civile.

Les données génétiques ne peuvent pas être communiquées[35].

Si le preneur d'assurance ne répond pas à certaines questions qui lui sont posées par écrit par l'entreprise d'assurances et que cette dernière établit quand même le contrat, elle ne pourra plus se prévaloir ultérieurement de cette omission. Le cas de fraude est naturellement exclu.

> **EXEMPLE :**
> Lors de la conclusion de son assurance vol, monsieur Schmit ne répond rien à la question sur le point de savoir si sa maison se trouve dans une agglomération ou bien si elle est loin toute autre risque normalement habité. Monsieur Schmit estime de bonne foi que sa maison distante du prochain voisin de 66 m n'est pas un risque isolé. Dans la suite, il oublie d'y revenir. L'entreprise d'assurances établit quand même le contrat.
> Lors d'un sinistre vol, l'entreprise d'assurances refuse d'intervenir et prétend que monsieur Schmit n'a pas correctement rempli la proposition d'assurance.
> Comme l'entreprise d'assurances a émis le contrat en connaissance de cause, elle ne saurait opposer à monsieur Schmit de ne pas avoir rempli correctement la proposition d'assurance.

Le législateur ne permet pas à l'entreprise d'assurances de se prévaloir d'une telle omission puisqu'elle a conclu le contrat en l'absence de la susdite information et sans demande d'information supplémentaire. Dans notre cas, l'entreprise d'assurances a donc accepté, et le fait de savoir ou non si le risque était isolé sans influence sur l'appréciation du risque.

> REMARQUE
>
> Le fait de ne pas avoir déclaré lors de la souscription d'un contrat d'assurance la survenance de deux accidents survenus dans le passé peut être considéré comme fausse déclaration qui entraîne l'annulation du contrat[36].

---

35 Art. 11 LCA.
36 Cour d'appel de Douai, Civ. 2ᵉ, 14 juin 2012, pourvoi N° 11-11344 (réf : Argus de l'assurance No. 7273 du 20 juin 2012 p 31).

En cas de sinistre d'un dommage matériel au véhicule, l'entreprise d'assurances pourrait dans un cas pareil refuser son intervention. Cependant, en cas de collision avec un tiers, l'entreprise d'assurances de la responsabilité civile automobile, rendue obligatoire par la loi, ne pourra pas opposer cette annulation à la personne lésée dans la mesure où l'annulation a trouvé sa cause dans un fait antérieur au sinistre[37]. Si le sinistre s'est néanmoins produit alors que l'annulation est déjà intervenue, celle-ci devient opposable à la victime.

3.2.2 Les omissions ou inexactitudes intentionnelles

Nous avons vu au présent chapitre[38] qu'une opération d'assurance est toujours fondée sur la bonne foi. Le preneur d'assurance qui abuse de cette confiance de l'entreprise d'assurances doit partant s'attendre à des sanctions.

C'est pourquoi toute omission ou inexactitude intentionnelle dans la déclaration, qui induisent l'entreprise d'assurances en erreur sur l'appréciation du risque, rendent le **contrat nul**[39]. N'est cependant pas visée par cette mesure l'erreur sur l'âge en assurance vie.

Le preneur d'assurance est tenu de payer la prime jusqu'au moment où l'entreprise d'assurances a connaissance de l'omission ou de l'inexactitude intentionnelle.

3.2.3 Les omissions ou inexactitudes non intentionnelles

Le contrat n'est cependant pas nul s'il s'avère que l'omission ou l'inexactitude dans la déclaration ne sont pas intentionnelles[40].

Dans ce cas, l'entreprise d'assurances peut proposer une modification du contrat qui prend effet le jour où elle a eu connaissance de l'omission ou de l'inexactitude. Cette proposition n'est cependant valable que si elle est présentée dans le mois où l'entreprise d'assurances a eu connaissance de l'omission ou de l'inexactitude.

L'entreprise d'assurances a également le droit de résilier le contrat :
- avec effet au jour où elle a eu connaissance de l'omission ou de l'inexactitude, si elle apporte la preuve qu'elle n'aurait en aucun cas assuré le risque ;
- dans les 15 jours si le preneur d'assurance :
  - refuse la proposition de modification du contrat ;
  - ou n'a pas réagi dans un délai d'un mois à compter de la réception de la proposition de modification du contrat.

---

37 Art. 90.1 LCA.
38 Point 2.6.
39 Art. 12 LCA.
40 Art. 13 LCA.

> **Exemple :**
>
> Madame Thill, qui élève seule son enfant, vit dans un appartement de la résidence du Rond-Point dont elle représente le syndic des copropriétaires. Elle vient de recevoir la résiliation de l'assurance combinée de la résidence à cause d'un nombre élevé de sinistres de dégâts des eaux.
>
> Le 15 janvier 2014, madame Thill propose dès lors le risque à une autre entreprise d'assurances sans dévoiler la résiliation pour cause de sinistre près de la première entreprise d'assurances. Le contrat est conclu et l'entreprise d'assurances a connaissance en date du 17 février 2014 de l'omission intentionnelle de déclarer la résiliation pour cause de sinistres. L'entreprise d'assurances dispose maintenant de 30 jours pour réagir. Admettons qu'elle propose :
> - le 25 février 2014 une modification du contrat pour tenir compte du risque potentiellement plus élevé par rapport à ce qui a été le cas lors de conclusion du contrat
> - qui parvient au preneur d'assurance le 28 février 2014.
>
> L'entreprise d'assurances peut résilier le contrat avec effet au :
> - 17 février 2014, si elle prouve qu'elle n'aurait en aucun cas accepté le risque ayant fait l'objet d'une sinistralité récurrente dans le passé ;
> - 25 mars 2014, si le preneur d'assurance l'informe le 10 mars 2014 qu'il n'accepte pas l'augmentation de la prime ;
> - 28 mars[41] 2014, si le preneur d'assurance n'a pas réagi dans le mois de la réception de la proposition d'augmentation de la prime.

L'entreprise d'assurances qui n'a pas résilié le contrat ni proposé une modification dans les délais prévus, ne peut plus se prévaloir à l'avenir des faits qui lui sont connus.

Si l'omission ou la déclaration inexacte ne peuvent pas être reprochées au preneur d'assurance, l'entreprise d'assurances doit fournir sa garantie si un sinistre intervient avant que la modification du contrat, ou la résiliation, n'ait pris effet.

Par contre, si l'omission ou la déclaration inexacte peuvent être reprochées au preneur d'assurance et si un sinistre intervient avant que la modification du contrat, ou la résiliation, n'ait pris effet, l'entreprise d'assurances n'est tenue de fournir une prestation que selon le rapport entre la prime payée et la prime que le preneur d'assurance aurait dû payer s'il avait régulièrement déclaré le risque.

---

41 Dans la mesure où ne se trouve pas dans une année bissextile, si non ce sera le 28 mars.

EXEMPLE AU CAS OÙ L'OMISSION EST REPROCHABLE :

Sur base des déclarations du preneur d'assurance, l'entreprise d'assurances calcule pour le risque proposé une prime de 500 €. Dans sa proposition de modification, l'entreprise d'assurances propose une prime de 530 €. Admettons un sinistre de 20.000 €. Dans ce cas l'entreprise d'assurances payera :

$$\text{Sinistre (20.000)} \times \frac{\text{prime payée (500)}}{\text{prime qui aurait du être payée (530)}} = 18.868 \ €$$

La prestation de l'entreprise d'assurances est cependant limitée au remboursement de la totalité des primes payées si, lors d'un sinistre, elle apporte la preuve qu'elle n'aurait en aucun cas assuré le risque dont la nature réelle est révélée par ce sinistre.

3.2.4 *Tableau récapitulatif*

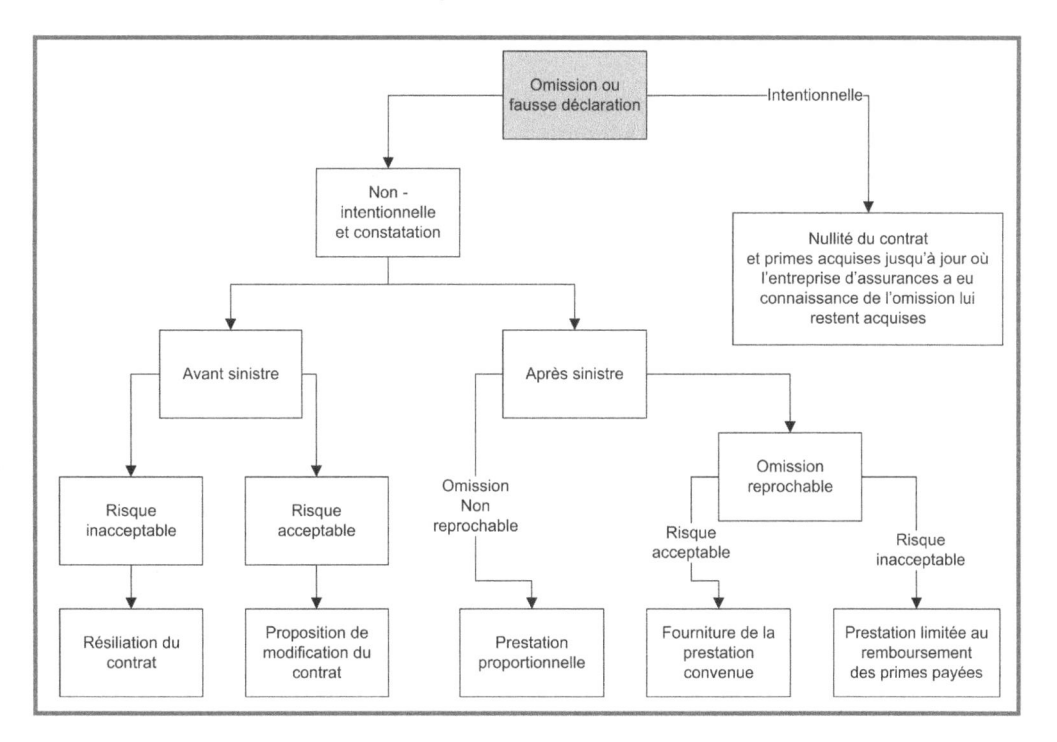

```
                        Omission ou
                        fausse déclaration ───── Intentionnelle
                              │                        │
                ┌─────────────┤                        ▼
                ▼                              Nullité du contrat
         Non-intentionnelle                    et primes acquises jusqu'à jour où
         et constatation                       l'entreprise d'assurances a eu
                │                              connaissance de l'omission lui
        ┌───────┴───────┐                      restent acquises
        ▼               ▼
   Avant sinistre   Après sinistre
        │               │
   ┌────┴────┐    ┌─────┴─────┐
   ▼         ▼    ▼           ▼
 Risque   Risque  Omission    Omission
 inaccep- accep-  Non         reprochable
 table    table   reprochable  ┌────┴────┐
   │         │        │        ▼         ▼
   ▼         ▼        ▼      Risque    Risque
Résilia-  Proposi-  Presta-  accep-    inaccep-
tion du   tion de   tion     table     table
contrat   modifi-   propor-    │         │
          cation du tionnelle  ▼         ▼
          contrat           Fourniture Prestation
                            de la      limitée au
                            prestation remboursement
                            convenue   des primes payées
```

3.3 L'étendue de la garantie

3.3.1 Le dol et la faute

Celui qui cause un sinistre de manière :
- intentionnelle c.-à-d. celui qui veut créer le dommage ou
- dolosive c.-à-d. celui dont le comportement vise à tromper ou à induire en erreur son cocontractant par l'inexécution volontaire du contrat qui lie les parties

est **exclu** du bénéfice de l'assurance[42].

Le législateur admet une **exception** à cette règle : à savoir pour les assurances de personnes à caractère forfaitaire, le suicide survenu au plus tôt un an après la conclusion du contrat.

> REMARQUE :
>
> Suivant la Cour de Cassation belge, est cependant considérée comme prohibée toute clause contractuelle qui a pour effet de priver la garantie de l'assurance un autre assuré que celui qui a causé intentionnellement le sinistre. Ne sont donc pas privés de la garantie les assurés autres que celui qui a causé le sinistre de manière intentionnelle[43].

Si l'intention et le dol sont exclus, la faute, par contre, reste couverte, même s'il s'agit d'une **faute lourde**.

Cependant, à condition de les **déterminer expressément** et **limitativement** dans le contrat, l'entreprise d'assurances peut exclure certains faits qu'elle considère constituer une faute lourde.

Une formulation vague comme : « sont exclus les sinistres suite à une faute lourde » n'est pas permise.

3.3.2 La guerre

Les dommages causés par la guerre ou par des faits de même nature sont normalement exclus[44].

Suivant l'entreprise d'assurances et suivant le produit, ces événements **peuvent être couverts** moyennant insertion dans les Conditions Particulières.

> REMARQUE :
>
> En pratique, la couverture du risque de guerre ne s'applique qu'aux assurances de personnes pour autant qu'elle se déclenche au moment où l'on séjourne dans un pays victime d'une guerre et qu'on n'est pas arrivé à sortir du pays au préalable.

---

42 Art. 14 LCA.
43 Johan De Wit dans L'assurance au Présent de Kluwer N0 18 des 6-10 mai 2013 p. 3 (Cass, 4 mars 2013, www.cass.be NjW, 2013, 308 et suiv. note G. Jocque).
44 Art. 15 LCA.

> La couverture du risque de guerre n'est cependant pas valable pour des personnes qui se rendent dans un pays en état de guerre en connaissance de cause, tels que journalistes, photographes, militaires, aides humanitaires, parents et proches de personnes en difficultés etc.

Les émeutes ne sont pas visées par cette exclusion. Partant du principe qu'une émeute n'est pas à considérer comme un « fait de même nature », ses conséquences seraient couvertes d'office. L'entreprise d'assurances reste cependant libre d'exclure expressément les émeutes.

3.4 Le contenu du contrat ainsi que les informations au preneur d'assurance en cours de contrat

3.4.1 Le contenu du contrat

Le contrat authentifie l'acceptation du risque et fait preuve de pièce justificative. Cette preuve se fait par écrit. Même si le législateur ne l'impose pas, le contrat est établi en autant d'exemplaires qu'il y a de parties contractantes, c'est-à-dire un exemplaire pour le preneur d'assurance et un exemplaire pour l'entreprise d'assurances. Normalement l'intermédiaire reçoit également une copie pour son dossier client.

Le contrat indique[45] :

- les noms et domicile des parties contractantes ;
- la chose ou la personne assurée ;
- la nature des risques garantis ;
- le moment à partir duquel le risque est garanti et la durée de cette garantie ;
- le montant de cette garantie ;
- la prime ou la cotisation de l'assurance ;
- les cas et les modalités de la résiliation du contrat ;
- la juridiction compétente pour connaître des litiges nés du contrat.

Toutes les **limitations** de garanties ainsi que les **exclusions** doivent être **mises en évidence**[46].

Il résulte de ce qui précède que toute exclusion non mise en évidence n'est pas opposable. En d'autres termes, dans les limites du contenu et des montants assurés par le contrat d'assurances, on pourrait argumenter qu'un sinistre est à charge de l'entreprise d'assurances tant qu'il n'y a pas d'exclusion formelle. C'est donc sur l'entreprise d'assurances que pèse la

---

45 Art. 16 LCA.
46 Art. 16.3. LCA.

charge de la preuve de ce que les conditions de fait de l'exclusion qu'elle invoque sont réunies[47].

Nous avons vu que l'entreprise d'assurances a besoin d'un certain nombre d'informations ou de renseignements qui lui permettent d'apprécier le risque et d'établir le contrat. En cas de différend avec son client, il tombe sous le sens que l'entreprise d'assurances puisse y faire appel. Afin de rétablir l'équilibre entre parties, le législateur impose à l'entreprise d'assurances de remettre au preneur d'assurance, au plus tard au moment de la conclusion du contrat, une **copie** certifiée par l'entreprise d'assurances de tous les **renseignements** que celui-ci lui a communiqués par écrit.

3.4.2 Les Conditions Générales

Les Conditions Générales sont édictées par l'entreprise d'assurances, **préimprimées** pour **tous** les **contrats** du **même genre** et comprennent les postes suivants :
- le dispositif général : objet du contrat, les garanties, les exclusions, le règlement des sinistres ;
- le dispositif administratif y compris les droits et devoirs des parties contractantes.

Pour les contrats d'assurances *obligatoires*, les Conditions Générales et Spéciales doivent être *communiquées* au Commissariat aux Assurances *préalablement* à leur utilisation.

Pour les autres contrats (Conditions Générales, Conditions Spéciales, etc.) le Commissariat aux Assurances est autorisé à procéder à un contrôle a posteriori, et ce de manière non systématique. En d'autres termes : les entreprises d'assurances sont devenues responsables elles-mêmes de la conformité de leurs textes avec la législation. Le Commissariat aux Assurances intervient après le lancement d'un produit pour vérifier cette conformité dans un esprit revenant à dire : tout est permis sauf ce qui est dicté ou interdit par la loi.

> REMARQUE :
> Pour souligner leur participation aux actions concrètes dans le domaine du développement durable et pour répondre aux évolutions offertes par les moyens de communication électroniques, certaines entreprises d'assurances prévoient de ne plus envoyer systématiquement les Conditions Générales sur support papier mais de les rendre accessibles via Internet.
> Dans ce cas, les entreprises :
> – mettent à disposition les Conditions Générales sur leur site Internet ;

---

47   Emmanuel Seifert dans la revue mensuelle Lixisnexis Jurisclasseur octobre 2013 p 35 (Cass. 2e civ, 21 février 2013 N° 12-17.528 : JurisData N° 2013-002858 ; Rersp. Civ. et assur. 2013 comm. 161 H. Groutel).

- informent le client par écrit que les Conditions Générales figurent sur leur site internet et lui expliquent comment il peut y accéder et les télécharger ;
- insèrent une clause dans les Conditions Particulières du contrat aux termes de laquelle le preneur d'assurance reconnaît avoir été informé que les Conditions Générales qui s'appliquent à son contrat sont publiées et accessibles sur le site Internet référencé.

3.4.3 Les Conditions Particulières

Les Conditions Particulières représentent la **partie personnalisée** du contrat et viennent s'ajouter aux Conditions Générales. Elles sont personnalisées et imprimées sur mesure.

On y retrouve :
- le(s) nom(s) et prénom(s) de la personne qui fait assurer pour son compte ou pour le compte d'autrui, c'est-à-dire le preneur d'assurance à qui incombe également le paiement de la prime ;
- l'intermédiaire ;
- l'effet et la durée de l'assurance ;
- l'échéance ;
- la chose ou la personne assurée ;
- les garanties souscrites ;
- les montants souscrits ;
- les primes à payer.

Les Conditions Particulières **priment** toujours les Conditions Générales.

3.4.4 Les informations au preneur d'assurance en cours de contrat

Outre les Conditions Générales et les Conditions Particulières, le preneur d'assurance doit recevoir **pendant** la durée du contrat les informations suivantes[48] :
- tout changement dans la dénomination ou raison sociale, la forme juridique ou l'adresse du siège social de l'entreprise d'assurances et, le cas échéant, de l'agence ou de la succursale avec laquelle le contrat a été conclu.

S'y ajoutent pour les avenants et au cas où la législation applicable devait changer :
- la définition de chaque garantie et option ainsi que de toute limitation ou exclusion apportées à ces garanties ;
- la durée du contrat ;

---

48 Art. 17 LCA.

- les modalités d'exercice du droit de résiliation et, le cas échéant, de renonciation au contrat ;
- les modalités et la durée de versement des primes ;
- les informations sur tous les frais accessoires et les taxes occasionnés par la conclusion du contrat ;
- les informations sur les primes relatives à chaque garantie, qu'elle soit principale ou complémentaire, lorsque de telles informations s'avèrent appropriées.

Pour les **assurances vie** le preneur d'assurance doit **pendant** la durée du contrat recevoir par ailleurs chaque année des informations concernant la situation de la participation au bénéfice[49].

3.5 L'exécution du contrat

3.5.1 *La déchéance partielle ou totale*

La déchéance est la perte du droit de l'assuré à la prestation de l'assurance suite à la violation d'une obligation prévue dans le contrat d'assurance.

La déchéance partielle ou totale à la prestation du contrat n'est cependant possible qu'à la double condition[50] :

- inexécution ou violation d'une obligation déterminée et imposée par le contrat et dont
- le manquement est en relation causale avec la survenance du sinistre.

> **EXEMPLE :**
> Admettons que le contrat d'assurance dégâts matériels au véhicule prévoie que le conducteur doive porter ses lunettes dès lors que son permis de conduire prévoie l'ajout : uniquement valable avec verres correcteurs.
> Si, au moment du sinistre, le conducteur ne portait pas ses lunettes, il a violé l'obligation déterminée dans le contrat d'assurance.
> Dès lors que l'entreprise d'assurances arrivera à démontrer que le conducteur ne portait pas ses lunettes au moment de la survenance de l'accident et que son champ visuel était réduit, de sorte qu'il ne pouvait conduire normalement, la déchéance sort ses effets et la garantie n'est plus acquise.

---

49 Art. 17 paragraphe 1 LCA.
50 17 art. 18 LCA.

Des formulations comme quoi la déchéance est applicable, si le sinistre n'est pas déclaré endéans un temps imparti, ne sont pas valables.

Comme une clause de déchéance peut être considérée comme une clause qui pourrait être dangereuse à l'encontre de l'assuré, elle ne saurait par ailleurs sortir ses effets si les conditions de formes ont été respectées. Tout comme pour une nullité et une exclusion, le législateur a prévu au même titre pour les clauses de déchéance :

- avant la conclusion du contrat d'assurance, que le preneur d'assurance doit recevoir en temps utile de l'entreprise d'assurances la communication de toute limitation ou exclusion apportées à ces garanties,
- que toute limitation ou exclusion de garantie doivent être mises en évidence[51].

3.5.2 Les assurances combinées

Le but d'une assurance combinée[52] est de rassembler dans un seul contrat des risques divers et d'accorder plusieurs garanties en même temps moyennant paiement d'une seule prime. La cause de résiliation d'une seule des prestations n'affecte pas l'ensemble du contrat.

Si l'entreprise d'assurances résilie une seule ou plusieurs garanties, le preneur d'assurance peut de son côté résilier le contrat dans son ensemble.

> **Exemple :**
> Pour leur maison, la famille Schmit fait assurer dans un seul contrat les garanties incendie, tempête, dégâts des eaux, bris de glaces et vol. Suite à deux tentatives de vol et un vol effectif, l'entreprise d'assurances résilie la garantie vol. Dans ce cas monsieur Schmit est libre de résilier l'ensemble du contrat et de chercher pour ce contrat une autre entreprise d'assurances.

Le législateur permet néanmoins aux parties de déroger au principe décrit ci-dessus. Dans ce cas, il faut le mentionner dans les Conditions Particulières.

La cause de **nullité** d'**une** des **prestations** n'**affecte** pas le **contrat dans son ensemble**.

---

51 Art. 16.2. LCA.
52 Art. 19 LCA.

> **Exemple :**
> Madame Hoffmann est propriétaire d'une maison pour laquelle elle a souscrit une assurance combinée habitation. Comme elle a décidé de vivre avec son copain dans l'appartement de ce dernier, elle demande à son entreprise d'assurances de résilier l'assurance RC vie privée dans son contrat. L'entreprise d'assurances de madame Hoffmann ne pourra pas se prévaloir de l'annulation de la garantie RC vie privée pour refuser son intervention au titre des autres garanties de la police combinée.

> REMARQUE :
> La demande de madame Hoffmann décrite dans l'exemple ci-dessus, est compréhensible dans un esprit d'économie de frais. Néanmoins, sans le conseil d'un professionnel du métier, madame Hoffmann court un risque non négligeable dans la mesure où son assurance RC vie privée comprend également le volet assurance RC propriétaire d'immeuble de sa maison. Pour éviter une absence de couverture pour dommages causés à des tiers en relation avec sa maison, madame Hoffmann ferait mieux de continuer à couvrir le risque RC vie privée ou bien souscrire une assurance RC propriétaire d'immeuble.

3.5.3 Les modalités de paiement de la prime et l'avis d'échéance

C'est le preneur d'assurance qui doit payer la prime.

Sauf convention contraire, la prime est payable au domicile de l'entreprise d'assurances ou du mandataire désigné par elle à cet effet[53]. Techniquement, on dit que la prime est portable par opposition au principe quérable où il appartiendrait à l'entreprise d'assurances d'aller chercher la prime.

À chaque échéance annuelle de la prime[54], l'entreprise d'assurances doit aviser le preneur d'assurance :
- de la date de l'échéance ;
- de l'existence :
  - des modalités de résiliation et de la date jusqu'à laquelle ce droit peut être exercé ;
  - le cas échéant d'une majoration tarifaire ;
- de la somme dont il est redevable[55].

---

53 Art. 20 LCA.
54 Date anniversaire à laquelle la prime est payable.
55 Art. 20 LCA modifiée 21 décembre 2012.

3.5.4 Le non-paiement de la prime

3.5.4.1 Le non-paiement de la prime en assurances autres que de personnes

À défaut de paiement d'une prime ou d'une fraction de prime dans les 10 jours de son échéance, la garantie peut être suspendue à l'expiration d'un délai d'au moins 30 jours suivant l'envoi au preneur d'assurance d'une lettre recommandée à son dernier domicile connu[56].

La lettre recommandée doit :
- comporter une mise en demeure du preneur de payer la prime échue ;
- rappeler la date d'échéance ;
- rappeler le montant des primes non payées ;
- et indiquer les conséquences du défaut de paiement, à l'expiration du délai de 30 jours.

L'entreprise d'assurances a le droit de résilier le contrat 10 jours après l'expiration du délai dont question ci-dessus.

Il résulte de ce qui précède que la prime est payable d'avance[57].

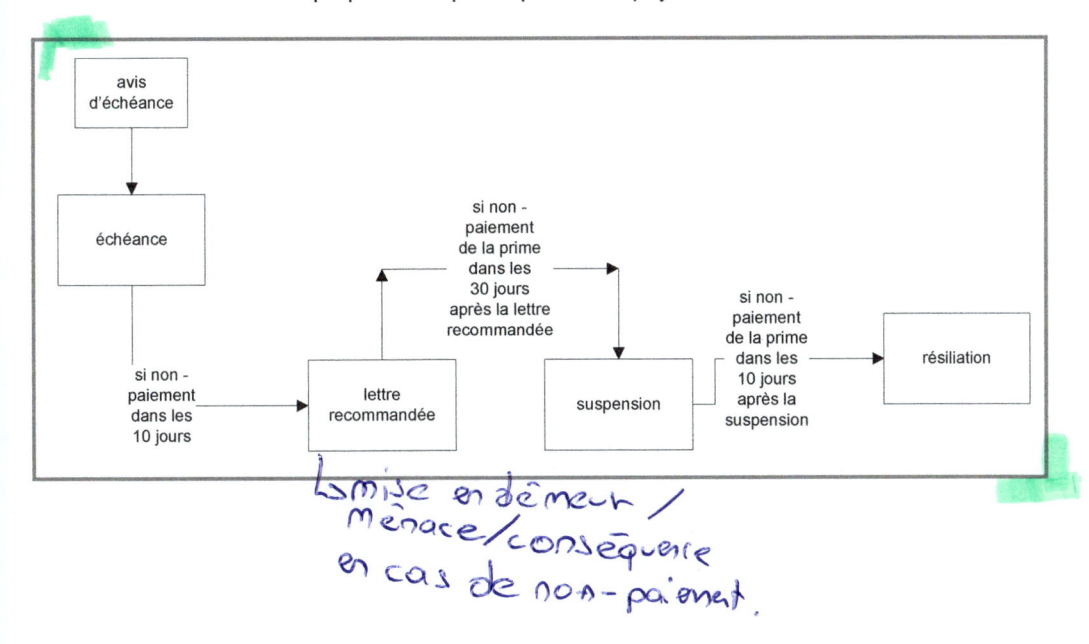

---

56 Art. 21 LCA.
57 Art. 20 et 21 LCA.

> **EXEMPLE :**
>
> L'assurance combinée de madame Hoffmann vient à échéance le 1er janvier. Admettons que le 10 janvier madame Hoffmann n'ait pas encore payé la prime.
>
> Si l'entreprise d'assurances somme le 15 janvier madame Hoffmann par lettre recommandée de payer la prime, cette dernière dispose de 30 jours pour la régler, c'est-à-dire du 15 janvier au 14 février 24.00 heures.
>
> Au cas où le 14 février à 24.00 heures la prime n'est toujours pas réglée, l'entreprise d'assurances peut suspendre la garantie.
>
> Si madame Hoffmann ne juge toujours pas utile de régler la prime, l'entreprise d'assurances peut résilier le contrat 10 jours après l'écoulement du délai de 30 jours accordé dans la lettre recommandée. Dans notre cas, le 24 février à 24.00 heures.

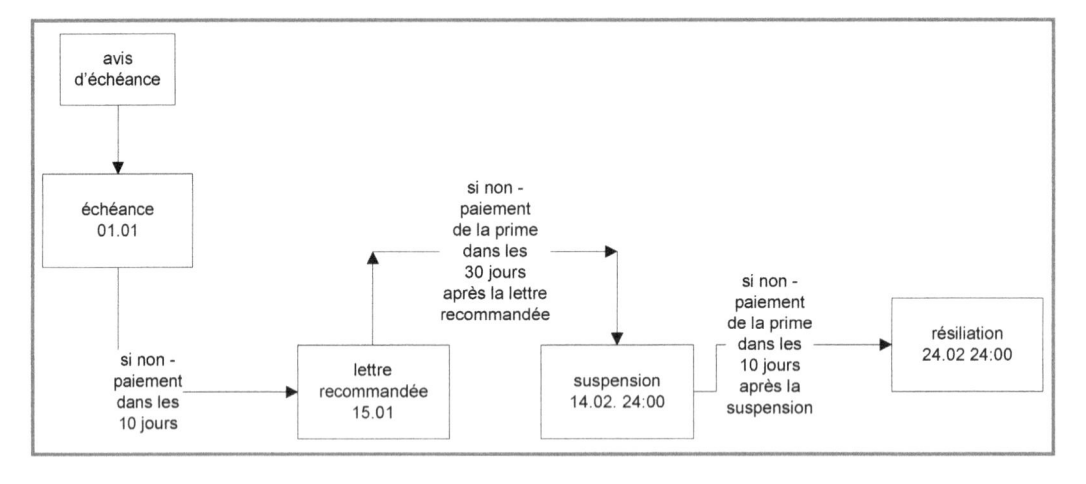

```
avis
d'échéance
    │
    ▼
échéance         si non -
 01.01          paiement
    │          de la prime
    │           dans les
    │           30 jours
si non -        après la lettre
paiement        recommandée
dans les      ┌──────────────┐      si non -
10 jours      │              ▼     paiement
    │         │                   de la prime
    ▼         │                    dans les
  lettre      │    suspension      10 jours          résiliation
recommandée ──┘    14.02. 24:00   après la   ───▶   24.02 24:00
  15.01                            suspension
```

REMARQUE :

Tant que le preneur d'assurance n'aura pas signalé le changement de son domicile, le dernier domicile connu est celui repris dans les Conditions Particulières. Le preneur d'assurance, qui a changé de domicile et omis de le signaler à son entreprise d'assurances, ne pourra se prévaloir de ce changement d'adresse pour ne pas payer la prime. Outre, dans le chef d'un preneur d'assurance malintentionné le fait de ne pas devoir payer sa prime, le non respect de son obligation contractuelle pour communiquer un changement d'adresse pourra avoir des conséquences sur l'indemnisation en cas de sinistre, au cas où la prime due n'aurait pas été payée endéans les délais légaux (abstraction faite de la procédure ad hoc à entamer par l'entreprise d'assurances). Une telle situation pourrait se produire dans le chef d'un preneur d'assurance qui, abstraction faite de toute mauvaise volonté, aurait tout simplement oublié de signaler son changement d'adresse. Dans ce dernier cas néanmoins, à charge du preneur d'assurance de prouver cet oubli, l'entreprise d'assurances fera probablement preuve d'une souplesse commerciale en faveur de son client.

Jusqu'à un passé récent les entreprises d'assurances, en cas de retour d'un courrier muni de la mention « n'habite plus à l'adresse indiquée », avaient l'habitude de s'adresser au bureau de la population de la commune de l'adresse du preneur d'assurances renseignée dans les Conditions Particulières pour se renseigner sur le nouveau domicile du preneur. Or, depuis peu les administrations communales, sous le couvert de la protection des données nominatives, refusent de délivrer ce renseignement.

Au cas où le preneur d'assurance, pour défaut d'avoir rempli ses obligations contractuelles serait personnellement concerné par l'annulation d'une assurance pour défaut de paiement de la prime (p.ex. en cas d'incendie), rien ne s'oppose a priori aux pratiques actuelles des administrations communales pour invoquer le secret des données nominatives. Dans ce cas le preneur d'assurance subirait lui-même les conséquences directes de son défaut d'agir.

De l'avis de l'auteur, tel n'est cependant plus le cas dans la mesure où une tierce personne est concernée. Partons du principe que, pour une raison restant à définir, le preneur d'assurance n'a pas communiqué sa nouvelle adresse et que malgré une demande auprès de l'administration communale pour obtenir l'adresse du nouveau domicile, que l'entreprise d'assurances n'arrive pas à l'obtenir. Conformément à la procédure, elle résilie dans les délais légaux le contrat d'assurance de la responsabilité civile vie privée de son preneur pour défaut de paiement de la prime. À la suite d'un sinistre dont le preneur d'assurance est responsable, le tiers lésé fait valoir ses droits à indemnisation et en toute logique l'entreprise d'assurances refuse d'intervenir pour cause de résiliation du contrat. Partons encore du point de vue que le preneur d'assurance dispose de revenus qui lui auraient permis de payer la prime de l'assurance responsabilité civile vie privée mais non suffisant pour prendre la demande d'indemnisation à sa charge.

Dans un esprit de mutualisation des risques, pour ne les citer, l'auteur est d'avis que la partie lésée pourrait au moins tenter une action contre l'administration communale sur base de la responsabilité sans faute de ne pas avoir permis au preneur d'assurance de continuer à souscrire un contrat d'assurance qui lui aurait permis de se couvrir contre le risque à la source du dommage. Une telle action s'inscrit dans la logique de la protection de la victime. À titre d'exemple, on pourrait citer le Fonds Automobile qui intervient en faveur de la victime d'un accident de la circulation en l'absence d'une couverture qui interviendrait en cas d'accident de la circulation même en l'absence de communication de données personnelles pour retrouver un preneur d'assurance. Sur base de cet argument, on pourrait du moins poser la question du traitement non équitable d'une victime d'un dommage quelconque et celle blessée lors d'un accident de la circulation. D'un côté, on trouve une victime protégée par un environnement obligatoire à l'écart de toute disposition administrative alors que, de l'autre, on a une victime laissée pour compte sur base d'un environnement administratif qui empêche un traitement équitable.

Lorsque l'entreprise d'assurances n'use pas de sa faculté de résilier le contrat, celui-ci reprend ses effets pour l'avenir, le lendemain à zéro heure du jour où ont été payées, à l'entreprise d'assurances ou au mandataire désigné par elle à cet effet, la prime échue ou, en cas de fractionnement de la prime annuelle, les fractions de prime ayant fait l'objet de la mise en demeure.

Pour le recouvrement des primes non payées qui sont venues s'ajouter pendant la période de suspension, l'entreprise d'assurances doit de nouveau procéder comme décrit ci-dessus. En d'autres termes : l'entreprise d'assurances ne peut pas, dans la même lettre recommandée, réclamer les primes non payées ainsi que celles qui viennent s'ajouter pendant la période de suspension.

Sauf convention contraire, le **contrat suspendu** pour cause de non-paiement de la prime pendant plus de deux ans est résilié d'office.

3.5.4.2 *Le non-paiement de la prime en assurance sur la vie*

Dans les assurances sur la vie, le paiement de la prime est **facultatif** et l'entreprise d'assurances ne peut pas engager une action contre le preneur en vue du recouvrement de la prime.

À défaut de paiement d'une prime ou d'une fraction de prime dans les 10 jours de son échéance, l'entreprise d'assurances peut, dans la mesure où le contrat d'assurances le prévoit, à l'expiration d'un délai d'au moins 30 jours suivant l'envoi au preneur d'assurance d'une lettre recommandée au dernier domicile connu :

- soit résilier le contrat en versant la valeur de rachat s'il y a lieu ;
- soit transformer la prime ou fraction de prime non payée en avance sur contrat, dans la limite de la valeur de rachat du contrat ;
- soit opérer la réduction des garanties du contrat.

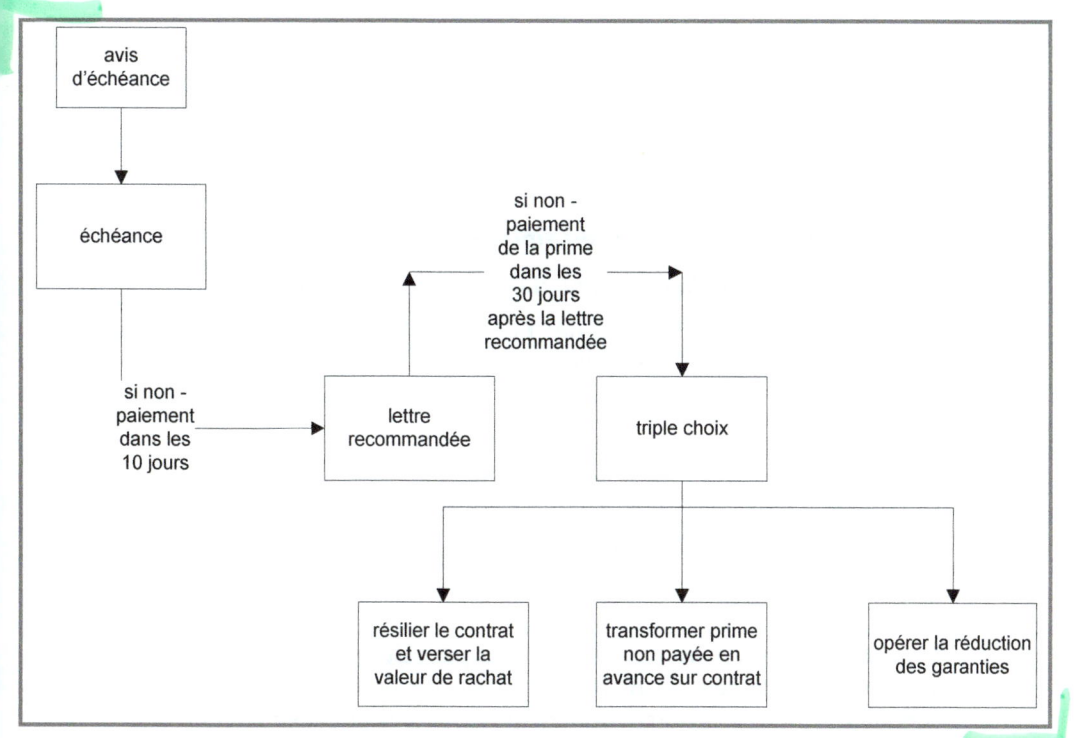

```
                    ┌──────────────────────────┐
                    │  si non -                │
                    │  paiement                │
                    │  de la prime             │
                    │  dans les                │
                    │  30 jours                │
                    │  après la lettre         │
                    │  recommandée             │
                    └──────────────────────────┘
```

```
┌─────────────┐
│   avis      │
│ d'échéance  │
└─────────────┘
       │
       ▼
┌─────────────┐
│  échéance   │
└─────────────┘
       │
       │ si non -
       │ paiement
       │ dans les
       │ 10 jours
       ▼
┌──────────────┐        ┌──────────────┐
│   lettre     │───────▶│ triple choix │
│ recommandée  │◀───────│              │
└──────────────┘        └──────┬───────┘
                               │
        ┌──────────────────────┼──────────────────────┐
        ▼                      ▼                      ▼
┌────────────────┐   ┌──────────────────┐   ┌──────────────────┐
│ résilier le    │   │ transformer prime│   │ opérer la        │
│ contrat et     │   │ non payée en     │   │ réduction des    │
│ verser la      │   │ avance sur       │   │ garanties        │
│ valeur de      │   │ contrat          │   │                  │
│ rachat         │   │                  │   │                  │
└────────────────┘   └──────────────────┘   └──────────────────┘
```

La lettre recommandée doit rappeler la date d'échéance et le montant des primes non payées et indiquer les conséquences du défaut de paiement à l'expiration du délai indiqué ci-dessus.

3.5.4.3 *L'effet de la suspension à l'égard des primes à échoir*

La suspension[58] d'une garantie d'un contrat ne suspend pas les obligations du preneur d'assurance. Celui-ci reste tenu de payer les primes venant à échéance ultérieurement à la suspension.

sLe droit ainsi accordé à l'entreprise d'assurances de réclamer les primes est cependant limité aux primes afférentes à deux années consécutives à dater de la suspension.

Le contrat **suspendu** pendant **plus de deux ans** est **résilié d'office**. Les parties peuvent néanmoins déroger à cette disposition.

---

58 Art. 25 LCA.

> **REMARQUE :**
> La suspension d'une seule garantie libère l'entreprise d'assurances de ses obligations relatives à cette garantie, mais le preneur reste tenu de payer les primes venant à échéance.
> Par contre, la suspension d'un contrat dans son ensemble dispense provisoirement et l'entreprise d'assurances et le preneur d'assurance, d'exécuter le contrat.

3.5.5 *La déclaration du sinistre*

Le sinistre représente la réalisation du risque décrit au contrat.

En cas de sinistre l'assuré doit, **dès que possible** et en tout cas dans le délai fixé par le contrat, aviser l'entreprise d'assurances de la survenance du sinistre[59].

> **EXEMPLE :**
> L'assurance vol précise qu'un vol est à signaler à dater de sa **constatation** :
> - aux autorités judiciaires dans les 12 heures ;
> - l'entreprise d'assurances dans les 24 heures.

Si les délais prévus dans le contrat ne sont pas respectés, l'entreprise d'assurances ne peut cependant pas s'en prévaloir pour refuser ou réduire son intervention, si l'assuré a déclaré le sinistre aussi rapidement que cela pouvait raisonnablement se faire. Les clauses de déchéance prévues pour retard dans la déclaration de sinistre deviennent ainsi sans objet.

> **EXEMPLES :**
> 1. La maison des époux Schmit-Weber qui se trouvent en vacances est cambriolée le 15 avril 2014. À leur retour le 28 avril 2014, ils constatent les faits et en informent leur entreprise d'assurances. Il est évident que les Schmit n'ont pu informer leur entreprise d'assurances qu'à dater de la constatation des faits puisqu'ils n'étaient matériellement pas en mesure de constater le sinistre avant le 28 avril.
> 2. Les époux Schmit-Weber se trouvent à l'étranger et sont impliqués dans un accident de la circulation le vendredi après-midi à 15.00 heures. Au courant de cet accident, leur enfant commun est blessé et hospitalisé. Humainement, il est évident qu'ils n'informent leur entreprise d'assurances que plus tard puisque leur premier souci est l'intégrité physique de leur enfant. S'agissant d'un accident qui se produit au début d'un week-end, ils auront le cas échéant des difficultés pour joindre leur entreprise d'assurances avant la reprise des affaires courantes après le week-end.

---

59 Art. 26 LCA.

REMARQUE :

Pour un accident qui se produit le week-end, il est cependant recommandé en ce qui concerne les sinistres RC Auto, d'essayer de joindre quand même son entreprise d'assurances en composant le numéro qui se trouve sur la carte verte. Certaines entreprises d'assurances se sont en effet dotées d'un système qui, pour les accidents de la circulation, permet au preneur d'assurance et/ou à l'assuré de les joindre 24 heures sur 24 heures.

Le législateur n'a prévu ni délai, ni forme dans laquelle la déclaration de sinistre doit être faite. Il indique seulement que la déclaration du sinistre doit être notifiée dès que possible et en tout cas dans le délai fixé par le contrat.

Pour fixer l'étendue du sinistre, l'assuré doit fournir sans retard :
- tous les renseignements utiles et
- répondre aux demandes de l'entreprise d'assurances pour fixer les circonstances du sinistre.

Les Conditions Générales précisent le plus souvent les délais et les formes de la déclaration de sinistre ainsi que les sanctions éventuelles prévues en cas de non-respect des ces prescriptions.

D'un autre côté, l'assuré doit fournir sans retard tous les renseignements utiles et répondre aux demandes qui lui sont faites pour déterminer les circonstances et fixer l'étendue du sinistre.

3.5.6 Les devoirs de l'assuré en cas de sinistre

Dès qu'un sinistre s'est produit, l'assuré doit prendre toutes les mesures raisonnables pour prévenir et atténuer les conséquences du sinistre[60].

Il y a lieu de noter que, en l'occurrence, on ne vise que les seules conséquences du sinistre et non la prévention en tant que telle.

REMARQUE :

En ce qui concerne les mesures préventives et d'atténuation de sinistre, le législateur s'adresse à l'assuré et pas au seul preneur d'assurances. Il tombe en effet sous le sens que toute personne qui pourrait le cas échéant profiter de la prestation d'une couverture d'assurance en tant qu'assuré a le devoir de s'investir au même titre dans les mesures d'atténuation de la charge sinistre.

3.5.7 Les sanctions pour non-respect des obligations en cas de sinistre

Si l'assuré ne remplit pas ses obligations en cas de sinistre et dans la mesure où il en résulte un préjudice pour l'entreprise d'assurances, celle-ci peut réduire sa prestation jusqu'à concurrence du préjudice subi[61].

---

60 Art. 27 LCA.
61 Art. 28 LCA.

Outre la réduction, l'entreprise d'assurances peut refuser sa garantie si, dans une intention frauduleuse, l'assuré n'a pas rempli ses obligations.

3.5.8 *L'obligation de l'assuré relatif à l'état des lieux*

En cas de sinistre en assurances de choses, l'assuré, de sa propre initiative, ne peut apporter des modifications au bien endommagé. Il s'agit d'une mesure de conservation qui permet à l'entreprise d'assurances d'identifier les causes du sinistre et d'évaluer les dommages[62].

Si l'assuré ne respecte pas cette obligation et qu'il en résulte un préjudice pour l'entreprise d'assurances, celle-ci peut réduire sa prestation en conséquence voire réclamer des dommages et intérêts.

Si le non-respect de l'obligation de l'assuré repose cependant sur une action frauduleuse, l'entreprise d'assurances peut refuser sa garantie.

3.5.9 *La prestation de l'entreprise d'assurances*

Aussitôt que l'entreprise d'assurances est en possession des **tous** les **renseignements** utiles relatifs à la **survenance** et les **circonstances** du sinistre et, le cas échéant, du **montant** du **dommage**, elle doit effectuer sa prestation[63].

La date limite fixée par le législateur pour payer l'indemnité est de 30 jours, à dater du jour de la réception des renseignements dont question ci-dessus. À défaut de règlement dans ce délai, les intérêts moratoires au taux de l'intérêt légal courent de plein droit.

> REMARQUE :
>
> Pour l'année 2014, le taux d'intérêt légal s'élève à 3,25 %[64]
> Si, dans les assurances à caractère forfaitaire, le dommage est facilement déterminable, il en est autrement pour les assurances à caractère indemnitaire. Il s'agit en effet de savoir ce qu'il faut entendre par le moment où l'entreprise d'assurances « est en possession de tous les renseignements utiles ».
> Ainsi il se pourrait que pour un dommage matériel au véhicule, l'on soit en possession du rapport d'expertise, d'une offre pour l'achat de l'épave du véhicule accidenté mais qu'on tarde à recevoir le procès-verbal de la Police qui a dressé un PV. Le PV est néanmoins nécessaire pour permettre à l'entreprise d'assurances d'accorder ou de refuser sa garantie, si l'assuré aurait conduit sous l'influence d'alcool ou de stupéfiants.

---

62 Art. 68 LCA.
63 Art. 29 LCA.
64 Règlement grand-ducal du 23 décembre 2013 déterminant le taux d'intérêt légal pour l'année 2014.

3.6 L'inexistence et la modification du risque

3.6.1 *L'inexistence du risque*

Dans le chapitre 2. « Principes de base », point 2.1 « Le risque », nous avons vu que le risque doit être un événement futur et aléatoire qui ne dépend pas de la volonté de l'assuré.

Il est partant logique de dire que **l'assurance est nulle** si, au moment de la conclusion du contrat, le risque n'existe pas ou s'est déjà réalisé[65].

Il en est de même en cas d'assurance d'un risque futur, si celui-ci ne naît pas. En d'autres termes : la conclusion d'une assurance relative à un risque futur est permise, mais le contrat deviendra nul si le risque ne naît pas à la date ou dans le délai prévu ou que les circonstances sur lesquelles repose la demande d'assurance ne se réalisent pas.

> **Exemple :**
> Madame Thill qui élève seule son enfant conclut le 15 avril 2014, avec effet au 25 mai 2014, une assurance incendie pour une maison en état futur d'achèvement. Le 5 mai 2014, la banque de madame Thill l'informe qu'elle n'est pas prête à accorder le prêt sollicité, ce qui a pour conséquence que le projet de construction ne peut pas être réalisé. Dans ce cas, le contrat est nul.

L'entreprise d'assurances peut demander que ses frais ainsi occasionnés lui soient remboursés.

S'il s'avère, par contre que le preneur d'assurance a agi de mauvaise foi ou commet une erreur inexcusable, l'entreprise d'assurances peut conserver la prime relative à la période allant de la date d'effet du contrat jusqu'au jour où elle apprend l'inexistence du risque.

> **REMARQUE**
> A priori il semble tomber sous le sens qu'un risque qui s'est déjà réalisé au moment de la conclusion du contrat ne soit pas assurable. Se pose néanmoins la question de l'assurabilité des risques dits putatifs et par la force des choses sur l'appréciation d'un aléa. Un risque est dit putatif si les parties au contrat ignorent qu'il s'est déjà réalisé au moment de la conclusion du contrat.
> Admettons à titre d'exemple une personne qui souscrive un contrat d'assurance en cas de décès et qui doive se soumettre à un examen médical complet. Aucun élément du dossier médical ne renseigne une anomalie et le contrat est conclu. Plusieurs mois après la conclusion du contrat, l'assuré décède de la suite d'un cancer qui n'avait pas été détecté alors qu'il existait déjà au moment de

---

65 Art. 32 LCA.

la conclusion du contrat. Partant de cet exemple d'une maladie évolutive, l'entreprise d'assurances n'aurait certainement pas conclu le contrat si elle avait été au courant de l'existence du cancer au moment de la souscription du contrat. Dans les conditions décrites ci-dessus elle devrait néanmoins intervenir alors même que le risque s'était déjà réalisé au moment de la souscription du contrat. Le risque putatif semble dès lors assurable sous certaines conditions et, pour rester dans les maladies évolutives, le législateur soutient même indirectement cet argument dans deux points :
- les données génétiques ne peuvent pas être communiquées[66] ;
- dès la prise d'effet du contrat d'assurance sur la vie, l'entreprise d'assurances ne peut plus invoquer les omissions ou inexactitudes non intentionnelles du preneur d'assurance ou de l'assuré[67]

3.6.2 *La diminution du risque*

Le montant de la prime repose tant sur la probabilité de survenance du risque que sur les éléments d'appréciation du risque, qui sont fournis à l'entreprise d'assurances au moment de la souscription du contrat.

Si en cours de route ces éléments devaient **changer de façon sensible et durable**, le preneur d'assurance a droit à une diminution de prime[68].

Cette diminution de prime :
- est due s'il s'avère que l'entreprise d'assurances aurait contracté à des conditions plus avantageuses si le risque avait existé sous cette forme lors de la souscription ;
- est accordée à partir du jour où l'entreprise d'assurances a eu connaissance de la diminution du risque.

> **EXEMPLE :**
> Monsieur Schmit fait assurer contre le risque incendie la maison familiale couverte en chaume qu'il vient d'acquérir. Pendant la bonne saison, il fait remplacer le chaume par des tuiles et demande une diminution de la prime.

Le preneur d'assurance a le droit de résilier le contrat si les parties contractantes ne parviennent pas à un accord sur la diminution de prime dans un délai d'un mois à dater de la demande afférente.

Aucune diminution de prime ne peut être demandée en assurance vie et en assurance maladie lorsque l'état de santé de l'assuré se trouve modifié.

---

66 Art. 11 LCA.
67 Art. 101 LCA.
68 Art. 33 LCA.

> **EXEMPLE :**
> Monsieur Schmit conclut une assurance pour couvrir le solde restant dû d'un prêt contracté près d'une banque en vue du financement d'une place à bâtir. Comme son état de santé au moment de la conclusion du contrat pourrait être meilleur, l'entreprise d'assurances soulève une surprime pour le risque supplémentaire qu'elle encourt. Une année plus tard, monsieur Schmit présente un certificat médical qui renseigne des valeurs nettement améliorées et demande une ristourne partielle sur la prime. Dans ce cas aucune diminution de prime n'est accordée.

3.6.3 L'aggravation du risque

Au point 3.2.1 « Les obligations de déclaration du preneur d'assurance », nous avons vu que le preneur d'assurance doit à la souscription du contrat déclarer **toutes** les circonstances qu'il connaît et qu'il estime raisonnablement constituer un élément d'appréciation du risque.

Si, en cours de contrat, des circonstances nouvelles ou des modifications de circonstances qui ont existé au moment de la conclusion du contrat entraînent une **aggravation sensible** et **durable du risque** de survenance de l'événement assuré, le preneur d'assurance a **l'obligation de les déclarer**[69].

Lorsque le risque est aggravé de telle sorte que, si l'aggravation avait existé au début du contrat, l'entreprise d'assurances n'aurait consenti le risque qu'à d'autres conditions, elle peut, avec effet rétroactif au jour de l'aggravation, proposer une modification du contrat. Cette modification n'est valable que si elle est présentée dans le mois à dater du jour où l'entreprise d'assurances a eu connaissance de l'aggravation du risque.

L'entreprise d'assurances peut même résilier le contrat, si elle apporte, dans le mois à compter du jour où elle a eu connaissance de l'aggravation, la preuve qu'elle n'aurait en aucun cas assuré le risque aggravé. Dans ce cas, la résiliation prend effet rétroactivement au jour où l'entreprise d'assurances a eu connaissance de l'aggravation.

Les dispositions qui précèdent ne sont cependant ni applicables à l'assurance vie, ni à l'assurance maladie, lorsque l'état de santé de l'assuré se trouve modifié, ni à l'assurance crédit.

L'entreprise d'assurances peut résilier le contrat dans les quinze jours si le preneur d'assurance :
- refuse la proposition de modification du contrat ;
- n'a pas accepté la proposition de modification du contrat au terme d'un délai d'un mois à dater de la réception de la susdite proposition.

---

69 Art. 34 LCA.

> **EXEMPLE :**
> La maison que les concubins Wagner et Hoffmann viennent d'acquérir est couverte avec des tuiles. Ils font assurer le risque contre l'incendie à dater du 15 janvier 2014.
> Au printemps, ils décident de faire remplacer les tuiles par du chaume et les travaux se terminent le 4 juillet 2014. L'entreprise d'assurances a connaissance de cette aggravation du risque en date du 3 septembre 2014. Elle dispose maintenant de 30 jours pour réagir ; admettons qu'elle propose le 7 septembre 2014 une augmentation de la prime qui parvient au preneur d'assurance le 9 septembre 2014.
> L'entreprise d'assurances peut résilier le risque :
> - avec effet au 3 octobre 2014, si elle prouve qu'elle n'aurait en aucun cas accepté le risque[69] ;
> - avec effet au 27 septembre 2014, si le preneur d'assurance l'informe p.ex. le 12 septembre 2014, qu'il n'accepte pas l'augmentation de prime ;
> - avec effet au 9 octobre 2014 si le preneur d'assurance n'a pas réagi dans le mois de la réception de la proposition d'augmentation de la prime.

L'entreprise d'assurances, qui n'a pas résilié le contrat ni proposé une modification dans les délais prévus, ne peut plus se prévaloir à l'avenir des faits qui lui sont connus.

Si le preneur d'assurance a signalé l'aggravation du risque et qu'un sinistre survient avant que la modification ou la résiliation ait pris effet, l'entreprise d'assurances doit effectuer sa prestation.

Par contre, si le preneur d'assurance n'a pas signalé l'aggravation du risque :
- l'entreprise d'assurances est tenue d'effectuer sa prestation si la non-déclaration de l'aggravation du risque ne peut pas être reprochée au preneur d'assurance ;
- l'entreprise d'assurances n'est tenue de fournir une prestation que selon le rapport entre la prime payée et la prime que le preneur d'assurance aurait dû payer si l'aggravation avait été prise en considération, au cas où la non-déclaration de celle-ci peut lui être reprochée. Si l'entreprise d'assurances prouve qu'elle n'aurait en aucun cas conclu, sa prestation est limitée au remboursement des primes payées relatives à la période postérieure à l'aggravation du risque ;

---

70 Cette disposition n'est cependant valable que si l'entreprise d'assurances arrive à prouver que dans le passé elle a déjà refusé des risques similaires.

- dans une intention frauduleuse, l'entreprise d'assurances peut refuser sa garantie. Les primes échues depuis la souscription du contrat jusqu'au moment où l'entreprise d'assurances a connaissance de l'aggravation du risque lui restent acquises à titre de dommages et intérêts. Ce refus de garantie est cependant inopposable au tiers lésé dans les cas d'une assurance de la responsabilité civile rendue obligatoire par la loi.

Les dispositions du présent point ne s'appliquent pas aux assurances vie et maladie lorsque l'état de la santé de l'assuré se trouve modifié.

3.7 La prise d'effet de la garantie et la durée du contrat

3.7.1 *La prise d'effet de la garantie*

L'**effet**[71] est la **date** à laquelle la **garantie** entre **en vigueur**. Cette date est reprise dans les Conditions Particulières.

> **EXEMPLES :**
>
> 1. Effet **immédiat** de la garantie :
> Le 17 mars 2014 vers 10.10 heures, Madame Muller se présente au guichet de l'entreprise d'assurances pour contracter une assurance responsabilité civile pour la remorque, destinée au transport de ses ânes, qu'elle veut présenter immédiatement après à la Station de Contrôle Technique. Dans ce cas, la conclusion et l'effet de la garantie seront le 17 mars 2014 à 10.10 heures.
>
> 2. **Effet** de la garantie **postérieur** à la conclusion du contrat :
> Madame Thill, avec son enfant, part en vacances du 15 juillet au 31 juillet 2014. Le 20 mai, elle souscrit une assurance bagages pour cette période. La conclusion du contrat se fait dans ce cas le 20 mai 2014, mais la prise d'effet de la garantie est le 15 juillet 2014 à 00.00 heures.

Le contrat peut prévoir que la garantie ne prend effet qu'**après le paiement de la première prime**[72]. Dans les cas où l'entreprise d'assurances fait usage de cette possibilité, le contrat ne sort donc pas ses effets à la seule date d'effet prévue au contrat, mais encore faut-il que la première prime soit payée.

L'entreprise d'assurances utilise normalement cette pratique pour de nouveaux clients, qui s'adressent directement à elle alors qu'ils n'ont pas encore de liens ni avec l'entreprise d'assurances ni avec un intermédiaire.

---

71 Art. 37.1. LCA.
72 Art. 37.2. LCA.

3.7.1.1 *L'incontestabilité en assurance de personnes*

L'entreprise d'assurances de personnes doit vérifier l'exactitude de toutes les déclarations fournies par l'assuré avant l'établissement du contrat. Une fois que le contrat d'assurance vie ou d'assurance de personnes à caractère forfaitaire aura pris effet, l'entreprise d'assurances ne peut plus invoquer une omission ou inexactitude non intentionnelle dans la déclaration émanant soit du preneur soit de l'assuré.

Les parties peuvent néanmoins convenir de différer la susdite incontestabilité pour une durée maximum d'un an[73].

> EXEMPLE POUR UN CONTRAT NE PRÉVOYANT PAS UNE DURÉE D'INCONTESTABILITÉ DIFFÉRÉE :
> Monsieur Schmit souscrit un prêt et signe en même temps une assurance couvrant le solde restant dû, pour le cas où il décéderait avant la fin du remboursement des mensualités convenues.

En l'occurrence, l'entreprise d'assurances n'a pas pu se faire une opinion sur la qualité du risque. Compte tenu du fait que le contrat ne prévoit pas une durée de l'incontestabilité différée, l'entreprise d'assurances ne pourra plus contester le contrat à partir du moment où il aura pris effet.

> EXEMPLE POUR UN CONTRAT PRÉVOYANT UNE DURÉE D'INCONTESTABILITÉ DIFFÉRÉE :
> Monsieur Schmit souscrit un prêt et signe en même temps une assurance couvrant le solde restant dû, pour le cas où il décéderait avant la fin du remboursement des mensualités convenues. Ce contrat prévoit une durée de contestabilité d'un an.

En l'occurrence, l'entreprise d'assurances n'a pas pu se faire une opinion sur la qualité du risque. Comme elle s'est cependant réservée le droit de contester le contrat endéans un an à dater de sa prise d'effet, elle peut le cas échéant contester le contrat pendant cette période en attendant d'avoir de plus amples renseignements sur le preneur.

3.7.1.2 *Le droit et la forme de rétraction en assurance de personnes*

Le preneur d'un contrat d'assurance **de personnes (assurances accident** et maladie à caractère forfaitaire ainsi que les **assurances vie**) d'une durée supérieure à six mois dispose d'un délai de **30 jours**, à compter du moment

---

73 Art. 101 LCA.

où il est informé que le contrat est conclu **pour renoncer** aux effets de ce **contrat**[74].

Si le preneur d'assurance **exerce** son **droit de rétractation**, il doit le notifier avant l'expiration du délai par **lettre recommandée**. Le délai est réputé respecté si la notification a été envoyée avant l'expiration du délai. Dans ce cas, la rétractation a pour effet de libérer le preneur pour l'avenir de toute obligation découlant du contrat.

3.7.2 *La durée des obligations nées du contrat*

La durée du contrat[75] est fixée par les parties et est indiquée dans les Conditions Particulières.

Sauf pour les assurances sur la vie et l'assurance maladie, le preneur d'assurance a le droit de **résilier** l'assurance **chaque année** à l'**échéance** de la **prime annuelle** ou, à défaut à la date anniversaire de la prise d'effet du contrat que le législateur dénomme date de reconduction.

> REMARQUE :
> Pour tous les contrats d'assurances qui prévoient un paiement annuel de la prime, le preneur d'assurances, dans la mesure où il le souhaite, peut résilier le contrat pour l'échéance de la prime annuelle. Si le preneur d'assurance a opté pour un paiement semestriel, trimestriel ou mensuel, on pourrait être amené à croire qu'il n'y a pas d'échéance annuelle de la prime dans un contrat pareil. Tel n'est cependant pas le cas étant donné qu'une entreprise d'assurances réserve cette facilité de paiement de la prime aux contrats avec une durée supérieure à une année et qui forcément sont reconduits annuellement à l'échéance annuelle de la prime. Les contrats qui prévoient des facilités de paiement de la prime ne sont dès lors résiliables que pour l'échéance annuelle de la prime.
> L'insertion de la précision ou à défaut dans le texte légal ne vise en occurrence que les contrats pluriannuels qui normalement sont à prime unique. Dans ce cas le preneur peut jusqu'à 30 jours de la date anniversaire de la prise d'effet résilier annuellement le contrat avec un crédit de prime pour la période non couverte.

3.7.2.1 *La volonté de résilier le contrat par le preneur ou l'entreprise d'assurance*

À cet effet, le preneur d'assurance enverra une lettre recommandée à l'entreprise d'assurances au moins **trente jours** avant cette date. Ce délai court à partir de la date d'envoi de l'avis et expire au plus tôt 30 jours avant la date d'échéance.

---

74 Art. 100 LCA.
75 Art. 38 LCA.

Ce droit appartient dans les mêmes conditions à l'entreprise d'assurances en respectant cependant un délai de 60 jours. Le double de ce délai dans le chef de l'entreprise d'assurances se justifie dans la mesure où l'initiative de résiliation n'émane pas du preneur d'assurance et que pour le surplus il devra dans ces conditions chercher une nouvelle entreprise d'assurances[76].

> REMARQUE :
> La loi sur le contrat d'assurance adapté a introduit deux points essentiels au niveau de la résiliation :
> - le premier est la réduction de la durée que le preneur d'assurance (et l'entreprise d'assurances) doit respecter pour résilier le contrat ;
> - le passage d'une logique de mois à une logique de jours et plus précisément 30 jours. Ceci n'est cependant pas sans poser des problèmes dans la mesure où il faut tenir compte des mois qui comptent 31 jours, de ceux avec 30 jours et du mois de février avec 28 jours sans oublier les années bisextiles.

3.7.2.2 *L'information relative au droit de résiliation*

Le **droit de résiliation** annuelle doit être **rappelé** dans chaque **contrat**. À défaut de rappeler le droit de résiliation sur **l'avis d'échéance** respectivement en cas d'information erronée, le preneur d'assurance pourra, sans pénalités, mettre un terme au contrat et ceci à tout moment à compter de la date d'échéance mais au plus tard dans les 60 jours suivant la date d'échéance du contrat.

3.7.2.3 *L'effet de la résiliation*

La résiliation prend dans ce cas effet le 2e jour ouvrable qui suit l'envoi de la lettre de résiliation mais au plus tôt à la date de la reconduction. Le calcul de la prime pour la couverture du risque qui se situe ainsi postérieurement à la date de reconduction se fait dans ce cas :
- au prorata temporis ;
- sur base du tarif en vigueur au cours de la précédente période de couverture annuelle[77].

> REMARQUE :
> Outre la notion des 30 jours et de ses multiples, il est introduit au niveau de l'effet de la résiliation la notion de jours ouvrables. D'après l'avis de l'auteur,

---

76   Une société avait estimé ne pas avoir été au courant de la résiliation de son contrat d'assurance et soutenait qu'il appartenait à l'entreprise d'assurance de rapporter la preuve que le courrier recommandée de résiliation lui était bien parvenu. La Cour d'appel accueillait cette demande alors que la Cours de Cassation censurait l'arrêt et soutenait que la résiliation est légalement faite sous forme d'un envoi recommandé à l'assuré (Civ. 2e, 18 avril 2013, pourvoi N° 12-19474 (L'Argus de l'assurance N° 7315 du 31 mai 2013 p. 24)).
77   Art. 38 LCA modifiée le 21 décembre 2012.

la définition de jour ouvrable pourrait donner lieu à des problèmes. Si on part d'une manière générale de tous les jours de la semaine auxquels on retranche les jours de repos et jours fériés en y ajoutant, comme le prévoit l'esprit de la loi sur le contrat d'assurance, une interprétation en faveur du preneur d'assurance on devrait dans chaque cas individuel, en principe tenir compte des spécificités du secteur dans lequel travaille le preneur.

EXEMPLE POUR UN CONTRAT À PRIMES ANNUELLES SANS MAJORATION TARIFAIRE

Admettons un contrat dont l'échéance annuelle est fixée au 1er janvier de chaque année. Pour notre exemple partons de l'échéance du 01.01.2014

ENVOI AVEC RAPPEL DU DROIT DE RÉSILIATION		POSSIBILITÉ DE RÉSILIATION POUR LE PRENEUR D'ASSURANCE	
Nombre de jours avant l'échéance	Date de communication	Nombre de jours	Possibilité de résiliation jusqu'au
> 60	p.ex. 15.10.2013	30 jours avant l'échéance	01.12.2013 $^{24.00}$
30	01.12.2013 $^{24.00}$	jusqu'à l'échéance	01.01.2014 $^{00.00}$
15	15.12.2013 $^{24.00}$	15 jours après l'échéance	15.01.2014 $^{24.00}$

ENVOI SANS RAPPEL DU DROIT DE RÉSILIATION		POSSIBILITÉ DE RÉSILIATION	
Nombre de jours avant l'échéance	Date de communication	Nombre de jours	Possibilité de résiliation jusqu'au
sans incidence		60 jours après l'échéance	01.03.2014 $^{24.00}$ [77]

Pour les contrats pluriannuels sans primes annuelles, l'entreprise d'assurances n'a pas d'obligation de rappeler le droit de résiliation annuel. Pour ces contrats, le preneur d'assurance peut cependant résilier le contrat jusqu'à 30 jours avant la date anniversaire de la prise d'effet du contrat.

3.7.2.4 *La reconduction tacite*

Par reconduction tacite[79], on entend que, à la fin de chaque période d'assurance, **l'assurance continue** ses effets pour une **période d'une année** à moins qu'elle n'ait été résiliée, par l'une ou l'autre des parties.

---

78 L'année 2014 n'étant pas une année bissextile 60 jours à dater du 1er janvier dans notre cas donne le 1er mars.
79 Art. 38 par. 3 LCA.

La loi sur le contrat d'assurance n'impose **pas** une **obligation** de **reconduction** des contrats, l'entreprise d'assurances est donc libre de la prévoir ou non. Dans les cas où les parties aux contrats entendent continuer leurs relations contractuelles, elles seraient en principe obligées de conclure en continu de nouveaux contrats d'une durée maximale d'une année. Pour éviter une telle opération fastidieuse, on recourt dans la majorité des cas à des contrats avec reconduction tacite à l'échéance annuelle de la prime pour lesquels le législateur a néanmoins prévu que la durée de cette reconduction ne peut pas dépasser une année.

La date anniversaire de la prise d'effet du contrat est définie comme date de reconduction.

> **EXEMPLES :**
> Madame Muller souscrit le 15 mai 2014 deux contrats d'assurance dont les échéances annuelles sont fixées au 15 mai de chaque année. Le contrat qui couvre son appareil photographique en assurance tous risques prévoit une reconduction tacite, alors que le contrat qui couvre l'incendie de sa maison ne prévoit pas la reconduction tacite.
> Le contrat pour l'appareil photographique est donc reconduit le 15 mai 2015 pour une nouvelle période d'une année, si aucune des parties n'a résilié le contrat dans les termes prévus.
> Le contrat incendie pour la maison, qui lui ne prévoit pas une reconduction tacite, prend automatiquement fin le 14 mai 2015 à 24.00 heures.

> REMARQUE :
> Il est donc conseillé de se renseigner, au moment de la souscription, si le contrat que l'on est en train de souscrire prévoit une clause de reconduction ou non.
> L'article 11 du règlement grand-ducal du 20 décembre 1994, relatif aux modalités de l'assurance responsabilité civile automobile, ne laisse pas de choix à l'entreprise d'assurances puisqu'il dispose : « Le contrat doit également mentionner que, à la fin de sa durée initiale, il est reconduit tacitement d'année en année, à moins qu'il n'ait été résilié par l'une ou l'autre des parties ». En l'occurrence, le consommateur est sûr d'avoir une couverture.

L'assurance conclue pour une **durée inférieure** à **une année** ne se **renouvelle pas** tacitement.

> **EXEMPLE**
> Monsieur Muller part au sport d'hiver et contracte pour la durée d'une semaine une assurance individuelle accident.

3.8 La fin du contrat

3.8.1 Les modalités de résiliation

L'entreprise d'assurances ne peut résilier le contrat d'assurance que dans les seuls cas prévus par la loi.

La résiliation du contrat se fait soit par **lettre recommandée** à la poste, soit par **exploit d'huissier** ou par remise de la **lettre** de résiliation à l'entreprise d'assurances et ceci **contre récépissé**. ⟿ Breifoogin.

> REMARQUE :
>
> Une entreprise d'assurances a ainsi été condamnée in solidum au règlement d'un sinistre incendie d'un immeuble survenu après la résiliation du contrat, dont elle avait accepté la résiliation sur base d'un mandat de placement d'un courtier[80].

À l'exception des cas où la loi en dispose autrement, la résiliation n'a d'effet qu'à l'expiration d'un délai de :
- 30 jours avant la date d'échéance ;
- 60 jours après l'échéance du contrat si l'avis relatif au délai n'a pas été communiqué sur l'avis d'échéance.

Ces délais commencent à courir à partir de la date d'envoi de l'avis :
- de la signification ou de la date du récépissé ;
- de son dépôt à la poste dans le cas d'une lettre recommandée[81].

Le tableau ci-après reprend les cas de résiliation possibles, les délais de la notification de la résiliation ainsi que les effets de la résiliation.

---

80 Cour d'appel de Mons (voir L'assurance au présent de Kluwer N° 13 du 26-28 mars 2012 page 3).
81 Art. 39 LCA.

Tableau récapitulatif des cas de résiliation

	CAS DE RÉSILIATION	DÉLAIS DE NOTIFICATION DE LA RÉSILIATION	EFFET DE LA RÉSILIATION
RÉSILIATION PAR LE PRENEUR D'ASSURANCE	Sauf pour les assurances vie et maladie, chaque année à la date d'échéance de la prime annuelle, ou, à défaut, à la date anniversaire de la prise d'effet du contrat (date de reconduction).	Au moins 30 jours avant la date d'échéance de la prime annuelle, ou à défaut 30 jours avant la date anniversaire de la prise d'effet du contrat (date de reconduction) dans les cas où la date limite du droit de résiliation a été communiquée dans l'avis d'échéance.	Le 2ᵉ jour ouvrable suivant la date d'envoi de la lettre de résiliation, mais au plus tôt à la date de reconduction.
		A tout moment à partir de la date d'échéance mais au plus tard dans les 60 jours de l'échéance si la date limite du droit de résiliation n'a pas été communiquée dans l'avis d'échéance.	
	Avis d'échéance avec rappel du droit résiliation mais sans majoration tarifaire annuelle.	Jusqu'à 30 jours avant l'échéance, si l'avis a été envoyé plus de 60 jours avant l'échéance annuelle.	Le 2ᵉ jour ouvrable suivant la date d'envoi de la lettre de résiliation, mais au plus tôt à la date de reconduction.
		Jusqu'à la date d'échéance, si l'avis a été envoyé 30 jours avant l'échéance annuelle.	
		Jusqu'à 15 jours après l'échéance, si l'avis a été envoyé 15 jours avant l'échéance annuelle.	
	Avis d'échéance sans rappel du droit résiliation mais sans majoration tarifaire annuelle.	Jusqu'à 60 jours après l'échéance	
	Avis d'échéance avec rappel du droit résiliation et mention de la majoration tarifaire annuelle.	Jusqu'à 30 jours avant l'échéance, si l'avis a été envoyé plus de 90 jours avant l'échéance annuelle.	Le 2ᵉ jour ouvrable suivant la date d'envoi de la lettre de résiliation, mais au plus tôt à la date de reconduction.
		Jusqu'à la date d'échéance, si l'avis a été envoyé 60 jours avant l'échéance annuelle.	
		Jusqu'à 30 jours après l'échéance, si l'avis a été envoyé 30 jours avant l'échéance annuelle.	
	Avis d'échéance sans rappel du droit résiliation et sans mention de la majoration tarifaire annuelle.	Jusqu'à 60 jours après l'échéance.	

	CAS DE RÉSILIATION	DÉLAIS DE NOTIFICATION DE LA RÉSILIATION	EFFET DE LA RÉSILIATION
RÉSILIATION PAR L'ENTREPRISE D'ASSURANCES	Sauf pour les assurances vie et maladie, chaque année à la date d'échéance de la prime annuelle, ou, à défaut, à la date anniversaire de la prise d'effet du contrat (date de reconduction).	Au moins 60 jours avant la date d'échéance de la prime annuelle, ou à défaut 60 jours avant la date anniversaire de la prise d'effet du contrat (date de reconduction) dans les cas où la date limite du droit de résiliation a été communiquée dans l'avis d'échéance.	Le 2e jour ouvrable suivant la date d'envoi de la lettre de résiliation, mais au plus tôt à la date de reconduction.
	Si l'entreprise d'assurances résilie : * une ou plusieurs autres garanties couvertes par l'assurance ; * une autre assurance du preneur d'assurance après sinistre.	Dans le mois qui suit la notification de la résiliation.	A l'expiration d'un délai d'un mois à compter du lendemain de la notification de la résiliation du contrat par le preneur d'assurance.
	Après sinistre (pour autant que prévu dans le contrat).	Dans le mois qui suit le sinistre.	A l'expiration d'un délai d'un mois à compter du lendemain de la notification de la résiliation.
	En cas de décès du preneur d'assurance bénéficiaire de la garantie par le nouveau titulaire de l'intérêt assuré.	Par lettre recommandée à la poste dans les trois mois et quarante jours du décès.	A l'expiration d'un délai d'un mois minimum à compter du lendemain de la notification de la résiliation ou de la date du récépissé ou, dans le cas d'une lettre recommandée, à compter du lendemain de son dépôt à la poste.
	En cas de diminution sensible et durable du risque, lorsque la tarification au moment de la souscription avait tenu compte du caractère aggravé de celui-ci et que les parties sont en désaccord sur la fixation de la nouvelle prime.	Dans un délai d'un mois suivant la notification par l'entreprise d'assurances de son refus de diminuer la prime, sinon après l'écoulement du délai d'un mois suivant la demande de diminution du preneur sans que les parties contractantes aient pu se mettre d'accord sur la fixation de la nouvelle prime.	A l'expiration d'un délai d'un mois minimum à compter du lendemain de la notification de la résiliation ou de la date du récépissé ou, dans le cas d'une lettre recommandée, à compter du lendemain de son dépôt à la poste.

PAR L'ENTREPRISE D'ASSURANCES	Sauf pour les assurances vie et maladie, chaque année à l'échéance de la prime annuelle, ou, à défaut la date anniversaire de la prise d'effet du contrat (date de reconduction).	Au moins 60 jours avant la date d'échéance de la prime annuelle, ou à défaut au moins 60 jours avant la date anniversaire de la prise d'effet du contrat. Le 2ᵉ jour ouvrable suivant la date d'envoi de la lettre de résiliation, mais au plus tôt à la date de reconduction.
	Après un sinistre donnant lieu à indemnisation (sauf pour les assurances vie et maladie).	Dans le mois du paiement de la première prestation. A l'expiration d'un délai d'un mois à compter du lendemain de la notification de la résiliation.
	En cas de décès du preneur d'assurance.	Dans les trois mois suivant le jour où l'entreprise d'assurances a eu connaissance du décès. A l'expiration d'un délai d'un mois à compter du lendemain de la notification de la résiliation.
	En cas d'omission ou d'inexactitude non intentionnelle dans la description du risque à la souscription de l'assurance : * si la proposition de modification du contrat, faite au preneur d'assurance est refusée ou n'est pas acceptée au terme d'un délai d'un mois ; * si l'entreprise d'assurances apporte la preuve qu'elle n'aurait en aucun cas assuré le risque.	Dans les quinze jours suivant le refus de la part du preneur d'assurance ; l'écoulement du délai de réflexion d'un mois sans que le preneur d'assurance ait manifesté son acceptation de la proposition ; dans le délai d'un mois, à compter du jour ou l'entreprise d'assurances a eu connaissance de l'omission ou de l'inexactitude. A l'expiration d'un délai d'un mois à compter du lendemain de la notification de la résiliation. A l'expiration d'un délai d'un mois à compter du lendemain de la notification de la résiliation.
	Manquement frauduleux du preneur d'assurance et/ou de l'assuré aux obligations qui leur incombent en cas de sinistre.	Dans le mois de la découverte de la fraude. Dès la notification de la résiliation.
	En cas de faillite du preneur d'assurance (pour les assurances autres que de personnes).	Dans le mois suivant l'expiration d'un délai de 3 mois après la déclaration de la faillite. A l'expiration d'un délai d'un mois à compter du lendemain de la notification de la résiliation.
	En cas d'aggravation du risque si l'entreprise d'assurances apporte la preuve qu'elle n'aurait en aucun cas assuré le risque aggravé.	Dans le mois à compter du jour où l'entreprise d'assurances a connaissance de l'aggravation. A l'expiration d'un délai d'un mois à compter du lendemain de la notification de la résiliation.

PAR L'ENTREPRISE D'ASSURANCES	En cas d'aggravation du risque, si la proposition de modification du contrat d'assurance est refusée par le preneur ou si, au terme d'un délai d'un mois à compter de la réception de cette proposition, cette dernière n'est pas acceptée.	Dans les quinze jours du refus ou de la non-acceptation de la proposition de modification du contrat par le preneur.	A l'expiration d'un délai d'un mois à compter du lendemain de la notification de la résiliation.
	En cas de défaut de paiement de la prime.	En concomitance avec la mise en demeure ou après la prise d'effet de la suspension.	Effet immédiat, mais au plus tôt le 10e jour suivant la prise d'effet de la suspension.
	En cas de décès du preneur d'assurance.	Dans les trois mois et quarante jours du décès du preneur d'assurance.	A l'expiration d'un délai d'un mois à compter du lendemain de la notification de la résiliation.
RÉSILIATION PAR LES AYANTS DROIT	Spécial RC Auto Si la résiliation n'est pas demandée, l'assurance continue sans autres formalités pour compte des ayants droit qui restent solidairement et indivisiblement tenus des obligations découlant de l'assurance et ce jusqu'au transfert de propriété du véhicule.		
RÉSILIATION PAR LE CURATEUR	En cas de faillite du preneur d'assurance.	Dans les trois mois qui suivent l'événement qui donne naissance à ce droit.	A l'expiration d'un délai d'un mois à compter du lendemain de la notification de la résiliation.

REMARQUES :

Le cas de la résiliation par un commissaire[82] n'est pas prévu par le législateur. Il figure néanmoins dans la majorité des contrats commercialisés.

Comme ni la loi sur le contrat d'assurance, ni la loi sur l'assurance de la responsabilité civile automobile ne définissent l'heure exacte à laquelle la résiliation prend effet, l'auteur a opté, pour les besoins de la cause, pour 00.00 heure. Il est évident que la date d'expiration change d'entreprise d'assurances à entreprise d'assurances en fonction de son choix de l'heure d'expiration du contrat. Pour les uns, ce sera 00.00 heure pour les autres ce sera 24.00 heures.

3.8.2 La résiliation après sinistre

Afin de permettre à l'entreprise d'assurances de rompre, le cas échéant, ses relations avec un client difficile, voire malhonnête, le contrat d'assurance peut prévoir le droit de résilier le contrat après la survenance d'un sinistre[83] qui donne lieu à une indemnisation. Les assurances sur la vie et les assurances maladie ne sont cependant pas visées par cette disposition.

La résiliation doit être notifiée au preneur d'assurance dans le mois du premier paiement de la prestation de l'entreprise d'assurances. Il s'ensuit que l'entreprise d'assurances ne peut résilier le contrat après sinistre que dans les seuls cas où elle a effectivement payé une prestation. La résiliation après sinistres, où aucune prestation n'est versée, n'est pas admise sauf en cas de fraude.

Dans les cas où le preneur d'assurance, l'assuré ou le bénéficiaire, ont manqué aux obligations nées de la survenance du sinistre dans l'intention de frauder l'entreprise d'assurances, celle-ci peut résilier le contrat dans le mois de la découverte de la fraude, même s'il n'y a pas eu de paiement d'une prestation.

Si l'entreprise d'assurances résilie le contrat, le preneur d'assurance peut dans ce cas résilier les autres contrats conclus auprès de la même entreprise d'assurances. La notification de la résiliation doit se faire dans le mois du premier paiement de la prestation[84].

REMARQUE :

Il ne faut pas confondre le droit de résiliation accordé au preneur d'assurance pour les polices combinées avec celui d'après-sinistre.

Si l'entreprise d'assurances résilie une garantie dans une police combinée, le preneur d'assurance peut dans ce cas résilier le contrat concerné dans son ensemble.

---

82 Un commissaire est une personne chargée par une autorité d'exécuter temporairement des fonctions en son nom.
83 Art. 41 LCA.
84 Art. 41.2. LCA.

Par contre, si l'entreprise d'assurances résilie après sinistre le contrat qui fait l'objet du sinistre, le preneur peut dans ce cas résilier tous les autres contrats conclus auprès de la même entreprise d'assurances.

3.8.3 La résiliation en cas de transfert de portefeuille

Dans le cadre d'une réorientation de leur stratégie d'entreprise, certaines entreprises d'assurances ont, suivant le point de vue dans lequel on se situe, cédé ou repris des portefeuilles d'assurances à une entreprise communautaire ou à une entreprise d'un pays tiers établie au Grand-Duché de Luxembourg.

La question qui se pose dès lors est de savoir si le preneur d'assurance, qui n'a pas demandé un tel transfert, peut dans un cas pareil résilier son contrat d'assurance et s'assurer auprès d'une entreprise d'assurances de son choix.

Pour éviter qu'un portefeuille ne perde sa valeur d'acquisition ou de cession, le législateur a prévu que le transfert d'un contrat devient, sous certaines conditions opposable de plein droit aux preneurs d'assurance, assurés, bénéficiaires et autres créanciers[85]. En d'autres terme : le preneur d'assurance se voit contraint d'accepter ce transfert vers une nouvelle entreprise d'assurances sans pouvoir résilier son contrat d'assurances. Le seul moyen dont dispose le preneur d'assurance pour changer d'entreprise d'assurances consiste à résilier dans les délais légaux le contrat d'assurance pour sa prochaine échéance annuelle.

3.8.4 Le crédit de prime

Lorsque le contrat est résilié, pour quelque cause que ce soit, les primes payées afférentes à la période d'assurance postérieure à la date de prise d'effet de la résiliation sont remboursées au preneur d'assurance[86]. Sont donc concernés par cette mesure tous les contrats d'assurance sans exception.

Le délai pour rembourser les primes est fixé à **30 jours à dater** du jour de la **prise d'effet** de la **résiliation**. Au-delà de ce terme, les intérêts légaux[87] courent de plein droit.

En cas de résiliation partielle ou de toute autre diminution des prestations d'assurance, le crédit de prime ne s'applique qu'à cette diminution.

Le législateur vise, en l'occurrence, trois cas de figure ainsi que des combinaisons possibles entre ces cas :

- **réduction** du montant de la prestation assurée ;

---

85 Art. 47 et 48 LSA.
86 Art. 40 LCA.
87 3,50 % pour l'année 2013.

> **Exemple :**
> Madame Thill, devenue propriétaire de la maison et du contenu ayant appartenu à sa mère qui vient de décéder, vend la presque totalité du contenu. Elle réduit le montant assuré du contenu en conséquence.

- certains événements assurés ou certains cas de survenance ont **disparu** ;

> **Exemple :**
> Le véhicule de Madame Muller étant âgé de 4 ans, elle n'entend plus l'assurer contre le risque vol à partir de la prochaine échéance annuelle de la prime.

- certaines personnes, biens ou risques ont disparu ou ne sont plus **couverts**.

> **Exemple :**
> La fille de Monsieur Schmit vient de se marier et n'habite plus sous son toit. Comme elle a souscrit entre-temps une assurance individuelle à son nom, Monsieur Schmit fait rayer sa fille dans le cadre de l'assurance collective familiale.
>
> **Exemple de combinaison de deux critères :**
> Madame Thill, devenue propriétaire de la maison et du contenu ayant appartenu à sa mère qui vient de décéder, vend la presque totalité du contenu. Elle réduit le montant assuré du contenu en conséquence. Compte tenu de la faible somme assurée contenu, la garantie vol est également résiliée.

3.8.5 *L'augmentation tarifaire*

Le contrat peut prévoir le droit d'appliquer une **augmentation tarifaire** dans un contrat en cours[88]. Le droit d'appliquer une telle augmentation tarifaire n'existe donc que si le contrat le prévoit expressément.

L'entreprise d'assurances qui, en cours de contrat, entend augmenter le tarif, ne pourra procéder à cette adaptation qu'avec effet à la prochaine date d'**échéance annuelle** du **contrat**.

L'entreprise d'assurances devra notifier cette modification au preneur d'assurance 30 jours au moins avant la date d'effet de l'adaptation du tarif. Cette notification peut être faite sur l'avis d'échéance annuelle de la prime. Si l'avis d'échéance a néanmoins été envoyé 15 jours avant l'échéance, l'adaptation tarifaire ne sera pas possible et l'ancien tarif restera d'application.

---

88   Art. 42 LCA.

Si l'augmentation tarifaire n'a **pas** été **communiquée** explicitement au preneur d'assurance dans l'avis d'échéance, il peut mettre un terme au contrat. Cette résiliation du contrat sera sans pénalités et le preneur d'assurance pourra exercer ce droit à tout moment à compter de la date d'échéance, mais au plus tard 60 jours après la date d'échéance du contrat.

Les différents délais sont plus explicitement repris dans l'exemple ci-après.

EXEMPLE POUR UN CONTRAT À PRIMES ANNUELLES AVEC MAJORATION TARIFAIRE

Admettons que l'entreprise d'assurances ait prévu une augmentation tarifaire d'un contrat dont l'échéance annuelle est fixée au 1er janvier de chaque année. Pour notre exemple partons de l'échéance du 01.01.2014.

ENVOI AVEC RAPPEL DU DROIT DE RÉSILIATION		POSSIBILITÉ DE RÉSILIATION PAR LE PRENEUR D'ASSURANCE	
Nombre de jours avant l'échéance	Date exacte	Nombre de jours	Possibilité de résiliation jusqu'au
> 90 jours	p.ex. 15.09.2013	30 jours avant l'échéance	01.12.2013 $^{24.00}$
60	01.11.2013 $^{24.00}$	jusqu'au jour de l'échéance	01.01.2014 $^{00.00}$
30	01.12.2013 $^{24.00}$	30 jours après l'échéance	30.01.2014 $^{24.00}$
15	16.12.2013 $^{24.00}$	plus possible d'adapter le tarif	

ENVOI SANS RAPPEL DU DROIT DE RÉSILIATION		POSSIBILITÉ DE RÉSILIATION	
Nombre de jours avant l'échéance	Date exacte	Nombre de jours	Possibilité de résiliation jusqu'au[88]
sans incidence		60 jours après l'échéance	01.03.2014 $^{24.00}$ [89]

REMARQUE :

L'**indexation** d'un contrat d'assurance **ne peut être considérée comme augmentation tarifaire**, étant donné que l'augmentation de la prime annuelle va de pair avec l'augmentation des garanties.

---

89 Dans ce cas la prime pour la période qui se situe après la date de l'échéance se fait sur base du nouveau tarif.
90 L'année 2014 n'étant pas une année bissextile 60 jours à dater du 1er janvier dans notre cas donne le 1er mars.

3.8.6 *La faillite du preneur d'assurance*

En cas de faillite du preneur, l'assurance subsiste au profit de la masse des créanciers[91]. L'entreprise d'assurances ne peut donc pas résilier le contrat sans laisser au curateur un délai suffisant pour chercher, le cas échéant, une couverture ailleurs. À partir de la déclaration de la faillite, la masse des créanciers devient débitrice envers l'entreprise d'assurances des primes à échoir.

Tant l'entreprise d'assurances que le curateur ont néanmoins le droit de résilier les contrats autres que de personnes.

La résiliation par l'entreprise d'assurances peut se faire au plus tôt trois mois après la déclaration de la faillite et doit être notifiée dans le mois suivant l'expiration de ce délai. La masse des créanciers est donc certaine de bénéficier d'une couverture d'au moins trois mois après la déclaration de la faillite.

Le **curateur** de la faillite, qui entend résilier le contrat, ne peut le faire que dans les trois mois qui suivent la déclaration de la faillite. Passé ce délai, il ne pourra résilier le contrat que dans les termes prévus pour un contrat normal.

3.8.7 *La faillite de l'entreprise d'assurances*

En cas de faillite de l'entreprise d'assurances, l'assuré peut résilier le contrat[92].

3.9 La prescription

3.9.1 *La notion de prescription*

Dans le domaine qui nous occupe, on entend par prescription[93] le principe selon lequel **on perd** un droit, par exemple celui d'agir en justice, après l'écoulement d'un certain délai d'inaction fixé par la loi.

3.9.2 *la prescription et le délai de prescription*

La prescription est la durée au terme de laquelle une personne acquiert ou perd un droit. Elle est dite :
- **acquisitive** en cas d'acquisition d'un droit (p.ex. un bien) ;
- **extinctive** en cas de perte d'un droit (p.ex. agir contre le responsable d'un sinistre).

---

91 Art. 43 LCA.
92 Art. 43.2 LCA.
93 Art. 44 LCA.

En droit commun le délai de prescription est de trente ans[94] mais compte néanmoins certaines dérogations et notamment dans le droit des assurances.

C'est ainsi que toute action dérivant d'un **contrat d'assurance** est prescrite après un délai de **trois ans**[95], à partir du jour de l'événement qui donne ouverture à l'action.

Lorsque celui à qui appartient l'action prouve qu'il n'a eu **connaissance** de cet événement qu'à une **date ultérieure**, le délai ne commence à courir qu'à cette date, sans pouvoir excéder **cinq ans** à dater de l'événement, le cas de fraude excepté[96].

La prescription ne court pas contre celui qui ignore l'événement qui donne droit à l'action.

Cependant pour les assurances :
- **de responsabilité**, en ce qui concerne l'action récursoire de l'assuré contre l'entreprise d'assurances, le délai court à partir de la demande en justice de la personne lésée ;
- **de personnes,** en ce qui concerne l'action du bénéficiaire, le délai court à partir du jour où celui-ci a connaissance à la fois :
  - de l'existence du contrat ;
  - de sa qualité de bénéficiaire ;
  - et de la survenance de l'événement duquel dépend l'exigibilité des prestations d'assurances.

L'action récursoire de la **personne lésée** contre **l'entreprise d'assurances** se prescrit après cinq ans à dater du fait générateur du dommage. En cas d'infraction pénale, le délai court à dater du jour où l'infraction a été commise. Si la personne lésée n'a connaissance de son droit récursoire qu'à une date ultérieure, le délai de cinq ans ne court qu'à dater du jour où elle a eu connaissance de son droit de recours. Ce délai ne peut cependant pas excéder 10 ans à compter du fait générateur du dommage ou, s'il y a infraction pénale, du jour au celle-ci a été commise[97]. Le délai de prescription est néanmoins interrompu à partir du moment où l'entreprise d'assurances est informée de la volonté de la personne lésée d'obtenir l'indemnisation de son préjudice[98].

---

94 Art. 2262 ss Code Civil.
95 Art. 44.1. LCA.
96 Voir exemple chapitre 43 « Assurance vie » point 18.1.2.
97 Art. 44 LCA.
98 Art. 44.2. LCA modifiée le 21 décembre 2012.

> **EXEMPLE :**
> Le 24 mars 2014 monsieur Schmit est victime d'un accident dont un tiers est responsable. Dans ce cas, monsieur Schmit doit introduire sa demande en dommages et intérêts contre l'entreprise d'assurances du responsables avant le 24 mars 2015.
> L'action contre le responsable lui-même par contre ne se prescrit qu'après trente ans ; dans notre cas le 24 mars 2040.

L'action récursoire de l'entreprise d'assurances contre l'assuré, le cas de fraude excepté, se prescrit dans les trois ans à dater du jour du paiement par l'entreprise d'assurances.

3.9.3 *La suspension et l'interruption de la prescription*

La suspension[99] allonge le délai de la prescription pour la durée du fait suspensif alors que l'interruption annule rétroactivement la fraction du délai déjà écoulé. Dans ce dernier cas, le nouveau délai recommence à courir après la cessation du fait interruptif.

La loi sur le contrat d'assurance déroge au Code civil[100] visant à ne pas faire courir la prescription contre les **mineurs**, les **interdits** et **autres incapables**. En ce qui concerne les contrats d'assurances, la prescription court donc à leur égard, sauf en ce qui concerne leur action résultant du droit propre de la personne lésée contre l'assuré.

En cas de force majeure, la prescription **ne court pas** contre **l'assuré, le bénéficiaire** ou la **personne lésée**. Le créancier se trouve ainsi dans l'impossibilité d'agir dans le délai fixé par la loi.

Dans les seules relations entre **entreprise d'assurances** et **assuré**, la prescription est **interrompue** si la déclaration de sinistre est faite en temps utile. Cette interruption est valable jusqu'au moment où l'entreprise d'assurances fait connaître par écrit sa décision à l'autre partie.

Dans les relations entre **l'entreprise d'assurances** et la **personne lésée**, la prescription est **interrompue** à partir du moment où la personne lésée informe l'entreprise d'assurances qu'elle veut obtenir l'indemnisation de son préjudice. L'interruption cesse à partir du moment où l'entreprise d'assurances fait connaître par écrit si elle entend indemniser ou non.

La saisine d'une instance, chargée d'examiner les plaintes du preneur d'assurance au sujet du contrat, interrompt le délai de prescription.

---

99 Art. 45 LCA.
100 Art. 2252.

3.10 La clause d'arbitrage

Afin de permettre aux parties de régler un sinistre en l'absence de tout recours à un tribunal, les parties liées par un contrat d'assurances peuvent recourir à une procédure dite arbitrage qui, pour un différend déjà commencé, consiste à recourir à un ou plusieurs arbitres en nombre impair.

C'est la raison pour laquelle est interdite toute clause d'arbitrage[101] dans laquelle les parties liées par un contrat, **avant** tout différend, décident de confier le litige éventuel à un ou plusieurs arbitres en nombre impair.

Compte tenu du coût généralement élevé des procédures d'arbitrage et afin d'éviter une généralisation de ces procédures au détriment des assurés parfois moins biens informés sur les techniques d'assurances, le législateur a prévu pour les contrats de masse la solution suivante :

- est **interdite** toute clause d'arbitrage qui, **avant** tout différend, soumet d'office toute contestation à naître à l'arbitrage. Techniquement, on parle dans ce cas d'une clause compromissoire qui en l'occurrence n'est pas autorisée ;
- est **permise** toute clause de recours à l'arbitrage au moment d'un **sinistre commencé**.

3.11 La juridiction compétente

En principe, toutes les contestations relatives aux contrats visés par la loi sur le contrat d'assurance sont de la compétence exclusive des **tribunaux luxembourgeois**[102].

Cette exclusivité n'est cependant plus garantie si, du fait d'un conflit de juridiction, des traités ou accords internationaux étaient applicables. (voir Annexes I et II)

4– DISPOSITIONS PROPRES AUX ASSURANCES À CARACTÈRE INDEMNITAIRE

RAPPEL :

Une assurance est dite **indemnitaire** lorsque l'entreprise d'assurances s'engage à fournir la prestation nécessaire pour réparer tout ou partie d'un dommage subi par l'assuré ou dont celui-ci est responsable. La prestation de l'entreprise d'assurances ne peut être définie qu'après la survenance du dommage

---

101 Art. 46 LCA.
102 Art. 47 LCA.

et **dépend de l'importance** de celui-ci. Il s'agit de remettre l'assuré ou le tiers lésé dans une situation comme si aucun sinistre n'avait eu lieu. Il s'agit de réparer le seul dommage et rien que le dommage, **toute source d'enrichissement** est **exclue**.

4.1 L'intérêt d'assurance

Une assurance à caractère indemnitaire ne peut être souscrite que dans la mesure où l'assuré justifie un intérêt économique à la **conservation** de la chose ou à l'**intégrité** du patrimoine[103].

> REMARQUE :
>
> On notera que le législateur a en l'espèce précisé que l'intérêt de la conservation de la chose réside dans le chef de l'assuré et non pas dans celui du preneur d'assurances. Cette disposition résulte :
> – d'une part, dans le fait que dans les assurances à caractère indemnitaire l'assuré coïncide assez souvent avec le preneur d'assurance et
> – de l'autre, que dans les assurances pour compte, l'intérêt assuré est la propriété de l'assuré et non pas du preneur d'assurance.

En l'espèce, le législateur entend limiter la prestation de l'entreprise d'assurances à la seule réparation du préjudice d'ordre économique. Le destinataire de la prestation à payer ou bien celui qui en bénéficiera indirectement ne pourra être que :
- soit la personne qui a subi le préjudice ;
- soit celle qui en est responsable.

Cette disposition peut être considérée comme étant d'ordre public.

4.2 L'assurance pour compte

Une assurance à caractère indemnitaire peut être souscrite pour le compte d'autrui, ou pour le compte de qui elle appartient[104]. Dans ce cas, l'assuré est celui qui justifie de l'intérêt de l'assurance lors de la survenance d'un sinistre.

> **EXEMPLE :**
>
> Pour elle et son enfant, madame Thill souscrit un contrat pour ses vacances d'hiver près d'un tour operator de la place. Cet operator a souscrit un contrat d'assurance individuel accident pour compte de tous ses clients. Madame Thill, en tant qu'assurée, y adhère en payant la prime afférente.

---

103   Art. 48 LCA.
104   Art. 49 LCA.

Les exceptions que l'entreprise d'assurances peut opposer, le cas échéant, au preneur d'assurance sont opposables à l'assuré quel qu'il soit.

> **EXEMPLE :**
> Lors d'une descente de ski, madame Thill fait une chute et devient invalide à raison de 12 %. Elle fait valoir ses droits près de l'entreprise d'assurances du tour operator.
> Elle apprend que l'assurance en question a été suspendue parce que le tour operator n'avait pas payé la prime. Comme cette exception est opposable à tout assuré, madame Thill ne pourra dès lors pas profiter de la couverture proposée par le tour operator.

> REMARQUE :
> Dans notre cas d'espèce, il faut néanmoins se poser la question de savoir qui va régler le dommage de Madame Thill, étant donné qu'elle a subi un dommage et payé une prime pour couvrir le risque dont elle a été victime.
> Le législateur dispose que l'entreprise d'assurances peut opposer toute exception à l'assuré quel qu'il soit. Le seul moyen pour avoir satisfaction réside dans le fait de se retourner contre le tour operator pour non-exécution d'une relation contractuelle et ceci à hauteur du dommage subi.

4.3 L'étendue de la prestation d'assurance

La prestation de l'entreprise d'assurances ne peut pas excéder le montant du préjudice que l'assuré a subi[105].

Cette approche est justifiée étant donné qu'elle vise, dans les assurances à caractère indemnitaire, à entériner le principe du non-enrichissement en cas de sinistre.

4.4 Le cumul des assurances à caractères différents

À défaut de contre-indication dans les Conditions Particulières, les prestations en provenance d'un contrat d'assurance à caractère **indemnitaire** ne sont **pas diminuées** des prestations en provenance d'un contrat d'assurance à caractère **forfaitaire**[106].

Rappelons pour mémoire que dans les assurances à caractère indemnitaire, la prestation de l'entreprise d'assurances est liée au préjudice subi alors que, dans les assurances à caractère forfaitaire, la prestation de l'entreprise d'assurances ne doit pas forcément servir pour réparer le préjudice.

---

105   Art. 50 LCA.
106   Art. 51 LCA.

> **Exemple :**
>
> Monsieur Schmit subit un accident de la circulation occasionnant une invalidité permanente de 7 %. Son préjudice est estimé à 46.500 €, montant qui lui est versé par l'entreprise d'assurances du responsable de l'accident (assurance à caractère indemnitaire).
>
> Comme monsieur Schmit a souscrit une assurance individuelle accident garantissant une prestation en cas d'invalidité de 75.000 €, son entreprise d'assurances lui verse 7 % de cette somme, soit 5.250 € (assurance à caractère forfaitaire).
>
> L'entreprise d'assurances du responsable de l'accident appelée à verser dans une approche indemnitaire le montant de 46.500 € ne peut pas se prévaloir de l'assurance à caractère forfaitaire souscrite par monsieur Schmit et diminuer son indemnité de 5.250 €. Au bénéfice de monsieur Schmit, les deux montants se cumulent.

4.5 La subrogation de l'entreprise d'assurances

La subrogation[107] est le principe selon lequel l'entreprise d'assurances **utilise** les **droits** de son client en tant que **victime**, qui a été indemnisée par elle, **pour demander** au responsable du dommage de lui **rembourser** cette somme.

Partant du principe de base des assurances à caractère indemnitaire qui prévoient un non enrichissement, il ne peut pas y avoir un cumul au titre de l'indemnisation du même dommage. En d'autres termes : la partie lésée ne peut pas s'attendre à une double indemnisation : l'une de son entreprise d'assurances qui assure le risque en direct et l'autre en provenance de la part de l'entreprise d'assurances qui assure le responsable du dommage. C'est pour cette raison que l'entreprise d'assurances de la partie lésée qui a payé l'indemnité est subrogée, à hauteur du montant de celle-ci, dans les droits et actions de l'assuré ou du bénéficiaire contre le tiers responsable du dommage. La subrogation ne permet par ailleurs pas au responsable du dommage de se soustraire à son obligation d'indemnisation de la victime. En l'absence d'un recours subrogatoire de l'entreprise d'assurances de la victime, qui a indemnisé son assuré, le responsable du dommage pourrait en effet profiter sur base du principe du non-enrichissement des assurances de dommages.

Si, par le fait de l'**assuré** ou du **bénéficiaire**, la subrogation ne peut plus produire ses effets en faveur de l'entreprise d'assurances, celle-ci peut lui réclamer la restitution de l'indemnité versée mais uniquement à hauteur du préjudice subi.

---

107 Art. 52 LCA.

La subrogation **ne peut**, en aucun cas, **nuire** à l'assuré ou au bénéficiaire qui n'aurait été indemnisé qu'en partie[108]. L'assuré ou le bénéficiaire qui n'a été indemnisé qu'en partie peut exercer ses droits, pour la partie qui lui est due par préférence sur l'entreprise d'assurances.

La procédure de règlement dans le cadre de cette subrogation est la suivante :

- le responsable d'un sinistre doit réparer l'intégralité du dommage causé ;
- plutôt que de s'adresser à l'entreprise d'assurances du tiers responsable respectivement contre le responsable lui-même, la victime s'adresse à son entreprise d'assurances pour se faire indemniser pour le dommage subi et couvert ;
- l'entreprise d'assurances de la victime, d'après les dispositions stipulées dans le contrat d'assurance, indemnise son client (assuré) ;
- la victime ne peut pas s'enrichir ni sur base d'un contrat soumis au principe indemnitaire, ni non plus sur base d'un contrat responsabilité civile ;
- la subrogation ne peut être exercée que si l'entreprise d'assurances a préalablement indemnisé son client ; l'indemnité payée par l'entreprise d'assurances constitue le maximum du recours possible ;
- la victime indemnisée partiellement garde la préférence sur son entreprise d'assurances ;
- une fois la victime indemnisée, celle-ci cède à son entreprise d'assurances ses droits contre le responsable de l'accident respectivement l'entreprise d'assurances de ce dernier ;
- lorsque le recours de l'entreprise d'assurances contre le responsable aboutit, elle a le droit de conserver les sommes récupérées.

---

108   Art. 52 al. 3 LCA.

Généralités

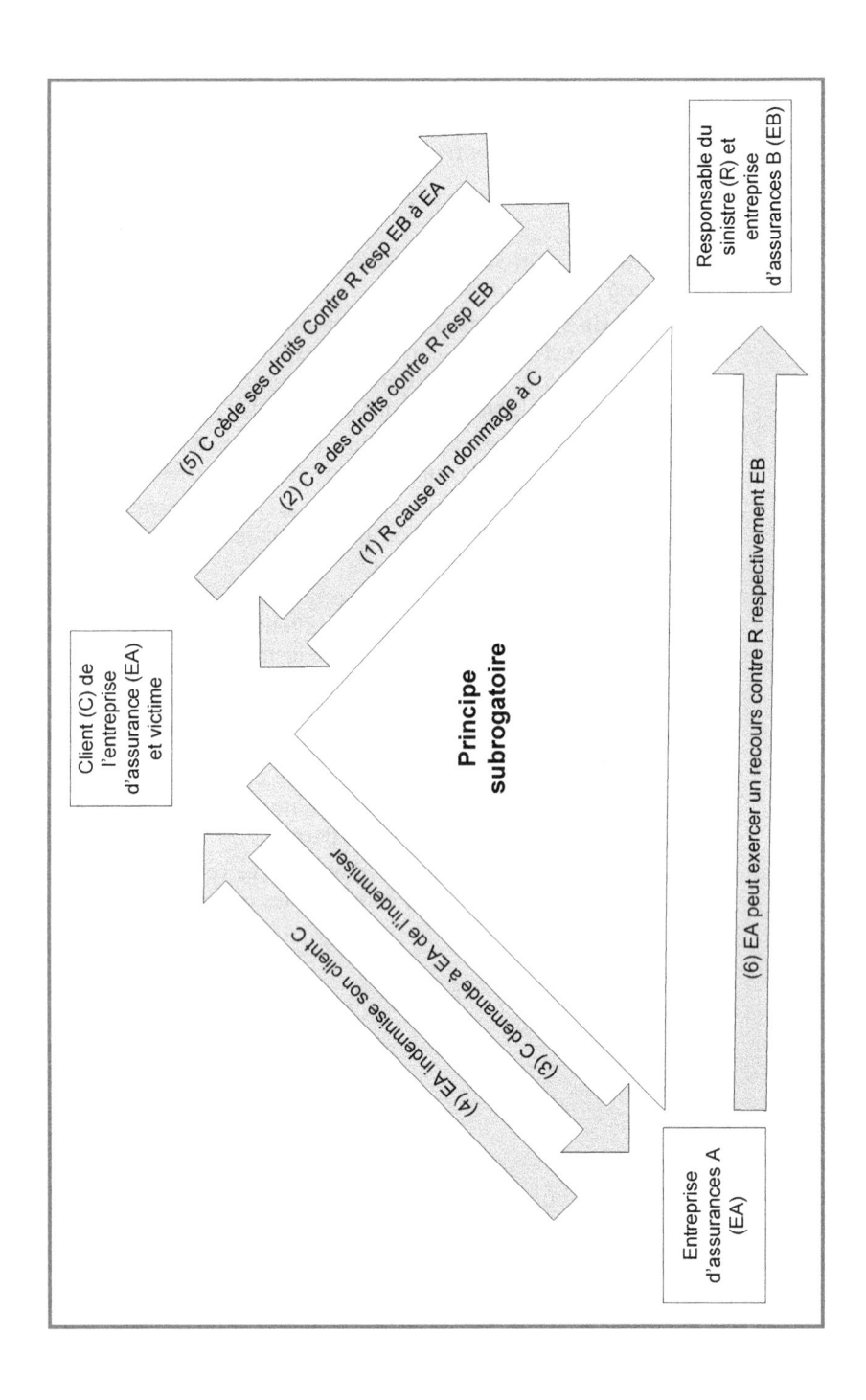

Principe subrogatoire

- Client (C) de l'entreprise d'assurance (EA) et victime
- Responsable du sinistre (R) et entreprise d'assurances B (EB)
- Entreprise d'assurances A (EA)

(1) R cause un dommage à C
(2) C a des droits contre R resp EB
(3) C demande à EA de l'indemniser
(4) EA indemnise son client C
(5) C cède ses droits contre R resp EB à EA
(6) EA peut exercer un recours contre R respectivement EB

Exemples :

1. Madame Muller est propriétaire d'un abri pour chevaux et le fait assurer près de l'entreprise d'assurances A contre le risque incendie à hauteur de 250.000 €.
Les enfants du voisin de Madame Muller jouent avec des allumettes dans l'abri et celui-ci est complètement détruit par le feu.
L'entreprise d'assurances A indemnisera Madame Muller et est subrogée dans les droits de celle-ci contre le voisin, respectivement son entreprise d'assurances.
2. Admettons que l'abri ne soit assuré qu'à hauteur de 200.000 € et que le sinistre s'élève à 160.000 €.
L'entreprise d'assurances appliquera une règle proportionnelle et l'indemnité de Madame Muller s'élèvera à :

$$\text{Sinistre} \times \frac{\text{Valeur assurée}}{\text{Valeur assurable}} = \text{indemnité}$$

$$160.000 \times \frac{200.000}{250.000} = 128.000 \text{ €.}$$

Dans ce cas, l'entreprise d'assurances n'est subrogée qu'à hauteur de 128.000 € et Madame Muller aura prioritairement une action contre son voisin ou son entreprise d'assurances pour la partie non versée soit 32.000 € (160.000 – 128.000).

Principe subrogatoire

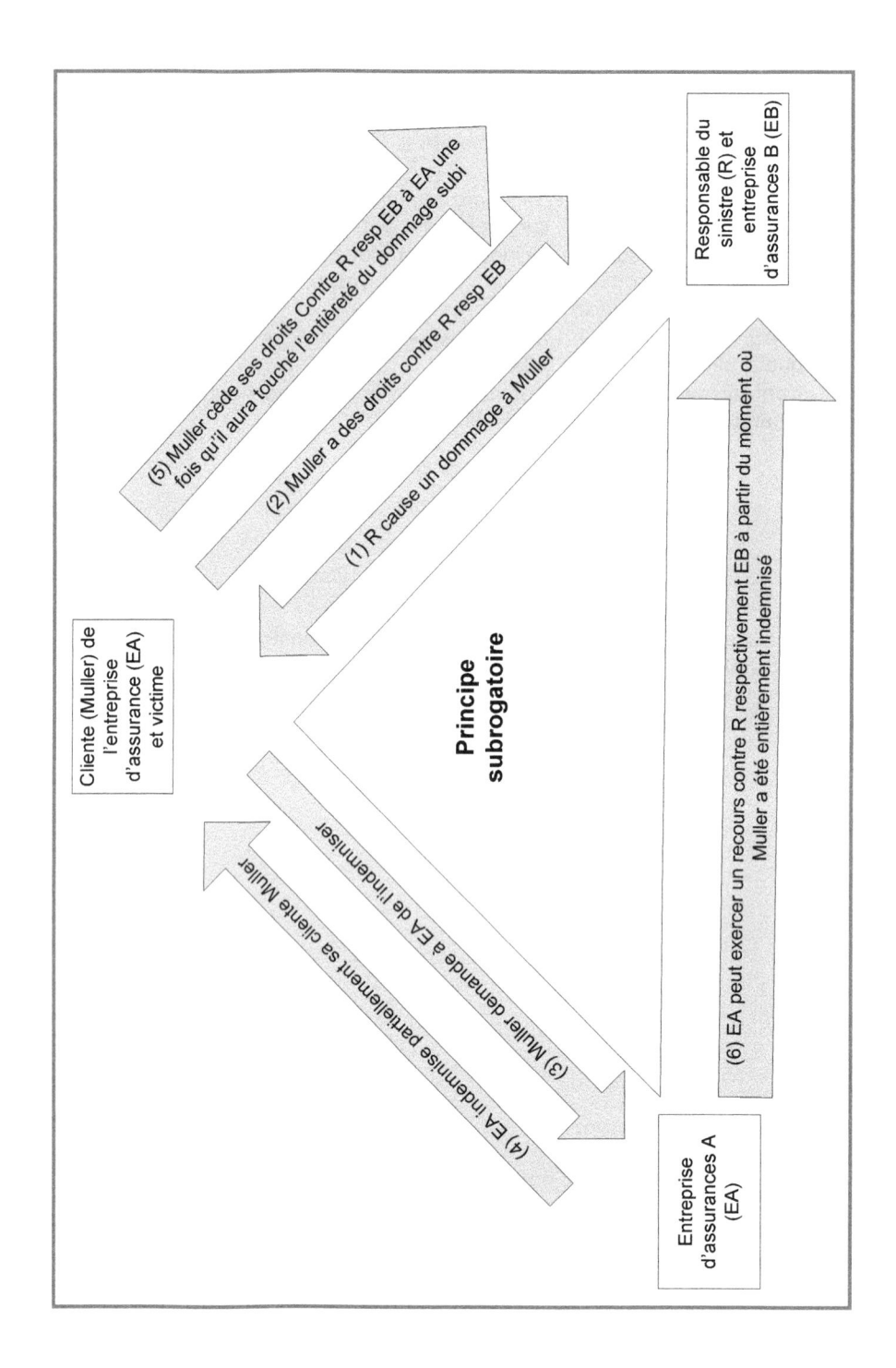

- Cliente (Muller) de l'entreprise d'assurance (EA) et victime
- Responsable du sinistre (R) et entreprise d'assurances B (EB)
- Entreprise d'assurances A (EA)

(1) R cause un dommage à Muller
(2) Muller a des droits contre R resp EB
(3) Muller demande à EA de l'indemniser
(4) EA indemnise partiellement sa cliente Muller
(5) Muller cède ses droits contre R resp EB à EA une fois qu'il aura touché l'entièreté du dommage subi
(6) EA peut exercer un recours contre R respectivement EB à partir du moment où Muller a été entièrement indemnisé

L'entreprise d'assurances ne peut **pas** exercer un **recours** contre les descendants, les ascendants, le conjoint et les alliés en ligne directe de l'assuré, ni contre les personnes vivant à son foyer, ses hôtes et les membres de son personnel domestique[109].

> REMARQUE :
>
> L'abandon de recours contre les membres de la famille se justifie dans la mesure ou l'entreprise d'assurances qui a indemnisé son assuré d'un côté ne peut pas contribuer ou être l'initiateur de la ruine d'une famille/hôte/membre du personnel, dans la mesure où elle exercerait un recours contre un membre de la famille/hôte/membre du personnel de son assuré si ce dernier serait à l'origine du sinistre. Le législateur ne donne pas de définition de ce qu'il faut entendre par personne vivant à son foyer. S'agit-il d'une personne qui vit au domicile du preneur d'assurance de manière permanente ou temporairement – inscrite ou non au registre de la population de la commune de résidence du preneur ? Le conjoint, les hôtes et membres du personnel ayant été limitativement énumérés, faute d'autres précisions l'entreprise d'assurances, de l'avis de l'auteur, devra se priver de recours dès que le preneur arrive à prouver que la personne dont question vivait chez lui. Toujours de l'avis de l'auteur bénéficient ainsi d'office d'une protection contre un recours éventuel toutes les personnes vivant en communauté, continue ou temporaire, sans pour autant être des conjoints au sens légal.

> **EXEMPLE :**
> Le fils de monsieur Wagner joue avec des allumettes dans sa chambre. À un certain moment les posters attachés au mur prennent feu et causent des dégâts non négligeables. L'entreprise d'assurances incendie de monsieur Wagner indemnise les dégâts ainsi causés mais n'exercera pas de recours contre l'auteur du dommage.

Si la responsabilité d'une de ces personnes est garantie par un contrat d'assurance dans lequel sa responsabilité est effectivement couverte, l'entreprise d'assurances peut néanmoins exercer un recours.

> REMARQUE :
>
> La subrogation issue du principe indemnitaire ne s'applique qu'aux seules assurances à caractère indemnitaire. Comme dans les assurances à caractères forfaitaire le bénéfice n'est pas exclu, la subrogation ne peut dès lors pas être admise dans ce genre d'assurances.

4.6 Le décès du preneur d'assurance, bénéficiaire de la garantie

Si, à la suite du décès du preneur d'assurance, l'intérêt assuré est transmis à un nouveau titulaire, les droits et obligations découlant du contrat le sont en même temps[110].

---

109   Art. 52. al. 5 LCA.
110   Art. 57 LCA.

Tant le **nouveau titulaire que l'entreprise d'assurances** peuvent résilier le contrat.

Le **nouveau titulaire** peut résilier le contrat par lettre recommandée à la poste, dans les trois mois et quarante jours du décès du preneur.

> **EXEMPLE :**
> Dans le couple Schmit-Weber, monsieur Schmit est preneur d'assurance d'un contrat incendie et décède le 15 février 2014. Le nouveau titulaire, son épouse Weber, peut résilier le contrat entre la période du 15 février et le 25 juin 2014 (trois mois et quarante jours). Passé ce délai, la résiliation ne peut se faire au plus tôt qu'à la prochaine échéance de la prime annuelle moyennant un préavis de 30 jours.

Au cas où, suite à un décès, le nouveau titulaire du bien assuré est une seule personne (p.ex. le conjoint survivant) aucun problème majeur quant à la continuité de la couverture du risque assuré ne devrait se poser.

Si le nouveau titulaire se compose néanmoins d'un multiple de propriétaires les choses se présentent autrement :

- dans le cadre d'une **indivision** pour un risque en copropriété ou non :
  - on ne rencontrera pas non plus de problème si tous les indivisaires sont d'accord pour continuer à couvrir le risque ;
  - tout indivisaire peut prendre les mesures nécessaires à la conservation des biens indivis[111] et contraindre les co-indivisaires à participer temporairement à la conservation du bien. Cette situation peut se présenter si un des co-indivisaires veut profiter de sa faculté de ne pas pouvoir être forcé de rester dans une indivision ;
- dans le cadre d'un **usufruit** ou en **nue-propriété** :
  - en l'occurrence se pose la question de l'intérêt de la couverture du risque. Considérant que le nu-propriétaire aura au plus tard au décès de l'usufruitier la pleine propriété du risque, il a tout intérêt à coordonner la couverture du risque surtout s'il n'est pas sûr que l'usufruitier a couvert le risque en due forme.
    Ici encore les choses peuvent se compliquer à partir du moment où au décès de l'usufruitier la pleine propriété ne reviendra pas à une seule personne.

Pour les contrats qui ne comportent pas une échéance annuelle, les ayants droit peuvent résilier le contrat pour la première date anniversaire, postérieure à l'écoulement des trois mois et quarante jours dont question ci-dessus.

---

111   Art. 815-2 Code Civil.

L'entreprise d'assurances peut résilier le contrat de son côté au dernier domicile connu du preneur d'assurance, dans les trois mois du jour où il a eu connaissance du décès. Cette mesure permet en effet aux héritiers d'éviter de se retrouver sans couverture du jour au lendemain.

> **EXEMPLE :**
>
> Supposons que l'entreprise d'assurances a connaissance du décès de madame Hoffmann le 8 mai 2014. Dans ce cas, elle ne peut résilier le contrat que pendant la période du 8 mai au 8 août 2014. Passé ce délai, la résiliation ne peut se faire que pour la prochaine échéance de la prime annuelle. Pour les contrats qui ne comportent pas une échéance annuelle, l'entreprise d'assurances a le droit de résilier le contrat pour la première date anniversaire, postérieure à l'écoulement des trois mois et quarante jours dont question ci-dessus.

4.7 Les contrats conclus intuitu personae

Par contrat intuitu personae[112], il y a lieu d'entendre un contrat qui est conclu en considération d'une **personne bien précise**.

Les contrats conclus en considération de la personne prennent automatiquement fin au décès de celle-ci. Si a priori on est tenté de penser à des assurances de personnes et en particulier les assurances en cas décès, il existe néanmoins des assurances de dommages dans lesquels le principe de l'intuitu personae a sa raison d'être.

> **EXEMPLE :**
>
> Madame Thill est architecte et, à ce titre, elle a conclu une assurance responsabilité civile professionnelle. Lors du décès de madame Thill, cette assurance prend automatiquement fin.

Suivant le genre d'assurance et l'entreprise d'assurances, les ayants droit bénéficient néanmoins d'une reprise du passé pour des sinistres éventuellement causés par la personne assurée intuitu personae de son vivant, mais qui ne s'étaient pas encore manifestés lors du décès de la personne assurée.

---

112 Art. 58 LCA.

5 – DISPOSITIONS PROPRES AUX ASSURANCES À CARACTÈRE FORFAITAIRE

5.1 L'intérêt d'assurance

Si l'intérêt relatif à une assurance à caractère indemnitaire est matériel et mesurable, l'intérêt d'une assurance à caractère forfaitaire revêt plutôt un aspect moral et non mesurable[113].

Deux cas d'intérêts peuvent être envisagés :
- l'intérêt du preneur relatif à sa propre vie et sa propre intégrité physique ;
- l'intérêt du preneur relatif à la vie et à l'intégrité physique d'une tierce personne.

L'assurance sur la vie ou l'intégrité physique[114] d'un tiers est **nulle**, s'il est établi que le bénéficiaire de l'assurance n'avait **aucun intérêt** à l'**existence** et à la **santé** de ce **tiers**.

> **EXEMPLE :**
> Monsieur Schmit, en tant que bénéficiaire, conclut une assurance sur la vie de son conjoint. En l'occurrence, il a un intérêt : c'est-à-dire l'intégrité physique de son épouse.
> À force de prouver le contraire, cet intérêt n'est pas donné, si monsieur Schmit, en tant que bénéficiaire, concluait un contrat sur la vie de sa femme de charge. Ce contrat ne pourra être souscrit.

5.2 Le consentement de l'assuré

Un contrat qui prévoit une prestation en cas de décès ou d'atteinte à l'intégrité physique, conclu sur la tête d'un tiers, est **nul** si ce dernier n'a **pas** donné son **consentement** par **écrit**[115].

Cette mesure est indispensable pour réduire le risque d'un sinistre volontaire voire intentionnel dans le chef du bénéficiaire.

Le consentement du tiers est également requis pour toute modification qui est apportée à ce contrat dans la mesure où elle vise :
- à augmenter de façon substantielle les prestations ;

---

113 Art. 59 LCA.
114 Voir chapitre 43 point 6.4.
115 Art. 60 LCA.

- à modifier la clause d'attribution bénéficiaire ;
- de céder ou mettre en gage les droits résultant du contrat.

À défaut de consentement, les modifications sont nulles et non avenues.

Sont notamment concernées, les augmentations de sommes assurées, les modifications de la clause bénéficiaire et les cessions ou mises en gage des droits résultant du contrat.

> **Exemple :**
>
> Le 15 mars 2014, monsieur Wagner, avec le consentement de sa concubine Hoffmann, a conclu une assurance vie sur la tête de celle-ci.
> Le 21 juillet 2014, il veut donner cette assurance en gage à un institut de crédit. Sans le consentement de sa concubine, cette opération n'est pas possible.

5.3 L'absence de subrogation

Concernant les assurances à caractère **forfaitaire**, l'entreprise d'assurances qui a payé la somme assurée n'est **pas subrogée** dans les droits du preneur d'assurance ou du bénéficiaire[116].

> **Exemple :**
>
> Madame Muller souscrit une assurance individuelle accident, par laquelle le risque d'invalidité est couvert à hauteur de 75.000 €. À la suite d'un accident, dont un tiers est responsable, Madame Muller reste invalide à raison de 15 %. Son entreprise d'assurances doit lui verser le forfait suivant : 75.000 x 15 % soit 11.250 €.

L'entreprise d'assurances invalidité de Madame Muller n'est pas subrogée dans les droits de son client pour le forfait ainsi payé, ni contre le responsable de l'accident, ni contre l'entreprise d'assurances de ce dernier.

> REMARQUE :
>
> Le marché offre des produits dont le caractère principal repose sur une base forfaitaire mais qui peuvent également comprendre un volet indemnitaire. L'exemple classique d'un tel produit est l'assurance individuelle accident.
> Les garanties décès et invalidité représentent le caractère forfaitaire, tandis que la garantie frais de traitement constitue le caractère indemnitaire.
> L'entreprise d'assurances ne peut pas être subrogée pour les garanties décès et invalidité. Comme les garanties indemnité journalière et frais de traitement sont à caractère indemnitaire, une subrogation devrait donc être possible.
> En l'occurrence, l'auteur est de l'avis suivant ;

---

116   Art. 61 LCA.

- quoique l'indemnité journalière soit à caractère indemnitaire, aucune subrogation n'est possible si l'indemnité ainsi versée équivaut à un forfait (p.ex. 25 €/jour) ; une subrogation pourrait être envisagée si les frais payés viennent se substituer à des dépenses effectives, sans pour autant constituer une quelconque amélioration par rapport au train de vie normal (p.ex. prise en charge de la différence entre une première classe et une deuxième classe d'une chambre d'hôpital) ;
- pour les frais de traitement, l'entreprise d'assurances prend en charge : soit les seuls frais qui n'ont été remboursés par aucun autre organisme de sécurité sociale ou similaire, soit la différence non remboursée par un organisme dont question ci-dessus. S'agissant en l'occurrence du remboursement de frais effectifs, l'entreprise d'assurances est subrogée dans les droits de son preneur respectivement du bénéficiaire.

5.4 Le cumul d'indemnités et prestations

L'entreprise d'assurances ne peut **pas se prévaloir** de l'existence d'indemnités que le bénéficiaire obtient à un autre titre pour réduire ses obligations[117].

Il est en effet possible que le bénéficiaire touche plusieurs prestations au titre du même sinistre ; les unes en provenance d'assurances à caractère indemnitaire (p.ex. l'assurance responsabilité civile automobile du responsable de l'accident), les autres en provenance d'assurances à caractère forfaitaire (p.ex. l'assurance individuelle accident de la victime).

REMARQUE :

Lors de la souscription d'une assurance à caractère forfaitaire, l'entreprise d'assurances veille néanmoins à ce que la somme assurée ne dépasse pas le montant de ce que l'on peut normalement considérer comme équivalent de la perte économique que l'assuré ou ses ayants droit pourraient subir au titre de l'événement donnant lieu à prestation.

6 – L'ADAPTATION DU CONTRAT D'ASSURANCE

6.1 L'avenant

Si, en cours de contrat, on veut compléter, changer ou rectifier certaines données du contrat initial, ceci se fait par un avis de changement. Cet avis de changement peut :

6.1.1 être demandé par le preneur d'assurance ou son intermédiaire

EXEMPLE :
Changement d'adresse.

---

117 Art. 62 LCA.

6.1.2 être demandé par l'entreprise d'assurances

> EXEMPLE :
> En cas de division du risque, modification au niveau des co-assureurs.

6.1.3 être légal

> EXEMPLE :
> Adaptation d'une assurance obligatoire.

Le document délivré par l'entreprise d'assurances, qui acte le changement apporté au contrat initial, est appelé **avenant**.

Si la durée d'un contrat est prolongée, on parle d'un avenant de prolongation de durée.

7 – LA LANGUE OFFICIELLE DU CONTRAT

Le contrat d'assurance n'est valable que s'il est rédigé dans une des langues officielles du Grand-Duché de Luxembourg ou dans une langue comprise par le preneur d'assurance[118].

Si le contrat est rédigé dans une langue autre que celles qui sont officielles au Grand-Duché de Luxembourg, il faut bien entendu qu'il s'agisse d'une langue maîtrisée par le preneur.

Durant l'exécution du contrat, les communications entre le preneur d'assurance et l'entreprise d'assurances doivent être faites dans la langue de rédaction du contrat d'assurance.

Si le preneur le demande ou s'il a la liberté de choisir la loi applicable, les parties peuvent convenir que ces communications peuvent être rédigées dans une autre langue comprise par le preneur d'assurance[119].

> REMARQUE :
> En matière administrative, contentieuse ou non contentieuse, et en matière judiciaire, il peut être fait usage des langues française, allemande ou luxembourgeoise, sans préjudice des dispositions spéciales concernant certaines matières[120].

---

118 Art. 16.2. LCA.
119 Art. 17-1 LCA.
120 Art. 3 de la loi du 24 février 1984 sur le régime de la langue.

Historiquement, les entreprises d'assurances luxembourgeoises utilisent pour la rédaction de leurs contrats le français et/ou l'allemand. Parmi ces deux langues, le français est devenu la langue par défaut.

Depuis la révision constitutionnelle, la langue luxembourgeoise peut également être considérée comme langue officielle et les actes à passer entre les parties contractantes pourraient être rédigés en luxembourgeois. En pratique, l'auteur n'a cependant pas encore rencontré des Conditions Générales et Particulières rédigées en langue luxembourgeoise.

8- ÉGALITÉ DE TRAITEMENT ENTRE FEMMES ET HOMMES

Dans tous les nouveaux contrats d'assurances, le sexe ne peut pas être utilisé comme facteur de différenciation dans le calcul des primes et des prestations d'assurances[121].

Lorsque le sexe, sur base de données actuarielles et statistiques pertinentes et précises, est un facteur déterminant dans l'évaluation des risques, des différences proportionnelles en matière de primes et de prestations sont toutefois autorisées. Sur base d'une décision de la Cour de Justice Européenne, cette distinction ne sera plus autorisée pour les contrats qui seront émis postérieurement au 21 décembre 2012[122]. Dans un esprit de mutualisation des risques, cette décision a un impact non négligeable sur la tarification d'une manière générale.

Les frais liés à la grossesse et à la maternité ne peuvent en aucun cas entraîner de différences en matière de primes et de prestations d'assurances[123].

9- DISPOSITIONS ADDITIONNELLES APPLICABLES AUX CONTRATS À DISTANCE

Est considéré comme contrat à distance, tout contrat d'assurance conclu entre une entreprise d'assurances et un preneur d'assurance dans le cadre

---

[121] Art. 15-1 LCA s'applique d'office pour tous les nouveaux contrats conclus après le 20 décembre 2007.
[122] Arrêt de la Grande Chambre de la Cour du 1er mars 2011 dans l'affaire C-236/09 relative à l'article 5, paragraphe 2, de la Directive 2004/113/CE du Conseil du 13 décembre 2004.
[123] Art. 15-1 LCA applicable à tous les contrats conclus après le 20 décembre 2009.

d'un système de vente ou de prestations de services à distance organisé par l'entreprise d'assurances qui, pour ce contrat, utilise exclusivement une ou plusieurs techniques de communication à distance, jusqu'à et y compris la conclusion du contrat d'assurance[124].

Les dispositions additionnelles s'appliquent aux contrats d'assurance à distance conclus avec un preneur d'assurance, personne physique, qui agit à des fins qui n'entrent pas dans le cadre de son activité commerciale ou professionnelle.

9.1 Les informations pré-contractuelles

Outre les informations prévues au point 3.1.4 du présent chapitre, le preneur d'assurances doit avant :
- qu'il ne soit lié par un contrat d'assurance à distance ou
- à la réception d'une offre

recevoir les informations suivantes :
- les conditions générales et spéciales ;
- une description des principales caractéristiques du contrat ;
- les modes de paiement et d'exécution ;
- tout coût supplémentaire spécifique pour le preneur d'assurance afférent à l'utilisation de la technique de communication à distance, lorsque ce coût supplémentaire est facturé ;
- le ou les États membres sur la législation duquel/desquels l'entreprise d'assurances se fonde pour établir les relations avec le preneur d'assurance avant la conclusion du contrat d'assurance à distance ;
- l'existence ou l'absence d'un fonds de garantie ou d'un autre mécanisme d'indemnisation.

Si, à l'initiative de l'entreprise d'assurances, la **communication** se fait par **téléphonie vocale**, elle doit dès le début de toute conversation avec le preneur indiquer son identité et le but commercial de l'appel.

Sous réserve de l'accord formel du preneur d'assurance, seules les informations ci-après doivent être fournies lors de la communication téléphonique :
- l'identité de la personne en contact avec le preneur d'assurance et le lien de cette personne avec l'entreprise d'assurances ;
- une description des principales caractéristiques du contrat d'assurance ;
- le prix total dû par le preneur d'assurance à l'entreprise d'assurances pour le contrat d'assurance, qui comprend toutes les taxes

---

124 Art. 1.Q. LCA.

acquittées par l'intermédiaire ou lorsqu'un prix exact ne peut être indiqué, la base de calcul du prix, permettant au preneur d'assurance de vérifier ce dernier ;
- l'indication de l'existence éventuelle d'autres taxes et/ou frais qui ne sont pas acquittés par l'intermédiaire ou facturés par lui ;
- l'existence ou l'absence du droit de rétractation et, si ce droit existe, sa durée et les modalités de son exercice, y compris des informations sur le montant que le preneur d'assurance peut être tenu de payer.

Lors de la communication téléphonique, l'entreprise d'assurances informe le preneur d'assurance sur, d'une part, le fait que d'autres informations peuvent être fournies sur demande et, d'autre part, la nature de ces informations.

Avant la conclusion du contrat, le preneur d'assurance doit recevoir, par écrit ou sur un autre support durable, mis à sa disposition et auquel il a accès en temps utile, communication :
- des conditions générales ;
- des conditions spéciales ;
- les informations pré-contractuelles.

À tout moment au cours de la relation contractuelle, le preneur d'assurance a le droit, s'il en fait la demande, de recevoir les conditions générales et spéciales sur un support papier.

9.2 Durée des obligations et services non demandés

Sans demande préalable du preneur d'assurance, il est interdit à l'entreprise d'assurances de fournir des contrats d'assurance lorsque cette fourniture comporte une demande de paiement immédiat ou différé.

En cas de fourniture non demandée, le preneur d'assurance est dispensé de toute obligation à l'égard de l'entreprise d'assurances. L'absence d'une réponse du preneur d'assurance ne vaut pas consentement.

9.3 Communications commerciales

Sans le consentement préalable du preneur d'assurance, l'entreprise d'assurances n'est pas autorisée à lui envoyer des communications commerciales par courrier électronique, par un système automatisé d'appel sans intervention humaine, par téléphone ou par télécopieur.

9.4 Informations techniques préalables à fournir par l'entreprise d'assurances

Est considéré comme contrat d'assurance par voie électronique, tout contrat d'assurance envoyé à l'origine et reçu à destination au moyen d'équipements électroniques de traitement (y compris la compression numérique) et de stockage de données, et qui est entièrement transmis, acheminé et reçu par fils, par radio, par moyens optiques ou par d'autres moyens électromagnétiques.

L'entreprise d'assurances qui offre des contrats d'assurance à distance par voie électronique doit permettre aux preneurs d'assurance et aux autorités compétentes un accès facile, direct et permanent aux informations suivantes :

- son nom ;
- l'adresse géographique où elle est établie ;
- les coordonnées permettant de la contacter rapidement et de communiquer directement et effectivement avec elle, y compris son adresse de courrier électronique ;
- le cas échéant, son numéro d'immatriculation au registre de commerce, son numéro d'identification à la TVA et l'autorisation dont elle bénéficie pour exercer son activité ainsi que les coordonnées de l'autorité ayant donné cette autorisation ;
- le titre professionnel et l'État membre dans lequel il a été accordé ;
- les références de l'ordre professionnel auquel elle adhère ;
- une référence aux règles professionnelles applicables et aux moyens d'y avoir accès.

Outre les informations pré-contractuelles d'usage, l'entreprise d'assurances doit informer :

- **préalablement** sur les modalités techniques et notamment sur :
  - les différentes étapes techniques à suivre pour conclure le contrat ;
  - le fait, si le contrat une fois conclu est archivé ou non par l'assureur et s'il est accessible ou non ;
  - les moyens techniques pour identifier et corriger les erreurs commises dans la saisie des données avant que le contrat ne soit conclu.
- **additionnellement** pour les contrats qui ne sont pas soumis à un droit de rétractation sur :
  - les caractéristiques du système d'exploitation ou de l'équipement nécessaire pour utiliser de manière efficace le produit ou le service commandé ;

– le temps approximatif et le coût du téléchargement éventuel d'un produit ou d'un service et, le cas échéant, les modalités et conditions du contrat de licence.

9.5 Le moment de la conclusion d'un contrat d'assurance par voie électronique

Au cas où l'entreprise d'assurances demande au preneur d'assurance d'exprimer son consentement en utilisant des techniques de communication électroniques pour accepter son offre, le contrat d'assurance est conclu au moment où l'entreprise d'assurances reçoit l'acceptation du preneur d'assurance.

Pour confirmer au preneur d'assurance que le contrat d'assurance est conclu et l'informant du moment précis de la conclusion du contrat, l'entreprise d'assurances doit envoyer dans les meilleurs délais un accusé de réception. L'acceptation et l'accusé de réception sont présumés reçus lorsque le destinataire peut y avoir accès.

Pour permettre d'identifier les erreurs commises dans la saisie des données et de les corriger avant la conclusion du contrat, l'entreprise d'assurances doit mettre à disposition des techniques de communication électroniques appropriées, efficaces et accessibles pour le preneur d'assurance.

9.6 Preuve des obligations professionnelles

L'entreprise d'assurances doit rapporter la preuve du respect des obligations d'information du preneur d'assurance ainsi que le consentement de celui-ci à la conclusion du contrat.

Toute clause contractuelle prévoyant que la charge de la preuve incombe au preneur d'assurance est abusive et réputée nulle et non écrite[125].

10- VÉRIFIEZ VOS CONNAISSANCES

1) Quelle est la différence entre une assurance de dommages et une assurance de personne ?
2) Qu'est-ce qui vous permet de dire qu'un contrat d'assurance est un contrat à titre onéreux ?
3) Quelle est la différence entre une proposition d'assurance et une note de couverture ?

---

125 Art. 62-8 LCA.

4) Quelle est la meilleure attitude qu'une entreprise d'assurances peut prendre en présence d'une proposition d'assurance signée par le souscripteur et pourquoi ?
5) Qu'est-ce qu'on entend par « avant la conclusion du contrat » ?
6) Quelles sont les informations que l'entreprise d'assurances est censée connaître ?
7) Dans quelles conditions une entreprise d'assurances peut-elle prétendre qu'un risque est non assurable ?
8) De quelle manière une entreprise d'assurance gère-t-elle le risque de guerre ?
9) Quelles conditions l'entreprise d'assurances doit-elle observer pour pouvoir procéder à une augmentation tarifaire ?
10) Quelles conditions doivent être remplies pour qu'une entreprise d'assurances puisse invoquer une déchéance ?
11) Qu'est-ce que vous savez sur le non-paiement de la prime en assurance de dommages et quelle est la différence avec la même approche en assurance de personnes ?
12) Endéans quels délais doit-on déclarer un sinistre ?
13) Quels sont les obligations et délais à respecter dans le chef du preneur d'assurance en cas d'aggravation durable du risque ?
14) À partir de quand et pendant combien de temps le preneur d'assurance d'une assurance de personne peut-il se rétracter de son contrat ?
15) Dans quelles conditions et délai le preneur d'assurance peut-il s'opposer à une augmentation tarifaire de son contrat ?
16) Est-ce que des assurances à caractère indemnitaire peuvent se cumuler avec des assurances à caractère forfaitaire ? Le cas échant, donnez un exemple concret.
17) Expliquez le principe de la subrogation.
18) 18. Quelles sont les langues officielles en matière de contrat d'assurance ?
19) Qu'est-ce qu'on entend par contrat à distance ?
20) Monsieur Weber a souscrit une assurance dommages au véhicule pour sa voiture avec une franchise absolue de 350 €. Le 15 février 2014, sa voiture est endommagée par monsieur Schmit pour un montant de 2.356 €. Comme la partie adverse conteste la responsabilité de Monsieur Schmit, Monsieur Weber s'adresse à son entreprise d'assurances pour l'indemnisation de son dommage. Comment est réglé ce sinistre ?

Chapitre 4

L'intermédiation en assurance

Préambule	160
1 – Notions légales	160
2 – L'agrément préalable	162
3 – L'agent d'assurance	163
4 – L'agence d'assurances	168
5 – Les courtiers d'assurances, sous-courtiers et sociétés de courtage d'assurances	169
6 – Les intermédiaires non soumis à un agrément préalable	178
7 – Dispositions communes aux PSA et intermédiaires personnes morales en assurances	179
8 – Le registre des intermédiaires	180
9 – L'incompatibilité entre agent et courtier	182
10 – Le cumul des fonctions de courtiers d'assurances et de courtiers de réassurances	182
11 – Les obligations des intermédiaires d'assurances	182
12 – Les droits des intermédiaires d'assurances	187
13 – La déontologie professionnelle en assurance vie	188
14 – La comptabilité agence	191
15 – La surveillance des intermédiaires	194
16 – L'affiliation à la sécurité sociale	195
17 – L'imposition des commissions d'intermédiation en assurance	201

PRÉAMBULE

Afin de permettre aux professionnels de l'assurance de s'établir librement dans l'ensemble des pays membres de l'Union Européenne et d'y opérer, l'intermédiation en assurance est réglée par une directive européenne[126] qui comprend deux volets principaux :
- le premier volet réglemente les conditions de l'exercice de la profession de l'intermédiaire d'assurances ;
- le second renforce la protection du consommateur.

I – NOTIONS LÉGALES

Les notions qui suivent reprennent la définition des principaux acteurs du secteur dérivant de la directive sur l'intermédiation en assurance, tels qu'ils ont été transposés en droit luxembourgeois[127].

1.1 L'intermédiation en assurance

Pour autant qu'elle ne soit pas exercée directement par une entreprise d'assurances, on entend par **intermédiation en assurance** toute activité consistant à :
- présenter ou à proposer des contrats d'assurances ;
- réaliser d'autres travaux préparatoires à leur conclusion ;
- les conclure, ou à contribuer à leur gestion et à leur exécution, notamment en cas de sinistre[128].

L'activité, qui consiste à fournir des informations d'assurances à titre **occasionnel** dans le cadre d'une activité professionnelle autre que le secteur assurance, n'équivaut pas à une intermédiation en assurances. L'activité dont question doit en l'occurrence se limiter à une **information** et ne pas aider le client à conclure ou exécuter un contrat d'assurance, respectivement à titre professionnel régler ou liquider un sinistre.

---

126 Directive 2002/92/CE du Parlement Européen et du Conseil du 9 décembre 2002 sur l'intermédiation en assurance.
127 Loi du 13 juillet 2005 portant modification de la loi modifiée du 6 décembre 1991 sur le secteur des assurances (LSA).
128 Art. 104.1. LSA (PSA).

1.2 L'intermédiaire d'assurances

Est considérée comme intermédiaire d'assurances, toute personne **physique** ou **morale** qui, contre rémunération, accède à l'activité d'intermédiation en assurances ou l'exerce.

1.3 L'intermédiaire

L'**intermédiaire** est la personne physique ou morale qui, contre rémunération, exerce une activité d'intermédiation en assurances.

Est considéré comme intermédiaire luxembourgeois, tout intermédiaire dont le Grand-Duché de Luxembourg est l'État membre d'origine.

1.4 L'agent d'assurances

Est considérée comme **agent d'assurances**, toute **personne physique ou morale** qui exerce une activité d'intermédiation en assurances :

- au nom et pour le compte d'une entreprise d'assurances ou
- de plusieurs entreprises d'assurances, si les produits d'assurances n'entrent pas en concurrence,

et qui **agit sous l'entière responsabilité** de ces **entreprises d'assurances pour les produits qui les concernent respectivement**[129].

> REMARQUE :
>
> En l'occurrence, il s'agit de la principale différence entre un agent d'assurances et un courtier. L'agent d'assurances agit sous l'entière responsabilité d'une entreprise d'assurances, alors que le courtier est établi à son propre compte sans être lié à une entreprise d'assurances. Son objectif est de servir d'intermédiaire entre le preneur d'assurance qu'il représente et l'entreprise d'assurances.

Est également considérée comme agent d'assurances, toute personne physique qui exerce une activité d'intermédiation en assurances complémentairement à son activité professionnelle principale, lorsque l'assurance constitue un complément aux biens ou services fournis dans le cadre de son activité professionnelle principale.

1.5 Le courtier

Est considérée comme courtier d'assurances[130] toute **personne physique** qui est **établie à son propre compte** et **n'est pas liée à une ou plusieurs entreprises d'assurances**. Le courtier d'assurance sert d'intermédiaire entre

---

129 Art. 104.7 LSA.
130 Art. 104.10 LSA (PSA).

le preneur d'assurance qu'il représente et des entreprises d'assurances agréées à Luxembourg ou à l'étranger.

1.6 L'État membre d'origine

La notion d'État membre d'**origine** varie en fonction de la qualité de la personne :

- lorsque **l'intermédiaire** est une **personne physique**, l'État membre est celui dans lequel il a sa résidence professionnelle à partir de laquelle il exerce principalement l'activité d'intermédiation en assurances ;
- lorsque **l'intermédiaire** est une **personne morale**, l'État membre est celui dans lequel son siège statutaire est situé ou, si dans son droit national il n'a pas de siège statutaire, l'État membre dans lequel son administration centrale est située[131].

1.7 L'État membre d'accueil

L'État membre d'**accueil** est l'État membre autre que l'État membre d'origine, dans lequel un intermédiaire a une succursale ou preste des services.

1.8 L'autorité compétente

L'autorité compétente est l'autorité que chaque État membre désigne pour l'immatriculation ou l'agrément des intermédiaires.

Pour le Luxembourg, l'autorité compétente est le Commissariat aux Assurances[132].

2 – L'AGRÉMENT PRÉALABLE

Si elle n'est pas **préalablement agréée** par le Ministre, il est interdit à toute personne physique ou morale de faire ou de tenter de faire, en qualité d'intermédiaire, des opérations d'assurances au Grand-Duché de Luxembourg ou à partir de celui-ci[133].

À l'exception du personnel qui ne se consacre qu'à des tâches administratives, chaque intermédiaire luxembourgeois doit être agréé par le Ministre. Tout intermédiaire dûment agréé est inscrit dans un registre

---

131 Art. 104.12 LSA.
132 Situé au 7, boulevard Joseph II 1840 Luxembourg, (00352 2269 11-1) www.commassu.lu.
133 Art. 104-1 LSA.

accessible par voie électronique. Le Commissariat aux Assurances tient ce registre à jour et y radie d'office chaque intermédiaire qui fait l'objet d'un retrait d'agrément.

> REMARQUE :
> Le fichier est accessible sur le site www.commassu.lu en cliquant sur l'onglet Operateurs puis sur Intermédiaires

3- L'AGENT D'ASSURANCE

Les agents sont les **mandataires**[134] des **entreprises d'assurances** et exercent leurs fonctions :
- à titre indépendant ou en tant que salarié et ce
- à titre professionnel ou non professionnel[135]

Les agents ne peuvent être agréés que sur **demande écrite** d'une entreprise d'assurances autorisée à faire des opérations d'assurances au Grand-Duché de Luxembourg[136]. Aucun agent ne peut être agréé pour plusieurs entreprises d'assurances dans la même branche et ne peut offrir à la souscription que des contrats d'assurance de l'entreprise pour laquelle il est agréé.

Toutefois, un agent peut être agréé dans la même branche pour plusieurs entreprises, si ces entreprises en présentent conjointement la demande.

Les relations contractuelles entre les agents :
- salariés et les entreprises d'assurances mandantes sont régies par le droit du travail ;
- non salariés et les entreprises d'assurances mandantes sont régis par une convention d'agence écrite entre parties. Cette convention doit porter au moins sur les points suivants :
  – droits et obligations des parties ;
  – obligations de l'agent envers l'entreprise mandante et envers les preneurs d'assurances ;
  – obligations de l'entreprise mandante envers l'agent relatif aux modalités de rémunération et lors de la cessation de leur mandat.

---

134 Ne commet pas de faute susceptible d'engager sa responsabilité, l'agent qui ne remet pas l'attestation d'assurance à l'assuré. En tant que mandataire de l'assureur, il agit pour compte de celui-ci, l'assureur étant directement engagé à l'égard du souscripteur (Argus de l'assurance 18.02.2011) Civ. 2e, 13 janvier 2011, pourvoi N° 08-2010.
135 Non professionnel au sens de la présente veut dire que l'activité d'intermédiation en assurance ne constitue pas l'activité principale de la personne. L'activité d'intermédiation en assurance est en l'occurrence une activité accessoire.
136 Art. 106.1 LSA.

3.1 Les conditions d'agrément d'agent

L'agrément d'agent ne peut être délivré qu'à une personne physique. Pour être agréés par le Ministre, les agents doivent satisfaire aux conditions suivantes :

- disposer des connaissances professionnelles requises ;
- avoir la moralité et l'honorabilité professionnelle ;
- être domiciliés ou avoir élu domicile au Grand-Duché de Luxembourg et se proposer d'exercer principalement leur activité au ou à partir du Grand-Duché de Luxembourg[137].

Si l'intermédiaire est un agent public, il doit remplir les conditions supplémentaires suivantes[138] :

- les agents de l'**État** ne sont pas autorisés à exercer l'activité d'agent d'assurances, sauf dérogation spéciale à accorder par le Gouvernement en Conseil ;
- les agents des **CFL**, de l'entreprise des **Postes et Télécommunications** et des **différents établissements publics** ne sont pas autorisés à exercer l'activité d'agent d'assurances, sauf dérogation spéciale à accorder par la direction des entités concernées ;
- les agents **communaux** et des **syndicats communaux** ne sont pas autorisés à exercer l'activité d'agent d'assurances, sauf dérogation spéciale à accorder respectivement par le collège des bourgmestre et échevins ou par le président du syndicat communal dont ils relèvent[139].

3.2 La demande d'agrément d'agent

La demande d'agrément établie par l'entreprise d'assurances à l'attention du Ministre est à envoyer au Commissariat aux Assurances par l'entreprise d'assurances. Le Commissariat aux Assurances a établi à cet effet un formulaire spécifique auquel il faut joindre en double une feuille de renseignements, dont les rubriques sont également fixées par le Commissariat aux Assurances.

La décision prise sur une demande d'agrément doit être motivée et notifiée au demandeur :

- dans les six mois de la réception de la demande ou, si celle-ci est incomplète,

---

137 Art. 105.2 LSA.
138 Art. 22 règlement grand-ducal modifié du 24 novembre 2005 – version coordonnée au 31 octobre 2008.
139 Art. 22 règlement grand-ducal du 24 novembre 2005 concernant les modalités d'agrément et d'exercice des intermédiaires d'assurances et de réassurance publié au Mémorial A188 du 2 décembre 2005 (règlement grand-ducal modifié du 24 novembre 2005 – version coordonnée au 31 octobre 2008).

- dans les six mois de la réception des renseignements nécessaires à la décision.

La décision peut être déférée, dans le délai d'un mois sous peine de forclusion, au tribunal administratif, qui statue comme juge du fond.

3.3 Le contrôle de connaissances pour agents d'assurances

Le candidat agent doit se soumettre à un contrôle de connaissances sous forme d'examen écrit, au plus tard à la fin du trimestre calendrier pendant lequel sa demande d'agrément a été faite.

Le Commissariat aux Assurances fixe :
- les dates exactes de l'examen, qui a lieu une fois par trimestre, au moins deux mois à l'avance ;
- les matières sur lesquelles porte la vérification des connaissances et notamment sur des parties spécifiques :
  - de la législation régissant la surveillance des entreprises d'assurances et leurs intermédiaires ;
  - du contrat d'assurance et des techniques d'assurances ;
  - de la lutte contre le blanchiment de capitaux et le financement du terrorisme.

Le programme détaillé est déterminé par le Commissariat aux Assurances[140].

Celui qui aura obtenu :
- au moins 60 % du maximum total des points est **admis** ;
- entre 50 et 59 % du maximum total des points doit se soumettre à **un examen oral supplémentaire** ;
- moins de 50 % du maximum total des points a **échoué** à l'examen[141].

Tout candidat qui, sans excuse valable, ne se présente pas à l'examen aux dates et heures fixées est d'office considéré comme ayant échoué.

En cas d'échec, le candidat ne peut participer à une nouvelle épreuve qu'après avoir présenté une nouvelle demande. Le candidat dont l'excuse a été jugée valable est inscrit d'office à la prochaine session d'examen.

Les décisions du jury sont prises à la majorité des voix et sans recours. En cas de partage de voix, celle du président est prépondérante.

Le **résultat** de l'examen est communiqué **par écrit** au candidat.

---

140 Voir publication ad hoc sub Documents sur le site www.commassu.lu
141 Art. 105.f. LSA.

Le Commissariat :
- peut **dispenser** pour son intégralité ou pour une partie du contrôle de connaissances les personnes qui justifient de connaissances suffisantes sur base de leurs études ou d'une expérience professionnelle adéquate[142] ;
- se prononce sur l'admissibilité du candidat. En cas de refus, il en informe par écrit le candidat et, le cas échéant, l'entreprise d'assurances.

3.4 Le jury d'examen pour candidats agents

Le contrôle des connaissances a lieu devant un jury composé de deux fonctionnaires du Commissariat aux Assurances, de deux personnes représentant le secteur des assurances et d'un secrétaire qui sont nommés pour une durée de trois ans. Les nominations des membres du jury d'examen sont renouvelables.

Sous peine de nullité de l'examen, ne peut pas prendre part au contrôle des connaissances, le membre du jury :
- d'un candidat parent ou allié jusqu'au quatrième degré inclus ;
- représentant les entreprises d'assurances dans la mesure où il est lié soit directement soit par personne interposée à une entreprise d'assurances d'un candidat proposé par cette entreprise.

3.5 Les titres conférés aux agents d'assurances

Les entreprises d'assurances peuvent conférer à leurs agents ou à certains d'entre eux les titres d'agent principal ou d'agent général, à condition d'en informer le Commissariat aux Assurances au préalable[143].

À l'égard du public, il est interdit à tout agent de faire état d'un autre titre que celui d'agent ou, le cas échéant, d'agent principal ou d'agent général.

3.6 Le changement d'adresse et de titre d'agent d'assurances

Les entreprises d'assurances sont tenues de signaler sans délai tout changement de l'adresse professionnelle d'un agent d'assurances au Commissariat aux Assurances. Toute notification par le Ministre ou par le Commissariat aux Assurances, destinée à un agent d'assurances, est valablement faite à la dernière adresse qui a été communiquée[144].

---

142 Art. 105.3 LSA.
143 Art 106.3 LSA.
144 Art 25 règlement grand-ducal modifié du 24 novembre 2005 – version coordonnée

Les entreprises d'assurances sont tenues de signaler sans délai tout changement de titre conféré à un agent d'assurances.

3.7 Le transfert et la demande de retrait d'agrément d'agent d'assurances

Un transfert d'agrément s'opère en deux étapes :
- une demande de retrait d'agrément suivie ;
- d'une demande de la nouvelle entreprise d'assurances pour laquelle l'agent entend, dans le futur, effectuer des opérations d'assurances.

Une demande de **retrait** d'agrément[145], établie à l'attention du Ministre, est à envoyer au Commissariat aux Assurances en double exemplaire par l'agent concerné ou par l'entreprise d'assurances pour compte de laquelle il détient son agrément.

Une demande de retrait d'agrément peut être prononcée :
- soit en tant que sanction ;
- soit lorsque les conditions d'exercice ne sont plus remplies ;
- soit à la demande conjointe de l'entreprise et de l'agent ou à la demande de l'une de ces parties ;
- soit en cas de retrait d'agrément de l'entreprise d'assurances sous la responsabilité de laquelle l'agent travaille ;
- soit par le Commissariat aux Assurances si l'agent ne fait plus usage de son agrément pendant un délai de 12 mois[146].

Au cas où la demande de retrait émane d'une seule de ces parties, l'autre partie en est informée par le Commissariat aux Assurances. Le retrait ne peut cependant se faire qu'à l'issue d'un délai de quinze jours à partir de cette information pour permettre à l'autre partie de faire valoir sa position.

Un **refus d'agrément** ou un **retrait** doit être motivé et notifié aux parties en cause. Au cas où le refus ou le retrait d'agrément est motivé par des raisons de défaut de moralité et d'honorabilité professionnelle, les raisons précises de ce refus sont communiquées à la seule personne concernée à l'exclusion de l'entreprise d'assurances mandante[147].

---

au 31 octobre 2008.
145   Art. 106 LSA.
146   Art. 106 LSA (PSA).
147   Art. 106.5 LSA.

3.8 Le décès de l'agent d'assurances

En cas de décès d'un agent d'assurances, les héritiers et légataires de l'agent décédé pourront assurer **provisoirement** la gestion du portefeuille pendant une période qui ne peut pas excéder **six mois**, sauf prorogation accordée par le Commissariat aux Assurances.

Les héritiers et légataires devront, endéans un délai de six semaines à partir du jour de l'ouverture de la succession du **défunt**, désigner un représentant unique. Sur sa demande à établir à l'attention du Commissariat aux Assurances, celui-ci, reçoit une autorisation provisoire pour la période en question[148].

4– L'AGENCE D'ASSURANCES

Les dispositions suivantes complètent celles qui s'appliquent aux agents d'assurances.

On entend par **agence d'assurances** une **personne morale**, mandatée par une entreprise d'assurances pour exercer une activité d'intermédiation en assurances. Le mandat peut porter sur plusieurs entreprises d'assurances si les produits n'entrent pas en concurrence.

Est assimilée à une agence d'assurances, la personne morale qui exerce une activité en intermédiation en assurances complémentairement à une activité professionnelle principale, dans la mesure où l'assurance constitue un complément aux biens et services fournis dans le cadre de l'activité principale.

Pour être agréée par le Ministre, toute agence d'assurances doit satisfaire aux conditions suivantes :
- être constituée sous l'une des formes prévues par la législation sur les sociétés commerciales et avoir son siège social et son lieu d'exploitation principal sur le territoire du Grand-Duché de Luxembourg ;
- désigner un ou plusieurs dirigeants physiques disposant au Grand-Duché de Luxembourg d'un agrément comme agent d'assurances, pour compte de l'entreprise d'assurances requérante, et dirigeant effectivement l'agence d'assurances. Il s'en-suit que l'agrément d'agence ne peut être délivré qu'à une personne physique ce qui risque le cas échéant d'avoir une répercussion sur le fonctionnement de l'agence au cas où dans une agence dirigée par une seule personne physique celle-ci devait la quitter.

---

148 Art. 28 règlement grand-ducal modifié du 24 novembre 2005 – version coordonnée au 31 octobre 2008.

La demande d'agrément doit être accompagnée :
- des statuts de la personne morale, dont l'objet social permet l'activité d'assurances par l'intermédiaire de personnes physiques qui sont agréées pour ce faire ;
- du nom de son représentant physique dûment agréé.

Le changement d'adresse, la demande de transfert et le retrait d'agrément se font de la même manière que pour les agents d'assurances.

Dans sa mission de contrôle et de surveillance du secteur assurances, le Commissariat aux Assurances veille au respect des dispositions légales. Dans ce contexte, les agences doivent notamment fournir au Commissariat des informations sur les représentants physiques de l'agence[149].

5 – LES COURTIERS D'ASSURANCES, SOUS-COURTIERS ET SOCIÉTÉS DE COURTAGE D'ASSURANCES

Les **courtiers** d'assurances et les sociétés de courtage d'assurances sont les mandataires de leurs clients et il leur est interdit de faire état à l'égard du public d'un autre titre que de courtiers d'assurances ou de société de courtage. Cette interdiction est également applicable aux sous-courtiers.

Si le Luxembourg est l'État de la situation du risque ou l'État de l'engagement, les courtiers d'assurances et les sous-courtiers d'assurances ne peuvent s'adresser qu'à des entreprises qui y sont établies ou autorisées à y offrir leurs services.

Le **sous-courtier** est une personne physique qui travaille sous la responsabilité d'un courtier d'assurances ou d'une société de courtage d'assurances. Il n'est pas lié à une entreprise d'assurances et sert d'intermédiaire :
- d'une part entre le preneur d'assurance que le courtier représente et
- de l'autre les entreprises d'assurances agréées au Luxembourg ou à l'étranger.

5.1 Les assises financières

Sans pour autant être définies légalement comme un PSA[150], les personnes physiques courtier et sociétés de courtage doivent remplir les mêmes obligations que les PSA en matière d'assises financières[151] et de souscription d'une assurance couvrant la responsabilité civile.

---

149 Note aux agences d'assurances du 3 juillet 2007.
150 Professionnel du secteur des assurances.
151 Art. 103.5 LSA (PSA).

Pour pouvoir exercer une fonction de PSA, le législateur prévoit une assise financière dont la hauteur varie en fonction de la catégorie professionnelle et qui :

- est à maintenir à la disposition permanente ;
- est à investir dans l'intérêt propre de l'activité.

L'agrément est subordonné :

- une assise financière moyennant la justification d'un capital libéré d'au moins :
  - cinquante mille euros pour les personnes morales qui doit être portée à cent vingt-cinq mille euros dans les cinq ans à partir de l'agrément ;
  - vingt-cinq mille euros pour les personnes physiques qui[152] doit être portée à cinquante mille euros dans les cinq ans à partir de l'agrément
- la souscription d'une assurance couvrant la responsabilité civile auprès d'une entreprise d'assurances autorisée à pratiquer l'assurance RC au Grand-Duché de Luxembourg[153].

Comme les agents et agences d'assurances travaillent sous la responsabilité et sont surveillés de très près par leurs entreprises d'assurances mandantes, aucune assise financière n'est prévue à leur encontre.

5.2 Les conditions d'agrément de courtiers d'assurances, sous-courtiers et de sociétés de courtage d'assurances

L'agrément de courtiers d'assurances, de sous-courtiers et de dirigeant de société de courtage ne peut être délivré qu'à une personne physique. Une société de courtage d'assurances ne peut être agréée comme personne morale pour peu qu'elle soit dirigée par un dirigeant agréé.

Pour être agréés par le Ministre, les courtiers d'assurances doivent satisfaire aux conditions suivantes :

- disposer des connaissances professionnelles requises. Ces connaissances sont à prouver à travers une épreuve d'aptitude portant sur :
  - la législation régissant la surveillance des entreprises d'assurances, de réassurance et leurs intermédiaires ;
  - la législation sur le contrat d'assurance ;
  - les techniques d'assurances pour les branches d'assurances[154] ;

---

152 Patrimoine net du PSA personne physique.
153 Art. 103-5 points 1, 2 et 3 loi (LSA) PSA.
154 Annexe I et II LSA.

- les techniques de réassurance ;
- la législation en matière de lutte contre le blanchiment de capitaux et le financement du terrorisme ;
- les principes généraux de la gestion d'entreprises.

Le programme détaillé de compétences requises est déterminé par le Commissariat aux Assurances[155].

Une dispense peut être accordée par le Commissariat aux Assurances dans son intégralité ou pour une partie aux personnes qui justifient de connaissances suffisantes sur base de leurs études ou d'une expérience professionnelle adéquate. Sont considérées comme expériences professionnelles des compétences de haut niveau, pour avoir exercé des activités analogues à un niveau de responsabilité élevé ;

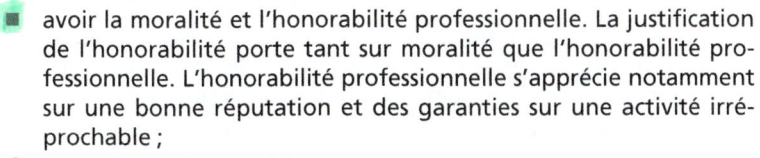

- avoir la moralité et l'honorabilité professionnelle. La justification de l'honorabilité porte tant sur moralité que l'honorabilité professionnelle. L'honorabilité professionnelle s'apprécie notamment sur une bonne réputation et des garanties sur une activité irréprochable ;
- être domiciliés ou avoir élu domicile au Grand-Duché de Luxembourg et se proposer d'exercer principalement leur activité au ou à partir du Grand-Duché de Luxembourg[156] ;
- ne pas exercer l'activité sous le couvert d'une autre personne ou comme personne interposée ;
- disposer en interne de tous les moyens et compétences techniques ainsi que les ressources humaines requises pour accomplir sa mission ;
- présenter :
  - un certificat d'assurance attestant la souscription d'une assurance responsabilité civile professionnelle ;
  - un programme des activités sur le genre et le volume des opérations envisagées ;
  - une description de la structure administrative et comptable.

En complément de ce qui précède, les **agents publics** doivent remplir les conditions supplémentaires suivantes :

- les agents de l'**État**, ne sont pas autorisés à exercer l'activité d'agent d'assurances, sauf dérogation spéciale à accorder par le Gouvernement en Conseil ;
- les agents des **CFL**, de l'entreprise des **Postes et Télécommunications** et des **différents établissements publics** ne sont pas autorisés à

---

155 LC06/ du 24 janvier 2006 du Commissariat aux Assurances.
156 Art. 105.2 LSA.

exercer l'activité d'agent d'assurances, sauf dérogation spéciale à accorder par la direction des entités concernées ;
- les agents **communaux** et des **syndicats communaux** ne sont pas autorisés à exercer l'activité d'agent d'assurances, sauf dérogation spéciale à accorder respectivement par le collège des bourgmestre et échevins ou par le président du syndicat communal dont ils relèvent.

5.3 La demande d'agrément comme courtier

5.3.1 *Le candidat courtier d'assurances*

La demande d'agrément, établie à l'attention du Ministre, est à envoyer par le candidat courtier d'assurances au Commissariat aux Assurances et doit contenir les indications et documents suivants :
- les nom, prénom, date de naissance, profession, état civil, résidences professionnelle et privée et, le cas échéant, élection de domicile du candidat ; une notice biographique ;
- un extrait récent du casier judiciaire du pays de la résidence privée si ce pays n'est pas le Grand-Duché de Luxembourg. S'il n'existe pas de casier judiciaire dans ce pays, une déclaration devant notaire portant sur d'éventuelles condamnations subies[157] ;
- une déclaration attestant que le candidat n'a pas été mis en état de faillite, de concordat préventif de faillite ou de déconfiture ;
- des indications sur d'éventuelles instructions ou poursuites judiciaires en cours ;
- une preuve de son aptitude en matière de gestion d'entreprises ainsi qu'une copie des certificats ou diplômes obtenus en matière d'assurances, justifiant, le cas échéant, une dispense du contrôle des connaissances pour intermédiaires ;
- la copie de la preuve du paiement de la taxe d'agrément sur un des comptes bancaires du Commissariat aux Assurances ;
- un certificat d'assurance attestant la couverture de la responsabilité civile professionnelle[158].

5.3.2 *Le sous-courtier*

La demande d'agrément établie à l'attention du Ministre est à envoyer au Commissariat aux Assurances par le courtier ou la société de courtage. Le Commissariat aux Assurances a établi à cet effet un formulaire spécifique

---

157 La personne qui souhaite se soumettre aux épreuves de vérification de connaissances doit elle-même se procurer un extrait du casier judiciaire – bulletin N° 2 pour compléter son dossier de candidature (art. 105 LCA et art. 8 (1) de la loi du 29 mars 2013 relative à l'organisation du casier judiciaire.
158 Art. 2 règlement grand-ducal modifié du 24 novembre 2005 – version coordonnée au 31 octobre 2008.

auquel il faut joindre en double une feuille de renseignements dont les rubriques sont également fixées par le Commissariat aux Assurances.

Elle est accompagnée de deux feuilles de renseignements ainsi que de la preuve du paiement de la taxe d'agrément sur un des comptes bancaires du Commissariat aux Assurances.

5.4 Le contrôle des connaissances pour courtiers d'assurances

Le candidat courtier doit se soumettre à un contrôle des connaissances sous forme d'examen écrit.

Le Commissariat aux Assurances fixe :
- les dates exactes de l'examen, qui a lieu deux fois par année, au moins deux mois à l'avance ;
- les matières sur lesquelles porte la vérification des connaissances.

Celui qui aura obtenu :
- au moins 60 % du maximum total des points aura **réussi** ;
- entre 50 et 59 % du maximum total des points doit se soumettre à un **examen oral supplémentaire** ;
- moins de 50 % du maximum total des points a **échoué** à l'examen.

Tout candidat qui, sans excuse valable, ne se présente pas à l'examen aux dates et heures fixées est d'office considéré comme ayant échoué.

En cas d'échec au contrôle, le candidat ne peut participer à une nouvelle épreuve qu'après avoir présenté une nouvelle demande. Le candidat dont l'excuse a été jugée valable est inscrit d'office à la prochaine session d'examen.

Les décisions du jury sont prises à la majorité des voix et sont sans recours. En cas de partage de voix, celle du président est prépondérante.

Le résultat de l'examen est communiqué **par écrit** au candidat[159].

5.5 Le jury d'examen pour courtier

Le contrôle des connaissances a lieu devant un jury composé de deux fonctionnaires du Commissariat aux Assurances, d'une personne choisie en vertu de sa qualification professionnelle et d'un secrétaire qui sont nommés pour une durée de trois ans. Les nominations des membres du jury d'examen sont renouvelables.

---

159 Art. 4 règlement grand-ducal modifié du 24 novembre 2005 – version coordonnée au 31 octobre 2008.

Sous peine de nullité de l'examen, ne peut prendre part au contrôle des connaissances le membre du jury :
- d'un candidat parent ou allié jusqu'au quatrième degré inclus ;
- d'un salarié de l'entreprise à laquelle il appartient.

5.6 La vérification des connaissances du sous-courtier

La vérification des connaissances du sous-courtier est identique à celle d'un agent d'assurances.

5.7 La responsabilité civile du courtier

Le candidat courtier d'assurances n'obtient son agrément que s'il a apporté la preuve d'avoir conclu un contrat d'assurance couvrant sa responsabilité civile professionnelle ainsi que celle de ses préposés, auprès d'une entreprise d'assurances autorisée à opérer au Grand-Duché de Luxembourg.

La garantie minimale de la couverture doit être de 1.250.000 € par sinistre et de 1.900.000 € globalement par année[160]. Cette garantie doit couvrir la responsabilité civile professionnelle du courtier et de ses préposés au moins sur tout le territoire de l'Union Européenne[161].

Le courtier doit porter immédiatement à la connaissance du Commissariat aux Assurances toute expiration, résiliation et/ou suspension du contrat d'assurance. Il en est de même de toute modification effectuée au contrat original.

5.8 Le compte rendu annuel

Les courtiers d'assurances établis au Grand-Duché de Luxembourg sont tenus de soumettre annuellement un compte rendu au Commissariat aux Assurances, selon les formes et les modalités déterminées par celui-ci[162].

Dans la mesure où ils ne sont pas tenus de désigner un réviseur d'entreprises agréés[163], les sociétés de courtage d'assurances peuvent confier le contrôle de leurs documents comptables annuels à un commissaire à choisir parmi les réviseurs d'entreprises, membres de l'Institut des Réviseurs

---

160 Art. 1 règlement grand-ducal du 27 août 2013 portant modification du règlement grand-ducal du 24 novembre 2005 concernant les modalités d'agrément et d'exercice des intermédiaires d'assurances et de réassurances.
161 Art. 8.2. règlement grand-ducal modifié du 24 novembre 2005 – version coordonnée au 31 octobre 2008.
162 Art. 9 règlement grand-ducal modifié du 24 novembre 2005 – version coordonnée au 31 octobre 2008.
163 Art. 69 de la loi modifiée du 19 décembre 2002 concernant le registre de commerce et des sociétés et les comptes annuels des entreprises.

d'Entreprises, ou les experts comptables, membres de l'Ordre des Experts Comptables.

5.9 Le transfert et la demande de retrait d'agrément du sous-courtier

Un transfert d'agrément s'opère en deux étapes :
- une demande de retrait d'agrément suivie
- d'une demande du nouveau courtier pour lequel le sous-courtier entend dans le futur effectuer des opérations d'assurances.

La demande de retrait d'agrément, établie à l'attention du Ministre, est à envoyer au Commissariat aux Assurances en double exemplaire par le sous-courtier ou par le courtier pour compte duquel il détient son agrément.

Si la demande de retrait est présentée par :
- le **sous-courtier**, le courtier concerné peut présenter ses observations dans la quinzaine de la réception de la notification de l'autorité de Contrôle relative à cette demande ;
- le **courtier**, le sous-courtier concerné peut présenter ses observations dans la quinzaine de la réception de la notification de l'Autorité de Contrôle relative à cette demande.

5.10 Le décès du courtier

En cas de décès du courtier, les héritiers et légataires du courtier décédé pourront assurer **provisoirement** la gestion du portefeuille pendant une période qui ne peut pas excéder **six mois**, sauf prorogation accordée par le Commissariat aux Assurances.

Les héritiers et légataires devront, endéans un délai de six semaines à partir du jour de l'ouverture de la succession du défunt, désigner un représentant unique. À sa demande à établir à l'attention du Commissariat aux Assurances, celui-ci reçoit une autorisation provisoire pour la période en question.

5.11 Les sociétés de courtage d'assurances

Pour être agréée par le Ministre, toute société de courtage doit satisfaire aux conditions suivantes :
- pour les personnes morales :
  - être constituée sous l'une des formes prévues par la législation sur les sociétés commerciales et avoir son siège social et son lieu d'exploitation principal sur le territoire du Grand-Duché de Luxembourg ;

- justifier de l'existence au Luxembourg de l'administration centrale et du siège statutaire du demandeur ;
- justifier une bonne organisation administrative, comptable et de procédures de contrôle internes adaptées à la nature, l'échelle et la complexité des activités[164] ;
- justifier de l'honorabilité des membres des organes d'administration, de gestion et de surveillance ainsi que des actionnaires ou associés.
- désigner un dirigeant disposant au Grand-Duché de Luxembourg d'un agrément comme courtier d'assurances et qui dirige effectivement la société de courtage[165] ;
- ce dirigeant :
  - doit disposer des mêmes conditions d'honorabilité et de connaissances professionnelles que les courtiers d'assurances ;
    - être habilité à déterminer l'orientation de l'activité et
    - diriger la personne morale ;
  - doit assurer par sa présence physique effective au Luxembourg, une gestion journalière efficace et permanente.

Toutes ces conditions doivent être **constamment** remplies et non seulement au moment de l'agrégation ;

La demande d'agrément doit être accompagnée :
- des statuts de la personne morale, dont l'objet social permet l'activité de courtage d'assurances par l'intermédiaire de personnes physiques qui sont agréées pour ce faire ;
- du nom de son représentant physique dûment agréé ;
- d'un certificat attestant la couverture de la responsabilité civile professionnelle légalement requise ;
- de la preuve du paiement de la taxe d'agrément sur un des comptes du Commissariat aux Assurances.

Le changement d'adresse, la demande de transfert et le retrait d'agrément se font de la même manière que pour les courtiers d'assurances.

5.12 Le rôle de conseil du courtier

Conformément à la convention de courtage passé entre le client et son courtier, qu'elle soit écrite ou verbale, le courtier a surtout un rôle de conseil. C'est ainsi qu'il est appelé pour le risque à couvrir, de proposer à son client un certain nombre d'informations pour lui permettre de

---

164 Art. 109-6 LSA (PSA).
165 Art. 14 règlement grand-ducal modifié du 24 novembre 2005 – version coordonnée au 31 octobre 2008.

faire son choix en connaissance de cause et/ou d'analyser en commun les garanties du contrat, exclusions, tarif, etc. Le rôle du courtier ne se limite pas seulement au conseil au moment de la souscription mais peut s'étendre pour toute adaptation ou modification pendant la durée du contrat[166]. Il en est de même en cas de sinistre et sa mission ne s'arrête pas à l'échéance pour laquelle le contrat aura été résilié. Le courtier reste en effet tenu d'assister son client pour tout sinistre survenu avant l'effet de la résiliation.

5.13 Le retrait d'agrément

Une demande de retrait d'agrément d'un courtier d'assurances, d'un sous-courtier ou d'une société de courtage peut être prononcée :
- soit en tant que sanction ;
- soit lorsque les conditions d'exercice ne sont plus remplies ;
- soit en cas de retrait d'agrément du courtier sous la responsabilité de laquelle le dirigeant de société de courtage ou de sous-courtier travaille ;
- soit lorsque cette personne physique ne travaille plus sous la responsabilité de la société de courtage pour laquelle elle a été agréée ;
- soit à la demande conjointe du dirigeant de la société de courtage et de la société de courtage d'assurances pour laquelle il est agréé ou à la demande de l'une de ces parties ;
- soit à la demande conjointe du sous-courtier d'assurance et du courtier d'assurances, respectivement de la société de courtage pour lequel (laquelle) il est agréé soit à la demande d'une de ces parties ;
- soit par le Commissariat aux Assurances si le courtier ne fait plus usage de son agrément pendant un délai de 12 mois[167].

Au cas où la demande de retrait émane d'une seule de ces parties, l'autre partie en est informée par le Commissariat aux Assurances. Le retrait ne peut cependant se faire qu'à l'issue d'un délai de quinze jours à partir de cette information, pour permettre à l'autre partie de faire valoir sa position.

---

166 Commet ainsi p.ex. une faute, le courtier qui ne met pas son client en garde sur les risques de baisse des supports d'actions au moment d'un arbitrage – Paris, 7e chambre, section A, 16 janvier 2007, N° 16.
167 Art. 106-1 3.

6– LES INTERMÉDIAIRES NON SOUMIS À UN AGRÉMENT PRÉALABLE

Sont **dispensées** de l'agrément, les personnes qui offrent des services d'intermédiation pour des contrats d'assurance lorsque **toutes** les **conditions** suivantes sont **remplies** :
- le contrat d'assurance :
  - requiert uniquement une connaissance de la couverture offerte par l'assurance ;
  - n'est pas un contrat d'assurance vie ;
  - ne comporte aucune couverture de responsabilité civile ;
- l'intermédiation en assurances ne constitue pas l'activité professionnelle principale des personnes considérées ;
- l'assurance constitue un complément au produit ou au service fourni par un fournisseur quel qu'il soit, lorsqu'elle couvre :
  - le risque de mauvais fonctionnement, de perte ou d'endommagement des biens fournis par ce fournisseur, ou
  - l'endommagement ou la perte de bagages et les autres risques liés à un voyage réservé auprès de ce fournisseur, même si l'assurance couvre la vie ou la responsabilité civile, à la condition que cette couverture soit accessoire à la couverture principale relative aux risques liés à ce voyage ;
- le montant de la prime annuelle ne dépasse pas 500 € et la durée totale du contrat d'assurance, reconductions éventuelles comprises, n'est pas supérieur à cinq ans[168].

Les personnes qui tombent sous cette catégorie sont considérés comme apporteur d'affaires conformément à la Directive sur l'intermédiation en assurance[169].

> REMARQUE :
>
> En se limitant au seul contrat et à la prime, il résulte de ce qui précède que les intermédiaires qui commercialisent des contrats, comportant une couverture responsabilité civile ou vie ainsi que tout autre contrat d'assurance avec une prime annuelle de plus de 500 €, doivent être agréés par le Ministre.

Pour autant que le personnel administratif des intermédiaires n'effectue aucun travail ou service tel que décrit ci-dessus, il est dispensé de l'agrément ministériel[170].

---

168 Art. 34 règlement grand-ducal modifié du 24 novembre 2005 – version coordonnée au 31 octobre 2008.
169 Directive 2002/92/CE et projet de Directive IMD2 2012/0175-COD.
170 Art. 105.6. LSA (PSA).

7– DISPOSITIONS COMMUNES AUX PSA ET INTERMÉDIAIRES PERSONNES MORALES EN ASSURANCES

Afin que le bon exercice de la mission de surveillance du Commissariat aux Assurances ne soit pas entravé, le législateur a prévu un certain nombre de points qui doivent être respectés en permanence par les personnes morales intermédiaires en assurances.

7.1 L'actionnariat

C'est ainsi qu'au niveau de l'actionnariat[171] :
- que l'identité des actionnaires et associés directs ou indirects qui disposent d'une majorité qualifiée d'au moins 10 % du capital social ou des droits de vote et du montant de ces participations doit être communiquée ;
- la structure de l'actionnariat direct et indirect doit être transparente ;
- ne doivent pas entraver la mission de surveillance :
  - des liens étroits entre la personne morale et d'autres personnes physiques ou morales ;
  - les dispositions législatives, règlementaires ou administratives de pays tiers dont relèvent ces personnes ;
- tout candidat acquéreur ou acquisition envisagée doit préalablement par écrit être notifié dans les formes et contenu au Commissariat aux Assurances définis par l'autorité de surveillance
- au cas où le Commissariat aux Assurance entend s'opposer, il dispose d'un délai de trois mois à dater de la date de notification des pièces à produire ;
- tout associé direct ou indirect qui dispose d'une majorité qualifiée d'au moins 10 % du capital social ou des droits de vote et du montant de ces participations et qui a pris la décision de cesser sa détention doit au préalable en informer le Commissariat aux Assurances ;

7.2 Les sanctions

L'énumération de toutes les sanctions prévues par le législateur dépasserait le cadre de la présente. C'est la raison pour laquelle il est renvoyé aux textes légaux ad hoc[172].

---

171 Art. 109-5 LSA (PSA).
172 Art. 111 LCA.

8– LE REGISTRE DES INTERMÉDIAIRES

Le Commissariat aux Assurances tient un registre qui peut être consulté à distance par le public, dans lequel sont inscrits tous les intermédiaires qui sont autorisés à opérer sur le territoire du Grand-Duché de Luxembourg ou à partir de celui-ci.

Les informations contenues dans ce registre varient en fonction de la qualité d'intermédiaire. Sont ainsi contenues les informations suivantes pour :

- les **agents, personnes physiques** :
  - les nom, prénom et adresse professionnelle de l'agent ;
  - les entreprises d'assurances pour lesquelles il a été agréé comme agent ;
  - le cas échéant :
    - le titre d'agent principal ou d'agent général conféré par l'entreprise d'assurances ;
    - les nom et adresse de l'agence d'assurances pour laquelle il travaille ;
    - les États membres dans lesquels il exerce les activités d'intermédiation en assurances, en régime de libre établissement ou de libre prestation de service.
- les **agences d'assurances** :
  - la dénomination sociale, l'adresse et la forme sociale ;
  - les entreprises d'assurances pour lesquelles elle a été agréée comme agence d'assurances ;
  - le cas échéant :
    - le titre d'agence principale ou d'agence générale conféré par l'entreprise d'assurances ;
    - les États membres dans lesquels l'agence d'assurances opère en régime de libre établissement ou de libre prestation de service.
  - les nom et prénom du représentant physique qui dispose au Grand-Duché de Luxembourg d'un agrément comme agent d'assurances et qui dirige effectivement l'agence d'assurances.
- les **courtiers et sous-courtiers, personnes physiques** :
  - les nom, prénom et adresse professionnelle du courtier ou sous-courtier ;
  - le cas échéant :
    - le nom de la société de courtage ou du courtier personne physique pour lequel il opère ;

○ les États membres dans lesquels il exerce les activités d'intermédiation en assurances ou en réassurances, en régime de libre établissement ou de prestation de service.
- **les sociétés de courtage** :
  - les dénominations sociales, adresse et forme sociale ;
  - les nom et prénom du représentant physique qui dispose au Grand-Duché de Luxembourg d'un agrément comme courtier et qui dirige effectivement la société de courtage ;
  - le cas échéant, les États membres dans lesquels la société de courtage opère en régime de libre établissement ou de libre prestation de service.

Afin de pouvoir communiquer à qui de droit les informations requises, le registre contient pour tout courtier ou tout agent luxembourgeois qui entend établir une succursale sur le territoire d'un autre État-membre :
- **pour les personnes physiques** :
  - les nom, prénom et adresse ou numéro d'immatriculation national de l'intermédiaire ;
  - le nom de l'État membre d'origine ;
  - l'adresse électronique du registre dans lequel l'intermédiaire est enregistré.
- **pour les personnes morales** :
  - les dénominations sociales et adresse ou numéro d'immatriculation national de l'intermédiaire ;
  - le nom de l'État-membre d'origine ;
  - l'adresse électronique du registre dans lequel l'intermédiaire est enregistré.

Ci-après un extrait du registre consultable sur le site du Commissariat aux Assurances[173].

Registre des intermédiaires d'assurances
(Register of insurance and reinsurance intermediaries)

Nom et adresse (name and address)	Type d'agrément, matricule et pays d'origine (type of license and register number and country of origin)	Activités (activities)

---

[173] Http://www.commassu.lu/upload/files/176/reg_internet_agents_0.pdf.

9– L'INCOMPATIBILITÉ ENTRE AGENT ET COURTIER

L'exercice de l'activité de courtier d'assurances, de sous-courtier d'assurances et de société de courtage d'assurances est incompatible avec celle d'agent d'assurances et d'agence d'assurances. Lorsqu'un agent d'assurances ou une agence d'assurances sont agréés comme courtier d'assurances, de sous-courtier d'assurances ou de société de courtage d'assurances, l'agrément comme agents d'assurance ou agence d'assurances est retiré d'office et vice-versa[174].

10– LE CUMUL DES FONCTIONS DE COURTIERS D'ASSURANCES ET DE COURTIERS DE RÉASSURANCES

À condition d'en informer au préalable le Commissariat aux Assurances, le courtier d'assurances peut cumuler les fonctions de courtier d'assurances avec celle de courtier de réassurances. Il en est de même pour les sociétés de courtage d'assurances et les sociétés de courtage de réassurances.

Dans ce cas, il est autorisé de faire état à l'égard du public de courtiers d'assurances et de réassurances, respectivement de société de courtage d'assurances ou de réassurances.

11– LES OBLIGATIONS DES INTERMÉDIAIRES D'ASSURANCES

Les intermédiaires sont tenus à certaines obligations dont nous reprenons ci-après les plus classiques. L'objet de la présente n'est cependant pas d'examiner le détail des obligations contractuelles qui lient les intermédiaires avec leurs entreprises d'assurances respectives.

11.1 La recherche de nouveaux clients

La recherche de nouveaux clients est une des principales missions des intermédiaires. Suivant l'entreprise d'assurances, cette recherche peut être d'ordre général ou d'ordre sélectif, p.ex. par branche, âge et/ou sexe du preneur d'assurance, créneau, etc.

---

174 Art. 105.5 LSA.

Pour toute entreprise d'assurances, la recherche de nouveaux clients s'avère indispensable :
- si ce n'est que pour équilibrer le départ des clients qui ont opté pour une autre entreprise ;
- remplacer les clients qui sont :
  – partis à l'étranger
  – ou décédés.

11.2 L'information préalable et le conseil

Avant la conclusion d'un premier contrat d'assurance et, si nécessaire, à l'occasion de sa modification ou de son renouvellement, tout intermédiaire est tenu de fournir au client **au moins** les informations suivantes[175] :
- son identité et son adresse ;
- le registre dans lequel il a été inscrit et les moyens de vérifier qu'il a été immatriculé ;
- le nom et l'adresse de l'autorité de contrôle à laquelle il est soumis ;
- toute participation, directe ou indirecte, supérieure à 10 % des droits de vote ou du capital d'une entreprise d'assurances déterminée qu'il détient ;
- toute participation, directe ou indirecte, supérieure à 10 % des droits de vote ou du capital de l'intermédiaire détenue par une entreprise d'assurances déterminée ou par l'entreprise mère d'une entreprise d'assurances déterminée ;
- les procédures permettant aux clients et aux autres intéressés de déposer plainte contre des intermédiaires et, le cas échéant, les procédures extra-judiciaires de réclamation et de recours.

> REMARQUE :
>
> Le législateur n'a pas précisé ce qu'il y a lieu d'entendre par « avant ». S'agit-il d'un certain délai à respecter afin de pouvoir laisser au client le temps d'étudier en connaissance de cause les documents contractuels ? Ou bien suffit-il de donner les informations au moment du remplissage d'une proposition d'assurance qui est signée par le client ou bien s'agit-il du moment où l'intermédiaire présente au client l'offre de l'entreprise d'assurances qui se transforme en contrat d'assurance à la signature par le client en acceptant l'offre et le prix ?

Pour le surplus, l'agent est tenu d'indiquer au client le **nom** de **l'entreprise d'assurances** ou des entreprises d'assurances pour qui il travaille. Le sous-courtier d'assurances et, le cas échéant, le courtier d'assurances sont tenus d'indiquer au client le nom de la société de courtage en assurances pour laquelle ils travaillent.

---

175 Art. 108 LSA.

Lorsque le courtier informe le client qu'il fonde ses **conseils** sur une **analyse impartiale**, il est tenu de fonder ses conseils sur l'analyse d'un nombre suffisant de contrats d'assurance offerts sur le marché, de façon à pouvoir recommander, en fonction de critères professionnels, le contrat d'assurance qui serait adapté aux besoins du client.

Avant la conclusion d'un **contrat d'assurance spécifique**, l'intermédiaire précise, en particulier sur la base des informations fournies par le client, au minimum les exigences et les besoins de ce client en même temps que les raisons qui motivent tout conseil fourni au client quant à un produit d'assurances déterminé.

Il n'est pas nécessaire de fournir les informations visées lorsque l'intermédiaire intervient dans le cadre de la couverture des **grands risques**[176].

Toute **information fournie** aux clients est à **faire** :
- sur papier ou sur tout autre support durable ;
- avec clarté et exactitude, d'une manière compréhensible pour le client ;
- dans une langue officielle de l'État-membre de l'engagement ou dans toute autre langue convenue par les parties.

Lorsque le client le demande ou lorsqu'une couverture immédiate est sollicitée ou nécessaire, les informations peuvent être fournies **oralement**. Dans ces cas, les informations d'ordre général sont à fournir au preneur d'assurances postérieurement à la conclusion du contrat d'assurance.

En cas de **vente** par **téléphonie vocale**, les informations préalables fournies au client devront être conformes aux règles applicables à la commercialisation à distance des contrats d'assurance. En outre, les informations d'ordre général sont à fournir au preneur d'assurances postérieurement à la conclusion du contrat d'assurance.

> REMARQUE :
>
> Pour donner un contenu concret au devoir d'information, l'ACA, bien que l'obligation incombe exclusivement à l'intermédiaire, dans une lettre circulaire à l'attention de ses compagnies membres a élaboré une fiche d'information. Cette fiche qui ne concerne que l'assurance vie locale constitue un simple instrument de facilitation et n'a aucune valeur contraignante dans le chef de ses membres[177].

---

176   On parle d'un grand risque lorsque au moins deux des trois critères suivants sont remplis : total bilan > 6.200.000 € ; chiffre d'affaires > 12.800.000 € ; effectif > 250 personnes.
177   Lettre circulaire du 24 juin 2008.

11.3 Les primes et autres sommes

Les primes et toutes autres sommes ayant trait à un contrat d'assurance **destinées à l'entreprise d'assurances**, que le preneur d'assurance verse à l'intermédiaire, sont considérées comme versées à l'entreprise d'assurances[178].

Les sommes d'argent versées par l'entreprise d'assurances à l'intermédiaire, qui sont **destinées au preneur d'assurances**, ne sont considérées comme étant versées au preneur d'assurance que lorsque celui-ci les a effectivement reçues.

Lorsque des fonds sont confiés à un intermédiaire, ils doivent être transférés par des **comptes clients strictement distincts** qui ne peuvent être utilisés pour rembourser le cas échéant d'autres créanciers en cas de faillite[179].

Il résulte de ce qui précède que le législateur a voulu sciemment renforcer la protection du client en mettant l'intermédiaire et l'entreprise d'assurances au même niveau. La manière de procéder incite ainsi les entreprises d'assurances d'être très vigilantes dans le choix de leurs intermédiaires.

11.4 L'assistance en cas de sinistre

En cas de réalisation du risque, l'intermédiaire doit être à la disposition de son client pour l'**aider dans** les **démarches** nécessaires.

Un sinistre est par essence un moment de grande émotion pour la personne concernée. C'est dans un moment pareil que le sinistré a besoin de quelqu'un qui dispose du savoir nécessaire et capable de le renseigner et l'assister utilement dans les démarches requises pour, dans la mesure du possible, le mettre dans une situation comme si le sinistre ne s'était pas produit.

11.5 Le secret professionnel

Les déclarations détaillées sur la nature du risque à assurer, ainsi que sur ses antécédents, demandées par les entreprises d'assurances, amènent les assurés à confier à leurs intermédiaires des informations qui relèvent du secret. Il ne leur appartient donc **pas de divulguer les informations tant sur leur patrimoine que sur leurs personnes connues dans l'exercice de leur fonction.** La violation de ce secret est une atteinte à la dignité, la liberté et la tranquillité de la personne humaine.

Pour mettre en exergue cette règle éthico-juridique, le législateur impose tant pour les agents que pour les courtiers et sous-courtiers, l'obligation

---

178 Art. 108-2.1. LSA.
179 Art. 108.2 LSA.

de garder secrètes les informations confidentielles confiées dans le cadre de leur activité professionnelle. La révélation de tels renseignements est punie[180].

11.6 La lutte contre le blanchiment

Pour renforcer la détection des capitaux en provenance d'actions illicites telles que le trafic d'armes, de produits toxicomanes, de proxénétisme et/ou pédophilie, le législateur a introduit des dispositions pour les entreprises d'assurances relatives à la lutte contre le blanchiment[181].

On pourrait définir le blanchiment comme un acte qui consiste à transformer des gains illicites en capitaux mobiliers et/ou immobiliers, reconnus par la communauté commerciale et juridique comme légalement acquis au cours de transactions commerciales régulières et légales.

Les entreprises d'assurances et les intermédiaires sont **tenus** de **coopérer** pleinement avec les **autorités** luxembourgeoises responsables de la lutte contre le blanchiment[182] :

- en fournissant à ces **autorités, à leur demande**, toutes les informations nécessaires, conformément aux procédures prévues par la législation applicable ;
- en informant, **de leur propre initiative**, le Procureur d'État auprès du tribunal d'arrondissement de Luxembourg de tout fait qui pourrait être l'indice d'un blanchiment.

   REMARQUE :

   Cette obligation de coopérer avec les autorités constitue une exception à la règle d'ordre général du secret professionnel des intermédiaires.

Pour renforcer cette coopération et faciliter les recherches, le législateur impose l'identification des clients et une conservation de certaines pièces.

Sont notamment requises les obligations :

- de connaître les clients ;
- de disposer d'une organisation interne de contrôle ;
- de coopérer avec les autorités.

---

180   Art. 4 et 8 du Code Pénal.
181   Art 111 ss LSA (loi du 12 novembre 2004 sur la lutte contre le blanchiment et contre le financement du terrorisme) et LC 09/06 du 21 avril 2009 et LC 10/06 du 19 avril 2010 du Commissariat aux Assurances.
182   Art. 5 de la loi sur la lutte contre le blanchiment et contre le financement du terrorisme.

12 – LES DROITS DES INTERMÉDIAIRES D'ASSURANCES

12.1 La rémunération des services prestés

Le législateur prévoit que les relations contractuelles entre les **agents salariés** et les entreprises d'assurances mandantes sont régies par le **droit du travail**, le cas échéant, par les conventions collectives de travail et par les clauses du contrat individuel de travail[183].

Les relations contractuelles entre les **agents indépendants** et les entreprises d'assurances mandantes sont régies par une **convention d'agence** écrite entre parties. Cette convention énumère les droits et devoirs des parties et comporte pour le moins des dispositions relatives aux obligations de l'agent envers l'entreprise mandante et envers les preneurs d'assurances ainsi que les obligations des entreprises d'assurances, notamment quant aux modalités de rémunération des agents en cours de mandat et lors de la cessation de leur mandat.

Parmi la multitude des méthodes de rémunération qui diffèrent d'entreprise d'assurances à entreprise d'assurances, nous ne citerons que les commissions d'acquisition et les commissions d'encaissement.

12.1.1 La commission d'acquisition

La commission d'acquisition ou d'apport est une commission versée pour l'acquisition d'une affaire nouvelle.

La commission d'acquisition peut être unique ou encore se cumuler avec la commission d'encaissement.

> **Exemple :**
>
> Admettons une prime hors frais et impôts de 25 €.
> - la commission d'acquisition peut être égale à la première prime payée (p.ex. 25 €) ;
> - elle peut s'élever p.ex. à 50 % de la première prime plus 10 % sur chaque encaissement annuel (dans notre cas 25 : 2 = 12,5 € + (25 x 0,1) = 2,5 € par encaissement annuel).

12.1.2 La commission d'encaissement

La commission d'encaissement est la commission versée, lors de chaque encaissement de prime.

---

183   Art. 106.2 LSA.

> **EXEMPLE :**
> Admettons une prime hors frais et impôts de 25 € et une commission d'encaissement de 10 %. Dans ce cas l'intermédiaire touchera à chaque échéance annuelle du contrat un montant de 25 x 10 % = 2,5 €.

12.1.3 La rémunération en cas de cessation d'activités

En cas de cessation d'activités pour une cause autre que la révocation de l'agrément, l'agent a droit à une indemnisation. Ni l'agent, ni ses héritiers n'ont un droit de propriété sur le portefeuille (ensemble des affaires gérées par l'agent à une date précise, en l'occurrence le moment de la cessation des activités). Le droit de propriété du portefeuille appartient exclusivement à l'entreprise d'assurances[184].

Le calcul de la rémunération en cas de cessation d'activité est normalement fonction du chiffre d'affaires rapporté.

12.1.4 Le droit à la formation

Le droit à la formation est indirectement fixé par la législation, dans la mesure où elle impose une vérification préalable des connaissances des intermédiaires.

Par ailleurs, la législation sur la lutte contre le blanchiment impose aux entreprises de prendre les mesures appropriées pour sensibiliser et former leurs employés aux dispositions contenues dans la loi, afin de les aider à reconnaître les opérations qui peuvent être liées au blanchiment ou au financement du terrorisme et de les instruire sur la manière de procéder en pareil cas[185].

Il est évident que chaque entreprise d'assurance est bien conseillée de former ses intermédiaires bien au-delà de la formation préalable.

13 – LA DÉONTOLOGIE PROFESSIONNELLE EN ASSURANCE VIE

Pour autant que le législateur n'a pas prévu de dispositions particulières, le marché a développé un certain nombre de règles à respecter par les intermédiaires.

---

184 Trib de Paix Lux. 14.01.1986.
185 Art. 4.b. de la loi pour lutter contre le blanchiment.

13.1 L'apparence

L'intermédiaire évitera de dissimuler l'objet de l'entretien avec le prospect et il s'interdit :
- de se présenter fallacieusement au nom d'un organisme (institution, association, régime...) autre que l'entreprise d'assurances qu'il représente ;
- de présenter l'opération proposée en faisant référence à une autre forme de service que l'assurance ;
- de laisser entendre que les contrats proposés font l'objet d'une obligation légale ;
- d'exercer une pression à quelque titre ou sous quelque prétexte que ce soit ;
- toute visite à des heures indues, sauf en cas de rendez-vous préalable ;
- de forcer son accès chez le prospect ;
- de faire souscrire une proposition par des personnes dont le consentement est douteux.

13.2 L'argumentation

L'argumentation éclaire l'interlocuteur sur l'assurance vie et le convainc de l'utilité objective du contrat proposé.

Cette argumentation ne peut comporter, ni dans les documents écrits ni dans les explications :
- des promesses abusives (ex. en assurance vie quant au rachat – délai et montant – ou aux avantages découlant de la police) ;
- des conseils visant à faire abandonner le contrat en cours alors qu'il est plus favorable pour l'assuré de le modifier ;
- en assurance vie une présentation abusive des participations aux bénéfices ou des revalorisations, prétendant pour certain ce qui est incertain ou peu probable ;
- une présentation de la déductibilité fiscale pouvant prêter à confusion (p.ex. il n'est pas exact que la prime est déductible de l'impôt à payer ; par contre il est exact qu'elle est déductible en tout ou partie du revenu imposable).

13.3 Le questionnaire médical

L'intermédiaire attire l'attention sur l'importance de la sincérité des réponses, qui conditionnent l'acceptation de l'assurance, ainsi que sur les conséquences d'une fausse déclaration ou d'une déclaration inexacte.

13.4 Le consentement

Le consentement ne saurait être surpris, ni forcé.

Il ne peut être obtenu qu'après un exposé clair des engagements de l'assuré (paiement des primes) et de ceux de l'entreprise d'assurances (ex : capitaux d'une assurance vie et garanties complémentaires).

Les engagements pris par l'assuré doivent rester dans la limite de ses capacités financières, eu égard à son revenu et à ses charges.

13.5 Le paiement des primes

Comme il n'y a en assurance sur la vie pas d'obligation de paiement de la prime, le preneur d'assurance peut toujours cesser de payer les primes d'une assurance-vie qu'il a souscrite : il est nécessaire de le lui expliquer clairement.

Il ne saurait être question d'obtenir de lui un engagement écrit ou verbal d'effectuer personnellement, entre les mains de l'intermédiaire ou de toute autre personne, des versements allant au-delà des primes prévues au contrat.

13.6 La concurrence

La concurrence entre entreprises d'assurances aiguise l'intérêt du client. Or, il est rare que l'intérêt du client consiste à abandonner un contrat en cours. C'est pourquoi l'intermédiaire doit attirer l'attention du client sur le fait que : « La résiliation d'une police d'assurance vie en cours auprès d'une entreprise d'assurances en vue de la souscription d'un nouveau contrat auprès d'une autre entreprise est généralement préjudiciable à l'assuré et n'est pas souhaitable pour les entreprises. »

> REMARQUE :
>
> Dans deux lettres circulaires[186], le Commissariat aux Assurances demande à l'assuré d'agir en connaissance de cause lorsqu'il entend résilier une assurance vie en cours en vue de la souscription d'une nouvelle assurance vie près d'une autre entreprise d'assurances.

En conséquence, l'intermédiaire s'abstient de :

- toutes manœuvres déloyales et agissements trompeurs tendant à faire abandonner ou à remplacer une police en cours auprès d'une autre entreprise d'assurances ;
- toute action ou propos tendant à nuire à la réputation et au crédit des entreprises d'assurances ou de leurs représentants.

---

186   LC 1/85 et LC 2/88.

13.7 Les pratiques loyales

Les compagnies d'assurances veillent à ce que les intermédiaires avec lesquels elles collaborent :
- aient des comportements conformes aux principes de déontologie professionnelle ;
- indiquent clairement aux clients en quelle qualité et pour qui ils agissent ;
- ne fassent usage que des titres admis par la loi et dans les conditions prescrites par celle-ci[187].

14- LA COMPTABILITÉ AGENCE

14.1 La portabilité de la prime

Sauf convention contraire, la prime est payable au domicile de l'entreprise d'assurances ou du mandataire désigné par elle à cet effet. À chaque échéance de prime, l'entreprise d'assurances est tenue d'aviser le preneur d'assurance de la date de l'échéance et du montant de la somme dont il est redevable.

En d'autres termes : sauf convention contraire, le preneur d'assurance est tenu d'apporter la prime à l'entreprise d'assurances ou à son mandataire.

L'entreprise d'assurances distingue entre prime comptant et prime terme.

14.1.1 *La prime comptant*

La prime comptant est la prime due pour la période entre la souscription et l'échéance annuelle de la prime, si ces deux dates ne coïncident pas. On rencontre le principe de la prime comptant, tant lors de la souscription d'une affaire nouvelle qu'en cas de modification de garantie ou de capitaux en cours de contrat.

> **Exemple :**
>
> Monsieur Schmit souscrit le 3 janvier 2014 (date de souscription) une assurance combinée habitation et informe son agent qu'il entend régler la prime annuellement, le 1er mai (date d'échéance annuelle). La prime comptant est la prime à payer pour la période du 3 janvier 2014 au 1er mai 2015.

---

187 Code de déontologie de l'ACA – version mai 2005.

14.1.2 *La prime terme*

La prime terme est la prime due pour une période d'une année d'assurance ou encore d'échéance à échéance.

Dans notre cas : la prime due pour la période du 1er mai 2014-1er mai 2015, du 1er mai 2015-1er mai 2016 et ainsi de suite.

14.1.3 *Le titre universel de paiement (TUP) et domiciliation bancaire*

Dans le but de mieux servir le client, les entreprises d'assurances utilisent le titre universel de paiement, c'est-à-dire un formulaire bancaire pouvant servir soit d'ordre de versement soit d'ordre de virement. Le TUP reprend la signalétique client, la prime à payer, le numéro de police et la durée, auxquels le paiement se réfère ainsi que le destinataire du paiement.

Suite à une tendance à une multiplication des demandes de recours au fractionnement des primes, les entreprises d'assurances offrent la possibilité à leurs clients de payer les primes mensuellement. Cet avantage client est néanmoins lié à une domiciliation bancaire.

14.2 L'encaissement des primes comptants et termes

Parmi les devoirs de l'intermédiaire, figurent l'encaissement des primes comptants et termes. Afin de permettre à l'intermédiaire de mieux surveiller les différents mouvements, une comptabilité s'établit de ce fait entre l'entreprise d'assurances et son intermédiaire. Cette comptabilité est normalement mensuelle et comporte des bordereaux de quittances et des extraits de compte.

Compte tenu des difficultés pour certains clients de payer leurs primes dans les délais impartis et éviter à ses intermédiaires de devoir lancer des rappels, certaines entreprises d'assurances ont mis en place un système d'encaissement centralisé. Dans ce cas, les entreprises d'assurances s'occupent elles-mêmes de l'envoi des avis d'échéances et des rappels dans les délais prévus par le législateur sauf dérogations plus favorables dans le chef du client.

14.2.1 *Les bordereaux de quittances*

Le bordereau de quittances reprend une à une toutes les quittances termes qui viennent à échéance pour la période à laquelle le bordereau fait référence. Outre la prime totale à payer par chaque client, le bordereau reprend encore la commission revenant à l'intermédiaire.

14.2.2 Les extraits de comptes

L'extrait de compte a une quadruple fonction :
- l'extrait reprend le total des primes et des commissions du dernier bordereau de quittances ;
- en outre, il indique les primes comptants à encaisser ou à rembourser depuis le dernier extrait : suivant l'entreprise d'assurances, ces extraits sont bimensuels ou mensuels ;
- figurent également sur l'extrait de compte tous les versements faits, soit par l'intermédiaire soit par ses clients, les remboursements de prime à effectuer aux clients depuis le dernier extrait, les quittances non payées par les clients ;
- l'extrait de compte est destiné à servir de compte courant d'agence.

  Pour cette raison figurent :
  – au débit : le total des primes du bordereau de quittances, les primes comptants à payer et à rembourser ;
  – au crédit : le total des commissions du bordereau ainsi que les commissions des affaires comptants de l'extrait de compte lui-même.

Le solde résultant des opérations crédit et débit s'appelle le solde agence.

14.3 Le solde agence

Le solde agence représente le montant restant dû à l'entreprise d'assurances ou à l'intermédiaire.

14.3.1 Le solde anormal

On parle de solde anormal, si l'ensemble des opérations de compensation de l'extrait de compte dégage un solde débiteur en faveur de l'entreprise d'assurances. Ce retard de paiement dans le chef de l'intermédiaire peut avoir pour causes :
- que les clients de l'agence n'ont pas réglé leurs primes en temps utile ;
- dans une logique d'encaissement des primes par l'intermédiaire qu'il n'a pas encore continué le montant des primes prélevées à l'entreprise d'assurances.

L'intermédiaire est en effet tenu de continuer, dans un délai fixé dans son contrat d'intermédiaire, les primes encaissées moins les commissions d'intermédiaire auxquelles il a droit. Le montant plus au moins élevé de ce solde conduira l'entreprise d'assurances à rappeler à l'ordre son intermédiaire. Ce rappel à l'ordre se fait par le biais du rapport de caisse.

14.3.2 *Le rapport de caisse*

Lorsque l'entreprise d'assurances estime que le solde anormal devient insupportable, elle demande à l'intermédiaire d'établir un rapport de caisse.

Ce rapport de caisse consiste à trouver l'origine du retard des paiements et à prendre les mesures appropriées pour retrouver une situation normale.

15 - LA SURVEILLANCE DES INTERMÉDIAIRES

Le Commissariat aux Assurances est chargé de la surveillance des obligations prévues dans le chef des intermédiaires par le législateur.

À cet effet il peut :
- se faire **délivrer** tous documents et toutes pièces utiles par les intermédiaires luxembourgeois et, le cas échéant, par les entreprises d'assurances mandantes ;
- effectuer des **contrôles sur place** dans les locaux professionnels des mêmes personnes et, le cas échéant, dans les locaux professionnels des entreprises d'assurances mandantes ;
- **s'entourer** de tous renseignements utiles auprès d'autres organismes administratifs ou judiciaires ou auprès de tierces personnes[188].

Outre les sanctions pénales, le Commissariat aux Assurances peut prévoir
- une astreinte afin d'inciter les personnes visées à se conformer à ses injonctions. Le montant de cette astreinte ne peut pas dépasser 1.250.-€ par jour et le montant total de l'astreinte ne peut pas dépasser 25.000.-€.

En supplément de cette astreinte, le Commissariat aux Assurances peut, sur place, prononcer l'une des sanctions disciplinaires suivantes :
- un avertissement ;
- un blâme ;
- l'interdiction d'effectuer certaines opérations et toutes autres limitations dans l'exercice de l'activité ;
- la suspension temporaire d'un ou de plusieurs dirigeants de l'intermédiaire, personne morale.

---

188 Art. 111.1 LSA.

Les décisions prises par le Ministre ou le Commissariat aux Assurances peuvent être déférées au tribunal administratif[189].

Finalement le Commissariat peut frapper d'une amende d'ordre d'un montant qui ne peut pas dépasser 50.000.-€ sauf en cas de récidive auquel cas il peut doubler, les personnes concernées pour :

- toute infraction à la loi sur le secteur des assurances et à ses règlements d'exécution ;
- tout non respect des instructions du Commissariat ;
- toute infraction à la loi modifiée du 12 novembre 2004 relative à la lutte contre le blanchiment et contre le financement du terrorisme et à ses règlements d'exécution ;
- tout refus de fournir les documents comptables ou autres renseignements demandés ;
- toute fourniture de documents ou de renseignements qui se révèlent être incomplets, inexacts ou faux ;
- toute infraction aux règles régissant la publication des bilans et situations comptables ;
- toute obstruction à l'exercice des pouvoirs de surveillance, d'inspection et d'enquête du Commissariat ;
- tout comportement, de nature à mettre en péril la gestion saine et prudente de l'activité concernée[190].

16- L'AFFILIATION À LA SÉCURITÉ SOCIALE

L'activité d'intermédiaire en assurances, qu'elle soit principale ou accessoire à une autre activité rémunérée, est considérée comme une activité indépendante et donc assujettie aux régimes de la Sécurité Sociale[191].

Est considérée comme activité :

- à titre **accessoire**, l'activité d'agent d'assurances lorsque que celle-ci ne joue qu'un second rôle par rapport à une autre activité professionnelle principale ;
- **principale**, l'activité d'agent d'assurances lorsque cette activité est
  - le seul revenu professionnel ;
  - ou, en cas d'activités multiples, lorsqu'elle représente l'essentiel des moyens d'existence de cette activité.

---

189 Art. 111.3 LSA.
190 Art. 111.1. LSA.
191 Source : Centre Commun de la Sécurité Sociale, département affiliation, tél. 40141-1.

16.1 L'affiliation

L'agent d'assurances est considéré comme travailleur indépendant exerçant une activité professionnelle pour son propre compte et est de ce fait soumis obligatoirement à l'assurance :

- maladie-maternité ;
- accident ;
- pension ;
- dépendance[192] ;

qu'il exerce l'activité à titre principal ou accessoire.

Si le revenu professionnel ne dépasse pas un tiers du salaire social minimum, le législateur considère le revenu comme insignifiant et ne prévoit pas d'assujettissement obligatoire[193]. La personne concernée peut néanmoins s'affilier à sa demande.

Si le revenu professionnel d'un ou de plusieurs exercices passe en-dessous du seuil, l'assurance obligatoire est maintenue, à moins que l'assuré n'invoque expressément la dispense[194]. Cette dispense s'applique également à l'assurance accident[195].

16.2 L'assiette cotisable

L'assiette cotisable est constituée par le revenu professionnel net au sens de la législation fiscale.

16.2.1 *Les personnes non dispensées*

Pour les personnes qui n'exercent que l'activité d'agent d'assurances, y compris les femmes au foyer qui sont nouvellement affiliées, le Centre Commun de la Sécurité Sociale[196] prévoit une **assiette** cotisable **provisoire** dont la base est constituée par le salaire social minimum. Cette assiette provisoire est reportée d'année en année jusqu'au moment où la déclaration d'impôts remise par l'assuré permet de fixer pour le futur une nouvelle assiette. Le cas échéant le CCSS procédera à ce moment à un recalcul des cotisations effectivement dues.

Sur base du bulletin d'impôts définitif communiqué par l'administration des Contributions directes, l'assiette cotisable sera recalculée tout en

---

192 Art. 1, sous 4, 85 sous 7, 170, alinéa 1, 352, alinéa 1 et 377, alinéa 1 du Code des Assurances Sociales (CAS).
193 Revenu annuel inférieur à 958.44 € indice 100.
194 Art. 5, alinéas 2 et 3 ; 180, alinéas 2 et 3) CAS.
195 Art. 95, alinéa 3 CAS.
196 CCSS.

respectant le minimum cotisable, même si le revenu professionnel effectif n'atteint pas ce montant.

Si les revenus professionnels sont inférieurs au salaire social minimum, l'assiette cotisable pour l'assurance pension peut sur demande être réduite jusqu'à concurrence d'un tiers de ce salaire[197].

16.2.2 L'agent d'assurances dont l'activité est accessoire

Pour l'agent d'assurances qui exerce l'activité à titre **accessoire** et qui est déjà affilié au titre d'une occupation principale comme salarié, les cotisations pour les différents risques sont dues pour chaque activité jusqu'à concurrence du plafond cotisable[198]. Si, par le fait du cumul des deux activités le plafond cotisable est dépassé, l'agent a droit au remboursement pour les risques maladie et pension de la partie des cotisations dépassant ce plafond[199].

16.2.3 L'agent qui exerce déjà une activité principale comme travailleur indépendant

Pour l'agent qui exerce déjà une activité principale comme travailleur indépendant, en tant que commerçant p.ex., aucune nouvelle affiliation n'est nécessaire. Le revenu de l'activité d'agent sera ajouté au revenu issu de l'activité principale et l'agent en question paiera des cotisations sur la totalité de ses revenus.

16.2.4 Les personnes pensionnées qui poursuivent une activité d'agent

Le titulaire d'une pension de vieillesse qui continue à exercer son activité indépendante **après** l'âge de **65 ans** :
- ne cotise plus à l'assurance pension ;
- pour l'assurance maladie, la cotisation porte sur le revenu issu de l'activité d'agent auquel est ajoutée la pension.

Celui qui bénéficie d'une pension de vieillesse du régime spécial transitoire, c.à.d. pension de vieillesse à 60 ans, doit pour l'activité d'agent cotiser pour tous les risques, y compris pour le risque pension jusqu'à l'âge de 65 ans.

---

197   Art. 244 CAS.
198   Art. 39 et 241 CAS.
199   Art. 43 et 213 CAS.

16.3 Le minimum et le maximum cotisable

Le **minimum** cotisable d'un agent qui cotise à titre accessoire s'élève au salaire social minimum. L'assiette cotisable pour le volet pension peut néanmoins, sur demande, être réduite à hauteur du revenu réel.

L'assiette minimale mensuelle à l'indice 100 est de 247,82[200] € ce qui à l'indice 775,17[201] s'élève à 1.921,03 €

Le **maximum** cotisable s'élève à 5 x le salaire social minimum – soit à l'indice 775,17 :

$$5 \times 247{,}82 \times 7{,}7517 = 9.605{,}13 \text{ €}.$$

16.3.1 *Exemple de calcul de cotisation mensuelle*

SALAIRE SOCIAL MINIMUM	ASSIETTE MENSUELLE	MALADIE	ACCIDENT	PENSION	DÉPENDANCE	SANTÉ AU TRAVAIL	TOTAL
		6,10	1,10	16,00	1,40	0,11	
MINIMUM	1.921,03	117,18	21,13	307,36	26,89	2,11	474,69
MAXIMUM	9.605,13	585,91	105,66	1.536,82	134,47	10,57	2.373,43

16.3.2 *Exemple de calcul d'un revenu mensuel inférieur au salaire social minimum*

- admettons un revenu mensuel moyen de 1.450 € **sans** demande d'adaptation du volet cotisation pension

REVENU	ASSIETTE MENSUELLE	MALADIE	ACCIDENT	PENSION[201]	DÉPENDANCE	SANTÉ AU TRAVAIL	TOTAL
		6,10	1,10	16,00	1,40	0,11	
1.450	1.921,03	117,18	21,13	307,36	26,89	2,11	474,69

- **avec** demande d'adaptation du volet cotisation pension avec un revenu mensuel moyen de 1.450 €

SALAIRE SOCIAL MINIMUM	ASSIETTE MENSUELLE	MALADIE	ACCIDENT	PENSION[202]	DÉPENDANCE	SANTÉ AU TRAVAIL	TOTAL
		6,10	1,10	16,00	1,40	0,11	
1.450	1.921,03	117,18	21,13	232,00	26,89	2,11	399,31

---

200 Salaire social mensuel minimum de référence au montant ni 100 applicable au 1er janvier 2013.
201 Indice octobre 2013.
202 Calculé sur base du salaire social minimum.
203 Calculé sur base du revenu effectif soit 1.450.

REMARQUE :

Au cas où l'assuré opterait pour l'affiliation à la Mutuelle des Employeurs les taux suivant s'ajoutent tout en variant en fonction de l'absentéisme financier de l'assuré.

TAUX D'ABSENTÉISME FINANCIER	TAUX DE COTISATION
< 0,65%	0,42%
< 1,60 %	1,33%
< 2,50%	1,83%
≥ 2,50%	2,64%

16.4 Prestations

À la suite de l'entrée en vigueur du Statut unique[204], chaque travailleur indépendant[205], qui est son propre employeur, doit prendre à sa charge l'intégralité de son salaire et des autres avantages éventuels y rattachés jusqu'à la fin du mois de calendrier au cours duquel se situe le soixante-dix-septième jour d'incapacité de travail.

Le comptage des 77 jours se fait sur base d'un compteur « Lohnfortzahlung »[206] à dater du jour de la déclaration d'incapacité de travail à l'appui d'un certificat médical introduit auprès de la Caisse Nationale de Santé[207].

En cas de maladie de plus de 77 jours, l'indemnité pécuniaire est prise en charge par la Caisse Nationale de Santé. Celle-ci est néanmoins limitée à un total de 52 semaines pour une période de référence de 104 semaines. Le montant de l'indemnité pécuniaire ainsi prise en charge équivaut pro-rata temporis des journées d'incapacité de travail calculé sur base de l'assiette cotisable applicable au moment de la survenance de l'incapacité de travail.

---

204 Le 1er janvier 2009.
205 Comme nous parlons ici de l'agent non lié par un contrat de travail à un employeur, nous le désignons comme travailleur intellectuel indépendant. Au cas où il serait lié par un contrat de travail à un employeur, nous devrions parler de salarié.
206 LFZ.
207 CNS.

EXEMPLE :

Monsieur Schmit est agent d'assurances et est victime d'un accident de ski à la fin du mois de février, ce qui le prive d'exercer son métier du 24 février au 21 mai. Au mois de juillet, il a un refroidissement de 6 jours et une autre incapacité de travail de chaque fois 3 jours aux mois de novembre et décembre.

ANNÉE	2014											
MOIS	1	2	3	4	5	6	7	8	9	10	11	12
JOURS D'INCAPACITÉ DE TRAVAIL	0	5	31	30	21	0	6	0	0	0	3	3
COMPTEUR LFZ	0	5	36	66	87	87	87	87	87	87	87	87
PRISE EN CHARGE		Ind	Ind	Ind	Ind		CNS				CNS	CNS

Admettons pour 2014 une pneumonie au mois de février de 18 jours, une grippe au mois de mai de 17 jours et 2 jours en septembre.

ANNÉE	2015											
MOIS	1	2	3	4	5	6	7	8	9	10	11	12
JOURS D'INCAPACITÉ DE TRAVAIL	0	18	0	0	17	0	0	0	2	0	0	0
PÉRIODE DE RÉFÉRENCE	01/09 01/10	023/09 02/10	03/09 03/10	04/09 04/10	05/09 05/10	06/09 06/10	07/09 07/10	08/09 08/10	09/09 09/10	10/09 10/10	11/09 11/10	année 2010
COMPTEUR LFZ	87	82	51	21	17	17	11	11	13	13	10	7
PRISE EN CHARGE		CNS			Ind				Ind			

Il résulte du tableau ci-dessus un point d'interrogation sur la part du financement de l'indemnisation en cas d'incapacité de travail laissée à charge de l'indépendant.

Pour ce faire il a deux possibilités :
- soit l'affiliation à titre volontaire à la Mutualité des Employeurs ;
- soit la souscription d'une assurance Santé privée.

Le tableau ci-après superpose les deux approches.

PRESTATION	MUTUELLES DES EMPLOYEURS	ASSURANCE SANTÉ PRIVÉE
HAUTEUR	limitée à 80 % de 5 x le salaire social minimum[207]	peut être librement fixée jusqu'à hauteur du revenu réel et/ou du plafond accepté par l'entreprise d'assurances
DURÉE	limitée à maximum 77 jours plus les jours restants du mois dans lequel se situe le 77e jour de l'incapacité de travail	jusqu'à 365 jours
PROCÉDURE	obligation de se soumettre aux procédures de contrôle de l'absentéisme de la Mutuelle	diagnostic médical suffit
PRIMES	révision annuelle du taux de cotisation en fonction de l'absentéisme individuel de l'année précédente	pas d'adaptation des primes en fonction d'un arrêt de travail ou d'un taux d'absentéisme élevé

À défaut d'avoir souscrit à l'une ou l'autre solution, l'indépendant restera son propre assureur pour le temps de son incapacité de travail.

REMARQUE :

Pour l'instant, le marché de l'assurance privée est en train de développer des produits pour proposer un complément de couverture.

17- L'IMPOSITION DES COMMISSIONS D'INTERMÉDIATION EN ASSURANCE

Fiscalement parlant, les commissions d'intermédiation en assurances sont à considérer comme un bénéfice commercial[209]. Le revenu ainsi généré sous déduction des dépenses est à reporter dans le récapitulatif des revenus nets[210].

Pour déterminer les frais, l'intermédiaire a le choix :
- soit pour des dépenses forfaitaires sans avoir besoin de produire des pièces à l'appui ;
- soit pour des dépenses avec production de pièces à l'appui.

---

208 Ce plafond fait actuellement l'objet d'une remise en cause dans le cadre de la continuité du financement de notre système des retraites.
209 Ligne 416 de la déclaration pour l'impôt sur le revenu de l'année 2012.
210 Ligne 1601 de la declaration pour l'impôt sur le revenu de l'année 2012.

Celui qui opte pour des dépenses forfaitaires trouvera plus d'informations dans la circulaire du directeur des contributions relative à l'imposition des agents d'assurances[211].

Les taux maxima forfaitaires suivants sont applicables en fonction de la hauteur des commissions

MONTANT DE LA COMMISSION	FRAIS MAXIMA ADMIS
≤ 2.000 €	30%
2.000 - 6.000 €	600 € + 25 % (commission - 2.000 €)
6.000- 15.000 €	1.600 € + 20% (commission - 6.000 €)
> 15.000 €	3.400 €

EXEMPLE POUR UNE COMMISSION DE 14.600 €

TRANCHE CONCERNÉE	CALCUL	
	FORFAIT	% SUR LE DIFFÉRENTIEL
6.000 - 15.000	1.600	20 % sur 14.600 - 6.000 = 8.600
		1.720

Le montant total des frais admis sans pièces à l'appui pour une commission de 14.600 € s'élève dès lors à 1.600 + 1.720 = 3.320 €.

211　LIR N° 18/1 du 21 février 2003.

Chapitre 5

La déductibilité fiscale

1– La déductibilité fiscale des primes d'assurances 204
2– Les primes d'assurances déductibles 204
3– Les plafonds déductibles 207
4– Les conditions de déductibilité des primes payées 211
5– Le capital payé au terme du contrat et l'approche fiscale 212
6– L'imposition d'une rente payée au terme du contrat 215
7– Le montant forfaitaire 215
8– Exclusion des primes en relation avec un prêt 215
9– Exemple d'économie d'impôts 216
10– Vérifiez vos connaissances 217

1 – LA DÉDUCTIBILITÉ FISCALE DES PRIMES D'ASSURANCES

La loi de l'impôt sur le revenu (LIR) permet dans le cadre des « dépenses spéciales » de déduire certaines primes d'assurances du total des revenus nets.

Si ce libellé est techniquement exact, il ne faut cependant pas oublier que dans un langage commun le client demande à l'entreprise d'assurances : « Quelles assurances peut-on déduire des impôts ? »

Parmi ces dépenses spéciales[212], on retrouve :
- les cotisations versées à des sociétés de secours mutuel ;
- certaines primes d'assurances ;
- les versements d'épargne logement[213].

2 – LES PRIMES D'ASSURANCES DÉDUCTIBLES

Il y a lieu de distinguer entre plusieurs modalités de déduction : les primes d'assurances proprement dites, les primes versées au titre d'un contrat de prévoyance vieillesse et les primes payées comme participation personnelle dans le cadre d'un régime de pension complémentaire d'entreprise.

2.1 Les primes d'assurance selon l'article 111 LIR   *Loi d'impôts/le revenu*

Les primes d'assurances déductibles au titre de l'article 111 LIR comprennent celles des :
- assurances de personnes (vie, décès, accident, invalidité, maladie) ;
- assurances en cas de vie liées à un véhicule d'accumulation d'actifs : ces assurances doivent garantir une couverture décès

---

212 Cases 1340-1432 du modèle 100 F pour l'année d'imposition 2008.
213 Pour que les cotisations puissent être déduites comme dépenses spéciales, les moyens provenant des contrats d'épargne-logement doivent être employés à l'une des fins ci-après :
1) construction ou acquisition d'un appartement ou d'une maison ;
2) transformation d'un appartement ou d'une maison ;
3) acquisition d'un terrain en vue de la construction d'un appartement ou d'une maison ;
4) remboursement d'obligations contractées à l'une des fins visées sub 1) à 3) ci-dessus
note LIR Direction des Contributions 111/3 du 14 octobre 2005.

couvrant au moins 60 % de la somme des primes régulières prévues jusqu'à la fin du contrat, qui doit prévoir au moins 5 primes annuelles, ou bien au moins 130 % des primes et cotisations versées jusqu'à la date du décès ;
- assurances de responsabilités ;
- cotisations versées à des sociétés de secours mutuels reconnues, dont le but est de fournir aux sociétaires ou membres de sa famille des secours en cas de maladie, d'accident, d'incapacité de travail, etc. (p.ex. Caisse médico-chirurgicale).

REMARQUE :

Les contrats d'assurance vie qui comportent un avantage en cas de vie doivent avoir une durée d'au moins 10 ans.
Dans les cas où l'assurance vie garantit le paiement d'une rente viagère, le début du versement de la rente marque le terme final de la durée du contrat[214]. Il ressort de ce qui précède que la durée minimale, des 10 ans est comptée à dater du premier et non du dernier versement de la rente.
Les primes des contrats vie conclues sur la tête d'un enfant ne sont déductibles qu'à condition que l'enfant remplisse les conditions d'ouverture au droit à une modération d'impôt. Pour les enfants de plus de 21 ans, cette condition est remplie si l'enfant poursuit ses études au-delà de l'âge de 21 ans.

2.2 Les versements au profit des contrats d'assurance pension selon l'article 111 bis LIR

Les dispositions de l'article 111bis sont destinées à promouvoir la prévoyance vieillesse privée, en tant que troisième pilier de l'assurance pension.

Dans ce contexte l'épargnant a le choix entre deux produits :
- soit un produit traditionnel à rendement garanti ;
- soit un produit dit de nouvelle génération à rendement non garanti[215] ;

commercialisés :
- soit par une entreprise d'assurances ;
- soit par un établissement de crédit.

Sont uniquement déductibles, les versements faits au titre des contrats prévoyance vieillesse qui répondent aux conditions suivantes :
- les versements sont à effectuer auprès d'une entreprise d'assurances ou d'un établissement de crédit ;
- le contrat doit être différé d'au moins 10 ans ;

---

214 Circulaire LIR N° 111/1 du 24 septembre 2009 du Directeur des Contributions.
215 En unités de comptes.

- le contrat est payable au plus tôt à l'âge de 60 ans ;
- le contrat est payable au plus tard à l'âge de 75 ans ;
- la liquidation du contrat se fait selon la volonté de l'assuré :
  - soit entièrement sous forme de rente viagère payable mensuellement ;
  - soit entièrement sous forme de capital ;
  - soit une partie sous forme de rente viagère et le reste sous forme de capital ;
- le preneur doit également être le bénéficiaire.

Au cas où les époux sont imposables collectivement et pour peu que chacun ait souscrit un contrat à son nom, la rente viagère peut être assortie d'une clause de réversibilité réciproque en faveur du conjoint survivant.

> REMARQUE :
>
> Le libellé du Code fiscal parle bien de conjoint. Or, dans une Circulaire du Directeur des Contributions, celui-ci parle des modifications incontournables de certains articles du Code fiscal suite au rapprochement fiscal des partenaires à celui des époux par la possibilité de l'imposition collective[216].
> Dans ce contexte au titre de l'article 111bis, si les partenaires sont imposables collectivement en vertu de l'article 3bis, le bénéficiaire du contrat prévoyance vieillesse peut être soit l'un des partenaires, soit l'un et l'autre des partenaires. Il s'ensuit que si les partenaires sont imposables collectivement et que chacun souscrit un contrat de prévoyance vieillesse, le montant déductible est calculé individuellement pour chaque partenaire.

Si le paiement de la rente devait avoir lieu avant l'âge de 60 ans ou avant une période de 10 ans pour une raison autre que :

- invalidité ;
- maladie grave ;

les primes antérieurement déduites perdent leur caractère de déductibilité et une imposition rectificative s'impose.

Au cas où l'épargnant prévoyance vieillesse devait décéder avant l'âge de 60 ans, l'épargne accumulée peut être restituée à l'ayant droit.

2.3 Les primes payées sur base de l'article 110 LIR dans le cadre d'un régime de pension complémentaire d'entreprise

Le contribuable qui participe personnellement dans un régime de pension complémentaire d'entreprise peut bénéficier d'un avantage fiscal pouvant aller jusqu'à 1.200 €.

---

216 Circulaire du Directeur des contributions L.I.R No 3bis/1 du 27 juin 2008.

Si l'employé quitte l'entreprise avant la retraite, il peut :
- soit conserver ses droits ;
- soit transférer ses droits ;
- ou bien les racheter.

Le rachat n'est cependant permis :
- qu'en cas de départ à l'étranger ;
- si l'employé est âgé de plus de 50 ans ;
- ou bien si le montant du capital projeté au terme du contrat ne dépasse pas 10 fois le salaire social minimal[217].

3 – LES PLAFONDS DÉDUCTIBLES

Le législateur a prévu plusieurs sortes de plafonds. Ces plafonds ne sont cependant pas indexés. Il s'en-suit qu'à chaque tranche indiciaire, l'avantage fiscal diminue dans la même proportion que l'indice augmente.

Au titre de l'article **111** LIR, un plafond :
- de base ;
- majoré et surmajoré pour une assurance temporaire au décès à prime unique ;
- majoré pour une assurance d'indemnité journalière.

Au titre de l'article **111 bis** LIR, le plafond pour un contrat de prévoyance vieillesse.

REMARQUE :
Les différents plafonds se cumulent.

3.1 Le plafond de base

Montants maxima déductibles pour primes et cotisations article 111 LIR

CONTRIBUABLE	SANS CONJOINT	AVEC CONJOINT
sans enfant	672	1.344
avec 1 enfant	1.344	2.016
avec 2 enfants	2.016	2.688
avec 3 enfants	2.688	3.360
avec 4 enfants	3.360	4.032
avec 5 enfants	4.032	4.704

---

217 19.210,30 € en octobre 2013 (10 x salaire social minimal 247,82 à l'indice 100 adapté à l'indice octobre 2013 soit 775,17).

3.2 Les plafonds majorés et surmajorés pour une assurance temporaire au décès à prime unique

Les montants suivants sont prévus pour les assurances temporaires au décès à capital décroissant moyennant versement d'une prime unique[218].

CONTRIBUABLE	SANS CONJOINT	AVEC CONJOINT
sans enfant	672	1.344
avec 1 enfant	1.344	2.016
avec 2 enfants	2.016	2.688
avec 3 enfants	2.688	3.360
avec 4 enfants	3.360	4.032
avec 5 enfants	4.032	4.704

La prime unique d'une assurance temporaire au décès à capital décroissant est déductible, lorsque le contrat est souscrit en vue de couvrir le remboursement d'un prêt consenti pour :

- l'acquisition et la construction de l'habitation personnelle du contribuable ;
- l'agrandissement, la transformation et la remise en état de l'immeuble en question.

---

218 Règlement grand-ducal du 19 décembre 2008 modifiant le règlement grand-ducal modifié du 7 mars 1969 portant exécution de l'article 111, alinéa 8, numéros 1 et 2 de la loi concernant l'impôt sur le revenu (Mémorial A 198 du 23 décembre 2008).

Le montant déductible pour un contribuable de moins de 30 ans ne peut pas dépasser 6.000 €. Pour chaque enfant pour lequel la personne obtient une modération d'impôt pour enfant, s'ajoute un montant de 1.200 €. Pour les assurés âgés de plus de 30 ans, qui ont rempli les conditions décrites par ailleurs, le montant déductible est augmenté de 8 % par année d'âge accompli en sus du trentième anniversaire au moment de la souscription du contrat.

Lorsque chacun des époux ou des partenaires, imposés collectivement, souscrit un contrat d'assurance individuel ou si le contrat porte sur leurs deux têtes, chaque époux ou partenaire a droit aux majorations du plafond des primes déductibles. Chaque enfant ne peut toutefois déclencher qu'une majoration à utiliser au choix pour augmenter soit le plafond applicable à l'un des époux ou partenaires, soit celui applicable à l'autre époux ou partenaire.

REMARQUE :

La loi précise que la déduction fiscale n'est possible que pour autant qu'il s'agisse d'une prime unique. Cependant, lorsque pour assurer le remboursement d'un prêt en relation économique avec l'acquisition et/ou la transformation d'un même bien, une majoration a déjà été accordée au contribuable pour la déduction d'une ou de plusieurs primes uniques au titre d'une année d'imposition antérieure, la majoration est diminuée de la somme des majorations déduites au cours des cinq années d'imposition antérieures en relation avec l'acquisition et/ou la transformation du bien en question.

EXEMPLE :

Admettons Monsieur Schmit âgé de 35 ans, marié à Muller âgée de 32 ans, avec charge d'un enfant.
Le plafond surmajoré pour une assurance TSRD s'élève dès lors à

	SCHMIT	MULLER	ENFANT	TOTAL
BASE	6.000	6.000	1.200	13.200
PLAFOND SUR-MAJORÉ[218]	2.880	960		3.840
TOTAL	8.880	6.960	1.200	17.040

---

219 *le montant de 2.880 dans le chef de monsieur Schmit se calcule comme suit (35–30) = 5 x 576 et celui de son épouse (32–30) = 2 x 480 puisque le bénéfice de l'enfant n'est accordé qu'au seul contribuable principal*

3.3 Le plafond majoré pour une assurance d'indemnité journalière

[annotation manuscrite : Für Freiberufler/Indépendant]

Le plafond de base peut être majoré de 1.500 € pour la souscription d'une assurance indemnité journalière[220] dans les conditions suivantes :

- en cas de maladie ou d'accident, le contribuable doit être privé en tout ou en partie de son revenu professionnel en tant que commerçant, agriculteur, sylviculteur, industriel ou titulaire d'une profession indépendante ;
- son affiliation à un régime légal de sécurité ne doit pas lui donner droit à une indemnité compensatoire.

3.4 Le plafond des versements des contrats de prévoyance vieillesse sur base de l'article 111bis LIR

Les montants versés au titre d'une couverture prévoyance vieillesse sont déductibles et croissants avec l'âge du souscripteur.

Le tableau suivant reprend les montants maxima déductibles en fonction de l'âge accompli du souscripteur au début de l'année d'imposition.

ÂGE DU SOUSCRIPTEUR AU DÉBUT DE L'ANNÉE D'IMPOSITION	MONTANT ANNUEL MAXIMUM DÉDUCTIBLE JUSQU'EN 2016	MONTANT ANNUEL MAXIMUM DÉDUCTIBLE À PARTIR DE 2017
moins de 40 ans	1.500	3.200
40-44 ans	1.750	
45-49 ans	2.100	
50-54 ans	2.600	
55 ans et plus	3.200	

Pour les époux imposés collectivement et qui souscrivent chacun un contrat à leur nom, la déduction est calculée individuellement pour chaque conjoint.

Si les partenaires sont imposables collectivement en vertu de l'article 3bis et que chacun souscrit un contrat de prévoyance vieillesse, le montant déductible est calculé individuellement pour chaque partenaire.

---

220 Art. 111.4 LIR.

Même si une personne effectue au titre d'un même ou de plusieurs contrats, au courant d'une année des versements supérieurs au plafond maximum déductible en fonction de son âge, les primes versées restent déductibles. La déductibilité du ou des versements effectués est cependant limitée au montant repris dans le tableau ci-dessus[221].

E. primes versées en vertu d'un contrat de prévoyance-vieillesse visé à l'article 111bis L.I.R.

compagnie d'assurance / établissement de crédit	primes payées en 2008			
	début du contrat	fin du contrat	contribuable	contribuable conjoint/partenaire
	1401	1402	1403	1404	1405
	1406	1407	1408	1409	1410
	1411	1412	1413	1414	1415
le total des primes ne peut pas dépasser le montant de la déduction maximale			1416	1417	total 1418

4– LES CONDITIONS DE DÉDUCTIBILITÉ DES PRIMES PAYÉES

CONDITION QUANT	ARTICLE 111 LIR	ARTICLE 111 BIS LIR
au preneur d'assurance	Les primes sont dues par le preneur ou la personne imposée collectivement avec lui.	Le preneur doit également être l'assuré.
à l'assuré	Les primes couvrent le risque du preneur, de son conjoint ou d'un de ses enfants.	Un contrat pour le contribuable et un autre contrat pour le conjoint imposé collectivement avec lui.
au bénéficiaire	Libre choix du bénéficiaire.	Le preneur.
au paiement de la rente		Payable au plus tôt à l'âge de 60 et au plus tard à l'âge de 75 ans et différée de 10 ans. Rente viagère ou 50 % maximum sous forme de capital.
à la durée	pour les contrats qui comportent un volet en cas de vie : • 10 ans si le rendement est garanti ; • 12 ans si le rendement n'est pas garanti (contrats en unité de compte).	

---

221 Suite à un arrêt de la Cour Administrative du N° 24743 C du 30 octobre 2008, le Directeur des Contributions dans sa circulaire du 16 décembre 2008 a annulé le refus de la déductibilité fiscale des primes versées au titre d'un contrat répondant aux critères de l'article 111bis au cas où elles dépasseraient les plafonds prévus en fonction de l'âge du souscripteur.

5- LE CAPITAL PAYÉ AU TERME DU CONTRAT ET L'APPROCHE FISCALE

Le capital payé au titre d'une assurance vie, s'il est versé au preneur d'assurance, est exempt de l'impôt sur le revenu.

La **partie** du **capital** payée au terme en provenance d'un contrat conclu sur base d'un avantage en cas de vie, tel que défini à l'art. **111bis** LIR, est néanmoins imposée à hauteur de la moitié du taux global.

> **EXEMPLE**[221]
> Admettons que monsieur Schmit soit marié avec madame Muller et que du ménage Schmit-Muller soit issu un enfant.
> Au courant de l'année 2013 monsieur Schmit a gagné les revenus suivants :
> - 60.000.-€ au titre de son revenu ordinaire ;
> - 50.000.-€ au titre de la liquidation de la partie casch de son assurance prévoyance vieillesse imposée à hauteur du demi-taux global.
>
> Pour calculer l'impact du demi-taux global il faut dans un premier temps cumuler l'ensemble des revenus – dans notre cas : 60.000 + 50.000 = 110.000.-€.
> Sur base du barème applicable pour l'année 2013 l'impôt dû s'élève à 24.344.-€.
> Pour obtenir le pourcentage du taux global il y a lieu de faire le calcul suivant : 24.344 x 100/110.000 = 21,13 %.
> Le demi-taux global est dès lors : 21,13/2 = 11,06 %
> L'impôt à payer pour la partie cash de son assurance prévoyance vieillesse sera dès lors de : 50.000 x 11,06 % = 5.530.-€. Ce montant sera prélevé par l'administration des Contributions lors de déclaration annuelle de l'impôt sur le revenu[222].

La rente viagère payée mensuellement répond aux critères fiscaux suivant :
- exemption de la 1re tranche de 50 % de la rente viagère mensuelle ;
- imposition de la 2e tranche de 50 % de la rente viagère mensuelle au taux normal.

---

222 Sans prise en compte de la contribution dépendante et du fonds pour l'emploi.
223 Voir vases 1121 ss de la déclaration de l'impôt sur le revenu.

Les contrats des régimes de pensions complémentaires, conclus sur base d'une **participation personnelle** dans un régime de **pension complémentaire d'entreprise**, sont liquidés sous forme de **capital** et exempts d'impôts[224].

5.1 Le capital d'une assurance de personnes touché à titre d'héritage

5.1.1 Le principe de base

Les droits de succession sont à la charge des héritiers et sont perçus par l'Administration de l'Enregistrement. La matière imposable est constituée par la totalité des valeurs mobilières et immobilières qui entrent dans la succession, nette des dettes composant le passif de la succession. Les biens dont le défunt a disposé à titre gratuit (donation) dans l'année précédant son décès sont considérés comme faisant partie de la succession et sont donc imposables, si la libéralité dont ils auraient fait l'objet n'a pas été assujettie au droit d'enregistrement établi pour les donations.

5.1.2 Le taux d'imposition de base

Les taux d'imposition de base sont progressifs et varient en fonction du lien de parenté entre les héritiers et le défunt.

- Héritage en ligne directe
    - Tout ce qui est hérité en ligne directe est exempt du droit de succession. Si la part d'un héritier dépasse cependant la part héréditaire légale, le droit est de 2,50 % sur la quotité disponible qui lui est léguée par préciput et hors part, et de 5 % sur le surplus.
- Héritage entre époux
    - Si les époux ne laissent pas d'enfants nés de leur commun mariage, ni des descendants de ceux-ci, le droit est de 5 %. Pour le calcul des droits de succession, il est effectué un abattement de 38.000 € sur la part nette recueillie.
- Héritage entre frères et sœurs
    - sur ce qu'ils recueillent « ab intestat » (succession légale au sens restreint) : 6 % ;
    - sur ce qu'ils recueillent au-delà de la part héréditaire légale : 15 %.
- Héritage entre neveux/nièces et oncles/tantes, entre l'adoptant et l'adopté (sauf dans des cas spéciaux tels que l'adoption plénière)

---

224 Voir dispositions de l'art. 115 LIR.

- sur ce qu'ils recueillent « ab intestat » : 9 % ;
- sur ce qu'ils recueillent au-delà : 15 %.
- Héritage entre petits-neveux/petites-nièces et grands-oncles/grands-tantes entre l'adoptant et les descendants de l'adopté
  - sur ce qu'ils recueillent « ab intestat » : 10 % ;
  - sur ce qu'ils recueillent au-delà : 15 %.
- Héritage entre toutes personnes non parentes sur tout ce qu'ils recueillent : 15 %.

Les taux ci-dessus ne s'appliquent que lorsque les parts nettes imposables recueillies par chaque ayant droit n'excèdent pas 10.000 €.

5.1.3 *La majoration du taux de base*

Si la part recueillie par un ayant droit a une valeur nette imposable supérieure à 10.000 €, les taux de base sont majorés comme suit :

SI LA PART EXCÈDE	SANS DÉPASSER	MAJORATION DU TAUX DE BASE
10.000	20.000	1/10
20.000	30.000	2/10
30.000	40.000	3/10
40.000	50.000	4/10
50.000	75.000	5/10
75.000	100.000	6/10
100.000	150.000	7/10
150.000	200.000	8/10
200.000	250.000	9/10
250.000	380.000	12/10
380.000	500.000	13/10
500.000	620.000	14/10
620.000	750.000	15/10
750.000	870.000	16/10
870.000	1.000.000	17/10
1.000.000	1.250.000	18/10
1.250.000	1.500.000	19/10
1.500.000	1.750.000	20/10
1.750.000		22/10

6- L'IMPOSITION D'UNE RENTE PAYÉE AU TERME DU CONTRAT

La **rente** payée au terme en provenance d'un contrat conclu sur base :
- d'un avantage en cas de vie tel que défini à l'art. 111 LIR est pleinement imposable au même titre qu'un salaire ou une pension normale ;
- d'une assurance prévoyance vieillesse telle que définie à l'art. 111bis LIR et liquidée sous forme de rente viagère est exempte d'impôts à hauteur de 50 % du montant de la rente.

7- LE MONTANT FORFAITAIRE

À défaut de frais effectifs plus élevés, les montants forfaitaires suivants sont d'application :
- 540 € pour les revenus d'une occupation salariée ;
- 480 € pour les dépenses spéciales ;
- 300 € pour les revenus de pensions ou de rentes ;
- 25 € pour les revenus de capitaux.

Pour les époux imposés collectivement, les montants ci-dessus sont doublés.

8- EXCLUSION DES PRIMES EN RELATION AVEC UN PRÊT

La LIR exclut de la déduction les primes qui sont en relation directe ou indirecte avec un prêt (même une avance sur police). La relation est :
- **directe**, quand le contribuable emprunte au moment et en vue du paiement de la prime ;
- **indirecte**, lorsque le contribuable prélève dans ses propres ressources de quoi payer la prime, mais doit, de ce fait, contracter une dette pour compenser la perte de ressources consécutive au paiement de la prime.

La loi vise en plus non seulement le cas où le prêt est en relation avec le paiement de la prime, mais aussi celui où une relation existe entre l'objet de l'assurance et le prêt. Tel est, par exemple, le cas lorsque l'assurance est contractée pour garantir un prêt. Ce dernier principe comporte cependant une exception de taille, à savoir l'assurance contractée en vue d'assurer le remboursement d'un prêt consenti pour l'acquisition d'un bien immobilier.

En règle générale, la non-déductibilité des primes en relation économique avec un prêt ne s'applique plus lorsqu'un contrat a été souscrit depuis plus de 5 ans et que les primes continuent à être versées en termes égaux et selon une périodicité conforme au contrat primitif.

9- EXEMPLE D'ÉCONOMIE D'IMPÔTS

Supposons une famille avec un salaire et un enfant à charge[225].

Par ailleurs, nous savons que le « total des revenus nets » s'élève à 39.600 €.

L'exemple ci-après permet de fixer le revenu imposable et partant la charge d'impôts[226], une fois en présence de dépenses spéciales et l'autre fois sur base du forfait prévu en l'absence de dépenses spéciales

Total des revenus nets	79.600,00	79.600,00
Détail des dépenses spéciales RC Auto RC Familiale CMCM Assurance Accident Assurance Vie Sous total Assurance pension (article 111 bis LIR)	241,00 52,00 69,00 75,00 1.586,00 77.577,00 1.189,00	Forfait 480,00
Revenu imposable	76.388,00	79.120,00
Charge d'impôts	11.361,00	12.351,00
Economie d'impôts	990,00	0,00
Gain sur investissement	7,90 %	0,00

---

225 Classe d'impôts 2.
226 Sur base du barème de l'impôt sur le revenu de l'année 2013.

10– VÉRIFIEZ VOS CONNAISSANCES

1) Votre voisin prétend que toutes les assurances sont déductibles des impôts. Est-ce qu'il a raison ?
2) Quelles sont les conditions de déductibilité d'une prime d'une assurance prévoyance-vieillesse ?
3) Quelle est l'approche fiscale du capital payé au terme d'un contrat d'assurance vie ?

Chapitre 6

Généralités et règlement sinistre en assurances de dommages

1– Le principe indemnitaire 220
2– Les frais de sauvetage 221
3– Les modalités d'évaluation de la valeur assurée 222
4– La fixation du montant assuré 226
5– Règlement du sinistre 229
6– Règlement d'un dommage corporel 243
7– Règlement de l'indemnité 253
8– L'intervention de l'entreprise d'assurances dans la procédure 255
9– Vérifiez vos connaissances 257

Les assurances de dommages sont traditionnellement subdivisées en assurances de choses et en assurances de responsabilité.

Le but des assurances de dommages est de remettre l'assuré dans une situation comme si aucun sinistre n'avait eu lieu. C'est dans cet esprit que l'entreprise d'assurances fournit la prestation nécessaire pour réparer le sinistre, ni plus ni moins.

En cas de dommages, l'entreprise d'assurances indemnise en fonction du dommage soit sur base d'une approche contractuelle entre parties soit en droit commun.

I - LE PRINCIPE INDEMNITAIRE

Toute assurance de dommages a un caractère indemnitaire et compensera soit une perte ou un gain manqué.

La prestation de l'entreprise d'assurances est limitée au seul préjudice qui a été causé au patrimoine de l'assuré :

- **directement** dans le cadre des assurances de choses ;

> **EXEMPLE :**
> L'abri de chevaux de Madame Muller qui est partiellement détruit par un incendie.

- **indirectement** dans le cadre des assurances de responsabilité par l'effet d'un acte ou d'une omission.

> **EXEMPLE :**
> Le fils de monsieur Schmit qui détruit la serre du voisin avec sa balle.

L'intervention de l'entreprise d'assurances est limitée par le principe du **non-enrichissement** c.-à-d.- qu'elle ne règle que le seul préjudice subi par la victime, et le règlement ne saurait être source de bénéfice même si la victime répare elle-même le dommage. L'indemnisation vise en effet à remettre la victime dans la même situation comme si le sinistre ne s'était pas produit.

> **EXEMPLE :**
> Admettons que, suite à un accident dont un tiers est responsable, madame Wagner a dépensé des frais médicaux à hauteur de 3.230 € dont sa Caisse Nationale de Santé ne lui rembourse que 3.010 €. Dans ce cas, elle peut prétendre à une indemnisation de la part de l'entreprise d'assurances du responsable pour un montant à hauteur 3.230 – 3.010 = 220 €.
> Les deux montant réunis 3.010 + 220 = 3.230 € représentent le montant global des dépenses et madame Wagner est ainsi considérée indemnisée entièrement.

2– LES FRAIS DE SAUVETAGE

Les frais de sauvetage représentent les frais engagés pour prévenir ou atténuer les conséquences d'un sinistre et sont supportés par l'entreprise d'assurances lorsqu'ils ont été exposés en bon père de famille[227],

- pour un sinistre qui a commencé ;
- pour prévenir un sinistre en cas de danger imminent.

Les frais restent à charge de l'entreprise d'assurances même si les diligences faites ont été sans résultat.

Cette prise en charge est justifiée dans la mesure où l'engagement de l'entreprise d'assurances est réduit en conséquence des efforts fournis pour celui qui en a fait les débours.

> **EXEMPLES :**
> Lors d'un début d'incendie, madame Thill vide son extincteur pour maîtriser le feu et dans la suite jette sur les flammes la première couverture qui lui tombe sous la main pour éteindre l'incendie. Il est évident que ces frais sont pris en charge par l'entreprise d'assurances, puisque cette action a eu pour but de réduire les dégâts et partant l'engagement de l'entreprise d'assurances.
> Lors d'un début d'incendie qui a pris naissance dans le pré de Madame Muller à la suite des braises d'un barbecue, celle-ci commence à détruire un vieil abri de chevaux qui se trouve près de la maison. Les frais ainsi causés ne seront certainement pas pris en charge par l'entreprise d'assurances puisque le but de Madame Muller n'était pas de limiter le sinistre mais de se défaire d'une annexe qui la gênait.

---

227 Art. 64 LCA.

> À titre de prévoyance, monsieur Schmit a conclu un contrat d'entretien avec une société distributrice d'extincteurs d'incendie. Il présente la facture de la révision à son entreprise d'assurances en faisant valoir sa volonté d'atténuation d'un éventuel sinistre. Cette dernière refuse d'intervenir puisque les frais engagés ne visaient pas à limiter un dommage mais de le prévenir à un moment où il n'y avait pas de danger imminent.

3– LES MODALITÉS D'ÉVALUATION DE LA VALEUR ASSURÉE

Les parties au contrat sont libres de déterminer la manière dont les biens à assurer sont évalués[228].

Dans les dispositions propres aux assurances à caractère indemnitaire, l'étendue de la prestation d'assurance **ne peut pas excéder** le montant du préjudice que l'assuré aura subi[229].

Pour définir la manière suivant laquelle la valeur à assurer est définie et qui servira par la suite comme base de calcul du préjudice, les parties peuvent convenir d'assurer les biens de différentes manières.

3.1 Valeur à neuf

La valeur à neuf représente la valeur nécessaire pour reconstruire ou reconstituer un bien mobilier ou immobilier. L'indemnisation peut suivant l'option retenue être, intégrale ou prévoir un certain pourcentage de vétusté.

> **EXEMPLE D'UNE INDEMNISATION INTÉGRALE :**
> Un véhicule qui n'a pas encore parcouru un certain kilométrage endéans un laps de temps est endommagé à hauteur d'un certain pourcentage.
> P.ex. en assurance dommages au véhicule, un véhicule de moins de 6 mois n'ayant pas encore parcouru 10.000 km est endommagé lors d'un accident de la circulation pour un montant dépassant plus de 50 % de sa valeur à neuf.

---

228 Art. 65 LCA.
229 Art. 50 LCA.

3.2 Valeur de reconstruction d'un bien immobilier

La valeur de reconstruction d'un bien immobilier représente la valeur nécessaire à reconstruire l'immeuble au jour du sinistre, peu importe sa situation géographique[230]. Dans la plupart des contrats on retrouve une clause dite de vétusté applicable dans les cas où cette dernière dépasse un certain seuil. Sur le marché local on retrouve souvent un seuil maximum de 30 %.

> **EXEMPLE :**
>
> Admettons une maison d'une valeur de 400.000.-€ et examinons les mécanismes de remboursement en présence d'une destruction totale de l'immeuble :
>
> ■ **sans vétusté**
>
> Dans ce cas l'entreprise d'assurances règle le montant intégral du dommage, soit 400.000.-€.
>
> ■ **en présence d'une vétusté de 15 %, donc inférieure au seuil maximum**
>
> Dans ce cas le règlement se fait en deux étapes :
>
> – dans la première partie, l'entreprise d'assurances règle le dommage en diminuant le taux de vétusté. Le coefficient multiplicateur à prendre en considération est de 0,85 (100 – 15) de sorte que le montant à régler s'élève à 400.000 x 0,85 = 340.000.-€
>
> – dans une seconde partie, l'entreprise d'assurances calculera le montant dont la victime pourra bénéficier en complément en présence de la clause valeur à neuf. Pour ce faire elle appliquera le taux de vétusté au montant assuré, soit 400.000 x 0,15 = 60.000.-€
>
> Grâce à la clause de reconstruction à neuf, la victime bénéficiera donc d'un règlement complet de son dommage (340.000 + 60.000 = 400.000.-€) étant donné que le seuil de vétusté était inférieur au taux maximum prévu.

---

230 La Cour de Cassation de Gand, considère que (l'art 67 de la loi belge sur le contrat d'assurance) n'interdit pas aux parties de convenir que le bien reconstruit doit l'être aux mêmes fins que le bien endommagé et en Belgique (L'assurance au présent N° 26 du 5-9 août 2013, pages 2 ss). Comme l'art. 78 LCA luxembourgeois a la même teneur, les parties pourront en principe déroger aux principes prévues à l'art. 78 et prévoir une clause comme quoi l'indemnité ne sera versée que pour une seule utilisation du risque que celle décrite dans les Conditions Particulières et que la reconstruction se fasse au GDL.

> - **en présence d'une vétusté de 40 %, donc supérieure au seuil maximum**
>
>   Dans ce cas le règlement se fait également en deux étapes :
>
>   – dans la première partie, l'entreprise d'assurances règle le dommage en diminuant le taux de vétusté. Le coefficient multiplicateur à prendre en considération est de 0,60 (100 – 40) de sorte que le montant à régler s'élève à 400.000 x 0,60 = 240.000.-€
>   – dans une seconde partie, l'entreprise d'assurances calculera le montant dont la victime pourra bénéficier en complément en présence de la clause valeur à neuf. Pour ce faire elle appliquera le taux de vétusté au montant assuré en tenant cependant compte du taux maximal de vétusté applicable de 30 %, soit 400.000 x 0,30 = 120.000.-€
>
>   Compte tenu du fait que le taux de vétusté était supérieur au seuil maximum prévu, la victime ne touchera dans ce cas que d'une indemnisation totale de 240.000 + 120.000 = 360.000.-€

En assurance incendie, les parties peuvent convenir que l'indemnité n'est payable qu'au fur et à mesure de la reconstitution ou de la reconstruction des biens assurés.

Le défaut de reconstruction ou de reconstitution ne peut entraîner de réduction de l'indemnité supérieure à 20 % de la valeur réelle desdits biens.

Lorsque pareil défaut est dû à une cause étrangère à la volonté de l'assuré ou en cas de juste motif de ce dernier, il est sans effet sur le calcul de l'indemnité[231].

Par juste motif, on peut notamment entendre le fait de ne plus pouvoir reconstruire un immeuble au même endroit étant donné que celui-ci a entretemps été déclaré zone inondable. Un juste motif peut également être la vieille personne qui, après un sinistre incendie, déciderait de ne plus vouloir faire reconstruire l'immeuble et préférerait acheter un appartement ou s'installer dans une maison de retraite.

3.3 Valeur de reconstitution d'un bien mobilier

La valeur de reconstitution d'un bien mobilier représente la valeur nécessaire à reconstituer un meuble sous déduction de la vétusté au jour où celle-ci est fixée.

---

231 Art. 78 LCA.

3.4 Valeur de remplacement

La valeur de remplacement représente le montant nécessaire au jour du sinistre pour remplacer un objet mobilier par un autre objet du même type avec une même ancienneté sous déduction, le cas échéant, du montant nécessaire pour réparer les dommages qui ont existé avant le sinistre qui fait l'objet du remplacement.

3.5 La valeur agréée

En valeur agréée[232], la somme assurée est fixée de commun accord entre parties – c'est la raison pour laquelle on parle également de valeur conventionnelle. Il est fait appel à cette pratique lorsque, entre autres, un facteur de subjectivité intervient dans l'estimation du bien à assurer. Pour déterminer cette valeur, on s'associe normalement à un expert.

Les parties au contrat peuvent agréer expressément la valeur qu'elles entendent attribuer à des biens déterminés. Cette valeur les engage, sauf en cas de fraude.

L'avantage de cette approche réside dans le fait que, en cas de sinistre, les difficultés éventuelles relatives à la fixation de l'estimation de tel ou tel objet sont exclues. L'intervention de l'entreprise d'assurances ne peut en aucun cas générer un bénéfice dans le chef de l'assuré.

Si, en cours de contrat, le bien assuré en valeur agréée perd une part sensible de sa valeur, chaque partie peut réduire le montant ou résilier le contrat.

3.6 Valeur vénale

La valeur vénale représente la valeur marchande d'un bien au jour du sinistre. Cette valeur correspond à ce que l'on peut escompter réaliser sur le marché pour le bien en cause en l'absence d'un dommage en tenant compte de plusieurs facteurs tels que l'état du bien, la période à laquelle se situe le dommage, la zone géographique et surtout l'offre et la demande.

C'est ainsi qu'un bien de grande distribution représente une valeur vénale moins élevée qu'un bien rarissime et qu'un même objet pourra avoir une valeur moins élevée à Luxembourg qu'à l'étranger et l'inverse.

---

232 Art. 67 LCA.

4- LA FIXATION DU MONTANT ASSURÉ

Le montant assuré peut être fixé soit par le preneur d'assurance, soit par l'entreprise d'assurances ou son mandataire.

> REMARQUE :
>
> Communément, on parle de montant ou de somme assurée. Cette approche est certainement vraie pour certains contrats pour monnayer l'objet pris en couverture. Le marché propose pour des contrats déterminés d'autres critères que la somme assurée pour monnayer l'objet assuré. C'est ainsi qu'on trouve entre autres p.ex., dans les assurances :
> – incendie : des approches telles que le nombre de pièces principales, les m^2 de superficie utilisés ou encore les m^3 ;
> – dommages au véhicule : la marque et le type de construction d'un véhicule, etc.

Lorsque la valeur de l'intérêt assurable a été fixée par l'entreprise d'assurances ou son mandataire, la règle proportionnelle ne s'applique pas[233]. Si la sous-assurance résulte cependant de circonstances postérieures à cette fixation de la somme assurée par l'entreprise d'assurances ou son mandataire, la règle proportionnelle peut de nouveau être appliquée.

> **EXEMPLE :**
>
> Admettons que la valeur de la maison de monsieur Schmit ait été fixée par le mandataire de l'entreprise d'assurances à 394.534 €. Si dans la suite monsieur Schmit transforme ou agrandit la maison de sorte que la valeur passe à 465.250 €. Sans en informer son entreprise d'assurances, il se verra en cas de sinistre appliquer une règle proportionnelle.

Les parties peuvent convenir que le montant assuré soit adapté de plein droit ou selon des critères qu'elles déterminent[234].

> REMARQUE :
>
> En l'occurrence, on vise l'indexation pour tenir compte du renchérissement du coût de la vie et de l'augmentation importante du coût des sinistres. Retenons dans ce contexte que l'indexation d'un contrat d'assurance n'équivaut pas à une augmentation tarifaire de la part de l'entreprise d'assurances.

---

233 Art. 56.2. LCA.
234 Art. 66 LCA.

Par raisonnement a contrario du texte légal, il résulte notamment que l'entreprise d'assurances ne pourra pas imposer l'indexation de son contrat d'assurances au preneur. Néanmoins pour éviter au preneur d'assurance l'application éventuelle d'une règle proportionnelle en cas de sous-assurance du montant assuré et pour tenir compte de l'augmentation du coût de la main-d'œuvre, les entreprises d'assurances commercialisent normalement les contrats indexés sous forme de package, liés à certains avantages que l'on ne retrouve pas dans les contrats non indexés.

Techniquement, on distingue trois catégories de valeurs assurables :

4.1 L'assurance en valeur totale

L'assurance en valeur totale porte sur la valeur totale de l'ensemble du contenu assurable. Une sous-assurance implique l'application de la règle proportionnelle[235].

Aucune règle proportionnelle ne s'applique cependant lorsque la valeur de l'intérêt assurable a été fixée par l'entreprise d'assurances ou son mandataire, sauf dans la mesure où celle-ci prouve que la sous-assurance résulte de circonstances postérieures à cette fixation[236].

4.2 L'assurance en valeur partielle

L'assurance en valeur partielle est normalement réservée aux risques commerciaux et, le cas échéant, chez des particuliers qui disposent d'un ensemble de contenu dépassant en valeur ce qu'on peut qualifier de « normal ».

> RAPPEL :
>
> En assurance en valeur partielle, le preneur d'assurance doit indiquer la valeur totale de ses biens assurables, mais ne fait qu'assurer une partie de ceux-ci. L'assuré sera dédommagé jusqu'à concurrence de la somme assurée, à condition que la valeur totale des objets assurés ait été déclarée exactement. Dans le cas contraire, la règle proportionnelle est appliquée.

EXEMPLE :

Un commerçant en confection pour hommes possède un stock d'une valeur de 500.000 €. Il ne désire cependant assurer que 20 % contre le vol, c'est-à-dire 100.000 €. Les voleurs, pense-t-il, ne peuvent de toute façon pas en emporter plus. Dans ce cas, il déclare 500.000 € mais ne fait assurer que 100.000 €.

---

235 Voir point 4.8 chapitre 3 le contrat d'assurance.
236 Art. 56.2 LCA.

4.3 L'assurance au premier risque

Well Somme onbekannt ass.

Les parties au contrat conviennent d'un montant maximum qui est assuré et, en cas de sinistre, l'assuré est dédommagé à concurrence de cette somme assurée, que la valeur totale des biens assurables ait été indiquée ou non. En l'occurrence, la règle proportionnelle ne sera pas appliquée.

L'assurance au premier risque est ainsi une couverture dans laquelle l'entreprise d'assurances accorde sa garantie jusqu'à un maximum au-delà duquel le preneur d'assurance devient sa propre entreprise d'assurances. L'entreprise d'assurances n'applique pas de règle proportionnelle et, en cas de sinistre, elle ne vérifie pas non plus si la somme assurée est exacte ou non.

Si le montant du dommage (D) est inférieur à la somme assurée (SA), le preneur d'assurance touche l'intégralité de l'indemnité.

$$\text{si } D < SA \quad \rightarrow \quad I = D$$

EXEMPLE :
Admettons une somme assurée de contenu de 100.000 € et un sinistre de 30.000 €. Dans ce cas, l'entreprise d'assurances indemnise 30.000 €.

Par contre, si le dommage devait être supérieur à la somme assurée, l'indemnité de l'entreprise d'assurances est limitée à la somme assurée.

$$\text{si } D > SA \quad \rightarrow \quad I = SA$$

EXEMPLE :
Admettons une somme assurée de contenu de 100.000 € et un sinistre de 120.000 €. Dans ce cas, l'entreprise d'assurances indemnise 100.000 €.

4.4 La cession entre vifs de la chose assurée

On distingue la cession d'un immeuble de la cession d'un meuble.

Sous réserve de ce qui est dit en relation avec la cession en cas de décès du preneur[237], l'assurance prend fin de plein droit :
- en cas de cession d'un **immeuble**[238] : 3 mois après la date de passation de l'acte authentique[239] ;

---

237 Voir « Dispositions propres aux assurances à caractère indemnitaire », point 4.6. du chapitre 3 : Le décès du preneur d'assurance, bénéficiaire de la garantie.
238 Art. 69.1. LCA.
239 Si pendant le délai légal des trois mois suivant la cession d'un immeuble, le vendeur a volontairement mis le feu à l'immeuble il ne s'agit pas d'une exception dans le chef des

- en cas de cession d'un **meuble**[240] : dès que l'assuré n'a plus la possession du bien. Dans ce cas, les parties au contrat peuvent néanmoins convenir d'une autre date.

Lors de la cession d'un immeuble, la garantie du cédant reste acquise au cessionnaire jusqu'à l'expiration des 3 mois ultérieurs à la passation de l'acte authentique. Cette disposition n'est cependant plus valable si le cessionnaire bénéficie d'une garantie résultant d'un autre contrat[241].

> REMARQUE :
> Le délai légal des 3 mois est principalement destiné à mettre l'acquéreur à l'abri d'un éventuel vice caché. Sont donc visés les vices antérieurs à la vente qui, dans le chef de l'acquéreur, s'il en avait eu connaissance au moment de l'achat ne l'aurait pas fait ou seulement à un prix moins élevé.

Rappelons, pour mémoire, que le transfert d'une propriété immobilière ne devient opposable aux tiers que par la transcription de l'acte authentique qui le constate. Le délai de couverture des 3 mois prévus par le législateur répond donc au double souci et du cédant et du cessionnaire qui, en attendant la passation de l'acte authentique, ont chacun un intérêt d'assurance :

- le cédant en termes de responsabilité ;
- le cessionnaire en termes de conservation de la chose acquise.

> REMARQUE :
> Un problème se pose néanmoins si l'échéance annuelle de la prime du cédant tombe dans la période des trois mois suivant la passation de l'acte authentique, alors que le cessionnaire n'a pas encore conclu un contrat à son nom. Le cédant, qui n'a plus d'intérêt au bien dont il vient de se défaire, peut-il dès lors être contraint à continuer à souscrire son contrat en attendant la fin des trois mois prévus dans la loi sur le contrat d'assurance ?

5 – RÈGLEMENT DU SINISTRE

Dans les assurances à caractère indemnitaire, l'entreprise d'assurances s'engage à fournir la prestation nécessaire pour réparer tout ou partie d'un dommage subi par l'assuré ou dont celui-ci est responsable. Si un sinistre dans les assurances à caractère indemnitaire porte principalement sur le

---

acquéreurs mais seulement dans celui du vendeur. L'entreprise d'assurance incendie du vendeur doit dans ce cas indemniser les acquéreurs – Hof van beroep te Gent 1e Kamer, 2 décembre 2004.
240 Art. 69.2. LCA.
241 Art. 69 LCA.

dommage direct, il peut néanmoins s'étendre à des pertes indirectes qui sont la conséquence du dommage direct assuré. Techniquement on parle de pertes subies et de manque ou gain à gagner.

En fonction du contrat souscrit, cette réparation du dommage se fait sur base d'une approche contractuelle entre parties ou sur base du droit commun.

En cas de sinistre, l'assuré doit en informer l'entreprise d'assurances dans les délais fixés par le contrat.

Compte tenu des particularités en la matière, il est renvoyé aux volets déclaration sinistre des différents chapitres dans lesquels sont décrits les formes et délais de déclaration.

5.1 La preuve du sinistre

L'assuré qui a subi un sinistre doit en apporter la preuve. En plus il doit établir les conditions de mise en œuvre de la garantie dont il entend profiter[242].

L'entreprise d'assurances vérifie l'existence de la garantie sollicitée, décide de cas en cas si elle accepte la déclaration qui lui a été soumise ou bien si elle souhaite des renseignements supplémentaires.

La législation sur le contrat d'assurance ne se prononce pas sur le rapport de la preuve du sinistre. La seule référence légale, même si elle n'a pas directement trait à un contrat d'assurance, se trouve dans le Code civil qui prévoit que celui qui réclame l'exécution d'une obligation doit la prouver[243]. Pour faire jouer la garantie, il appartient dès lors à l'assuré de rapporter la preuve de l'existence de la couverture. À l'inverse, si l'entreprise d'assurances soutient être libérée de la prise en charge du sinistre, elle doit prouver que son obligation s'est éteinte.

Au cas où un dommage a été causé à un tiers, il appartient :
- en matière extra-contractuelle[244], à la victime de rapporter la preuve de son dommage, d'une faute dans le chef de celui qu'elle considère être le responsable et de la relation causale entre le dommage subi et la faute commise ;
- en matière contractuelle[245], à la victime de prouver l'existence d'un contrat et sa non-exécution partielle ou totale alors que le supposé responsable doit prouver qu'il a exécuté le contrat.

---

242 Emmanuel Seifert dans la revue mensuelle Lixisnexis Jurisclasseur octobre 2013 p35 (Cass. 3ᵉ civ, 7 septembre 2011 N° 09-70.993 : JurisData N° 2011-018185 ; Rersp. Civ. et assur. 2011 comm. 417 Bull. civ. 2011, III N° 140).
243 Art. 1315 Code civil.
244 Voir chapitre 10.
245 Voir chapitre 9.

5.2 L'état des lieux

À la suite de la survenance d'un sinistre, l'assuré ne peut pas de sa propre initiative apporter des modifications de nature à rendre impossible ou plus difficile la détermination de la cause du sinistre ou l'estimation du dommage[246].

Au cas où l'assuré ne remplit pas ces obligations et qu'il en résulte un préjudice à l'entreprise d'assurances, celle-ci peut réduire sa prestation à hauteur du préjudice subi.

5.3 La sous-assurance et la règle proportionnelle

Comme le mot l'indique, la règle proportionnelle[247] est une règle selon laquelle la prestation de l'entreprise d'assurances peut être réduite si, au moment du sinistre, il s'avère que le montant assuré est inférieur au montant qui aurait dû être assuré.

Si la valeur de l'intérêt assurable est déterminable et si le montant assuré lui est inférieur, la prestation de l'entreprise d'assurances se limite au rapport entre le montant assuré et le montant qui aurait dû être assuré.

L'indemnité sera calculée comme suit :

$$\text{dommage} \times \frac{\text{montant assuré}}{\text{valeur des biens assurables}} = \text{indemnité}$$

Les parties au contrat peuvent cependant déroger à ce principe.

EXEMPLE D'UN SINISTRE PARTIEL :

La maison de Madame Muller est assurée pour 175.000 €.
Lors d'un incendie le toit est détruit. La facture de la réparation s'élève à 50.000 €. Lors du règlement du sinistre, il s'avère que la valeur de la maison est de 200.000 €. Dans ce cas, l'indemnité à payer par l'entreprise d'assurances s'élève à :

$$50.000 \times \frac{175.000}{200.000} = 43.750\ €$$

On peut également d'abord calculer le rapport de la valeur assurée sur la valeur assurable (175.000 sur 200.000 soit 0,875) et le multiplier par le dommage.

---

246 Art. 68 LCA.
247 Art. 56.1. LCA.

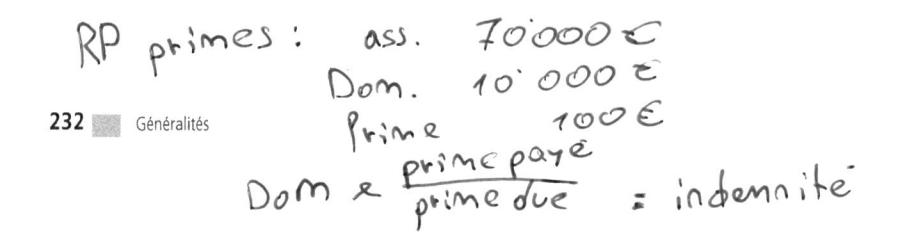

> **EXEMPLE D'UN SINISTRE TOTAL :**
> La maison de Madame Muller est assurée pour 180.000 €.
> Lors d'un incendie, la maison est complètement détruite. Lors du règlement du sinistre, il s'avère que la valeur de la maison est de 200.000 €.
> Dans ce cas, l'indemnité à payer par l'entreprise d'assurances s'élève à :
> $$200.000 \times \frac{180.000}{200.000} = 180.000 \text{ €}$$

La règle proportionnelle **ne s'applique pas** lorsque la valeur de l'**intérêt assurable** a été **fixée** par l'**entreprise d'assurances** ou son **mandataire**[248]. S'il est cependant prouvé que la règle proportionnelle résulte de circonstances postérieures à la fixation par l'entreprise d'assurances ou son mandataire, elle reste d'application.

> **EXEMPLES :**
> Lors du sinistre de la maison de madame Thill, il s'avère que la maison qui est assurée pour 150.000 € devait l'être pour 175.000 €. Les recherches relatives à cette sous-assurance aboutissent à une erreur de calcul dans le chef de l'entreprise d'assurances, lors de l'acceptation du risque. Dans ce cas, aucune règle proportionnelle n'est d'application.
> Lors du sinistre de la maison de madame Thill, il s'avère que la maison qui est assurée pour 150.000 € devait l'être pour 175.000 €. Les recherches relatives à cette sous-assurance démontrent que madame Thill a procédé à d'importants travaux dans sa maison après l'acceptation du risque, sans pour autant en informer son entreprise d'assurances. Dans ce cas, la règle proportionnelle est d'application.

La règle proportionnelle ne s'applique pas non plus aux assurances au premier risque et aux assurances de responsabilité dont l'intérêt n'est pas déterminable. La responsabilité locative, dont l'intérêt est déterminable, n'est donc pas concernée par cette exception.

> REMARQUE :
> Il ne faut pas confondre le principe de la règle proportionnelle décrite dans le présent point, et qui se limite à certaines assurances bien précises, avec le principe d'ordre général qui est applicable à tous les contrats d'assurances, visant à sanctionner le client pour avoir de bonne foi déclaré le risque de manière inexacte.

---

248   Art. 56.2. LCA.

Ces sanctions ont pour but de proposer un autre taux de prime que celui résultant de la description erronée du risque.

La règle **proportionnelle** et la **sanction** dont question peuvent se **cumuler**.

> **EXEMPLE :**
> La maison des époux Schmit est assurée pour 175.000 €.
> Lors d'un incendie le toit est détruit. La facture de la réparation s'élève à 50.000 €. Lors du règlement du sinistre, il s'avère que la valeur de la maison est de 200.000 € et que le toit détruit était en chaume, alors que la couverture du toit déclarée lors de la souscription était en tuiles. Dans ce cas, l'indemnité à payer par l'entreprise d'assurances s'élève à :
>
> **Règle proportionnelle**
>
> $$50.000 \times \frac{175.000}{200.000} = 43.750 \text{ €}$$
>
> **Sanction**
> Admettons que le taux de prime appliqué par l'entreprise d'assurances à la souscription était de 1,00‰ alors que celui applicable pour un toit en chaume s'élève à 1,30‰. L'indemnité finale se calculera dès lors de la sorte :
>
> $$\text{montant issu de la RP} \times \frac{\text{taux du contrat au moment du sinistre}}{\text{taux qui aurait dû être appliqué}} = \text{indemnité}$$
>
> $$43.750 \times \frac{1,00‰}{1,30‰} = 33.654 \text{ €}$$

5.4 La sur-assurance

On parle de sur-assurance[249] lorsque la valeur assurée excède la valeur réelle du bien.

Il y a lieu de faire la distinction entre :
- sur-assurance de bonne et de mauvaise foi ;
- contrats souscrits près de la même entreprise d'assurances ou de plusieurs entreprises d'assurances.

---

249   Art. 53 LCA.

5.4.1 *La sur-assurance de bonne foi (indépendamment de tout sinistre)*

Si le montant assuré de bonne foi, pour un ou plusieurs contrats souscrits auprès de la **même** entreprise d'assurances, dépasse l'intérêt assurable, l'entreprise d'assurances et le preneur d'assurance ont le droit de réduire ce montant à due concurrence. Le montant à verser par l'entreprise d'assurances ne pourra pas dépasser l'indemnité à laquelle l'assuré a droit que ce soit au titre d'un ou de plusieurs contrats d'assurances couvrant le même risque.

Si le montant assuré est réparti entre plusieurs contrats souscrits auprès de **plusieurs** entreprises d'assurances et si aucun accord amiable ne peut être trouvé, les contrats les plus récents sont réduits respectivement résiliés par ordre chronologique en commençant par le contrat le plus récent.

5.4.2 *La sur-assurance de mauvaise foi*

Si le même intérêt est assuré de mauvaise foi par un ou plusieurs contrats, souscrits auprès d'une ou de plusieurs entreprises d'assurances, les contrats sont nuls[250].

L'entreprise d'assurances qui, de bonne foi, a accepté le risque peut conserver la prime à titre de dommages et intérêts.

Cette disposition est d'ailleurs d'ordre public.

5.5 La répartition de la charge du sinistre en cas de pluralité de contrats

Si le même risque est assuré auprès de plusieurs entreprises d'assurances :

- au cas où la valeur de l'intérêt assurable est déterminable et dans la mesure où il ne s'agit pas d'une fraude, l'assuré peut en cas de sinistre s'adresser à **l'entreprise d'assurances de son choix** pour obtenir l'indemnisation de son dommage[251]. Cette indemnisation est évidemment limitée à hauteur de l'obligation de chaque entreprise d'assurances,
- au cas où la valeur de l'intérêt assurable n'est pas déterminable, le règlement se fait sur base du dénominateur commun le plus petit possible.

---

250   Art. 54 LCA.
251   Art. 55 LCA.

Aucune entreprise d'assurances ne peut se prévaloir de l'existence d'un autre contrat pour refuser sa garantie, le cas de malveillance excepté. Cette restriction repose sur le principe de la subsidiarité, qui subordonne l'octroi d'une couverture d'assurance à l'épuisement des garanties accordées par d'éventuels autres contrats d'assurance.

À moins que les entreprises d'assurances ne conviennent d'un autre mode de réparation[252], la répartition de la charge sinistre se fait de la sorte :

5.5.1 Valeur déterminable de l'intérêt assurable

Dans le cas où l'**intérêt assurable** est **déterminable**, la répartition entre entreprises d'assurances s'effectue **proportionnellement** à leurs **obligations respectives**[253].

> **Exemple 1 :**
>
> Les concubins Wagner et Hoffmann assurent leur bâtiment pour une valeur de 200.000 € près de deux entreprises d'assurances de la manière suivante :
>
> - le 15 mars 2004, le bâtiment original près de l'entreprise d'assurances A pour 160.000 € ;
> - le 24 avril 2016, à la fin des travaux de construction, le surplus près de l'entreprise d'assurances B pour 40.000 €.
>
> La quote-part de l'entreprise d'assurances A s'élève dès lors à (160.000 : 200.000) = 80 % et celle de l'entreprise d'assurances B à (40.000 : 200.000) = 20 %.
>
> Un sinistre partiel fait des dégâts pour 18.000 €.
>
> Dans la suite, Wagner et Hoffmann demandent à l'entreprise d'assurances B de les indemniser. Celle-ci paie l'ensemble du sinistre, soit 18.000 € et réclame la quote-part soit 80 % près de l'entreprise d'assurances A.
>
> L'entreprise d'assurances A paiera dès lors définitivement 18.000 x 80 % = 14.400 €. La différence restera à charge de l'entreprise d'assurances B 18.000 x 20 % = 3.600 € qui devra verser ce montant à l'entreprise d'assurances A.

---

252 Certaines compagnies, membre de l'ACA ont convenu en date du 28 juin 2004 d'organiser entre elles certains cas de sinistres qui doivent servir de référence pour la solution de cas semblables.
253 Art. 55.2.a. LCA.

Exemple 2 :

Les concubins Wagner et Hoffmann assurent leur bâtiment d'une valeur à neuf de 200.000 € près de deux entreprises d'assurances de la manière suivante :

- le 15 mars 2014, le bâtiment original près de l'entreprise d'assurances A pour 160.000 € en valeur à neuf ;
- le 24 avril 2016, à la fin des travaux de construction, le surplus en valeur réelle près de l'entreprise d'assurances B pour 40.000 €.

Avant de calculer le rapport de force entre les deux entreprises d'assurances il faut d'abord mettre les valeurs assurées à égalité. Pour les besoins de notre exemple, retenons la valeur réelle. Estimons qu'un expert fixe la valeur à neuf de l'entreprise d'assurances A de 160.000.-€ à 152.000.-€ en valeur réelle.

La quote-part de l'entreprise d'assurances A s'élève dès lors à (152.000 : 192.000) = 79,17 % et celle de l'entreprise d'assurances B à (40.000 : 192.000) = 20,83 %.

Un sinistre partiel fait des dégâts pour 18.000 € en valeur à neuf que nous estimons pour les besoins de la cause à 15.000 € en valeur réelle. Dans la suite, Wagner et Hoffmann demandent de nouveau à l'entreprise d'assurances B de les indemniser. Celle-ci verse le montant de 15.000 € et réclame près de l'entreprise d'assurances A la quote-part de cette dernière.

Comme il y équivalence entre les deux valeurs, la charge de chacune des entreprises d'assurances se fait dans les proportions de leurs engagements :

- entreprise d'assurances A : 15.000 (montant du sinistre) x (152.000 (engagement de l'entreprise d'assurances A en valeur réelle) : 192.000[253] (montant total de l'immeuble en valeur réelle) = 11.875 €.
- entreprise d'assurances B : 15.000 (montant du sinistre) x 40.000 (engagement de l'entreprise d'assurances B en valeur réelle) : 192.000 (montant total de l'immeuble en valeur réelle) = 3.125 €.

---

254 Valeur à neuf diminuée de la vétusté.

> **EXEMPLE 3 :**
>
> Les concubins Wagner et Hoffmann assurent leur bâtiment d'une valeur à neuf de 200.000 € près de deux entreprises d'assurances de la manière suivante :
> - le 15 mars 2014, le bâtiment original près de l'entreprise d'assurances A pour 160.000 € ;
> - le 24 avril 2016, à la fin des travaux de construction, le surplus près de l'entreprise d'assurances B pour 40.000 € mais avec une franchise de 2.500 €.
>
> La quote-part de l'entreprise d'assurances A s'élève dès lors à (160.000 : 200.000) = 80 % et celle de l'entreprise d'assurances B à (40.000 : 200.000) = 20 %.
>
> Un sinistre partiel fait des dégâts pour 1.800 €.
>
> Dans la suite, Wagner et Hoffmann demandent à l'entreprise d'assurances B de les indemniser. Cette fois-ci, l'entreprise d'assurances B refuse d'intervenir parce que son contrat prévoit une franchise qui dépasse le montant du sinistre.
>
> Le sinistre est dès lors payé comme suit :
> - entreprise d'assurances A : 1.800 € x le rapport de son engagement soit 80 % = 1.440 € ;
> - entreprise d'assurances B : 0 €.

5.5.2 *Valeur non déterminable de l'intérêt assurable*

Dans le cas où l'intérêt assurable n'est pas déterminable, il est procédé par tranches successives jusqu'à hauteur du montant total de l'indemnité d'après le schéma suivant[256].

TRANCHE	RÉPARTITION
1	La répartition s'effectue à parts égales entre tous les contrats jusqu'à concurrence du montant maximum commun assuré pour l'ensemble des contrats.
2	On ne tient plus compte des contrats dont la garantie a été épuisée par la tranche 1 et la répartition s'effectue à parts égales entre les contrats restants jusqu'à concurrence du montant maximum commun assuré pour les contrats restants.
3	On ne tient plus compte des contrats dont la garantie a été épuisée par la tranche 2 et la répartition s'effectue à parts égales entre les contrats restants, jusqu'à concurrence du montant maximum commun assuré pour les contrats restants ; ainsi de suite.

---

255   152.000 + 40.000
256   Art.55.2.b. LCA.

> **EXEMPLE :**
>
> Le chien de Monsieur Schmit s'égare et cause un accident de la circulation dont les dommages matériels s'élèvent à 570.000 €.
> Monsieur Schmit est assuré en responsabilité civile vie privée de la sorte :
>
> | ENTREPRISE D'ASSURANCES | MONTANT ASSURÉ |
> |---|---|
> | A | 600.000 € |
> | B | 150.000 € |
> | C | 100.000 € |
>
> Le préjudice est dès lors réglé de la sorte :
>
> | TRANCHE | RÉPARTITION |
> |---|---|
> | 1 | intérêt commun des trois entreprises d'assurances = 100.000 soit en tout 3 x 100.000 = 300.000 € |
> | 2 | comme l'intérêt de l'entreprise d'assurances C a été épuisé dans la tranche 1, l'intérêt commun des deux entreprises d'assurances qui restent = 50.000 € (entreprise d'assurances B dont l'engagement total s'élève à 150.000 et qui a déjà versé 100.000 dans le tranche 1) soit en tout 2 x 50.000 = 100.000 € |
> | 3 | le solde soit 170.000 € sera à charge de l'entreprise d'assurances A |
>
> | | | ENTREPRISE D'ASSURANCE | | | TOTAL |
> |---|---|---|---|---|---|
> | | | A | B | C | |
> | Montant assuré | | 600.000 | 150.000 | 100.000 | |
> | TRANCHE 1 | paiement | 100.000 | 100.000 | 100.000 | 300.000 |
> | | solde | 500.000 | 50.000 | 0 | |
> | TRANCHE 2 | paiement | 50.000 | 50.000 | 0 | 100.000 |
> | | solde | 450.000 | 0 | 0 | |
> | TRANCHE 3 | paiement | 170.000 | 0 | 0 | 170.000 |
> | | solde | 280.000 | 0 | 0 | |

Lorsqu'une ou plusieurs entreprises d'assurances ne peuvent payer tout ou partie de leur quote-part, celle-ci est répartie entre les autres entreprises d'assurances comme prévu ci-dessus. Le montant assuré de chacun ne peut cependant être dépassé.

5.6 L'expertise

L'entreprise d'assurances part toujours du principe de la bonne foi dans le chef de l'assuré et/ou de la victime.

Lorsque le montant du sinistre est relativement faible, l'entreprise d'assurances sur base des pièces à l'appui qui ont été introduites règle sans

engager d'autres mesures particulières. T
y a un doute sur l'origine et/ou le déroι
s'il ne s'agit pas du premier sinistre du genι

Au cas où le sinistre dépasse un certain montanι
d'assurances à entreprise d'assurances, il est fait appε.
déterminer et/ou évaluer le dommage à indemniser.

En matière d'expertise, il existe plusieurs approches :

- le **gré à gré** qui consiste à trouver un accord commun entre enι.
  prise d'assurances et assuré respectivement victime, sans faire
  appel à un expert ;
- **unilatérale** auquel cas soit l'entreprise d'assurances de la victime
  soit la victime elle-même, fait appel à un expert sans en informer la partie adverse ;
- **contre-expertise** qui consiste dans le chef de la partie adverse à
  prendre l'avis d'un expert pour se prononcer sur l'expertise qui
  lui a été remise ;
- faite sur une base commune des parties en cause appelée encore
  expertise contradictoire, où l'assuré, ou la victime respectivement son entreprise d'assurances, se met d'accord avec l'entreprise d'assurances du responsable sur le choix d'un expert[257] ;
- **tiers arbitre** consistant pour les deux parties de se mettre d'accord sur un expert qui les départagera en cas de conflit. Les parties ne peuvent cependant s'engager préalablement au litige de
  soumettre un dossier à un tiers arbitre ;
- **judiciaire** consistant à désigner un expert en justice.

5.7 Remplacement, reconstruction ou reconstitution d'un objet endommagé

Dans les **assurances de responsabilité**, la personne lésée dispose librement de
l'indemnité due par l'entreprise d'assurances[258]. Le montant de l'indemnité
ne peut en aucun cas varier en fonction de l'usage que la victime en fera.

Il s'en-suit que l'entreprise d'assurances **ne pourra** en aucun cas **diminuer**
l'indemnité au cas où la victime ne remplace pas ou ne répare pas l'objet endommagé.

Dans les **assurances de dommages**, la personne lésée dispose ϵ
librement de l'indemnité due par l'entreprise d'assuraι
en cas de défaut de reconstruction d'un immbeuι

---

257 Chambre mixte (F), 28 septembre 2012, pourvoi N° 11-18
N° 7284 du 12.10.2012.
258 Art. 86 LCA.

contenu, l'entreprise d'assurances **peut diminuer** l'indemnité sans pour autant que cette diminution ne soit supérieure à 20 % de la valeur réelle des biens endommagés[259]. Aucune diminution n'est admise si le remplacement, la non-reconstruction ou la non-reconstitution sont dus à une cause étrangère ou en cas de juste motif.

5.8 La quittance pour solde et la transaction

Pour protéger les intérêts de la victime, le législateur a prévu une procédure en matière de règlement sinistre. En effet toute **quittance**, qu'elle soit pour **solde** partiel ou pour tout compte doit mentionner le(s) élément(s) du dommage au (x) quel(s) elle se réfère[260].

La signature d'une quittance pour solde de compte partiel ou solde pour tout compte n'entraîne pas une renonciation pour un droit futur éventuel, en relation causale avec le sinistre qui fait l'objet de la quittance. L'entreprise d'assurances est ainsi obligée de signaler sur la quittance le ou les postes au(x)quel(s) se réfère le montant repris sur la quittance. En d'autres termes : tous les postes qui ne figurent pas sur la quittance restent ouverts et la signature de la victime sur la quittance n'implique aucune renonciation à des droits futurs éventuels, en relation causale avec le sinistre qui fait l'objet de la quittance.

Dans certains cas, un dossier de règlement peut porter sur une durée relativement longue et des montants assez importants. Pour terminer une contestation née dans un dossier, voire la prévenir, les entreprises d'assurances peuvent proposer ou accepter une **transaction** qui consiste à terminer un dossier en prévoyant des concessions réciproques[261]. Dans ce cas, le dossier sinistre est définitivement clos et ne pourra plus donner lieu à contestation.

Certains jugements ont cependant annulé des transactions qui ont été prises de manière précipitée[262].

5.9 Le paiement de l'indemnité et le privilège de l'entreprise d'assurances

5.9.1 *Les créanciers privilégiés et hypothécaires*

L'indemnité versée par l'entreprise d'assurances est prioritairement employée pour la réparation ou le remplacement du bien sinistré[263].

---

259   Art. 78 LCA.
260   Art. 87 LCA.
261   Base légale art. 2044 Code Civil.
262   L'assurance au présent Kluwer N° 11 du 18-22 mars 2013 (article de Me Nicolas Soldatos) Corr. Charleroi, 1er juin 2004, C.R.A. 2004 p. 464.
263   Art. 70 et 72 LCA.

La partie de l'indemnité, qui n'est pas appliquée pour la réparation ou le remplacement du bien sinistré, est affectée au paiement de créances privilégiées ou hypothécaires grevant le bien assuré. Le rang de chaque créance sera respecté et il appartient à l'entreprise d'assurances, avant le paiement de l'indemnité, de vérifier l'existence d'éventuelles créances privilégiées ou hypothécaires.

Si par contre les créanciers, dont le privilège n'a pas fait l'objet d'une publicité, n'ont pas formé opposition, l'entreprise d'assurances est libérée pour toute indemnité payée.

> REMARQUE :
>
> Tel pourrait, p.ex., être le cas si l'entreprise d'assurances verse l'indemnité payable au titre d'une assurance dégâts matériels au véhicule directement au preneur d'assurance au cas où l'entreprise de leasing, propriétaire du véhicule aurait demandé au preneur de souscrire l'assurance en direct à son nom, alors que l'entreprise de leasing aurait omis d'informer l'entreprise d'assurances de son privilège sur l'indemnité éventuelle.
> Il en est de même pour un organisme financier qui, pour un prêt n'aurait pas informé l'entreprise d'assurances de son privilège sur le solde restant dû payable au décès de l'assuré au titre d'une assurance du solde restant dû que ce dernier a souscrit sur sa propre initiative.

Pour tous les biens assurés qui jouissent d'un droit de préférence au sujet duquel l'entreprise d'assurances est au courant, elle ne pourra invoquer aucune exception ou déchéance dérivant d'un fait postérieur au sinistre.

> REMARQUE :
>
> L'**exception** est le moyen qui permet à l'entreprise d'assurances de ne pas garantir ou de limiter sa garantie en cas de sinistre. Les exceptions peuvent être légales ou contractuelles et, en fonction de la couverture être opposables ou non opposables à la victime.
> La **déchéance** quand à elle ne peut fonctionner que pour autant qu'il y ait une obligation qui soit prévue dans le contrat, qu'il y a eu violation de cette obligation et que la survenance du dommage soit en relation causale avec la survenance du sinistre. Les déchéances peuvent également être légales ou contractuelles.

Les suspensions de garantie, les réductions des montants de l'assurance et les résiliations du contrat sont opposables aux créanciers. Le créancier, qui informe l'entreprise d'assurances de l'existence de son droit de préférence, dispose cependant d'un délai de carence. Ce délai est d'un mois et commence à dater du lendemain du jour où l'entreprise d'assurances aura déposé sa notification recommandée à la poste.

Le créancier peut éviter les conséquences d'une suspension ou d'une résiliation intervenues à la suite du non-paiement de la prime, s'il la prend à sa charge dans le mois de la notification faite par l'entreprise d'assurances.

Il est évident que les frais d'un éventuel recouvrement judiciaire sont dans ce cas également à charge du créancier.

5.9.2 Le règlement d'un sinistre via l'intermédiaire

Le législateur a prévu la possibilité qu'une somme d'argent puisse être versée par l'entreprise d'assurances à l'intermédiaire à destination du preneur d'assurance. Cette somme n'est considérée comme étant versée au preneur d'assurance que lorsque celui-ci l'a effectivement reçue[264].

Lorsque l'entreprise d'assurances confie des sommes à un intermédiaire à destination du preneur d'assurances, elles doivent être transférées par des **comptes clients strictement distincts** qui, en cas de faillite, ne peuvent être utilisés afin de rembourser d'autres créanciers.

5.9.3 La faillite de l'assuré

En cas de faillite de l'assuré[265], l'indemnité revient à la masse de la faillite[266].

L'indemnité due en vertu d'un contrat d'assurance au sujet des biens insaisissables[267] revient cependant à l'assuré.

---

264 Art. 108-2.1 al 2. LSA.
265 Art. 71 LCA.
266 Voir également « Dispositions communes à tous les contrats » 3.8.6. Chapitre 3. La faillite du preneur d'assurance.
267 Art. 717 et 728 du Nouveau Code de Procédure Civile. Sont notamment non saisissables (extraits)
2 le coucher nécessaire du saisi et de sa famille, les vêtements et le linge indispensable à leur propre usage, ainsi que les meubles nécessaires pour les ranger, une machine à laver le linge et un fer à repasser, les appareils nécessaires au chauffage du logement familial, les tables et chaises permettant à la famille de prendre les repas en commun ainsi que la vaisselle et les ustensiles de ménage indispensables à la famille, un meuble pour ranger la vaisselle et les ustensiles de ménage, un appareil pour la préparation des repas chauds, un appareil pour la conservation des aliments, un appareil d'éclairage par chambre habitée, les objets nécessaires aux membres handicapés de la famille, les objets affectés à l'usage des enfants à charge qui habitent sous le même toit, les animaux de compagnie, les objets et produits nécessaires aux soins corporels et à l'entretien des locaux, les outils nécessaires à l'entretien du jardin, le tout à l'exclusion des meubles et objets de luxe ;
3) les livres et autres objets nécessaires à la poursuite des études ou à la formation professionnelle du saisi ou des enfants à charge qui habitent sous le même toit ;
4) si ce n'est pour le paiement de leurs prix, les biens indispensables à la profession du saisi, jusqu'à la valeur de 2 478,94 euros au moment de la saisie, et au choix du saisi ;
5) les objets servant à l'exercice du culte ;
6) les aliments et combustibles nécessaires au saisi et à sa famille pendant un mois ;

5.10 Insolvabilité d'une entreprise d'assurances

Si une ou plusieurs entreprises d'assurances ne peuvent payer tout ou partie de leur quote-part, les autres entreprises d'assurances peuvent exercer contre celle(s)-ci un recours pour la charge supplémentaire subie.

6- RÈGLEMENT D'UN DOMMAGE CORPOREL

L'indemnisation d'un dommage corporel est certainement un des domaines les plus complexes que l'on puisse trouver en matière de règlement sinistre, dans la mesure où on doit se prononcer sur des facteurs tels que la profession, le revenu, la situation familiale et l'état physique de la victime avant et après le sinistre ainsi que sur ses répercussions en termes de projection de carrière professionnelle. C'est la raison pour laquelle nous ne pouvons que donner ici un aperçu général de la problématique.

Les développements ci-après concernent donc autant les tiers qui ont été victimes d'un accident et qui sont indemnisés par l'entreprise d'assurances de la responsabilité civile du responsable que les conducteurs d'un véhicule, qui sont protégés par une assurance spécifique régie selon les dispositions du droit commun.

6.1 Notions

Compte tenu du fait que les assurances de responsabilités sont également des assurances de dommages et qu'un sinistre responsabilité civile peut causer tant un dégât matériel qu'un dommage corporel, on ne peut se passer d'une petite introduction en matière de règlement d'un dommage corporel.

Le dommage corporel est une atteinte à l'intégrité physique et morale d'une personne à la suite d'un accident et comprend plusieurs postes de préjudices d'ordre économique et moral.

Le principe général repose sur une indemnisation de tous les dommages et prévoit que la charge de la preuve incombe à la victime, respectivement au bénéficiaire sur base de l'apport de preuves à l'appui. À défaut de produire des pièces à l'appui et pour autant que le dommage soit certain, l'assureur indemnise de manière forfaitaire.

6.2 Le bénéficiaire d'une indemnité en dommage corporel

Le tableau suivant reprend les bénéficiaires d'une indemnité en cas de dommage corporel qui varie suivant qu'il s'agit de blessures ou d'un cas de décès.

BÉNÉFICIAIRE	
EN CAS DE BLESSURES	EN CAS DE DÉCÈS
la victime	les ayants droit de la victime
son employeur	son employeur
les organismes de sécurité sociale	les organismes de sécurité sociale
les victimes par ricochet[266]	

6.3 Le préjudice en cas de blessures

Le règlement d'un dommage corporel varie suivant qu'il y a guérison ou non après la consolidation des blessures.

En cas de guérison après la consolidation des blessures le règlement du dommage ne porte que sur la période d'une capacité de la victime et ce à dater du jour de l'accident jusqu'au moment de la consolidation des blessures.

Le schéma suivant reprend les grandes lignes de ce processus abstraction faite de tout recours d'un organisme de sécurité sociale qui fera l'objet d'un point particulier.

---

268 L'ayant droit qui subit un dommage personnel à la suite d'un dommage causé directement à la victime (.p.ex. un revenu moins élevé de la victime suit à son reclassement professionnel après un accident).

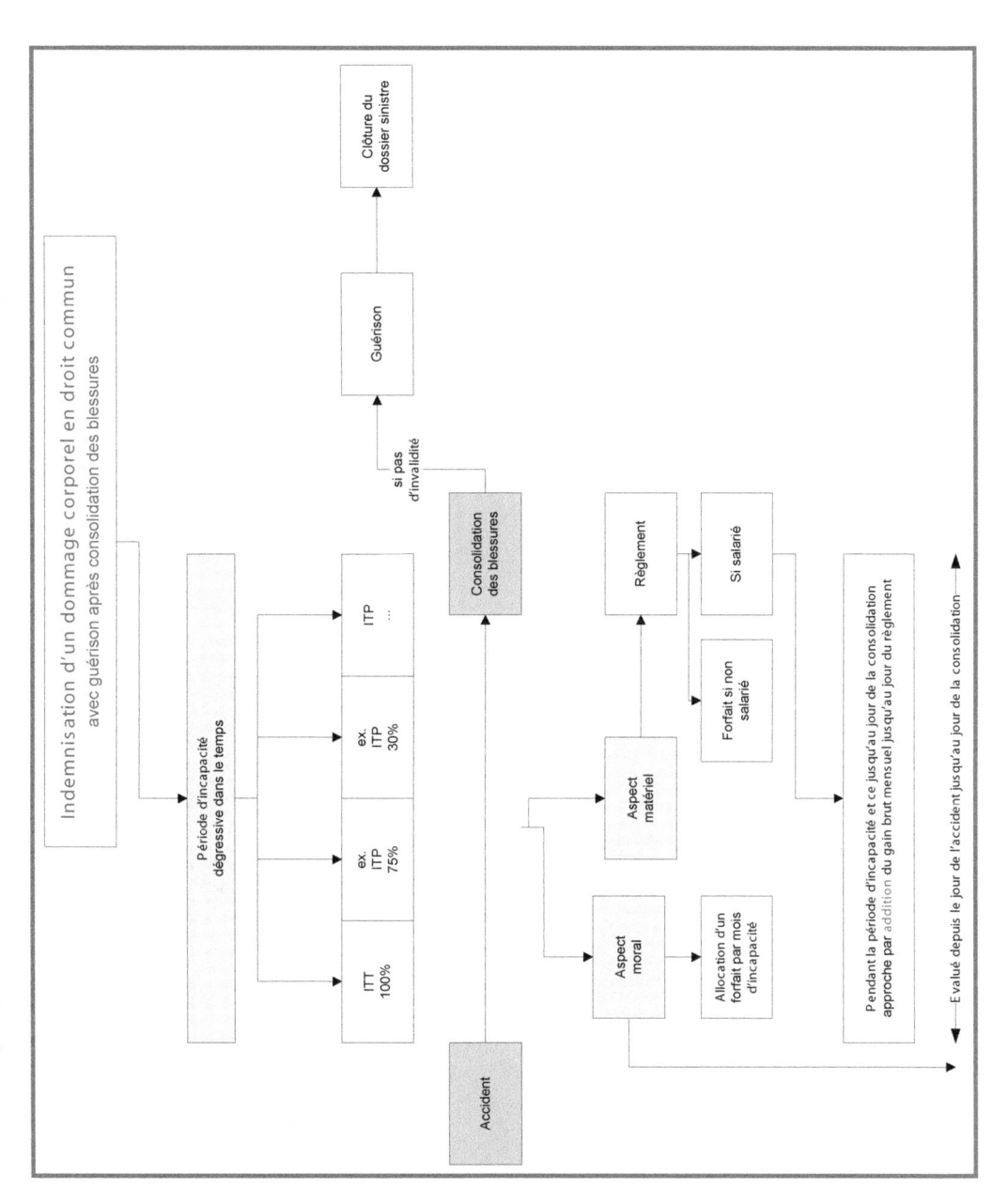

Si au moment de la consolidation des blessures il ne devait pas y avoir guérison, la victime subit une invalidité. Le schéma suivant reprend les grandes lignes de ce processus, abstraction faite de tout recours d'un organisme de sécurité sociale qui fera l'objet d'un point particulier.

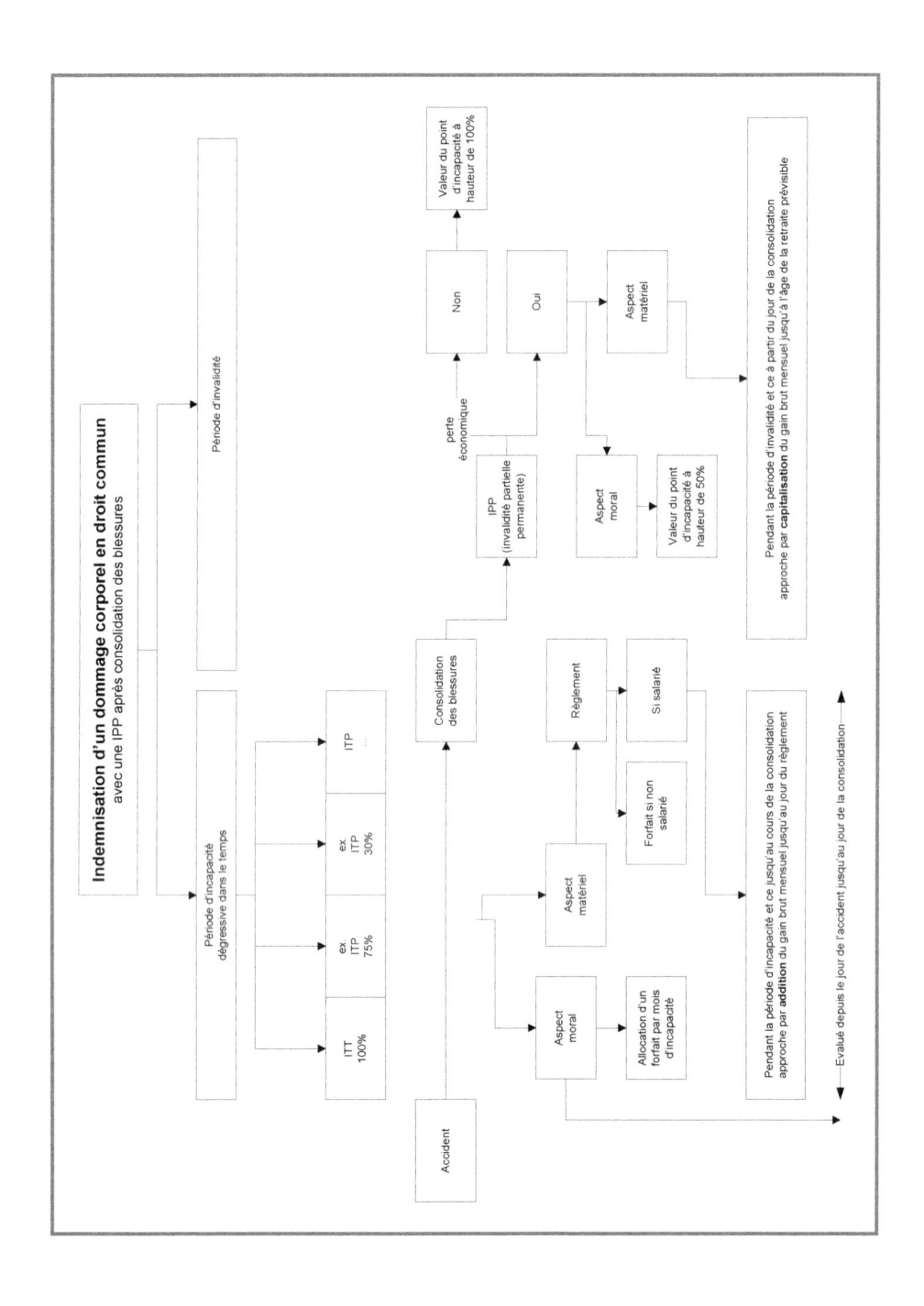

Indemnisation d'un dommage corporel en droit commun
avec une IPP après consolidation des blessures

```
Accident
   │
   ├──► Période d'incapacité dégressive dans le temps
   │       ├──► ITT 100%
   │       ├──► ex ITP 75%
   │       ├──► ex ITP 30%
   │       └──► ITP ...
   │            │
   │            ▼
   │       Aspect moral ──► Allocation d'un forfait par mois d'incapacité
   │       Aspect matériel ──► Règlement
   │                              ├──► Si salarié
   │                              └──► Forfait si non salarié
   │
   ├──► Période d'invalidité
   │
   ▼
Consolidation des blessures
   │
   ▼
IPP (invalidité partielle permanente)
   │
   ├── perte économique ──► Non ──► Valeur du point d'incapacité à hauteur de 100%
   │                   └──► Oui ──► Aspect matériel
   │
   └──► Aspect moral ──► Valeur du point d'incapacité à hauteur de 50%
```

Pendant la période d'incapacité et ce jusqu'au cours de la consolidation approche par **addition** du gain brut mensuel jusqu'au jour du règlement

Pendant la période d'invalidité et ce à partir du jour de la consolidation approche par **capitalisation** du gain brut mensuel jusqu'à l'âge de la retraite prévisible

Évalué depuis le jour de l'accident jusqu'au jour de la consolidation

Généralités et règlement sinistre en assurances de dommages   **247**

Le schéma suivant donne un aperçu des principaux postes de préjudices, en ventilant ceux d'ordre purement matériel de ceux qui sont issus d'un dommage corporel.

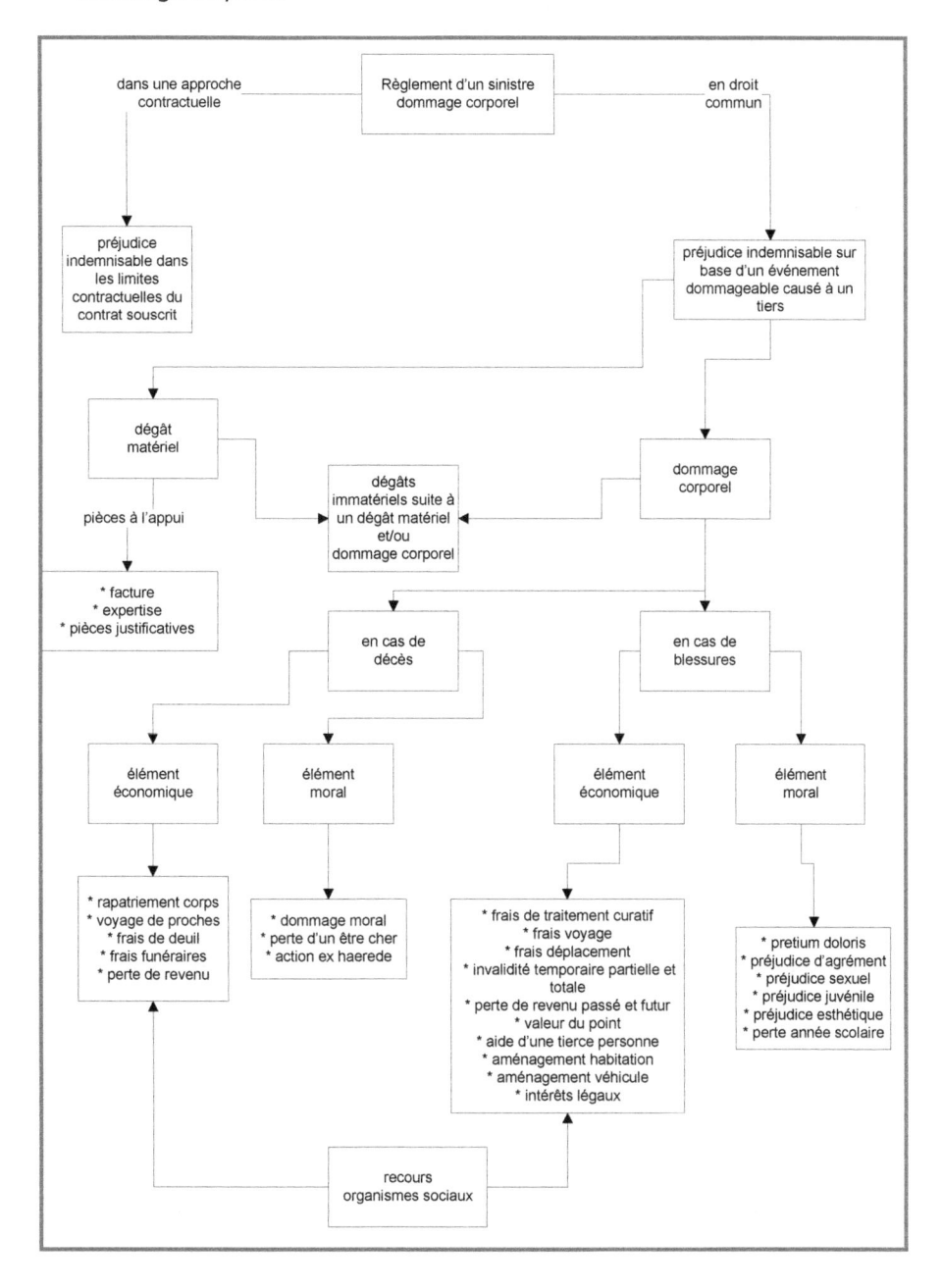

```
                    dans une approche          Règlement d'un sinistre          en droit
                      contractuelle            dommage corporel                 commun


        préjudice                                                      préjudice indemnisable sur
    indemnisable dans                                                     base d'un événement
        les limites                                                    dommageable causé à un
    contractuelles du                                                            tiers
     contrat souscrit


            dégât                            dégâts
          matériel                       immatériels suite à                 dommage
                                          un dégât matériel                  corporel
      pièces à l'appui                         et/ou
                                          dommage corporel


         * facture                        en cas de                    en cas de
        * expertise                        décès                       blessures
    * pièces justificatives


            élément              élément              élément              élément
          économique              moral             économique              moral


     * rapatriement corps                     * frais de traitement curatif
      * voyage de proches    * dommage moral        * frais voyage         * pretium doloris
       * frais de deuil    * perte d'un être cher  * frais déplacement   * préjudice d'agrément
      * frais funéraires    * action ex haerede   * invalidité temporaire partielle et   * préjudice sexuel
       * perte de revenu                                totale           * préjudice juvénile
                                                * perte de revenu passé et futur   * préjudice esthétique
                                                     * valeur du point   * perte année scolaire
                                                * aide d'une tierce personne
                                                * aménagement habitation
                                                 * aménagement véhicule
                                                    * intérêts légaux


                                    recours
                               organismes sociaux
```

6.3.1 *Le préjudice économique ou patrimonial en cas de blessures*

À la base, le préjudice économique ou patrimonial peut être qualifié de **compensation pécuniaire** des :
- pertes subies ou encore de l'argent dépensé ;
- gains manqués ou encore de l'argent non reçu ;

à cause de la survenance d'un sinistre.

Font notamment partie du préjudice économique, tous les postes qui sont à la base de l'assiette d'un recours ou d'un créancier quelconque d'une personne qui est intervenue dans le règlement du dommage :
- d'un côté, on retrouve tout ce qui relève de l'état de santé de la victime tel que :
  - les frais de traitement curatif ;
  - d'hospitalisation ;
  - de transports ;
  - pharmaceutiques ;
  - paramédicaux ;
  - l'aménagement du domicile et/ou de la voiture ;
  - l'aide d'une tierce personne ;
- de l'autre, les recours éventuels basés sur des prestations engendrées par l'incapacité temporaire ou permanente de la victime :
  - l'invalidité temporaire ;
  - l'incapacité temporaire définitive ;
  - la perte de revenu passée et future ;
  - les intérêts légaux ;
- le préjudice par ricochet.

S'il est évident que le règlement d'un sinistre corporel porte prioritairement et principalement sur la victime elle-même, il faudra néanmoins également parler des proches et de l'incidence de l'accident sur leur vie. Techniquement, on parle dans ce cas du **préjudice de la victime par ricochet**.

En l'occurrence, il s'agit principalement des frais directement engagés pour être à côté de la victime tels que des frais de déplacement et de séjour au chevet de la personne blessée ou du défunt. D'un autre côté, il y a lieu de prendre en compte la perte de revenus dont souffre le foyer à la suite des blessures ou du décès de la victime.

En d'autres termes, il s'agit des frais qui sont directement en relation avec l'état physique de la personne blessée depuis le jour du sinistre jusqu'au jour de sa consolidation.

Les répercussions définitives, tant en termes pécuniaires que de santé sont fixées par des experts soit de manière transactionnelle ou, le cas échéant, en justice. Celles ayant trait à une perte **pécuniaire** sont qualifiées **d'incapacité** alors que celles qui ont une **composante médicale** sont qualifiées **d'invalidité**.

- en incapacité, on distingue l'incapacité temporaire totale (IIT) et l'incapacité partielle (ITP) :

  Ce préjudice porte principalement sur l'incidence professionnelle depuis le jour de l'accident jusqu'à celui de la consolidation[269] accompagnée, le cas échéant, d'un reclassement professionnel. En fonction de la gravité du sinistre, l'incapacité peut, dans un premier temps après le sinistre être temporairement totale pour devenir dans la suite temporairement partielle pendant la période ci-dessus indiquée.

  Il résulte de ce qui précède qu'il est fait une différence suivant que la victime avait un travail au moment de l'accident ou non. Si, dans le chef d'une personne qui au moment de l'accident poursuivait une activité rémunérée, il est plutôt facile de comparer une situation après l'accident avec celle qui existait avant l'accident. Tel n'est cependant pas le cas pour les personnes qui au moment de l'accident n'ont pas poursuivi une activité rémunérée, comme p.ex. une femme au foyer qui se livre à l'éducation des enfants. Dans ce cas, il faudra passer par une estimation du coût de l'engagement d'une tierce personne dans tous les domaines d'activités concernés tels que travail au ménage, éducation des enfants, etc.

  C'est après l'examen clinique qu'il appartiendra à l'expert ou à des experts de se prononcer sur la durée et le degré de l'**incapacité**, de fixer une date de consolidation et de chiffrer le taux d'invalidité à retenir. Toute indemnisation qui se fera au titre de ce poste est faite de manière forfaitaire et est ventilée par moitié en une composante morale et une composante économique. Dans ce contexte, la composante **morale** vise la gêne qu'éprouve la victime dans sa **vie privée** alors que la composante **économique** vise l'impact sur la vie **professionnelle**.

- une fois la consolidation atteinte, l'expert ou les experts clôturent leurs travaux par une évaluation chiffrée de l'**incapacité permanente partielle** (IPP), des souffrances endurées ainsi que du préjudice esthétique éventuel. C'est ici qu'il est question des séquelles définitives et leurs conséquences pour la victime, si ces dernières sont accompagnées ou non d'une perte de revenus totale ou partielle. En fonction de la gravité des lésions, font partie de cette catégorie les aménagements du domicile et/ou du moyen de locomotion dans la mesure où ils sont médicalement nécessaires.

---

269   Le moment à partir duquel on peut de nouveau reprendre le travail.

Un point crucial en matière de règlement, qui ne fait jamais l'unanimité entre les parties, est la fixation de la **valeur du point** d'invalidité. La valeur du point d'invalidité est directement proportionnelle au taux d'invalidité et inversement proportionnelle à l'âge de la victime. En d'autres termes, elle augmente avec le taux d'invalidité partielle permanente et diminue avec l'âge de la victime. L'indemnisation à laquelle la victime aura droit se calcule en multipliant la valeur du point avec le taux d'IPP.

6.3.2 *Le préjudice moral ou extra-patrimonial en cas de blessures*

Sont qualifiées de dommages moraux, les souffrances physiques ou morales endurées par la victime avant la consolidation des blessures voire celles conséquentes à l'accident qu'elle doit supporter tout au long de sa vie. En l'occurrence, il s'agit de compenser les douleurs psychologiques et les efforts supplémentaires à fournir pour se donner à certaines activités, telles que sportives, culturelles ainsi que les privations des agréments que l'on peut considérer comme normaux.

Sont notamment à considérer comme dommage moral :
- le **dommage d'agrément** empêchant la victime de suivre certaines activités agréables telles que faire du sport, exercer ou poursuivre une activité culturelle, etc. ;
- le **pretium doloris**, c'est-à-dire le préjudice moral causé par la souffrance endurée par la victime elle-même avant la consolidation de son état. Rentrent dans cette catégorie la nature des lésions initiales, le nombre de séjours à l'hôpital ou en rééducation, etc. ;
- le **dommage esthétique** pour séquelles durables à l'intégrité physique de la victime (p. ex. cicatrices visibles à l'œil nu) tient compte dans sa fixation e.a. du sexe, de l'âge et de la profession de la victime ;
- le **dommage sexuel** résultant du fait qu'à la suite d'un sinistre la victime n'est plus en mesure d'avoir des rapports sexuels normaux, de ne plus pouvoir procréer ou d'avoir des enfants ;
- le **préjudice juvénile** qui, dans le chef d'un enfant en bas âge avec un taux d'invalidité élevé, se résume à ne pas pouvoir se donner aux mêmes activités que ses copains du même âge ;
- le **préjudice de l'entourage** représente les souffrances que l'entourage de la victime est contraint d'endurer face au handicap grave qui est à l'origine du sinistre ;
- la **perte d'une année scolaire**, où l'indemnisation se base sur une fourchette forfaitaire en fonction des études que l'enfant a poursuivies au moment de la survenance de l'accident. C'est

ainsi qu'on distingue l'école primaire des études secondaires et universitaires.

6.4 Le préjudice en cas de décès

6.4.1 *Le préjudice économique ou patrimonial en cas de décès*

Est considéré comme préjudice économique en cas de décès, celui subi par les ayants droit par la perte de la personne dont le revenu a fait vivre la famille. Sont assimilés à ce poste :

- les frais de transport des proches si l'accident s'est produit à l'étranger ;
- les frais de rapatriement du corps si l'accident s'est produit à l'étranger ;
- les frais de deuil qui sont normalement réglés par un forfait ;
- les frais funéraires en fonction de l'âge de la victime.

Les frais d'obsèques comprennent le cercueil, le transport mortuaire, la tombe, les faire-part, la cérémonie religieuse, les vêtements et, le cas échéant, le repas mortuaire.

Concernant la tombe, l'assureur, dans la mesure où aucune tombe familiale n'existe, ne prend en charge qu'une partie au cas où elle serait aménagée pour recevoir dans le futur d'autres défunts. Techniquement, on parle dans ce cas d'anticipation proportionnellement au nombre de personnes qu'il sera possible d'y enterrer.

- la perte de revenu qui porte principalement sur l'indemnisation des personnes qui étaient à charge du défunt. En l'occurrence, il s'agira de compenser le soutien du défunt diminué de sa charge propre en fonction de la durée espérée du prédit soutien.

6.4.2 *Le préjudice moral ou extra-patrimonial en cas de décès*

En l'occurrence il s'agit principalement du préjudice subi par le conjoint et les enfants du défunt tel que des montants pour **perte** d'un **être cher**.

Ce poste est normalement déterminé forfaitairement en fonction du lien de parenté avec le défunt, du fait que la personne a habité sous le même toit ou non et, le cas échéant, en fonction d'un élément affectif spécifique.

L'**action ex haerede** qui est assimilée au préjudice moral comprend une indemnisation pour les héritiers dans le sens où la victime a eu conscience de la mort prochaine.

6.5 La procédure de gestion d'un dommage corporel

Dès que l'entreprise d'assurances aura été mise au courant de la survenance d'un accident dans lequel des personnes ont été blessées, elle ouvre un dossier sinistre dommage corporel spécifique et prend des renseignements plus précis. Abstraction faite d'une responsabilité quelconque dans le chef de son client, elle constitue une provision forfaitaire pour débours éventuels.

Suivant les entreprises d'assurances, la procédure de gestion d'un sinistre corporel peut différer. D'une manière générale, on peut cependant dire qu'elle comprend les positions suivantes :

- déclaration écrite en due forme de l'accident ;
- recherche et détermination de la cause d'un accident ;
- la vérification de la garantie sur base de faits prouvés ;
- rassemblement des pièces à l'appui et notamment les certificats médicaux ;
- examen de la version des faits de la partie adverse ;
- étude du procès-verbal de police ;
- recherche et examen des témoignages sur la survenance du sinistre ;
- éventuellement une enquête sur place ;
- la prise de contact avec la victime…

La recherche des responsabilités repose principalement sur les articles 1384 du Code civil pour ce qui est de la garde de la chose à l'origine du sinistre et les articles 1382 et 1383 du même Code pour ce qui est de la faute et de la négligence dans le chef du responsable de l'accident. En cas d'accident avec un véhicule, certains articles du Code de la route viennent s'ajouter.

6.6 Les recours éventuels

Le montant du préjudice issu du rapport d'expertise est ventilé entre plusieurs parties. Si la victime ou ses ayants droit touchent une part importante de ce montant, il n'empêche que certains acteurs exercent un recours pour prestations passées et futures en fondant leur recours suivant que la survenance de l'accident s'est produite au courant de la vie privée ou de la vie professionnelle.

Tel est notamment le cas de l'employeur de la victime et des différents organismes de la Sécurité Sociale tels que la Caisse Nationale de Santé, etc.

Le recours des organismes de la Sécurité Sociale est légalement prévu. C'est ainsi que les droits de la victime contre le responsable de l'accident, respectivement son entreprise d'assurances, sont au moment de l'accident automatiquement cédés aux organismes de la Sécurité Sociale.

Les postes sur lesquels portent le recours sont les suivants :
- les frais de traitement curatif ;
- les frais de voyage ;
- les prothèses ;
- les lunettes ;
- les dégâts matériels pour l'assurance accident et invalidité (AAI) ;
- le paiement d'une rente d'invalidité ;
- les frais funéraires ;
- la rente de veuve ;
- les frais d'une tierce personne ;
- et l'assurance dépendance.

7- RÈGLEMENT DE L'INDEMNITÉ

7.1 La fraude à l'assurance

Même si la loi sur le contrat d'assurance prévoit dans certains cas la procédure à respecter en cas de fraude à l'assurance, elle ne donne pour autant pas de définition spécifique.

D'une manière générale on peut néanmoins définir la fraude à l'assurance comme un acte qui consiste à se procurer un profit illégitime à travers un contrat d'assurance soit :
- au moment de la souscription du risque en omettant de déclarer ou en dissimulant certaines circonstances qui ont un impact sur le calcul de la prime ou la vérification entre l'adéquation du risque déclaré et le sinistre qui a été déclaré dans la suite ;
- au moment de la déclaration du sinistre en exagérant p.ex. le montant du dommage effectivement subi, en faisant croire qu'un sinistre s'est produit de manière accidentelle alors qu'il était prévisible...

7.2 Obligation de déclaration

Si l'entreprise d'assurances conclut un contrat alors qu'il n'est point répondu à certaines questions écrites, elle ne peut, hormis le cas de fraude, se prévaloir ultérieurement de cette omission[270].

---

270 Art. 11 LCA.

7.3 Aggravation du risque

Si un sinistre survient et que le preneur d'assurance n'a pas rempli son obligation de déclaration d'une aggravation du risque alors qu'il a agi dans une intention frauduleuse au moment de survenance du sinistre, l'entreprise d'assurances peut refuser sa garantie. Dans ce cas, les primes échues jusqu'au moment où l'entreprise d'assurances a eu connaissance de la fraude lui sont dues à titre de dommage et intérêts[271].

7.4 Résiliation après sinistre

Lorsque le preneur d'assurance, l'assuré ou le bénéficiaire, ont manqué à l'une des obligations nées de la survenance du sinistre dans l'intention de tromper l'entreprise d'assurances, elle peut prononcer la résiliation du contrat et lui donner un effet dès sa notification. Nonobstant le non-paiement de toute prestation, ce droit peut être exercé et il doit être fait dans le mois de la découverte de la fraude[272].

7.5 Délai de prescription

Le délai de prescription de toute action dérivant du **contrat d'assurance** est de **trois ans** et court à partir du jour de l'événement qui donne ouverture à l'action. Lorsque celui à qui appartient l'action prouve cependant qu'il n'a eu connaissance de cet événement qu'à une date ultérieure, le délai ne commence à courir qu'à cette date, sans pouvoir excéder cinq ans à dater de l'événement. En cas de fraude, le respect de ces délais est néanmoins caduc[273].

Sauf en cas de fraude, l'action récursoire de l'entreprise d'assurances contre l'assuré se prescrit après trois ans à compter du jour du paiement par l'entreprise d'assurances.

L'action propre de la personne lésée contre l'entreprise d'assurance se prescrit après **cinq ans** à dater du fait générateur du dommage. En cas d'infraction pénale on tient compte de la date du jour où elle a été commise.

Le délai de prescription est porté à **dix ans** si la personne lésée prouve qu'elle **n'a eu connaissance de son droit** envers l'entreprise d'assurances qu'à une **date ultérieure** à compter du fait générateur du dommage. En cas d'infraction pénale, on tient compte du jour où celle-ci a été commise.

---

271 Art. 39.3.c LCA.
272 Art 1.3 LCA.
273 Art. 44.1 LCA.

La prescription est néanmoins interrompue dès que la personne lésée informe l'entreprise d'assurances de sa volonté d'obtenir l'indemnisation de son préjudice. Elle cesse à dater du moment où l'entreprise d'assurances informe son client par écrit de sa décision d'indemniser ou de refus d'intervention[274].

7.6 Valeur agréée

Au cas où les parties au contrat s'entendent pour attribuer à des biens déterminés une valeur agréée, celle-ci les engage, sauf en cas de fraude[275].

7.7 REMBOURSEMENT DES PRIMES

Dans la mesure où des versements effectués étaient manifestement exagérés eu égard à la situation de fortune du preneur d'assurance et seulement dans le cas où ils ont eu lieu en cas de fraude, les créanciers du preneur d'assurance peuvent réclamer au bénéficiaire à titre gratuit le remboursement de ces primes[276].

8- L'INTERVENTION DE L'ENTREPRISE D'ASSURANCES DANS LA PROCÉDURE

Sauf dans la mesure où l'entreprise d'assurances, l'assuré ou la personne lésée ont été présents ou appelés à l'instance, un jugement peut leur être opposé[277]. Cependant s'il est établi que l'entreprise d'assurances a assumé la direction du procès, le jugement rendu entre la personne lésée et l'assuré lui est opposable.

Lorsque la personne lésée intente un procès contre l'assuré, l'entreprise d'assurances peut intervenir volontairement. Il en est de même en cas d'une procédure de médiation entre la personne lésée et l'assuré.

> REMARQUE :
>
> Une telle intervention est dite conservatoire. L'intervention volontaire de l'entreprise d'assurances peut en occurrence être considérée comme secours à l'attention de son assuré pour l'aider à gagner le procès et protéger en même temps ses propres intérêts.

---

274 Art. 45.4. LCA (21 décembre 2012).
275 Art. 67 LCA.
276 Art. 124 LCA.
277 Art. 92.1 LCA.

Lorsque la personne lésée intente une action contre l'entreprise d'assurances, elle peut appeler son assuré à la cause.

Au cas où l'assuré ne devait pas être le preneur d'assurance, elle peut intervenir volontairement ou le cas échéant être mis en cause dans un procès intenté contre l'entreprise d'assurance ou son assuré.

L'entreprise d'assurances peut intervenir volontairement dans le procès lorsque celui-ci est porté par la personne lésée à l'encontre de son assuré devant une juridiction répressive ou de médiation.

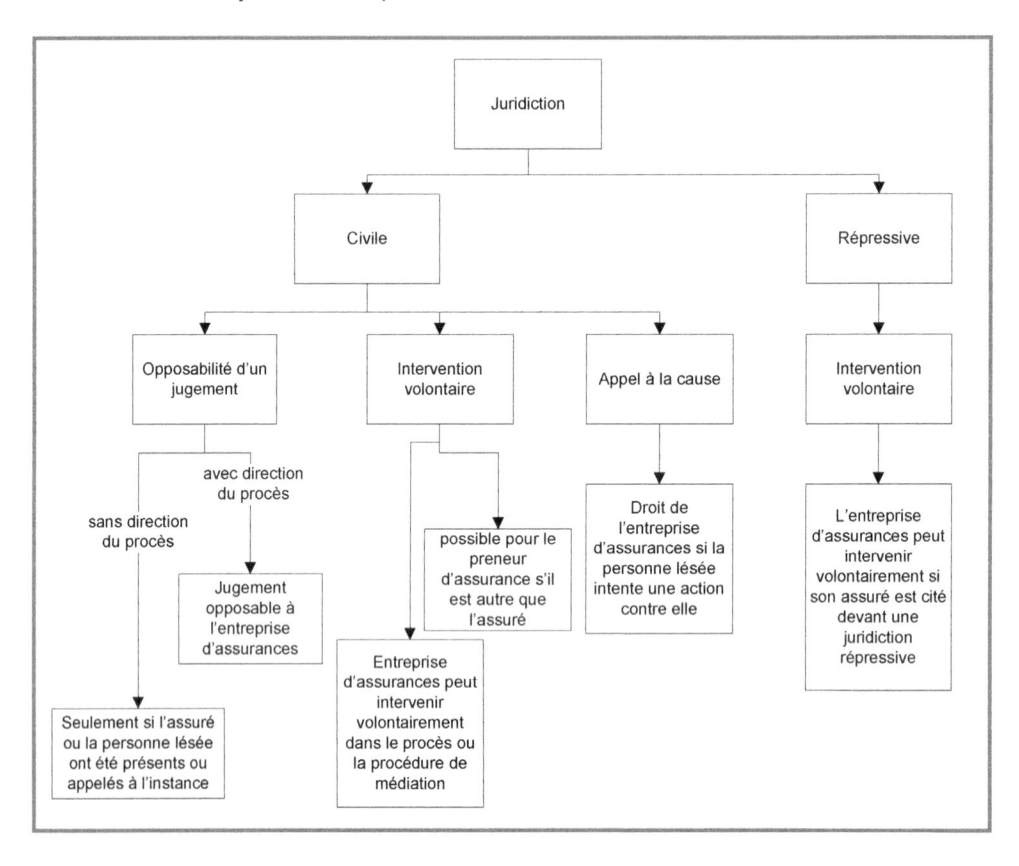

```
                              Juridiction
                             /          \
                         Civile        Répressive
                    /      |      \         |
         Opposabilité  Intervention  Appel    Intervention
         d'un         volontaire    à la     volontaire
         jugement                   cause
```

- **Opposabilité d'un jugement**
  - sans direction du procès : Seulement si l'assuré ou la personne lésée ont été présents ou appelés à l'instance
  - avec direction du procès : Jugement opposable à l'entreprise d'assurances
- **Intervention volontaire (Civile)** :
  - possible pour le preneur d'assurance s'il est autre que l'assuré
  - Entreprise d'assurances peut intervenir volontairement dans le procès ou la procédure de médiation
- **Appel à la cause** : Droit de l'entreprise d'assurances si la personne lésée intente une action contre elle
- **Intervention volontaire (Répressive)** : L'entreprise d'assurances peut intervenir volontairement si son assuré est cité devant une juridiction répressive

9 – VÉRIFIEZ VOS CONNAISSANCES

1) Qu'est-ce qu'on entend par principe indemnitaire et en quoi se distingue-t-il du principe forfaitaire ?
2) Est-ce qu'un paiement reposant sur une approche indemnitaire peut cumuler avec un versement reposant sur une approche forfaitaire et si oui pourquoi ?
3) Qu'est-ce que vous savez sur la valeur de reconstruction d'un bien immobilier ?
4) Définissez la valeur agréée et précisez pourquoi elle déroge au principe du non enrichissement ?
5) À l'aide d'un exemple, expliquez la règle proportionnelle de prime.
6) Si vous deviez définir un premier risque, que diriez-vous ?
7) Pourquoi l'assuré doit-il laisser les lieux dans l'état après la survenance d'un sinistre ?
8) Soit une première entreprise d'assurances qui couvre un immeuble à hauteur de 350.000 € avec une franchise de 300 € et une deuxième entreprise d'assurances qui couvre l'annexe du même bâtiment à hauteur de 150.000 €. Survient un sinistre de 12.000 €. À qui et/ou comment ce sinistre peut-il être réglé. Dans votre réponse tenez compte de toutes les possibilités de règlement.
9) Quelle est la différence entre une quittance pour solde et une transaction ?
10) Qu'entend-on par préjudice par ricochet ?
11) Quelles conditions doivent être remplies pour permettre à l'entreprise d'assurances pour pouvoir invoquer une déchéance ?
12) Quels sont les postes de recours sur lesquels les organismes de la Sécurité Sociale peuvent exercer un recours éventuel et pourquoi ?
13) Au moment d'un sinistre incendie dans sa maison, il résulte que, lors de la souscription du contrat de Madame Thill, il n'a pas été fait mention que le toit de la maison était couvert en chaume. Par ailleurs la somme assurée dans le contrat s'élève à 480.000 € alors que l'expert régleur sinistre arrive à un montant assurable de 612.000 €. Comment ce sinistre est-il réglé ? Dans votre réponse, tenez compte de tous les paramètres qui peuvent influencer le règlement de ce sinistre et examinez-le tant d'un point de vue de l'assuré sinistré que d'un point de vue entreprise d'assurances.

Partie 3

Responsabilité civile

Chapitre 7

Assurances obligatoires

1– Les risques relatifs aux moyens de transport	263
2– Les risques relatifs à certaines professions	263
3– Les risques relatifs à certains sports	263
4– Les risques susceptibles d'être dangereux pour l'homme et l'environnement	264
5– Divers	264

Si la majorité des assurances sont conclues à la libre initiative du preneur d'assurance et/ou de l'assuré, certaines sont néanmoins rendues obligatoires par le législateur.

En effet, le législateur veut d'une part **garantir** une meilleure protection de la victime et, d'autre part, **maintenir** le patrimoine du particulier.

Il est évident que les assurances rendues obligatoires au Grand-Duché de Luxembourg dont question dans le présent chapitre ne concernent que celles applicables sur le territoire, dans les aires et sur les eaux du Grand-Duché de Luxembourg.

Pour une meilleure visibilité, les assurances obligatoires sont regroupées dans plusieurs catégories :
- moyens de transport ;
- professions ;
- sports ;
- environnement ;
- divers.

MOYENS DE TRANSPORTS	PROFESSIONS	SPORTS	ENVIRONNEMENT	DIVERS
• Véhicules • Transport aérien • Voyages des fonctionnaires	• Architectes et ingénieurs conseils • Hôteliers • Agences de voyages • Courtiers d'assurances • Avocats • Médecins • Agents immobiliers • PSA	• Chasse • Parachutisme • Organisateur de manifestations sportives • Bâtiment de plaisance	• Etudes et contrôle environnement • Appareils radiations ionisantes • Gestion de déchets • Exploitant décharge de déchets non ménagers	• Chiens • Services dans le marché intérieur • Service volontaire des jeunes • Accueil des jeunes au pair

1 – LES RISQUES RELATIFS AUX MOYENS DE TRANSPORT

- véhicules terrestres automoteurs[276] ;
- voyages de service des fonctionnaires de l'État (assurance bagages et risque d'aviation)[277] ;
- transporteur aérien[278].

2 – LES RISQUES RELATIFS À CERTAINES PROFESSIONS

- agents de voyage[279] ;
- agents immobilier, administrateur de biens-syndic de copropriété et promoteurs immobilier[280] ;
- architectes et ingénieurs conseils[281] ;
- avocats[282] ;
- courtiers d'assurance[283] ;
- médicales[284] ;
- hôteliers[285],
- PSA[286].

3 – LES RISQUES RELATIFS À CERTAINS SPORTS

- bâtiments de plaisance[287] ;
- chasse[288] ;

---

276 Loi modifiée du 7 avril 1976.
277 Règlement grand-ducal du 5 août 1993.
278 Règlement grand-ducal du 8 août 1985.
279 Loi du 14 juin 1994.
280 Loi du 9 juillet 2004 – Mémorial A 145 du 11 août 2004.
281 Loi du 13 décembre 1989.
282 Loi du 10 août 1991 et règlement d'ordre intérieur du Conseil de l'ordre des avocats du 20 juin 1994.
283 Règlement ministériel du 25 avril 1994.
284 Loi du 14 juillet 2010 – art. 33 du texte coordonné.
285 Loi modifiée du 17 juillet 1960.
286 Professionnels du secteur des assurances (projet de loi 6328).
287 Règlement grand-ducal du 17 février 1987.
288 Art. 63 et 66 de la loi du 25 mai 2011 + règlement grand-ducal du 13 mars 2013.

- organisateurs et participants à une compétition sportive sur la voie publique[289] ;
- parachutisme[290].

4 – LES RISQUES SUSCEPTIBLES D'ÊTRE DANGEREUX POUR L'HOMME ET L'ENVIRONNEMENT

- appareils émettant des radiations ionisantes[291] ;
- exploitant d'une décharge de déchets non ménagers et assimilés[292] ;
- gestion des déchets[293] ;
- les personnes physiques ou morales de droit privé ou public agréées, autres que l'État, pour l'accomplissement de tâches techniques d'étude et de contrôle dans le domaine de l'énergie[294].

5 – DIVERS

5.1 La législation relative aux chiens

Tout chien détenu par une personne physique ou morale doit être déclaré à l'administration communale de la commune de résidence du détenteur. À cet effet, le détenteur du chien doit remettre à l'administration communale une pièce attestant qu'un contrat d'assurance a été conclu avec une société agréée ou autorisée à opérer au Grand-Duché de Luxembourg garantissant la responsabilité civile du détenteur du chien pour les dommages causés aux tiers par l'animal[295].

---

289 Article 143 du Code de la route.
290 Règlement ministériel du 16 juillet 1990 déterminant les conditions auxquelles sont soumises les descentes en parachute dans l'espace aérien luxembourgeois (article 9).
291 Règlement grand-ducal du 29 octobre 1990.
292 Loi du 27 juillet 1993.
293 Loi du 17 juin 1994.
294 Règlement grand-ducal du 10 février 1999.
295 Art. 3 al. 1 de la loi du 9 mai 2008 relative au chiens – Mémorial A 62 du 15 mai 2008.

5.2 Loi cadre relative aux services

Au cas où un prestataire de service[296] est établi au Luxembourg et que la loi impose :
- la souscription d'une assurance responsabilité civile professionnelle
- ou de fournir une autre forme de garantie,

sont acceptées comme preuves suffisantes les attestations de couverture émises par des établissement de crédit ou des assureurs établis dans d'autres État membres[297].

Par prestataire qui offre ou fournit un service au sens de la présente on entend :
- toute personne physique ressortissante d'un État membre ou
- toute personne morale visée au traité sur le fonctionnement de l'Union Européenne et établie dans un État membre[298].

La loi cadre ne s'applique cependant pas aux activités suivantes :
- les services
  - d'intérêt général non économiques ;
  - financiers tels que ceux ayant trait à la banque au crédit, à l'assurance, à la réassurance, aux retraites professionnelles ou individuelles, aux titres, aux fonds d'investissements, aux paiements et aux conseils en investissement ;
  - et réseau de communications électroniques ainsi que les ressources et services associés ;
  - dans le domaine des transports y compris les services portuaires ;
  - des agences de travail intérimaire ;
  - de soins de santé ;
  - audiovisuels y compris les services cinématographiques
  - sociaux relatifs au logement social, à l'aide à l'enfance et à l'aide aux familles et aux personnes se trouvant de manière permanente ou temporaire dans une situation de besoins ;
  - de sécurité privée ;
  - fournis par les notaires et les huissiers de justice.

---

296   Art. 2.a loi du 24 mai 2011 : toute activité économique non salariée, exercée normalement contre rémunération.
297   Art. 21 assurances et garantie professionnelles de la loi du 24 mai 2011 relative aux services dans le marché intérieur – Mémorial A 108 du 26 mai 2011, page 1701.
298   Art. 54.

- les activités :
    - de jeux d'argent impliquant des mises ayant une valeur monétaire dans les jeux de hasard, y compris les loteries, les casinos et les transactions portant sur des paris ;
    - participant à l'exercice de l'autorité publique.

5.3 Service volontaire des jeunes

Le service volontaire des jeunes a pour but de développer la solidarité entre les jeunes, de promouvoir leur citoyenneté active, de favoriser la compréhension mutuelle entre eux ainsi que de constituer pour eux une expérience d'apprentissage et d'orientation[299].

Les organisations d'accueil qui proposent aux jeunes des services volontaires au Luxembourg ou qui agissent comme organisations d'envoi, proposant aux jeunes des services volontaires à l'étranger, doivent être agréés par le Ministre ayant la Jeunesse dans ses attributions. Cet agrément est renouvelable et a une durée de trois ans.

Toute organisation d'accueil ou d'envoi agréée qui conclut une convention de volontariat avec une personne comprendra e.a. l'engagement de contracter une assurance de responsabilité civile auprès d'une entreprise d'assurances dûment agréée au Luxembourg au profit du volontaire pour la durée de son service volontaire[300].

5.4 Jeunes au pair

Un jeune au pair est un jeune qui vient de l'étranger pour perfectionner temporairement ses connaissances linguistiques et accroître sa culture générale par une meilleure connaissance du pays de séjour et qui, à ce titre, est encouragé à participer aux activités culturelles du pays de séjour, en l'occurrence le Grand-Duché de Luxembourg. En contrepartie, il séjourne dans une famille d'accueil où il exercera de légères tâches courantes d'ordre familial dont le nombre d'heures par jour ne dépassera pas cinq heures et le total hebdomadaire sera inférieur ou égal à trente heures en moyenne sur une période d'un mois ou de quatre semaines.

Pour la durée de son séjour, la famille d'accueil devra au profit du jeune au pair conclure une assurance de la responsabilité civile auprès d'une entreprise d'assurances dûment agréée au Luxembourg[301].

---

299 Art. 1 de la loi du 31 octobre 2007 (texte coordonné Mémorial A N° 123 du 16 juin 2011).
300 Art. 5.3.2. de la loi du 31 octobre 2007 (texte coordonné Mémorial A N° 123 du 16 juin 2011).
301 Art. 2.5. de la loi du 18 février 2013 sur l'accueil de jeunes au pair (Mémorial A N° 44 du 11 mars 2013).

Chapitre 8

Notions de responsabilité

Préambule 268
1– Définition 268
2– Les auteurs responsables 268
3– La responsabilité pénale et la responsabilité civile 269

PRÉAMBULE

Avant de parler d'assurance Responsabilité Civile, nous nous consacrons à la responsabilité en tant que telle. Si une entreprise d'assurances, sur base d'un contrat d'assurance Responsabilité Civile, est prête ou non à régler le sinistre causé à un tiers par son assuré sera examiné à partir du chapitre 11.

1 - DÉFINITION

La responsabilité est l'obligation de compenser pécuniairement le dommage causé à autrui et de répondre ainsi :
- de **ses** actions ;
- de celles d'un **autre** ;
- ou du fait d'une **chose**.

On distingue la Responsabilité Pénale et la Responsabilité Civile.

2 - LES AUTEURS RESPONSABLES

Le fait générateur d'un sinistre responsabilité civile peut être déclenché par plusieurs personnes de statut différent.

Tout d'abord la responsabilité **personnelle** encourue par chaque personne physique.

Les parents, le tuteur ou le conseil de famille suivant le cas répondent des dommages causés par les **mineurs** et sont, le cas échéant, assignés en justice pour répondre des actes des enfants dont ils répondent.

Les **incapables majeurs** sont pleinement responsables du dommage qu'ils causent à autrui. Le législateur prévoit notamment que celui qui a causé un dommage à autrui, alors qu'il était sous l'empire d'un trouble mental, n'en est pas moins obligé à réparation[302].

La responsabilité des personnes morales varie en fonction de leurs statuts :
- la personne morale de **droit privé**[303] peut fonctionner de manière **autonome** dans le cadre des attributions qui lui ont été fixées par son conseil d'administration ;

---

302   Art. 489-2 du Code Civil et loi du 11 août 1982.
303   Société ou association formée en vertu de lois particulières telles que le Code civil.

- la personne morale de **droit public**[304] ne peut **pas** fonctionner de manière **autonome** et est soumise à des lois, règlements et directives. Pour les actes relevant de leur mission de service public, une responsabilité sans faute peut être retenue contre la personne morale de droit public et, dans ce cas, le principe de la faute est remplacé par celui du risque.

3- LA RESPONSABILITÉ PÉNALE ET LA RESPONSABILITÉ CIVILE

La responsabilité, de manière générale, peut être divisée suivant le tableau ci-après

	RESPONSABILITÉ			
	Civile			
Pénale	Responsabilité pour faute, du fait personnel, des choses et d'autrui		Responsabilité sans faute	
	Responsabilité délictuelle et quasi-délictuelle	Responsabilité contractuelle	Troubles de voisinage	Responsabilité de l'État et des Collectivités Publiques

3.1 La responsabilité pénale

La responsabilité pénale a pour but la défense de la société contre des actes qui troublent l'ordre public.

Elle est engagée lorsqu'un individu a commis un acte défendu par des lois répressives. En fonction de sa gravité, elle est sanctionnée comme suit et on distingue :

INFRACTION	PUNI PAR UNE PEINE	AMENDE	DURÉE DE L'EMPRISONNEMENT	PRESCRIPTION
Contravention	de police	≤ 61,97	jusqu'à 7 jours	1 année
Délit	correctionnelle	61,97–1.239,47 €	7 jours à 5 ans	3 années
Crime	criminelle	> 1.239,47 €	5 10 ans	10 années

Les sanctions infligées par une responsabilité pénale sont d'ordre public et dès lors **non** assurables.

---

304   L'État, les communes et établissement publics.

> **EXEMPLE :**
> En février 1992, les autorités françaises ont empêché la commercialisation d'un produit d'assistance visant à couvrir les conséquences d'un retrait de permis de conduire. La souscription d'un tel produit aurait eu, en effet, pour conséquence de réduire ou de supprimer les effets de la sanction infligée.

3.2 La responsabilité civile

La responsabilité civile telle que reprises sommairement ci-dessus sera repris plus explicitement dans les chapitres suivant.

Chapitre 9

La responsabilité contractuelle

1– Définition 272
2– Les différentes natures de l'inexécution 272
3– La preuve de l'inexécution 274
4– La faute contractuelle 275
5– Les dommages et intérêts 275
6– Exemple de responsabilité contractuelle et extracontractuelle 276

1 - DÉFINITION

La responsabilité est contractuelle quand la faute consiste dans l'**inexécution** ou la **mauvaise exécution** d'un **contrat** écrit ou non écrit. La responsabilité contractuelle ne peut dès lors jouer qu'en présence d'un contrat.

Il ne peut y avoir de cumul des responsabilités délictuelle et contractuelle. Le régime de la responsabilité délictuelle ne peut être retenu que si les conditions de la responsabilité contractuelle ne sont pas remplies.

En d'autres termes : chaque fois que celui qui a droit à une prestation contractuelle (créancier) n'obtient pas de celui qui doit la fournir (débiteur) la prestation prévue au contrat et dans le délai qui a été stipulé, il y a lieu d'en régler les conséquences. Ces conséquences peuvent être prévues dans le contrat. À défaut de précision au contrat, il appartiendra au juge d'en décider le cas échéant.

RESPONSABILITÉ CONTRACTUELLE			
OBLIGATION PRINCIPALE	OBLIGATION ACCESSOIRE		
	de résultat	de moyen	de renseignement et de conseil

- l'obligation **principale** prévoit à charge de l'un des contractants l'exécution d'une obligation prévue par le contrat ;
- l'obligation accessoire ne repose pas seulement sur ce qui est exprimé dans les conventions entre parties mais également sur les suites que l'équité, l'usage ou la loi donnent à l'obligation d'après sa nature[305].

2 - LES DIFFÉRENTES NATURES DE L'INEXÉCUTION

La nature de l'inexécution varie en fonction de la prestation fournie ou non fournie.

Dans l'exemple qui suit, nous partons de l'hypothèse que madame Thill a passé avec un peintre un contrat qui stipule que le hall de sa maison est à peindre à un prix X pour une date Y.

---

305   Art. 1135 Code Civil.

NATURE DE L'INEXÉCUTION	MATÉRIALISATION DE L'INEXÉCUTION
REFUS D'EXÉCUTION	Le débiteur déclare qu'il n'exécute pas l'obligation.

> EXEMPLE :
> Le peintre que madame Thill a engagé pour peindre le hall de sa maison déclare qu'il n'exécutera pas son contrat.

ABSTRACTION DU DÉBITEUR	Le débiteur, sans le déclarer, n'exécute pas les travaux.

> EXEMPLE :
> Le peintre engagé ne se présente pas à la date convenue et ne donne aucune raison pour ne pas exécuter son contrat.

INEXÉCUTION PARTIELLE	Il y a lieu de régler partiellement le dommage si l'inexécution est d'ordre secondaire ; sinon elle est considérée comme totale.

> EXEMPLE :
> Le peintre commence les travaux mais, au cours de ceux-ci, il ne revient plus et laisse un chantier à moitié fini.

EXÉCUTION DÉFECTUEUSE	Le créancier doit rapporter la preuve de la mauvaise exécution.

> EXEMPLE :
> Le peintre termine ses travaux mais l'exécution n'est pas conforme à ce qui a été convenu.

RETARD DANS L'EXÉCUTION	Le débiteur doit : - exécuter le contrat ; - dans le temps convenu.

> EXEMPLE :
> Le peintre exécute son contrat avec trois mois de retard.

REMARQUE :
L'engagement d'une responsabilité contractuelle ne veut pas pour autant dire que l'entreprise d'assurances interviendra chaque fois (voir l'assurance Responsabilité Civile).

3- LA PREUVE DE L'INEXÉCUTION

La base légale régissant l'exécution des contrats est dictée par le Code civil.

Il appartient à la victime (créancier de l'obligation) de **rapporter la preuve** :
- que l'obligation existait conformément aux règles légales prévues en matière de contrats ;
- qu'elle n'a pas été exécutée par le débiteur ;
- que l'inexécution lui a causé un dommage.

Cette preuve de l'inexécution (ou encore la faute) diffère suivant qu'il y a obligation de résultat ou de moyen.

3.1 L'obligation de résultat

Il y a obligation de résultat si le débiteur s'engage à obtenir un **résultat déterminé** d'avance[306].

EXEMPLE :
Une entreprise de transport s'engage à transporter des marchandises depuis le port d'Anvers vers un centre de distribution au Grand-Duché de Luxembourg.

3.2 L'obligation de moyen

Dans ce cas, le débiteur ne s'engage **pas** à livrer un **résultat déterminé**. Cependant, il doit faire de son mieux pour y arriver[307].

EXEMPLE :
Le médecin qui procède à une opération ne promet pas que le malade sera guéri après l'opération. Par contre, il doit tout mettre en œuvre afin que l'opération réussisse.

---

306 Art. 1147 du Code Civil.
307 Art. 1137 du Code Civil.

4- LA FAUTE CONTRACTUELLE

4.1 En obligation de résultat

Le créancier n'a qu'à prouver que le résultat promis n'a pas été obtenu.

> **EXEMPLE :**
> Un contrat met à charge du débiteur l'obligation de ramener la marchandise à bon port. La responsabilité du débiteur est engagée si le créancier peut établir que la livraison de la marchandise n'a pas eu lieu. Dans notre cas : le centre de distribution n'a qu'à prouver que les marchandises ne sont pas arrivées chez lui.

4.2 En obligation de moyen

Le créancier doit prouver à la fois que l'objet du contrat n'a pas été exécuté comme convenu et que le débiteur n'a pas fait ce qu'il aurait dû faire (d'après les règles de l'art propres à chaque profession).

> **EXEMPLE :**
> Une opération n'apporte pas le résultat escompté par le patient. Afin d'engager la responsabilité du débiteur, le patient doit prouver à la fois que le résultat n'a pas été obtenu et que le médecin n'a pas fait ce qu'il fallait faire.

5- LES DOMMAGES ET INTÉRÊTS

Les dommages et intérêts que le débiteur sera appelé à verser au créancier pour l'indemniser :
- de **l'inexécution** totale ou partielle sont appelés **intérêts compensatoires** ;
- du **retard** dans l'exécution sont appelés **intérêts moratoires**.

6- EXEMPLE DE RESPONSABILITÉ CONTRACTUELLE ET EXTRACONTRACTUELLE

Madame Schmit-Weber fait appel au médecin à la suite d'un malaise de son mari.

À son arrivée chez les Schmit, le médecin renverse la bicyclette qui se trouve devant la porte. En tombant, cette bicyclette heurte un piéton qui passe à ce moment.

Dans le cas du renversement de la bicyclette, c'est la responsabilité extra-contractuelle du médecin qui est engagée.

Après avoir examiné monsieur Schmit, le médecin lui fait une piqûre. Lors de cette intervention, l'aiguille de la piqûre reste dans le corps de monsieur Schmit.

Dans le cas de l'administration d'une piqûre, c'est la responsabilité contractuelle du médecin qui est engagée.

Chapitre 10

La responsabilité extra-contractuelle

All Resp. ooni contract.

1 – Remarque préliminaire 278
2 – Les délits et les quasi-délits 278
3 – La faute et le fait personnel 279
4 – La présomption de faute 282
5 – La responsabilité sans faute 288
6 – Vérifiez vos connaissances 290

1 – REMARQUE PRÉLIMINAIRE

Si la responsabilité contractuelle repose sur l'inexécution ou la mauvaise exécution d'un contrat, la responsabilité extra-contractuelle repose sur un fait juridique.

La base légale de la responsabilité extra-contractuelle, appelée également responsabilité délictuelle, repose sur les articles 1382-1386 du Code civil dont l'objet est l'obligation de réparer le dommage causé à autrui par un fait personnel, par le fait d'une chose sous qu'on a sous sa garde ou bien d'une personne dont on doit répondre.

2 – LES DÉLITS ET LES QUASI-DÉLITS

RESPONSABILITÉ DÉLICTUELLE					
pour faute	pour négligence	du fait des choses et d'autrui		du fait des animaux	du fait des bâtiments
Art. 1382	Art. 1383	en mouvement	inerte	Art. 1385	Art. 1386
		Art. 1384			

On est responsable dès lors qu'on cause un dommage à autrui :
- de manière volontaire,
- de manière intentionnelle ou
- pour faute.

> **EXEMPLE :**
> Lors d'une querelle avec sa belle-mère, monsieur Schmit jette un pot de fleur sur la voiture de celle-ci qui se trouve en stationnement sous son balcon.

- par imprudence ou négligence, on parle de quasi-délit.

> **EXEMPLE :**
> La fille de madame Thill se penche au dessus de son balcon et le pot de fleur qui se trouve sur la bordure tombe sur la voiture en stationnement sous le balcon.

D'un point de vue responsabilité, la distinction entre délit et quasi-délit n'a aucune importance pratique, l'obligation légale de réparer est la même dans tous les deux cas.

3– LA FAUTE ET LE FAIT PERSONNEL

3.1 La responsabilité du fait personnel

La responsabilité du fait personnel repose sur le principe d'une faute ou d'une négligence personnelle et il appartient à la **victime** de **rapporter la charge de la preuve du dommage**.

Article 1382 du Code civil

Tout fait quelconque de l'homme, qui cause à autrui un dommage, oblige celui par la faute duquel il est arrivé à le réparer.

La responsabilité décrite dans cet article est dite délictuelle dans la mesure ou tout comportement fautif ou dommageable oblige son auteur de réparer le dommage causé à autrui.

Article 1383 du Code civil

Chacun est responsable du dommage qu'il a causé non seulement par son fait, mais encore par sa négligence ou par son imprudence.

3.2 Les conditions d'engagement de la responsabilité

Les conditions qui engagent la responsabilité sont :
- le **dommage** (ou encore préjudice) ;
- la **faute** ;
- et le **lien de causalité** entre le dommage et la faute.

3.2.1 *Le dommage*

Le dommage doit être **certain** dans la mesure où il constitue une perte ou bien résulte d'un gain manqué.

Un préjudice éventuel ne donne donc pas droit à des dommages et intérêts. Cependant, s'il est dès à présent sûr qu'il y aura préjudice futur, il devra être réparé.

> **EXEMPLES :**
> Un pot de fleur tombant d'un balcon sur une véranda, en ne laissant au passage que de la poussière, ne donne pas lieu à des dommages et intérêts.
> Le même pot de fleur causant une fissure dans la vitre donnera lieu à des dommages et intérêts puisqu'il est sûr que, tôt où tard, cette fissure causera un dommage, dans la mesure où les eaux pénétreront à l'intérieur.

Le dommage peut atteindre une personne dans son intégrité physique ou dans son patrimoine. Dans ce dernier cas, on parle de **dommage patrimonial** ou **matériel**. D'autre part, le dommage peut être moral.

① ■ le **dommage corporel** c'est-à-dire l'atteinte à l'intégrité physique d'une personne, en ce compris, son décès ;

> **EXEMPLE :**
> Le patrimoine d'une personne est diminué à la suite d'une invalidité permanente survenue à l'occasion d'un accident de la circulation.

② ■ le **dégât matériel** c'est-à-dire l'atteinte causée au patrimoine matériel d'une personne ;

> **EXEMPLE :**
> Le ballon jeté par un enfant casse la fenêtre du voisin.

③ ■ le **dommage moral** c'est-à-dire le dommage qui n'affecte pas directement le patrimoine de la personne lésée.

> **EXEMPLES :**
> ■ le « **pretium doloris** », c'est-à-dire le préjudice moral causé par la souffrance endurée par la victime elle-même ;
> ■ le préjudice **moral** éprouvé par les proches d'une victime, soit en cas de décès, soit en cas de blessures de celle-ci en raison du spectacle de sa douleur et de l'impuissance à la secourir ;
> ■ le dommage **esthétique** pour séquelles durables à l'intégrité physique de la victime (p. ex. cicatrices visibles à l'œil nu) ;
> ■ le dommage **sexuel** résultant du fait qu'à la suite d'un sinistre la victime n'est plus en mesure d'avoir des rapports sexuels normaux, de ne plus pouvoir procréer ou d'avoir des enfants ;

- le dommage **d'agrément** empêchant la victime de suivre certaines activités agréables telles que faire du sport, etc.
- l'indemnité pour **perte d'une chance**, empêchant la victime de profiter d'une situation particulièrement favorable dans sa carrière professionnelle (p. ex. l'universitaire qui doit abandonner ses études)[33].

3.2.2 La faute

La faute peut être qualifiée de manquement à une obligation. Elle peut :
- être positive (**commission** d'un fait) ;

EXEMPLE :
En se penchant au-dessus d'un bac à fleur qui se trouve sur le bord d'une fenêtre, le pot de fleur est renversé et tombe sur une voiture en stationnement (il y a intervention active du responsable de l'accident).

- être négative (**omission**) ;

EXEMPLE :
Une personne glisse sur la neige devant la porte de la famille Schmit. Il y a non-intervention de la part du responsable monsieur Schmit, dans la mesure où il a omis d'enlever la neige devant sa porte.

- résulter de l'exercice d'un droit (**abus de droit**).

EXEMPLE :
Contrairement au plan et aux normes prévues dans le règlement des bâtisses de la commune, l'abri pour chevaux que Madame Muller a fait construire a une hauteur de 3,5 m au lieu de 3 m et empêche le soleil de passer chez son voisin. Il y a abus de droit dans la mesure où le voisinage est ainsi troublé.

---

308 Le droit à réparation pour perte de chance éprouvée par la victime avant son décès se transmet à son décès à ses héritiers : Cass. 1re civ. 13 mars 2007, N° 05-19.020, FS+P+B c/ Centre d'anatomie et de cytopathologie et a : Juris Data N° 2007/037899 (responsabilité civile et assurances N° 7-8 2007).

3.2.3 Le lien de causalité entre dommage et faute

La personne lésée qui demande réparation doit prouver que son préjudice résulte de la faute de la personne contre laquelle elle fait valoir son dommage.

3.3 L'imputabilité

Afin que la responsabilité d'une personne soit engagée, il faut que le fait qui y donne droit puisse lui être imputé et qu'elle en soit coupable.

Une personne est responsable de ses fautes tant qu'elle est en état de comprendre la portée de ses actes ou encore capable de discernement.

> **EXEMPLE :**
> Une personne mentalement handicapée n'est pas capable de discernement. Dans ce cas, la responsabilité de ceux qui doivent répondre de cette personne est cependant engagée.
> Par contre, la responsabilité reste néanmoins engagée lorsqu'une personne n'est plus capable de discernement par le fait d'avoir abusé de l'alcool ou de drogues.

3.4 L'apport de la preuve de la faute

Aux termes des articles 1382 et 1383, c'est à la **victime** de **rapporter la preuve** de la faute de l'auteur du dommage ainsi que l'existence du dommage et son lien de causalité.

4 – LA PRÉSOMPTION DE FAUTE

Par opposition aux responsabilités se basant sur les articles 1382 et 1383 du Code civil au titre desquels il incombe à la victime de rapporter la preuve de la faute de l'auteur du dommage, les articles **1384, 1385 et 1386** du Code civil prévoient que l'auteur du dommage est **présumé responsable**. En d'autres termes : on admet quelque part que le responsable démontre que dans son chef la faute ou négligence qui peut résulter :

- d'un objet ou d'une chose que l'on a sous sa garde ou
- d'une personne dont on doit répondre

n'existe pas. En l'occurrence le législateur a néanmoins limité l'apport de cette preuve à trois cas :

- force majeure ;

- faute d'un tiers ;
- faute de la victime.

N'est donc pas responsable celui qui est présumé responsable, alors qu'il prouve que le dommage est dû :

- un cas de **force majeure** ;

Afin de pouvoir invoquer un cas de force majeure, il faut que les trois caractères suivants sont réunis en même temps :

- être extérieur,
- imprévisible et
- irrésistible.

> EXEMPLE :
> Préjudice dû à une tempête (le préjudice est dans ce cas extérieur à l'assuré qui est mis en cause, imprévisible et irrésistible).

- au fait de la victime ;

> EXEMPLE :
> Un piéton franchit le passage pour piétons alors que le feu est au rouge.

- au fait d'un tiers.

> EXEMPLE :
> En tant que cycliste, le fils de monsieur Schmit renverse une personne en glissant sur une peau de banane jetée par un piéton marchant sur le trottoir.

4.1 La responsabilité du fait d'autrui

Article 1384 du Code civil

On est responsable non seulement du dommage que l'on cause par son propre fait, mais encore de celui qui est causé par le fait de personnes dont on doit répondre, ou de choses que l'on a sous sa garde.

Le père et la mère, en tant qu'ils exercent le droit de garde, sont solidairement responsables du dommage causé par leurs enfants mineurs habitant avec eux[309].

---

309 Loi du 6 février 1975.

Les maîtres et les commettants, du dommage causé par leurs domestiques et préposés dans les fonctions auxquelles ils les ont employés.

Les artisans, du dommage causé par leurs apprentis, pendant le temps qu'ils sont sous leur surveillance[310].

La responsabilité ci-dessus a lieu, à moins que les père et mère et artisans, ne prouvent qu'ils n'ont pu empêcher le fait qui donne lieu à cette responsabilité.

La présomption de faute simple et absolue.

La présomption de faute est dite :
- **simple** lorsque la personne présumée responsable peut prouver l'absence de faute pour s'exonérer ;

> **EXEMPLE :**
> Madame Thill, qui élève seule son enfant, n'arrive pas à prouver qu'elle n'a pu empêcher le sinistre que son enfant a causé.

Ne commet pas de faute, la mère qui confie la surveillance de son enfant en bas âge à un frère de 14 ans[36].
- **absolue** ou encore **irréfragable** lorsque la personne présumée responsable n'est pas autorisée à rapporter la preuve de l'absence d'une faute. Dans le chef des maîtres et commettants, la présomption de faute est toujours absolue.

4.2 La responsabilité du fait des choses

L'alinéa 1er de l'article 1384 dispose par ailleurs :

On est responsable non seulement du dommage que l'on cause par son propre fait, mais encore de celui qui est causé par le fait d'autrui ou de choses que l'on a sous sa garde.

La présomption de responsabilité dégagée par cet alinéa est liée à la notion de **garde** de la **chose**. Est considéré comme gardien d'une chose, celui qui de manière autonome et indépendant en conserve l'**usage**, la **direction et le contrôle**.

---

310 Loi du 1er septembre 1998.
311 Diekirch 30.10.1935.

> **Exemple :**
> Ainsi n'est pas gardien d'une chose p.ex. d'un chien celui qui s'occupe du chien du voisin pendant que ce dernier est en congé, alors qu'il a reçu de son voisin des instructions relative au régime alimentaire du chien. Partant du non principe du cumul d'une garde, le propriétaire du chien en restera gardien puisqu'il ne pourra pas prouver qu'il ne l'avait plus. En effet l'instruction précise à l'adresse du voisin, relatif au régime alimentaire, a privé ce dernier de disposer du chien en toute indépendance.

Pour établir une responsabilité, il importe d'examiner le rôle qu'a joué la chose que l'on a sous sa garde : y a-t-il eu contact ou bien est-ce que la chose était inerte ?

- s'il y a eu **contact** et
  - que la chose était en **mouvement**, il y a présomption de responsabilité et aucune autre preuve particulière n'est à remporter. Un lien de causalité entre chose et le dommage est présumée,
  - que la chose était **inerte**, il n'y a présomption de responsabilité que si on rapporte soit une position soit un comportement anormal de la chose,
- s'il n'y a **pas** eu **contact** et
  - que la chose était en **mouvement ou inerte**, il n'y a présomption de responsabilité que si on rapporte soit une position soit un comportement anormal de la chose.

Le tableau suivant reprend de manière graphique les cas possibles d'engagement d'une responsabilité dont question ci-dessus.

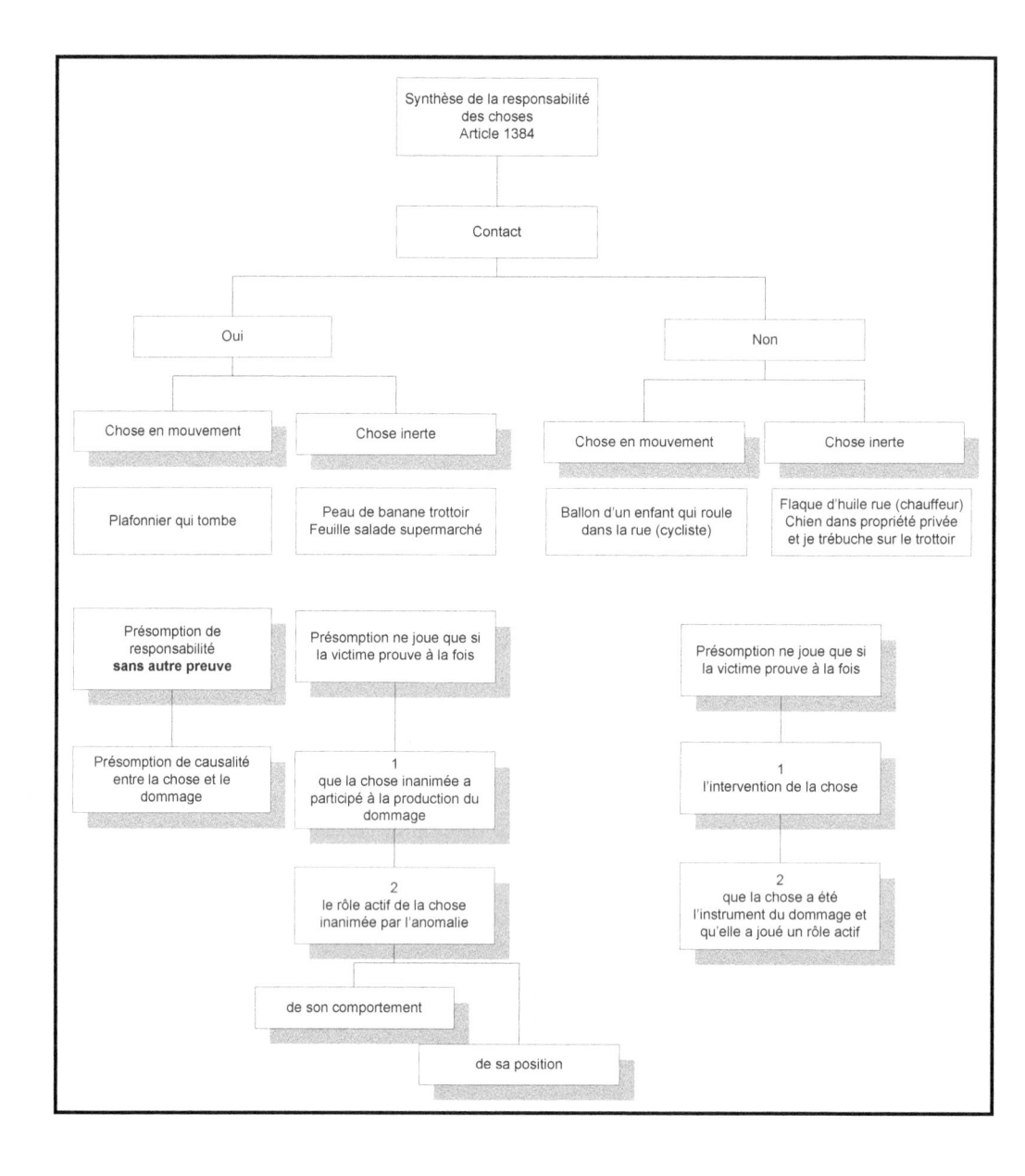

Synthèse de la responsabilité des choses
Article 1384

Contact

Oui

Chose en mouvement
Plafonnier qui tombe

- Présomption de responsabilité **sans autre preuve**
- Présomption de causalité entre la chose et le dommage

Chose inerte
Peau de banane trottoir
Feuille salade supermarché

Présomption ne joue que si la victime prouve à la fois :

1. que la chose inanimée a participé à la production du dommage
2. le rôle actif de la chose inanimée par l'anomalie
   - de son comportement
   - de sa position

Non

Chose en mouvement
Ballon d'un enfant qui roule dans la rue (cycliste)

Chose inerte
Flaque d'huile rue (chauffeur)
Chien dans propriété privée et je trébuche sur le trottoir

Présomption ne joue que si la victime prouve à la fois :

1. l'intervention de la chose
2. que la chose a été l'instrument du dommage et qu'elle a joué un rôle actif

EXEMPLES :
Un piéton franchit le passage pour piétons alors que le feu est au rouge.

CONTACT	CHOSE		EXEMPLES
	EN MOUVEMENT	INERTE	
OUI	OUI		Le pot de fleur qui tombe du rebord de la fenêtre sur un passant qui se promène
		OUI	Un fruit qui se trouve par terre dans le rayon frais d'un supermarché
NON	OUI		Le piéton qui trébuche alors qu'il veut éviter l'eau qui, d'un arrosage automatique placée sur une propriété privée, tombe partiellement sur le trottoir
		OUI	Le cycliste qui tombe en voulant éviter au dernier moment une poubelle qui se trouve dans la rue

4.3 La responsabilité du fait des animaux

La responsabilité du fait des animaux est dictée par l'article 1385 du Code civil.

Article 1385 du Code civil

Le propriétaire d'un animal, ou celui qui s'en sert, pendant qu'il est à son usage, est responsable du dommage que l'animal a causé, soit que l'animal fût sous sa garde, soit qu'il se fût égaré ou échappé[312].

La présomption de faute provient du défaut de surveillance reposant à la fois sur le propriétaire et sur celui qui s'en sert.

EXEMPLE :
Le chien des concubins Wagner et Hoffmann mord le facteur qui s'approche de la maison.
Comme le chien se trouve sur la propriété Wagner au moment des faits, les concubins Wagner et Hoffmann n'arrivent pas à s'exonérer, en invoquant un cas de force majeure, une faute de la victime ou encore le fait d'un tiers.

L'article 1385 vise tant les animaux domestiques, les animaux sauvages appropriés (p.ex. lion dans un cirque), que les animaux qui sont immeubles

---

312 La Cour d'Appel d'Aix en Provence a rendu un arrêt retenant la responsabilité du gardien pour des dommages causés par trois chevaux dont un seul lui appartenait alors que les deux autres lui avaient été confiés par un tiers Civ. 2e, 17 septembre 2009, N° 08-09.323.

par destination (abeille d'un rucher). Ne sont cependant pas visés, les animaux sauvages non appropriés (sangliers, cerfs, etc.).

4.4 La responsabilité du fait des bâtiments

La responsabilité du fait des bâtiments est dictée par l'article 1386 du Code civil.

Article 1386 du Code civil

Le propriétaire d'un bâtiment est responsable du dommage causé par sa ruine, lorsqu'elle est arrivée par une suite du défaut d'entretien ou par le vice de sa construction.

La présomption de la faute provient de l'état de ruine du bâtiment. On parle de ruine lorsqu'il est démontré qu'il y a vice de construction ou défaut d'entretien. À noter que le défaut d'entretien est assimilé à l'état de ruine résultant de la vétusté.

5– LA RESPONSABILITÉ SANS FAUTE

5.1 Le trouble de voisinage

On parle de trouble de voisinage lorsqu'il y a un déséquilibre entre l'usage des droits entre des propriétaires voisins. Est responsable d'un trouble de voisinage, celui qui cause un inconvénient **anormal** dans la relation avec son voisin en provoquant une gêne durable et répétitive due à des bruits, fumées, odeurs, diminution de l'ensoleillement et/ou de la lumière, aboiement, etc. En d'autres termes : le voisin lésé dans son droit doit invoquer une détérioration de sa qualité de vie manifestement excessive, par rapport à l'état qui existait avant la survenance de la gêne.

Le législateur définit le trouble de voisinage comme la propriété de jouir et de disposer des choses, pourvu qu'on n'en fasse pas un usage prohibé par les lois ou par les règlements ou qu'on ne cause un trouble excédant les inconvénients normaux du voisinage, rompant l'équilibre entre des droits équivalents[313].

5.2 La responsabilité de l'État et des collectivités publiques

En tant que personne morale de droit public, l'État est également tenu d'exécuter les prestations qu'on lui demande de fournir.

---

313   Art. 544 du Code civil.

L'État et les autres personnes morales de droit public sont tenus[314] de répondre, dans le cadre de leurs missions de service public, de tout dommage causé par le fonctionnement défectueux de leurs services, tant administratifs que judiciaires. L'indemnisation est due, même en l'absence de preuve du fonctionnement défectueux du service, à condition que le dommage soit spécial et exceptionnel et qu'il ne soit pas imputable à une faute de la victime.

Sont visés en particulier :
- l'État ;
- les communes ;
- les établissements publics[315].

Sur base de cette législation les établissements d'enseignement répondent des dommages causés par les élèves pendant le temps qu'ils sont sous la surveillance des enseignants et ceci :
- tant à l'intérieur ;
- qu'à l'extérieur.

En l'occurrence, on parle d'un transfert de garde légal au corps enseignant qui implique que la responsabilité des parents n'est engagée aussi longtemps que les enfants sont sous la surveillance des enseignants. Comme le texte légal vise la responsabilité de la collectivité publique tant à l'intérieur qu'à l'extérieur, sont dès lors également visés les dommages qui se produisent lors voyages, de visites, d'excursions et d'activités extra-scolaires dans la mesure où ils poursuivent un but pédagogique.

> **EXEMPLE :**
> Les lunettes du fils de monsieur Weber sont endommagées par le fils de monsieur Schmit, alors que les enfants se trouvent en classe en train de suivre une leçon de mathématique. Comme le dommage s'est produit alors que les enfants étaient sous la surveillance de l'établissement scolaire, leur responsabilité est engagée et non pas celle de monsieur Schmit.

---

314 Loi du 1er septembre 1988 relative à la responsabilité civile de l'État et des collectivités publiques publiée au Mémorial A 51 du 26 septembre 1988 pages 1000 ss.
315 P.ex. la CNAP et l'AAA.

6- VÉRIFIEZ VOS CONNAISSANCES

1) Définissez le trouble de voisinage
2) Quel est l'impact en termes de responsabilité d'une chose inerte par rapport à une chose en mouvement ?
3) Tracez le cadre juridique de la responsabilité du fait d'autrui
4) Qu'est-ce qu'on entend par un dommage esthétique ?
5) Qu'est-ce qu'on entend par présomption de responsabilité ?
6) Quelles conditions doivent être remplies pour pouvoir invoquer une responsabilité ?

Chapitre 11

L'assurance responsabilité civile

1– Remarque préliminaire	292
2– Les responsabilités pouvant être couvertes	292
3– L'objet du contrat	292
4– La notion d'assure et de tiers	293
5– L'étendue de l'assurance	294
6– Les montants garantis, limites de garanties et plafonds de garanties	297
7– L'indexation	298
8– La garantie dans le temps	298
9– L'étendue territoriale	302
10– Les exclusions	302
11– Le règlement du sinistre	303

1 – REMARQUE PRÉLIMINAIRE

L'assurance de la Responsabilité Civile est une assurance de dommages. Elle est par ailleurs à caractère **indemnitaire**, car elle a pour objet de régler la dette de responsabilité de l'assuré envers le tiers lésé. C'est pour cette raison qu'on l'appelle encore assurance de dettes.

2 – LES RESPONSABILITÉS POUVANT ÊTRE COUVERTES

L'assurance responsabilité civile peut couvrir :
- la responsabilité **extra-contractuelle** : dans ce cas, elle a pour objet de couvrir les dommages causés aux tiers et résultant d'une omission ou de la commission d'un fait ;
- la responsabilité **contractuelle**.

La responsabilité **pénale** n'est **pas assurable**.

L'étendue de la couverture de l'assurance responsabilité civile est précisée dans les Conditions Particulières.

3 – L'OBJET DU CONTRAT

L'objet du contrat est de garantir les conséquences pécuniaires de la responsabilité civile que l'assuré peut encourir à la suite de dommages corporels, matériels et immatériels causés à des tiers au cours :
- de sa vie privée ;
- de l'exercice de son activité professionnelle précisée dans les Conditions Particulières.

L'assurance responsabilité civile remplit donc une **double fonction** :
- la **garantie** des demandes fondées ;
- et la **défense** contre des demandes injustifiées.

Il résulte de ce qui précède que l'assurance de la responsabilité civile évite à l'auteur du dommage de devoir enlever de son patrimoine personnel les sommes nécessaires pour indemniser les victimes.

REMARQUE CONCERNANT LES DOMMAGES IMMATÉRIELS :

Les entreprises d'assurances n'offrent en règle générale que la couverture du seul dommage immatériel consécutif, c'est-à-dire tout préjudice pécuniaire qui est la conséquence directe de la survenance de dommages corporels ou matériels garantis et qui résulte de la privation de jouissance d'un droit ou d'une chose, de l'interruption ou de la cessation d'un service ou de la perte d'un bénéfice.

> **Exemple :**
> Le ballon du fils de monsieur Schmit casse la vitre du boulanger du coin. L'entreprise d'assurances Responsabilité Civile Vie Privée de monsieur Schmit prend en charge le dommage matériel direct, c'est-à-dire la vitre ainsi que la pâtisserie pleine de débris de verre.
> Par ailleurs, l'entreprise d'assurances payera le dommage immatériel consécutif, c'est-à-dire le manque à gagner du boulanger (produit de la vente de la pâtisserie et de la fermeture éventuelle de son magasin, en attendant le remplacement de la vitre cassée).

4 – LA NOTION D'ASSURÉ ET DE TIERS

4.1 L'assuré

L'assuré est normalement identique au preneur d'assurance.

Sont encore considérés comme assurés, en fonction de la forme de l'assurance responsabilité civile et pour autant que précisé au contrat :
- les personnes au service de l'assuré ;
- le conjoint ainsi que toute personne vivant au foyer de l'assuré.

4.2 Le tiers

Par tiers, on entend toute personne qui n'est **pas considérée comme assurée** au sens du point 4.1.

> EXCEPTION :
> En assurance Responsabilité Civile Automobile, le conducteur est considéré comme assuré et est partant exclu du bénéfice de l'assurance Responsabilité Civile du véhicule qu'il conduit.
> Or, le régime de la conduite accompagnée déroge à ce principe dans la mesure où il prévoit que l'accompagnateur est considéré comme seul conducteur. En cas d'accident responsable en régime de conduite accompagnée,

la personne qui a pris le volant devient en l'occurrence un tiers et indemnisable au titre de l'assurance Responsabilité Civile du véhicule qu'il conduit. D'un autre côté, la personne qui a pris place à côté de celui qui a pris le volant, qui est normalement considérée comme tierce personne en assurance Responsabilité Civile Automobile, perd cette qualité dans le régime de la conduite accompagnée et ne peut être indemnisée par l'assurance Responsabilité Civile du véhicule dans lequel il a pris place étant donné qu'il est considéré comme seul conducteur.

5- L'ÉTENDUE DE L'ASSURANCE

5.1 Les dommages garantis

Sont normalement couverts :
- les **dommages corporels** subis par un tiers, c'est-à-dire toute atteinte à son intégrité physique ou morale ;

> **EXEMPLE :**
> La personne qui est blessée par le pot de fleur qui tombe du balcon de madame Thill.

- les **dégâts matériels** subis par un tiers, c'est-à-dire la destruction ou détérioration d'une chose ou d'une substance. Les atteintes physiques à des animaux sont assimilées à des dommages matériels.

> **EXEMPLE :**
> Le ballon du fils Schmit casse la vitre du boulanger.

- les **dégâts immatériels**, c'est-à-dire les conséquences directes de dommages corporels ou matériels garantis et qui résultent de la privation de jouissance d'un droit ou d'une chose, de l'interruption ou de la cessation d'un service ou encore de la perte d'un bénéfice.

> **EXEMPLE :**
> Le manque à gagner du boulanger suite à la vitre cassée par le ballon du fils de monsieur Schmit.

5.2 Les événements garantis

Dans le passé les entreprises d'assurances ont limité leurs interventions aux seuls **accidents**, c'est-à-dire aux conséquences pécuniaires d'un événement **soudain**, **imprévu** et **extérieur** à la chose endommagée.

Dans les contrats actuels, cette restriction de garantie a presque disparu sauf en ce qui concerne les garanties accessoires « atteinte à l'environnement ». La référence à la notion d'accident en l'occurrence s'inscrit dans la logique de l'aléa qui constitue un élément de base de l'assurance[316] et comprend pour le surplus le principe de l'imprévisibilité dans la survenance du sinistre. Il s'ensuit que les entreprises d'assurances qui soutiennent le principe du pollueur payant, ne sont dès lors pas prêtes à couvrir les conséquences d'une pollution non accidentelle.

Pour autant que les entreprises d'assurances sont prêtes à couvrir le risque d'atteinte à l'environnement, la garantie accordée dans le cadre d'un contrat reposant sur une approche contractuelle est peu élevée. Jusqu'à un passé récent la garantie de l'assurance responsabilité civile obligatoire Responsabilité Civile Auto ne prévoyait pas de limite pour atteinte à l'environnement. Tel n'est cependant plus le cas depuis que le règlement grand-ducal pris en exécution de la loi a été adapté[317].

L'abandon de la notion d'accident dans les contrats d'assurance responsabilité civile a permis des garanties accessoires telles que :

5.2.1 *L'intoxication alimentaire*

Sont couvertes les conséquences pécuniaires de la responsabilité civile que l'assuré peut encourir à la suite de dommages corporels :

- provenant d'intoxications alimentaires ou d'empoisonnements provoqués par des boissons ou des produits alimentaires préparés et/ou fournis par lui à titre onéreux ou gratuit ;
- dus à la présence fortuite de corps étrangers dans lesdits aliments ;
- survenus dans la limite de la période de validité du contrat.

5.2.2 *L'incendie et les dégâts des eaux*

Sont couvertes les conséquences pécuniaires de la responsabilité civile que l'assuré peut encourir à la suite de dommages matériels causés aux tiers par le feu, l'explosion et l'eau, à l'exclusion cependant des dommages visés

---

316 Point 2.1. « Le risque », chapitre 2 Principes de base.
317 Règl.. g-d du 21 décembre 2012 introduit une limitation à hauteur de 2.500.000.-€ pour des dommages matériels causés par une pollution à l'environnement naturel.

aux articles 1733 et 1734 du Code civil (risque locatif qui est analysé en détail dans la branche incendie).

> **EXEMPLE :**
> Madame Muller brûle de la paille partiellement pourrie devant son abri pour chevaux. La braise est projetée dans le champ de blé avoisinant et détruit la récolte.

5.2.3 Les objets confiés

Un objet confié est un objet qui n'appartient pas à l'assuré et qui lui a été confié temporairement pour s'en servir.

Quand on parle d'objets confiés il faut néanmoins faire la distinction entre un particulier et une entreprise au sens large :
- si dans le chef d'une entreprise on vise de manière générale des objets mobiliers et immobiliers avec l'aide desquels ou sur lesquels l'assuré peut exécuter une prestation ou les utiliser
- on se limite au niveau du particulier plutôt aux objets mobiliers[318].

La couverture objet confié ne porte que sur les seuls dommages que l'assuré a pu causer à un tiers **par** ou avec l'aide de cet objet. Restent dès lors exclus les dommages causés **aux** objets confiés.

> **EXEMPLE :**
> Monsieur Weber prête sa perforeuse à monsieur Schmit qui s'en sert pour fixer une lampe devant la porte d'entrée de sa maison. Au moment de perforer un trou, monsieur Schmit fait un faux mouvement sur l'échelle et la perforeuse tombe par terre en causant au passage un dommage à la bicyclette du fils de monsieur Pereira qui se trouve avec celle de son fils devant le garage.
> Dans ce cas l'assurance de la Responsabilité Civile de monsieur Schmit prend en charge les dommages causés à la bicyclette du fils de monsieur Pereira mais pas ceux causés à la perforeuse.
> D'une manière générale on pourrait dire que l'assurance de la Responsabilité Civile prend en charge les dommages causés par l'objet confié mais pas ceux causés à l'objet confié.

---

318 Ne pas confondre objet confié et villégiature (voir cette notion).

6– LES MONTANTS GARANTIS, LIMITES DE GARANTIES ET PLAFONDS DE GARANTIES

Dans la fixation des montants garantis, l'entreprise d'assurances distingue le dommage corporel du dommage matériel.

Dans la mesure où le législateur ne prévoit pas une garantie illimitée, l'entreprise d'assurances prévoit une limitation de garantie ou un plafond de garantie :

- soit par **événement assuré** ou par sinistre auquel cas la notion de sinistre équivaut normalement à tous les dommages qui ont le même fait générateur ;
- soit **par année d'assurance**. Au cas où aucune autre mention n'est faite dans le contrat, on part du principe que la limite par année porte sur les montants assurés. Des contrats avec une limite par nombre de sinistre par année sont très rares sur le marché local voire inexistants.

Ces limitations varient à la fois en fonction des dommages (corporels et/ou matériels) et en fonction de la nature du risque.

Au cas où la dette de responsabilité dépasse le montant assuré, le surplus reste à charge du preneur d'assurance et/ou de l'assuré responsable.

> **Exemple :**
> Un assuré cause un sinistre responsable de l'ordre de 1.000.000 € alors que le montant garanti est limité à 800.000 €. Dans ce cas, il reste à charge de l'assuré responsable une part personnelle de 200.000 €.

S'il est d'usage que les entreprises d'assurances prévoient normalement des montants plus importants pour les dommages corporels que pour les dommages matériels, on trouve cependant des variantes où les montants pour dommages corporels et matériels sont identiques. En termes techniques, on parle de dommages corporels et matériels confondus.

En principe, le marché local offre un multiple de 6.250 : 625 où 6.250 représente le capital dommage corporel et 625 le capital dommage matériel. À noter encore que ce multiple varie d'entreprise d'assurances à entreprise d'assurances[319].

---

319 Ce montant provient du taux de conversion du franc luxembourgeois en euros en son temps à hauteur d'un euro équivaut à 40,3399 LUF.

7– L'INDEXATION

Pour faire face au renchérissement du coût de la vie et à l'augmentation importante du coût des sinistres, les contrats sont **indexés, sauf avis contraire** du **client**.

En cas d'indexation, les montants couverts, les primes, les franchises éventuelles ainsi que les limitations de garanties suivent le sort de l'indice.

> REMARQUE :
>
> L'indexation des sommes assurées qui entraîne par la force des choses également une indexation de la prime, n'équivaut pas à une augmentation tarifaire.

8– LA GARANTIE DANS LE TEMPS

L'intervention de l'entreprise d'assurances est dictée par la **survenance** du sinistre **pendant** la **période de couverture** du contrat et non pas par le fait générateur.

L'obligation de l'entreprise d'assurances postérieure à l'expiration du contrat est acquise pour tout dommage survenu pendant la durée du contrat, même si la réclamation est formulée après la fin du contrat.

Sauf pour les assurances de la Responsabilité Civile des véhicules terrestres automoteurs, la garantie peut être limitée aux réclamations formulées dans **les trois ans de la survenance du dommage**. Dans tous les contrats qui ne prévoient pas de limitation pour réclamer le dommage dans les trois ans de la survenance, le tiers peut réclamer le dommage à tout moment en respectant les règles relatives à la prescription légale.

Le cas général est celui où le fait générateur (FG), la survenance du dommage (SD) et la réclamation (RE) ont tous lieu pendant la durée du contrat c.à.d. entre le début du contrat (DC) et la fin du contrat (FC).

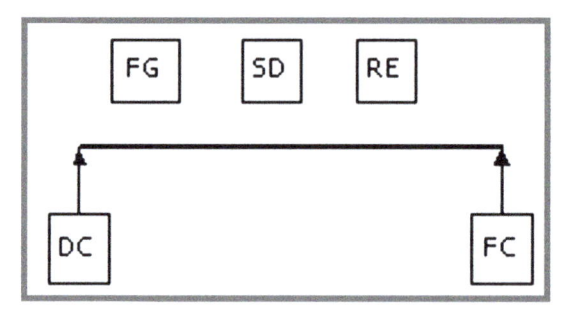

Pour la réclamation du dommage, dans la mesure où le contrat le prévoit, le législateur a prévu une limitation de trois ans pour les seuls contrats d'assurances de la Responsabilité Civile autres que ceux spécifiques à la Responsabilité Civile automobile.

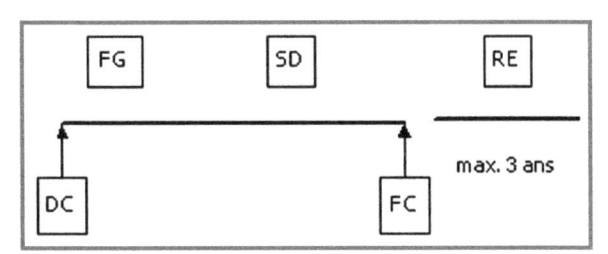

```
┌─────────────────────────────────────────────┐
│   FG           SD              RE           │
│    ↑            ↑              ────         │
│                              max. 3 ans     │
│   DC           FC                           │
└─────────────────────────────────────────────┘
```

La situation référencée ci-dessus ne représente pas de difficultés au cas où il n'y a pas de changement d'entreprise d'assurances à la fin du contrat. Si tel devait cependant être le cas, le preneur d'assurance est bien conseillé de veiller à ce :

- soit l'ancienne entreprise d'assurances couvre la postériorité pour tout dommage survenu pendant la durée du contrat au sujet duquel une réclamation a été formulée pendant un délai de 3 ans depuis la fin du contrat[320] ;
- soit la nouvelle entreprise d'assurances prenne en charge l'antériorité de la survenance d'un dommage au sujet duquel une réclamation a été introduite après la fin du contrat auprès de l'ancienne entreprise d'assurances.

```
┌───────────────────────────────────────────────────┐
│   FG    SD                                        │
│    ↑     ↑           ┌──────────────────────────┐ │
│                      │ Postériorité de l'ancienne│ │
│                 RE   │ entreprise d'assurances   │ │
│                      ├──────────────────────────┤ │
│   DC    FC           │ Antériorité de la nouvelle│ │
│                      │ entreprise d'assurances   │ │
│                      └──────────────────────────┘ │
└───────────────────────────────────────────────────┘
```

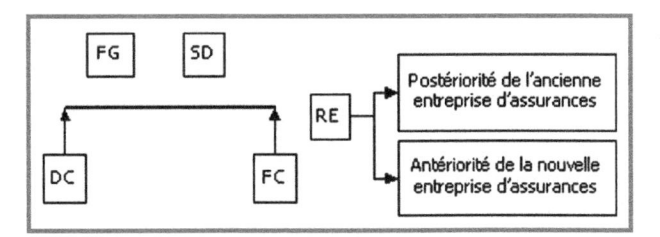

Outre la postériorité de la couverture ou de l'antériorité d'un sinistre éventuel se pose en cas de changement d'entreprise d'assurances le problème :
- des montants assurés ;
- de l'étendue de la couverture ;
- de l'étendue territoriale et
- le cas échéant, d'une franchise.

---

320 Dans l'hypothèse où le contrat prévoit une telle limitation et qu'il ne s'agisse pas d'un sinistre RC Auto. Si non la prescription légale et d'application.

On pourrait donc se trouver dans une situation où un sinistre couvert près d'une entreprise d'assurances A, au titre d'un contrat similaire, peut chez une entreprise d'assurances B être couvert :
- partiellement ;
- pas du tout ;
- moyennant application d'une franchise et/ou de sommes assurées différentes.

Le cas idéal est cependant de veiller à ce que en cas de changement d'entreprise d'assurances, on arrive à négocier des conditions identiques à celles dont on a bénéficié chez l'entreprise d'assurances avec laquelle on a décidé de ne plus vouloir travailler.

EXEMPLES :

Sans prise en charge de l'antériorité, admettons pour un contrat d'assurance de la Responsabilité Civile Vie Privée la situation suivante :
- le preneur d'assurance est assuré chez la même entreprise d'assurances ;
- un contrat d'assurance avec une période de couverture du 1er janvier 2010 au 31 décembre 2013 ;
- les lettres SD qui représentent la survenance du dommage ;
- les lettres RE qui représentent la réclamation.

CAS 1 durée du contrat 01.01.2010 - 31.12.2013				
2009	2010	2011	2012	2013
SD	RE			
15.09.2009	15.09.2010			

Ce sinistre n'est pas garanti puisque la survenance du dommage est antérieure à la prise d'effet du contrat d'assurance

CAS 2 durée du contrat 01.01.2010 - 31.12.2013				
2010		2011	2012	2013
SD	RE			
04.07	15.09			

Ce sinistre est garanti puisque tant la survenance du dommage que la réclamation se situent pendant la durée du contrat

CAS 3			
durée du contrat 01.01.2010 - 31.12.2013			
2010-2014	2015	2016	2017
SD		RE	
15.09.2013		11.11.	
Ce sinistre n'est pas garanti puisque le délai entre la date de survenance du dommage et la date de réclamation est supérieur à 3 ans			

CAS 4			
durée du contrat 01.01.2010 - 31.12.2013			
2010-2014	2015	2016	2017
SD		RE	
06.12.2013		04.11.	
Ce sinistre est garanti puisque le délai entre la date de survenance du dommage et la date de réclamation est inférieur à 3 ans			

RAPPEL :

Le législateur met l'accent sur la **survenance** du dommage et non pas sur le fait générateur.

FAIT GÉNÉRATEUR	SURVENANCE	DÉLAI DE RÉCLAMATION
sans influence	déterminante	si **convenu** : 3 ans
		si **non convenu** : prescription légale

REMARQUE :

Comme le présent ouvrage ne traite que de l'assurance du particulier dans l'optique d'un dommage dont un assuré pourrait être rendu responsable en sa qualité de personne privée, le point spécifique à la garantie dans le temps en RC ne porte que sur l'environnement de l'événement dommageable. L'auteur n'examine dès lors pas les autres environnements tels que claims made, spécifiques à certains métiers etc.

9 – L'ÉTENDUE TERRITORIALE

On rencontre 4 formes d'étendues territoriales qui varient à la fois en fonction des entreprises d'assurances et en fonction de la forme d'assurance Responsabilité Civile.

- le monde entier (principalement en RC Vie Privée) ;
- le monde entier sauf les USA et le CANADA (Responsabilité Civile Exploitation et Produit) ;
- l'Europe avec extension au monde entier si le séjour est inférieur à 3 mois ;
- l'Europe sauf les pays de l'Est.

REMARQUE :

Par pays de l'Est, on entendait jusqu'au début des années 90 les pays derrière le « rideau de fer ». Compte tenu de l'évolution politique dans ces pays ainsi que de l'extension de l'Union Européenne, les entreprises d'assurances ont tendance à ne plus employer la formulation « pays de l'Est » mais préfèrent une énumération des pays qu'ils entendent couvrir.

10 – LES EXCLUSIONS

Les exclusions générales sont applicables à toutes les formes d'assurance Responsabilité Civile. Elles se cumulent avec les exclusions spécifiques pour telle ou telle forme d'assurance.

Les entreprises d'assurances ne prennent pas en charge les dommages causés :

10.1 D'une manière générale

- par des sinistres causés de manière intentionnelle ou dolosive ;
- alors que l'origine remonte à une faute lourde énumérée dans le contrat ;

REMARQUE :

Afin de pouvoir l'invoquer en cas de sinistre, l'entreprise d'assurances est donc obligée d'énumérer dans le contrat ce qu'il entend par une faute lourde. En l'absence d'un relevé légal de ce qu'il faut entendre par faute grave, l'entreprise d'assurance peut donc conventionnellement les énumérer sans pour autant violer les règles d'ordre public ou de droit strict.

- par ou lors d'une guerre étrangère, une guerre civile, des actes de terrorisme et de sabotage commis dans le cadre d'actions

concertées de terrorisme ou de sabotage, des mouvements populaires, d'une grève et un lock-out (à noter qu'il appartient cependant à l'entreprise d'assurances de prouver que le sinistre résulte d'un de ces faits) ;
- par le risque atomique ;
- lors d'une rixe, un paris, un défi, une provocation ou une agression ;
- lors de la participation à des courses et compétitions (y compris les épreuves préparatoires) ;
- à des objets loués, pris en fermage, empruntés, qui font l'objet d'un contrat de garde ou de dépôt ou même d'une simple détention ;
- un sinistre dont la couverture repose sur une assurance rendue obligatoire par le législateur.

10.2 De manière spécifique
- une atteinte aux objets (meubles, immeubles et animaux) confiés à quelque titre que ce soit ;
- l'action prévisible, c'est-à-dire les dommages qui sont inévitables et prévisibles ;
- certains engins ;
- la pollution.

Sauf convention expresse stipulée aux Conditions Particulières, sont également exclus les dommages immatériels non consécutifs à un dommage couvert.

Les exclusions du point 10.2 peuvent néanmoins, de cas en cas, être assurées moyennant supplément de prime et mention afférente dans les Conditions Particulières.

11- LE RÈGLEMENT DU SINISTRE

11.1 La reconnaissance de la matérialité des faits / Constat

En principe, la reconnaissance de la simple matérialité des faits n'est pas assimilée à une reconnaissance de responsabilité.

Aucune reconnaissance, aucune transaction, aucune fixation de dommage, aucun paiement fait par l'assuré sans l'autorisation écrite de l'entreprise d'assurances n'engage celle-ci, ni ne lui est opposable. L'aveu de la matérialité des faits ne pourra être assimilé à la reconnaissance d'une responsabilité.

> **EXEMPLE :**
> Le constat amiable rempli à la suite d'un accident de la circulation constatant la matérialité des faits.

11.2 L'action directe de la victime

Les tiers lésés et leurs ayants droit ont une action directe contre l'entreprise d'assurances pour faire valoir leurs droits et privilèges[321].

> **EXEMPLE :**
> Le constat amiable rempli à la suite d'un accident de la circulation constatant la matérialité des faits.

> **EXEMPLE :**
> Le fils de monsieur Schmit casse les lunettes de la fille de Madame Thill. Dans ce cas, madame Thill peut s'adresser directement à l'entreprise d'assurances de monsieur Schmit pour obtenir la réparation de son préjudice.

L'action directe a pour objet de donner non seulement la possibilité à la victime de s'adresser directement à l'entreprise d'assurances du responsable mais la met encore à l'abri d'une éventuelle déchéance dans le chef du responsable. Rappelons que l'entreprise d'assurances ne saurait invoquer une déchéance qu'en raison de l'inexécution d'une obligation contractuelle et pour autant qu'elle soit en relation directe avec la survenance du sinistre.

Par **déchéance**, il y a lieu d'entendre la **perte** du **droit** à la garantie pour des irrégularités ou des fautes commises par le preneur d'assurance et/ou l'assuré.

L'indemnité due par l'entreprise d'assurances est acquise à la personne lésée, à l'exclusion des autres créanciers de l'assuré.

11.3 Si une responsabilité est mise en cause

En cas d'action mettant en cause une responsabilité assurée, l'entreprise d'assurances, dans la limite de sa garantie :
- devant les juridictions **civiles** ou **commerciales**, dans la mesure où les intérêts de l'entreprise d'assurances et de l'assuré coïncident, l'entreprise d'assurances peut, à la place de l'assuré, diriger

---

321 Art. 89 LCA.

le procès et exercer toutes voies de recours. L'entreprise d'assurances peut indemniser la victime.

L'intervention de l'entreprise d'assurances n'implique aucune reconnaissance de responsabilité dans le chef de l'assuré et ne peut lui causer un préjudice.

- devant les juridictions **pénales**, si la ou les victimes n'ont pas été désintéressées, l'entreprise d'assurances a la faculté, avec l'accord de l'assuré, de diriger la défense sur le plan pénal ou de s'y associer.

Les amendes ainsi que les frais et dépens de la poursuite pénale ne sont jamais à la charge de l'entreprise d'assurances.

Les frais et honoraires de l'avocat choisi par l'entreprise d'assurances sont toujours à la charge de l'entreprise d'assurances.

11.4 La transmission des pièces

Tout acte judiciaire ou extra-judiciaire en relation avec un sinistre doit être transmis à l'entreprise d'assurances dès sa notification, sa signification ou sa remise à l'assuré. À défaut de ce faire, l'assuré doit réparer le préjudice éventuel qui en résultera pour l'entreprise d'assurances.

11.5 Le défaut de comparaître

Si l'assuré pour cause de négligence ne comparaît pas à une mesure d'instruction ordonnée par le tribunal, il doit réparer le préjudice éventuel qui en résultera pour l'entreprise d'assurances.

11.6 Le montant du sinistre

L'assuré donne plein pouvoir à l'entreprise d'assurances pour régler le sinistre pour son compte et ne peut contester le montant des indemnités en principal, frais et intérêts.

L'indemnité et les intérêts afférents que l'entreprise d'assurances sera appelée à verser ne saurait dépasser le montant de la garantie. Tout montant qui est dû au-delà de la garantie du contrat reste à charge de l'assuré.

11.7 La libre disposition de l'indemnité

La personne lésée dispose librement de l'indemnité due par l'entreprise d'assurances[322]. Le montant de l'indemnité ne peut en aucun cas varier en fonction de l'usage que la victime en fera.

---

322 Art. 86 LCA.

L'entreprise d'assurances ne pourra en aucun cas diminuer l'indemnité au cas où la victime ne remplace pas ou ne répare pas l'objet endommagé[323].

11.8 La quittance pour solde de compte

Toute quittance, qu'elle soit pour solde partiel ou pour tout compte, doit mentionner le(s) élément(s) du dommage au(x)quel(s) elle se réfère[324].

La signature d'une quittance pour solde de compte partiel ou solde pour tout compte n'entraîne en effet pas une renonciation, pour un dommage ou une partie de dommage qu'il reste à déterminer.

L'entreprise d'assurances est donc obligée de signaler sur la quittance le ou les postes au(x)quel(s) se réfère le montant repris sur la quittance.

Si en recourant à la quittance pour solde, la victime garde une réserve d'avenir pour tous les postes qui ne sont pas énumérées sur la ou les quittances, ce droit n'est plus possible au cas où les parties recourent à une transaction. Rappelons pour mémoire que dans le cadre de la transaction les parties font des concessions réciproques et mettent définitivement fin au dossier sinistre.

11.9 L'indemnisation par l'assuré

Le preneur d'assurance ou l'assuré ne peut pas faire de promesse d'indemnisation à la victime. Une telle promesse ne saurait engager l'entreprise d'assurances et ne lui est pas opposable.

La simple reconnaissance de la matérialité des faits par l'assuré et la prise en charge des premiers soins pécuniaires de ses soins médicaux immédiats ne peuvent cependant être considérés comme étant préjudiciables à l'entreprise d'assurances.

11.10 Le droit propre de la personne lésée

Afin de protéger la victime contre un risque d'insolvabilité de l'assuré, le législateur a introduit le principe selon lequel toute indemnité due par l'entreprise d'assurances est acquise à la personne lésée à l'exclusion de tout autre créancier[325].

Il s'ensuit que personne d'autre que la victime ou, ses ayants droit n'ont droit à l'indemnisation.

---

323 Ne pas confondre avec une diminution de l'indemnité en cas non reconstruction d'un immeuble en l'absence d'un juste motif ou d'une cause étrangère en assurance incendie.
324 Art. 87 LCA.
325 Art. 89 LCA.

11.11 L'opposabilité des exceptions, nullités et déchéances

Le législateur fait la distinction entre les assurances de Responsabilité Civile rendues obligatoires par la loi et les autres assurances de Responsabilité Civile.

Pour les **assurances obligatoires**, les exceptions, nullités et déchéances trouvant leur cause dans un fait antérieur ou postérieur au sinistre, sont **inopposables** à la personne lésée[326]. Restent cependant opposables l'annulation, la résiliation, l'expiration ou la suspension du contrat, intervenues avant la survenance du sinistre.

Pour les autres assurances de Responsabilité Civile, sont seulement opposables à la personne lésée les exceptions, nullités et déchéances qui trouvent leur cause dans un fait antérieur au sinistre.

11.12 Le recours contre le preneur d'assurance

S'il s'avère que l'entreprise d'assurances aurait pu refuser ou réduire son intervention, elle peut exercer un recours contre le preneur d'assurance ou l'assuré[327].

L'entreprise d'assurances ne peut cependant exercer un recours que si elle :
- se réserve ce droit de recours dans une convention expresse ;
- avise le preneur ou l'assuré autre que le preneur de son intention d'exercer un recours, dès qu'elle a connaissance des faits qui justifient un recours.

Le législateur prévoit en l'occurrence qu'une action récursoire de la part de l'entreprise d'assurances contre son preneur ou assuré ne peut se faire qu'à condition qu'elle soit contractuellement prévue entre parties. Cette condition présupposée, le recours de l'entreprise d'assurances permet de rééquilibrer le rapport de force entre cette dernière et son preneur ou assuré pour les indemnités versées dans le contexte de la protection de la victime sous le couvert de l'inopposabilité d'une exception.

11.13 Intervention dans la procédure

Un jugement ne peut être opposé à l'entreprise d'assurances, à l'assuré ou à la personne lésée que s'ils ont été présents ou appelés à l'instance. Toutefois s'il est établi que l'entreprise d'assurances a assumé la direction du procès, le jugement qui est rendu dans une instance entre la personne lésée et l'assuré, peut lui être opposé[328].

---

326 Art. 90 LCA.
327 Art. 91 LCA.
328 Art. 92 al. 1er LCA.

Lorsque la personne lésée intente :
- un procès,
- une procédure de médiation,

contre l'assuré, l'entreprise d'assurances peut intervenir volontairement.

REMARQUE :

En accordant à l'entreprise d'assurances la possibilité d'une intervention volontaire dans une procédure de médiation, le législateur a voulu promouvoir le règlement extrajudiciaire d'un litige et en particulier la médiation.

Si la personne lésée intente une action contre l'entreprise d'assurances, celle-ci peut appeler son assuré à la cause de ce procès.

Dans tout procès intenté contre l'entreprise d'assurances ou l'assuré, le preneur d'assurance, s'il est une personne autre que l'assuré, peut intervenir volontairement ou être mis en cause dans le procès.

Au cas où le procès contre l'assuré devait être porté devant une juridiction répressive, la personne lésée ou l'assuré peut mettre en cause l'entreprise d'assurances dans les mêmes conditions que si l'affaire était portée devant une juridiction civile. Dans ce cas, la juridiction répressive ne peut cependant pas statuer sur les droits que l'entreprise d'assurances pourra faire valoir contre son assuré respectivement son preneur d'assurance.

Chapitre 12

Formes d'assurances de responsabilité civile

1– Les assurances de responsabilité civile du particulier 310
2– L'assurance responsabilité civile des entreprises
   et des prestataires de services 318
3– L'assurance responsabilité civile après livraison/travaux 325
4– La responsabilité de l'État et des collectivités publiques 328

I – LES ASSURANCES DE RESPONSABILITÉ CIVILE DU PARTICULIER

1.1 L'assurance responsabilité civile Vie Privée

Le libellé de cette assurance varie d'entreprise d'assurances à entreprise d'assurances. On retrouve notamment les noms suivants :
- assurance Responsabilité Civile Vie Privée ;
- assurance Responsabilité Civile Familiale ;
- assurance Responsabilité Civile du Particulier.

Comme les demandes en réparation ont tendance à porter sur des points relevant de l'intégralité du patrimoine de l'assuré au sens large, les entreprises d'assurances élargissent l'étendue des garanties en conséquence. C'est ainsi qu'on trouve des garanties qui tiennent compte à la fois de tout ce qui englobe l'immobilier et le mobilier de l'assuré et tout ce qui concerne son loisir. S'agissant en l'occurrence d'une assurance non obligatoire, l'étendue des garanties varie d'entreprise d'assurances à entreprise d'assurances.

1.1.1 *La base légale*

L'assurance Responsabilité Civile Vie Privée n'est pas obligatoire au Grand-Duché de Luxembourg.

1.1.2 *Les personnes assurées*

Ce sont l'assuré, son conjoint ainsi que toute personne vivant au foyer du preneur d'assurance. En ce qui concerne les enfants vivant ailleurs (p.ex. pour études), ils sont couverts tant qu'ils sont entretenus par leurs parents.

> REMARQUE :
>
> Compte tenu de la multitude des formes de cohabitation autres que celles par les liens du mariage, certains problèmes peuvent se poser au niveau des enfants du conjoint ou partenaire cohabitant qui n'habitent pas au foyer du preneur d'assurance. Le marché diffère sur cette approche : alors que certaines entreprises d'assurances couvrent les enfants vivant partiellement dans des endroits différents, d'autres n'ont rien prévu de particulier à ce sujet. D'autres encore lient la couverture à certaines conditions telles que ces enfants ne doivent pas poursuivre une activité rémunérée, ne pas être mariés, etc.

1.1.3 *La garantie normale*

La responsabilité du particulier est encourue :
- du fait **personnel** sur base des articles **1382** et **1383** du Code Civil en tant que :

- piéton ;
- cycliste ;
- sportif.

Rappelons qu'il incombe à la **victime de rapporter la preuve du dommage subi**.

- ■ du fait **d'autrui** dont on doit répondre sur base de l'article **1384** du Code Civil en tant que chef de famille ;
  - du fait de **choses** que l'on a sous sa garde ;
  - sur base de l'article 1384 du Code Civil en tant que :
    - ○ propriétaire, détenteur ou gardien de mobilier de maison ;
    - ○ détenteur d'armes ;
  - sur base de l'article 1385 du Code Civil en tant que propriétaire d'animaux domestiques ou sauvages appropriés ;

  REMARQUE :

  Le législateur a rendu obligatoire la remise à l'administration communale d'une attestation certifiant la couverture de la responsabilité civile du détenteur du chien pour les dommages causés aux tiers par l'animal. La couverture de ce risque est normalement comprise dans la couverture de l'assurance Responsabilité Civile Vie Privée. Il est néanmoins recommandé de se renseigner d'avantage auprès de son entreprise d'assurances et plus particulièrement en ce qui concerne la couverture de chiens en nombre élevé et de chiens considérés comme dangereux au sens de la loi.
  L'élevage de chiens, étant considéré comme une activité commerciale au sens large du terme, n'est en principe pas couvert par l'assurance de la Responsabilité Civile Vie Privée. En l'occurrence, il y a lieu de souscrire une assurance Responsabilité Civile exploitation.

- ■ sur base de l'article **1386** du Code Civil en tant que propriétaire de maison.

Rappelons encore que, pour les responsabilités résultant des articles 1384-1386, c'est **l'assuré qui est présumé responsable**.

REMARQUE :

Il arrive fréquemment que quelqu'un est responsable de la destruction ou de l'endommagement d'un objet destiné à la vente et exposé dans des magasins. Dans ces cas, il est d'usage que le commerçant demande l'indemnisation de cet objet sur place comme si cet objet avait été acheté.
Une telle demande est certes légitime dans le chef du commerçant. Il est néanmoins déconseillé de répondre à une telle demande sur place puisque le prix ainsi réclamé tient compte de la marge bénéficiaire et de la TVA. Le dédommagement serait donc supérieur au dommage effectif.
Dans un cas pareil, il est préférable de laisser vos coordonnées et l'adresse de votre entreprise d'assurances auprès de laquelle vous signalerez le sinistre et à qui le commerçant peut pour le surplus faire valoir ses prétentions, pièces à l'appui.

Même s'il n'en est pas fait spécifiquement mention dans les contrats locaux, les dommages consécutifs à un trouble de voisinage sur base de l'article 544 du Code Civil sont couverts pour autant qu'ils sont la conséquence d'un dommage corporel ou matériel couvert et qu'ils ne reposent pas sur une base contractuelle entre parties.

1.1.4 *Les garanties accessoires*[329]

- l'assurance Défense et Recours ;
- les dommages causés par des animaux de race chevaline ;
- le vol par des enfants et la disparition de choses appartenant à des tiers.

Dans l'intérêt d'une protection optimale de leurs clients, certaines entreprises d'assurances incluent la garantie défense et recours d'office dans la garantie normale. Partant du principe qu'on ne peut pas imposer une couverture à quelqu'un, à la demande du preneur d'assurance, cette extension de garantie peut néanmoins de nouveau être retirée de la couverture.

> REMARQUE :
>
> Certaines entreprises d'assurances emploient en ce qui concerne les animaux de race chevaline la terminologie de chevaux de selle et distinguent suivant que l'assuré est propriétaire ou non de l'animal. Par ailleurs, on rencontre des contrats dans lesquels les poneys jusqu'à un maximum de 1,48 m au garrot sont couverts d'office. Des précisions sur les ânes qui sont à classer dans la catégorie des équidés et dont la hauteur moyenne au garrot est inférieure à 1,48 m font par contre défaut dans la plupart des contrats. Les personnes concernées sont donc bien conseillées de s'informer auprès de leurs entreprises d'assurances.

1.1.5 *Les exclusions spécifiques*

Sont exclus les dommages :
- résultant d'une obligation contractuelle et ceux survenus dans l'exécution d'une activité professionnelle ;
- encourus à la suite d'une assurance Responsabilité Civile obligatoire (ex. RC Chasse, RC Automobile,...) ;
- survenus lors du service militaire de l'assuré ;
- survenus lors d'une activité professionnelle ;
- résultant de dommages causés par des immeubles dépassant une certaine superficie attenants ou non au bâtiment assuré[330].

---

329 En l'occurrence il s'agit de garanties normalement exclues mais qu'on peut assurer moyennant un supplément de prime et insertion dans les Conditions Particulières.
330 La superficie varie d'entreprise d'assurances à entreprise d'assurances. En moyenne, on rencontre une superficie de 1 hectare.

REMARQUE :

Même si les assurances de la Responsabilité Civile Vie Privée au Luxembourg ne parlent pas de l'enfant ayant atteint l'âge du discernement nécessaire, la tendance dans les pays limitrophes est d'exclure les dommages consécutifs à une faute intentionnelle d'un assuré qui a atteint l'âge de 16 ans[331].

Dicté par le principe de la prudence élémentaire et le fait que l'auteur du dommage devrait être conscient des conséquences de ses actes, certaines entreprises d'assurances excluent les dommages qui sont la conséquence d'une maladie contagieuse. Cette formulation est très vague et nécessiterait dans l'optique de l'auteur d'une précision. Vise-t-on toutes maladies contagieuses confondues ou seulement les maladies infectieuses ou parasitaires auxquelles se trouve exposé l'ensemble de la population ou bien celles transmises de manière inconsciente ou en connaissance de cause telles que le Sida p.ex. ? Au cas où on vise toutes maladies contagieuses confondues, la couverture exclut dès lors également les conséquences éventuelles de la transmission d'homme à homme du virus de la grippe aviaire ou porcine, par exemple.

1.1.6 La tarification

Le tarif est un forfait à la fois pour la garantie normale ainsi que pour les garanties accessoires possibles.

1.2 L'assurance responsabilité civile propriétaire d'immeuble

1.2.1 La base légale

Cette assurance n'est pas obligatoire au Grand-Duché de Luxembourg.

1.2.2 Les personnes assurées

Est assuré, le propriétaire de l'immeuble qui peut être une personne physique ou une personne morale.

Le contrat est souscrit par le propriétaire :
- non-occupant pour un immeuble donné en location ;
- occupant pour un immeuble non occupé à titre continu (p.ex. seconde résidence).

REMARQUE :

L'assurance RC Vie Privée couvre, dans la garantie normale, le volet propriétaire d'immeuble de l'immeuble régulièrement occupé.

---

331 En Belgique les juges retiennent pour le discernement proprement dit l'âge entre 7 et 9 années.

I.2.3 La garantie normale

L'assurance Responsabilité Civile propriétaire d'immeuble couvre les suites des dommages causés à des tiers du fait :
- de la propriété d'immeubles bâtis ou non bâtis ;
- de menus travaux à ou dans ces immeubles ;
- d'installations techniques autres qu'ascenseur et monte-charge ;
- d'atteintes accidentelles à l'environnement.

La Responsabilité Civile propriétaire d'immeuble est :
- **extra-contractuelle**
  - (article 1384 Code Civil) pour les personnes engagées pour l'entretien de l'immeuble ou encore du chef du matériel mis à leur disposition pour l'entretien et le fonctionnement de cet immeuble ;
  - (article 1386 Code Civil) du fait de l'état de ruine à la suite d'un défaut d'entretien ou d'un vice de construction.

> **EXEMPLE :**
> La rupture ou l'effondrement d'un plancher ou d'un plafond.

- **contractuelle**
  - du chef de la propriété d'un bâtiment donné en location ;
  - (article 1719 Code Civil) pour troubles de jouissance dans le chef du locataire ;
  - (article 1721 Code Civil) pour répondre de tous vices et défauts de la chose louée empêchant l'usage de ses locaux.

I.2.4 Les garanties accessoires

- l'assurance Défense et Recours ;
- la garantie pour ascenseur et monte-charge.

I.2.5 Les exclusions spécifiques

Sont exclus, les dommages :
- suite au vol et à la disparition de choses appartenant à des tiers ;
- relevant d'une assurance construction[332].

---

332   Art. 2270 Code Civil relatif à la garantie biennale et art. 1792 du Code Civil relatif à la garantie décennale.

1.2.6 La tarification

La tarification est forfaitaire en fonction de la superficie et/ou du nombre d'étages de l'immeuble, de son usage et du nombre d'ascenseurs et/ou monte-charges.

1.3 L'assurance responsabilités civiles obligatoires relatives à certains sports

1.3.1 La base légale

Le législateur, soucieux de la protection des victimes ainsi que du patrimoine du particulier, a introduit une obligation d'assurance Responsabilité Civile pour la pratique de certains sports, notamment :
- la RC Chasse ;
- la RC Bâtiments de plaisance (y compris les surfs) ;
- la RC Parachutiste.

1.3.2 Les personnes assurées et les garanties normales

L'assurance couvre :

Chasse

L'assurance couvre les dommages causés à des tiers à raison d'accidents causés par le preneur :
- par un acte de chasse ;
- par une arme de chasse à l'occasion d'une chasse, lors du transport pour s'y rendre et retourner à domicile ainsi que lors du nettoyage à domicile de l'arme ;
- en tant qu'organisateur de parties de chasse pour des dommages causés par les invités ou autres personnes pour lesquelles il pourrait être reconnu civilement responsable ;
- comme propriétaire, détenteur ou usager de matériel de chasse y compris de miradors de chasse ;
- comme propriétaire et/ou détenteur de chiens de chasse ;
- pour le personnel à son service à l'occasion de la chasse et activités y relatives ;
- par un feu ou une explosion sur le terrain de chasse lors d'une partie de chasse ou d'une activité y relative ;
- par de produits toxiques autorisés[333].

---

333 Annexe aux conditions générales pour l'assurance de la RC Chasse sur base de l'art. 66 de la loi du 25 mai 2011 (règlement grand-ducal du 13 mars 2013).

Par **tiers** au sens de la présente il y a lieu d'entendre toute personne autre que :
- le preneur
- le conjoint du preneur non séparé de corps et de fait, les partenaires ainsi que les parents et alliés en ligne directe de ces mêmes personnes. Les dommages corporels de ces personnes sont néanmoins couverts s'ils résultent d'un accident lors de l'utilisation de l'arme de chasse lors d'une partie de chasse ;
- les personnes qui bénéficient de lois spéciales sur la réparation de dommages issus d'un accident du travail à moins qu'elles conservent une action en responsabilité contre l'assuré.

Le rabatteur non salarié qui a subi des dommages corporels est néanmoins considéré comme tiers. Il s'en suit qu'un rabatteur salarié, en tant que victime, est exclu du bénéfice de l'assurance responsabilité civile chasse – d'où la question de ce qu'il faut entendre par salaire. S'agit-il d'une personne dûment enregistrée auprès du Centre commun de la sécurité sociale liée par un contrat de travail, une subordination permanente qui fournit un travail qui repose sur des instructions précises, où bien vise t'on une rémunération quelconque récurrente ou non ?

Bâtiments de plaisance

L'assurance couvre l'assuré lors de la pratique du sport spécifié et étend la garantie automatiquement à la pollution accidentelle de l'eau par hydrocarbures. Par bâtiment de plaisance, il y a lieu d'entendre une embarcation à voile ou à moteur utilisée dans un but récréatif et non lucratif.

Parachutisme

Une ou plusieurs assurances doivent couvrir les responsabilités suivantes :
- en ce qui concerne l'organisateur et toutes les personnes qui concourent à l'organisation : la responsabilité à l'égard des participants, des spectateurs et des tiers ;
- en ce qui concerne les parachutistes : la responsabilité à l'égard des spectateurs et des tiers ;
- en ce qui concerne le propriétaire de l'avion servant au largage des parachutistes ainsi que de son pilote : la responsabilité à l'égard des parachutistes, des spectateurs et des tiers.

1.3.3 *Les garanties accessoires*

Bâtiment de plaisance
- l'assurance Défense et Recours ;
- la navigation en haute mer ;

- le ski nautique ;
- la location de bâtiments de plaisance.

1.3.4 Les exclusions spécifiques

Sont exclus de l'assurance :

Chasse

- l'emploi de produits toxiques non autorisés ;
- les dommages causés par le gibier aux cultures et plantations ;
- sauf convention contraire, la responsabilité civile découlant de la propriété d'abris de chasse ;
- les rabatteurs salariés.

Bâtiment de plaisance

- sauf convention contraire aux Conditions Particulières, la participation à des courses et compétitions ;
- les dommages aux marchandises et objets transportés ;
- les dommages résultant du transport terrestre des bâtiments de plaisance.

1.3.5 L'autorisation légale

L'autorisation légale est matérialisée par :

- l'émission d'un permis annuel de chasse en assurance RC Chasse. L'attestation d'assurance requise pour la délivrance d'un permis de chasser doit couvrir toute la période pour laquelle le permis à délivrer est valable. Au cas ou le contrat d'assurance prendrait fin avant la date inscrite sur l'attestation de l'assurance, cette fin ne produit ses effets qu'après le trentième jour suivant la notification qui en est faite au ministre par lettre recommandée[334].
- la délivrance d'une matricule accompagnée d'un certificat d'assurance en assurance RC Bâtiments de Plaisance.

1.3.6 L'étendue territoriale

L'assurance est valable dans les pays suivants :

Chasse

Toute l'Europe, sauf en : Albanie, Bulgarie, Grèce, Hongrie, Pologne, Roumanie, U.R.S.S., Tchécoslovaquie, Turquie et Yougoslavie.

---

334 Art. 66 de la loi du 25 mai 2011 relative à la chasse.

REMARQUE :

Le législateur ne s'est pas encore prononcé quant aux nouvelles dénominations des anciens pays URSS, Tchécoslovaquie et Yougoslavie. Sont donc exclus les pays ayant fait partie de ces pays en son temps.

Bâtiments de plaisance

La garantie de l'assurance doit au minimum être valable pour tous les plans d'eau du territoire du Grand-Duché de Luxembourg ouverts à la navigation.

Parachutisme

La garantie de l'assurance doit au minimum être valable pour les descentes en parachute effectuées dans l'espace aérien luxembourgeois à partir d'un aéronef, sauf celles dictées en cas de force majeure ou effectuées dans le cadre d'une opération de sauvetage.

1.3.7 *La tarification*

- **Chasse** : forfait.
- **Bâtiments de plaisance** : la tarification varie en fonction de l'embarcation (bateau à voile, à moteur ou surf).
- **Parachutisme** : forfait par participant.

2– L'ASSURANCE RESPONSABILITÉ CIVILE DES ENTREPRISES ET DES PRESTATAIRES DE SERVICES

REMARQUE :

Ce point ne traite pas directement des assurances du particulier. Il se pourrait néanmoins que le particulier soit victime d'un sinistre dont une entreprise est responsable. Dans ce cas, il est utile de connaître un peu le mécanisme des ces assurances.

L'assurance **RC Entreprises est fonction du secteur d'activité**. Les principaux secteurs sont :

- le secteur du bâtiment ainsi que les activités connexes ;
- les artisans et commerçants ;
- les commerces ;
- les agriculteurs, viticulteurs et sylviculteurs.

Chez les prestataires de services, les principaux secteurs sont :

- les professions médicales et paramédicales ;
- HORESCA : hôtellerie, restaurants et cafés ;

- conseil juridique ;
- architectes et ingénieurs conseils.

2.1 Les personnes assurées et les garanties normales

Sont assurés le preneur d'assurance, son personnel salarié ainsi que les personnes occasionnellement à son service.

La responsabilité est engagée vis-à-vis des :
- tiers, comme en RC Vie Privée, sur base des articles *1382-1386* du Code Civil ;
- des salariés ;
- des clients sur base de la responsabilité contractuelle à la suite d'objets confiés pour être travaillés ou encore de celle après l'exécution de travaux ou après livraison.

La **garantie normale** porte sur :
- les dommages corporels, matériels ainsi que les dommages immatériels consécutifs à des dommages matériels couverts, inhérents à l'activité décrite dans les Conditions Particulières ;
- le recours des Assurances Sociales (article 116 CAS)[335] ;
- les dommages survenus dans ou du fait des points de vente et/ou des immeubles dont le preneur d'assurance est propriétaire ou locataire.

2.2 Les garanties accessoires

En fonction de l'entreprise d'assurances, ces garanties sont, soit comprises d'office, soit payables en tant que garanties accessoires :
- vol par préposés ;
- chariots élévateurs et autres engins ;
- atteintes accidentelles à l'environnement ;
- véhicules déplacés ;
- objets confiés.

Sur le marché local, on entend par « **objets confiés** » les dommages causés à des biens qui sont confiés pour réparation, entretien ou transformation dans le cadre des activités décrites aux Conditions Particulières.

---

335 L'article 116 CAS stipule qu'en cas de **faute grave** de l'**employeur**, l'employé sera indemnisé par l'assurance sociale, mais cette dernière exercera un recours contre l'employeur. En d'autres termes : les indemnités payées par l'assurance sociale doivent être intégralement remboursées par l'employeur. Une faute grave de l'employeur est supposée, lorsque celui-ci ou l'un de ses représentants a été condamné irrévocablement à une peine d'emprisonnement d'au moins 8 jours ;

Restent cependant exclus les dommages autres que ceux résultant d'une activité de réparation ou de transformation ainsi que les dommages patrimoniaux, c'est-à-dire ceux qui affectent le patrimoine tel que manque à gagner et frais exposés.

La garantie est accordée par sinistre et par année d'assurance.

Une franchise non négligeable incite l'assuré à prudence.

> **Exemple :**
> Monsieur Schmit confie son caméscope à une maison spécialisée pour faire procéder à une réparation. Lorsque son caméscope lui est rendu, il constate qu'il ne fonctionne plus du tout. Le réparateur répond des dégâts causés autres que ceux dont l'objet était déjà affecté, lorsqu'il en a pris possession pour réparation.

2.3 Les exclusions spécifiques

Outre les exclusions normales, sont toujours exclus les dommages à la suite de l'action lente et progressive de facteurs externes, tels que l'humidité, la pluie, les eaux stagnantes, la fumée, etc.

2.4 La tarification

La tarification la plus usuelle du marché local repose sur un taux exprimé en ‰ (pour mille) applicable sur la masse salariale annuelle. Ce taux varie en fonction de la nature du risque.

2.5 Précisions pour certains secteurs professionnels

2.5.1 *Les professions médicales et paramédicales*

Le médecin en tant que tel a l'obligation sinon de guérir le malade au moins de lui donner, dans le respect des règles de l'art, les soins nécessaires.

Outre la responsabilité extra-contractuelle, la responsabilité contractuelle du médecin est donc engagée lorsqu'il ne répond pas à cette obligation.

On dit qu'il s'agit d'une **obligation de moyens**. En présence de prestations purement techniques, cette obligation de moyens devient cependant une obligation de résultat.

> **Exemple :**
> La transfusion sanguine.

En ce qui concerne le chirurgien, la jurisprudence distingue trois phases :
- **préopératoire** : à condition d'avoir donné des instructions précises, le chirurgien ne répond pas, en principe, de la compétence technique du personnel mis à sa disposition par la clinique ;
- **opératoire** : pendant l'opération le chirurgien devient commettant occasionnel du personnel à sa disposition. L'opération elle-même est sujette à une obligation de moyens ;
- **postopératoire** : s'il ne soigne pas lui-même le malade, il doit au moins contrôler les soins qu'il a ordonnés.

Les garanties accessoires
- assurance Défense et Recours ;
- la responsabilité en tant que chef de clinique ;
- la responsabilité des assistants.

Les exclusions spécifiques

Sont exclus les dommages :
- causés par des personnes non qualifiées ;
- par les expérimentations de toute nature (scientifiques, techniques, pharmaceutiques, etc.).

2.5.2 Le secteur HORESCA

Le voyageur qui descend dans un hôtel a droit à une chambre, un lit et tous les accessoires indispensables. La responsabilité de l'hôtelier est une obligation générale de prudence et de diligence à protéger son client contre les accidents, en mettant à sa disposition des installations en bon fonctionnement.

La base légale de la responsabilité de l'hôtelier est reprise dans les articles 1952-1954 du Code Civil.

Article 1952

Les hôteliers sont responsables, comme dépositaires, de toute détérioration, destruction ou soustraction des objets apportés à l'hôtel par le voyageur qui y descend et y dispose d'un logement ; le dépôt de ces objets doit être considéré comme un dépôt nécessaire.

Sont considérés comme apportés à l'hôtel :
- les objets qui s'y trouvent pendant le temps où le voyageur dispose du logement ;
- les objets dont l'hôtelier ou une personne lui prêtant ses services assume la surveillance, soit à l'hôtel, soit hors de l'hôtel, pendant la période où le voyageur dispose du logement ;

- les objets dont l'hôtelier ou une personne lui prêtant ses services assume la surveillance, soit à l'hôtel, soit hors de l'hôtel pendant une période d'une durée raisonnable, précédant ou suivant celle où le voyageur dispose du logement.

La responsabilité visée au présent article est limitée par sinistre à **100 fois** le **prix** de **location** de **logement** par journée. Un règlement grand-ducal peut fixer les éléments permettant de déterminer le prix.

Article 1953

La responsabilité de l'hôtelier est **illimitée** :
- lorsque les objets ont été déposés entre ses mains ou entre celles des personnes lui prêtant leurs services ;
- lorsqu'il a refusé de recevoir en dépôt des objets qu'il est obligé d'accepter ;
- lorsque la détérioration, la destruction ou la soustraction des objets visés à l'article 1952 est due à sa faute ou à celle de personnes lui prêtant leurs services.

L'hôtelier est obligé d'accepter en dépôt les papiers-valeurs, les espèces monnayées et les objets de valeur ; il ne peut les refuser que s'ils sont dangereux ou si, relativement à l'importance ou aux conditions d'exploitation de l'hôtel, ils sont d'une valeur marchande excessive ou d'une nature encombrante.

Il peut exiger que l'objet qui lui est confié soit contenu dans un emballage fermé ou scellé.

Article 1954

L'hôtelier n'est pas responsable pour autant que la détérioration, la destruction ou la soustraction est due :
- au voyageur ou aux personnes qui l'accompagnent, sont à son service ou lui rendent visite ;
- une force majeure ;
- la nature de l'objet.

Article 1954.1.

Sauf en cas de faute de l'hôtelier ou des personnes qui lui prêtent leurs services, le voyageur perd le bénéfice des articles 1952 et 1953 si, après avoir découvert la détérioration, la destruction ou la soustraction subie, il ne la signale pas à l'hôtelier sans retard indu.

Article 1954.2.

L'article 1927 du Code Civil n'est pas applicable.

Toute déclaration ou convention visant à exclure ou à limiter par avance la responsabilité de l'hôtelier est nulle et sans effet.

Article 1954.3.

Les articles 1952 à 1954.2. ne s'appliquent ni aux véhicules ni aux objets faisant partie de leur chargement et laissés sur place, ni aux animaux vivants.

La responsabilité du restaurateur est une obligation contractuelle de sécurité à l'égard de son client qui se résume à une obligation de moyens. En l'occurrence, nous retrouvons l'obligation de dépôt nécessaire des vêtements avant de passer à table (obligation de moyens).

Quant aux repas servis, il répond de leur non-toxicité et est tenu d'une obligation de résultat.

Dans la responsabilité d'un cafetier (ou encore tenancier d'un débit de boissons), nous retrouvons l'obligation générale de prudence et de surveillance qui s'explique par l'obligation de moyens. Il n'est pas tenu de remettre le client sain et sauf à la sortie.

Les exclusions spécifiques
- les vols commis par les personnes qui accompagnent le client ;
- les dommages dus à la nature d'un objet apporté.

La tarification

La tarification est forfaitaire selon le nombre de chambres/tables. Par ailleurs, on applique un taux en ‰ sur la masse salariale.

2.5.3 *Les agriculteurs et viticulteurs*

Comme les agriculteurs et viticulteurs sont également des chefs d'entreprise, les mêmes principes que pour les commerçants sont d'application.

Sont assurés le preneur d'assurance, les personnes vivant sous son toit, son personnel ainsi que les personnes qui lui donnent occasionnellement un coup de main.

La particularité des assurances de Responsabilité Civile de ce secteur réside cependant dans le fait qu'on couvre, au titre de la même police, aussi bien le risque professionnel que le risque vie privée.

Il est en effet souvent difficile de faire la distinction entre vie professionnelle et vie privée d'un agriculteur.

Les garanties accessoires
- assurance défense et recours ;
- dégâts aux champs par des animaux de pacage ;
- saillie par des animaux de pacage et reproducteurs.

La tarification

La tarification repose sur un forfait applicable à la surface d'exploitation.

2.5.4 *Les conseils juridiques*

Les avocats sont tenus d'une obligation de moyens. La responsabilité des avocats peut notamment être engagée pour avoir interjeté appel après écoulement des délais légaux.

Les exclusions spécifiques

Sont exclus les dommages résultant d'activités étrangères à la profession, notamment en tant que conseil financier, administrateur de société, etc.

La tarification

La tarification est forfaitaire.

2.5.5 *Les architectes et ingénieurs conseils*

La Responsabilité Civile des architectes et ingénieurs conseils est obligatoire[336]. Toute personne qui veut édifier une construction est obligée de recourir à un architecte (ingénieur conseil) si le coût des travaux dépasse 6.197,34 € (indice 100) soit 48.039,92 € à l'indice octobre 2013 (775,17).

Au préalable, les architectes sont tenus de renseigner le maître d'ouvrage sur les risques que ce dernier peut encourir.

Les architectes sont notamment responsables d'une faute de conception ou de retards injustifiés de la construction.

La durée de la responsabilité varie selon la nature des travaux.

Elle est de :
- dix ans (**décennale**) pour les gros oeuvres (malfaçons apparentes ou cachées affectant la solidité de la construction).

Dans ce cas, il y a une obligation de résultat.
- deux ans (**biennale**) pour les menus ouvrages.

2.5.5.1 *Les exclusions spécifiques*

Sont exclus les dommages résultant d'activités étrangères à la profession, notamment en tant que promoteur immobilier.

La tarification

La tarification repose sur un taux à appliquer aux honoraires.

---

336 Loi du 13 décembre 1989.

3– L'ASSURANCE RESPONSABILITÉ CIVILE APRÈS LIVRAISON/TRAVAUX

3.1 Les bases juridiques

Les principes de la responsabilité contractuelle visant l'exécution des contrats, d'une part, et de la responsabilité extra-contractuelle basée sur la notion de faute, d'autre part, sont également d'application en matière d'assurance RC Après Livraison.

3.2 Les notions de livraison et de travaux

3.2.1 *La livraison*

La livraison est d'abord la séparation entre la garantie RC Exploitation et la garantie qui nous occupe. En effet, la livraison met un terme à la garantie RC Exploitation. Mais, avant la livraison, la RC Exploitation peut comporter des garanties accessoires pour couvrir le transport, la pose et l'installation.

Du point de vue de l'assuré, on peut qualifier la livraison comme la remise définitive du produit à une tierce personne, dès lors qu'il perd les moyens pratiques d'exercer un contrôle matériel direct sur les conditions d'usage ou de consommation du produit ou de modifier ces conditions.

3.2.2 *L'après-travaux*

L'après-travaux peut être défini comme le résultat de tout travail achevé définitivement.

3.3 La directive européenne RC produits du 25 juillet 1985

Nous avons vu au point 3.1 que la base juridique de l'assurance RC Après-Livraison/Travaux est dictée par le régime des responsabilités contractuelles et extra-contractuelles.

La loi du 21 avril 1989 relative à la responsabilité du fait des produits défectueux, intégrant dans le droit luxembourgeois la directive européenne RC Produits du 25 juillet 1985 a, au-delà des responsabilités dont il est question ci-dessus, pour objet d'instituer une responsabilité sans faute dans le chef du producteur d'un produit.

Comme le texte légal prévoit que tout producteur est responsable du dommage causé par un défaut de son produit, il en découle que la victime n'a qu'à prouver :

- son dommage ;
- le défaut du produit ;
- le lien de causalité entre ce défaut et le dommage.

Par ailleurs, elle n'a pas besoin d'établir une faute dans le chef du producteur.

Le régime introduit par cette loi s'applique peu importe que ce produit ait été acheté ou simplement utilisé.

> REMARQUE :
>
> Par producteur il y a lieu d'entendre :
> - le fabricant d'un produit fini, le producteur d'une matière première ou le fabricant d'une partie composante, et toute personne qui se présente comme producteur en apposant sur le produit son nom, sa marque ou un autre signe distinctif ;
> - toute personne qui importe un produit dans l'Union Européenne en vue d'une vente, location, d'un leasing ou toute autre forme de distribution dans le cadre de son activité commerciale.

À défaut de prouver l'existence d'un contrat entre elle et le producteur, la victime d'un défaut de produit a donc le choix entre la responsabilité contractuelle ou la responsabilité extra-contractuelle ou bien le régime prévu par la loi sur les produits défectueux. Un éventuel cumul voire un panachage de responsabilités n'est pas admis.

Soulignons encore :
- qu'en cas de responsabilité de plusieurs personnes, la directive prévoit une responsabilité solidaire ;
- que le producteur ne saurait s'exonérer en prouvant l'intervention d'un tiers ;
- que le contrat passé entre parties ne saurait contenir des clauses limitatives ou exonératoires de responsabilité.

3.4 L'objet et l'étendue de la garantie

D'une manière générale, on peut résumer l'approche des entreprises d'assurances de la sorte :

L'objet est de garantir les dommages corporels, matériels et immatériels consécutifs causés aux tiers par un défaut de produit après sa livraison ou un ouvrage après son exécution.

L'assurance produira ses effets dès lors que l'assuré aura perdu les moyens pratiques d'exercer un contrôle matériel direct sur ses marchandises (ou ouvrages) et qu'il ne pourra plus modifier les conditions d'usage ou de consommation sans l'intervention ou l'autorisation du propriétaire.

Pour donner droit à la garantie, les dommages doivent répondre aux conditions suivantes :
- survenir pendant la période de validité du contrat ;
- résulter de faits générateurs situés durant cette période de validité ou avant la prise d'effet de l'assurance, à condition d'être ignorés de l'assuré jusqu'au jour de sa constatation ;
- se manifester dans un délai de 3 ans à dater de la livraison ou de l'exécution.

Pour inciter l'assuré à la prudence, l'assurance Responsabilité Civile Après-Livraison/Travaux n'est jamais offerte sans une franchise appropriée.

3.5 Exclusions générales

Ne sont jamais couverts :
- les dommages attribuables à une violation délibérée des lois et règlements ;
- les dommages aux produits et ouvrages pour lesquels la responsabilité civile du preneur d'assurance est garantie, les frais exposés pour leur remplacement, leur remise en état, les frais de prévention des dommages et en particulier les frais de retrait et d'examen des produits ;
- les réclamations émanant des utilisateurs des produits ou ouvrages livrés, fondées sur le fait que ces produits ou ouvrages ne remplissent pas les fonctions ou ne satisfont pas aux besoins auxquels le preneur d'assurances les a destinés ;
- les dommages consécutifs à un défaut du produit que l'état des connaissances scientifiques et techniques au moment de sa mise en circulation n'a pas permis de déceler ;
- les réclamations fondées sur les articles 1792 et 2270 du Code Civil, relatifs à la garantie décennale et biennale ;
- les dommages punitifs ainsi que toute autre obligation du même genre.

REMARQUE :
Cette exclusion vise surtout le marché américain et canadien.

4- LA RESPONSABILITÉ DE L'ÉTAT ET DES COLLECTIVITÉS PUBLIQUES

En tant que personne morale de droit public, l'État est également tenu d'exécuter les prestations qu'on lui demande de fournir.

L'État et les autres personnes morales de droit public sont tenus[337] de répondre, dans le cadre de leurs missions de service public, de tout dommage causé par le fonctionnement défectueux de leurs services, tant administratifs que judiciaires. L'indemnisation est due, même en l'absence de preuve du fonctionnement défectueux du service, à condition que le dommage soit spécial et exceptionnel et qu'il ne soit pas imputable à une faute de la victime.

---

337 Loi du 1er septembre 1988 relative à la responsabilité civile de l'État et des collectivités publiques publiée au Mémorial A 51 du 26 septembre 1988 pages 1000 ss.

Partie 4

Automobile

Chapitre 13 – La responsabilité civile automobile	331
Chapitre 14 – L'assurance défense et recours	385
Chapitre 15 – L'assurance dommages matériels au véhicule	387
Chapitre 16 – La tarification en assurance automobile	407
Chapitre 17 – Le fonds de garantie automobile	411
Chapitre 18 – Le bureau luxembourgeois	421
Chapitre 19 – Le pool des risques aggravés	425
Chapitre 20 – Le constat amiable	427

Chapitre 13

La responsabilité civile automobile

1– Remarque préliminaire	332
2– Les bases de l'assurance	338
3– L'étendue territoriale	338
4– Définitions	339
5– Objet et étendue de l'assurance	341
6– Les sommes assurées	342
7– Les recours	344
8– Les dommages causés à l'étranger	349
9– Le secours bénévole	350
10– Les franchises	351
11– Les exclusions	353
12– La déclaration et le règlement du sinistre	359
13– La subrogation	372
14– Dispositions diverses	374
15– Vérifiez vos connaissances	382

I – REMARQUE PRÉLIMINAIRE

1.1 Les conditions générales d'assurance responsabilité civile auto

Le législateur indique le cadre général auquel les contrats d'assurance responsabilité civile auto doivent répondre.

En principe, chaque entreprise d'assurances est dès lors libre d'agir comme elle l'entend dans la mesure où elle se conforme au cadre légal prescrit. En l'occurrence, ce cadre est dicté par l'environnement législatif de l'assurance Responsabilité Civile Automobile et de la loi sur le contrat d'assurance.

La loi sur le contrat d'assurance prévoit cependant dans son champ d'application que « la présente loi[338] s'applique à tous les contrats d'assurances... dans la mesure où il n'y est pas dérogé par des lois particulières »[339].

En d'autres termes : la loi spéciale prévaut sur la loi générale. Dans ce sens, l'assurance de la Responsabilité Civile Automobile est particulière puisqu'elle dispose d'un environnement législatif spécial.

1.2 L'assurance Responsabilité Civile Automobile est une assurance obligatoire

1.2.1 Les lieux où l'assurance est obligatoire

Les véhicules automoteurs ne sont admis à la circulation sur la voie publique, les terrains ouverts au public et les terrains non publics mais ouverts à un certain nombre de personnes ayant le droit de les fréquenter, que si la responsabilité civile à laquelle ils peuvent donner lieu est couverte par un contrat d'assurance répondant aux dispositions légales et dont les effets ne sont pas suspendus[340].

Sauf convention contraire, la garantie est également acquise sur les voies et terrains non énumérés ci-dessus.

---

338 Loi sur le contrat d'assurance.
339 Art. 4.1. LCA.
340 Art. 2.1. al. 1er de la Loi du 16 avril 2003 relative à l'assurance obligatoire de la responsabilité civile en matière de véhicule automobile (L RCA 2003).

1.2.2 Les véhicules exempts de l'assurance obligatoire

Sont exemptés de l'assurance obligatoire[341] :
- tous les véhicules automoteurs d'un poids propre inférieur à 600 kg[342] et destinés principalement à **exécuter des travaux** ;
- tous les véhicules automoteurs dépassant un poids propre de 600 kg circulant à une vitesse égale ou inférieure à 35 km/heure sur les **terrains non publics mais ouverts à un certain nombre de personnes ayant le droit de les fréquenter**[343] ;
- les remorques non soumises à une obligation d'immatriculation ;
- les fauteuils roulants à moteur[344].

REMARQUE 1 :

Considérant que le législateur prévoit une exemption de l'assurance RC Auto obligatoire des véhicules avec un poids propre :
– inférieur à 600 kg destinés principalement à exécuter des travaux et
– avec un poids propre de plus 600 kg circulant avec une vitesse maximale de 35 km/h sur des terrains non publics mais ouverts à un certain nombre de personnes ayant le droit de le fréquenter

les dommages causés par ces engins seraient dès lors, de l'avis de l'auteur, à prendre en charge par une assurance RC exploitation ou vie privée du responsable du dommage, suivant que le dommage peut être imputé à une personne morale ou physique. L'absence de référence à une assurance obligatoire ouvre ainsi le droit à une souscription du risque sous le couvert d'une simple assurance de la Responsabilité Civile.

Considérant néanmoins qu'il n'est pas toujours facile de tracer une frontière exacte entre l'assurance RC Auto obligatoire et la RC entreprise ou vie privée, une prudence est de mise. Il faut en effet faire remonter à la cause du sinistre : est-ce que l'engin au moment du sinistre exécutait un travail sans se déplacer, est-ce qu'il se déplaçait sans exécuter un travail ou bien est-ce qu'il exécutait un travail et se déplaçait en même temps[345]. En fonction de la réponse à cette question, ce sera soit la RC Auto, soit la RC Exploitation ou Vie privée qui sera appelée à intervenir.

---

341 Art. 4 du règlement grand-ducal du 21 novembre 2012 pris en exécution de la loi du 16 avril 2003 relative à l'assurance obligatoire de la responsabilité civile en matière de véhicule automobile (R g-d RCA 2003).
342 Art. 4.a. R g-d RCA 2012.
343 Terrain accessible de manière permanente à certaines catégories de personnes, telles que clients, fournisseurs, visiteurs ou passager. Une prairie est un lieu qui n'est accessible que pour une certaine catégorie de personnes qui ont été spécifiquement invitées à s'y rendre – p.ex. le vétérinaire ou un marchand de bestiaux (B) Cass. 23 septembre 2010 C.09.0496.F publié dans L'assurance au présent 06 – année 27.
344 R g-d RCA du 23 février 2010 (voir définition fauteuil roulant dans R g-d modifié du 23 novembre 1955).
345 L'assurance responsabilité civile exploitation par Jean-Pierre Legrand dans « Les assurances de responsabilité de l'entreprise – questions choisies (Ateliers des Fucam Anthemis).

REMARQUE 2 :

Les entreprises d'assurances sont régulièrement confrontées avec la question de savoir si un véhicule du genre « tracteur tondeuse à gazon » doit être assuré par une assurance Responsabilité Civile Automobile obligatoire ou non.

Avant de poser cette question à une entreprise d'assurances, il est conseillé de se renseigner auprès du Ministère des Transports si le véhicule qu'on vient d'acquérir :
– doit être **immatriculé** ;
– doit être **enregistré** ;
– ne doit **ni** être **immatriculé ni enregistré**.

La société Nationale de Contrôle Technique (SNCT) publie sur son site internet le relevé suivant de catégories de véhicule pour lesquelles la règle de base de l'immatriculation ne vaut pas. Ces véhicules sont soumis à la seule obligation **d'enregistrement** et doivent en conséquence être couverts par une vignette de conformité. En d'autres termes : les véhicules ci-après, dans la mesure où ils circulent sur la voie publique, doivent être couverts par une assurance obligatoire de la Responsabilité Civile Automobile mais n'ont pas besoin de se soumettre à la procédure d'immatriculation :
– les cycles à pédalage assisté ;
– les cycles électriques ;
– les cycles traînés servant au transport de personnes ;
– les véhicules à moteur destinés à être conduits par un ou plusieurs piétons et dont la masse à vide dépasse 100 kg ;
– les tracteurs et les machines automotrices dont la vitesse maximale par construction dépasse 6 km/h sans dépasser 25 km/h et dont la masse à vide ne dépasse pas 600 kg.

Si le texte légal[346] parle de l'exemption du tout véhicule de plus de 600 kg circulant avec une vitesse égale ou inférieure à 35 km/h sur les seuls terrains non publics mais ouverts à un certain nombre de personnes ayant le droit de les fréquenter, le volet immatriculation du site de la SNCT se limite aux seuls tracteurs et machines automotrices de plus de 600 kg circulation avec une vitesse supérieure à 25 km/h. De l'avis de l'auteur pour éviter des confusions et dans un esprit d'harmonisation, il serait opportun d'adapter la vitesse à 35 km/h dans les deux cas.

1.2.3 *Celui qui doit contracter l'assurance*

L'obligation de contracter l'assurance incombe au propriétaire du véhicule. Si une autre personne a contracté l'assurance, l'obligation du propriétaire est suspendue pour la durée du contrat conclu par cette autre personne[347].

---

346 Art. 4.b R g-d RCA du 21 décembre 2012.
347 Art. 2.1. al. 3 L RCA 2003.

1.2.4 La communication préalable des Conditions Générales et Spéciales au Commissariat aux Assurances

Comme il a déjà été précisé[348], les Conditions Générales et Spéciales des assurances obligatoires doivent être **communiquées** au Commissariat aux Assurances, et ceci **préalablement à leur utilisation**.

1.3 Les directives européennes en matière d'assurance automobile

Les législations nationales en matière d'assurance responsabilité civile sont largement dictées par des Directives Européennes.

À ce jour, Bruxelles a émis plusieurs directives dont le contexte est sommairement repris ci-après[349] :

1.3.1 Directive I

Le principe de la Ire directive[350] dite carte verte impose aux États-membres de faire en sorte que les véhicules qui habituellement ont leur stationnement sur leur territoire :
- soient couverts par une **assurance responsabilité** civile et
- que cette assurance soit également **valable dans les autres États-membres** sur base de la législation en vigueur dans ces États.

1.3.2 Directive II

La IIe directive[351] a prévu en substance trois points :
- **couverture obligatoire** tant des dommages corporels que matériels causés à des tiers ;
- fixation de **montants minima** de couverture ;
- instauration d'un **organisme** dont l'objet est l'**indemnisation** de la **victime**, au cas où le **véhicule** qui est à l'origine du sinistre n'est **pas assuré** ou **pas identifié**[352].

---

348   Voir chapitre 3 Le contrat d'assurance point. 3.4.2.
349   L'ensemble des dispositions des 5 directives est repris dans une version codifiée dite Directive 2009/103/CE du Parlement européen en conseil du 16 septembre 2009 concernant l'assurance de la responsabilité civile résultant de la circulation de véhicules automoteurs et le contrôle de l'obligation d'assurer cette responsabilité (journal officiel de l'Union européenne L263/11 du 7.10.2009).
350   Directive 72/166/CEE du 24 avril 1972.
351   Directive 84/5/CEE du 30 décembre 1983.
352   Au Luxembourg le Fonds de Garantie Automobile.

1.3.3 *Directive III*

Les trois principaux points de la IIIe directive[353] sont les suivants :
- abstraction faite du lieu de l'accident, **traitement comparable des victimes** ;
- **extension** du **Fonds** de garantie automobile ;
- **extension** de la **validité** de l'assurance sur l'ensemble du territoire de la Communauté Européenne.

1.3.4 *Directive IV*

Les points essentiels de la IVe directive[354] traitent du rapprochement des légis-lations des États-membres relatives à l'assurance de la responsabilité civile résultant de la circulation des véhicules automoteurs.

Sont notamment visés :
- l'instauration au niveau du Marché unique de l'**action directe** de la victime contre l'entreprise d'assurances responsabilité civile de la partie responsable ;
- le fait que toute entreprise d'assurances doit **désigner** un **représentant** dans tous les **autres États-membres** ;
- l'instauration d'une **procédure de recours amiable** ;
- la création d'un **organisme d'information** permettant à la victime d'identifier rapidement l'entreprise d'assurances d'un véhicule impliqué dans un accident ;
- la création d'un **organisme d'indemnisation** pour régler le sinistre au cas où l'entreprise d'assurances concernée n'aurait pas désigné de représentant ou n'aurait pas répondu à une réclamation de la victime dans un délai de 3 mois.

La IVe directive est d'application à toute personne lésée vivant dans un État membre de l'Union Européenne qui est victime d'un accident :
- causé par un véhicule assuré dans un État membre de l'Union Européenne
- et y ayant son stationnement habituel[355] ;
- si le lieu de la survenance du sinistre se situe :
  - dans un autre État membre de l'Union Européenne, ou bien
  - en dehors de l'Union Européenne dans un pays qui a adhéré au régime de la carte verte.

---

353 Directive 90/232/CEE du 14 mai 1990.
354 Directive 2000/26/CE du 16 mai 2000.
355 Art 1er § 1er, al 1er de la directive 2000/26/CE.

1.3.5 Directive V

La Ve directive vise principalement à améliorer la couverture à prévoir dans les assurances de Responsabilité Civile Automobile et notamment :

- l'**immatriculation** : qu'il s'agisse d'une plaque définitive ou temporaire, le véhicule a son stationnement dans l'État membre dont le véhicule est porteur de la plaque d'immatriculation. Si le véhicule n'a pas de plaque, ou si celle-ci est fausse, le véhicule est considéré avoir son stationnement habituel dans l'État de la survenance de l'accident ;
- l'**intervention obligatoire du Fonds** de garantie automobile au niveau des **dommages matériels** si la victime a subi des dommages corporels importants ;
- la possibilité de la victime d'**entreprendre** dans le pays de séjour des **démarches judiciaires** à l'encontre de l'entreprise d'assurances de la partie adverse ;
- la création dans chaque État membre d'un **organisme** chargé de **centraliser** les **procès-verbaux** d'accidents de roulage ;
- la fixation de **montants minima** tant au niveau du règlement d'un dommage corporel que matériel, adaptable tous les 5 ans en fonction de l'évolution des prix à la consommation :
  – pour le dommage corporel, les pays membres ont le choix entre un minimum de 1.000.000 € par victime ou 5.000.000 € par événement ;
  – pour le dommage matériel, le minimum est de 1.000.000 € ;
- l'établissement d'une **attestation sinistre** chaque fois que le preneur d'assurance en fait la demande ;
- l'**interdiction d'exclure** de la couverture le passager qui savait ou devait savoir que le conducteur conduisait sous l'emprise de l'alcool ou de stupéfiants ;
- le droit de l'**usager faible** à une indemnisation conformément au droit civil national[356] ;
- la **prise en charge du sinistre** causé lorsqu'un **véhicule** est **expédié** d'un État membre dans un autre ;
- la **généralisation** d'adresser une **offre d'indemnisation motivée** à une victime.

---

356 Art. 16 point 5 bis de la loi modifiée du 16 avril 2003 RC Auto (loi du 21 décembre 2012).

1.3.6 *Directive dite VI*

Dans un souci de clarté et de rationalisation, une Directive dite VI[357] a été établie afin de procéder à une codification de toutes celles spécifiques[358] à la RC Auto.

2– LES BASES DE L'ASSURANCE

L'assurance responsabilité civile obligatoire est régie par la législation luxembourgeoise[359].

Les droits et obligations des parties contractantes sont déterminés par les Conditions Générales et les Conditions Particulières de l'assurance.

3– L'ÉTENDUE TERRITORIALE

L'assurance doit être valable dans tous les pays dont les Bureau Nationaux sont liés contractuellement[360] entre les Bureaux d'assurances des États-membres de l'Espace économique européen et d'autres États associés.

L'assurance RC Auto doit ainsi être valable dans les pays suivants : Albanie, Allemagne, Andorre, Autriche, Belgique, Biélorussie, Bosnie et Herzégovine, Bulgarie, Chypre, Croatie, Danemark (et îles Féroé), Espagne, Estonie, Finlande, France, Grèce, Hongrie, République Islamique d'Iran, Irlande, Islande, Israël, Italie (et la République de San Marin et l'État du Vatican), Lettonie, Lituanie, Luxembourg, Malte, Maroc, Moldavie, Monaco, République du Monténégro[361], Norvège, Pays-Bas, Pologne, Portugal, Roumanie, Royaume-Uni de Grande-Bretagne (y compris les îles Anglo-Normandes, Gibraltar, l'île de Man), Russie, Serbie, République Slovaque, Slovénie, Suède, Suisse (et Liechtenstein), République Tchèque, Tunisie, Turquie, Ukraine.

---

357 Directive 2009/13 CE du Parlement Européen et du Conseil du 16 septembre 2009 concernant l'assurance de la responsabilité civile résultant de la circulation de véhicules automoteurs et du contrôle de l'obligatin d'assurer cette responsabilité (version codifiée).
358 Directives 72/166/CEE du 24 avril 1972, 84/5/CEE du 30 décembre 1983, 90/232/CEE du 14 mai 1990, 2000/26/CEE du 16 mai 2000 et 2005/14/CEE du 11 mai 2005.
359 Art. 1er r g-d RCA 2003.
360 Accord du 22 mai 2002 de Tethymno (Crète) et mis à jour à Lisbonne (Portugal) le 29 mai 2008.
361 La couverture d'assurance fournie pour les cartes vertes délivrées pour la Serbie est limitée à la République du Monténégro et aux parties géographiques de la Serbie qui sont sous le contrôle du gouvernement de République de Serbie.

4 – DÉFINITIONS

Il y a lieu d'entendre par :

4.1 Assurance frontière

Couverture limitée dans le temps, délivrée aux conducteurs de véhicules immatriculés dans un pays qui n'a pas adhéré au système des cartes vertes.

4.2 Assuré

La personne dont la responsabilité est couverte. Sont notamment à considérer comme assurés :
- le propriétaire ainsi que tout détenteur,
- tout conducteur du véhicule assuré ou
- toute personne transportée,

chaque fois qu'est engagée leur responsabilité civile.

> REMARQUE :
>
> Il résulte de ce qui précède que le voleur est également à considérer comme assuré si sa responsabilité est engagée. En d'autres termes : au cas où le voleur cause un dommage à autrui avec un véhicule volé, c'est l'assurance de la responsabilité civile du véhicule volé qui doit prendre en charge le dommage ainsi causé.

4.3 Carte verte

Document qui matérialise la couverture Responsabilité Civile Automobile de l'entreprise d'assurances telle que requise par la législation du pays dans lequel le véhicule circule.

Chaque pays qui adhère au système des cartes vertes doit constituer un Bureau national qui a entre autre pour mission **d'émettre** les **cartes vertes** pour les véhicules immatriculés dans son pays.

4.4 Entreprise d'assurance autorisée

Toute entreprise autorisée à opérer au Grand-Duché de Luxembourg dans la branche d'assurance de la responsabilité civile des véhicules terrestres automoteurs[362].

---

362   Art. 1er.e L RCA 2003.

4.5 Entreprise d'assurance établie

Toute entreprise luxembourgeoise agréée pour la branche d'assurance de la responsabilité civile des véhicules terrestres automoteurs et toute succursale d'une entreprise étrangère agréée ou autorisée à opérer au Grand-Duché de Luxembourg dans la même branche d'assurance[363].

4.6 Personnes lésées

La personne qui a subi un dommage donnant lieu au bénéfice de la garantie de l'assurance ainsi que leurs ayants droit[364, 365].

4.7 Preneur d'assurance

La personne qui souscrit l'assurance et à laquelle incombe le paiement de la prime, ou toute personne qui lui sera substituée par accord des parties, ou les ayants droit du preneur d'assurance en cas de décès de ce dernier.

4.8 Sinistre

Tout fait dommageable susceptible de faire jouer la garantie de l'assurance.

4.9 Véhicule

Le véhicule destiné à circuler sur le sol et qui peut être actionné par une force mécanique sans être lié à une voie ferrée. Tout ce qui est attelé à ce véhicule est considéré comme en faisant partie[366].

Sont **assimilées** à un **véhicule**, les remorques construites spécialement pour être attelées à un véhicule automoteur en vue du transport de personnes ou de choses.

> REMARQUE :
>
> L'auteur donne à considérer que le cas échéant l'ensemble accouplé – véhicule et remorque – peut le cas échéant donner lieu à une non assurance. Cette non assurance est certes inopposable au tiers lésé mais donnera lieu à un recours contre le conducteur. Une telle non assurance est d'application au cas où pour l'ensemble accouplé, le conducteur n'est pas en possession du permis de conduire valable.

---

363 Art. 1er .f L RCA 2003.
364 Art. 1er .c L RCA 2003.
365 Aux d'ayants droit on assimile d'une manière générale le conjoint et les parents et alliés. Cette interprétation n'a cependant pas de base légale de sorte que toute personne qui, à la suite de lésions corporelles ou en cas de décès d'une victime, peut faire valoir un préjudice personnel peut au même titre faire valoir son droit à être considérée comme ayant droit y compris une personne morale (Cass (B) 7 février 2011 RG C 10.0332 N.
366 Art. 1er .a L RCA 2003.

4.10 Victime faible

Est considérée comme victime faible, la personne lésée du chef d'un accident de la circulation survenu sur le territoire du Grand-Duché de Luxembourg :
- âgée de moins de douze ans, ou
- âgée d'au moins soixante-quinze ans, ou
- quel que soit son âge, être titulaire, au moment de l'accident, d'un titre lui reconnaissant un taux d'incapacité permanente ou d'invalidité au moins égal à 80 pourcent[367].

5 – OBJET ET ÉTENDUE DE L'ASSURANCE

L'entreprise d'assurances garantit, conformément à la législation luxembourgeoise en matière d'assurance Responsabilité Civile Automobile, l'**indemnisation** des **personnes lésées** chaque fois qu'est **engagée** la **responsabilité** civile du **propriétaire**, de tout **détenteur** et de tout **conducteur** du véhicule assuré ou de toute **personne transportée**[368].

Le contrat couvrant la responsabilité civile du véhicule, ayant son stationnement habituel au Grand-Duché de Luxembourg, comprend l'indemnisation des dommages causés aux personnes et aux biens par des faits survenus tant sur le territoire du Grand-Duché de Luxembourg qu'en territoire étranger, conformément à la loi du **pays** de **survenance** du **sinistre**. Il couvre également les dommages causés aux personnes transportées à quelque titre que ce soit, par le véhicule ayant occasionné le dommage[369].

Conformément à la loi du pays de survenance du sinistre, l'assurance couvre les dommages causés en territoire étranger par un véhicule qui a son stationnement habituel au Grand-Duché de Luxembourg[370].

Est considéré comme territoire où le véhicule a son **stationnement habituel** :
- le territoire de l'État où le véhicule est immatriculé de manière permanente ou temporaire ou :
- dans le cas où il n'existe pas d'immatriculation pour un genre de véhicule, mais que ce véhicule porte une plaque d'assurance ou

---
367 Art. 16 point 5bis de la loi modifiée du 16 avril 2003 (loi 21 décembre 2012).
368 Art. 5.1. L RCA 2003.
369 Art. 5.2. L RCA 2003.
370 Art. 5.3. L RCA 2003.

un signe distinctif analogue à la plaque d'immatriculation, le territoire de l'État où cette plaque ou signe distinctif sont délivrés ;
- dans le cas où il n'existe ni immatriculation, ni plaque d'assurance, ni signe distinctif pour certains types de véhicules, le territoire de l'État du domicile du détenteur ;
- dans le cas où le véhicule est dépourvu de plaque d'immatriculation ou porte une plaque qui ne correspond pas ou ne correspond plus au véhicule et qu'il a été impliqué dans un accident, le territoire de l'État dans lequel l'accident a eu lieu, aux fins du règlement du sinistre par un Bureau national d'assurance[371, 372].

Lorsque l'assurance porte **seulement** sur une **remorque** assimilée à un véhicule automoteur, l'entreprise d'assurances garantit uniquement les dommages causés par la remorque en état **non attelé**[373].

L'entreprise d'assurances garantit la responsabilité civile des véhicules circulant sur la voie publique, les terrains ouverts au public et les terrains non publics mais ouverts à un certain nombre de personnes ayant le droit de les fréquenter.

Sauf convention contraire, la garantie est également acquise sur les voies et terrains non énumérés ci-dessus.

6- LES SOMMES ASSURÉES

Sous réserve des limites facultatives ci-après, la garantie de l'entreprise d'assurances doit être **illimitée**[374, 375].

REMARQUE :

Le Luxembourg est un des rares pays à accorder une couverture illimitée. Sur base des attentats terroristes et autres catastrophes qui peuvent le cas échéant toucher le territoire de la validité de l'assurance RC Auto, les réassureurs font pression sur les entreprises d'assurances RC Auto de ne plus accorder une couverture illimitée. À l'heure de la rédaction de la présente, il est trop tôt pour se prononcer sur l'issue des négociations en cours.

---

371 Conformément à l'article 2 paragraphe 2 premier tiret de la directive 72/166/CEE ou par un fonds de garantie conformément à l'article 1er paragraphe 4 de la directive 84/5/CEE.
372 Art. 1er.l L RCA 2007.
373 Art. 5.4. L RCA 2003.
374 Art. 3-1 L RCA 2007.
375 Le chapitre 3 de la version codifiée de la Directive Européenne 2009/103/CE prévoit un montant minima en dommages corporel de 1.000.000 € par victime ou 5.000.000.-€ par accident et 1.000.000 € en dommages matériels par accident. Une indexation automatique est prévue tous les 5 ans.

6.1 La limite facultative de garantie

La garantie peut cependant être **limitée** aux montants de :
- **12.500.000 €** pour les **dommages corporels et matériels** :
  – résultant d'actes de terrorisme ;

    REMARQUE :

    Par acte de terrorisme au sens de la présente, on entend une opération violente organisée et perpétrée à des fins ou pour des raisons idéologiques, politiques, économiques ou ethniques, exécutée individuellement ou par un ou plusieurs groupes de personnes agissant de leur propre chef pour le compte ou en relation avec une ou plusieurs organisations, dans l'intention d'impressionner un gouvernement et/ou de semer la peur dans la population, en tout ou en partie.

  – découlant de la participation du véhicule à des courses et concours ainsi qu'aux essais préparatoires à ces courses et concours. Les exercices de vitesse, de régularité ou d'adresse même autorisés sont assimilés à des courses ou concours[376] ;

- **2.500.000 € par sinistre**, en ce qui concerne **les dégâts matériels** provoqués par incendie, jets de flammes, explosion ou de pollution à l'environnement naturel[377].

    REMARQUE :

    Dans le passé, les conséquences de la pollution à l'environnement naturel ont été assurées sans qu'elles aient été spécialement mises en évidence. Depuis l'entrée en vigueur du règlement grand-ducal de 2012 l'intervention de l'entreprise d'assurances a été limitée à hauteur de 2.500.000.-€. Outre la simple limitation de l'intervention de l'entreprise d'assurances en la matière, on notera surtout la mise en évidence des dommages causés à l'environnement naturel.
    En France, une proposition de loi vise à inscrire la notion de préjudice écologique dans le Code Civil et de donner ainsi un fondement juridique incontestable au préjudice écologique et à son indemnisation[378].

	SOMMES ASSURÉES	
PRINCIPE	LIMITATIONS	
	DOMMAGES CORPORELS ET DÉGÂTS MATÉRIELS	DÉGÂTS MATÉRIELS
ILLIMITÉE	12.500.000.-€ pour conséquences : • actes de terrorisme ; • participation à des courses et concours de vitesse ainsi que les épreuves préparatoires.	2.500.000.- € pour sinistres provoqués par • incendie et jet de flamme ; • explosion ; • pollution à l'environnement naturel.

---

376 Art. 6 al. 2 et 3 L RCA 2003.
377 Art. 3-1 R g-d RCA 2012.
378 Argus de l'assurance N° 7312 du 3 mai 2013 p. 31.

Le législateur **interdit** toute **clause** visant à :
- **limiter** les garanties accordées à des montants inférieurs à ceux prévus dans le règlement[379] ;
- prévoir des restrictions quant aux personnes couvertes par le contrat hors les cas prévus par la loi ;
- d'étendre les cas de non-assurance ou d'exclusion d'assurance à des cas non prévus par la loi ou le règlement.

6.2 Plusieurs personnes lésées

S'il y a plusieurs personnes lésées et si le total des indemnités dues excède la somme assurée, les droits des personnes lésées contre l'entreprise d'assurances sont réduits proportionnellement à concurrence de cette somme. Cependant, si l'entreprise d'assurances a versé de bonne foi à une personne lésée une somme supérieure à la part lui revenant, parce qu'elle ignorait l'existence d'autres prétentions, elle ne demeure tenue envers les autres personnes lésées qu'à concurrence du restant de la somme assurée.

7– LES RECOURS

Dans certains cas repris plus en détail dans la suite, l'entreprise d'assurances de la Responsabilité Civile Automobile peut, dans la mesure où l'action est expressément prévue dans le contrat, exercer un recours contre le preneur d'assurance **et/ou** l'assuré autre que le preneur d'assurance :
- lorsque le **nombre** de personnes **transportées excède** celui des places inscrites sur la carte d'immatriculation ou en cas de **transport** de personnes sur des **places non inscrites**[380] ;
- pour des sinistres survenus dans les seize jours après l'expiration, l'annulation, la résiliation ou la suspension du contrat ou de la garantie[381] ;
- pour des dommages causés pendant que le véhicule circule, même **illicitement**, sous le couvert de la carte d'immatriculation, ou du document en tenant lieu, établie au nom de l'ancien propriétaire. Toutefois, ce recours n'est pas admis si le preneur d'assurances a dûment signalé le transfert de la propriété du véhicule à l'entreprise d'assurances[382] ;

---

379 Art. 5.1. R g-d RCA 2007.
380 Art. 7 point 4 L RCA 2003.
381 Art. 12 point 2 L RCA 2003.
382 Art. 13 point 2 L RCA 2004.

- alors que le véhicule a été conduit par une personne dont il est prouvé qu'elle a :
  - soit consommé des boissons **alcooliques** en quantité telle que le taux d'alcool est égal ou supérieur à celui légalement fixé[383] ;

    REMARQUE :

    L'ancien taux de 0,8 g/l est donc remplacé par la référence au taux légal qui est actuellement de 0,5 g/l. En d'autres termes : l'entreprise d'assurances sera dès lors autorisée à exercer un recours qui peut le cas échéant aller jusqu'à 3.000.-€ dans bien plus de cas que par le passé.

  - soit absorbé des **drogues, stupéfiants** ou **hallucinogènes** ;
  - soit **refusé** après l'accident de se soumettre à un **test** ou à une prise de sang ou s'y est soustraite en **s'éloignant** du lieu de l'accident ;
- dans les cas d'un **sinistre** causé **intentionnellement**[384].

  REMARQUE :

  Aucun recours ne saurait cependant être exercé si l'entreprise d'assurances a omis de notifier au preneur ou, s'il y a lieu, à l'assuré autre que le preneur, son intention d'exercer un recours aussitôt qu'il a connaissance des faits justifiant cette décision[385].

  Cette disposition s'inscrit dans l'obligation générale d'information de l'entreprise d'assurances tant au niveau de la souscription qu'au niveau du règlement du sinistre.

7.1 L'inopposabilité et la hauteur d'un recours

Le recours soit contre le preneur d'assurance soit contre un assuré autre que le preneur d'assurance est toujours **inopposable** à la **victime** et à leurs ayants droit[386]. En d'autres termes : l'entreprise d'assurances est tenue d'indemniser la victime mais garde un droit de recours contre l'assuré responsable.

Le recours que l'entreprise d'assurances est en droit d'exercer en vertu d'un contrat valable en vigueur au jour du sinistre est limité à un montant maximum de **3.000 € par sinistre**, lorsqu'il est exercé contre une **personne physique**[387].

Il s'ensuit qu'un recours exercé contre une **personne morale** n'est **pas plafonné**. Aucun recours ne peut cependant être exercé contre une personne morale si cette dernière établit que les faits ou infractions générateurs du recours ne lui sont pas imputables et se sont produits à l'encontre de ses instructions ou à son insu.

---

383 Art. 6.1.d. R g.-d RCA 2003.
384 Art. 6 R g.-d RCA 2003.
385 Art. 91 al. 2 LCA.
386 Art. 6.2. R g-d RCA 2003.
387 Art. 6.2. R g.-d RCA 2003.

> **Exemple d'un recours limité pour une personne physique :**
> Monsieur Schmit est commercial auprès de la société Chez Vous. Lors d'un déjeuner d'affaires avec un client, il abuse du vin rouge et est responsable dans la suite d'un accident de la circulation. Comme son contrat de travail prévoit que les employés de la société Chez Vous ne sont pas autorisés à boire de l'alcool lors des rendez-vous avec les clients, l'employeur de monsieur Schmit invoque que la consommation d'alcool à l'origine de l'accident s'est produite à son insu. Dès lors, à force de rapporter la preuve dans le chef de la société Chez Vous, le recours de l'entreprise d'assurances n'est plus adressé à l'encontre de la société Chez Vous mais contre monsieur Schmit lui-même.

> **Exemple d'un recours illimité pour une personne morale :**
> Monsieur Weber est gérant majoritaire d'une Sàrl et est responsable d'un accident de la circulation alors qu'il est au volant d'une camionnette appartenant à la Sàrl. Le PV dressé à la suite de l'accident révèle un taux d'alcool de 1,9 g/l dans le sang de monsieur Weber. Dans ce cas, l'entreprise d'assurances de la RC Auto de la Sàrl indemnise la victime mais se réserve un recours pour l'ensemble de ses débours à l'encontre du preneur d'assurance et assuré qui est la Sàrl représentée par son gérant majoritaire.

7.2 Le recours en cas de transport en surnombre

7.2.1 Le nombre de places assurées

Le nombre de places assurées doit correspondre au nombre de places inscrites sur la carte d'immatriculation. La détermination du nombre des personnes transportées se fait conformément aux dispositions de la législation sur la circulation routière. Le conducteur est compris dans le nombre des personnes transportées.

7.2.2 La notion de transport en surnombre

En cas de transport de personnes
- à l'intérieur d'un véhicule destiné au transport de personnes ;
- dans la cabine d'un véhicule destiné au transport de choses ;

il y a non-assurance à l'égard des personnes transportées, lorsque le nombre de personnes transportées excède le nombre de places assurées.

7.2.3 Les conséquences du transport en surnombre

Dans ce cas, l'entreprise d'assurances n'est tenue au paiement des indemnités et frais que proportionnellement au rapport existant entre le nombre de places assurées et le nombre de personnes transportées. Techniquement, on parle de **non-assurance proportionnelle**.

Eu égard au surnombre et à la non-assurance proportionnelle, les places **avant** et les places **arrière** doivent être considérées **séparément**.

> **EXEMPLE :**
> Admettons que la carte grise de la voiture familiale des Schmit indique : places avant 2, places arrière 3. Lors d'un sinistre dont monsieur Schmit est responsable et dans lequel tous les passagers sont blessés, il s'avère que 4 personnes avaient pris place sur la banquette arrière. Dans ce cas, il y a surnombre à l'arrière du véhicule. Dans l'intérêt de la protection des victimes, l'entreprise d'assurances de monsieur Schmit indemnise celles-ci, mais garde un droit de recours contre monsieur Schmit pour la différence entre le rapport du nombre de places assurées et le nombre de personnes transportées (dans notre cas, 1/4 de l'indemnité revenant à chaque personne transportée à l'arrière du véhicule – au maximum 3.000 €).

7.3 Le recours pour transport de personnes sur des places non inscrites

7.3.1 La notion de transport sur des places non inscrites

On parle de transport de personnes sur des places non inscrites lorsque des personnes sont transportées :
- sur les parties intérieures et extérieures d'un véhicule destiné au transport de personnes ou de choses ;
- sur un motocycle, un tracteur, une machine ;
- dans la caisse d'un véhicule destiné au transport de choses ;

alors qu'elles n'occupent pas une place inscrite sur la carte d'immatriculation[388].

7.3.2 Les conséquences du transport sur des places non inscrites

Il y a non-assurance à l'égard de toute personne n'occupant pas une place inscrite sur la carte d'immatriculation.

---

388 Art. 7.1.3. R g-d- RCA 2003.

7.4 Le recours en cas de cessation de garantie

Toute expiration, annulation, résiliation, suspension du contrat ou de garantie d'un contrat d'assurance de la Responsabilité Civile Automobile, quelle que soit la cause, doit être notifiée par l'entreprise d'assurances à l'autorité ou à la personne désignée par le Gouvernement[389].

Dans les seuls cas où l'entreprise d'assurances a respecté la susdite notification, ses obligations à l'égard de la personne lésée sont limitées à un délai de seize jours suivant le jour de la notification. Pour autant que l'entreprise d'assurances ait respecté l'obligation de notification à l'autorité, son recours éventuel devient donc opposable à la victime.

Les **obligations** de l'entreprise d'assurances **cessent** de plein droit, sans notification, pour les sinistres survenant après :
- l'entrée en vigueur d'une nouvelle assurance couvrant le même risque ;
- l'expiration d'un délai de seize jours ;
- l'expiration du terme pour lequel a été émis un certificat international d'assurance, lorsque l'obligation assumée par le Bureau est subordonnée à l'existence de ce certificat.

7.5 Recours en cas de transfert de véhicule

Le **recours** exercé par l'entreprise d'assurances contre le preneur d'assurance et/ou la personne assurée autre que le preneur d'assurance est **opposable** à la victime en cas de transfert de véhicule.

Néanmoins, si le dommage est causé pendant que le véhicule circule, même illicitement, sous le couvert de la carte d'immatriculation, ou du document en tenant lieu, établie au nom de l'ancien propriétaire, l'entreprise d'assurances de l'ancien propriétaire reste tenue à l'égard de la personne lésée pendant un délai de 16 jours, qui suit la notification de la cessation de la garantie aux autorités[390].

7.6 Recours en cas d'abus d'alcool ou de consommation de stupéfiants

L'entreprise d'assurances est autorisée à exercer un recours s'il est prouvé que le conducteur a :
- soit consommé des boissons alcooliques en quantité telle que le taux d'alcool soit égal ou supérieur au taux légalement admis[391] ;

---

389   Art. 12 LRCA 2003.
390   Art. 6.1.c. R g-d RCA 2003.
391   Art. 6.1.d. du règlement grand-ducal du 11 novembre 2003 pris en exécution de la loi du 16 avril 2003.

- soit présenté des signes manifestes d'ivresse ;
- soit absorbé des drogues, stupéfiants ou hallucinogènes ;
- soit refusé après l'accident de se soumettre à un test ou une prise de sang ou qu'il s'y est soustrait en s'éloignant du lieu de l'accident[392].

REMARQUE 1 :

La référence au texte légal actuel fait référence au taux actuel de 0,5 g/l. Les entreprises d'assurances sont néanmoins libres de prévoir un taux supérieur et notamment continuer à exercer un recours uniquement au-delà du taux actuel de 0,8 g/l partant du principe qu'on applique des règles qui ne sont pas en défaveur du client. Si cette approche est techniquement défendable, se pose de l'avis de l'auteur une question d'éthique.

REMARQUE 2 :

La Cour de cassation française a retenu que commet une faute le restaurateur qui continue à servir des boissons alcoolisées à une personne ivre. La victime de violences imputables à l'état alcoolique de cette personne peut solliciter réparation de son préjudice à charge du restaurateur fautif[393].

7.7 Recours en cas de sinistre intentionnel

En cas de sinistre causé intentionnellement, l'entreprise d'assurances est autorisée à exercer un recours illimité.

8 – LES DOMMAGES CAUSÉS À L'ÉTRANGER

8.1 La législation applicable en cas de sinistre à l'étranger

L'entreprise d'assurances couvre les dommages causés en territoire étranger par un véhicule ayant son stationnement habituel au Grand-Duché de Luxembourg, conformément à la loi du pays de survenance du sinistre[394].

Relative à l'assurance obligatoire de la responsabilité civile en matière de véhicules automoteurs, tel qu'il a été modifié.
392 Art. 6.1.d R g-d- RCA 2003.
393 Cour de Cassation de France, 2ᵉ ch. Civ. 20 juin 2002.
394 Il est évident que des conventions locales telles que IRSA en France et RDR en Belgique ne s'appliquent que dans ces pays et pas au Grand-Duché de Luxembourg.

8.2 Si la législation étrangère prévoit des garanties plus étendues

L'entreprise d'assurances accorde sa garantie suivant les dispositions du contrat souscrit au Grand-Duché de Luxembourg. Toutefois, si des lois, principes et conventions internationaux rendent applicable une législation en matière d'assurance RC Auto exigeant des garanties plus étendues que celles prévues par l'assurance, l'entreprise d'assurances accorde ces garanties plus étendues.

8.3 Le Bureau Luxembourgeois

L'assuré autorise le Bureau Luxembourgeois des Assureurs contre les Accidents Automobile, ainsi que le Bureau similaire du pays étranger ou tout organisme qui en tient lieu, à recevoir les notifications et à instruire et à régler pour son compte toute demande de dommages et intérêts qui met en cause sa responsabilité à l'égard des tiers et ce, conformément à la loi sur l'assurance obligatoire de ce pays étranger.

9 – LE SECOURS BÉNÉVOLE

9.1 Notion

Toute personne qui, à titre privé, porte sur place secours de manière **gratuite** et **bénévole** à des personnes blessées, à l'occasion d'un accident de la circulation dans lequel un véhicule assuré est impliqué, a droit, de la part de l'entreprise d'assurances assurant ce véhicule, au remboursement de ses débours occasionnés par ce secours[395].

> REMARQUE :
>
> Il est évident que cette disposition n'est applicable qu'aux véhicules immatriculés et assurés au Grand-Duché de Luxembourg contre le risque de la RC Auto.

9.2 La limite d'intervention

La limite d'intervention est fixée à 750 €.

---

395   Art. 13 R g-d RCA 2003.

9.3 Lorsqu'il y a plusieurs véhicules qui sont impliqués dans l'accident

S'il y a plusieurs véhicules impliqués dans l'accident, la personne ayant porté secours peut adresser ses prétentions à l'une quelconque des entreprises d'assurances en cause. Cette entreprise d'assurances paiera les débours occasionnés sans tenir compte d'une éventuelle responsabilité de son assuré.

9.4 La subsidiarité du montant payé pour secours bénévole

Cette garantie est subsidiaire à tout remboursement auquel ces personnes ont droit en vertu des dispositions légales ou réglementaires en matière de sécurité sociale.

9.5 Ceux qui ne peuvent bénéficier du remboursement de frais exposés pour secours bénévole

Ne peuvent bénéficier de cette garantie les personnes qui, à titre professionnel ou volontaire, portent secours en tant que membre d'un organisme d'aide ou d'intervention tels que les médecins urgentistes, ambulanciers, pompiers etc.

10 - LES FRANCHISES

L'assurance **peut** prévoir une franchise.

Cette franchise ne peut cependant dépasser les montants suivants :

1.500 € par sinistre, lorsque le preneur est une personne physique ;

6.000 € par sinistre, lorsque le preneur est une personne morale[396].

> REMARQUE :
>
> Le principe d'imposer un maximum de franchise est contesté par la Commission européenne qui a adressé un avis motivé au gouvernement luxembourgeois[397]. Prévoir un maximum reviendrait à une exigence non justifiée qui, dans le chef d'une entreprise d'assurances étrangère, lui imposerait de modifier son produit pour s'aligner sur un marché local.

---

396 Art. 10 R g-d RCA 2003.
397 23 juillet 2004 IP/04/990.

10.1 La franchise permis récent

S'il s'avère en cas de sinistre que le véhicule assuré a été conduit par une personne en possession d'un permis de conduire, dont la première délivrance date de moins de 2 ans, une franchise de 309,86 € est appliquée[398].

Cette franchise peut être supprimée moyennant stipulation d'une clause dérogatoire aux Conditions Particulières de l'assurance et paiement d'une surprime.

> REMARQUE – CONSEIL
>
> Au cas où le preneur d'assurance devrait couvrir dans un même contrat les garanties RC Auto et dégâts matériels au véhicule, il est conseillé en cas d'un rachat de franchise permis récent, de racheter cette franchise dans les deux garanties.

10.2 La non-opposabilité des franchises

Les franchises éventuellement applicables en cas de sinistre sont inopposables aux personnes lésées. L'entreprise d'assurances garde cependant un droit de recours contre l'assuré. En d'autres termes : l'entreprise d'assurances indemnise la victime et se fait rembourser la ou les franchises par son assuré.

10.3 Les montants que le preneur doit rembourser à l'entreprise d'assurances

Le preneur d'assurance est tenu de rembourser à l'entreprise d'assurances :
- tout montant d'un sinistre, frais et intérêts compris, égal ou inférieur au montant total des franchises applicables en cas de sinistre ;
- la part égale au montant total des franchises éventuelles applicables si le montant du sinistre, frais et intérêts compris, est supérieur à ce montant total.

10.4 Le délai pour le remboursement des franchises

Le preneur d'assurance est tenu d'effectuer le remboursement de la franchise dans le délai prévu au contrat. Ce délai peut p.ex. être de 30 jours à partir de la demande afférente qui lui a été adressée par l'entreprise d'assurances.

---

398   le montant non arrondi de 309,86 s'obtient en appliquant le facteur de conversion de 40.3399 à l'ancien montant en Flux qui était de 12.500.

11 – LES EXCLUSIONS

Le législateur prévoit que certains risques sont toujours exclus (c'est-à-dire que l'entreprise d'assurances ne peut pas y déroger) tandis que d'autres exclusions sont facultatives.

11.1 Les personnes exclues

Sont exclus du bénéfice de l'indemnisation :
- tout assuré dont la responsabilité est engagée dans la survenance du sinistre ;
- les auteurs, coauteurs et complices du vol du véhicule ayant occasionné le dommage[399] ;
- les personnes ayant de leur plein gré pris place dans le véhicule ayant occasionné le dommage, lorsque l'entreprise d'assurances peut prouver qu'elles savaient que le véhicule était volé[400] ;

Compte tenu du fait que l'accompagnateur dans le régime de la conduite accompagnée est considéré comme le seul conducteur, il est également à considérer comme une personne qui est exclue d'office du bénéfice de l'assurance responsabilité automobile du véhicule qui a été utilisé pour le régime de la conduite accompagnée.

11.2 La transmutation d'atomes

Sont **exclus d'office** les dommages corporels et matériels résultant des effets directs ou indirects d'explosion, de dégagement de chaleur, d'irradiation, de contamination provenant de **transmutation d'atomes** ou de **radioactivité**, ainsi que des effets de radiations provoquées par l'accélération artificielle de particules nucléaires[401].

11.3 La réquisition civile et militaire

Lorsqu'un véhicule fait l'objet d'une mesure de **réquisition civile** ou **militaire**, que ce soit en propriété ou en location, les stipulations du contrat d'assurance qui ont pour objet de mettre fin à l'assurance ou de la suspendre par le seul effet de la réquisition, sont de plein droit opposables à la personne lésée. Cette mesure sera d'application dès la prise en charge effective par l'autorité qui a pris la mesure de réquisition.

---

399 (France) exclusion confirmée Civ. 2e, 17 janvier 2013, pourvoi No. 11-25265 (Argus de l'assurance 7299 du 8 février 2013, page 10).
400 Art. 8 R g-d RCA 2003.
401 Art. 5.5. L RCA 2003.

Par le seul fait de la prise en charge, la personne publique au nom de laquelle la réquisition a eu lieu, couvre elle-même la responsabilité à laquelle le véhicule réquisitionné peut donner lieu[402]. Il s'ensuit que la couverture de l'assurance du propriétaire du véhicule est suspendue à dater du moment où le véhicule a été réquisitionné.

11.4 Les exclusions facultatives sans limitation de recours de la part de l'entreprise d'assurances et opposables à la victime

Le législateur prévoit que les dommages suivants **peuvent** être **exclus** pour autant que ce soit expressément stipulé soit dans les **Conditions Générales** ou **Particulières** du contrat. Au cas où mention en était faite dans le contrat et que l'entreprise d'assurances aurait été appelée à intervenir, elle a dans les cas ou situations suivants un droit de **recours non limitatif** contre le **preneur d'assurance** et l'assuré autre que le preneur d'assurance et opposable à la victime :

- les **dommages matériels** subis par :
    - le preneur d'assurance ;
    - le propriétaire ;
    - le détenteur et le conducteur du véhicule ayant occasionné le dommage ;
    - le conjoint des personnes visées au point 11.1 ;
    - les parents et alliés en ligne directe de ces mêmes personnes, à la double condition qu'ils habitent sous leur toit et soient entretenus de leurs deniers[403].

EXEMPLE 1 :

Admettons la situation suivante :

Avant	Madame Hoffmann	Madame Schmit
Arrière	Madame Muller	Madame Thill

Le véhicule est inscrit au nom de monsieur Wagner et la carte grise indique 2 places à l'avant et 3 places à l'arrière.
En rentrant d'une sortie entre amies, madame Hoffmann qui conduit le véhicule de son concubin en perd le contrôle parce que Madame Muller, en racontant une blague, lui tape sur l'épaule.

---

402 Art. 14 L RCA 2003.
403 Art. 9.2. R g-d RCA 2003.

Lors de l'accident toutes les occupantes sont blessées : dommages corporels et matériels.
Dans ce cas de figure, l'entreprise d'assurances RC Auto de monsieur Wagner indemnise de la sorte.

PASSAGERS DU VÉHICULE	DOMMAGE CORPOREL INDEMNISATION DU MOTIF		DOMMAGE MATÉRIEL INDEMNISATION DU MOTIF	
Madame Hoffmann	non	conductrice et responsable de l'accident	non	conductrice et responsable de l'accident
Madame Schmit	oui	tiers	oui	tiers
Madame Muller	non	coresponsable de l'accident	non	coresponsable de l'accident
Madame Thill	oui	tiers	oui	tiers

EXEMPLE 2 :

Admettons la situation suivante :

Avant	Monsieur Schmit	Madame Schmit
Arrière	Fille Schmit âgée de 8 ans	Fille Thill âgée de 7 ans

Le véhicule est inscrit au nom de monsieur Schmit et la carte grise indique 2 places à l'avant et 3 places à l'arrière.
Lors d'une excursion, monsieur Schmit qui conduit le véhicule en perd le contrôle et cause un accident dans lequel tous les occupants sont blessés : dommages corporels et matériels.
Dans ce cas de figure, l'entreprise d'assurances RC Auto de monsieur Schmit indemnise de la sorte.

PASSAGERS DU VÉHICULE	DOMMAGE CORPOREL INDEMNISATION DU MOTIF		DOMMAGE MATÉRIEL INDEMNISATION DU MOTIF	
Monsieur Schmit	non	conducteur et responsable de l'accident	non	conducteur et responsable de l'accident
Madame Schmit	oui	considérée comme tiers	non	conjoint du conducteur responsable
Fille Schmit	oui	considérée comme tiers	non	alliée en ligne directe habitant sous le toit du conducteur responsable et entretenue par lui
Fille Thill	oui	tiers	oui	tiers

- **les dommages** causés soit **aux véhicules** dont se sert l'assuré, soit à leur contenu, ou encore à des biens meubles ou immeubles dont l'assuré est propriétaire, locataire, possesseur, gardien ou détenteur[404] ;

- les **dommages** qui, **sans résulter de la circulation** du véhicule, sont causés par le fait des marchandises et objets transportés ou par les manipulations nécessitées pour le transport[405] ;

> **EXEMPLE :**
> Les dommages causés par un camion à l'arrêt, qui est en train de décharger avec une palette de briques avec sa grue pivotante.

- les recours basés sur l'article 116 du Code des Assurances Sociales contre le preneur d'assurance ou l'assuré[406].

11.5 Les exclusions facultatives avec recours de la part de l'entreprise d'assurances

Le législateur prévoit que les dommages suivants **peuvent** être **exclus** pour autant que ce soit expressément **stipulé** dans les **Conditions Générales** ou **Particulières** du contrat. Au cas où mention en était faite dans le contrat et que l'entreprise d'assurances aurait été appelée à intervenir, elle a cependant dans les limites légales un droit de **recours**, non opposable à la victime, contre le preneur d'assurance et l'**assuré** autre que le preneur d'assurance dans les cas ou situations suivants :

- les dommages qui découlent de la **participation** du véhicule à des **courses** ou **concours** ainsi qu'aux essais préparatoires à ces courses et concours. Les exercices de vitesse, de régularité ou d'adresse même autorisés sont assimilés à des courses et concours[407] ;
- les dommages causés lorsque le conducteur n'est **pas titulaire d'un permis de conduire valable**, prescrit par la réglementation afférente. Lorsque le titulaire a omis de faire renouveler, conformément aux prescriptions légales, la durée de validité de son permis, cette exclusion sera inapplicable si le permis de conduire ainsi périmé était valable pour le genre de véhicule conduit au moment du sinistre[408].

Le permis est considéré valable :

  – lorsque, en cas de sinistre survenu dans un pays où l'assurance est valable, le conducteur n'est pas titulaire d'un permis de

---

404 Art. 9.8 R g-d RCA 2003.
405 Art. 9.9. R g-d RCA 2003.
406 Art. 9.10 R g-d RCA 2003.
407 Art. 9.1. R g-d RCA 2003.
408 Art. 9.3 R g-d RCA 2003.

conduire valable, prescrit par la réglementation du pays afférent, mais est cependant titulaire d'un permis de conduire valable luxembourgeois ;
- lorsque le conducteur est titulaire d'un permis de conduire valable qu'il a obtenu en vertu d'une réglementation d'un État membre de l'Union Européenne.

L'interdiction judiciaire de conduire et le retrait administratif du permis de conduire, ainsi que l'inobservation des restrictions (par exemple : « seulement valable pour véhicule spécialement aménagé en raison d'une infirmité ») ou des conditions (par exemple : « seulement valable avec verres correcteurs ») inscrites sur le permis de conduire équivalent à l'absence d'un permis de conduire valable.

- les dommages causés par un **candidat** au **permis** de conduire luxembourgeois[409] ;
- les dommages causés lorsque le **véhicule** a été donné en **location**[410] :
- les dommages causés par les **véhicules transportant des matières inflammables**, corrosives, explosives ou comburantes, si lesdites matières sont intervenues soit dans la cause, soit dans la gravité du sinistre. Dans ce cas, il est cependant admis une tolérance de 500 kg ou de 600 litres d'huile, d'essences minérales ou de produits similaires (y compris les carburants liquides ou gazeux nécessaires au moteur)[411] ;
- les dommages causés au cours de **transports rémunérés de personnes** dépassant d'une façon appréciable les frais se rapportant à la mise en circulation et à l'utilisation du véhicule[412] ;

RAPPEL :

Dans le cas où un recours est autorisé et qu'il porte contre une **personne physique**, il est limité à **3.000 €** alors qu'**aucune limite** n'est prévue s'il porte contre une **personne morale**.

---

409 Art. 9.4. R g-d RCA 2003.
410 Art. 9.5. R g-d RCA 2003.
411 Art. 9.6. R g-d RCA 2003.
412 Art. 9.7. R g-d RCA 2003.

11.6 Tableau récapitulatif des cas de recours et de leurs étendues

Le tableau ci-après récapitule les cas de recours et leurs étendues.

CAS DE RECOURS	ETENDUE DU RECOURS
transport en surnombre	non-assurance proportionnelle
transport sur des places non inscrites	non-assurance
franchises	montant de la franchise en fonction des limites pour personnes physiques et morales
candidat au permis de conduire	exclusion inopposable au tiers lésé, recours 3.000 € pour les personnes physiques, si-non : recours illimité
véhicule donné en location	exclusion inopposable au tiers lésé, recours 3.000 € pour les personnes physiques, si-non : recours illimité
transport de matières inflammables	recours illimité
transport rémunéré de personnes	recours illimité
recours CAS 116	exclusion opposable donc pas de recours nécessaire
courses et concours de vitesse	exclusion non opposable si prévue au contrat donc pas de recours nécessaire
dommages matériels subis par preneur, conjoint, parents et alliés, etc.	exclusion opposable si prévu au contrat donc pas de recours nécessaire
conducteur pas titulaire d'un permis valable	exclusion inopposable au tiers lésé, recours 3.000 € pour les personnes physiques, sinon : recours illimité
dommages causés par des marchandises et des objets transportés	recours illimité
dommages au véhicule	exclusion opposable donc pas de recours nécessaire
sauvegarde des droits des tiers (en cas d'expiration, d'annulation, de résiliation et de suspension du contrat)	recours illimité cas spécial du transfert de véhicule signalé : pas de recours car opposable
déchéance après accident	recours dans la limite où il y a déchéance et subordonné à la causalité du manquement
non-respect des obligations en cas de sinistre	recours à concurrence du préjudice subi par l'entreprise d'assurances, si fraude, recours intégral

fausses déclarations ou réticences à la souscription ou en cours de contrat	**a) omissions ou inexactitudes intentionnelles** nullité du contrat égale recours intégral **b) omissions ou inexactitudes non intentionnelles irréprochable** prestation à fournir, pas de recours **reprochable** prestation et recours proportionnels **cas spécial** risque que l'entreprise d'assurances n'aurait pas couvert : recours pour la totalité de l'indemnité payée, déduction faite des primes payées
non-respect des obligations en cas d'aggravation du risque	**a) obligation de déclaration respectée** prestation à fournir, pas de recours **b) obligation de déclaration non respectée** défaut de déclaration irréprochable prestation à payer, pas de recours défaut de déclaration reprochable prestation et recours proportionnels **cas spécial** Risque aggravé que l'entreprise d'assurances n'aurait pas couvert : recours pour la totalité de l'indemnité payée, déduction faite des primes payées **défaut de déclaration dans une intention frauduleuse** refus de garantie et inopposabilité à la victime, donc recours pour la totalité
boissons alcooliques et usage de stupéfiants[413]	recours maximum 3.000 € pour les personnes physiques ; sinon illimité
sinistre intentionnel	recours pour la totalité
refus ou réduction de la prestation en vertu de la loi ou du contrat d'assurance	recours dans la mesure où l'entreprise d'assurances aurait pu refuser ou réduire ses prestations

12- LA DÉCLARATION ET LE RÈGLEMENT DU SINISTRE

Le règlement d'un sinistre en assurance responsabilité civile est dépendant de plusieurs facteurs qui conditionnent le suivi du dossier. C'est ainsi qu'entrent en jeu la question de la responsabilité du conducteur, le lieu de survenance du sinistre, le pays d'immatriculation du véhicule, etc.

Sur base de ce qui précède, un sinistre automobile est réglé sur base soit :
- du régime de la carte verte ;
- par l'assurance frontière ;
- d'après les dispositions de la IVe directive ;
- la Convetion de La Haye.

Les **assurés** sont obligés de déclarer à l'entreprise d'assurances tout accident dans lequel le véhicule assuré est impliqué. Sauf cas fortuit ou de

---

413 Sous réserve du taux d'alcool dont il a été question ci-avant.

force majeure, cette déclaration est à faire immédiatement par écrit, et au plus tard dans les huit jours de la date où le preneur et/ou l'assuré ont eu connaissance du sinistre.

Le preneur d'assurance et/ou l'assuré doivent fournir à l'entreprise d'assurances **tous** les renseignements utiles, lui procurer les indications et preuves qu'ils pourront produire et soutenir l'entreprise d'assurances autant que possible, dans la défense contre les prétentions mal fondées ou exagérées (p.ex. fournir les indications et preuves qu'il pourra produire, transmettre sans retard lettres, significations, citations, constitutions de parties civiles et tous autres actes judiciaires ou pièces quelconques qui seront adressés au sujet d'une réclamation).

Les assurés **autres que** le **preneur** doivent fournir tous les renseignements et documents nécessaires à l'entreprise d'assurances à la **demande** de celle-ci.

La **personne lésée** doit adresser sa demande d'indemnisation à l'entreprise d'assurances ou au représentant chargé du règlement des sinistres dans une des langues officielles du Grand-Duché de Luxembourg[414].

> REMARQUE :
> Il appartient donc à la victime respectivement à ses ayants droit de présenter une demande d'indemnisation.

12.1 L'attitude de l'entreprise d'assurances ou du représentant chargé du règlement des sinistres, une fois le sinistre déclaré

À partir du moment où la personne lésée a présenté sa demande d'indemnisation, l'entreprise d'assurances ou le représentant chargé du règlement des sinistres doit, dans la même langue que celle dans laquelle la demande lui a été adressée, présenter dans un délai de trois mois[415] :

- soit une offre d'indemnisation motivée dans le cas où :
  - la responsabilité n'est pas contestée et/ou
  - le dommage a été quantifié ;
- soit une réponse motivée aux éléments invoqués dans la demande dans les cas :
  - où la responsabilité est rejetée ;
  - où n'a pas été clairement établie ;
  - où le dommage n'a pas été entièrement quantifié.

---

414 Art. 9.2. L RCA 2003.
415 Art. 9.1. L RCA 2003.

12.2 La sanction en cas de non-respect du délai pour présenter une offre d'indemnisation

Si la **responsabilité** n'est **pas contestée** et que le **dommage** a été **quantifié**, l'entreprise d'assurances ou son représentant chargé du règlement des sinistres doit payer des intérêts au cas où elle n'aurait pas présenté une offre dans les trois mois à compter de la date à laquelle la demande d'indemnisation lui a été présentée. Le taux d'intérêt est le taux d'intérêt légal luxembourgeois[416] à appliquer de plein droit, dès l'expiration du délai de trois mois, sur le montant de l'indemnisation offerte ou octroyée par le juge à la personne lésée[417].

12.3 Le recours au Fonds de garantie automobile

Au cas où l'entreprise d'assurances ou son représentant chargé du règlement des sinistres n'a pas donné une réponse motivée dans le délai de trois mois à compter de la date à laquelle la demande d'indemnisation lui a été présentée, toute personne lésée résidant au Grand-Duché de Luxembourg est en droit de présenter sa demande d'indemnisation au Fonds de garantie automobile.

On parle de réponse motivée lorsque :
- la **responsabilité** est **rejetée** ou
- n'a **pas** été **clairement établie** ou
- le **dommage** n'a **pas** été **entièrement quantifié**[418].

Si une **entreprise d'assurances non établie** au Grand-Duché de Luxembourg n'a pas **désigné un représentant** chargé du règlement des sinistres, toute personne lésée résidant au Grand-Duché de Luxembourg est en droit de présenter sa demande d'indemnisation directement au Fonds de garantie automobile.

Ce **droit** est cependant **refusé** à la personne lésée :
- si elle a présenté une demande d'indemnisation directement à l'entreprise d'assurances non établie au Grand-Duché de Luxembourg,
- et que celle-ci lui a présenté une offre d'indemnisation ou une réponse motivée dans un délai de trois mois à compter de la présentation de la demande[419].

Si la personne lésée a **engagé** une **action en justice** directement à l'encontre de l'entreprise d'assurances qui assure la responsabilité civile du

---

416   3,25 % pour 2014 (rgdc du 23 décembre 2013).
417   Art. 10.1. L RCA 2003.
418   Art. 10.2. L RCA 2003.
419   Art. 10.3 L RCA 2003.

véhicule qui a causé l'accident, elle ne peut pas présenter une demande en indemnisation au Fonds de garantie automobile[420].

Le Fonds de garantie automobile intervient dans un délai de deux mois, à compter de la date à laquelle la personne lésée lui a présenté une demande d'indemnisation. Si l'entreprise d'assurances ou son représentant chargé du règlement des sinistres a, par la suite, donné une réponse motivée à la demande de la partie lésée, le Fonds n'intervient plus[421].

12.4 Champs d'application de la carte verte

Dès lors qu'un accident a été causé dans un pays qui a adhéré au système de la carte verte par un véhicule immatriculé dans un autre pays membre du système carte verte, le Bureau du pays de la survenance du sinistre prend en charge l'indemnisation des victimes. Si le véhicule responsable d'un accident n'est pas immatriculé dans un pays qui a adhéré au système carte verte, l'assurance frontière que le conducteur est censé avoir souscrite lui permet d'être en règle avec les obligations locales d'assurance du lieu de survenance du sinistre.

12.5 Champs d'application de la IVe directive

Si la IVe directive sert avant tout à améliorer la situation des victimes en leur offrant la possibilité de pouvoir s'adresser dans leur pays de résidence à un interlocuteur dans leur langue maternelle en bénéficiant d'un environnement juridique et procédural familier, les règles de droit international privé et de compétence territoriale des juridictions n'ont cependant pas été changées par la directive. En d'autres termes : dans l'environnement juridique et procédural existant, la IVe directive facilite du point de vue de la victime la gestion de son dossier sinistre.

Toute victime d'un accident de la circulation survenu dans un pays autre que le sien peut ainsi se faire indemniser dans son pays de résidence :
- si les véhicules impliqués sont immatriculés :
  - dans un État-membre de l'Union Européenne ou de l'Espace Économique Européen ou
  - de la Suisse et
- si le lieu de survenance du sinistre se situe :
  - dans un État-membre de l'Union Européenne ou de l'Espace Économique Européen ou
  - de la Suisse ou

---

420 Art. 10.4. L RCA 2003.
421 Art. 10.5. L RCA 2003.

– en dehors de l'Union Européenne mais dans un pays qui a adhéré au système de carte verte.

12.6 Résumé graphique du processus de la IVe directive

Le graphique suivant reprend le processus d'indemnisation dans le cadre de la IVe Directive si une entreprise d'assurance ou son représentant a été sollicité d'intervenir pour régler le sinistre :

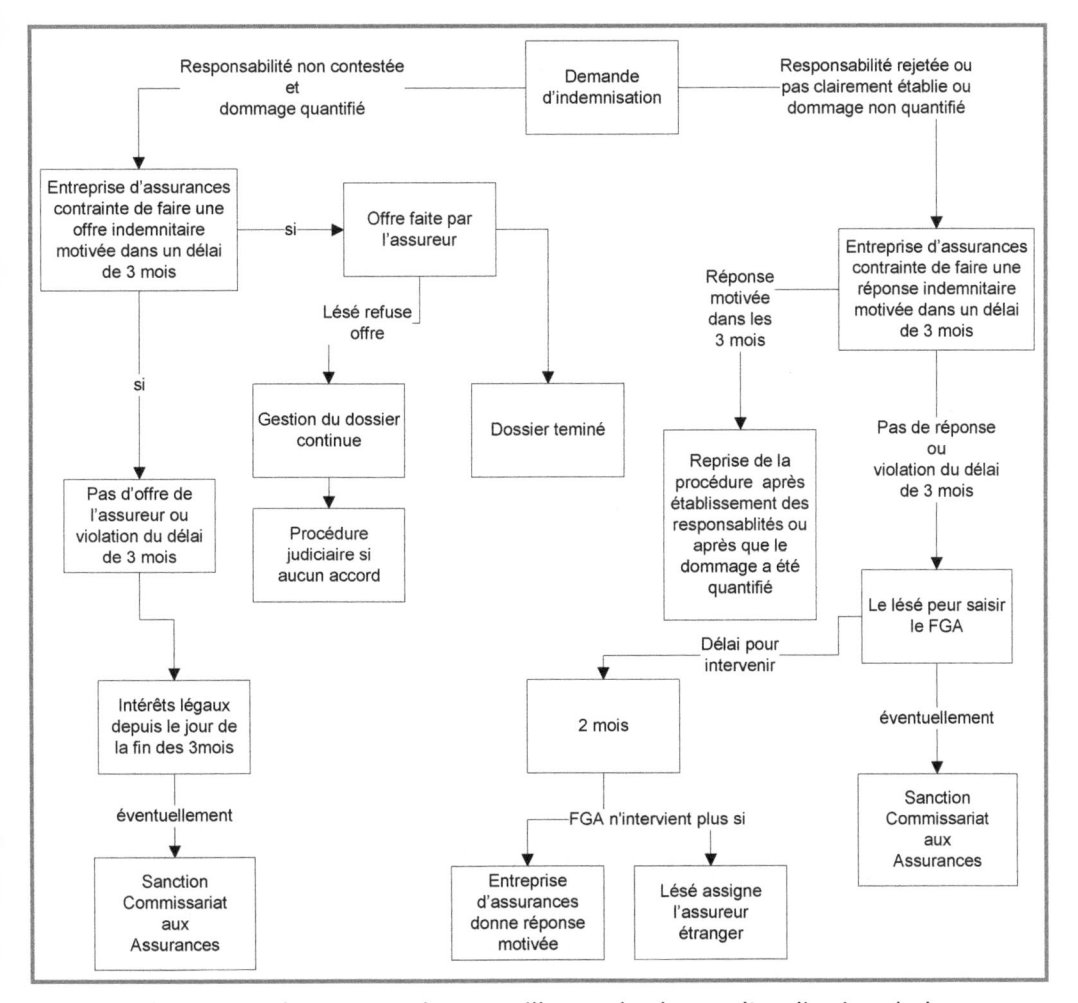

```
                    Responsabilité non contestée          Demande          Responsabilité rejetée ou
                              et                    ─ d'indemnisation ─   pas clairement établie ou
                    dommage quantifié                                       dommage non quantifié
                              │                                                      │
                              ▼                                                      ▼
              ┌──────────────────────┐        ┌──────────────────┐      ┌──────────────────────┐
              │ Entreprise d'assurances│       │ Offre faite par  │      │ Entreprise d'assurances│
              │ contrainte de faire une│── si ─│   l'assureur     │      │ contrainte de faire une│
              │ offre indemnitaire    │       └──────────────────┘      │ réponse indemnitaire  │
              │ motivée dans un délai │                                  │ motivée dans un délai │
              │      de 3 mois        │         Lésé refuse              │      de 3 mois        │
              └──────────────────────┘          offre                    └──────────────────────┘
                        │                         │        Réponse                  │
                  si    │                         ▼        motivée                  ▼
                        │              ┌──────────────────┐ dans les        Pas de réponse
                        ▼              │ Gestion du dossier│ 3 mois              ou
              ┌──────────────────┐     │    continue       │                 violation du délai
              │  Pas d'offre de  │     └──────────────────┘                    de 3 mois
              │  l'assureur ou   │              │              Reprise de la
              │  violation du délai│            ▼              procédure après
              │     de 3 mois    │     ┌──────────────────┐   établissement des
              └──────────────────┘     │     Procédure     │   responsablités ou
                        │              │  judiciaire si    │   après que le
                        │              │   aucun accord    │   dommage a été           ▼
                        ▼              └──────────────────┘    quantifié         ┌──────────────┐
              ┌──────────────────┐                                                │ Le lésé peur saisir│
              │  Intérêts légaux │                          Délai pour            │    le FGA    │
              │  depuis le jour de│                         intervenir            └──────────────┘
              │  la fin des 3mois │                                                      │
              └──────────────────┘                            2 mois                     ▼
                        │                                                           éventuellement
                  éventuellement                                                          │
                        │                           FGA n'intervient plus si              ▼
                        ▼                                                          ┌──────────────┐
              ┌──────────────────┐         ┌──────────────┐  ┌──────────────┐    │   Sanction   │
              │    Sanction      │         │  Entreprise  │  │ Lésé assigne │    │ Commissariat │
              │  Commissariat    │         │ d'assurances │  │  l'assureur  │    │     aux      │
              │      aux         │         │donne réponse │  │   étranger   │    │  Assurances  │
              │   Assurances     │         │   motivée    │  └──────────────┘    └──────────────┘
              └──────────────────┘         └──────────────┘
```

Ci-après, quelques exemples pour illustrer le champ d'application de la IVe directive dans la pratique. En fonction du pays de survenance du sinistre, le règlement se fait d'après le schéma suivant ;

SINISTRE SURVENU AU GRAND-DUCHÉ DE LUXEMBOURG		
si le véhicule du responsable est immatriculé au GDL		si le véhicule du responsable est immatriculé dans un autre pays que le GDL
et si le véhicule de la victime est également immatriculé au GDL	et si le véhicule de la victime est immatriculé dans un autre pays que le GDL	le Bureau Luxembourgeois est compétent pour désigner une entreprise d'assurances locale pour gérer le dossier sinistre
règlement par l'entreprise d'assurances locale	indemnisation dans le pays de l'immatriculation du véhicule sur base de la IVe Directive	

SINISTRE SURVENU DANS UN PAYS AUTRE QUE LE GRAND-DUCHÉ DE LUXEMBOURG			
si le véhicule du responsable est immatriculé au GDL			si le véhicule du responsable est immatriculé dans un autre pays que le GDL
et si le véhicule de la victime est également immatriculé au GDL	et si le véhicule de la victime est immatriculé dans un autre pays que le GDL et résidant		règlement du sinistre au GDL par le correspondant de la IVe Directive du responsable de l'accident
règlement du sinistre par l'entreprise d'assurances luxembourgeoise	dans le pays de survenance de l'accident	résidant dans un pays autre que celui de la survenance de l'accident	entreprise d'assurances gestionnaire au GDL
base Convention de la Haye	le Bureau étranger est compétent et peut désigner une entreprise d'assurances de son pays pour régler le sinistre	règlement du sinistre par le correspondant de la IVe Directive dans son pays de résidence	

> **EXEMPLE 1 :**
>
> **Collision entre deux véhicules immatriculés dans deux États différents de l'U.E. sur le territoire d'un État membre de l'U.E. et dont un véhicule est immatriculé dans le pays de survenance du sinistre.**
>
> Monsieur Perreira conduit un véhicule immatriculé au Grand-Duché de Luxembourg et rentre pendant les grandes vacances dans son pays natal, le Portugal. Lors d'un accident au Portugal avec un véhicule responsable immatriculé et assuré au Portugal, il est gravement blessé.
>
> Dans ce cas, les principes de la IVe directive sont d'application puisqu'il y a eu une collision entre un véhicule immatriculé dans un État membre de l'U.E. avec un véhicule immatriculé dans un autre État de l'U.E. sur le territoire du même État de l'U.E. que l'immatriculation du véhicule responsable.

> **EXEMPLE 2 :**
>
> **Collision entre deux véhicules immatriculés dans deux États différents de l'U.E. sur le territoire d'un autre État membre de l'U.E.**
>
> Monsieur Weber part avec son véhicule immatriculé au Grand-Duché de Luxembourg pour un voyage d'affaires à Strasbourg et a sur place un accident de la circulation avec un véhicule immatriculé et assuré en Allemagne.
>
> Dans ce cas, les principes de la IVe directive sont d'application puisqu'il y a eu une collision entre un véhicule immatriculé dans un État-membre de l'U.E. avec un véhicule immatriculé dans un autre État de l'U.E. sur le territoire d'un État de l'U.E.

> **EXEMPLE 3 :**
>
> **Collision entre deux véhicules immatriculés dans le même État de l'U.E. sur le territoire d'un autre État membre de l'U.E.**
>
> Monsieur Weber et monsieur Schmit partent tous les deux avec leurs véhicules immatriculés au Grand-Duché de Luxembourg à la Côte belge et entrent sur place en collision.
>
> Dans ce cas, les principes de la IVe directive sont d'application en ce qui concerne le respect des délais de règlement. S'agissant cependant d'une collision entre deux véhicules immatriculés dans le même État sur le territoire d'un autre État, le règlement se fera sur base des dispositions de la convention de La Haye[422].

> **EXEMPLE 4 :**
>
> **Collision entre un véhicule immatriculé dans un État de l'U.E. avec un véhicule immatriculé dans un pays non membre de l'U.E. sur le territoire de ce même pays.**
>
> Monsieur Weber part avec son véhicule immatriculé au Grand-Duché de Luxembourg pour amener des jouets dans une crèche en Croatie. Sur place, il a un accident de la circulation avec un véhicule immatriculé et assuré en Croatie.
>
> Dans ce cas, les principes de la IVe directive sont d'application puisqu'il y a eu une collision entre un véhicule immatriculé dans un État-membre de l'U.E. sur le territoire d'un État non-membre de l'U.E., avec un véhicule immatriculé et assuré dans cet État mais qui a adhéré au régime de la carte verte.

---

422 Voir Annexe VII Convention de la Haye (règlement local entre entreprises d'assurances).

> **EXEMPLE 5 :**
>
> **Collision entre un véhicule immatriculé dans un État de l'U.E. avec un véhicule immatriculé dans un pays non-membre de l'U.E. sur le territoire d'un autre pays non membre de l'U.E.**
>
> Monsieur Weber part avec son véhicule immatriculé au Grand-Duché de Luxembourg pour amener des jouets dans une crèche en Croatie. Sur place, il a un accident de la circulation avec un véhicule immatriculé et assuré en Russie.
>
> Dans ce cas, les principes de la IVe directive ne sont pas d'application puisqu'il y a eu une collision entre un véhicule immatriculé dans un État-membre de l'U.E. avec un véhicule immatriculé et assuré dans un État non-membre de l'U.E. sur le territoire d'un pays non membre de l'U.E.

12.7 Résumé graphique du suivi d'un dossier sinistre

Les graphiques ci-après reprennent une représentation du suivi d'un dossier sinistre une fois qu'il aura été déclaré auprès de l'entreprise d'assurances.

On distinguera quatre cas :
- sinistre au Luxembourg sans et avec couverture dégâts matériels ;
- sinistre à l'étranger sans et avec couverture dégâts matériels.

12.7.1 *Sinistre au Luxembourg sans couverture dégâts matériels*

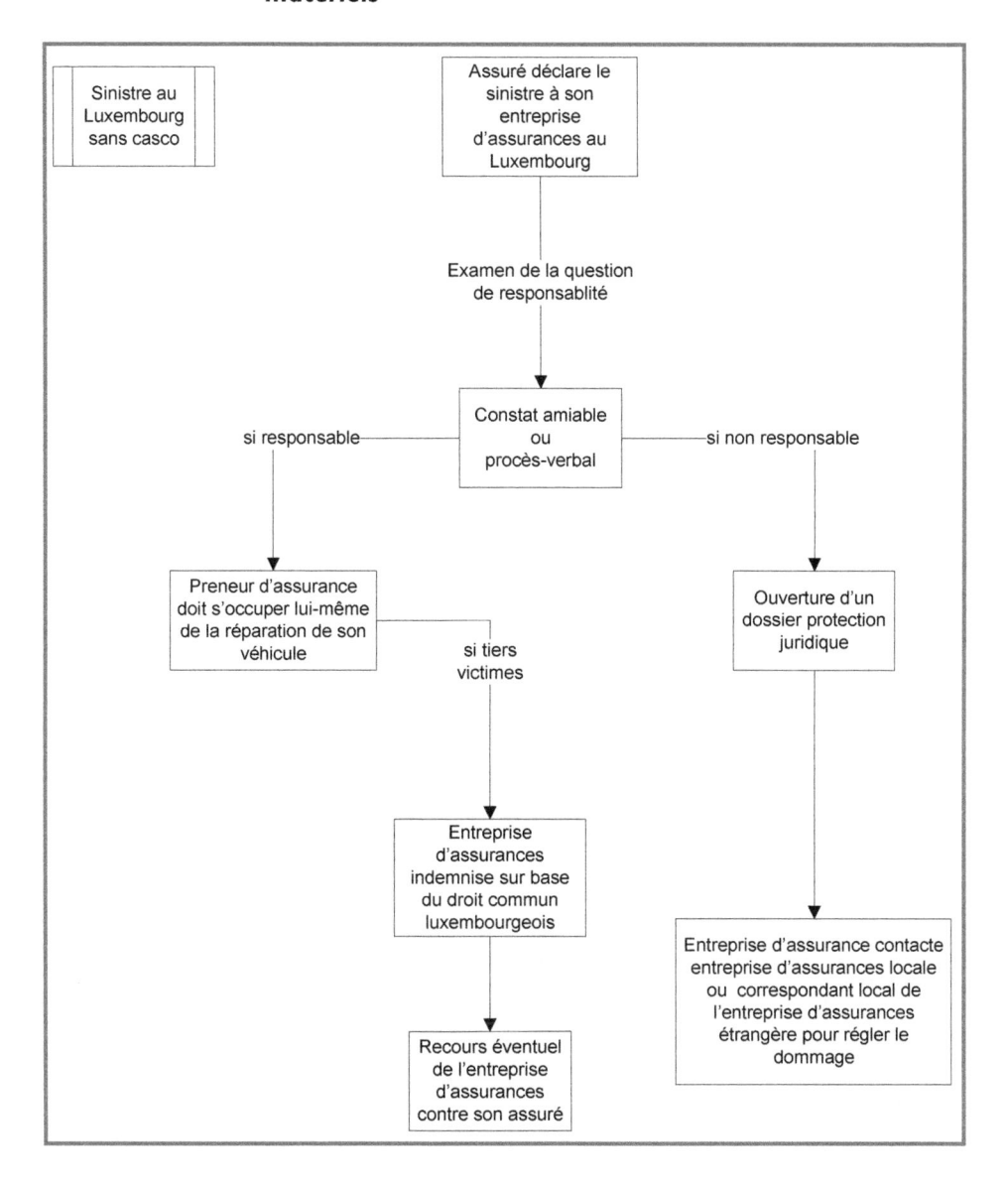

```
┌─────────────┐        ┌──────────────────┐
│ Sinistre au │        │ Assuré déclare le│
│ Luxembourg  │        │ sinistre à son   │
│ sans casco  │        │ entreprise       │
└─────────────┘        │ d'assurances au  │
                       │ Luxembourg       │
                       └──────────────────┘
                                │
                                ▼
                    Examen de la question
                       de responsablité
                                │
                                ▼
                       ┌──────────────┐
     ── si responsable─│Constat amiable│─si non responsable──
    │                  │      ou      │                      │
    │                  │ procès-verbal│                      │
    │                  └──────────────┘                      │
    ▼                                                        ▼
┌──────────────────┐                            ┌──────────────────┐
│ Preneur d'assurance│                          │  Ouverture d'un  │
│ doit s'occuper lui-│                          │ dossier protection│
│ même de la réparation│                        │     juridique    │
│ de son véhicule  │   si tiers                 └──────────────────┘
└──────────────────┘   victimes                           │
            │                                             │
            ▼                                             ▼
   ┌──────────────────┐                    ┌──────────────────────────┐
   │   Entreprise     │                    │Entreprise d'assurance    │
   │  d'assurances    │                    │contacte entreprise       │
   │ indemnise sur base│                   │d'assurances locale       │
   │  du droit commun │                    │ou correspondant local de │
   │  luxembourgeois  │                    │l'entreprise d'assurances │
   └──────────────────┘                    │étrangère pour régler le  │
            │                              │        dommage           │
            ▼                              └──────────────────────────┘
   ┌──────────────────┐
   │ Recours éventuel │
   │ de l'entreprise  │
   │  d'assurances    │
   │ contre son assuré│
   └──────────────────┘
```

12.7.2 *Sinistre au Luxembourg avec couverture dégâts matériels*

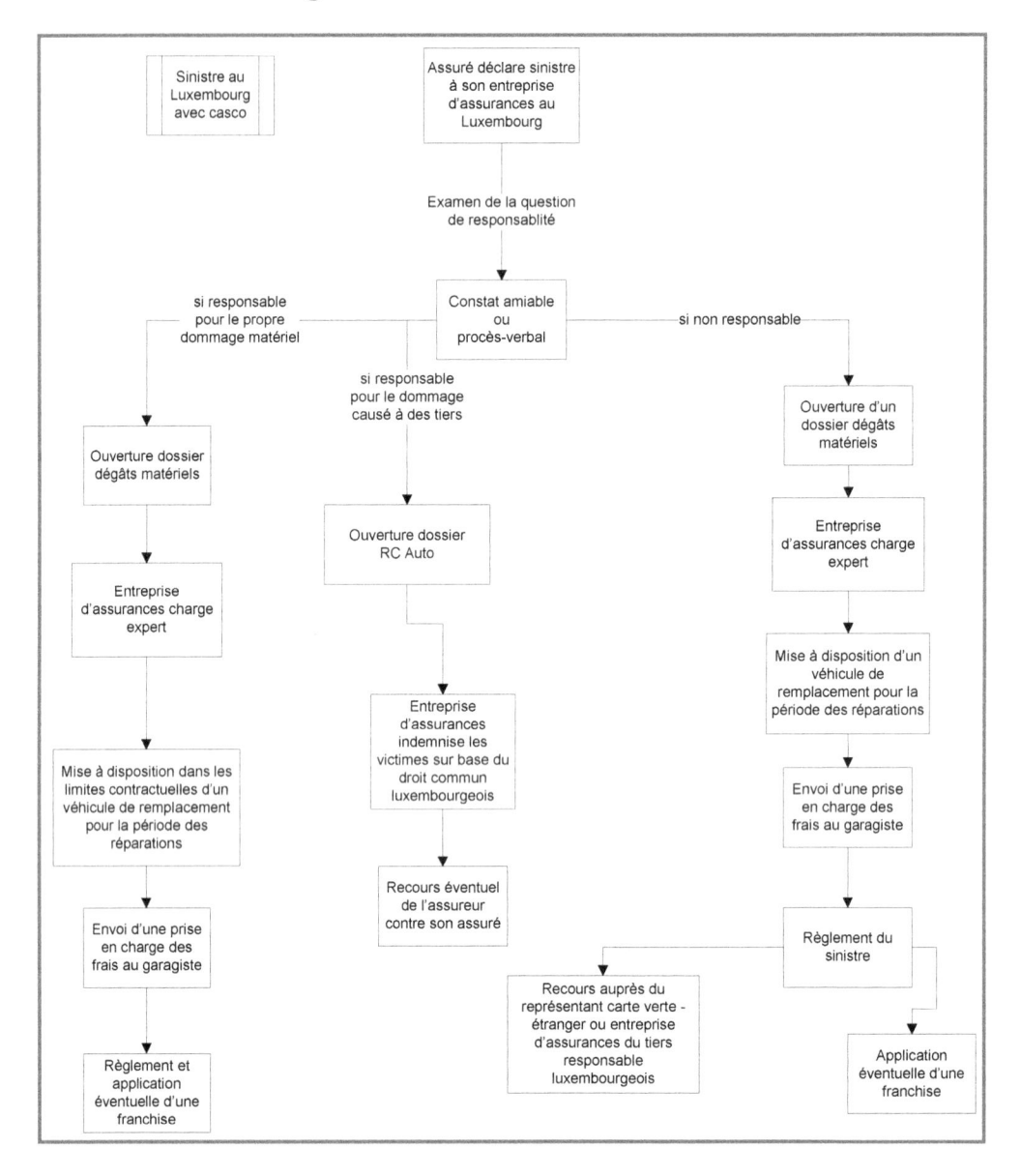

```
                    ┌──────────────────────┐
                    │ Assuré déclare sinistre│
┌──────────────┐    │ à son entreprise     │
│ Sinistre au  │    │ d'assurances au      │
│ Luxembourg   │    │ Luxembourg           │
│ avec casco   │    └──────────┬───────────┘
└──────────────┘               │
                    Examen de la question
                    de responsablité
                               ▼
                    ┌──────────────────┐
     si responsable │ Constat amiable  │
  pour le propre    │       ou         │  si non responsable
  dommage matériel  │  procès-verbal   │
        ┌───────────┴──────────────────┴───────────┐
        │            si responsable                │
        │          pour le dommage                 │
        │         causé à des tiers                │
        ▼                   │                      ▼
┌──────────────┐            │            ┌──────────────┐
│ Ouverture    │            │            │ Ouverture d'un│
│ dossier      │            │            │ dossier dégâts│
│ dégâts       │            │            │ matériels    │
│ matériels    │            │            └──────┬───────┘
└──────┬───────┘            ▼                   ▼
       ▼            ┌──────────────┐    ┌──────────────┐
┌──────────────┐    │ Ouverture    │    │ Entreprise   │
│ Entreprise   │    │ dossier      │    │ d'assurances │
│ d'assurances │    │ RC Auto      │    │ charge expert│
│ charge expert│    └──────┬───────┘    └──────┬───────┘
└──────┬───────┘           │                   ▼
       ▼                   │            ┌──────────────┐
┌──────────────┐           │            │ Mise à       │
│ Mise à       │           │            │ disposition  │
│ disposition  │           │            │ d'un véhicule│
│ dans les     │           │            │ de remplace- │
│ limites      │           │            │ ment pour la │
│ contractu-   │           │            │ période des  │
│ elles d'un   │           │            │ réparations  │
│ véhicule de  │           ▼            └──────┬───────┘
│ remplacement │  ┌──────────────┐             ▼
│ pour la      │  │ Entreprise   │    ┌──────────────┐
│ période des  │  │ d'assurances │    │ Envoi d'une  │
│ réparations  │  │ indemnise les│    │ prise en     │
└──────┬───────┘  │ victimes sur │    │ charge des   │
       ▼          │ base du      │    │ frais au     │
┌──────────────┐  │ droit commun │    │ garagiste    │
│ Envoi d'une  │  │ luxembour-   │    └──────┬───────┘
│ prise en     │  │ geois        │           ▼
│ charge des   │  └──────┬───────┘    ┌──────────────┐
│ frais au     │         ▼            │ Règlement du │
│ garagiste    │  ┌──────────────┐    │ sinistre     │
└──────┬───────┘  │ Recours      │    └──────┬───────┘
       ▼          │ éventuel de  │           │
┌──────────────┐  │ l'assureur   │           ▼
│ Règlement et │  │ contre son   │    ┌──────────────┐
│ application  │  │ assuré       │    │ Application  │
│ éventuelle   │  └──────────────┘    │ éventuelle   │
│ d'une        │                      │ d'une        │
│ franchise    │  Recours auprès du   │ franchise    │
└──────────────┘  représentant carte  └──────────────┘
                  verte - étranger ou
                  entreprise d'assurances
                  du tiers responsable
                  luxembourgeois
```

12.7.3 Sinistre à l'étranger sans couverture dégâts matériels

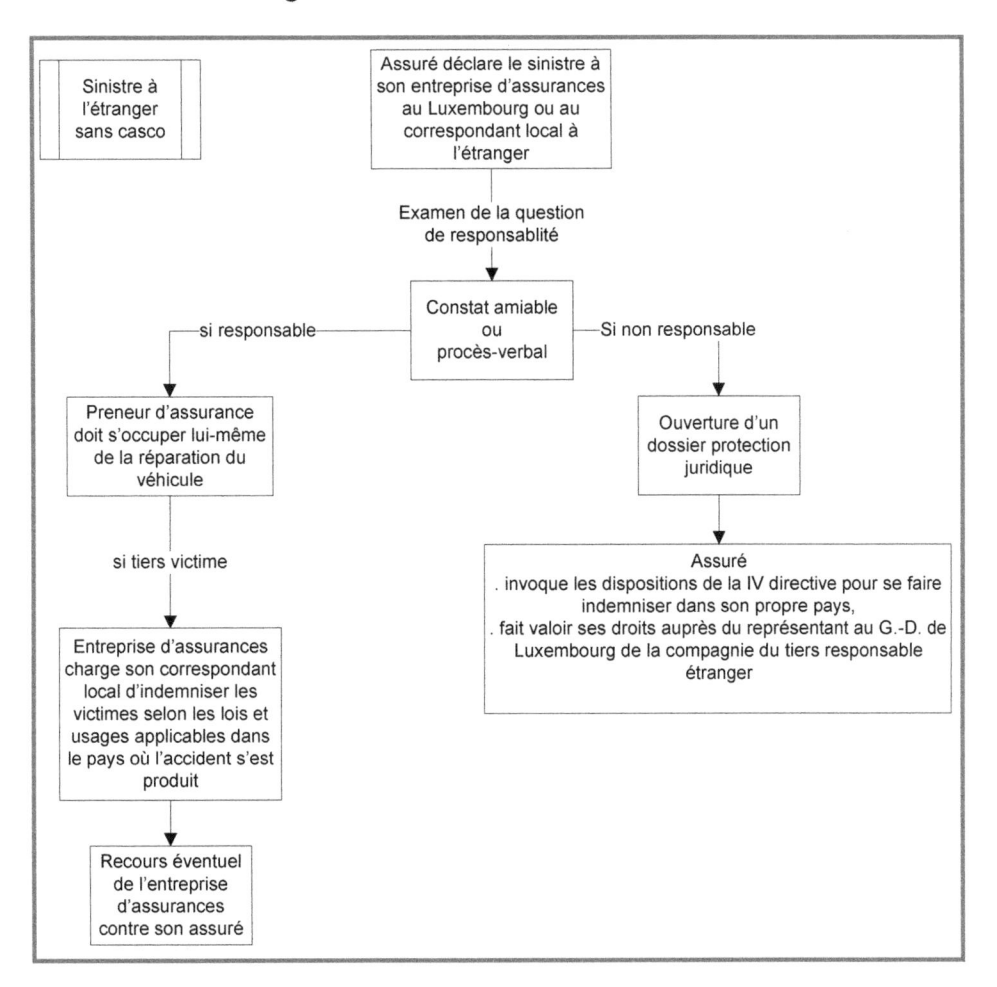

```
┌─────────────┐       ┌──────────────────────────┐
│ Sinistre à  │       │ Assuré déclare le sinistre à │
│ l'étranger  │       │ son entreprise d'assurances │
│ sans casco  │       │ au Luxembourg ou au         │
│             │       │ correspondant local à       │
└─────────────┘       │ l'étranger                  │
                      └──────────────┬───────────────┘
                                     │
                         Examen de la question
                          de responsablité
                                     │
                                     ▼
                      ┌──────────────────────────┐
          ─si responsable─│   Constat amiable    │─Si non responsable─
         │               │         ou            │                    │
         ▼               │    procès-verbal      │                    ▼
┌────────────────┐       └──────────────────────────┘       ┌────────────────┐
│ Preneur d'assurance │                                     │ Ouverture d'un │
│ doit s'occuper lui-même │                                 │ dossier protection │
│ de la réparation du │                                     │ juridique      │
│ véhicule           │                                      └────────────────┘
└────────────────┘                                                   │
         │                                                           ▼
   si tiers victime                                        ┌──────────────────────────┐
         │                                                 │ Assuré                    │
         ▼                                                 │ . invoque les dispositions de la IV directive pour se faire │
┌────────────────────┐                                     │   indemniser dans son propre pays,                          │
│ Entreprise d'assurances │                                │ . fait valoir ses droits auprès du représentant au G.-D. de │
│ charge son correspondant │                               │   Luxembourg de la compagnie du tiers responsable           │
│ local d'indemniser les │                                 │   étranger                                                  │
│ victimes selon les lois et │                             └──────────────────────────┘
│ usages applicables dans │
│ le pays où l'accident s'est │
│ produit                │
└────────────────────┘
         │
         ▼
┌────────────────┐
│ Recours éventuel │
│ de l'entreprise │
│ d'assurances    │
│ contre son assuré │
└────────────────┘
```

12.7.4 Sinistre à l'étranger avec couverture dégâts matériels

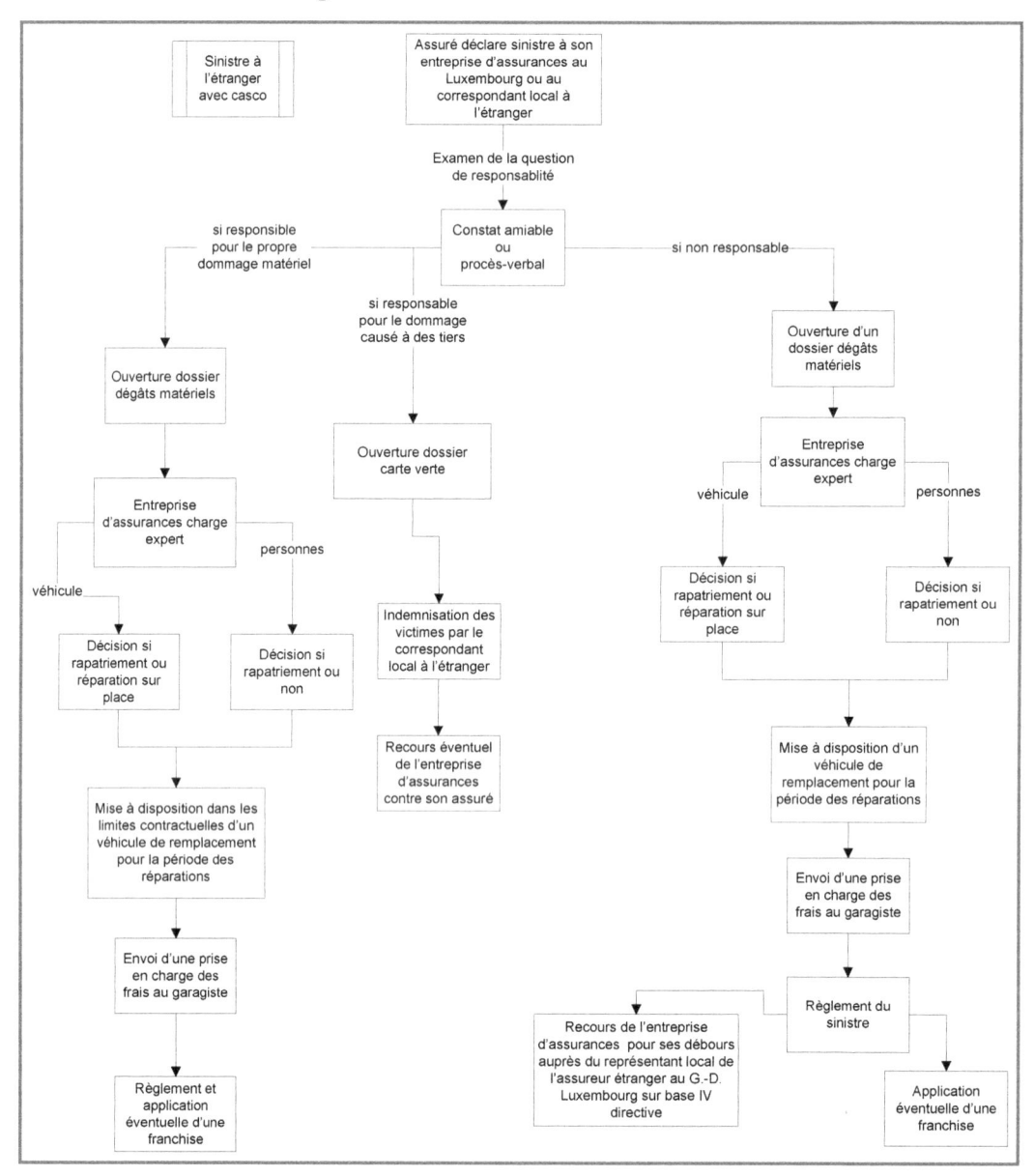

```
[Sinistre à l'étranger avec casco]

[Assuré déclare sinistre à son entreprise d'assurances au Luxembourg ou au correspondant local à l'étranger]
                │
                ▼
   Examen de la question de responsabilité
                │
                ▼
   [Constat amiable ou procès-verbal]
   │              │              │
si responsable   si responsable   si non responsable
pour le propre   pour le dommage
dommage matériel causé à des tiers
   │              │              │
   ▼              ▼              ▼
[Ouverture     [Ouverture      [Ouverture d'un
dossier dégâts  dossier carte   dossier dégâts
matériels]      verte]          matériels]
   │              │              │
   ▼              ▼              ▼
[Entreprise    [Indemnisation   [Entreprise
d'assurances    des victimes    d'assurances
charge expert]  par le          charge expert]
 véhicule │     correspondant    véhicule │ personnes
          │personnes local à     │        │
          │     l'étranger]      │        │
   ▼      ▼         │            ▼        ▼
[Décision si  [Décision  ▼    [Décision  [Décision
rapatriement  si rapa-  [Recours si rapa- si rapa-
ou réparation triement  éventuel triement triement
sur place]    ou non]   de      ou répa-  ou non]
                        l'entre- ration
                        prise    sur place]
                        d'assu-
                        rances
                        contre
                        son
                        assuré]
   │        │              │        │
   ▼        │              ▼        │
[Mise à disposition        [Mise à disposition d'un
dans les limites            véhicule de remplacement
contractuelles d'un         pour la période des
véhicule de remplacement    réparations]
pour la période des                │
réparations]                       ▼
   │                        [Envoi d'une prise
   ▼                        en charge des frais
[Envoi d'une prise          au garagiste]
en charge des frais                │
au garagiste]                      │
   │            [Recours de        ▼
   ▼            l'entreprise    [Règlement du
[Règlement et   d'assurances    sinistre]
application     pour ses            │
éventuelle      débours auprès      ▼
d'une           du représentant  [Application
franchise]      local de         éventuelle d'une
                l'assureur       franchise]
                étranger au G.-D.
                Luxembourg sur
                base IV directive]
```

12.8 Préjudice de l'entreprise d'assurances pour défaut de déclaration de sinistre

Si l'assuré ne remplit pas ses obligations relatives à la déclaration du sinistre et qu'il en résulte un préjudice pour l'entreprise d'assurances, celle-ci a le droit de prétendre à une réduction de sa prestation, à concurrence du préjudice qu'elle a subi.

12.9 Non-engagement de l'entreprise d'assurances

En cas d'intention frauduleuse, l'entreprise d'assurances peut décliner sa garantie.

Aucune reconnaissance de responsabilité, aucune transaction, aucune fixation de dommages, aucun paiement fait par le preneur d'assurance ou l'assuré sans l'autorisation écrite de l'entreprise d'assurances n'engage celle-ci, ni ne lui est opposable. L'aveu de la matérialité d'un fait ou la prise en charge par l'assuré des premiers secours pécuniaires et des soins médicaux immédiats ne peuvent être assimilés à la reconnaissance d'une responsabilité.

12.10 Citation du preneur d'assurance en justice

Tout acte judiciaire ou extra-judiciaire relatif à un sinistre doit être transmis à l'entreprise d'assurances dès sa notification, sa signification ou sa remise à l'assuré. Si la non-remise entraîne un préjudice pour l'entreprise d'assurances, celle-ci a droit à des dommages et intérêts. L'assuré qui, par négligence, ne comparaît pas ou ne se soumet pas à une mesure d'instruction ordonnée par le tribunal, encourt les mêmes sanctions.

Lorsque le procès contre l'assuré est porté devant la juridiction répressive, l'entreprise d'assurances peut être mise en cause par la personne lésée ou par l'assuré et peut intervenir volontairement, dans les mêmes conditions que si le procès était porté devant la juridiction civile. Cette action n'est cependant valable que si la juridiction répressive ne statue pas sur les droits que l'entreprise d'assurances peut faire valoir contre l'assuré ou le preneur d'assurance.

Lorsque l'intérêt pénal de l'assuré n'est plus en jeu, l'entreprise d'assurances, au nom de l'assuré, peut exercer tout recours y compris le recours en cassation.

12.11 L'obligation de l'entreprise d'assurances d'informer le preneur d'assurance sur l'évolution du dossier sinistre

L'entreprise d'assurances est obligée de mettre le preneur d'assurance, à **sa demande**, au courant de l'évolution du règlement du sinistre.

12.12 La prise en charge des amendes et des frais de poursuite

Les amendes ainsi que les frais et dépens de la poursuite pénale ne sont jamais à charge de l'entreprise d'assurances.

12.13 La prise en charge des frais et honoraires d'avocat

Dans la mesure où des frais ont été exposés par l'assuré ou avec son accord, l'entreprise d'assurances paie les frais afférents aux actions civiles ainsi que les honoraires et les frais des avocats et des experts. En cas de conflit d'intérêt, l'entreprise d'assurances prend les mêmes frais en charge, pour autant qu'ils ne soient pas imputables à l'assuré. Les frais qui ont été engagés de manière déraisonnable ne sont cependant jamais pris en charge.

13- LA SUBROGATION

La subrogation personnelle consiste, à l'occasion d'une dette ou paiement, à transférer le droit de celui qui a été indemnisé à celui qui a réglé la dette pour permettre à ce dernier de se retourner contre de débiteur éventuel.

L'entreprise d'assurances **qui a payé** le dommage est subrogée dans tous les droits de l'assuré contre les tiers du chef de ce dommage, et l'assuré est responsable de tout acte qui préjudicierait les droits de l'entreprise d'assurances contre les tiers.

La subrogation ne peut, en aucun cas, nuire à l'assuré qui n'a été indemnisé qu'en partie ; celui-ci peut exercer ses droits pour le surplus et conserver à cet égard la préférence sur l'entreprise d'assurances[423].

---

423   Art. 1252 du Code Civil.

EXEMPLE :

Monsieur Weber a assuré son véhicule en dégâts matériels auprès de l'entreprise d'assurances A. Le 20 octobre 2010, monsieur Schmit heurte le véhicule de monsieur Weber à l'arrière et conteste sa responsabilité.

En principe, monsieur Weber aurait droit à une indemnisation de la part de l'entreprise d'assurances de monsieur Schmit dans la mesure où celui-ci n'a pas gardé une distance nécessaire par rapport au véhicule qui circulait devant lui et évité ainsi une collision.

Compte tenu du fait que monsieur Weber a souscrit une assurance dégâts matériels au véhicule, il s'adresse à son entreprise d'assurances en vue de la réparation de son véhicule. Une fois que l'entreprise d'assurances de monsieur Weber a indemnisé les frais de la réparation du véhicule de Monsieur Weber, ce dernier cède à son entreprise d'assurances les droits qu'il a vis-à-vis du responsable du sinistre. La cession de ces droits s'appelle subrogation et permet dans notre cas à l'entreprise d'assurances A d'exercer un recours contre l'entreprise d'assurances de monsieur Schmit, voire contre monsieur Schmit en nom personnel pour se faire rembourser les frais qu'elle a payés pour son client Weber.

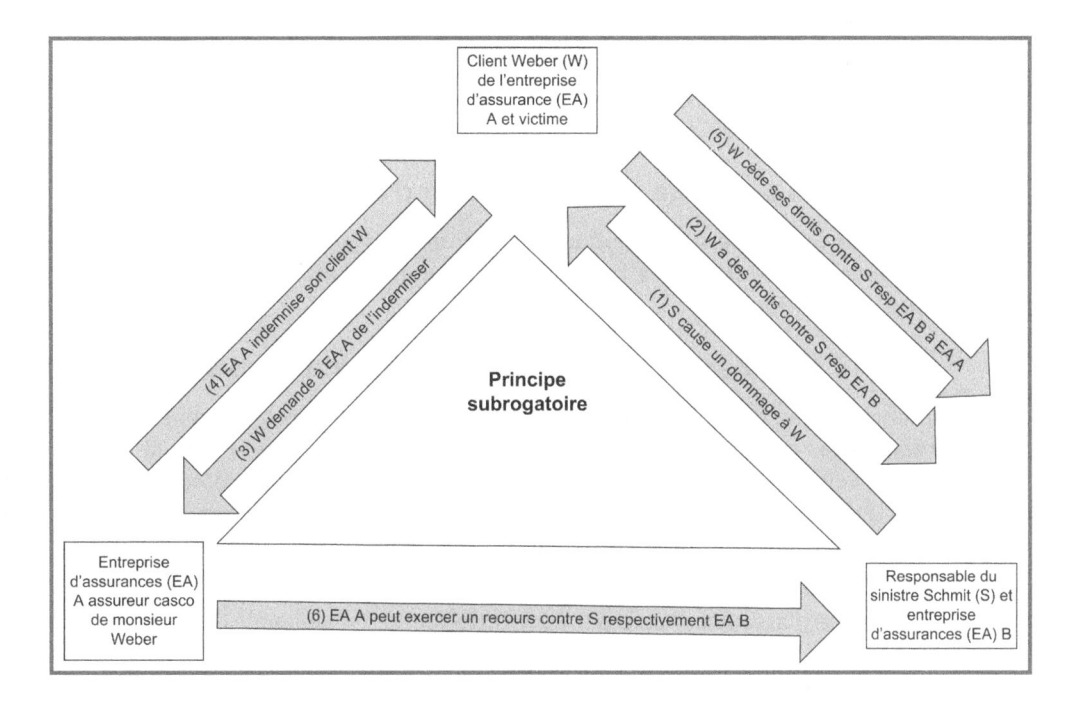

Principe subrogatoire

Client Weber (W) de l'entreprise d'assurance (EA) A et victime

Entreprise d'assurances (EA) A assureur casco de monsieur Weber

Responsable du sinistre Schmit (S) et entreprise d'assurances (EA) B

(1) S cause un dommage à W
(2) W a des droits contre S resp EA B
(3) W demande à EA A de l'indemniser
(4) EA A indemnise son client W
(5) W cède ses droits Contre S resp EA B à EA A
(6) EA A peut exercer un recours contre S respectivement EA B

14– DISPOSITIONS DIVERSES

14.1 La suspension

Des cas de suspension peuvent être prévus. Les procédures de suspension et de remise en vigueur sont alors définies dans le contrat.

14.2 La suspension de plein droit

En cas de transfert de propriété du véhicule assuré, l'assurance peut être suspendue de plein droit.

Dans ce cas, la suspension prend effet à partir de minuit du jour du transfert de propriété. Le preneur d'assurance doit immédiatement informer son entreprise d'assurances du transfert de propriété.

L'entreprise d'assurances reste tenue à l'égard des personnes lésées, si le dommage a été causé pendant que le véhicule circulait même illicitement sous le couvert de la carte d'immatriculation ou du document en tenant lieu établi au nom de l'ancien propriétaire. Cette obligation court pendant 16 jours après la signification de la suspension au Ministère des Transports[424].

14.3 La suspension facultative

En cas de mise hors circulation du véhicule, l'assurance peut être suspendue à la demande du preneur d'assurance.

14.4 La remise de l'attestation d'assurance

Dans tous les cas de suspension de plein droit et facultative, le preneur d'assurance doit remettre à l'entreprise d'assurances l'attestation d'assurance du véhicule[425].

14.5 La remise en vigueur d'un contrat suspendu

Si, endéans les 12 mois à compter du jour de la suspension, le preneur d'assurance remet en circulation le véhicule assuré, ou s'il met en circulation un véhicule du même genre en remplacement du véhicule précédemment assuré, l'assurance sera alors remise en vigueur à la date convenue entre les parties, aux conditions et tarifs applicables à cette date, et sans prorogation de la durée du contrat.

L'entreprise d'assurances acte par écrit cette remise en vigueur.

---

424 Art. 12 L RCA 2003.
425 Carte verte.

14.6 La résiliation du contrat

Comme un risque ne peut être assuré qu'à partir du moment où il existe, il cessera d'être assuré à partir du moment où il n'existe plus. Tel peut notamment être le cas lors :
- du transfert du véhicule alors qu'aucun autre véhicule ne le remplacera ;
- d'une contre-indication médicale ou d'une incapacité physique empêchant la conduite du véhicule assuré par le preneur d'assurance.

L'entreprise d'assurances, de son côté, peut encore résilier le contrat lorsque le preneur a assuré le même risque auprès d'une autre entreprise d'assurances.

14.7 Les autres cas de résiliation

D'autres cas de résiliation, pour autant qu'ils soient prévus dans la loi sur le contrat d'assurance, peuvent être prévus au contrat. Comme il a été dit lors de la remarque introductive au présent chapitre, il sera loisible à l'entreprise d'assurances de rédiger le contrat dans le sens qu'elle veut bien lui donner pour autant qu'elle respecte le cadre légal prescrit.

14.8 La personnalisation de la prime (échelle Bonus/Malus)

REMARQUES :

1. Le système de personnalisation est impératif pour les personnes physiques et est régi par la logique « un preneur équivaut à un risque ». Il s'en-suit qu'un même preneur ne bénéficie pas du même bonus ou malus pour l'ensemble des RC Auto souscrites. Chaque risque est géré individuellement et évolue individuellement sur l'échelle bonus-malus.
En ce qui concerne les personnes morales, l'entreprise d'assurances est dès lors libre de l'accorder ou non. À défaut de contre-indication dans les Conditions Particulières, les personnes morales tombent également sous le bénéfice de la personnalisation de la prime.
2. La Commission européenne avait contesté l'imposition d'une échelle Bonus/Malus uniforme à tous les opérateurs d'un marché déterminé. Imposer un système uniforme serait d'une part contraire à la liberté tarifaire instaurée par la IIIe directive non-vie et, de l'autre, contraire au droit communautaire. La Commission ne serait pas opposée au système de la personnalisation de la prime en tant que tel, mais refuse que les États rendent obligatoires des normes identiques pour l'ensemble des preneurs d'assurances d'un même marché. Devant la Cour de Justice Européenne à Luxembourg, l'exécutif européen a contesté que l'évolution de la prime en fonction des dommages causés par les conducteurs continue à obéir à des critères obligatoires, détaillés dans des dispositions législatives, mais incompatibles avec la libre circulation des produits d'assurances.

L'arrêt[426] de la Cour de Justice Européenne retenant que l'argumentation de la Commission fondée sur le fait que, bien que la prime de base puisse être fixée tout à fait librement, le système luxembourgeois de Bonus/Malus serait contraire au principe de la liberté tarifaire au seul motif qu'il aurait des répercussions sur l'évolution de cette prime ne saurait être retenue.

Il résulte de ce qui précède que le système légalement prévu au Grand-Duché de Luxembourg est et reste d'application.

Lorsque le preneur d'assurance est une personne physique[427], le contrat d'assurance RC Auto prévoit un système de personnalisation de la prime d'assurance. À l'exception des remorques, le système de personnalisation de la prime est applicable pour tout véhicule et fonctionne de la sorte.

DEGRÉ BONUS-MALUS		POURCENTAGE DE LA PRIME
22		250
21		225
20		200
19		180
18		160
17	MALUS	140
16		130
15		120
14		115
13		110
12		105
11	BASE	100
10		100
9		90
8		85
7		80
6		75
5		70
4	BONUS	65
3		60
2		55
1		50
0		47,5
-1		45
-2		45
-3		45

---

426 C-346/02 et C 347/02.
427 Art. 11 R g-d RCA 2003.

Un **nouveau preneur** d'assurance est classé au degré 11 de l'échelle Bonus/Malus.

Pour les années d'assurances subséquentes, la prime variera comme suit :
- l'absence de sinistre au cours d'une période d'observation, pendant laquelle l'assurance était en vigueur, entraîne une descente d'un degré sur l'échelle Bonus/Malus, la descente se terminant au degré – 3 ;
- chaque sinistre au cours d'une période d'observation entraîne une montée de 3 degrés, la montée se terminant au degré 22 ;
- cependant le degré applicable après 4 années consécutives sans sinistre ne pourra en aucun cas être supérieur à 11[428].

Il résulte de ce qui précède que le système bonus-malus repose sur le principe de la fréquence de survenance de sinistres et non pas sur l'importance du dommage causé au moment d'un sinistre. Cette dernière approche reviendrait à instruire une approche reposant sur le rapport des sinistres à primes.

14.8.1 L'échelle bonus/malus et la notion de sinistre

Est considéré comme un sinistre, tout sinistre pour lequel l'entreprise d'assurances a payé ou devra payer une indemnité en faveur de tiers lésés.

14.8.2 Les sinistres non pris en considération pour l'échelle bonus/malus

Ne sont cependant pas pris en considération :
- les sinistres qui n'atteignent pas le montant total des franchises éventuellement applicables ;
- les sinistres que le preneur d'assurance aura remboursés à l'entreprise d'assurances, endéans les 4 mois de la notification du paiement effectué par l'entreprise d'assurances ;
- les indemnités accordées par l'entreprise d'assurances pour secours bénévole[429] ;
- les sinistres reposant sur la garantie Défense et Recours.

14.8.3 La période d'observation

La période d'observation est constituée par les 12 mois précédant de 1 mois le 1er jour du mois de l'échéance anniversaire.

---

428 Art 11.2. R g-d RCA 2003.
429 Art. 11.3. R g-d RCA 2003.

L'absence de sinistre pendant cette période n'entraîne pas la descente d'un degré, si au cours de cette période l'assurance était en vigueur pendant moins de 10 mois.

Toutefois, s'il est constaté à une échéance anniversaire que la descente pour absence de sinistre au cours de la période d'observation n'est pas accordée parce que l'assurance était suspendue pendant au moins 2 mois au cours de cette période d'observation, il est procédé comme suit.

Si, à l'échéance anniversaire précédant la descente sur l'échelle Bonus/Malus n'avait pas été accordée pour les mêmes raisons, les deux périodes d'observation sont réunies en une seule. S'il est constaté qu'au cours de cette seule et unique période d'observation, l'assurance était en vigueur, par périodes interrompues, pendant 12 mois au moins, la descente d'un degré sera opérée normalement à l'échéance anniversaire en cause.

> **Exemple :**
> Admettons que l'échéance anniversaire de l'assurance RC Auto de madame Thill ait été fixée au 15 décembre de chaque année.
> Par ailleurs, nous estimons que nous sommes en l'an 2014 et que madame Thill a causé le 4 octobre 2014 un accident dont elle est seule responsable.
> Il s'agit de savoir si le sinistre du 4 octobre 2014 est pris en compte pour la fixation du degré sur l'échelle bonus / malus RC Auto, qui servira de base de calcul de la prime anniversaire le 15 décembre 2014.
> Comment faut-il procéder ?
> 1. partir de l'échéance suivant le sinistre le 15 décembre 2014 ;
> 2. revenir au 1er du mois de l'échéance, le 1er décembre 2014 ;
> 3. décompter 1 mois, soit le 1er novembre 2014[430] ;
> 4. décompter de la date ainsi obtenue 1 année, soit le 1er novembre 2014.
> La période d'observation est dès lors la suivante :
> du 1er novembre 2013 (00.00 heure)-31 octobre 2014 (24.00 heures).
> Comme le sinistre du 4 octobre 2014 rentre dans la période d'observation, il est pris en compte pour la fixation du degré bonus / malus RC Auto à la prochaine échéance.
> Le 15 décembre 2014, madame Thill aura donc un malus de 3 degrés..

---

430 Prendre cependant le jour à 24.00 heures étant donné que les contrats expirent normalement à 24.00 heures et non pas à 00.00 heure, dans notre cas le 31 octobre 2014 à 24.00 heures

La responsabilité civile automobile   **379**

Pour la compréhension du tableau suivant, il y a lieu de lire de 1 à 4.

| 10.13 | 11.13 | 12.13 | 01.14 | 02.14 | 03.14 | 04.14 | 05.14 | 06.14 | 07.14 | 08.14 | 09.14 | 10.14 | 11.14 | 12.14 |

Echéance du 15 décembre 2013

Echéance du 15 décembre 2014 — **1**

Accident du 4 octobre 2014

Période d'observation
1 novembre 2013 00.00 heures – 31 octobre 2014 24.00 heures

Revenir au 1er du mois de l'échéance le 1 décembre 2014 — **2**

Décompter 1 mois 1 novembre 2014 — **3**

Décompter 1 année 1 novembre 2014 — **4**

14.8.4 L'influence sur l'échelle bonus/malus d'un changement de véhicule ou d'entreprise d'assurances

Le changement de véhicule ou d'entreprise d'assurances n'a aucune incidence sur le degré Bonus/ Malus[431].

14.8.5 L'influence sur l'échelle bonus/malus du changement du preneur d'assurance

Le changement du preneur d'assurance entraîne la fixation d'un nouveau degré qui sera fixé comme s'il s'agissait d'un nouveau preneur d'assurance – donc au degré 11.

Un tel changement peut le cas échéant avoir lieu au décès d'un conjoint alors que le survivant reprend le véhicule à son nom. Dans ce cas il existe deux possibilités pour tenir compte de ce changement :

- soit le contrat du défunt est annulé et le survivant souscrit un contrat à son nom au degré 11
- soit le degré du contrat existant est remis au degré 11.

14.8.6 Le transfert de bonus

Suite à une décision[432] du Conseil de Concurrence relative à une plainte introduite au sujet d'une note interprétative des membres de l'ACA commercialisant la RC Auto en ce qui concerne l'application du système Bonus/Malus, peut être considéré comme conforme à une interdiction relative au transfert de bonus entre deux preneurs différents[433] :

- transférer un bonus entre membre d'un même ménage,
- transférer un bonus du grand-père (mère) au petit(e) fils (fille),
- transférer un bonus entre époux,
- transférer un bonus de l'entreprise familiale à une personne physique,
- reprendre le bonus de son véhicule de leasing.

EXEMPLE POUR LE LEASING

1. Monsieur Schmit a toujours conduit un véhicule appartenant à une société de leasing et a atteint le niveau 3 sur l'échelle Bonus/Malus. Suite à un changement d'employeur, il est contraint de se déplacer dans le futur dans sa voiture privée qu'il vient d'acheter. Dans ce cas il sera classé au degré 11 au moment de la conclusion du contrat.

---

431 Art. 11.5. R g-d RCA 2003.
432 Décision N° 2012-FO-08 du 20 décembre concernant une procédure au fond pour violation du droit de la concurrence.
433 Point 59.

> 2. Monsieur Weber a atteint le degré 8 sur l'échelle Bonus/ Malus. À ce moment son employeur lui accorde un avantage employé sous forme d'une voiture de leasing. Au moment où le leasing de monsieur Weber prend fin et qu'il continue de nouveau à rouler avec sa voiture privée, deux cas peuvent se présenter :
>
>> a) si la durée du leasing a été inférieure à 4 années, le preneur bénéficiera de son ancien degré – soit le degré 7
>>
>> b) si la durée du leasing a été supérieure à 4 ans, le preneur recommencera au degré 11.

14.8.7 Reprise d'un bonus provenant de l'étranger

Comme le système de personnalisation de la prime diffère de pays à pays la reprise d'un bonus provenant de l'étranger doit dans un esprit de traitement équitable des preneurs d'assurances résidents se faire d'après les principes ci-après :

- le document à produire le preneur d'assurance ne doit pas avoir une ancienneté de plus d'un an ;
- toute déclaration sur l'honneur n'est pas considéré comme document probant – seul un original émanant d'une entreprise d'assurances étrangère est accepté ;
- la classification sur l'échelle Bonus/ Malus doit se faire sur base du nombre de sinistre. La reprise d'un bonus à l'identique tel que décrit sur l'attestation d'une entreprise d'assurances étrangère ne correspond pas forcément à la même graduation que celle applicable au Grand-Duché de Luxembourg ;
- sera uniquement pris en compte la période pour laquelle le certificat présenté permet une trace visible ;
- au moment de la souscription du contrat au Grand-Duché de Luxembourg le contrat d'assurance étranger doit avoir cessé ou bien cesser prochainement.

14.9 L'adresse qui est considérée comme domicile de preneur d'assurance

Le domicile du preneur d'assurance est fixé de droit à l'adresse indiquée aux Conditions Particulières, sauf changement notifié à l'entreprise d'assurances. Toute notification y sera valablement faite pendant la durée de l'assurance.

14.10 Les notifications à faire à l'entreprise d'assurances

Les notifications à l'entreprise d'assurances doivent être faites soit au siège social de l'entreprise d'assurances, soit au domicile du mandataire désigné par elle à cet effet.

14.11 Les contestations nées à l'occasion de l'assurance

Sans préjudice de l'application des traités ou accords internationaux, toute contestation née à l'occasion de l'assurance sont de la compétence des tribunaux du Grand-Duché de Luxembourg.

14.12 Les documents à remettre par l'entreprise d'assurances lors de la fin du contrat

En cas de résiliation pour quelque cause que ce soit ou sur demande du preneur d'assurance, l'entreprise d'assurances **doit** dans les **quinze jours suivant** la **notification** de la résiliation du contrat remettre **sans frais** au preneur d'assurance une attestation de sinistralité indiquant[434] :

- soit l'absence de sinistre ;
- soit le nombre et la date de survenances des sinistres pour lesquels l'entreprise d'assurances a payé ou est amenée à payer une indemnité.

Cette attestation doit porter sur toute la durée contractuelle mais ne peut pas dépasser les 15 ans[435] précédant la date de la notification de la résiliation.

15 – VÉRIFIEZ VOS CONNAISSANCES

1) Où l'assurance RC Auto est-elle obligatoire ?
2) Quels véhicules sont exempts de l'assurance RC obligatoire ?
3) Quels sont les aboutissants de la Directive Européenne en matière d'assurance automobile ?
4) Définissez la notion de carte verte ?
5) Quelle est la particularité d'une remorque attachée à un véhicule par rapport à une remorque non attachée à un véhicule ?
6) À combien s'élèvent les sommes assurées ?

---

434   Art, 12 R g-d RCA 2007.
435   Art. 12 al. 2 R g-d RCA 2012.

7) Dans quels cas l'entreprise d'assurances peut-elle exercer un recours contre les personnes physiques ?
8) Qu'est-ce qui différencie le recours pour transport de personnes en surnombre par rapport au transport de personnes sur des places non inscrites ?
9) Qu'est-ce qu'on entend par secours bénévole ?
10) Qui est visé par la franchise permis récent ?
11) Quels sont les montants maxima de franchises que l'entreprise d'assurances peut faire prévoir en RC Auto ?
12) Quelles sont les personnes exclues du bénéfice de l'indemnisation en assurance RC Auto ?
13) Monsieur Schmit transporte dans son véhicule son épouse et sa fille de trois ans. À un certain moment, le véhicule Schmit est percuté par le véhicule Weber. Comme tout le monde est blessé, la police est appelée sur les lieux de l'accident. Il s'avère que monsieur Weber avait dépassé la partie de la chaussée qui lui était réservée alors que monsieur Schmit a roulé sans permis de conduire valable. Comment ce sinistre est-il réglé ?
14) Vous êtes en congé dans le Midi de la France et entrez en collision avec une voiture immatriculée au Luxembourg. Comme il n'y a pas d'accord sur la question de la responsabilité, comment ce sinistre est-il réglé ?
15) Qu'est-ce qu'on entend par subrogation ?
16) Quel est le mode de fonctionnement du système Bonus-Malus en RC Auto ?
17) Quels sinistres ou autres événements n'ont pas d'influence sur le classement du système Bonus-Malus ?
18) L'échéance annuelle de l'assurance combinée automobile de madame Thill est le 15 juillet. Comme son véhicule a été cambriolé à deux reprises au courant d'une année d'assurance, son entreprise d'assurances décide de résilier la couverture vol avec effet au 28 mars 2010. En tant que fidèle cliente, madame Thill n'apprécie pas ce geste de son entreprise d'assurance et décide de s'assurer ailleurs. Y a-t-il des délais et procédures à respecter ? Quels sont par ailleurs les documents que l'entreprise d'assurances doit remettre à madame Thill ?
19) Monsieur Weber et madame Thill sont mariés et propriétaires d'un véhicule qu'ils ont assuré toutes garanties auto confondues. La prime totale du contrat s'élève à 2.145 € dont 1.207 € pour la seule RC Auto compte tenu d'un malus important. Quel est le montant fiscalement déductible ?

Chapitre 14

L'assurance défense et recours

L'assurance Défense et recours relevant de la branche Protection Juridique est traitée au chapitre 36.

Chapitre 15

L'assurance dommages matériels au véhicule

1 – Définitions 388

2 – Les formes d'assurances 389

3 – Les franchises et la règle proportionnelle 399

4 – Le règlement du sinistre 401

5 – Vérifiez vos connaissances 405

I – DÉFINITIONS

1.1 Le véhicule assuré

Le véhicule terrestre automoteur et/ou la remorque décrits aux Conditions Particulières, dotés des options, des accessoires et du matériel audiovisuel ou de transmission qui en font partie intégrante.

1.2 La valeur à neuf

Le prix de vente à l'état neuf, sans remise ni rabais, du véhicule assuré, y compris les options, les accessoires et le matériel audiovisuel ou de transmission, appliqué au Luxembourg le jour où l'entreprise d'assurances accorde sa couverture pour l'un ou l'autre des risques. Ce prix s'entend toutes taxes comprises, sauf stipulation contraire aux Conditions Particulières. Si le type de véhicule assuré n'est plus vendu à l'état neuf, son dernier prix de vente à l'état neuf sera pris en considération, adapté à l'évolution du prix de vente à l'état neuf d'un type de véhicule correspondant le mieux au véhicule assuré. Il sera procédé de la même façon pour les options, les accessoires et le matériel audiovisuel ou de transmission.

> REMARQUE :
>
> La loi sur le contrat d'assurance permet aux parties d'agréer expressément la valeur qu'elles entendent attribuer à des biens déterminés. L'introduction du principe de la valeur agréée a contribué à modifier l'approche classique reposant principalement sur la valeur à neuf.

1.3 La valeur de remplacement

Le montant nécessaire au jour du sinistre pour remplacer le véhicule assuré par un véhicule du même âge et kilométrage, du même type avec les mêmes options, accessoires et matériel audiovisuel ou de transmission et se trouvant dans un état analogue.

1.4 La valeur de récupération

La valeur réalisable après sinistre pour l'épave du véhicule assuré.

> **EXEMPLE :**
>
> Admettons un véhicule complètement détruit et que l'expert estime le montant du sinistre à 12.000 € dont 2.000 € pour l'épave (déduction faite de toute franchise éventuelle).

> Pour ce qui est du règlement, il y a deux pratiques sur le marché :
> - soit c'est l'entreprise d'assurances qui paie 12.000 € et elle devient propriétaire de l'épave ;
> - soit c'est le ferrailleur qui règle 2.000 € et l'entreprise d'assurances prend en charge la différence, soit 10.000 €.

1.5 Le matériel audiovisuel ou de transmission

Radio, radiocassettes, lecteur de disque compact, radio-émetteur, décodeur, haut-parleur, téléviseur, téléphone, environnement bluetooth et appareils similaires.

> REMARQUE :
>
> En l'occurrence il s'agit d'une énumération de ce qui est de plus commun au niveau de la réception et de la transmission du son et de l'image qu'on peut incorporer dans un véhicule. Cette énumération évoluera au fil du temps et il appartient au preneur d'assurance de contacter son entreprise d'assurance au cas où il utiliserait un appareil rangeant dans cette catégorie mais non spécifiquement énuméré dans les Conditions Générales.

2- LES FORMES D'ASSURANCES

Avant d'accorder une des formules de garantie dommages matériels au véhicule, l'entreprise d'assurances demande normalement la souscription préalable des garanties incendie, vol et bris de glaces.

2.1 Les garanties incendie, vol et bris de glace

Les garanties incendie, vol et bris de glace peuvent être souscrites soit individuellement soit dans le cadre d'un package.

2.1.1 *L'étendue de la garantie incendie*

L'assurance incendie couvre les dommages résultant d'un incendie proprement dit, de la chute de la foudre et des explosions. Les dégâts causés par les fumeurs sont normalement exclus.

Certaines entreprises d'assurances couvrent également les courts-circuits.

> RAPPEL :
>
> Les véhicules de tous genres sont exclus dans les assurances combinées habitation, étant donné que cette couverture ne s'applique qu'au lieu indiqué dans les Conditions Particulières tandis que la couverture incendie commercialisée dans le cadre d'une assurance combinée auto est valable dans tous les pays repris dans les Conditions Générales sinon Particulières.

LES VIOLENCES URBAINES EN FRANCE

Pour savoir si votre véhicule est assuré contre le risque incendie dans une situation particulière telle que les violences urbaines en France en novembre 2005, ainsi qu'à l'occasion des certains événements particuliers, il y a lieu de vérifier si votre contrat prévoit une exclusion pour émeute ou non. Si votre contrat ne prévoit pas d'exclusion en cas d'émeute, votre véhicule est couvert au cas où il brûlerait lors d'un événement tel que l'ont vécu les Français en 2005.

Par émeute au sens large, on entend la mise en péril de la sécurité et/ou de l'ordre public par un certain nombre de personnes qui agissent de manière anonyme, pour s'insurger contre les autorités pour faire passer leurs revendications politiques, sociales ou économiques, en utilisant la violence.

2.1.2 L'étendue de la garantie vol

Sont assurés le vol, la destruction ou la détérioration par le fait de voleurs, même en cas de simple tentative de vol. Toutefois, le vol, la destruction ou la détérioration de matériel audiovisuel ou de transmission, commis sans vol simultané du véhicule, ne sont assurés que moyennant stipulation aux Conditions Particulières avec fixation d'une somme assurée spéciale.

> **EXEMPLE :**
> Pour se rendre au cinéma, madame Thill dépose son véhicule dans un parking souterrain sur un des emplacements réservés aux personnes de sexe féminin. En revenant, elle constate que la vitre latérale est cassée et que la radio a disparu. Dans ce cas, la radio n'est remboursée que si madame Thill a souscrit la garantie accessoire : « matériel audiovisuel ».

Sont toujours **exclus**, les vols :

- ayant pour auteurs ou complices des membres de la famille du preneur d'assurance ou toute personne qui vit en ménage commun avec le preneur d'assurance ;
- commis à l'intérieur du véhicule sans effraction de celui-ci ;
- lorsque le véhicule, stationné dans un lieu autre qu'un garage fermé à clef, est volé alors que les clefs de contact se trouvent à l'intérieur du véhicule ou sur une des serrures.

> REMARQUE :
> L'entreprise d'assurances invoque normalement la notion d'abandon du véhicule lorsque le conducteur laisse les clefs de contact dans le véhicule, alors que ce dernier ne se trouve pas dans un garage fermé à clef. La notion d'abandon ne peut cependant être invoquée à l'encontre du conducteur qui reste à proximité du véhicule alors qu'il a laissé les clefs dans ou sur le véhicule[436].

---

436 Cour d'Appel Gent – 5 février 2004 – R.G.A.R. 13992.

2.1.3 *La problématique des vols de véhicules*

À la fin des années 1980, presque toutes les entreprises d'assurances offraient la garantie vol sans franchise.

Afin de faire face à l'augmentation inquiétante du nombre de véhicules volés, certaines entreprises d'assurances ont pris des mesures pour combattre ce fléau.

Les pratiques sur le marché sont les suivantes :
- application d'une franchise, en l'absence d'un système antivol ;
- refus de la garantie vol en l'absence d'un système antivol (sur certains véhicules) ;
- division du risque par le biais de la coassurance.

> REMARQUE :
> Concernant le refus de la garantie vol en l'absence d'un système antivol se posent deux questions : le devoir de l'entreprise d'assurances en matière d'information préalable et le cas échéant la restitution de la prime.
> En l'absence d'une clause suspensive de la garantie en cas de non respect des dispositions contractuelles relative à la mise en place d'un système antivol endéans un certain délai, l'entreprise d'assurances ne sera au courant du non-respect au plus tôt en cas de sinistre. De l'avis de l'auteur, le preneur d'assurance aura suffisamment été informé sur les conditions contractuelles si l'entreprise d'assurances insère dans les Conditions Particulières une clause suspensive de garantie pour le cas où le preneur ne répondrait pas endéans un certain délai à l'obligation contractuelle, qui ne permet la souscription de la garantie vol qu'en présence d'un système antivol. Invoquer un refus de garantie pour la non-mise en place d'un système antivol sans information préalable au preneur peut de l'avis de l'auteur être considérée comme une clause abusive et amener l'entreprise d'assurances à devoir prendre le risque en charge.
> Ne pas prendre en charge le sinistre pour absence d'un système antivol mérite la réflexion sur la restitution éventuelle de la prime pour une couverture qui, sous ces conditions, n'aurait jamais pu sortir ses effets.

2.1.4 *Lexique de la délinquance acquisitive*

Face à la multitude de vol de véhicules, on distingue plusieurs catégories de vol :
- **vol utilitaire** : vol commis pour commettre un autre délit et en compliquer la répression, ou pour se livrer au transport de marchandises illicites ;
- **commerce illégal** : vol de véhicules pour les revendre, fût-ce en pièces détachées ;
- **escroquerie à l'assurance** : fausse déclaration de vol ou d'accident à son entreprise d'assurances ;

- **vol dans les voitures** : toutes formes de vols de biens (le plus souvent des autoradios) par effraction du véhicule ou par la faute d'automobilistes qui omettent de verrouiller leurs portières ;
- **car-jacking** : une forme de vol de ou dans les voitures en présence même des victimes, le plus souvent accompagnée de voies de faits sur le conducteur. Le car-jacking se commet souvent à l'arrêt aux feux de signalisation, lorsque la personne monte ou descend de son véhicule ou aux stations-service ;
- **joy-riding** : vol d'usage, commis par des jeunes pour se faire valoir ou s'offrir des sensations fortes ;
- **home-jacking** : vol consistant à s'emparer d'un véhicule en s'introduisant dans une maison, soit en l'absence soit en présence de personnes pour y voler les clefs.

Quel que soit le nom qu'on donne au vol, le résultat est toujours le même, à savoir la disparition du véhicule.

L'énumération ci-dessus est donc uniquement à titre d'information, visant à démontrer la fantaisie des voleurs.

2.1.5 L'étendue de la garantie bris de glace

Est assuré le bris des pare-brise, vitrages des toits ouvrants, glaces latérales et lunettes arrière, (y compris les antennes et vitres chauffantes incorporées) en verre ou en matière synthétique rigide.

En principe les blocs optiques, les phares et les rétroviseurs ne sont pas assurés. Cependant en fonction des packages et/ou options offerts par les différentes entreprises d'assurances, ils peuvent être couverts.

Afin d'éviter les abus, les entreprises d'assurances ne paient les sinistres bris de glace que si les vitres ont été **remplacées** ou réparées.

2.1.6 Les forces de la nature

Par forces de la nature au sens de la présente, on entend un nombre limitatif d'événements dont notamment les dommages causés par :
- une avalanche ou le poids de la neige ;
- un glissement de terrain ;
- une tornade, une tempête ou la grêle ;
- une inondation, un tremblement de terre ou une éruption volcanique.

Traditionnellement les dommages ainsi causés, dans la mesure où les mesures habituelles pour les prévenir n'ont pu être prises, ne sont couvertes qu'à condition qu'une assurance dommages matériels au véhicule ait été souscrite.

La tendance du marché est d'offrir l'extension forces de la nature accessoirement à la souscription du package incendie, vol et bris de glace ou d'une de ces garanties. Il résulte de ce qui précède que la pratique varie d'entreprise d'assurances à entreprise d'assurances.

> REMARQUE :
>
> Compte tenu de la multiplication des intempéries de ces derniers temps et des alertes et recommandations à prudence ad hoc diffusées par tous les canaux audio-visuels, on est en droit de s'interroger sur ce qu'il y a lieu d'entendre par « lorsque les mesures habituelles pour prévenir n'ont pu être prises ». Partant du principe qu'un dommage ne saurait être assuré s'il est prévisible, on assistera dans le futur probablement à plus de refus d'intervention des entreprises d'assurances en l'absence des prédites mesures.
>
> Une mesure de prudence aurait notamment été de mettre sa voiture dans le garage ou du moins à l'abri à l'annonce des orages accompagnés de grêle les 19 et 20 juin 2013.

2.1.7 Collision avec du gibier ou des animaux errants

Cette garantie couvre sans application d'une franchise les dommages matériels consécutifs à la suite d'une collision avec du gibier ou des animaux errants pour autant :

- que le dommage s'est produit de manière accidentelle ;
- qu'endéans un certain délai qui est normalement de 24 ou 48 heures, une attestation ait été établie par les autorités judiciaires ou de police compétentes.

En l'occurrence, il s'agit d'une garantie qui était traditionnellement commercialisée avec la seule souscription d'une garantie dégâts matériels au véhicule.

Aujourd'hui cette garantie est acquise accessoirement au package incendie, vol et bris de glaces.

Il résulte de ce qui précède que la garantie, sous réserve de la souscription du package incendie, vol et bris de glaces, est acquise même en l'absence d'une couverture dégâts matériels au véhicule et que la collision n'est plus limitée au seul gibier.

En cas de collision avec un animal errant, en fonction de la vitesse du véhicule au moment où l'animal fait apparition devant le véhicule, on ne peut que souhaiter au chauffeur que le contact avec l'animal soit le seul à son actif à ce moment. Il n'est en cas pareil pas exclu que le choc avec l'animal soit suivi d'une sortie de route ou par la collision avec un tiers ou une chose inanimée.

S'agit-il dans ce cas du même accident ou d'un accident supplémentaire ? Les avis sont partagés à ce sujet :

- certains auteurs estiment qu'il s'agit d'un accident supplémentaire auquel cas le deuxième accident ne serait pas couvert ;

- alors que d'autres se prononcent plutôt en faveur du même accident argumentant que le choc avec un tiers ou une chose ne se serait pas produit en l'absence de l'animal errant. Vu sous cet angle, l'entreprise d'assurances serait confrontée avec les conséquences indirectes d'un sinistre et devrait dès lors, au même titre, prendre en charge les dommages dus au choc direct avec l'animal et les conséquences qui ne se seraient pas produit en l'absence d'un choc avec un animal.

En examinant de plus près les Conditions Générales on trouve normalement les formulations suivantes : l'entreprise d'assurances couvre les dommages matériels :

- consécutifs à la suite d'une collision avec un animal errant....
- résultant directement du heurt d'un animal...
- en cas de collision directe avec un animal......

Toutes ces formulations visent à limiter la garantie au seul dommage résultant du contact avec l'animal en excluant tout dommage supplémentaire[437].

> REMARQUE :
> La garantie collision avec un animal illustre à suffisance le besoin d'information dans le chef du preneur d'assurance et d'examiner scrupuleusement des garanties qui, pour des contraintes de pression commerciale du marché, sont sorties de leur contexte d'origine.
> La garantie collision avec un animal, souscrite dans son contexte technique d'origine, c.-à-d-, commercialisée avec une des variantes dégâts matériels au véhicule, priverait le preneur d'assurance le cas échéant d'une erreur d'interprétation au sujet de la couverture d'un dégât qui se produirait à la suite d'une collision avec un animal tel qu'une sortie de route p.ex. Dans ce cas le dommage à la suite :
> – du contact direct avec l'animal serait pris en charge par la couverture ad hoc ;
> – d'un dommage supplémentaire serait pris en charge par la garantie dégâts matériels au véhicule.
> La suite du dossier pourrait dans ce cas tout au plus porter sur la question de savoir si on parle d'un seul accident ou bien de deux accidents différents.

2.2 Les formules d'assurances dommages matériels et les modalités de souscription

D'une manière générale, il existe deux formules d'assurance :

2.2.1 Dommages matériels au véhicule

L'entreprise d'assurances garantit les dégâts subis par accident, par le fait d'un tiers ou par des éléments naturels non expressément exclus.

---

437 Approche confirmée par une décision du Tribunal de Police de Verviers du 13 décembre 2010, R.G. 09/A/149.

2.2.2 Dommages matériels au véhicule/Tierce-collision-combinée

L'entreprise d'assurances garantit les dégâts subis par accident, par le fait de tiers ou par des éléments naturels non expressément exclus. La franchise stipulée aux Conditions Particulières ne s'applique pas lorsque les dégâts résultent d'une collision intervenue soit avec une tierce personne identifiée soit avec un véhicule ou un animal domestique ou de ferme appartenant à une tierce personne identifiée.

FORMULE	GARANTIE ACQUIS	APPLICATION D'UNE FRANCHISE
Dommages au véhicule	en cas d'accident, par le fait d'un tiers ou un élément naturel non expressément exclu	oui à hauteur : • soit d'un pourcentage du montant du dommage (p.ex 3%); • soit d'un montant forfaitaire. Aucune franchise n'est cependant appliquée en cas de collision avec du gibier ou des animaux errants
Dommages au véhicule tierce-collision combinée	en cas d'accident, par le fait d'un tiers ou un élément naturel non expressément exclu	oui à hauteur : • soit d'un pourcentage du montant du dommage (p.ex 3%); • soit d'un montant forfaitaire. Aucune franchise n'est cependant appliquée en cas de collision avec un tiers, un animal identifié ou du gibier ou des animaux errants.

Sont **exclus** de l'assurance dommages matériels au véhicule, les dommages :
- des organes ou pièces lorsqu'ils sont dus à l'usure, à un manque de soins ou à un défaut de résistance à l'usage auquel ces organes ou pièces sont soumis ;
- causés par les animaux et/ou les objets transportés, leur chargement ou déchargement ainsi que par la surcharge du véhicule ;
- causés aux pneus, lorsque ces dégâts ne surviennent pas conjointement avec d'autres dégâts couverts par l'assurance (un pneu crevé par vandalisme est donc exclu) ;
- qui résultent d'un incendie, d'un vol ou d'un bris de glace[438] ;
- survenant lorsque le conducteur n'est pas titulaire d'un permis de conduire valable ;
- survenant lorsque le véhicule est conduit par le conducteur qui a :
  - soit consommé des boissons alcooliques en quantité telle que le taux d'alcool dans la sang est d'au moins à 1,2 g par litre ou 0,55 mg par litre d'air expiré ;

---

438 Uniquement assurés si les garanties ad hoc ont été souscrites.

- soit présenté des signes manifestes d'ivresse ;
- soit absorbé des drogues, stupéfiants ou hallucinogènes ;
- soit refusé après l'accident de se soumettre à un test ou une prise de sang ou qu'il s'y est soustrait en s'éloignant du lieu de l'accident.

REMARQUE RELATIVE À LA CONSOMMATION D'ALCOOL

Le taux d'alcool de 1,2‰ (1,2 g/l) est actuellement celui retenu conventionnellement sur le marché entre parties.

Considérant que dans le cadre de la lutte contre l'abus d'alcool au volant, le taux d'alcool a été fixé par référence au taux légal qui est de 0,5 g/l[439], le taux de 1,2 g/l en assurances dommages au véhicule ne saurait déontologiquement que difficilement être maintenu à terme. Ceci est d'autant plus justifié dans la mesure où la législation relative à la RC Auto ne se réfère plus au taux de 0,8 g/l mais au taux légal.

REMARQUE RELATIVE À LA CONDUITE PENDANT LA MAUVAISE SAISON

Il est prouvé que certains accidents qui se produisent pendant la mauvaise saison sont dus à un équipement ou entretien du véhicule non approprié aux circonstances météorologiques.

Partant du principe qu'au Grand-Duché de Luxembourg :
- le montage de pneus hivers est obligatoire pour la conduite d'un véhicule automoteur sur la voie publique dans des conditions hivernales (verglas, neige tassée, neige fondante, plaques de glace ou de givre)[440] ;
- que par ailleurs est en infraction celui qui prend la route alors que les fenêtres de la voiture qu'il conduit n'ont pas été dégivrées ;

se pose la question de savoir si l'assureur dégâts matériels doit intervenir s'il est prouvé qu'un accident est survenu alors que le véhicule circulait avec des pneus d'été et des fenêtres non dégivrées, peu importe qu'un refus d'intervention à ce titre se fasse par une exclusion pure et simple ou par une clause de déchéance. D'un côté, on peut argumenter qu'une entreprise d'assurances ne saurait se substituer au pouvoir public et de ce fait il sera difficile de prévoir une exclusion ah hoc. De l'autre, il est difficile de faire comprendre à tous ceux qui investissent dans un équipement conforme aux conditions saisonnières et qui prennent le temps nécessaire pour avoir une visibilité digne de ce nom qu'ils doivent, dans un effort de mutualisation des risques, payer les frais de ceux qui s'y opposent.

La solution pourrait être l'introduction d'une franchise voire un accord entre tous les acteurs du marché pour introduire une déchéance, en soutenant que l'assurance dégâts matériels au véhicule relève du pur contractuel ouverte à toute personne qui souhaite accepter les conditions de souscription.

---

439 Art. 1er point 3.II du rgd du 21 décembre 2012 (Mémorial A 276 du 28 décembre 2012).
440 Règlement grand-ducal du 10 septembre 2012 publié au Mémorial A-N°199 du 14 septembre 2012.

2.2.3 Les modalités de souscription d'une assurance dommages matériels au véhicule.

Depuis l'introduction de la liberté tarifaire, il n'est plus possible d'indiquer une ligne directrice en matière de souscription d'une assurance dommages matériels au véhicule.

Toujours est-il que les entreprises d'assurances essaient dans la mesure du possible d'avoir un portefeuille équilibré. C'est pourquoi certaines mesures ont été prises, que l'on peut qualifier de conditions préalables à la souscription d'une assurance dommages matériels au véhicule.

En principe, aucune entreprise d'assurances ne souscrit une assurance dommages matériels au véhicule, communément appelée « **casco** », si le preneur d'assurance n'a pas souscrit la garantie responsabilité civile automobile et le package incendie, vol et bris de glace.

Par ailleurs, la souscription d'une assurance casco est conditionnée à un bon classement sur l'échelle bonus-malus en responsabilité civile automobile. Par bon classement, il y a lieu d'entendre le degré de base auquel peut s'ajouter tout au plus un sinistre. Si cette mesure est communément d'usage pour les nouveaux preneurs d'assurances, des mesures ponctuelles qui varient d'entreprise d'assurances à entreprise d'assurances peuvent être envisagées pour les clients existants.

> REMARQUE :
>
> Les **permis récents**, c.-à-d. les personnes qui sont en possession du permis de conduire de moins de 2 ans, ont en assurance responsabilité civile à leur charge une franchise de l'ordre 310 € rachetable moyennant une surprime.
> Au cas où un véhicule couvert en casco est conduit par une personne en possession du permis de conduire de moins de deux ans, il est recommandé de se renseigner si le rachat de la franchise permis récent en assurance responsabilité civile automobile déclenche automatiquement le rachat en casco ou non. Dans le cas contraire, on est bien conseillé de demander ce rachat pour éviter une double franchise à charge du jeune conducteur.
> Sur le marché, on fait néanmoins de plus en plus abstraction de l'inclusion automatique de cette franchise dans le contrat d'assurances.

2.2.4 La bonification pour absence de sinistre

Afin de ne pas renchérir les primes de la garantie dommages aux véhicules uniformément et ainsi pénaliser les bons conducteurs qui n'ont jamais de sinistre de dommages au véhicule, le marché a développé une approche de bonification pour absence de sinistre.

C'est ainsi que l'on rencontre plusieurs approches telles que :

- la simple bonification pour absence de sinistre ou celle en fonction de son classement sur l'échelle bonus/malus, RC Auto.

La prime de la garantie dommages au véhicule évoluera en l'occurrence en fonction du classement du preneur sur l'échelle bonus/malus RC Auto ;
- un système bonus/malus propre à la garantie Dommages Matériels au véhicule. Dans ce système, l'assuré qui cause en RC Auto un dommage à une tierce personne, alors que son véhicule reste indemne verra son échelle bonus/malus RC Auto monter de 3 degrés, alors que sa classification sur l'échelle bonus/malus Dommages Matériel diminuera d'un degré. Inversement, pour un dommage matériel au véhicule non accompagné d'un dommage responsabilité civile, le classement sur l'échelle DM augmentera, alors que celui de l'échelle RC Auto diminuera.

2.3 L'assistance

Tout comme en assurance combinée habitation, l'assurance automobile est en train d'évoluer vers un produit doté d'un certain nombre de services accessoires.

C'est ainsi que l'assurance automobile prévoit la souscription de la garantie assistance qui est normalement divisée dans un volet assurance au véhicule alors qu'un autre volet est destiné au conducteur respectivement les passagers du véhicule.

2.3.1 *L'assistance au véhicule*

L'assistance au véhicule prévoit :
- le remorquage du véhicule immobilisé pour une raison autre qu'une panne mécanique vers :
  - un garage au Luxembourg si le sinistre se produit dans un certain rayon de la frontière du Grand-Duché ;
  - le garage le plus proche si le sinistre se produit à l'étranger ;
- l'envoi de pièces de rechange dont le prix des pièces elles-mêmes reste néanmoins à charge du propriétaire du véhicule ;
- le rapatriement du véhicule si :
  - le véhicule à la suite d'un sinistre ne peut pas être réparé sur place dans un laps de temps de trois jours ;
  - le véhicule a été retrouvé alors que le conducteur ne se trouve plus à l'endroit où le véhicule a été volé ;
  - le conducteur a été blessé et ne peut plus reprendre le volant et aucun autre passager ne peut prendre la relève ;
- le gardiennage du véhicule en attendant la réparation ou le rapatriement ;
- l'abandon du véhicule compte tenu du fait que les frais de réparation dépassent la valeur du véhicule ;
- les frais de récupération du véhicule.

2.3.2 *L'assistance aux occupants du véhicule*

- le transport des occupants :
  - à leur domicile au Luxembourg si le sinistre se produit dans un certain rayon de la frontière du Grand-Duché ;
  - jusqu'à un hôtel dans les environs du sinistre ou vers la destination des occupants si celle-ci se trouve dans un certain rayon du lieu du sinistre ;
- les frais d'hébergement sur le lieu du sinistre pour permettre au conducteur d'attendre la fin des réparations si la durée de celles-ci dépasse un certain laps de temps ;
- le rapatriement des occupants, des bagages et éventuellement des animaux si :
  - le véhicule à la suite d'un sinistre ne peut pas être réparé sur place dans un laps de temps de trois jours ;
  - le véhicule a été retrouvé alors que le conducteur ne se trouve plus à l'endroit où le véhicule a été volé ;
  - le conducteur a été blessé et ne peut plus reprendre le volant et aucun autre passager ne peut prendre la relève ;
- les frais de continuation du voyage si :
  - le véhicule est économiquement plus réparable ;
  - la durée des réparations dépasse 3 jours ;
  - le véhicule assuré a été volé ;
- le rapatriement de la dépouille en cas de décès à la suite d'un accident d'un des occupants du véhicule ;
- la transmission sous la responsabilité de son donneur d'ordre de messages urgents à destination du conducteur ou d'un autre occupant du véhicule assuré.

3 – LES FRANCHISES ET LA RÈGLE PROPORTIONNELLE

3.1 Les franchises conventionnelles

- pour les formules Dommages Matériels au Véhicule et Dommages Matériels au Véhicule Tierce-collision combinée, il y a application d'une franchise dite contractuelle dont la hauteur est fixée aux Conditions Particulières. Cette franchise est, soit un forfait qui varie en fonction de la valeur à neuf du véhicule, soit un pourcentage à appliquer sur le montant du dommage. Rappelons que dans la garantie Dommages Matériels au Véhicule Tierce collision combinée, aucune franchise n'est d'application en cas de collision avec un tiers identifié ou un animal dont le propriétaire est identifié ;

- une franchise de 2,5 % du dommage avec un minimum de 250 € et un maximum de 500 € est appliquée, s'il s'avère que le véhicule était conduit par une personne en possession d'un permis de conduire de moins de deux ans.

3.2 Les franchises relatives à l'alcool

Les franchises en rapport avec la conduite en état alcoolique.

1er cas : taux d'alcoolémie supérieur à 0,5 g/l et inférieur à **0,8 g/l**[441] :

Une franchise de 2,5 % du dommage avec un minimum de 250 € et un maximum de 620 € est appliquée, s'il s'avère que le véhicule était conduit par un conducteur ayant consommé des boissons alcooliques en quantité telle que le taux d'alcool dans le sang était supérieur à 0,5 g/l et inférieur à 0,8 g/l ou ayant présenté des signes manifestes d'influence de l'alcool.

2e cas : taux d'alcoolémie de plus 0,8 g/l mais inférieur à **1,2 g/l** :

Une franchise de 20 % du dommage avec un minimum de 620 € et un maximum de 2.500 € est appliquée, sans préjudice du recours contre le conducteur, s'il s'avère que lors du sinistre le véhicule était conduit par un conducteur, ayant consommé des boissons alcooliques en quantité telle que le taux d'alcool dans le sang était supérieur à 0,8 g/l et inférieur à 1,2 g/l ou ayant présenté des signes manifestes d'ivresse.

3.3 Le cumul des franchises

Les franchises peuvent se cumuler entre elles.

L'absence de franchise en cas de collision avec du gibier ou des animaux errants

Aucune franchise ne sera appliquée en cas de collision avec du gibier ou des animaux errants, sur une voie publique ou sur une voie ouverte au public. Dans ce cas, le preneur d'assurance est tenu, d'en aviser immédiatement les autorités judiciaires ou de police compétentes, afin que celles-ci établissent un procès-verbal sur les circonstances de l'accident.

---

441 Le taux de 0,8 g/l fait référence au taux repris dans les Conditions Générales RC Auto du marché. Comme dans le règlement grand-ducal relatif à l'assurance obligatoire de la responsabilité civile en matière de véhicules automoteurs la référence au taux a été faite par rapport au taux légal, le seuil de 0,8 g/l fera plus que probable l'objet d'une future adaptation.

3.4 La règle proportionnelle

En cas de sous-assurance, la règle proportionnelle est d'application.

> EXEMPLE :
> Les concubins Wagner et Hoffmann assurent leur véhicule pour 16.000 € alors que la valeur à neuf s'élève à 17.200 €. Lors d'un sinistre le véhicule est endommagé pour 2.500 €.
> Dans ce cas, sous réserve d'une vétusté éventuelle, ils toucheront :
>
> $$\text{montant sinistre} \times \frac{\text{valeur assurée}}{\text{valeur à assurer}} = \text{indemnité}$$
>
> $$2.500 \times \frac{16.000}{17.200} = 2.325{,}58 \ €$$

3.5 Tableau récapitulatif des franchises

FRANCHISES	APPLICATION ET/OU MONTANT DE LA FRANCHISE
Franchise contractuelle	oui[442]
Collision avec du gibier ou des animaux errants	non
Permis récent	oui sauf si rachat
Taux d'alcool > 0,5 et < 0,8 g/l	2,5% de la valeur du dommage min 250 € max 650 €
Taux d'alcool > 0,8 et < 1,2 g/l	20% de la valeur du dommage min 620 € max 2.500 €

4 – LE RÈGLEMENT DU SINISTRE

4.1 L'indemnisation en valeur à neuf en cas de vol et de souscription d'une couverture dommage au véhicule

La valeur d'un véhicule diminue en fonction de son âge et du kilométrage parcouru. Pour la fixation de la valeur au jour du sinistre, les entreprises d'assurances font appel à des experts.

Pour parer à cette perte non négligeable de la valeur du véhicule, le marché offre une indemnisation du véhicule qui correspond à la valeur

---

[442] Pas de franchise en dommages matériels au véhicule si tiers identifié

catalogue au jour du sinistre d'un véhicule neuf identique au véhicule assuré si les conditions, qui peuvent varier d'une entreprise d'assurances à l'autre, sont remplies :
- la première mise en circulation est comprise dans une fourchette de 6 mois à 3 années ;
- le véhicule ne doit pas avoir parcouru un certain kilométrage[443] ;
- le coût de la réparation doit dépasser un certain pourcentage de la valeur catalogue du véhicule[444].

Comme la législation sur le contrat d'assurance permet de couvrir un risque en valeur à neuf, nous nous trouvons en l'occurrence en présence d'une dérogation au principe du non-enrichissement dans les assurances de dommages. L'enrichissement dans le cas repris ci-dessus réside dans le fait d'une meilleure indemnisation par rapport à un contrat qui ne prévoit pas une clause d'indemnisation en valeur à neuf.

4.2 Les accidents de trajet

4.2.1 *Définition légale*

Un accident de trajet est assimilé à un accident de travail dès lors qu'il survient sur le parcours effectué pour se rendre au travail et en revenir. Sont assimilés à la notion d'accident de trajet, les accidents subis :
- entre la résidence principale, une résidence secondaire présentant un caractère de stabilité ou tout autre lieu où l'assuré se rend de façon habituelle pour des motifs d'ordre familial **et** le lieu du travail,
- entre le lieu du travail **et** le restaurant, la cantine ou, d'une manière plus générale, le lieu où l'assuré prend habituellement ses repas.

Une exception à cette règle de trajet peut le plus direct est admise lorsque le détour effectué est rendu nécessaire dans le cadre d'un covoiturage régulier ou pour déposer ou reprendre l'enfant qui vit en communauté domestique avec l'assuré, auprès d'une tierce personne à laquelle il est obligé de le confier afin de pouvoir s'adonner à son occupation.

N'est pas pris en charge l'accident de trajet que l'assuré a causé ou auquel il a contribué par sa faute lourde ou si le trajet a été interrompu ou détourné pour un motif dicté par l'intérêt personnel et étranger aux nécessités essentielles de la vie courante ou indépendant de l'activité assurée[445].

---

443   P.ex. 25.000 km.
444   P.ex. 50 %.
445   Section 2 – risques couverts, art. 93 de la loi du 12 mai 2010 portant réforme de l'assurance accident (LRASAC) publié au Mémorial A 81 du 27 mai 2010.

4.2.2 L'indemnisation des dégâts causés au véhicule

Pour autant que l'accident se soit produit sur la voie publique et sous réserve d'une franchise de deux tiers du salaire social minimum[446] et d'un maximum fixé à cinq fois le salaire social minimum[447], l'assuré a droit à l'indemnisation du dégât causé au véhicule automoteur utilisé au moment de l'accident. Le droit à l'indemnisation existe même en l'absence d'une lésion corporelle, mais uniquement dans la mesure où le préjudice n'est pas indemnisable à un autre titre[448].

Il appartient à l'assuré lui-même de fournir sur le formulaire prévu à cet effet les renseignements relatifs à l'accident qui, sous peine de déchéance, doivent parvenir à l'Association d'Assurance Accident[449] dans l'année de survenance de l'accident[450].

REMARQUES :

1. pour être éligible, le texte légal précise qu'un accident ne saurait se produire que sur la seule voie publique. Sont partant exclus les accidents qui se produisent sur des terrains et parking privés ainsi que dans les garages,
2. la définition légale ne conditionne pas la reconnaissance d'un accident de trajet à la survenance en parallèle d'un dommage corporel. En contrepartie, elle prévoit une franchise non négligeable pour les dégâts causés à un véhicule. Compte tenu de la hauteur de cette franchise, on peut néanmoins partir du principe que l'impact matériel sur le véhicule endommagé devra avoir été d'une telle ampleur qu'il produira logiquement une lésion corporelle,
3. le texte légal subordonne le paiement d'une indemnisation pour une voiture endommagée au moment d'un accident de trajet à la non-indemnisation à un autre titre. En d'autres termes : si la victime a le cas échéant souscrit une assurance dégâts au véhicule auprès d'une entreprise d'assurances, une intervention de l'AAA sera dans ce cas exclue.

Que se passe-t-il s'il y a cumul des deux garanties :
– l'une rendue obligatoire pour chaque salarié affilié à la Sécurité Sociale ;
– l'autre reposant sur une base contractuelle souscrite individuellement auprès d'une entreprise d'assurances.

Y a-t-il dans ce cas cumul des deux garanties ou bien est-ce que la garantie légale prime sur la garantie contractuelle ?

De l'avis de l'auteur, au cas où le volet légal devrait l'emporter, le législateur « imposerait » un traitement non équitable entre les personnes qui, à titre privé, ont souscrit une assurance dégâts au véhicule et celles qui, pour quelque raison que ce soit, ne l'ont pas fait. En droit, il faudrait dans ce cas se poser la question de la licéité d'une telle pratique, étant donné que l'affiliation à la Sécurité Sociale est obligatoire alors que la souscription d'une assurance dégâts au véhicule repose sur un acte volontaire d'ordre contractuel.

---

446 À l'indice 100 = 2/3 x 239,61 adapté à l'indice juillet 2010 (719,84) = 1.149,87 €.
447 5 x salaire social minimum 239.61 (indice 100) a adapté à l'indice 719,84 = 8.624,04 €.
448 Art. 99 al. 2 LRASAC.
449 AAA.
450 Lettre circulaire AAA juin 2010.

Même si l'indemnisation de l'AAA ne fonctionne pas d'après les mêmes principes que ceux dictés par la législation sur le contrat d'assurance, on est quand même amené à s'interroger pourquoi. au titre du règlement d'un même dommage dans un même environnement, le principe de l'interdiction d'une clause de subsidiarité est interdite alors que de l'autre côté elle est tolérée voir imposée.

> **EXEMPLE AVEC ASSURANCE DOMMAGE AU VÉHICULE**
> En rentrant de son travail mademoiselle Muller, comme automobiliste, est blessée dans un accident de la circulation causé par un véhicule conduit par un conducteur qui a perdu la maîtrise du volant. L'expert automobile retiendra un dommage au véhicule de mademoiselle Muller de l'ordre de 4.500 €.
> Comme il s'agit en l'occurrence d'un accident de trajet, mademoiselle Muller sera remboursée comme suit :
> - 0 € par la Sécurité Sociale (indice 719,84)[451] ;
> - 4.500 € par son entreprise d'assurances dommage matériels au véhicule[452].

> **EXEMPLE SANS ASSURANCE DOMMAGE AU VÉHICULE**
> En rentrant de son travail mademoiselle Muller, comme automobiliste, est blessée dans un accident de la circulation causé par un véhicule conduit par un conducteur qui a perdu la maîtrise du volant. L'expert automobile retiendra un dommage au véhicule de mademoiselle Muller de l'ordre de 4.500 €.
> Comme il s'agit en l'occurrence d'un accident de trajet, mademoiselle Muller sera remboursée comme suit :
> 4.500 − 1.149,87[453] = 3.350,13 € par la Sécurité Sociale.

REMARQUE :

Si le montant du sinistre dépassait largement celui de notre exemple, mademoiselle Muller pourrait tout au plus toucher 8.624,04[454] € (franchise déjà déduite).

4.2.3 *Les dégâts matériels accessoires*

Si à l'occasion d'un accident de trajet, tel que défini ci-dessus, l'assuré subit des dégâts matériels accessoires, ces derniers sont pris en charge par la Sécurité Sociale dans la mesure où ces dégâts sont en relation directe avec

---

451 Juillet 2010.
452 De ce montant il faudra le cas échéant déduire la franchise conventionnelle du contrat d'assurance au cas où mademoiselle Muller aurait souscrit un contrat dégâts matériels avec franchise.
453 À l'indice 100 = 2/3 x 239,61 adapté à l'indice juillet 2010 (719,84) = 1.149,87 €.
454 5 x salaire social minimum 239.61 (indice 100) a adapté à l'indice 702,29.

la lésion corporelle dont l'assuré a été victime. Rentrent notamment dans les dégâts matériels une serviette, un sac à main, une montre…

4.3 Véhicule de remplacement

Le marché offre depuis plusieurs années la mise à disposition d'un véhicule de remplacement, dans les cas où le véhicule n'est pas à la disposition de son propriétaire pendant la durée des réparations.

Traditionnellement, cette extension de garantie est associée à la souscription d'une garantie dommages matériels au véhicule.

La mise à disposition d'un véhicule de location peut cependant différer d'une entreprise d'assurances à une autre. C'est ainsi qu'un véhicule de remplacement est offert :

- uniquement en présence d'un sinistre qui immobilise le véhicule assuré ;
- en présence d'un sinistre immobilisant ou non immobilisant ;
- pour une durée qui peut varier de 5 à 10 jours.

> REMARQUE :
>
> Il y a parfois confusion entre ce que l'entreprise d'assurances entend par véhicule de location et la manière de voir les choses d'un point de vue preneur d'assurance.
> L'objectif de l'entreprise d'assurances est de permettre à son client une mobilité continue. Dans ce contexte, elle s'associe le plus souvent avec une ou plusieurs sociétés de location de voitures et opte pour un certain type de véhicule de la classe moyenne.
> Il est erroné dans le chef d'un preneur d'assurance de croire que véhicule remplacement rime avec le même véhicule que celui qui n'est temporairement pas à sa disposition pour cause de réparation.

5 – VÉRIFIEZ VOS CONNAISSANCES

1) Définissez la valeur à neuf d'un véhicule ?
2) Quelle est la différence entre valeur de remplacement et valeur de récupération ?
3) Quels risques sont exclus en assurance vol d'un véhicule ?
4) Quelle est la différence entre une assurance dommages au véhicule et une assurance dommages au véhicule, tierce-collision combinée ?
5) Vous êtes victime d'un accident de la circulation en déplacement à l'étranger. Alors que vous êtes hospitalisé, votre voiture est condamnée à l'abandon. Comment vous et votre véhicule pouvez être rapatriés au Luxembourg ?

6) Monsieur Schmit fait une sortie de route avec son véhicule à Anvers et les dommages de son véhicule, qui est assuré en dommages au véhicule moyennant une franchise de 3 % du dommage, s'élèvent à 1.800 €. Le PV dressé par la Police appelée sur les lieux de l'accident révèle un taux d'alcool de 0,9 g/l dans le dans le chef de monsieur Schmit. À quel montant monsieur Schmit pourra-t-il s'attendre de la part de son entreprise d'assurances ?

7) L'échéance du contrat d'assurance RC Auto de monsieur Weber est fixée au 15 janvier. Le 1er mars, alors que monsieur Weber n'a pas encore payé la prime malgré la procédure légalement réservée à l'entreprise d'assurances en cas de non paiement de la prime, monsieur Weber est à l'origine d'un sinistre très grave. Comment la victime est-elle réglée ? Dans votre réponse, tenez compte du détail des délais dont question ci-dessus.

Chapitre 16

La tarification en assurance automobile

1– La tarification..408
2– La renonciation à un intermédiaire en assurance RC Auto.......................409

I – LA TARIFICATION

La tarification RC Auto n'étant plus tenue à l'uniformité, les pratiques des entreprises d'assurances divergent. L'approche traditionnelle reposant sur les cm^3 coexiste avec des facteurs tels que la marque du véhicule, le type, la première immatriculation, l'âge du preneur.

REMARQUE :
Les indications qui suivent sont celles dont le marché s'inspirait traditionnellement.

CATÉGORIE STATAULUX	GENRE DE VÉHICULE	BASE TARIFAIRE
11 - 17	Voitures, Voitures Commerciales et Véhicules Utilitaires	cm^3
21 - 27	Véhicules de location sans chauffeur	cm^3
28	Taxis	cm^3
31 - 34	Transport régulier de choses, camionnettes et camions avec un PMA < 10.000 kg	cm^3
51 - 54	Transport régulier de choses, camions avec un PMA ≥ 10.000 kg et type de tracteurs de semi-remorques carrosserie	cm^3
70	Cycles à moteur auxiliaire CMA	cm^3
71 - 76	Motocycles	KW
81 - 87	Tracteurs agricoles	cm^3
89	Tracteurs industriels	cm^3 + transport pour compte propre ou de tiers
90	Autobus et autocars servant de transport rémunéré de personnes	cm^3 + prime au-delà de la 10e place
91 - 94	Remorques et caravanes	PMA
95 - 96	Motocoupés	forfait si CMA ou non CMA
97	Machines	cm^3 + vitesse
98	Plaque rouge	en fonction du genre de véhicule

2- LA RENONCIATION À UN INTERMÉDIAIRE EN ASSURANCE RC AUTO

Depuis le 1er février 1990, le preneur d'assurance a la possibilité de souscrire l'assurance Responsabilité Civile Auto sans intermédiaire. En d'autres termes : il renonce aux services d'un agent d'assurances et souscrit l'assurance RC Auto immédiatement auprès de l'entreprise d'assurances de son choix. De ce fait, il a droit à un rabais de 5 % sur la prime annuelle.

Ci-après, le **communiqué** de presse[455] relatif à cette disposition.

> Le Commissariat aux Assurances porte à la connaissance des preneurs d'assurances ce qui suit :
> En assurance « Responsabilité Civile Véhicules Terrestres Automoteurs », les primes des assurés qui renoncent aux services d'un agent d'assurances, et qui traitent leurs opérations d'assurance directement avec l'entreprise d'assurances, sont diminuées de 5 %.
> Les entreprises d'assurances sont autorisées à ne pas appliquer ce rabais sur la portion de la prime dépassant le degré 11 de l'échelle bonus/malus.
> Pour les polices nouvelles, cette disposition tarifaire prend cours avec effet immédiat.
> Pour les polices en cours, elle prend effet à la date d'expiration du contrat, renseignée aux Conditions Particulières, à condition toutefois que le preneur d'assurance ait averti son entreprise d'assurances par écrit au moins 2 mois avant cette date.
> Toutefois, ce rabais n'est accordé que si le preneur d'assurance respecte toutes ses obligations contractuelles, notamment celles relatives au paiement anticipatif de la prime.
> Luxembourg, le 1er février 1990
> Victor ROD

Il est évident que si le preneur d'assurance opte pour un service sans intermédiaire, il perd toute assistance de sa part tant en matière de souscription, de démarches administratives ainsi qu'en cas de sinistre.

---

455 Publication prescrite par l'article 7 des Conditions Générales de l'assurance « Responsabilité Civile Véhicules Terrestres Automoteurs », approuvées par arrêtés ministériels des 23 juillet et 16 décembre 1976.

Chapitre 17

Le fonds de garantie automobile

1– Membres 412

2– Mission 412

3– Indemnisation par la sécurité sociale ou l'employeur 416

4– Indemnisation par une entreprise d'assurances rc auto ou dommage 416

5– Absence de recours et de subrogation 416

6– Absence d'engagement du fonds 416

7– Constitution de partie civile 417

8– Limite d'intervention 417

9– De certains délais 418

10– Exclusions 418

11– Exemple d'intervention du fonds 419

12– Coordonnées du fonds de garantie automobile 420

1 – MEMBRES

Toutes les entreprises d'assurances autorisées à exercer la branche RC Auto sur le territoire du Grand-Duché de Luxembourg font obligatoirement partie du Fonds de garantie automobile[456].

2 – MISSION

La mission du Fonds est multiple :

- réparer le **préjudice** subi par une personne et **causé** par un **véhicule non identifié** :
  - du fait d'un accident survenu sur le territoire du Grand-Duché de Luxembourg ou
  - résidant au Grand-Duché de Luxembourg, du fait d'un accident survenu dans un État-membre de l'Union Européenne autre que le Grand-Duché de Luxembourg[457] ;
- réparer le **préjudice** causé par un véhicule dont la **responsabilité civile** à laquelle elle donne lieu n'est **pas couverte**[458] ni par une assurance conforme à la législation ni par un bureau national :
  - si cet accident est survenu Grand-Duché de Luxembourg et qu'il n'est pas pris en charge par le fonds de garantie de l'État-membre qui est l'État de situation du risque ;
  - si l'accident est survenu sur le territoire d'un État-membre autre que le Grand-Duché de Luxembourg et causé par un véhicule dont le Grand-Duché de Luxembourg est l'État de situation du risque ;
- réparer le **préjudice** résultant d'un accident causé au Grand-Duché de Luxembourg par un **véhicule exempté de l'obligation d'assurance**[459] ;
- réparer le préjudice causé à une **personne** lésée qui **réside** au **Grand-Duché** du fait d'un accident :
  - causé par un véhicule qui a son stationnement habituel dans un État-membre de l'U.E. ou par un véhicule d'un pays tiers **survenu** sur le **territoire** d'un État-membre ou d'un pays tiers qui a adhéré au système de la carte verte[460].

---

456 Art. 15 L RCA 2003.
457 Art. 16.1. L RCA 2003.
458 Art. 16.2. L RCA 2007.
459 Art. 16.2.2-1 L-RCA 2007.
460 Art. 16.3. L RCA 2003.

Dans ce cas, le recours au Fonds est seulement admis si l'entreprise d'assurances de la responsabilité civile de ce véhicule qui a causé le dommage n'a pas pu être identifiée dans un délai de deux mois après l'accident ;

- indemniser les personnes lésées à la suite d'un accident de la circulation causé par un véhicule sur le territoire du Grand-Duché de Luxembourg, au cas où l'**entreprise d'assurances** du véhicule responsable serait **insolvable**[461] ;
- prendre en charge l'**indemnisation** d'une **personne lésée** qui **réside** au **Grand-Duché** de Luxembourg du fait d'un accident causé :
    - sur le territoire d'un État-membre de l'U.E ou
    - d'un pays tiers mais qui a adhéré au système de la carte verte ;
    - par un véhicule qui a son stationnement habituel sur le territoire d'un État-membre de l'U.E :
        - si, dans un délai de **trois mois** de la demande de la victime, l'entreprise d'assurances du véhicule qui a causé l'accident ou son représentant chargé du règlement des sinistres n'a **pas donné de réponse motivée** aux éléments invoqués dans la demande[462]
        - si l'**entreprise d'assurances** du véhicule qui a causé l'accident n'est pas établi au Grand-Duché de Luxembourg et n'a **pas désigné** de **représentant** chargé du règlement des sinistres au Grand-Duché de Luxembourg ;
- si un des critères suivant est rempli :
    - être âgée
        - de moins de douze ans, ou
        - d'au moins soixante-quinze ans, ou
        - quel que soit son âge, être titulaire, au moment de l'accident, d'un titre lui reconnaissant un taux d'incapacité permanente ou d'invalidité au moins égal à 80 pourcent[463]

prendre en charge l'indemnisation d'une personne lésée par un véhicule dans un accident de la circulation survenu sur le territoire du Grand-Duché de Luxembourg. Cette disposition ne prend ses effets qu'à condition que la responsabilité entière puisse lui être reprochée.

S'il devait cependant s'avérer qu'au moment de l'accident, la personne lésée a conduit elle-même un véhicule ou si l'accident résulte de sa faute intentionnelle, elle ne sera pas indemnisée[464].

---

461 Art. 16.4. L RCA 2003.
462 Art. 16.5. L RCA 2003.
463 Principe de l'usager faible.
464 Art. 16.5bis loi RCA 2012.

REMARQUE :

Sans que le législateur utilise la notion expressis verbis, on vise en l'occurrence l'usager faible. La loi belge considère comme usager faible : le piéton, le cycliste et le passager non conducteur d'un véhicule. L'intervention au niveau de l'usager faible est subordonnée aux conditions suivantes[465] :
– accident de la circulation dans lequel au minimum un véhicule est impliqué ;
– un dommage corporel rentrant dans une catégorie de personnes et d'âges bien définies qui n'est ni conducteur et qui n'a pas agi de manière intentionnelle.

Si l'on rapproche le texte légal luxembourgeois des quelques extraits de la loi belge dont question ci-dessus, on comprend mieux sa portée relative à la protection de l'usager faible sans le nommer.

- **informer sur demande** et sans délai la personne impliquée dans un accident causé par la circulation d'un véhicule ayant son stationnement habituel sur le territoire d'un État-membre d'U.E. et survenu au cours des sept dernières années sur :
  – le nom et l'adresse de l'entreprise d'assurances du véhicule qui a causé l'accident ;
  – le numéro de la police d'assurance qui couvre l'assurance de la responsabilité civile de ce véhicule ;
  – le nom et l'adresse du représentant chargé du règlement des sinistres de cette entreprise d'assurances dans l'État de résidence de la personne lésée[466] :
     ○ qui réside au Grand-Duché de Luxembourg ou
     ○ si le véhicule qui a causé l'accident a son stationnement habituel au Grand-Duché de Luxembourg ou
     ○ si l'accident est survenu au Grand-Duché de Luxembourg.

Si la personne impliquée peut faire valoir un intérêt légitime, le Fonds communique à la personne impliquée le nom et l'adresse du propriétaire ou du détenteur du véhicule qui a causé l'accident.

---

465 Toujours la loi belge.
466 Art. 16.6. L RCA 2003.

Le fonds de garantie automobile — 415

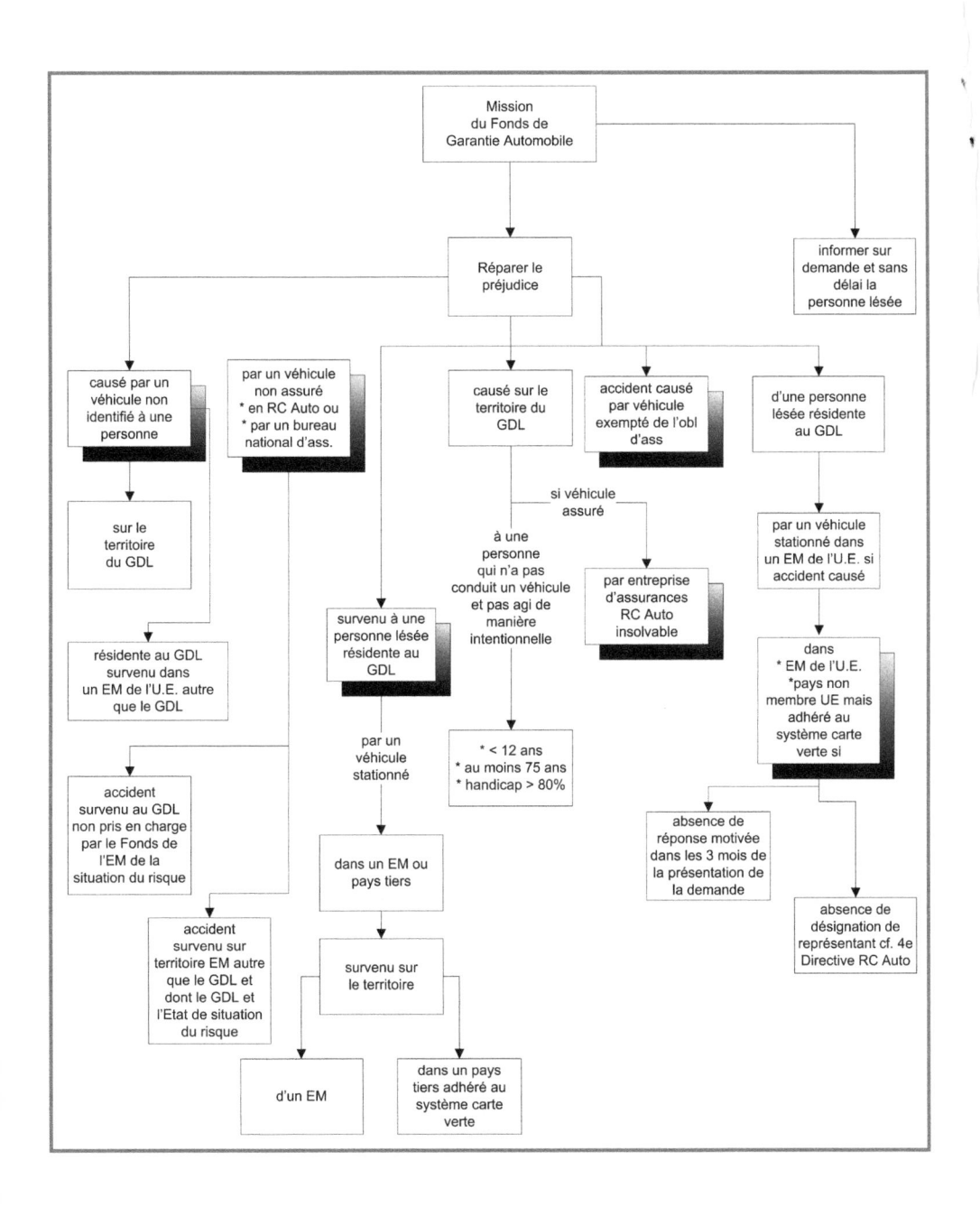

Mission du Fonds de Garantie Automobile

- **Réparer le préjudice**
- **informer sur demande et sans délai la personne lésée**

Réparer le préjudice

- **causé par un véhicule non identifié à une personne**
  - sur le territoire du GDL
  - résidente au GDL survenu dans un EM de l'U.E. autre que le GDL
    - accident survenu au GDL non pris en charge par le Fonds de l'EM de la situation du risque
    - accident survenu sur territoire EM autre que le GDL et dont le GDL et l'Etat de situation du risque

- **par un véhicule non assuré**
  - * en RC Auto ou
  - * par un bureau national d'ass.
  - survenu à une personne lésée résidente au GDL
  - par un véhicule stationné
    - dans un EM ou pays tiers
      - d'un EM
    - survenu sur le territoire
      - dans un pays tiers adhéré au système carte verte

- **causé sur le territoire du GDL**
  - à une personne qui n'a pas conduit un véhicule et pas agi de manière intentionnelle
    - * < 12 ans
    - * au moins 75 ans
    - * handicap > 80%
  - si véhicule assuré → par entreprise d'assurances RC Auto insolvable

- **accident causé par véhicule exempté de l'obl d'ass**

- **d'une personne lésée résidente au GDL**
  - par un véhicule stationné dans un EM de l'U.E. si accident causé
    - dans
      - * EM de l'U.E.
      - *pays non membre UE mais adhéré au système carte verte si
        - absence de réponse motivée dans les 3 mois de la présentation de la demande
        - absence de désignation de représentant cf. 4e Directive RC Auto

PROMOCULTURE - LARCIER

3 – INDEMNISATION PAR LA SÉCURITÉ SOCIALE OU L'EMPLOYEUR

Si la personne lésée est en droit d'être indemnisée par un organisme de la Sécurité sociale ou par son employeur, ses revendications à l'égard du Fonds ne sont acceptées que si ses droits contre l'auteur responsable ne sont pas subrogés à l'organisme de la sécurité sociale ou à l'employeur[467].

4 – INDEMNISATION PAR UNE ENTREPRISE D'ASSURANCES RC AUTO OU DOMMAGE

Si la partie lésée est indemnisée en partie ou totalement par une assurance dommages ou de responsabilité, le Fonds n'est tenu qu'au paiement de la différence entre le montant total du dommage et les indemnités allouées[468].

5 – ABSENCE DE RECOURS ET DE SUBROGATION

Les organismes de sécurité sociale et les employeurs ne peuvent pas exercer un recours contre le Fonds.

Les entreprises d'assurances dommages ou de responsabilité n'ont aucun droit de subrogation contre le Fonds pour le dommage qu'ils ont pris en charge[469].

6 – ABSENCE D'ENGAGEMENT DU FONDS

Aucune reconnaissance de responsabilité, aucune transaction, aucune fixation de dommage intervenues entre les personnes lésées et le civilement responsable n'est opposable au Fonds[470].

---

467 Art. 19 L RCA 2003.
468 Art. 19 L RCA 2003.
469 Art. 19 L RCA 2003.
470 Art. 20 L RCA 2003.

7 – CONSTITUTION DE PARTIE CIVILE

Pour les prestations qu'il a faites, le Fonds est subrogé dans les droits que possède la victime contre la personne responsable de l'accident ou son entreprise d'assurances. Pour cette partie, il peut se constituer partie civile devant les juridictions répressives[471].

En réduisant la mission du Fonds à l'extrême, on pourrait résumer son intervention aux points suivants :
- règlement des :
  - dommages corporels ;
  - dégâts matériels si et seulement si le Fonds est déjà intervenu en :
    - en raison du décès ou
    - de dommages corporels importants. Sont considérés comme dommages importants, les lésions ayant entraîné une invalidité permanente de la victime ou nécessité une hospitalisation d'au moins trois jours[472] ;

dans les cas suivants :
- en cas de délit de fuite commis par un responsable non identifié,
- en cas de non identification de l'entreprise d'assurances du responsable de l'accident dans les deux mois après la survenance de l'accident ;
- si l'entreprise d'assurances du responsable est insolvable ;
- en l'absence de réponse motivée dans un délai de trois mois de la part de l'entreprise d'assurances chargée du règlement.

8 – LIMITE D'INTERVENTION

La couverture est limitée :
- à 12.500.0000.-€ pour
  - des dommages résultant d'actes de terrorisme ou des dommages qui découlent de la participation du véhicule à des courses et concours ainsi qu'aux essais préparatoires à ces courses et concours ;

---

471 Art. 21 L RCA 2003.
472 Art. 12.d. régl grand-ducal RC Auto.

- les exercices de vitesse, de régularité ou d'adresse même autorisés sont assimilés à des courses ou concours ;
- à 2.500.000.-€ par sinistre, en ce qui concerne les dégâts matériels provoqués par incendie, jets de flamme, explosion ou de pollution à l'environnement naturel[473].

9- DE CERTAINS DÉLAIS

Les demandes de prestation du Fonds de Garantie doivent se faire dans les 3 ans[474]. Ce délai n'est cependant pas d'application si la personne lésée prouve qu'elle a été dans l'impossibilité physique ou morale de dénoncer le sinistre dans le délai précité.

Toute action récursoire du Fonds sera prescrite après trois ans à compter du règlement effectué par le Fonds.

10- EXCLUSIONS

Sont **exclus de toute indemnisation**

10.1 Les dommages corporels et dégâts matériels subis par

- les victimes d'accidents dont la responsabilité est engagée dans la survenance du sinistre ;
- les auteurs, coauteurs et complices de vol du véhicule qui a occasionné le dommage ;
- les personnes transportées qui :
  - de leur plein gré, ont pris place dans le véhicule lorsqu'il peut être prouvé qu'elles savaient que le véhicule était volé ;
  - savaient ou devaient raisonnablement admettre que le détenteur ou le conducteur du véhicule n'était pas couvert par une assurance ;

10.2 Les dommages matériels

- en cas de non-identification du véhicule ayant causé l'accident, sauf si le Fonds est également intervenu :
  - en raison du décès ou

---

473   Art. 12 a et b règl grand-ducal du 21 décembre 2012.
474   Art. 22.1. L RCA16.12. 2012.

- de dommages corporels importants pour la victime du sinistre[475]. Un dommage corporel est considéré comme important s'il a entraîné une invalidité permanente de la victime ou nécessité une hospitalisation d'au moins trois jours.
- du preneur d'assurance, du propriétaire, du détenteur et du conducteur du véhicule ayant occasionné le dommage ;
- du conjoint des personnes dont question ci-dessus ;
- les parents ou alliés en ligne directe de ces mêmes personnes, à la double condition qu'ils habitent sous leur toit et soient entretenus de leurs deniers ;
- des victimes d'accidents dont la responsabilité est engagée dans la survenance du sinistre ;
- les dommages causés aux biens transportés ;
- les dommages causés aux personnes transportées par un véhicule participant à des courses ou concours de vitesse ainsi qu'aux essais préparatoires à ces courses et concours ; les exercices de vitesse, de régularité ou d'adresse même autorisés sont assimilés à des courses ou concours[476].

II – EXEMPLE D'INTERVENTION DU FONDS

Votre voiture est garée devant votre maison. À 1.00 heure du matin, vous êtes réveillé par la police qui vous annonce que votre véhicule a été heurté par une personne dont l'identité est entre-temps connue, mais qui n'est pas en possession d'une assurance de la responsabilité civile automobile.

Vous n'avez pas souscrit d'assurance dommages matériels au véhicule.

Est-ce que vous pouvez vous attendre à une indemnisation quelconque ?

Si oui, par qui et pour quel montant ?

Réponse :

Si votre véhicule est endommagé par un tiers qui n'est pas assuré mais dont l'identité est connue, vous pouvez introduire une demande en indemnisation auprès du Fonds de garantie automobile. Sauf en cas d'incapacité physique ou morale, les demandes en prestation auprès du Fonds de Garantie doivent être introduites dans les 3 ans.

Pour les seuls dégâts matériels qui sont causés par un véhicule non identifié, toute indemnisation par le Fonds est cependant exclue.

---

475 Art. 12 c règl grand-ducal du 11 novembre 2003.
476 Art. 13 R g-d FGA 2003.

12- COORDONNÉES DU FONDS DE GARANTIE AUTOMOBILE

L'adresse du FCGA est la suivante :
12, rue Erasme
L-1468 Luxembourg
Tél : (00352) 45 88 36
Fax : (00352) 26 31 01 54
http://www.fga.lu/ fgalux@pt.lu

Chapitre 18

Le bureau luxembourgeois

1 – Dénomination officielle 422
2 – Membres 422
3 – Missions 422
4 – Coordonnées du bureau luxembourgeois 424

1 – DÉNOMINATION OFFICIELLE

Bureau Luxembourgeois des Assureurs contre les Accidents d'Automobile.

2 – MEMBRES

Toutes les entreprises d'assurances autorisées à exercer la branche RC Auto sur le territoire du Grand-Duché de Luxembourg font obligatoirement partie du Bureau Luxembourgeois contre les Accidents d'automobiles[477].

3 – MISSIONS

Les missions du Bureau Luxembourgeois consistent tout d'abord à émettre les cartes vertes des véhicules immatriculés et autorisés à circuler sur le territoire du Grand-Duché de Luxembourg et coordonner les correspondants des entreprises d'assurances étrangères au Luxembourg.

Pour le surplus, le Bureau Luxembourgeois se porte garant pour le règlement des sinistres survenus sur le territoire du Grand-Duché de Luxembourg et provoqués par la circulation des véhicules :
- avec une plaque d'immatriculation d'un pays qui a adhéré à l'accord conclu entre les bureaux nationaux d'assurances des États membres de l'Espace économique européen et d'autres États associés ;
- qui portent un signe distinctif analogue à la plaque d'immatriculation ou une plaque d'assurance, si ces signes et plaques ont été délivrés par un des pays dont question ci-dessus ;
- qui ne sont pas immatriculés et ne portent pas un signe distinctif analogue à la plaque
- d'immatriculation, ni une plaque d'assurance, mais dont le propriétaire ou détenteur a
- son domicile dans un des pays dont question ci-dessus et y est soumis à l'obligation légale d'assurer la RC Auto.

Pour les conducteurs des véhicules énumérés ci-dessus, la preuve de l'existence du contrat conclu dans un des pays visés n'est pas exigée et les obligations du Bureau sont maintenues même si l'obligation d'assurance n'a pas été respectée.

---

477 Art. 16.1. L RCA 2003.

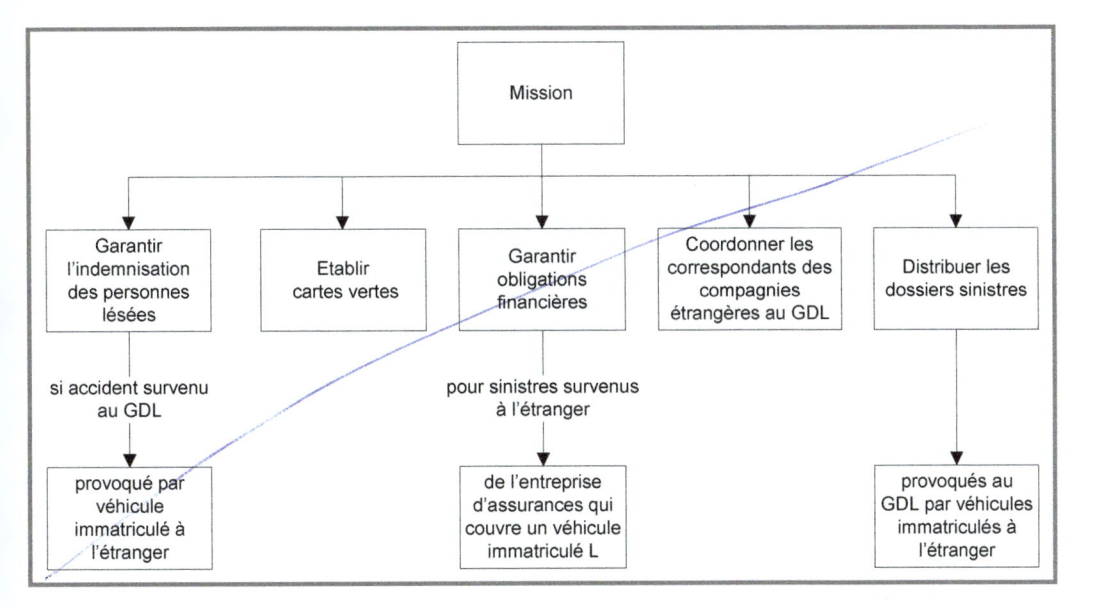

```
                           ┌─────────┐
                           │ Mission │
                           └─────────┘
     ┌──────────┬──────────┼──────────┬──────────┐
     ▼          ▼          ▼          ▼          ▼
┌─────────┐ ┌────────┐ ┌─────────┐ ┌──────────┐ ┌──────────┐
│Garantir │ │Etablir │ │Garantir │ │Coordonner│ │Distribuer│
│l'indem- │ │cartes  │ │obliga-  │ │les corres│ │les       │
│nisation │ │vertes  │ │tions    │ │-pondants │ │dossiers  │
│des per- │ │        │ │finan-   │ │des compa-│ │sinistres │
│sonnes   │ │        │ │cières   │ │gnies étr-│ │          │
│lésées   │ │        │ │         │ │angères au│ │          │
│         │ │        │ │         │ │GDL       │ │          │
└─────────┘ └────────┘ └─────────┘ └──────────┘ └──────────┘
```

- **Garantir l'indemnisation des personnes lésées** : si accident survenu au GDL → provoqué par véhicule immatriculé à l'étranger
- **Garantir obligations financières** : pour sinistres survenus à l'étranger → de l'entreprise d'assurances qui couvre un véhicule immatriculé L
- **Distribuer les dossiers sinistres** : provoqués au GDL par véhicules immatriculés à l'étranger

Au cas où le conducteur d'un véhicule, immatriculé dans un pays autre que le Grand-Duché de Luxembourg et qui a adhéré au système carte verte, est responsable d'un accident survenu sur le territoire du Grand-Duché de Luxembourg, le traitement du dossier sinistre par l'intermédiaire du Bureau Luxembourgeois se fait d'après le schéma suivant :

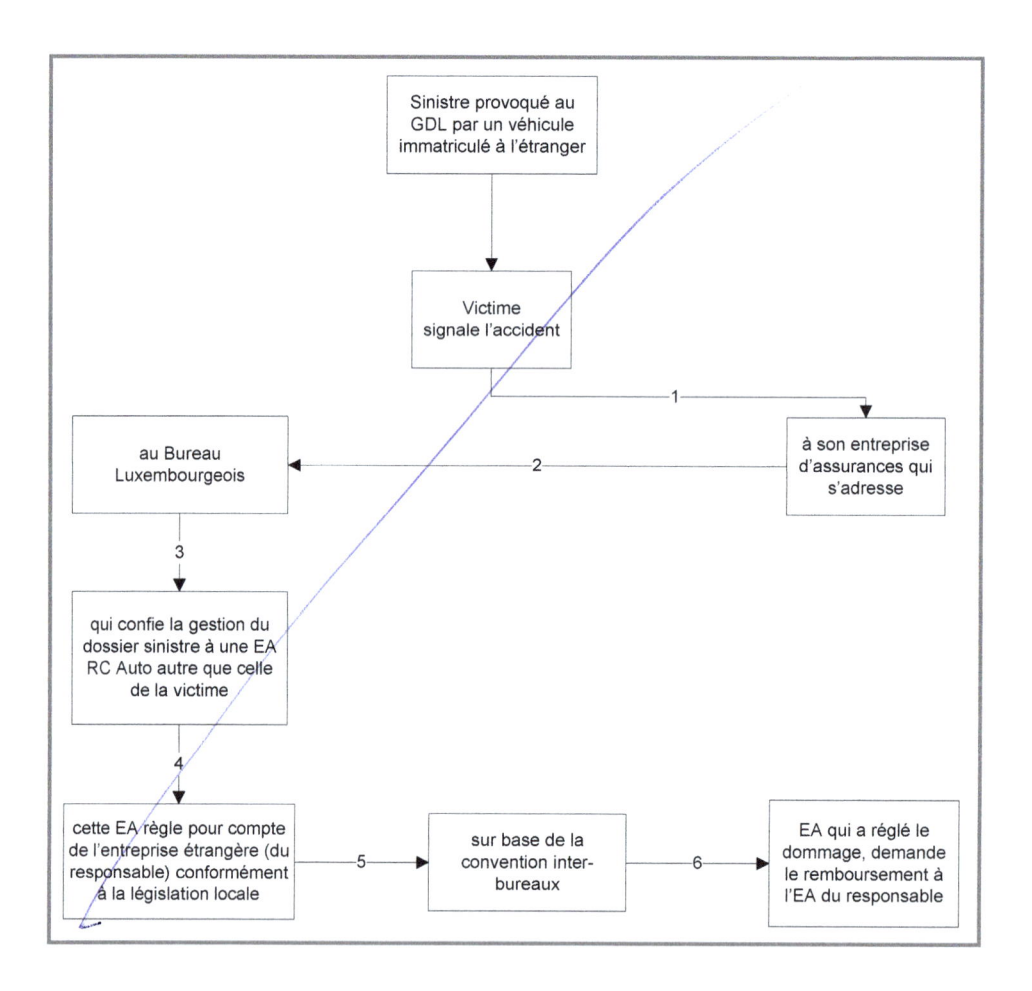

```
                    ┌─────────────────────┐
                    │ Sinistre provoqué au│
                    │ GDL par un véhicule │
                    │ immatriculé à l'étranger│
                    └──────────┬──────────┘
                               ▼
                    ┌─────────────────────┐
                    │      Victime        │
                    │  signale l'accident │
                    └──────┬──────────────┘
                           │        1
                           ▼
┌──────────────────┐                    ┌──────────────────┐
│  au Bureau       │◄────── 2 ──────────│ à son entreprise │
│  Luxembourgeois  │                    │ d'assurances qui │
│                  │                    │    s'adresse     │
└────────┬─────────┘                    └──────────────────┘
         │ 3
         ▼
┌──────────────────┐
│ qui confie la gestion du │
│ dossier sinistre à une EA│
│ RC Auto autre que celle  │
│     de la victime        │
└────────┬─────────┘
         │ 4
         ▼
┌──────────────────┐    ┌──────────────┐    ┌──────────────────┐
│ cette EA règle pour compte│    │ sur base de la│   │ EA qui a réglé le│
│ de l'entreprise étrangère (du│─5─▶│ convention inter-│─6─▶│ dommage, demande │
│ responsable) conformément│    │   bureaux    │    │ le remboursement à│
│  à la législation locale │    │              │    │ l'EA du responsable│
└──────────────────┘    └──────────────┘    └──────────────────┘
```

4– COORDONNÉES DU BUREAU LUXEMBOURGEOIS

L'adresse du Bureau Luxembourgeois est la suivante :
12, rue Erasme
L-1468 Luxembourg
☎ (00352) 45 73 04
Fax : (00352) 26 31 04 24
http://www.bureau-luxembourgeois.lu/ bureaulu@pt.lu

Chapitre 19

Le pool des risques aggravés

1— Membres 426

2— Mission 426

3— La part de chaque membre du pool 426

1 – MEMBRES

Toutes les entreprises d'assurances autorisées à exercer la branche RC Auto sur le territoire du Grand-Duché de Luxembourg font obligatoirement partie du Pool des risques aggravés[478].

2 – MISSION

La mission du Pool est de répartir parmi tous les membres des risques jugés trop graves pour être supportés par une seule entreprise d'assurances.

Un risque est considéré comme **particulièrement grave**, en raison :
- de la fréquence ou de la gravité des sinistres causés par l'assuré ;
- des infractions à la législation et aux règlements en matière de circulation commises par l'assuré ;
- des manquements graves aux obligations imposées à l'assuré par le contrat d'assurance[479].

3 – LA PART DE CHAQUE MEMBRE DU POOL

Les membres du Pool participent à la couverture des risques en **proportion** de leur **encaissement** au Grand-Duché de Luxembourg. L'année de référence est l'avant-dernier exercice. La part d'une entreprise d'assurances **ne peut** cependant pas être **inférieure à 3 %**[480].

---

478 Art. 26 L RCA 2003.
479 Art. 18 R g-d RCA 2003.
480 Art. 21 R g-d RCA 2003.

Chapitre 20

Le constat amiable

1 – Préambule 428
2 – Précisions sur certaines rubriques 428
3 – Conseils 433

1- PRÉAMBULE

Lorsqu'au moment d'un accident de la circulation il n'y a pas de blessés et qu'il n'a pas été fait appel aux forces de l'ordre, les parties impliquées peuvent constater la matérialité des faits à l'aide du constat amiable. En l'occurrence, il s'agit d'un document émis par le Comité européen des assurances qui comprend deux feuilles identiques séparées par du papier carbone. Une fois qu'il aura été rempli, chacune des parties adressera sa copie à son entreprise d'assurances.

Le constat amiable d'accident automobile, qui **ne peut** en aucun cas **servir** de **reconnaissance** de **responsabilité**, sert uniquement à reprendre :
- les jours, heures et date de l'accident ;
- le lieu où l'accident a eu lieu ;
- les noms d'éventuels témoins ;
- l'identité des personnes impliquées dans l'accident ;
- les coordonnées des véhicules impliqués dans l'accident ;
- les données relatives aux entreprises d'assurances des parties ;
- les circonstances de l'accident.

Sur base des renseignements qui sont repris sur le constat amiable, les entreprises d'assurances et, le cas échéant, le juge tranchent sur la responsabilité dans la genèse de l'accident. Il résulte de ce qui précède qu'il est sans importance quelle partie reprend ses coordonnées sous la rubrique véhicule A ou véhicule B.

Pour conférer une valeur juridique au constat, il faut qu'il soit signé par chaque partie. Sauf accord de la partie adverse, plus aucune modification ne doit être apportée au recto du document. Si tel devait être le cas, il y a lieu de veiller à ce que cette modification se retrouve également sur la copie de la partie adverse. En pratique, il est donc conseillé de replacer les deux copies dans leur position originale en veillant que le papier carbone se trouve entre les deux copies.

Au cas où une des parties conteste le constat, elle peut apporter sa version des faits sur le verso sub. déroulement de l'accident.

2- PRÉCISIONS SUR CERTAINES RUBRIQUES

Le constat amiable comporte une série de **cases numérotées,** ce qui permet de s'y retrouver plus facilement.

2.1 Date de l'accident

Cette rubrique comprend la date à laquelle l'accident s'est produit. Remplir cette case ne pose guère de problèmes, si ce n'est l'ajout qui consiste à reprendre également l'heure à laquelle l'accident s'est produit. Pour éviter toute question et de retarder le traitement du dossier sinistre, il est recommandé d'exprimer l'heure non pas en unités de douze mais de vingt-quatre. C'est ainsi que pour un accident qui s'est produit la nuit à deux heures quinze, il faudra écrire 02.15 alors que pour un accident qui s'est produit à onze heures et demie le soir il faut écrire 23.30.

2.2 Localisation

A priori, rien n'est plus facile que d'écrire une adresse. Mais en cas d'accident on ne sait pas forcément où on se trouve, peut-être connaît-on encore le nom du village, de la ville mais le nom de rue ? C'est ainsi qu'une indication telle que « Luxembourg, route de Thionville » est imprécise. Pour mieux situer l'adresse du sinistre, il faudrait ajouter : à hauteur des maisons 450 et 452 ou p.ex. à l'intersection de la rue Rangwee.

Si l'accident se produit entre deux villages, il y a, le cas échéant, un nom de rue mais une indication plus précise s'avérera parfois plus difficile. Pour pouvoir préciser, il est conseillé de se référer à des indices environnants : il y existe peut-être un panneau de circulation, un arbre marquant, un champ qui se diffère des autres, l'entrée d'une forêt, etc.

2.3 Blessés même légers

Cette case permet uniquement de marquer oui ou non.

Au cas ou la réponse est positive, il y a lieu de faire appel à des secours au (112 ainsi qu'aux forces de l'ordre au 113 pour dresser un procès-verbal.

Pour éviter des discussions inutiles dans la suite, il est conseillé à toute personne blessée, aussi légère que cette blessure puisse être, de se rendre à l'hôpital de garde pour faire un constat des blessures. Il est en effet plus facile pour l'entreprise d'assurances de traiter un sinistre sur base d'un dossier médical du même jour que l'accident que d'accepter une déclaration tardive, faisant croire que la blessure résulte d'un accident de la circulation qui s'est p.ex. produit quinze jour auparavant. Dans un cas pareil, il appartient notamment à la victime de rapporter cette preuve, ce qui pourrait s'avérer très difficile.

2.4 Dégâts matériels autres

Cette case comprend deux blocs :
- **véhicules** autres que A et B : en l'occurrence, il s'agit de se prononcer si l'accident a entraîné des dégâts matériels à des véhicules autres que ceux dont la description sera faite en détail sur le constat dans les rubriques 6 véhicules A et B ;
- **objets** autres que des véhicules : en l'espèce, on vise plus particulièrement des dégâts causés à des objets qui appartiennent à autrui, p.ex. un mur ou une clôture. Ne pas révéler de tels dégâts pourrait être traité comme un délit de fuite. Une attention particulière est également à porter à des choses qui appartiennent à la collectivité publique telles que panneaux, arbres longeant la route, etc. Quel que soit le propriétaire de l'objet endommagé, il y a lieu de marquer sur le constat qu'un dommage a été causé à des objets appartenant à des tiers, quitte à rechercher le propriétaire dans un deuxième temps. Si le propriétaire est inconnu, il est recommandé d'en faire état aux autorités.

2.5 Témoins

Nul ne peut être retenu comme témoin si son identité n'est pas connue. Il s'agit dès lors de veiller à ce que l'identité et l'adresse du ou des témoins soient complètes et précises.

Quant à la question de savoir qui peut être entendu comme témoin, le nouveau code de procédure civile stipule que :
- chacun peut être entendu comme témoin, à l'exception des personnes qui sont frappées d'une incapacité de témoigner en justice[481] ;
- est tenu de déposer quiconque en est légalement requis. Peuvent être dispensées de déposer, les personnes qui justifient d'un motif légitime. Peuvent s'y refuser les parents ou alliés en ligne directe de l'une des parties ou son conjoint, même divorcé[482].

Bien qu'elle ne soit pas reprise expressément dans la procédure civile, la règle générale veut que nul ne peut être entendu comme témoin dans sa propre cause[483].

Que faut-il faire s'il n'y a pas de témoins, c.à.d. lorsqu'on se trouve seul devant la partie adverse ? Trouver un témoin peut dans ce cas s'avérer difficile mais pas désespéré. Il se pourrait notamment qu'il y ait l'un ou

---
481 Art. 405 al. 1er nouveau Code de Procédure Civile.
482 Art. 406 nouveau Code de Procédure Civile.
483 Voir chapitre Jurisprudence.

l'autre véhicule qui soit passé dans le coin sans s'arrêter. On peut toujours noter le numéro d'un tel véhicule et le communiquer aux autorités.

2.6 Preneur d'assurance

Il s'agit tout simplement d'indiquer le nom et l'adresse du preneur d'assurance, c.à.d la personne qui a conclu le contrat d'assurance. Au cas où vous auriez pris un véhicule en location ou si vous conduisez le véhicule d'une tierce personne, bien entendu avec l'autorisation de celle-ci, vous trouvez son nom sur la carte verte d'assurance.

> REMARQUE :
>
> Avant de prendre le volant d'un véhicule qui ne vous appartient pas, renseignez-vous toujours où les papiers de bord ont été déposés et vérifiez si une carte verte d'assurance valable se trouve parmi eux. Par ailleurs, assurez-vous qu'un constat amiable en fait également partie.

2.7 Véhicule

Les données du véhicule sont à reprendre en entier. Des précisions se trouvent sur la carte d'immatriculation qui devrait se trouver parmi les papiers de bords.

Au cas où l'accident serait dû à une remorque attachée à un véhicule, il y a lieu de reprendre également les données du véhicule tracteur, étant donné que c'est l'assurance de responsabilité civile du véhicule tracteur qui entre en jeu.

2.8 Société d'assurance

Reprenez les données qui se trouvent sur la carte verte d'assurance du véhicule, qui devrait se trouver parmi les papiers de bords.

Pour éviter des recherches inutiles et le cas échéant devant des problèmes pour déchiffrer des données écrites sous l'effet des événements, il est conseillé d'échanger avec la partie adverse le double de la carte verte d'assurance. Échanger le double en pareil cas n'équivaut en aucun cas à une acceptation de responsabilité et ne saurait être interprété comme tel. Il s'agit seulement de faciliter l'identification de l'entreprise d'assurances de la partie adverse et vice-versa.

2.9 Conducteur

En pratique, lorsque le preneur d'assurance et le conducteur sont identiques, celui-ci marque parfois dans la case conducteur « idem ». Les entreprises d'assurances acceptent en l'occurrence une certaine tolérance mais il est déconseillé de le faire et de remplir convenablement cette case.

Une attention particulière est apportée aux renseignements relatifs au permis de conduire. Ne pas remplir cette case laisse un doute sur l'identité du conducteur et peut donner lieu à des investigations plus poussées de l'entreprise d'assurances.

2.10 Point de choc

Pour délimiter les dégâts occasionnés par l'accident, il est impératif d'indiquer sur le croquis l'impact du point de choc.

Si p.ex. la voiture A a heurté le véhicule B à l'arrière en roulant dans le même sens, les points de choc seront les suivants : à l'avant pour le véhicule A et à l'arrière pour le véhicule B.

2.11 Dégâts apparents

Cette case permet de préciser avec des mots ce qui a été repris au niveau du point de choc au point 2.10.

2.12 Circonstances

Le constat amiable prévoit 17 cases tant pour le véhicule A que B, qu'il y a lieu de cocher de part et d'autre.

Si le véhicule A était à l'arrêt p.ex. à un feu rouge et le véhicule B le heurtait à l'arrière, il faudra au niveau du véhicule A cocher la case 1 et pour le véhicule B cocher la case 8.

Le plus important au niveau de la rubrique 12 sont cependant les deux cases en dessous du numéro 17. Dans ces cases, il faudra indiquer le nombre de cases cochées. Dans notre cas, il y aurait lieu d'indiquer un chiffre 1 tant pour le véhicule A que B. Cette mesure s'avère notamment nécessaire pour éviter qu'une partie, à l'insu de l'autre partie, n'ajoute une case par la suite.

2.13 Croquis de l'accident

Une partie importante du constat est réservée à la possibilité de dresser un croquis des lieux et de l'emplacement des véhicules après l'accident. Plus ce croquis est précis, plus il sera facile pour les entreprises d'assurances de se prononcer sur la question des responsabilités.

2.14 Mes observations

Ici vous pouvez faire une observation personnelle. Évitez cependant d'y écrire quelque chose qui pourrait inciter la partie adverse à refuser de signer le constat.

Une observation sur l'état d'ébriété de l'autre conducteur n'est certainement pas à apporter dans cette case. Si vous entendez vous prononcer sur cet état, il est conseillé de le faire sur le verso dans la rubrique sous déroulement de l'accident ou bien faites-le dans une lettre d'accompagnement à l'entreprise d'assurances.

2.15 Signature des conducteurs

Le plus important dans l'acte de remplir le constat est la signature des parties. Veillez donc à signer le constat avant l'échange de la copie avec la partie adverse.

> REMARQUE :
>
> Certaines personnes ont tendance à remplir leurs données relatives au preneur, véhicule, entreprise d'assurances et conducteur sur le constat et de le déposer comme tel avec les papiers de bord dans le véhicule. En l'occurrence, il s'agit de personnes qui veulent éviter un stress inutile en cas d'accident.
> Attention de ne jamais signer un constat préalablement et le laisser parmi les papiers de bord. Il pourrait notamment être utilisé contre votre gré en cas de vol des papiers.

3 – CONSEILS

Les quelques conseils qui suivent vous permettent d'agir en connaissance de cause, ce qui facilite la rédaction du constat amiable après un accident de la circulation, qui est par définition un acte entraînant une émotion intense.

3.1 Vous heurtez le véhicule devant vous et celui qui vous suit percute le vôtre

Lorsque vous heurtez le véhicule qui se trouve devant vous p.ex. aux feux rouges et que le véhicule qui vous suit percute le vôtre, on a affaire à deux accidents différents et il s'agit de remplir deux constats amiables différents.

Un premier entre vous et le conducteur du véhicule qui se trouve devant vous et le deuxième entre vous-même et le conducteur qui a percuté votre véhicule.

3.2 Est-ce que le constat à lui seul est suffisant ?

En principe, si un constat amiable est convenablement rempli, les entreprises d'assurances savent trancher la question de responsabilité sauf contestation, auquel cas l'affaire est portée en justice.

À l'appui de toute demande en indemnisation ou pour prouver sa non-responsabilité, une photo des lieux et de l'emplacement des véhicules est certainement un élément supplémentaire de preuve à l'appui.

3.3 Que faire si la partie adverse ne comprend pas le français ?

Le constat amiable est toujours en deux langues. Au Luxembourg, la première page est par défaut le français et la copie derrière le papier carbone est l'allemand. Au cas où la partie adverse ne parlerait que l'allemand, vous échangez tout simplement la copie allemande en la mettant au premier plan sans oublier bien entendu de mettre le papier carbone entre les copies.

Procurez-vous le cas échéant une version français-anglais auprès de votre entreprise d'assurances.

3.4 La partie adverse vous propose de déposer votre copie chez l'entreprise d'assurances

Il se peut que les parties impliquées dans un accident soient assurées auprès de la même entreprise d'assurances. Si la partie adverse devait vous proposer de déposer le constat auprès de l'entreprise d'assurances, il est recommandé de ne pas accepter cette proposition, si alléchante soit-elle.

Nul ne sait si la partie adverse est bien ou mal intentionnée et, pour éviter toute discussion ultérieure inutile, nous ne pouvons que vous recommander de déposer ou d'envoyer vous-même votre copie du constat à votre entreprise d'assurances ou bien de la remettre à votre intermédiaire d'assurances.

CONSTAT AMIABLE D'ACCIDENT AUTOMOBILE

1. Date de l'accident .... Heure .... **2.** Localisation: .... Lieu: .... Pays: .... **3.** Blessé(s) même léger(s) non ☐ oui ☐

4. Dégâts matériels à des véhicules autres que A et B non☐ oui☐ / objets autres que des véhicules non☐ oui☐

5. Témoins: noms, adresses, tél. ....

VÉHICULE A | 12. CIRCONSTANCES | VÉHICULE B

6. Preneur d'assurance/assuré (voir attestation d'assurance)
NOM: ....
Prénom: ....
Adresse: ....
Code postal: .... Pays: ....
Tél. ou e-mail: ....

7. Véhicule
| À MOTEUR | REMORQUE |
Marque, type ....
N° d'immatriculation .... | N° d'immatriculation ....
Pays d'immatriculation .... | Pays d'immatriculation ....

8. Société d'assurance (voir attestation d'assurance)
NOM: ....
N° de contrat: ....
N° de carte verte: ....
Attestation d'assurance ou carte verte valable du: .... au ....
Agence (ou bureau, ou courtier):
NOM: ....
Adresse: .... Pays: ....
Tél. ou e-mail: ....
Les dégâts matériels au véhicule sont-ils assurés par le contrat ? non ☐ oui ☐

9. Conducteur (voir permis de conduire)
NOM: ....
Prénom: ....
Date de naissance: ....
Adresse: .... Pays: ....
Tél. ou e-mail: ....
Permis de conduire n°: ....
Catégorie (A, B, …): ....
Permis valable jusqu'au: ....

12. CIRCONSTANCES

Mettre une croix dans chacune des cases utiles pour préciser le croquis
A / B
Rayer la mention inutile

☐ 1 * en stationnement / à l'arrêt 1☐
☐ 2 * quittait un stationnement / ouvrait une portière 2☐
☐ 3 prenait un stationnement 3☐
☐ 4 sortait d'un parking, d'un lieu privé, d'un chemin de terre 4☐
☐ 5 s'engageait dans un parking, un lieu privé, un chemin de terre 5☐
☐ 6 s'engageait sur une place à sens giratoire 6☐
☐ 7 roulait sur une place à sens giratoire 7☐
☐ 8 heurtait à l'arrière, en roulant dans le même sens et sur une même file 8☐
☐ 9 roulait dans le même sens et sur une file différente 9☐
☐ 10 changeait de file 10☐
☐ 11 doublait 11☐
☐ 12 virait à droite 12☐
☐ 13 virait à gauche 13☐
☐ 14 reculait 14☐
☐ 15 empiétait sur une voie réservée à la circulation en sens inverse 15☐
☐ 16 venait de droite (dans un carrefour) 16☐
☐ 17 n'avait pas observé un signal de priorité ou un feu rouge 17☐

← indiquer le nombre de cases marquées d'une croix →

A signer obligatoirement par les DEUX conducteurs
Ne constitue pas une reconnaissance de responsabilité mais un relevé des identités et des faits servant à l'accélération du règlement

13. Croquis de l'accident au moment du choc **13.**
Préciser: 1. le tracé des voies - 2. la direction (par des flèches) des véhicules A, B - 3. leur position au moment du choc - 4. les signaux routiers - 5. le nom des rues (ou routes).

10. Indiquer le point de choc initial au véhicule A par une flèche →

11. Dégâts apparents au véhicule A:

14. Mes observations:

15. Signature des conducteurs **15.**

A ▸

6. Preneur d'assurance/assuré (voir attestation d'assurance)
NOM: ....
Prénom: ....
Adresse: ....
Code postal: .... Pays: ....
Tél. ou e-mail: ....

7. Véhicule
| À MOTEUR | REMORQUE |
Marque, type ....
N° d'immatriculation .... | N° d'immatriculation ....
Pays d'immatriculation .... | Pays d'immatriculation ....

8. Société d'assurance (voir attestation d'assurance)
NOM: ....
N° de contrat: ....
N° de carte verte: ....
Attestation d'assurance ou carte verte valable du: .... au ....
Agence (ou bureau, ou courtier):
NOM: ....
Adresse: .... Pays: ....
Tél. ou e-mail: ....
Les dégâts matériels au véhicule sont-ils assurés par le contrat ? non ☐ oui ☐

9. Conducteur (voir permis de conduire)
NOM: ....
Prénom: ....
Date de naissance: ....
Adresse: .... Pays: ....
Tél. ou e-mail: ....
Permis de conduire n°: ....
Catégorie (A, B, …): ....
Permis valable jusqu'au: ....

10. Indiquer le point de choc initial au véhicule B par une flèche →

11. Dégâts apparents au véhicule B:

14. Mes observations:

B

RENSEIGNEMENTS COMPLEMENTAIRES
à remplir par l'assuré et à remettre, sans délai, à son assureur

* **Preneur d'assurance :**

Rappeler le nom du preneur d'assurance : ....

Quelle est la profession du preneur d'assurance ? : ....

Le preneur d'assurance peut-il récupérer la TVA afférente au véhicule ?   OUI ☐   Pourcentage ....   NON ☐

Indiquer le compte bancaire du preneur d'assurance (sur lequel d'éventuels montants d'indemnisation pourront lui être versés)

* **Déroulement de l'accident :** ....

....

....

....

S'agit-il d'un accident de travail / trajet ?   OUI ☐   NON ☐

* **Responsabilité**   * Votre véhicule sera visible **pour expertise**

Qui est à votre avis responsable ?   quand ? ....
(marquer d'une croix la case qui convient à votre réponse)
- vous-même, respectivement le conducteur du véhicule : ☐   où ? .... Tél.: ....
- la partie adverse : ☐   Adresse : ....
- responsabilité partagée : ☐

* **Données du conducteur du véhicule assuré :**

Date de naissance du conducteur : ....   Date de la première délivrance du permis de conduire : ....

* **Autres observations** (marquer d'une croix la réponse qui convient)

Est-ce que la police était sur place ?   OUI ☐   NON ☐

Si oui, un procès-verbal a-t-il été dressé ?   OUI ☐   NON ☐

Si oui, par quel commissariat de police ? ....

Indiquer, si possible, le nom du ou des agents verbalisants : ....

Le conducteur a-t-il subi une prise de sang ou un test d'alcoolémie ?   OUI ☐   NON ☐

* Y a-t-il eu des blessés (préciser les nom, prénom, adresse et n° de téléphone des blessés et, si possible, la nature des lésions) ?

- dans votre véhicule : ....

....

- dans le véhicule du tiers : ....

....

- en dehors de ces véhicules : ....

* Y a-t-il eu des dégâts matériels autres qu'aux véhicules A et B ? (préciser la nature et l'importance de ces dégâts) ?

....

Indiquer le nom et l'adresse des propriétaires de ces autres biens endommagés : ....

....

....

A .... le .... 20......   Signature

Chapitre 21

Jurisprudence en matière automobile

1– Ceinture de sécurité	438
2– Délit de fuite	438
3– Interdiction de conduire	441
4– Ivresse	442
5– Moins value pour dépréciation du véhicule	445
6– Permis de conduire	445
7– Priorité	448
8– Témoin	449
9– Vitesse	450

Les jurisprudences reprises ci-dessus sont destinées à donner un petit aperçu des jugements rendus en matière de conduite automobile.

1 - CEINTURE DE SÉCURITÉ

Ce serait le fait de ne pas porter la ceinture de sécurité qui aurait provoqué sa mort. Le tribunal ne saurait admettre ce raisonnement. Conformément au principe de l'équivalence des conditions, toute faute sans laquelle le dommage ne se serait pas produit est à sanctionner, même si elle n'est pas de nature à entraîner normalement de telles conséquences (cf. Jurisclasseur Dr. Pénal Vo Homicides, blessures et coups involontaires, art. 319 et 320-1, p. 23 n° 139 et 11). Il s'ensuit qu'une faute de la victime, antérieure ou concomitante à la faute commise par le prévenu, n'exonère nullement ce dernier. Elle a éventuellement des conséquences sur le seul plan de réparation (op. cit. n° 150). Il ne saurait en être autrement qu'au cas où la faute de la victime est postérieure au dommage (cf. Merle et Vitu, Traité de droit criminel, T.1. no. 496-30, p 557). En l'espèce, les infractions au Code de la Route reprochées à C. sont en relation causale avec le décès de E. Le non-port par ce dernier de la ceinture de sécurité constitue une faute antérieure, voire concomitante aux fautes reprochées à C. En vertu des principes développés ci-dessus, cette faute n'est pas de nature exonérer C. du délit d'homicide[484].

> REMARQUE :
> Cette jurisprudence montre qu'il faut faire la distinction entre le droit pénal et le droit civil.
> En droit pénal, l'absence du port de la ceinture de sécurité n'est pas une faute valant exonération dans le chef du prévenu (le conducteur en l'espèce).
> En revanche, en droit civil, du point de vue de la réparation du préjudice de la victime, s'il est établi par expertise que le défaut de la ceinture de sécurité est à l'origine des blessures ou les a aggravées, la jurisprudence majoritaire opère un partage de responsabilité de 2/3 – 1/3 en faveur de la victime. Elle n'aura donc droit qu'au du tiers de l'indemnisation lui revenant.

2 - DÉLIT DE FUITE

2.1 Appréciation de l'état du conducteur

Les contestations, auxquelles il y lieu de procéder contradictoirement et immédiatement après la survenance d'un accident de la circulation, sont celles qui concernent tant la détermination des circonstances matérielles

---

484 Tr. Arr. Luxbg. 19 mars 1990 LJUS 99013332 485/90.

de l'accident et des dommages que la vérification des documents des véhicules et des conducteurs impliqués, ainsi que l'appréciation de l'état des conducteurs.

La finalité de l'article 9 de la loi du 14 février 1955 est dès lors également d'empêcher le délinquant d'échapper aux investigations susceptibles de révéler des infractions qu'il aurait intérêt à cacher au moment de l'événement[485].

2.2 Infraction constatée

Le délit de fuite est un délit instantané. Il est consommé dès que le conducteur qui vient de causer un accident quitte les lieux pour échapper aux constatations utiles. Il est dès lors inopérant que, revenu à d'autres sentiments, il ait modifié sa première attitude et soit revenu sur le lieu de l'accident. Pareil revirement, qui peut avoir un effet sur le taux de peine à appliquer, n'est pas élisif de l'infraction[486].

2.3 Musique à volume sonore, perte de contact auditif

En allumant son poste de radio à un volume sonore à tel point élevé qu'il perd tout contact avec l'extérieur, le prévenu commet une grave faute d'imprudence et ne se comporte pas raisonnablement et prudemment au sens de l'article 140 de l'arrêté grand-ducal modifié du 23 novembre 1955.

Ce comportement constitue une faute consciente et préalable qui empêche le prévenu d'invoquer valablement l'absence d'élément moral requis, s'il affirme ne pas avoir constaté l'accident par lui causé et pour lequel il est recherché du chef de délit de fuite[487].

2.4 Véhicule laissé sur les lieux de l'accident

L'infraction de délit de fuite reste établie si l'auteur de l'accident laisse son véhicule endommagé sur les lieux de l'accident, s'il n'a rien fait pour se faire connaître de la victime et si son identité ne peut être établie par la seule connaissance du numéro minéralogique de la voiture dont il n'est pas le propriétaire[488].

2.5 Absence de qualités physiques requises

D'après l'article 12 § 1er de la loi du 14.2.55 l'infraction de conduite d'un véhicule en l'absence des qualités physiques requises n'est pas à retenir au cas où le prévenu est convaincu comme en l'espèce d'infractions aux

---
485 Appel 26 octobre 2001 LJUS 99821030 354/01.
486 Tr. Arr. Luxbg. 22 février 2002 LJUS 99820533 486/2002.
487 Tr. Arr. Luxbg. 19 novembre 2003 LJUS 99846765 2684/2003.
488 Tr. Arr. Luxbg LJUS 6 avril 2000 99819293 928/2000.

paragraphes 2 et 4 de l'article 12 précité (circulation en état d'ivresse et ayant consommé des substances médicamenteuses). La prévention retenue sub.1) concerne onze délits de fuite consécutifs, délits instantanés formant une chaîne ininterrompue sous l'empire d'une intention unique qui constituent un délit collectif donnant lieu à application de l'article 54 du pénal[489].

2.6 Accident intentionnel

Une collision volontairement provoquée peut être considérée comme un accident au sens de la loi. En effet, il serait choquant que les auteurs d'un tel acte échappent à la répression du délit de fuite s'ils s'éloignent du lieu de l'accident pour échapper aux constatations utiles[490].

2.7 Auteur identifié d'un accident fuyant pour échapper aux constatations

L'article 9 de loi du 14 février 1955 requiert la réunion des conditions suivantes : 1) l'existence d'un accident, imputable ou non au concerné, 2) la connaissance du sinistre, 3) la fuite pour échapper aux constatations utiles. Les deux premiers éléments sont donnés au vu tant de l'aveu de prévenu que des déclarations du témoin. Compte tenu de ce que, suite au désaccord entre parties quant à la rédaction d'un constat à l'amiable et à l'appel de la police par le témoin, le prévenu a quitté les lieux de l'accident et qu'il ne put d'ailleurs être trouvé par les agents verbalisant ni à son domicile ni à son lieu de travail, qu'il ne déclara pas l'accident de son côté mais qu'il ne contacta l'un de agents qui avaient cherché à l'interroger que le lendemain vers 13.00 heures, la troisième condition est également établie. En effet, les dispositions de l'article 9 de la loi du 23 février 12955 ont pour but non seulement de faciliter l'identification de l'auteur d'un accident, mais également de l'empêcher se soustraire aux investigations susceptibles de révéler des infractions qu'il aurait intérêt de cacher au moment de l'événement, notamment par les constatations utiles sur l'état du conducteur, dont son aptitude physique à conduire une voiture. C'est le fait de prendre la fuite dans cette intention dolosive que le législateur entend sanctionner par le texte prémentionné. Or, en l'espèce, ni les constations nécessaires quant aux dégâts ni celles relatives à l'état de conducteur C au moment de l'accident et notamment celles relatives à une éventuelle influence d'alcool, voire ivresse, dans son chef n'ont pu être faites (cf. Cour 31.10.73 ; Cour 10.3.87 N° 103/87 ; Cas belge 10.4.67 ; P.b. 1968 I, 184 ; Schuindt : Traité pratique de droit criminel. V. Délit de fuite no. 658a).

---

489 Appel 10 mars 1998 LJUS 99818331 93/98.
490 Tr. Arr. Luxbg. LJUS 99819276 1001/2000.

2.8 Élément intentionnel, prévenu prétendant n'avoir pas réalisé l'accident en raison de son état d'ivresse

R fait plaider son acquittement du chef de délit de fuite alors qu'elle ne se serait pas rendu compte d'avoir heurté un véhicule et d'avoir pris la fuite ensuite, ceci en raison de son état alcoolique avancé qui aurait totalement aboli la volonté et les facultés de R. Il est de jurisprudence constante que l'état d'ivresse vise l'état d'une personne qui n'a plus le contrôle permanent de ses actes, sans qu'il soit requis qu'elle ait perdu la connaissance de ceux-ci ; cet état n'a d'effet que sur les réflexes et l'attention d'un conducteur, ce qui n'exclut point que ce dernier a eu des connaissances de l'accident et voulu échapper par la fuite aux constations utiles (Cass 2.2.1970, p. 70l, p. 474). L'absence de connaissance de l'accident par la prévenue, à la supposer établie, a son origine dans la faute lourde, consistant dans le fait de s'être mise, avant de prendre la route à bord d'un véhicule, volontairement et sciemment dans un état alcoolique tel qu'elle constituait un danger réel pour la vie d'autrui, Il serait par ailleurs inique de pouvoir invoquer l'ivresse au volant, qui constitue en elle-même une infraction, pour effacer le dol acquis par la loi tel que connaissance de l'accident en matière de délit de fuite (Schuindt, Pr, de droit criminel 4ᵉ éd I)[491].

2.9 Infraction de conduite d'un véhicule en l'absence des qualités physiques requises

D'après l'article 12 § 1ᵉʳ de la loi du 14.2.55, l'infraction de conduite d'un véhicule en l'absence des qualités physiques requises n'est pas à retenir au cas où le prévenu est convaincu comme en l'espèce d'infractions aux paragraphes 2 et 4 de l'article 12 précité (circulation en état d'ivresse et ayant consommé des substances médicamenteuses). La prévention retenue sub 1) concerne onze délits de fuite consécutifs, délits instantanés formant une chaîne ininterrompue sous l'empire d'une intention unique, qui constituent un délit collectif donnant lieu à application de l'article 65 du code pénal[492].

3– INTERDICTION DE CONDUIRE

Est à acquitter du délit d'avoir en sa qualité de propriétaire d'un véhicule laissé conduire ce véhicule sur la voie publique par une personne frappée d'une interdiction de conduire judiciaire, le co-propriétaire qui laisse

---

491   Tr. Arr. Luxbg. 11 mars 1994 LJUS 99416783 456/94.
492   Appel 10 mars 1998 LJUS 99818331 93/98.

conduire un autre copropriétaire – non muni d'un permis de conduire valable. Ce dernier a alors l'usage et la direction du véhicule. L'infraction ne se trouve pas établie en droit[493]

4– IVRESSE

REMARQUE :

La jurisprudence est constante en la matière.
Une personne qui prend place dans un véhicule sachant que son conducteur est sous influence d'alcool engage sa responsabilité civile dans la survenance de son propre dommage.
Dans ce cas il appartient à l'entreprise d'assurances qui indemnise le passager d'apporter la preuve que ce dernier avait ou devait raisonnablement avoir connaissance de l'état d'ivresse du conducteur.

> **EXEMPLE :**
> Est constitutif d'une faute dans le chef du passager le fait de monter en voiture avec une personne (conductrice) avec laquelle il a passé toute la soirée dans la même pièce, étant donné que le passager a dû (ou aurait dû) se rendre compte de la quantité d'alcool consommé par le chauffeur[493].
> Si la preuve de la faute de la victime est apportée, tout comme le non-port de la ceinture de sécurité, la jurisprudence appliquera un partage de responsabilité de 2/3 – 1/3 en faveur de la victime. Elle n'aura donc droit qu'au du tiers de l'indemnisation lui revenant.

4.1 Conduite en état d'ivresse et consommation d'alcool entre les faits et le dépistage

Si l'auteur d'un accident consomme de l'alcool entre le moment de l'accident et celui du dépistage de l'alcoolémie, et s'il affirme que l'alcoolémie relevée par le mesurage résulte de l'alcool ingéré postérieurement à l'accident, c'est à lui de prouver qu'il a bu après les faits et qu'auparavant il ne se trouvait pas dans un des états d'imprégnation alcoolique sanctionnés par la loi[495].

---

493 Tr. Arr. Luxbg. 11 février 1985 LJUS 98508837 338/85.
494 Lux correctionnel 11.05.2000, n°1105/2000 confirmé par un arrêt du 21.11.2000 n°339/00 V
495 Tr. Arr. Luxbg, 30 mars 2003 LJUS 99819287 864/00.

4.2 Détermination a posteriori du taux d'alcoolémie par application d'un taux de dégressivité de l'alcool dans le sang

Il n'est pas permis au juge d'établir rétroactivement une alcoolémie par application d'un taux de dégressivité de l'alcool dans le sang supérieure à celle révélée par l'analyse sanguine, un tel procédé manquant de certitude scientifique et ouvrant la voie aux possibilités d'erreur et d'arbitraire (CSJ 8.12.1972 M.P.). Ce jugement réforme le jugement numéro 255/92 rendu le 27 avril 1992 par le juge de police de Luxembourg[496].

4.3 Influence de l'alcool, un seul indice, rapport d'expertise unilatéral

S'il faut admettre qu'en employant au pluriel des termes « indices » et « d'autres éléments de preuve », le législateur n'a fait qu'envisager l'hypothèse où l'existence d'une alcoolémie se révèle par plusieurs indices ou éléments de preuve réunis et concordants, il n'a pas pour autant entendu exclure les cas plus rares où l'état éthylique ne se manifeste que par un seul indice ou élément de preuve, à condition que cet élément unique soit suffisamment grave et concluant pour devenir le support d'une présomption. Il n'est pas nécessaire non plus que la constatations d'indices ou de signes révélateurs d'un état alcoolique prohibé par la loi soit faite par les agents de la force publique eux-mêmes ; il suffit qu'ils soient rendus attentifs par des tiers sur les particularités pouvant entraîner des soupçons quant à l'état alcoolique d'un conducteur. Dans les conditions données, les constatations faites par X sur l'état du blessé sont fort hasardeuses et elles ne sauraient constituer un motif sérieux justifiant une prise de sang. On ne saurait pas non plus s'emparer, comme l'ont fait les premiers juges, de la prétendue vitesse élevée du motocycliste ainsi que du fait qu'il n'a pu éviter la voiture pour conclure à l'existence d'indices probants faisant présumer qu'Y avait consommé des boissons alcooliques. Il suit des développements qui précèdent que les conditions prévues à l'article 12 paragraphe 2 précité autorisant une prise de sang n'étaient pas remplies en l'espèce, de sorte que la mesure effectuée sur la personne de Y est à annuler. Le jugement du 9 mai 1990 est donc à réformer sur ce point. Y est par voie de conséquence à acquitter de la prévention d'avoir conduit sa moto avec un taux d'alcool dans le sang de 0,98 grammes par litre, la preuve d'une alcoolémie prohibée par la loi dans son chef n'étant par rapportée. En ce qui concerne la valeur d'un rapport d'expertise dressé à la demande d'une seule partie, il échet de relever qu'un rapport unilatéral ne saurait

---

496   Tr. Arr. Luxbg. 29 novembre 1993 LJUS 99316681 1775/93.

être pris en considération en tant que rapport d'expertise au sens de la loi ; néanmoins, si toutes les parties au litige ont pu prendre connaissance d'un tel rapport et ont pu le discuter librement à l'audience, les juges peuvent en tenir compte selon sa valeur probante. Les deux rapports en question, dressés de façon non contradictoire ne sauraient valoir comme rapports judiciaires au sens de la loi ; comme il furent toutefois communiqués chaque fois à la partie adverse et ce bien avant l'audience du tribunal d'arrondissement, les droits des deux prévenus n'ont pas été lésés dans la mesure où ils ont pu prendre inspection desdits rapports et en faire état devant le tribunal. Comme les rapports furent dressés par des experts assermentés en justice, qui ont une grande expérience en matière de mécanique automobile, la mission de chacun, même effectuée de façon unilatérale, offre toutes les garanties d'un travail consciencieux et objectif ; les rapports critiqués sont donc à prendre en considération à titre de renseignement[497].

4.4 État de nécessité

La conduite d'un véhicule en état d'ébriété avancé et à vitesse excessive afin de pouvoir transporter un ami dans l'hôpital de service est justifié par la contrainte morale ou l'état de nécessité, si la preuve est établie que cette façon d'agir constituait la seule et unique possibilité qui s'offrait à lui au moment des faits[498].

4.5 Prélèvement sanguin

Il résulte du procès-verbal de la gendarmerie que, lors de l'arrivée sur les lieux de l'accident, X se trouvait encore dans sa voiture et qu'il était gravement blessé, de manière qu'ils n'ont pas pu vérifier s'il existait un indice faisant présumer un état alcoolique. Partant, il y a lieu de déclarer illégale la prise de sang effectuée sur X. Un débiteur de la priorité, qui par inattention manifeste coupe la trajectoire du créancier dans une intersection, n'est pas a priori un obstacle imprévisible, son comportement, si fautif soit-il, ne peut conduire à la décharge de l'autre usager de toute participation à la genèse de l'accident que si ce dernier fait preuve de la prudence spéciale exigée par l'article 1235, al. 1er du Code de la Route. Cette prudence fait défaut lorsque, à l'intérieur d'une localité et à l'approche d'une bifurcation, le créancier se met par une vitesse trop élevée dans une situation qui ne lui permet pas de parer à l'éventualité d'une violation de son droit de passage et d'en réduire les conséquences néfastes[499].

---

497 Appel 16 février 1993 LJUS 99316158 53/93.
498 Tr. Arr. Luxbg. 02 mai 2003 LJUS 99842311 1133/2003.
499 Tr. Arr. Luxbg. 27 avril 1988 LJUS 98810447 752/88 IX.

4.6 Prise de sang, consommation après l'accident

L'article 32 du Code d'Instruction criminelle sanctionne toute personne qui volontairement détruit des traces en vue d'entraver le fonctionnement de la justice. Lorsqu'une personne tente de faire échec à la poursuite pénale en consommant rapidement des boissons alcooliques après l'accident, le taux relevé par l'expertise devrait en tout cas valoir preuve à son égard. En l'occurrence, le taux relevé par l'expertise du sang était de 1,94 ‰. Le prévenu affirme avoir bu 1 bouteille de bière avant l'accident et 4 boissons alcooliques après l'accident. Or, ces affirmations sont restées à l'état de pures allégations. Les premiers juges auraient donc pu retenir le taux de 1,94 ‰ comme étant établi. Ce raisonnement est correct. En effet, si l'auteur d'un accident consomme de l'alcool entre le moment de l'accident et celui d'un prélèvement sanguin qui n'est effectué que plus tard et s'il affirme que l'alcoolémie relevée par l'analyse du prélèvement fait sur sa personne résulte de l'alcool ingéré postérieurement à l'accident, c'est à lui de prouver qu'il a bu après le fait pénal et qu'auparavant il ne se trouvait pas dans un des états d'imprégnation alcoolique sanctionnés par la loi, preuve que X n'a pas rapporté[500].

5- MOINS VALUE POUR DÉPRÉCIATION DU VÉHICULE

Eu égard à l'âge et au kilométrage du véhicule à l'époque de l'accident, ainsi qu'au fait que l'expert X en vient à la conclusion que le véhicule a été réparé avec des pièces d'origine suivant les règles de l'art, le tribunal estime qu'il n'y a pas lieu d'allouer à Y une indemnité pour moins-value résultant d'une prétendue dépréciation du véhicule[501].

6- PERMIS DE CONDUIRE

6.1 Circulation sans être titulaire d'un permis de conduire valable

L'article 77-2 alinéa 1er de l'arrêté grand – ducal du 23 novembre 1955 prévoit une période transitoire d'un an pendant laquelle tout titulaire d'un permis de conduire étranger valable, qui acquiert son domicile au

---
500 Appel 23 mai 1995 LJUS 99517140 232/95.
501 Tr. Arr. Luxbg. 17 mars 1994 157/94 39326.

Luxembourg, est encore autorisé à conduire au Grand-Duché. Passé ce délai, et à défaut d'avoir régularisé sa situation conformément à l'article 87 de l'arrêté grand-ducal précité, il doit être réputé ne pas être titulaire d'un permis de conduire luxembourgeois valable, puisque l'article 77-1 alinéa 2 impose à tout conducteur, qui a son domicile ou sa résidence principale au Luxembourg, d'être titulaire d'un permis de conduire luxembourgeois[502].

6.2 Défaut, période de stage, formation

Circule sans permis de conduire valable celui qui dont le permis de conduire valable à titre d'essai pour une période de stage de deux ans, n'a pas participé à la formation lui indiquée par le Ministère des Transports et ne s'est dès lors pas vu prolonger ou renouveler son permis[503].

6.3 Permis étranger, résidence habituelle

Un demandeur d'asile n'a pas encore de résidence normale sur le territoire national. La limitation de la validité de son permis de conduire prévue par l'arrêté grand-ducal du 23 novembre 1955 ne peut dès lors être soulevée à son encontre[504].

6.4 Retrait administratif, permis non valable

En cas de retrait dit administratif du permis de conduire sur décision de Monsieur le Ministre des Transports, la personne faisant l'objet de cette décision n'est plus titulaire d'un permis de conduire valable et n'est partant plus autorisée à conduire un véhicule automoteur sur la voie publique. Cette interdiction ne résulte cependant pas de la décision administrative, mais de la loi du 14.2.1955, et plus précisément de son article 12. al. 1, qui fait défense à quiconque de conduire un véhicule sur la voie publique sans être titulaire d'un permis de conduire valable. Il convient alors de rectifier en ce sens la qualification donnée par le Parquet au fait du prévenu X, tel qu'il est visé dans la citation[505].

6.5 Retrait administratif, conduite sans permis valable

En cas de retrait dit administratif du permis de conduire, la personne faisant l'objet de cette décision n'est plus titulaire d'un permis de conduire valable.

Cette interdiction ne résulte pas de la décision administrative mais de la loi[506].

---

502 Tr. Arr. Luxbg. 9 décembre 1987 LJUS 98709739 2104/87 V.
503 Tr. Arr. Luxbg. 25 avril 2003 LJUS 99834838 1050/2003.
504 Appel 28 octobre 2002 LJUS 99821103 283/02.
505 Tr. Arr. Luxbg. 5 janvier 1996 LJUS 99617522 23/96.
506 Appel 20 novembre 2000 LJUS 99820542 336/00.

6.6 Conduite sans permis ni assurance valable

Il résulte de l'article 13.7 de la loi du 14 février 1955 que les interdictions de conduire à raison de plusieurs infractions à ladite loi seront toujours cumulées. Il en découle que les infractions répétées de conduite sans permis de conduire et de contrat d'assurance valable ne sauraient constituer une infraction continuée[507].

6.7 Conduite sans permis valable, étranger ayant omis de transcrire son permis dans le délai légal

Le législateur, en modifiant les articles 74 et 84, a, tout en obligeant le titulaire d'un permis de conduire étranger de procéder à la transcription de ce permis en vue d'obtenir un permis de conduire luxembourgeois, augmenté le délai dans lequel cette transcription doit être faite. En vertu du principe de l'application rétroactive de la loi pénale plus douce, consacré à l'article 2, alinéa 2 du code pénal, la loi nouvelle plus favorable doit être appliquée aux infractions commises sous l'empire de la loi ancienne. Ce principe ne s'applique pas lorsqu'il s'agit de modifications apportées à une réglementation mise en œuvre par des mesures d'exécution temporaires et successives. La réglementation concernant le permis de conduire d'un véhicule automoteur sur les voies publiques n'est cependant point dictée par des besoins momentanés mais est plutôt destinée à perdurer. Il s'ensuit que l'article 2 du code pénal, en tant qu'il attache un effet rétroactif à la nouvelle loi plus douce, doit s'appliquer en matière de réglementation des permis de conduire /Tribunal Correction de Diekirch 2 mars 1956, pasicrisie 17, page 41)[508].

6.8 Absence manifeste de permis de conduire

Commet une faute la personne qui prend place dans un véhicule conduit pas un mineur de 15 ans et qui n'est pas titulaire du permis de conduire. Dans ce cas, la jurisprudence applique un partage de responsabilités pouvant aller jusqu'à 50/50[509].

---

507 Tr. Arr. Luxbg. 15 mars 2000 LUUS 99819295 691/2000.
508 Tr. Arr. Luxbg. 3 novembre 1993 LJUS 99316682 1612/93.
509 Lux 10.06.87 n° 21622 du rôle.

7 – PRIORITÉ

7.1 Débiteur, décharge priorité, excès de vitesse

L'absence de relation causale entre la vitesse exagérée et la collision invoquée par les premiers juges pour acquitter X s'explique d'après eux par la circonstance que, même en se conformant à la limitation imposée, celui-ce n'aurait pu éviter l'accident. Abstraction faite du caractère tout à fait hypothétique de cette affirmation, il est à relever que, même à supposer le trajet de décélération insuffisant pour immobiliser la voiture impliquée avant le point de choc, le chauffeur, s'il avait convenablement réduit son train d'approche, aurait de toute façon réussi à ramener son allure à un degré tel que les dégâts corporels de la victime auraient été de loin moins importants, en vertu de la loi physique énonçant que la violence de l'impact est fonction du carré de la vitesse imprimée à l'engin en mouvement. Il est de jurisprudence que le comportement du débiteur, quelque fautif qu'il soit, ne peut conduire à la décharge de l'autre usager de toute participation à la genèse de l'accident que si ce dernier a fait preuve de la prudence spéciale exigée par l'article 136, alinéa 1er du code de la route requise aux abords d'un croisement, bifurcation ou jonction (Cour d'appel 13.2.87 aff. M.P. c/Friden). Le même principe doit nécessairement valoir en cas de limitation de vitesse et l'auteur qui ne l'a pas respectée ne pourra se dégager de sa corréité notamment en matière de lésions corporelles involontaires ; il est généralement admis que l'enfant possède le discernement nécessaire pour répondre de ses actes à partir du moment de fréquenter l'école (Cour 23 juillet 1904 P. VI 401). L'automobiliste pour avoir conduit à une vitesse excessive ayant ainsi donné aux blessures de la victime des dimensions qui n'auraient pas été atteintes en cas de circulation réglementaire. À noter que le partage sus-énoncé est opposable aux parents qui réclament le dommage qui leur est accru personnellement[510].

7.2 Débiteur de priorité

Il est admis, par une jurisprudence constante et abondante, que la priorité de passage s'étendant à toute la largeur de la voie prioritaire et étant indépendante de la manière dont circule le prioritaire, le débiteur de priorité ne saurait être exonéré que si les fautes que le prioritaire peut avoir commises présentent une relation de cause à effet avec l'accident, tel étant le cas si le débiteur de la priorité ayant lui-même rempli ses obligations, voit ses prévisions normales et raisonnables déjouées par le comportement imprévu et insolite du prioritaire[511].

---

510 Lux 21 juin 1972 P. 22, 299 – Appel 14 juillet 1987 LJUS 98710694 266/87.
511 Tr. Arr. Luxb. 30 mars 2001 78/2001 64217.

7.3 Débiteur, force majeure

Un débiteur de priorité, qui par inattention coupe la trajectoire du créancier dans une intersection, n'est pas a priori un obstacle imprévisible. Son comportement, si fautif soit-il, ne peut conduire à la décharge de l'autre usager de toute participation à la genèse de l'accident, que si ce dernier a fait preuve de la prudence spéciale exigée par l'article 136, alinéa 1er du code de route, afin d'éviter tout accident en abordant un croisement, une bifurcation ou une jonction. Cette prudence spéciale fait défaut, lorsqu'à l'intérieur d'une localité et à l'approche d'une bifurcation, le créancier se met par une vitesse trop élevée dans une situation qui ne lui permet pas de parer à l'éventualité d'une violation de son droit de passage ou d'en réduire les conséquences néfastes[512].

8– TÉMOIN

8.1 Épouse

Le fait que la communauté de biens existant entre époux subit, le cas échant, la répercussion d'une action introduite par l'un des époux contre l'auteur du dommage, n'est pas de nature à rendre l'autre époux incapable de témoigner dans cette instance. En effet, seules sont incapables de témoigner les personnes directement parties au procès[513].

8.2 Époux

Le fait que la communauté entre époux devrait, le cas échéant, subir la répercussion d'un dépassement dans la fourchette bonus-malus appliquée par son assureur n'est pas susceptible de rendre l'époux incapable de témoigner[514].

8.3 Propre cause

Pour que la règle qui prévoit que nul ne peut être entendu comme témoin dans sa propre cause, qui est un principe fondamental bien que non reproduit formellement dans la législation sur la procédure civile, qui est d'interprétation stricte, trouve son application, il faut que le témoin taxé d'incapacité soit véritablement partie au procès c.-à-d.- soit en demandant, soit en défendant à un co-litigant avec lequel s'est noué le contrat judiciaire que constitue une instance[515].

---

512 Appel 13 février 1987 LJUS 98708883 62/87 V.
513 Appel 29 juin 1999 No rôle 20344 et 20626.
514 Cour 23 novembre 1994, 23, 359.
515 Cour 10 juillet 1991, 28, 231.

9 – VITESSE

9.1 Vitesse exagérée, faute grave de l'assuré, assurance

La faute grave reprochée à l'assuré doit résulter d'un comportement dont le contexte indique qu'il est assimilable à un fait intentionnel, et dont l'assuré et tout homme normalement diligent et prudent, placé dans les mêmes circonstances, avait ou devait avoir conscience qu'il entraînait une aggravation du risque garanti (sur la notion de faute grave. S. Fredericq, L'assurance de la faute lourde R.C.J.B. 197, p 15 à 75 : Cour d'appel 27.1.1993 N 14273, L'assurance c/N.W. et autres, Cours d'appel 5 juillet 2000 aff .c/ G.B. numéro du rôle 22718).

La circulation à l'intérieur d'une localité, où la vitesse est limitée à 50 km/h, et le franchissement d'un passage à niveau à une allure comprise entre 107 et 115 km/h constituent une faute lourde exclue de la couverture de l'assurance. En franchissant un passage à niveau dûment signalé à la vitesse susdite, P. devait avoir conscience que la voiture allait perdre son adhérence au sol et qu'il risquait de perdre le contrôle de son véhicule et que cette manière de conduire entraînait une aggravation du risque par rapport aux prévisions du contrat d'assurance.

En l'espèce, l'accident causé par P. est exclusivement dû à sa vitesse excessive eu égard à la configuration des lieux. Quant au mauvais état des pneumatiques et des amortisseurs dont les appelants font état pour contester le lien de causalité entre la vitesse et l'accident, il n'est pas prouvé que les déficiences mécaniques avaient joué un rôle déterminant dans la genèse de l'accident. Même à supposer que tel eût été le cas, la faute du conducteur s'en trouverait encore alourdie étant donné qu'il devait se rendre compte de l'état d'usure de ses pneumatiques et des faibles performances de ses amortisseurs et qu'il devait alors régler sa conduite en conséquence[516].

9.2 Obligation de prévoyance

En continuant de rouler à la vue des enfants à la vitesse maximum autorisée de 50/km, la prévenue a failli à son obligation de prévoyance[517].

---

516 Appel 30 janvier 2002 LJUS 99822376 23832.
517 Appel 14 novembre 2000 LJUS 99820539 328/00.

Partie 5

Incendie

Chapitre 21 – Jurisprudence en matière automobile 437

Chapitre 22 – Assurance incendie 453

Chapitre 23 – Les biens assurés en assurance incendie 455

Chapitre 24 – Généralités sur l'assurance incendie 465

Chapitre 25 – Les responsabilités en assurance incendie 477

Chapitre 26 – Le règlement de sinistre en assurance incendie 493

Chapitre 27 – La tarification en assurance incendie 499

Chapitre 22

Assurance incendie

L'assurance incendie et les autres garanties de l'assurance combinée ont la même structure :

- garantie normale ;

    REMARQUE :

    La notion de « garantie normale » introduite par la loi sur le contrat d'assurance de 1997 remplace l'ancienne dénomination « garantie de base ».

- garanties accessoires :

    REMARQUE :

    La notion « garanties accessoires » introduite par la loi sur le contrat d'assurance de 1997 remplace l'ancienne dénomination « extension de garanties ».

- exclusions spécifiques à chaque garantie ;
- exclusions communes à toutes les garanties.

Pour les garanties incendie, tempête et dégâts des eaux, nous retrouvons, outre les garanties accessoires proprement dites, un volet « responsabilité » et « frais et pertes » commun à ces trois garanties.

La garantie incendie est structurée de la sorte et comprend les volets énumérés ci-dessous qui, seront examinés dans les chapitres qui suivent :

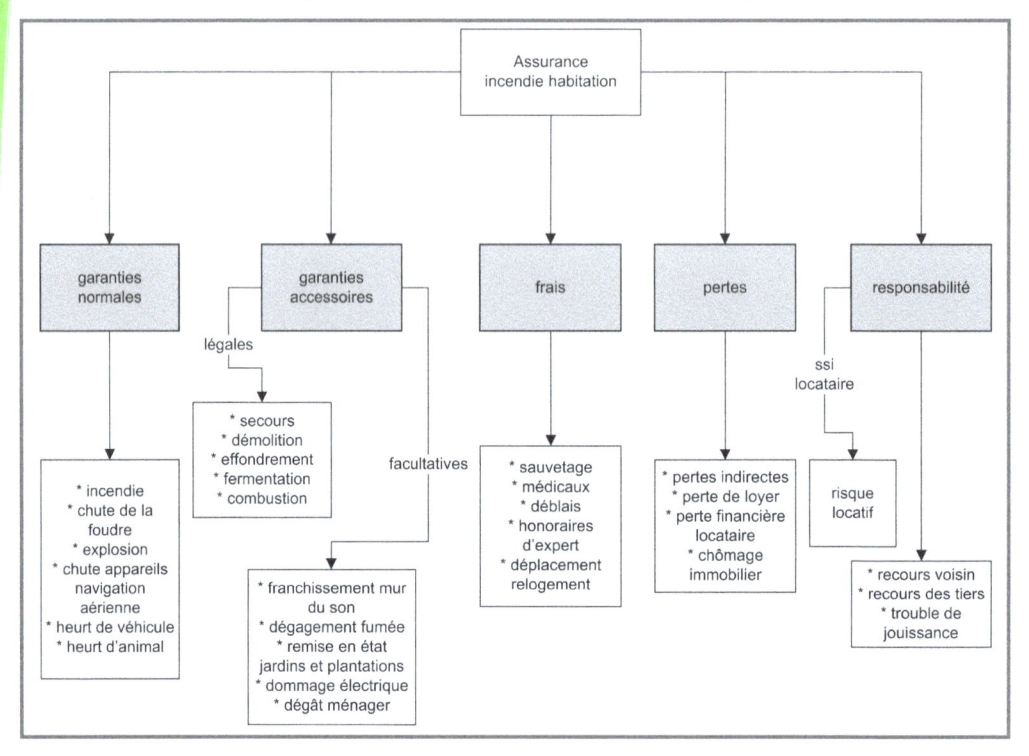

```
                        Assurance
                    incendie habitation
```

garanties normales
- incendie
- chute de la foudre
- explosion
- chute appareils navigation aérienne
- heurt de véhicule
- heurt d'animal

garanties accessoires

légales
- secours
- démolition
- effondrement
- fermentation
- combustion

facultatives
- franchissement mur du son
- dégagement fumée
- remise en état jardins et plantations
- dommage électrique
- dégât ménager

frais
- sauvetage
- médicaux
- déblais
- honoraires d'expert
- déplacement relogement

pertes
- pertes indirectes
- perte de loyer
- perte financière locataire
- chômage immobilier

responsabilité

ssi locataire
- risque locatif

- recours voisin
- recours des tiers
- trouble de jouissance

Chapitre 23

Les biens assurés en assurance incendie

1 – Le bâtiment 456
2 – Le contenu 457
3 – La situation du risque 459
4 – La clause d'exclusivité 462
5 – Grille de calcul pour le contenu 462
6 – Vérifiez vos connaissances 464

I – LE BÂTIMENT

Par bâtiment, on entend l'ensemble des constructions qui sont situées sur le lieu d'assurance et dont le preneur d'assurance est propriétaire et/ou locataire.

Est considérée comme bâtiment, toute construction et dépendance, même séparée, y compris les murs et clôtures, ainsi que les biens réputés immeubles, au sens de l'article 525 du Code civil.

Article 525.

Le propriétaire est censé avoir attaché à son fonds des effets mobiliers à perpétuelle demeure, quand ils y sont scellés en plâtre ou en chaux ou en ciment, ou lorsqu'ils ne peuvent être détachés sans être fracturés et détériorés, ou sans briser ou détériorer la partie du fonds à laquelle ils sont attachés.

Les glaces d'un appartement sont censées mises à perpétuelle demeure, lorsque le parquet sur lequel elles sont attachées fait corps avec la boiserie.

Il en est de même des tableaux et autres ornements.

Quant aux statues, elles sont immeubles lorsqu'elles sont placées dans une niche pratiquée exprès pour les recevoir, encore qu'elles puissent être enlevées sans fracture ou détérioration.

Les **améliorations immobilières** faites par le **propriétaire** sont à considérer comme **bâtiment**. Ces améliorations sont également connues sous la dénomination « aménagements et embellissements ». Alors qu'on les situe de prime abord au niveau du sol, on y assimile également des améliorations au niveau des murs et du plafond.

> **EXEMPLE :**
> Avec son frère, Madame Thill est copropriétaire dans une résidence et fait remplacer la moquette standard par une moquette haut de gamme. Dans ce cas, la moquette haut de gamme est à considérer comme bâtiment.

> REMARQUE :
> En cas de cession d'un immeuble, l'assurance prend fin de plein droit trois mois après la date de passation de l'acte authentique. Il s'en suit que la garantie du cédant court au profit du cessionnaire jusqu'à l'expiration des trois mois dont question ci-dessus sauf si le cessionnaire a contracté une assurance incendie à son nom.

2 – LE CONTENU

2.1 Le mobilier

Est considéré comme mobilier, tout bien meuble se trouvant dans une habitation, que ce mobilier appartienne à l'assuré ou aux personnes vivant à son foyer, notamment :

- le mobilier proprement dit ;
- les articles et appareils ménagers, les vêtements et effets personnels, le linge, les provisions, les combustibles et tout autre objet à usage privé ;
- les équipements ménagers standard d'une cuisine préfabriquée industriellement[518] appartenant à l'assuré ou aux personnes vivant habituellement à son foyer ;
- les objets pris en location.

Les **améliorations immobilières** faites par les **locataires** sont à considérer comme du **mobilier**.

> **Exemple :**
> Madame Muller, locataire d'un appartement, y fait installer avec l'accord du propriétaire une armoire dans une niche. Dans le chef de Madame Muller, cette armoire est à considérer comme mobilier.

Le mobilier à assurer comprend impérativement outre celui du preneur, celui de toutes les personnes vivant à son foyer. Le preneur est réputé avoir souscrit pour compte de toutes les personnes vivant à son foyer.

Les parties contractantes peuvent cependant convenir d'exclure du mobilier certains meubles. Les objets concernés figureront dans ce cas dans les Conditions Particulières.

2.2 Les animaux

Les animaux domestiques et d'élevage tombent sous la rubrique contenu.

2.3 Les objets de valeurs

Sont à considérer comme objets de valeur :

- les bijoux ;
- les objets autres que lingots, en métal précieux massif ;
- les tableaux et statues.

---

518 Jugt. com 18/86 No du rôle 35.887.

REMARQUE :

Certaines entreprises d'assurances estiment qu'un objet de valeur ne peut répondre à cette définition qu'à condition de dépasser une valeur donnée (p.ex 1.200 €). Par ailleurs, le montant est plafonné, p.ex. 20 ou 30 % de la somme assurée « contenu ».

EXEMPLE :

Admettons une somme assurée en contenu de 75.000 €. Dans ce cas, un plafond de 20 % représente 15.000 € d'objets de valeurs alors qu'un plafond de 30 % représente 22.500 € d'objets de valeurs.
Dans une configuration de 15.000 € d'objets de valeurs, la somme assurée pour le contenu autre qu'objets de valeur serait ainsi ramenée à 60.000 €.

2.4 Les collections

Sont à considérer comme collections, les collections de timbres-poste et numismatiques.

REMARQUE :

Le poste « collections » est normalement assuré pour un forfait (p.ex 1.200, 2.400 ou 3.600 €, etc.).

2.5 Le matériel

Est à considérer comme matériel :
- tout bien à usage professionnel, propriété de l'assuré, meuble ou attaché à perpétuelle demeure ;
- les effets du personnel ;
- les améliorations immobilières des locaux à usage professionnel, faites par le locataire.

2.6 Les marchandises

Sont considérés comme marchandises, les objets bruts et en cours de transformation, propriété de l'assuré, et destinés à la vente.

2.7 Particularité pour les véhicules à moteur

L'approche varie d'entreprise d'assurances à entreprise d'assurances.

On retrouve les approches suivantes :
- certaines entreprises d'assurances acceptent d'assurer les véhicules seulement en état de repos et pendant la simple mise en marche du moteur du véhicule à l'arrêt ;

- les véhicules ne peuvent être assurés en assurance incendie du particulier, puisqu'il est possible de les couvrir dans la branche « Corps de Véhicules Terrestres », volet incendie.

Cette assurance est techniquement plus saine et présente l'avantage que le véhicule est assuré partout, alors que dans le premier cas le véhicule est uniquement assuré à l'endroit où il est remisé.

Normalement les engins horticoles et particuliers ne tombent pas sous cette rubrique et sont dès lors à considérer comme du simple contenu.

3 – LA SITUATION DU RISQUE

Les garanties de l'assurance incendie s'exercent aux et dans les lieux et places indiqués aux Conditions particulières.

3.1 Villégiature

Par villégiature, on entend :
- une étendue temporaire et
- limitée en montant assuré de la couverture incendie de **biens mobiliers en dehors de l'adresse** du risque indiqué aux Conditions Particulières dans un lieu où l'assuré n'est pas propriétaire. En l'occurrence, il s'agit normalement de **biens emportés** par l'assuré lors d'un voyage ou autre séjour ;
- la **responsabilité** de l'assuré en tant que locataire ou occupant temporaire d'un bien mobilier et/ou immobilier qui a été mis à sa disposition tel qu'une chambre d'hôtel, d'hôpital ou similaire pendant ce temps.

En l'occurrence il s'agit donc d'une couverture temporaire, limitée dans le temps et géographiquement distincte de celle reprise dans les Conditions Particulières. Si dans la grande majorité les contrats d'assurance incendie étendent la garantie villégiature au monde entier, il se peut que des contrats qui non jamais fait l'objet d'une mise à jour prévoient une étendue géographique limitée à un certain nombre de pays.

> REMARQUE :
>
> Dans son volet responsabilité civile, la villégiature couvre bien le séjour temporaire dans un hôtel.
> Il n'y a pas lieu de confondre cette couverture avec celle que certains propriétaires de maisons de vacances demandent à leurs locataires. La villégiature n'est pas une assurance qui couvre le risque locatif pour une maison ou un appartement réservé d'avance. Dans ce cas on est bien conseillé de prendre des

renseignements auprès du propriétaire ou de l'agence de voyage et lui demander si son contrat incendie ne prévoit pas une clause de renonciation au recours contre le locataire payable contre un petit supplément dans le prix de la location. Si tel ne devait pas être le cas il existe deux possibilités :
- soit on fait appel à une entreprise d'assurances locale du lieu de la situation du risque pris en location ;
- soit on court le risque. En cas de sinistre on doit cependant être conscient qu'on n'est pas seulement responsable des dégâts causés au propriétaire mais également de ceux causés à des tiers.

3.2 Les logements d'étudiant à l'étranger

À l'instar de la garantie villégiature et pour autant que prévu dans les Conditions Particulières, les entreprises d'assurances étendent la garantie incendie dans les limites qui figurent dans le contrat aux logements d'étudiants, dit kot étudiant, à l'étranger. Cette garantie, qui est limitée à l'Europe, comprend un volet :

- contenu
- responsabilité locative.

Depuis un certain temps, les entreprises d'assurances étendent la garantie également au vol commis dans les locaux loués.

Le problème qui se pose au niveau de cette couverture est l'adresse du séjour de l'étudiant à l'étranger. L'entreprise d'assurances ne peut intervenir que pour les sinistres qui surviennent dans les locaux indiqués aux Conditions Particulières. Sachant que les étudiants changent parfois de logement au courant de leur carrière universitaire, il appartient dès lors au preneur d'en informer l'entreprise d'assurances.

3.3 Déménagement

En cas de déménagement à l'**étranger**, la condition de la situation du risque décrit dans les Conditions Particulières n'est plus remplie. Le preneur peut dès lors résilier le contrat.

L'entreprise d'assurances de son côté n'est pas habilitée à résilier le contrat étant donné que ce cas de résiliation n'est pas prévu par le législateur. Le contrat devient néanmoins caduc à la suite de la disparition du risque.

Qu'en est-il en cas du déménagement à l'intérieur du Grand-Duché de Luxembourg ?

De l'avis de l'auteur en partant du principe qu'un risque n'est assurable que s'il existe[519], le contrat s'éteint par la simple disparition du risque. En effet le risque, en occurrence une maison ou un appartement assuré par

---

519 Esprit de l'art. 32 LCA.

un preneur d'assurance à une adresse précise devient sans objet de par le déménagement du preneur d'assurance.

Le Code des Assurances français est beaucoup plus précis en matière puisqu'il prévoit[520] :

En cas... de changement de domicile... le contrat d'assurance peut être résilié par chacune des parties lorsqu'il a pour objet la garantie des risques en relation directe avec la situation antérieure et qui ne se retrouvent dans la nouvelle.

Sans que la loi luxembourgeoise sur le contrat d'assurance en parle expressis verbis, on retrouve le même esprit dans les aboutissants de la disparition du risque.

Lorsqu'on parle de déménagement, il faut néanmoins faire la distinction entre un preneur d'assurance propriétaire et un preneur d'assurance locataire. Si la disparition du risque d'un point de vue locataire ne pose pas de problème[521], les choses se présentent néanmoins un peu autrement si le déménagement intervient à la suite d'une vente de l'immeuble. En cas de cession d'un immeuble, l'assurance prend fin de plein droit trois mois après la date de passation de l'acte authentique[522]. En d'autres termes : le preneur d'assurance, même après la vente de son immeuble peut, le cas échéant, être tenu responsable d'un incendie qui se produirait dans les trois mois suivant l'acte authentique de vente. Ce délai prévu par le législateur met notamment le nouvel acquéreur à l'abri des suites d'un incendie pour cause de vice caché.

Le contenu, même s'il reste la propriété du preneur d'assurance, suit la même logique en termes de disparition du risque. Il a en effet été assuré dans des conditions spécifiques dans un endroit précis qui ne seront pas les mêmes dans le nouvel immeuble.

L'entreprise d'assurances ne peut pas non plus imposer au preneur d'assurance de continuer à couvrir le nouveau risque chez elle. La lecture du commentaire des articles[523] prévoit que le législateur veut faire obstacle à toute atteinte contre la liberté du preneur d'assurance dans le choix de son entreprise d'assurances. Le preneur d'assurance, si c'est son choix peut, pour autant que l'entreprise d'assurances accepte le nouveau risque, continuer à s'assurer auprès de son entreprise d'assurances, mais cette dernière ne peut pas le forcer à le faire. Une clause qui prévoirait une telle condition est à considérer comme clause abusive et est partant à considérer comme nulle et non avenue.

---

520 Art. L113-16.
521 Dans la mesure où les termes du contrat de bail sont respectés.
522 Art. 69 al. 1 LCA.
523 Art. 77 LCA.

4– LA CLAUSE D'EXCLUSIVITÉ

Est **interdite** toute clause visant à **obliger** le **preneur** d'assurance d'assurer près de la même entreprise d'assurances :
- une augmentation des montants assurés ;
- des dommages autres que ceux initialement garantis[524].

> **EXEMPLE :**
> Monsieur Schmit souscrit un contrat d'assurance incendie pour une maison en voie de transformation en ce compris du contenu à hauteur de 50.000 €.
> Une fois la transformation terminée, son entreprise d'assurances ne peut l'obliger à souscrire d'autres risques chez elle ni une augmentation de la somme assurée du contenu.
> Monsieur Schmit est libre de souscrire le surplus ailleurs. En cas sinistre il se trouverait dans un cas pareil dans une situation de plusieurs entreprises d'assurances pour un même risque déterminable.

5– GRILLE DE CALCUL POUR LE CONTENU

La grille suivante vous permet d'avoir une meilleure visibilité pour le calcul de la somme assurée du contenu dont vous disposez. Il ne s'agit certes que d'une aide au calcul mais a l'avantage d'une check list sans laquelle on risque de partir un peu dans tous les sens.

---

524 Art. 77 LCA.

Les biens assurés en assurance incendie

Catégories	Pièces	Hall d'entrée	Salle de bain	Cuisine	Salle à manger	Salon	Bureau	Chambres Parents	Chambres Enfants	Grenier	Garage/ Remise	Caves/ Buanderie	Valeur totale actuelle (€)
Meubles	Sièges, bibliothèques, meubles de jardin, literie...												
	Luminaire, lampadaire, lustrerie, éclairage, miroirs...												
	Rideaux, voilage, stores, tapis, peaux, moquette...												
Décoration	Art de la table (vaisselle, ustensiles, argenterie, cristal, porcelaine...)												
	Linge : lit, maison, cuisine...												
	Pendules, horloges, objets décoratifs, tableaux, statues...												
Gros électroménager	Cuisinière, four, réfrigérateur, congélateur, lave-vaisselle, lave-linge, hotte, plaque de cuisson...												
Petit électroménager	Robot, aspirateur, machine à café, chauffage, friteuse, sèche-cheveux, fer à repasser...												
Image et son	Radio, TV, hifi, caméra, appareil photo, disques, DVD...												
Appareils multimédia	Ordinateur, téléphone, console de jeux, imprimante, scanner...												
Bijoux / Collections / Objets rares	Tapis d'orient, livres de grande valeur, tapisseries, vases précieux...												
Sport / Loisirs / Voyage / Jouets	Instruments de musique, articles de sport, de chasse, de pêche, vélo, valises...												
Matériels de bricolage et de jardinage / Plantes vertes / Aquarium	Outillage, matériel de camping et de barbecue, tondeuse, outils électriques, matériel de nettoyage...												
Habillement	Vêtements, chaussures, cuir, fourrures...												
Livres / Magazines / Documentation / Papiers / Documents													
Denrées alimentaires / Vins / Alcools													

Valeur totale du mobilier (€)

Somme assurée inscrite actuellement dans votre contrat d'assurance

Différence

6 – VÉRIFIEZ VOS CONNAISSANCES

1) Qu'est-ce qu'on entend par villégiature ?
2) Comment peut-on assurer les voitures au repos dans un garage contre le risque d'incendie ?
3) Qui règle l'argent liquide qui a brulé dans un incendie ?
4) Qu'est-ce que vous savez sur les améliorations immobilières ?
5) Quelles est la particularité de la cession d'un immeuble et sa relation avec l'assurance incendie ?
6) Qu'est-ce qui se passe si le preneur d'assurance déménage à l'étranger ?
7) Quel problème peut le cas échéant se poser au niveau de couverture kot étudiant ?

Chapitre 24

Généralités sur l'assurance incendie

1– Définition de la notion incendie 466
2– L'assurance incendie 472
3– L'indexation 474
4– Vérifiez vos connaissances 475

I – DÉFINITION DE LA NOTION INCENDIE

La notion d'incendie n'est pas définie par la loi.

Communément, on entend par incendie la destruction par les **flammes**, se propageant ou susceptibles de se propager en dehors du foyer normal, d'objets dont la destination n'est pas d'être brûlés[525] (contraire : feu utile).

> **EXEMPLE :**
> Un fauteuil détruit par les flammes : par sa nature, un fauteuil n'est pas destiné à être brûlé.

1.1 La garantie normale

La garantie normale[526] vise des périls qui sont toujours assurés.

En **incendie**, cette garantie normale comprend les **dégâts matériels** aux biens assurés causés par :

- incendie ;
- chute de la foudre ;
- explosion.

La **chute de la foudre** est défini comme l'impact direct de la foudre sur les biens assurés ou sur d'autres objets qui, projetés sur ou contre les biens assurés, les endommageraient sans pour autant causer un incendie.

> **EXEMPLE :**
> L'arbre touché par la foudre, tombant contre une maison.

L'impact direct de la foudre ne comprend pas les dégâts causés aux appareils électriques branchés à une prise de courant. Ces dégâts sont cependant assurables en « dégâts électriques[527] ».

La garantie **explosion** comprend les explosions de toutes natures, sauf celles ayant trait à une source atomique.

Par explosion, on entend l'action subite et violente de la pression de gaz ou de vapeurs.

---

525 Voir Annexe « Votre maison à l'épreuve du feu – les détecteurs de fumée sauvent des vies humaines » extraits du dépliant de la Fédération nationale des corps de sapeurs pompiers.
526 Art. 73 LCA.
527 Voir point 1.2.2.

Les crevasses et fissures des appareils de production de chaleur résultant de l'usure, du gel ou de la surchauffe ne sont pas couvertes.

Sans rentrer dans des détails techniques, retenons qu'un coup d'eau[528] est assimilé à une explosion alors qu'un coup de feu[529] ne l'est pas

Sauf convention contraire insérée dans les Conditions Particulières, la garantie normale comprend par ailleurs :

- la chute d'appareils de navigation aérienne ;
- le heurt de véhicules ;
- le heurt d'animaux.

La chute d'appareils de navigation aérienne, c'est-à-dire les dommages causés aux biens assurés par le choc ou la chute d'appareils de navigation aérienne, d'engins spatiaux, ou de parties de ces appareils, ou d'objets tombant de ceux-ci, pour autant qu'il ne s'agisse pas d'explosifs, de projectiles, de munitions, d'éléments ou de combustibles radioactifs quelconques.

Même si cette garantie n'a à priori rien avoir avec un incendie on peut néanmoins partir du principe qu'il y a un risque potentiel que la chute d'un appareil de navigation aérienne soit accompagnée d'un incendie. Compte tenu des délais assez longs pour trancher la question de la responsabilité dans un cas pareil, le principe subrogatoire en termes de règlement de sinistre trouve en occurrence sa pleine justification. Le preneur d'assurance s'adresse à son entreprise directe pour se faire indemniser qui elle, est subrogée dans les droits de son client et pourra par la suite exercer un recours contre qui de droit.

> REMARQUE :
>
> Le texte légal parle d'appareils de navigation aérienne ? Il s'ensuit que sont visés en l'occurrence tous les appareils de navigation aérienne tels qu'avions, montgolfières, satellites, ultralégers, etc. Comme la loi est impérative, des formulations limitatives aux seuls avions telles qu'on peut les trouver dans d'anciens contrats sont dès lors caduques.

Le heurt d'un véhicule, c'est-à-dire les dommages aux biens assurés par le heurt d'un véhicule terrestre quelconque.

Afin d'éviter un éventuel abus, les entreprises d'assurances limitent la garantie au heurt provoqué par un véhicule qui n'est ni la propriété, ni sous la garde de l'assuré ou de son locataire ou occupant et n'est conduit ni par l'un d'eux, ni par une personne dont ils sont civilement responsables, ni par l'un de leurs préposés.

---

528 Se produit en présence d'eau en lieu et place de la vapeur dans un appareil à vapeur.
529 Se produit en présence d'une surproduction de chaleur en l'absence d'un liquide de refroidissement dans un chaudière.

> **EXEMPLE :**
> Pendant la nuit, un automobiliste heurte la porte qui donne accès à la propriété de la famille Schmit et prend la fuite. Dans ce cas, la famille Schmit peut demander réparation de la porte à son entreprise d'assurances incendie.

Le **heurt d'animaux**, c'est-à-dire les dommages aux biens assurés par le heurt d'un animal.

> REMARQUE :
> Le législateur parle d'animal en terme générique et ne fait pas de distinction entre animal domestique, animal sauvage et gibier.

> **EXEMPLE :**
> Le cultivateur ramène son troupeau dans la prairie. En cours de route, une vache enfonce la clôture de la propriété Weber. Dans ce cas, la famille Weber peut demander réparation de la clôture à son entreprise d'assurances incendie, quitte à ce que cette dernière par le biais de la subrogation exerce un recours contre le responsable du dommage.

Ne sont **pas assimilées** à un sinistre **incendie** les disparitions, les pertes et détériorations arrivées pendant les opérations de sauvetage.

Ne sont **pas considérés comme incendie** les dégâts d'exploitation qui surviennent par le fait que ces objets sont exposés à un feu utile (p.ex. torréfaction de café, brûlures du linge suite au manque d'eau, etc.)

1.2 Les garanties accessoires

Les garanties accessoires complètent la garantie normale.

Certaines garanties accessoires sont légales alors que d'autres sont facultatives et payantes. Les dernières varient d'entreprise d'assurances à entreprise d'assurances.

1.2.1 *Les garanties accessoires légales*

Pour garantir une indemnisation optimale, tout contrat d'assurance incendie doit prévoir un certain nombre de garanties accessoires[530] qui sortent leurs effets même lorsque le sinistre se produit en dehors des biens assurés.

---

530   Art. 74 LCA.

Sont ainsi couverts les dégâts causés par :
- les secours ou tout moyen convenable d'extinction, de préservation ou de sauvetage ;
- les démolitions ou destructions ordonnées pour arrêter les progrès d'un sinistre ;
- les effondrements résultant directement et exclusivement d'un sinistre ;
- la fermentation ou la combustion spontanée suivie d'incendie ou d'explosion.

La **renonciation** au **recours** contre les **membres de la famille**. L'entreprise d'assurances renonce au recours contre les descendants, les ascendants, le conjoint et les alliés en ligne directe de l'assuré, ainsi que contre les personnes vivant à son foyer, ses hôtes et les membres de son personnel domestique. Cet abandon de recours n'est cependant pas valable s'il est prouvé que le dommage a été provoqué par une de ces personnes dans l'intention de nuire à l'entreprise d'assurances.

REMARQUE :

L'abandon de recours contre les membres de la famille se justifie dans la mesure ou l'entreprise d'assurances qui a indemnisé son assuré d'un côté ne peut pas contribuer ou être l'initiateur de la ruine d'une famille dans la mesure où il exercerait un recours contre un membre de la famille de son assuré au cas où ce dernier serait à l'origine du sinistre.

EXEMPLE :
Madame Muller reçoit en visite un ami et celui-ci est à l'origine d'un sinistre incendie qui détruit un fauteuil précieux. Dans ce cas, l'entreprise d'assurances de Madame Muller indemnise le dégât causé sans pour autant exercer un recours contre l'hôte de Madame Muller.

1.2.2 Les garanties accessoires facultatives

Comme il a déjà été souligné, les garanties facultatives s'ajoutent aux garanties accessoires légales et sont payantes. Elles varient d'entreprise d'assurances à entreprise d'assurances et sont offertes soit en package soit isolément.

Ci-après les plus usuelles :

Le **franchissement** du **mur du son** : c'est-à-dire les dommages causés aux biens assurés dû au franchissement du mur du son par un appareil de navigation aérienne.

Le **dégagement** de **fumée ou de suie** : émis par un appareil de chauffage ou de cuisine, relié à une cheminée du bâtiment, à la suite d'un fonctionnement défectueux soudain et anormal de cet appareil. Les dommages résultant d'un foyer ouvert sont exclus. Au même titre sont exclus les dommages causés par la fumée lors des travaux de cuisine dans la mesure où l'assuré n'a pas pris les soins nécessaires pour agir en bon père ou mère de famille pour éviter la survenance d'un sinistre potentiel et probable dans ce contexte. Une hotte pour évacuer les odeurs n'étant en effet pas non plus à considérer comme une cheminée pour évacuer des fumées d'un appareil de chauffage.

> **EXEMPLE :**
> Admettons que Monsieur Schmit chauffe son appartement à l'aide d'un four. À cause d'un problème de dilatation, la trappe d'ouverture d'évacuation de la fumée se rabat toute seule de sorte que la fumée remplit la pièce et cause des dégâts au plafond et sur le papier peint. Dans ce cas, l'entreprise d'assurances de Monsieur Schmit indemnise les dégâts causés, quitte à exercer éventuellement un recours contre le fournisseur du four.

La **remise en état** des **jardins** et **plantations** : c'est-à-dire les frais exposés pour remettre en état les plantations et aménagements des jardins situés sur la même parcelle que le bâtiment désigné aux Conditions Particulières, pour autant que ces frais soient la conséquence d'un incendie, de travaux d'extinction ou d'une explosion garantis.

> **EXEMPLE :**
> Les véhicules des pompiers doivent passer sur les plantations pour accéder à l'immeuble en feu. Dans ce cas, l'entreprise d'assurances incendie prend en charge les frais de remise en état de la plantation.

Les **dommages électriques** : c'est-à-dire les dommages causés par une défaillance du système électrique aux appareils électriques et électroniques, ainsi qu'aux canalisations électriques, situés à l'intérieur du bâtiment assuré contre :

- l'incendie, les explosions ou implosions prenant naissance à l'intérieur de ces objets ;
- l'action de l'électricité, qu'elle soit canalisée ou atmosphérique.

Par défaillance électrique au sens de la présente on entend la surtension, le court-circuit, la surcharge du réseau, l'action de la foudre sur les lignes électriques, téléphoniques et de télédistribution.

Pour les appareils qui sont à l'origine du sinistre, sont exclus :

- les dommages causés aux pièces mécaniques, lampes, tubes et valves de toute nature, cellules semi-conductrices, fusibles, transistors, résistances chauffantes ou non ;

- les dommages dus à l'usure, au bris de machines, à un fonctionnement défectueux ou à un accident mécanique quelconque.

Les dommages causés au contenu d'un congélateur sont normalement couverts s'ils sont la conséquence d'une variation de température à la suite d'un dégât électrique assuré pour autant que ce contenu soit à usage privé. Il s'ensuit que le contenu à usage professionnel est exclu ainsi que celui qui se trouve dans un réfrigérateur.

> EXEMPLE :
> Le moteur d'une machine à laver le linge qui est détruit par un court-circuit..

> REMARQUE :
> Lors du règlement de sinistre, les entreprises d'assurances tiennent compte soit d'une franchise, soit d'un taux de vétusté annuel de dépréciation. Ce taux, suivant l'entreprise d'assurances, est uniforme ou variable en fonction de l'appareil.

Les **dommages ménagers** : c'est-à-dire les dommages matériels causés au mobilier par l'action subite de la chaleur ou le contact direct et immédiat du feu ou d'une substance incandescente, même s'il n'y a eu ni incendie, ni commencement d'incendie susceptible de dégénérer en incendie. Le montant de cette garantie est également limité.

> EXEMPLE :
> En dégats ménagers, deux sortes de sinistres constituent à eux seuls presque l'ensemble des dégâts possibles à savoir :
> - le linge endommagé par un fer à repasser le linge ;
> - les dégâts causés par les fumeurs, soit aux vêtements soit au mobilier proprement dit.

1.3 Les exclusions spécifiques

Les sinistres résultant d'un fait doleux ou volontaire[531] dans le chef de l'assuré ne sont jamais couverts.

Sauf convention contraire, les **dommages corporels** ne sont **pas couverts**.

---

531 Il incombe à l'entreprise d'assurances, qui prétend être déchargée de la garantie, de prouver que l'assuré a commis un fait intentionnel – Cour d'appel de Liège – 27 mai 2004 R.G.A.R. 14030.

2 – L'ASSURANCE INCENDIE

2.1 L'objet de l'assurance

L'objet de l'assurance incendie est de garantir les biens assurés contre l'incendie. Nous distinguons trois volets de risques :
- l'assurance des biens mobiliers et immobiliers appartenant à l'assuré ainsi qu'à toute personne vivant sous son toit si la responsabilité de l'assuré est engagée ;
- les assurances de responsabilité pour dommages causés à des tiers ;
- les frais et pertes matérielles en relation avec l'incendie.

2.2 La règle proportionnelle → en cas d'une sous-assurance

Lorsqu'en cas de sinistre il s'avère que la valeur assurée est inférieure à la valeur assurable, l'entreprise d'assurances est en droit d'appliquer une règle proportionnelle[532, 533]. Il y a deux sortes de règles proportionnelles (RP) :
- RP de primes ;
- RP de capitaux.

2.2.1 *La RP de primes :*

Dans ce cas, l'indemnité est calculée comme suit :

Elle est d'application p.ex. dans les cas où le risque est plus élevé que le preneur ne l'avait signalé lors de la souscription ou lorsque le preneur a omis de signaler une aggravation de risque en cours de contrat.

> **EXEMPLE :**
>
> Admettons qu'un risque sur base des éléments fournis par le preneur d'assurance ait été tarifé avec un taux 1‰ alors que le taux devrait être 1,70‰. Partant d'une somme assurée de 150.000 €, l'assuré a payé une prime de 150 € alors qu'il aurait dû payer 255 €.
>
> $$\text{montant du dommage} \times \frac{\text{prime payée}}{\text{prime due}} = \text{indemnité}$$

---

532   Art. 56 LCA.
533   Pour éviter une règle proportionnelle, il est bien conseillé au preneur d'assurance de vérifier régulièrement la somme assurée notamment du contenu. L'annexe III « Évaluation du contenu » est une aide au calcul de la somme assurée du contenu.

2.2.2 La RP de capitaux

Dans ce cas, l'indemnité est calculée comme suit :

$$\text{montant du dommage} \times \frac{\text{valeur des biens assurés}}{\text{valeur des biens assurables}} = \text{indemnité}$$

Elle est d'application si la valeur des biens assurés est inférieure à la valeur des biens assurables.

> **EXEMPLE :**
> Admettons un immeuble pour 150.000 € alors qu'en réalité il vaut 180.000 €.
> En cas de sinistre partiel de 25.000 €, l'entreprise d'assurances règle de la sorte :
>
> $$25.000 \times \frac{150.000}{180.000} = 20.833 \text{ au lieu de } 25.000 \text{ €.}$$

REMARQUE :
- le marché local applique presque exclusivement la RP de capitaux ;
- rappelons qu'aucune RP n'est appliquée ;
  - pour les premiers risques et les assurances de responsabilité ;
  - si l'intérêt assurable a été fixé par l'entreprise d'assurances ou son mandataire[534].

À condition que le taux qui est appliqué soit constant et ne varie pas en fonction de la somme assurée, l'indemnisation à payer est la même peut importe qu'on se base une RP de prime ou une RP de capitaux.

2.3 Abandon de règle proportionnelle

La règle proportionnelle ne s'applique pas lorsque la valeur assurable a été fixée par l'entreprise d'assurances ou son mandataire. Cet abandon de règle proportionnelle ne vaut cependant pas dans les cas où l'entreprise d'assurances prouve que la sous-assurance résulte de circonstances postérieures à cette fixation.

---

534 Art. 56.2 LCA.

> **EXEMPLE :**
>
> Lors de la souscription de l'assurance incendie en décembre 2005, les concubins Wagner et Hoffmann ont convenu une valeur assurable de 250.000 €.
>
> En février 2010, la maison de Wagner et Hoffmann est transformée et une véranda vient s'ajouter de sorte que la valeur assurable s'élève dès lors à 310.000 €.
>
> Dans ce cas, la règle proportionnelle pourrait s'appliquer en cas de sinistre si la valeur assurée n'est pas adaptée.

Outre la susdite formule d'abandon de la règle proportionnelle dictée par le législateur dès lors que l'entreprise d'assurances ou son mandataire intervient dans la définition de la somme assurée, l'entreprise d'assurances de par sa propre initiative peut déroger à la règle proportionnelle en proposant une couverture au premier risque.

3 - L'INDEXATION

Pour tenir compte du renchérissement du coût de la vie et de l'augmentation conséquente du coût des sinistres, les entreprises d'assurances offrent la possibilité de l'indexation des polices.

Les indices applicables sont les suivants :

- l'indice bâtiment pour les biens immobiliers ;
- l'indice pondéré des prix à la consommation pour les biens mobiliers (ou encore indice contenu).

Le marché offre d'autres variantes d'indexation notamment la moyenne arithmétique des indices bâtiment et contenu. Dans ce cas, les capitaux immobiliers ainsi que les capitaux mobiliers sont indexés d'après le même indice.

Si indexation il y a, autant les sommes assurées que les franchises et autres montants éventuels sont concernés.

> **REMARQUE :**
>
> L'indexation du contrat sous quelque forme que se soit, n'équivaut pas à une augmentation tarifaire.

4– VÉRIFIEZ VOS CONNAISSANCES

1) En rentrant, Monsieur Schmit ivre mort, confond l'entrée de son garage avec celle du voisin et cause de sérieux dommages à la clôture de la propriété de son voisin. Comment ces dommages sont-ils réglés ? Qui paie le dommage au véhicule de Monsieur Schmit et quel sera le classement de Monsieur Schmit sur l'échelle bonus/malus RC Auto sachant qu'il se trouve aujourd'hui au degré 8 ?

2) Pourquoi est-ce qu'une entreprise d'assurances a tout intérêt à prendre les frais de sauvetage à sa charge ?

3) Qu'est-ce qui distingue la règle proportionnelle de primes de la règle proportionnelle de capitaux ?

4) Quels sont les dommages qui ne tombent pas sous la définition de dommages électriques ?

5) Soit un sinistre de 10.560 € et une somme assurée au premier risque de 10.000 €. Quel est le montant auquel le preneur d'assurance aura droit ?

Chapitre 25

Les responsabilités en assurance incendie

1– Remarque préliminaire 478
2– Le risque locatif 479
3– Le recours des voisins et des tiers 487
4– Le recours du propriétaire 490
5– L'abandon de recours contre le locataire 491
6– Le trouble de jouissance immobilier 491
7– Vérifiez vos connaissances 492

I – REMARQUE PRÉLIMINAIRE

Sauf convention contraire, l'assurance des responsabilités encourues à la suite d'un sinistre incendie frappant les biens désignés par le contrat et dont la cause provient :
- de la garantie normale ;
- des garanties accessoires ;
- de l'assurance du contenu ;

ne couvre **pas** les **dommages** résultant de **lésions corporelles**.

Par ailleurs, l'assurance des responsabilités connexes à un incendie n'est pas limitée aux seuls dégâts matériels qui sont la suite immédiate et directe d'un sinistre incendie. Il s'ensuit que sont couverts également les dommages indirects tels que chômage immobilier ou frais de déménagement.

REMARQUE :

Si le contrat d'assurance ne prévoit pas de convention contraire, tous les dommages matériels indirects découlant d'un sinistre incendie dont l'assuré est responsable sont en principe couverts. L'entreprise d'assurances peut néanmoins délimiter la garantie moyennant mention dans les Conditions Particulières. Une telle limitation pourrait notamment porter sur la prise en charge des seuls dommages matériels qui sont la suite immédiate et directe du sinistre garanti.

EXEMPLE :

L'incendie de l'immeuble voisin a, entre autres, causé des dégâts à la maison Wagner et Hoffmann. Pendant le temps nécessaire à la remise en état des lieux, les Wagner et Hoffmann doivent habiter ailleurs. Tant les frais pour le chômage des locaux endommagés que ceux pour le déménagement ainsi que la réinstallation sont pris en charge par l'assurance incendie des concubins. Une fois que leur entreprise d'assurances incendie a payé le sinistre, elle sera subrogée dans les droits de Wagner et Hoffmann et pourra exercer un recours contre l'entreprise d'assurances du responsable du sinistre voire contre le responsable lui-même.

REMARQUE :

Dans une assurance combinée, certaines des responsabilités énumérées ci-après s'appliquent également à la garantie dégâts des eaux. L'étendue de ces garanties varie cependant d'entreprise d'assurances à entreprise d'assurances.

2– LE RISQUE LOCATIF

REMARQUE :

Le risque locatif est une garantie exclusivement réservée aux personnes qui ont loué soit un immeuble soit un meuble. Seulement dans ce cas, une clause dite « risque locatif » est insérée dans les Conditions Particulières, qui a pour objet d'acter la qualité de locataire du preneur d'assurance.

2.1 La base légale du risque locatif

Le risque locatif est la responsabilité du locataire vis-à-vis du propriétaire du fait de l'immeuble qu'il occupe.

Cette responsabilité est régie par les articles 1732-1735 du Code civil.

Article 1732

Il (le locataire) répond des dégradations ou des pertes qui arrivent pendant sa jouissance, à moins qu'il ne prouve qu'elles ont eu lieu sans sa faute.

Article 1733

Il répond de l'incendie, à moins qu'il ne prouve que le feu a éclaté sans sa faute.

Article 1734

S'il y a plusieurs locataires, ils sont responsables de l'incendie proportionnellement à la valeur de la partie du bâtiment qu'ils occupent.

Ceux d'entre eux qui prouvent que l'incendie n'a pu commencer chez eux n'en sont pas tenus, les autres restant obligés dans les limites de la disposition qui précède.

S'il est prouvé que l'incendie a commencé dans l'habitation de l'un d'eux, celui-là seul est tenu dans les mêmes limites et sans préjudice de la responsabilité qu'il aurait encourue en cas de faute de sa part.

Lorsque le propriétaire habite lui-même une partie des bâtiments loués, il sera considéré comme colocataire à l'égard de l'application des dispositions du présent article. Toutefois, si l'on ne sait pas où le feu a pris naissance, le propriétaire n'aura d'action contre les locataires qu'en prouvant que le feu n'a pas pris dans la partie du bâtiment occupée par lui.

Article 1735

Le preneur est tenu des dégradations et des pertes qui arrivent par le fait des personnes de sa maison ou de ses sous-locataires.

REMARQUE :

Qu'est-ce qu'on entend par personne de sa maison ? Le texte du Code civil au Luxembourg est le même qu'en Belgique et en France. Faut-il donner une interprétation très large en incluant tous ceux qui se trouvent dans le bien loué avec l'accord du locataire ou voir les choses de manière plus restrictive. La tendance jurisprudentielle est en faveur d'une interprétation très large. On vise dès lors non seulement les personnes qui habitent chez le preneur d'assurance mais également toutes les personnes qui s'y trouvent avec son autorisation même de manière occasionnelle tels des fournisseurs et corps de métier.

2.2 Le locataire unique

2.2.1 La présomption de responsabilité

Aux termes de l'article 1733, le locataire est présumé responsable. Le propriétaire n'a dès lors pas besoin de prouver une faute du locataire.

2.2.2 Les exonérations

Le locataire peut cependant s'exonérer, s'il prouve que l'incendie est dû

- à un cas fortuit ou **de force majeure,**
  - l'incendie qui se déclare à la suite d'une chute de la foudre peut être considérée comme un cas de force majeure dans la mesure où il s'agit d'un événement imprévisible et irrésistible.
- à un **vice de construction ou caché**[535, 536] dans la mesure où il est à l'origine du sinistre,
  - sont visés en l'occurrence le non-respect des règles de l'art en matière de construction ainsi que la mise en conformité suite à des changements au niveau de la règlementation ah hoc. Est concerné le bailleur qui laisse subsister une défectuosité au même titre que le locataire qui omet d'en informer le propriétaire.
- à la **communication** d'un **feu** depuis **l'immeuble voisin.**

REMARQUE :

Si le locataire arrive à prouver un des trois cas énumérés ci-dessus plus aucune présomption de responsabilité ne pèsera sur lui. En d'autres termes : les conséquences d'un sinistre incendie ainsi causé restera à charge du propriétaire à moins qu'il ne puisse se décharger sur un tiers autre que son locataire. Dans le chef du propriétaire il est partant erroné de croire qu'il se trouve à l'abri de toutes les conséquences d'un incendie puisque son locataire a souscrit une assurance incendie pour couvrir le risque locatif.

---

535   Art. 1641, 1792 et 2270 du Code civil.
536   P.ex. une conduite électrique non suffisamment isolée.

2.3 En cas de pluralité de locataires

La responsabilité de chacun des locataires est régie par l'article 1734 du Code civil.

> **EXEMPLE D'APPLICATION DE L'ARTICLE 1734 DU CODE CIVIL :**
> Admettons un immeuble d'une valeur de 300.000 €
>
> | LOCATAIRE | MILLIÈMES | VALEUR LOCATIVE |
> |---|---|---|
> | A | 250 | 75.000 € |
> | B | 250 | 75.000 € |
> | C | 200 | 60.000 € |
> | D | 300 | 90.000 € |

2.3.1 *Destruction totale de l'immeuble*

Dans ce cas, l'article 1734 ne pose pas de problème. Dans la mesure où il n'a pas réussi à s'exonérer de sa responsabilité, le montant pour lequel est tenu chaque locataire équivaut à la partie de l'immeuble occupée par lui.

> **HYPOTHÈSE 1 :**
> Aucun locataire ne réussit à prouver que le feu n'a pas pris chez lui. Dans ce cas, la responsabilité de chacun est engagée proportionnellement aux millièmes qu'il occupe et la répartition du dommage se fait comme suit :
>
> | LOCATAIRE | MILLIÈMES | ENGAGEMENT |
> |---|---|---|
> | A | 250 | 300.000 x 250/1.000 = 75.000 € |
> | B | 250 | 300.000 x 250/1.000 = 75.000 € |
> | C | 200 | 300.000 x 200/1.000 = 60.000 € |
> | D | 300 | 300.000 x 300/1.000 = 90.000 € |

> **HYPOTHÈSE 2 :**
> Le locataire A arrive à prouver que le feu n'a pas pris chez lui. Il est donc déchargé de toute responsabilité. Les locataires B, C et D restent tenus proportionnellement à concurrence de la valeur de la partie de l'immeuble qu'ils occupent[255].
>
> | LOCATAIRE | MILLIÈMES | ENGAGEMENT |
> |---|---|---|
> | A | 250 | exonéré |
> | B | 250 | 300.000 x 250/1.000 = 75.000 € |
> | C | 200 | 300.000 x 200/1.000 = 60.000 € |
> | D | 300 | 300.000 x 300/1.000 = 90.000 € |

2.3.2 *Destruction partielle*

Admettons toujours la même valeur à neuf de l'immeuble, soit 300.000 €, et le dommage à 200.000 €.

Dans ce cas de figure, il y a lieu de vérifier si le dommage est inférieur ou supérieur au montant total des limites maximales dont les locataires responsables peuvent être tenus.

> **HYPOTHÈSE 3 :**
> Si le montant total des limites maximales, dont les locataires responsables peuvent être tenus, est **inférieur** au montant du dommage, chaque locataire responsable sera tenu, jusqu'à concurrence de la limite maximale pouvant lui incomber (valeur locative), et non pas à concurrence d'une part proportionnelle correspondant à la partie du bâtiment qu'il occupe.
> Admettons que A et B réussissent à prouver que le feu n'a pas pris chez eux.
> Comme le total des limites maximales dont sont tenues les locataires C et D atteint 500 millièmes soit 150.000 € et que ce montant est inférieur au dommage, qui est de 200.000 €, les locataires sont responsables :
> - non pas d'une part proportionnelle de la partie du bâtiment qu'ils occupent à eux, soit 500 millièmes,
> - mais seulement à concurrence de la valeur locative qu'ils occupent dans l'ensemble du bâtiment

---

537   300.000 – 75.000 = 225.000 €.

LOCATAIRE	MILLIÈMES	ENGAGEMENT SI RÈGLE ÉTAIT PROPORTIONNELLE AUX MILLIÈMES À EUX DEUX	ENGAGEMENT MAXIMUM SUR BASE DE LA VALEUR LOCATIVE OCCUPÉE DANS LE BÂTIMENT
A	250	exonéré	0
B	250	exonéré	0
C	200	200.000 x 200/500 = 80.000 €	60.000 €
D	300	200.000 x 300/500 = 120.000 €	90.000 €

Le locataire C ne sera donc tenu responsable que jusqu'à 60.000 € tandis que D sera tenu jusqu'à 90.000 €.

L'article 1734 Code civil fixe donc la limite maximale jusqu'à laquelle la responsabilité de chaque locataire peut être engagée, sans préjudice de la responsabilité qu'il peut encourir en cas de faute de sa part.

> **HYPOTHÈSE 4 :**
> Si le montant total des limites maximales (300.000 €), dont les locataires responsables peuvent être tenus, est **supérieur** au montant du dommage (200.000€), chaque locataire responsable sera tenu jusqu'à concurrence d'une part proportionnelle du dommage, correspondant à la part du bâtiment qu'il occupe.
> Admettons qu'aucun des locataires ne réussisse à prouver que le feu n'a pas pris chez lui. Ils sont donc tous responsables. Comme le total des limites maximales dont ils peuvent être tenus atteint 1.000 millièmes soit 300.000 €, mais que le dommage ne s'élève qu'à 200.000 €, la règle proportionnelle énoncée ci-dessus est applicable.
>
> $$\text{quote-part de responsabilité} = \frac{\text{limite max. du locataire responsable (sa valeur locative)}}{\text{total des limites maximales des locataires responsables}} \times \text{dommage}$$
>
> | LOCATAIRE | MILLIÈMES | ENGAGEMENT |
> |---|---|---|
> | A | 250 | 200.000 x 250/1.000 = 50.000 € |
> | B | 250 | 200.000 x 250/1.000 = 50.000 € |
> | C | 200 | 200.000 x 200/1.000 = 40.000 € |
> | D | 300 | 200.000 x 300/1.000 = 60.000 € |

```
                    ┌─────────────────┐
                    │  Pluralité de   │
                    │   locataires    │
                    └────────┬────────┘
              ┌──────────────┴──────────────┐
    ┌─────────────────┐          ┌─────────────────┐
    │ Destruction totale│         │   Destruction    │
    │   de l'immeuble  │          │  partielle de    │
    └────────┬────────┘          │   l'immeuble     │
             │                    └────────┬────────┘
      ┌──────┴──────┐                ┌─────┴─────┐
```

Aucun locataire n'arrive à s'exonérer	Un locataire peut s'exonérer	Limites maximales dont les locataires peuvent être tenus responsables inférieure au dommage	Limites maximales dont les locataires peuvent être tenus responsables supérieure au dommage
Engagement proportionnel aux millièmes occupés	Engagement des locataires restant proportionnel aux millièmes qu'ils occupent	Engagement maxium à hauteur de la partie occupée de l'immeuble (valeur locative)	Engagement proportionnel à hauteur de la partie du bâtiment occupé

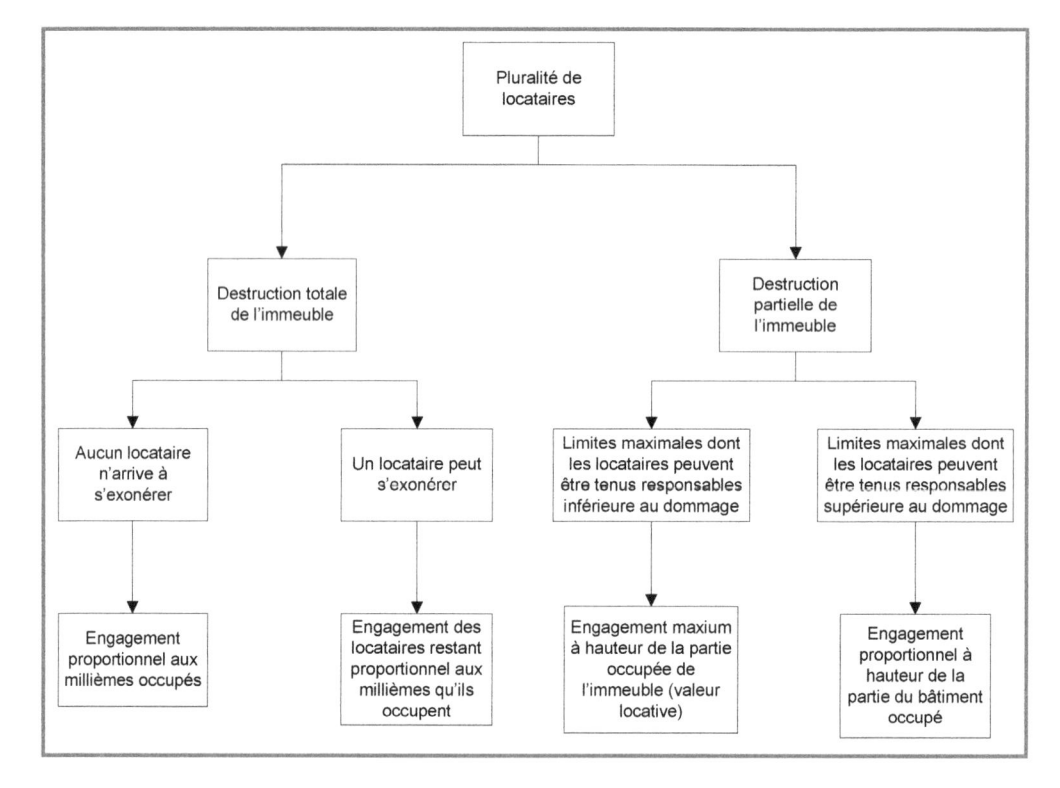

2.3.3 Les exonérations

Comme le locataire unique, le locataire d'un immeuble à plusieurs locataires peut également s'exonérer en prouvant :

- un cas fortuit ou de force majeure ;
- un vice de construction ;
- la communication d'un feu de l'immeuble voisin ;
- que le feu n'a pas pris naissance dans la partie de l'immeuble occupé par lui ;
- la naissance de l'incendie chez un autre locataire ;
- la faute d'un tiers.

> **EXEMPLE :**
> La famille Schmit est propriétaire d'un appartement situé au deuxième étage de la résidence du Centre. Cet appartement est donné en location à Madame Muller.
> Lors de la signature du bail, les Schmit imposent à Madame Muller de souscrire une assurance incendie. Comme Madame Muller est locataire

> de l'appartement, son contrat incendie contient donc, en ce qui concerne la partie bâtiment, la clause dite du risque locatif. Les Schmit quant à eux considèrent que, de leur côté, ils n'ont pas besoin de souscrire une assurance incendie étant donné que le risque a été assuré par Madame Muller.
> Lors d'un orage, la foudre frappe dans la cheminée de l'immeuble et cause également des dommages dans l'appartement occupé par Madame Muller.
> Après avoir vu les dégâts ainsi causés, les Schmit demandent à Madame Muller de déclarer le sinistre à son entreprise d'assurances.
> Celle-ci informe Madame Muller que les dommages causés par la foudre constituent dans son chef un cas de force majeure. Dès lors, Madame Muller est exonérée de la responsabilité qui pèse sur elle et partant elle ne peut être tenue responsable.
> Comme les Schmit n'ont pas jugé utile de souscrire une assurance incendie pour leur appartement et étant donné que le gestionnaire de la copropriété avait demandé à chaque copropriétaire de la résidence de prendre personnellement le volet assurance en charge, les Schmit doivent payer la partie du dommage causé dans leur appartement de leur propre poche.

2.4 Le propriétaire occupant partiel

Si le propriétaire occupe lui-même une partie de l'immeuble, la présomption de responsabilité qui pèse sur les locataires est suspendue. Dans ce cas, c'est au propriétaire de prouver que le feu n'a pas pris naissance dans la partie occupée par lui, ni dans les parties communes.

2.5 La clause de risque locatif

L'entreprise d'assurances couvre la responsabilité encourue à la suite d'un risque locatif, c'est-à-dire les conséquences pécuniaires de la responsabilité civile légale que l'assuré, comme locataire, encourt à l'égard du propriétaire pour les dommages matériels affectant les bâtiments loués ou confiés, indiqués aux Conditions Particulières.

2.6 Exemple de sinistre risque locatif

Un incendie, dont la cause est restée inconnue, s'est produit dans un immeuble habité par le propriétaire et trois locataires. Le lieu où l'incendie a pris naissance ne peut pas être déterminé. Lorsque le propriétaire, invoquant la législation concernant le risque locatif, demande à ses locataires de lui rembourser les trois quarts du dommage, les entreprises d'assurance de ceux-ci refusent toute intervention.

Qui a raison et pourquoi ?

RÉPONSE

Il résulte de l'énoncé du problème qu'on a affaire à une problématique relevant du risque locatif. Par ailleurs, nous savons que la cause de l'incendie est inconnue.

Tout d'abord, il y a lieu de souligner que la couverture du risque locatif n'est pas une assurance rendue obligatoire par le législateur. Même si un propriétaire informe son locataire qu'il doit assurer le risque locatif, cette couverture n'est pas obligatoire. En l'occurrence, il s'agit seulement d'une obligation contractuelle entre parties.

La couverture du risque locatif est à situer dans le volet des responsabilités de l'assurance incendie et ne sort ses effets que si la qualité du preneur d'assurance est locataire.

Quant au fond, une présomption de responsabilité pèse sur le locataire c.à.d. que le législateur part du principe que chaque locataire est présumé responsable de l'incendie qui prend naissance dans les locaux qu'il a loués. En contrepartie de cette présomption de responsabilité, le locataire peut s'exonérer en prouvant :

- soit un cas de force majeure (p.ex. un orage) ;
- soit un vice de construction (p.ex. une installation électrique mise en place par le propriétaire non adaptée aux besoins de nos jours) ;
- soit un incendie communiqué par un voisin ou un tiers.

Vis-à-vis du propriétaire des locaux loués, le locataire ne peut être rendu responsable qu'à hauteur de la valeur de la partie qu'il occupe augmenté d'un certain pourcentage pour les parties communes telles que caves, greniers, garages et cage d'escalier. Ce pourcentage est normalement fixé à +/– 15 %.

Voilà pour ce qui est du principe général.

Avant d'aller plus loin, revenons à l'énoncé dans lequel il est dit que le propriétaire habite lui-même l'immeuble et que la cause de l'incendie est restée inconnue.

Le 4e al. de l'article 1734 du Code civil parle notamment du cas qui nous occupe. Lorsque le propriétaire habite lui-même une partie des bâtiments loués, il sera considéré comme colocataire. Toutefois, si l'on ne sait pas où le feu a pris naissance, le propriétaire n'aura d'action contre les locataires qu'en prouvant que le feu n'a pas pris dans la partie du bâtiment occupé par lui.

Dans notre exemple, nous savons que la cause de l'incendie est restée inconnue. Il s'ensuit donc que l'entreprise d'assurances du risque locatif n'interviendra pas pour les dommages causés à la partie immeuble louée par les locataires. Pour ce qui est du contenu des locataires endommagé par l'incendie, celui-ci sera indemnisé par l'entreprise d'assurances incendie de chacune des parties sinistrées et ce sur base du volet de l'assurance incendie spécifique au contenu dont ils sont propriétaires.

> Rappelons à titre d'information qu'un bail se résout par la perte de la chose louée[537]. En d'autres termes : au cas où un immeuble pris en location est détruit par un incendie, le bail se résout d'office. Ceci n'empêche pas les parties de conclure le cas échéant un nouveau contrat.

3- LE RECOURS DES VOISINS ET DES TIERS

Le recours des voisins et des tiers est la couverture qui garantit le recours exercé contre le responsable d'un dommage causé à des voisins et/ou des tiers[539].

EXEMPLE :

Madame Muller est locataire d'un appartement au 2e étage de la résidence du Centre, appartement qui appartient à la famille Schmit. Au premier étage de la même résidence, habitent les Wagner et Hoffmann qui sont propriétaires de leur appartement. Au 3e étage, habite madame Thill avec son enfant. madame Thill est également propriétaire de son appartement.

	ETAGE	HABITÉ PAR	QUALITÉ
propriété des Schmit	3	Madame Thill	propriétaire
	2	Madame Muller	locataire
	1	Wagner et Hoffmann	propriétaires

Lors d'une fête, un incendie prend naissance dans l'appartement habité par Madame Muller. Cet incendie détruit une partie du contenu de Madame Muller et le living de l'appartement qu'elle a pris en location doit par ailleurs être repeint. Dans l'appartement de madame Thill, la fumée a endommagé le papier peint qui doit être renouvelé. Dans l'appartement des Wagner et Hoffmann, l'eau d'extinction des pompiers a également causé des dégâts.
Ce sinistre est réglé de la sorte :
- le contenu de Madame Muller est payé par son entreprise d'assurances incendie sur base de la garantie normale incendie ;

---

538 Art. 1741 Code civil
539 Art. 1382-1384 Code civil.

- le dommage au living que Madame Muller a pris en location pourrait en principe être pris en charge par l'entreprise d'assurances incendie des Schmit qui se retourne contre le responsable du sinistre, respectivement son entreprise d'assurances. Dans notre cas cependant, c'est l'entreprise d'assurances du risque locatif de Madame Muller qui indemnise directement les Schmit pour les dégâts causés par la locataire Muller ;
- le dommage de madame Thill est pris en charge par son entreprise d'assurances incendie. Comme celle-ci a dû intervenir pour un sinistre dont son preneur d'assurance (Thill) n'est pas responsable, elle est subrogée dans les droits de Thill contre Muller et se retourne contre cette dernière pour obtenir le remboursement de ses débours. Dans notre cas, c'est la garantie recours des voisins de la garantie incendie de Madame Muller qui intervient ;
- le dommage des Wagner et Hoffmann est pris en charge par leur entreprise d'assurances incendie[264]. Comme celle-ci a dû intervenir pour un sinistre dont les preneurs d'assurances (Wagner et Hoffmann) ne sont pas responsables, elle est subrogée dans les droits de Wagner et Hoffmann contre Muller et se retourne contre cette dernière pour obtenir le remboursement de ses débours. Dans notre cas, c'est la garantie recours des voisins de la garantie incendie de Madame Muller qui intervient.

---

540 Même s'il s'agit en l'occurrence d'un dommage causé par les eaux, c'est l'assurance incendie qui intervient. La question de savoir quelle assurance doit intervenir est dictée par l'origine du sinistre qui, dans notre cas, est un incendie.

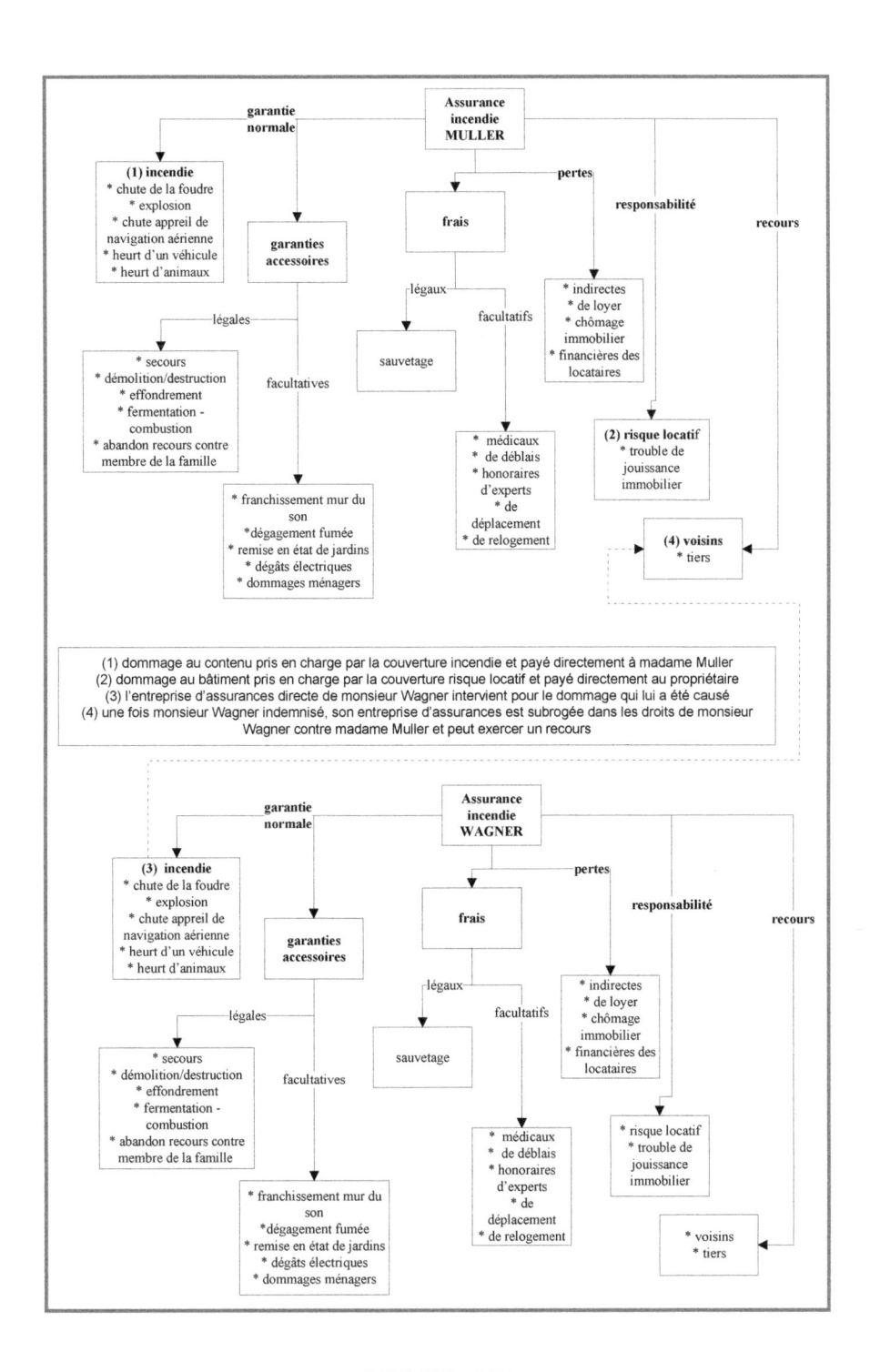

Les responsabilités en assurance incendie — 489

Assurance incendie MULLER

- garantie normale
  - **(1) incendie**
    * chute de la foudre
    * explosion
    * chute appreil de navigation aérienne
    * heurt d'un véhicule
    * heurt d'animaux
  - **garanties accessoires**
    - légales
      * secours
      * démolition/destruction
      * effondrement
      * fermentation - combustion
      * abandon recours contre membre de la famille
    - facultatives
      * franchissement mur du son
      * dégagement fumée
      * remise en état de jardins
      * dégâts électriques
      * dommages ménagers
- frais
  - légaux
    * sauvetage
  - facultatifs
    * médicaux
    * de déblais
    * honoraires d'experts
    * de déplacement
    * de relogement
- pertes
  * indirectes
  * de loyer
  * chômage immobilier
  * financières des locataires
- responsabilité
  * **(2) risque locatif**
    * trouble de jouissance immobilier
  * **(4) voisins**
    * tiers
- recours

(1) dommage au contenu pris en charge par la couverture incendie et payé directement à madame Muller
(2) dommage au bâtiment pris en charge par la couverture risque locatif et payé directement au propriétaire
(3) l'entreprise d'assurances directe de monsieur Wagner intervient pour le dommage qui lui a été causé
(4) une fois monsieur Wagner indemnisé, son entreprise d'assurances est subrogée dans les droits de monsieur Wagner contre madame Muller et peut exercer un recours

Assurance incendie WAGNER

- garantie normale
  - **(3) incendie**
    * chute de la foudre
    * explosion
    * chute appreil de navigation aérienne
    * heurt d'un véhicule
    * heurt d'animaux
  - **garanties accessoires**
    - légales
      * secours
      * démolition/destruction
      * effondrement
      * fermentation - combustion
      * abandon recours contre membre de la famille
    - facultatives
      * franchissement mur du son
      * dégagement fumée
      * remise en état de jardins
      * dégâts électriques
      * dommages ménagers
- frais
  - légaux
    * sauvetage
  - facultatifs
    * médicaux
    * de déblais
    * honoraires d'experts
    * de déplacement
    * de relogement
- pertes
  * indirectes
  * de loyer
  * chômage immobilier
  * financières des locataires
- responsabilité
  * risque locatif
    * trouble de jouissance immobilier
  * voisins
    * tiers
- recours

3.1 Principe de base

Dans l'approche classique avec limitation aux **dommages matériels** qui sont la suite immédiate et directe du sinistre, l'entreprise d'assurances garantit la responsabilité que l'assuré peut encourir à l'égard des tiers et des voisins pour des dommages matériels, résultant d'un événement garanti et survenu du fait du bâtiment et des biens assurés se trouvant à l'intérieur du bâtiment loué ou occupé par l'assuré.

3.2 La clause « Recours des voisins et des tiers »

Recours des voisins et des tiers, c'est-à-dire les conséquences pécuniaires de la responsabilité civile légale de l'assuré envers des voisins et des tiers pour les dommages, résultant d'un événement garanti et survenu du fait du bâtiment et des biens assurés se trouvant à l'intérieur du bâtiment loué ou occupé par lui-même.

> **EXEMPLE :**
> Admettons que Monsieur Schmit au 2e étage soit responsable d'un incendie qui détruit le mobilier de son voisin du 3e étage.

> REMARQUE :
> La loi sur le contrat d'assurance ne prévoit pas de limitation aux dommages matériels et immatériels consécutifs au sinistre. Si le contrat ne prévoit pas de limitation de l'étendue de la garantie, la couverture s'étend également aux dommages indirects.

4- LE RECOURS DU PROPRIÉTAIRE

La responsabilité du locataire peut, entre autres, être engagée pour la perte de loyer que subit le propriétaire.

Responsabilité perte de loyer, c'est-à-dire les conséquences pécuniaires que l'assuré, comme locataire, encourt suite à un sinistre garanti, à l'égard du propriétaire pour le loyer de ses locaux. Il s'agit donc de couvrir la perte de loyer qu'un propriétaire non occupant peut subir à la suite d'un dommage relevant de la garantie incendie pour lequel son locataire peut être rendu responsable. Cette garantie ne s'exerce que pendant le temps nécessaire, à dire d'expert, à la remise en état des locaux sinistrés et dans la limite d'une durée de 18 mois à compter du jour du sinistre.

> **EXEMPLE :**
> Madame Muller est locataire et les locaux sont détruits par sa faute. Alors qu'elle a trouvé une nouvelle habitation dans une autre résidence, le propriétaire des locaux sinistrés Schmit continue à exiger de la part de Madame Muller le loyer jusqu'au jour où les travaux de remise en état sont terminés et qu'il peut de nouveau louer l'appartement à une autre personne.

5- L'ABANDON DE RECOURS CONTRE LE LOCATAIRE

Il se peut que le bailleur renonce au recours contre le locataire. Si tel devait être le cas, il est vivement conseillé de le prévoir implicitement dans le contrat de bail. Une renonciation au recours contre le locataire ne doit pas forcément porter sur un abandon de recours en parallèle contre toute autre personne qui vit avec le locataire ou qui est à considérer comme gens de maison. La prudence est donc de mise lors de la rédaction d'une telle clause.

Pour éviter toute surprise en cas de sinistre incendie, la seule intégration d'une clause d'abandon de recours dans le contrat de bail, ne prive pas le bailleur d'en faire autant dans son contrat d'assurance incendie. En ce faisant il aura l'avantage d'être certain que le risque d'incendie dont son locataire pourrait être rendu responsable serait couvert puisque c'est le bailleur qui paie lui-même la prime qu'il pourrait le cas échéant prévoir comme charge supplémentaire dans le contrat de bail. Il est évident que toute sous-assurance éventuelle ou absence de couverture sera également à sa charge.

Dans une telle configuration, le locataire devra veiller à ne pas oublier de couvrir séparément le contenu et le cas échéant des améliorations immobilières puisque le risque couvert par le bailleur ne portera que sur la partie bâtiment. À l'inverse, une insuffisance de la couverture incendie dans le chef du bailleur ne pourra pas être compensée par l'assurance souscrite par le locataire pour son seul contenu.

6- LE TROUBLE DE JOUISSANCE IMMOBILIER

La responsabilité du locataire comme celle du propriétaire peuvent être engagées à la suite d'un trouble de jouissance des locaux assurés.

Trouble de jouissance immobilier
- du **locataire** ou de l'occupant **à l'égard** du **propriétaire** des biens, c'est-à-dire la responsabilité du locataire à l'égard du propriétaire pour le trouble de jouissance consécutif à des dommages matériels causés par le locataire ou l'occupant ;
- du **propriétaire** occupant partiel **à l'égard** du **locataire**, c'est-à-dire la responsabilité que l'assuré peut, comme propriétaire occupant partiel, encourir pour le trouble de jouissance consécutif à des dommages matériels causés au locataire ou à un ou plusieurs colocataires[541].

> **EXEMPLE :**
> Un échafaudage mis en place après sinistre empêchant toute lumière naturelle d'entrer dans l'immeuble.

7- VÉRIFIEZ VOS CONNAISSANCES

1) De quelle manière le locataire peut-il s'exonérer de la présomption de responsabilité qui pèse sur lui ?
2) Que se passe-t-il si le propriétaire habite le même immeuble que le locataire ?
3) Est-ce que l'immeuble que le propriétaire donne en location est assuré à suffisance si le risque est assuré par le locataire ? Si tel ne devait pas être le cas, quel conseil pourriez-vous donner au propriétaire ?
4) Comment le sinistre est-il réglé en présence de plusieurs locataires alors que la responsabilité d'aucun d'entre eux ne peut être prouvée ?

---

541 Art. 1719 Code civil.

Chapitre 26

Le règlement de sinistre en assurance incendie

1– La base légale 494

2– La détermination de l'indemnité 496

3– Les formes de règlement 496

4– Vérifiez vos connaissances 497

I – LA BASE LÉGALE

1.1 L'impossibilité de réaliser un bénéfice

Comme l'assurance incendie est une assurance à caractère indemnitaire, elle ne peut jamais être une cause de bénéfice pour l'assuré ; elle ne lui garantit que l'indemnité des pertes réelles qu'il a éprouvées.

1.2 L'évaluation des pertes éprouvées

En cas d'incendie de propriétés bâties, la perte éprouvée est évaluée par la comparaison de la valeur p.ex. du bâtiment avant le sinistre avec la valeur de ce qui reste immédiatement après.

1.3 Le paiement de l'indemnité

L'indemnité est **payée en argent**.

Le contrat peut prévoir que l'indemnité soit versée au fur et à mesure de la reconstruction du bâtiment ou de la reconstitution du contenu. Partant du principe que l'indemnité est la contrepartie du risque pour lequel le preneur est couvert, cette disposition est justifiée.

En cas de **non-reconstruction**, l'**indemnité** de l'entreprise d'assurances peut être **réduite**[542]. Cette réduction ne peut en aucun cas dépasser 20 % de la valeur réelle des biens. En l'occurrence, il s'agit normalement des frais de main-d'œuvre que l'assuré n'a pas exposés. De l'avis de l'auteur le montant de la déduction maximale de 20 % et qui vise la main d'œuvre devrait être revu pour tenir compte de la réalité du marché de la construction.

Cette disposition est justifiée dans la mesure où elle permet d'atténuer les possibilités de fraude. La réduction ne peut cependant plus être invoquée si la non-reconstruction est due à un **juste motif** ou une **cause étrangère** à la volonté de l'assuré.

> **EXEMPLE :**
> À la suite d'un incendie une personne âgée ne veut plus reconstruire l'immeuble et préfère vivre à l'avenir dans une maison de retraite.

---

542 Art. 78 LCA.

En principe, le règlement de l'indemnité se fait dans les 30 jours suivant l'accord entre l'entreprise d'assurances et le preneur. À défaut de paiement dans ce délai, le preneur a droit à des intérêts de retard (taux légal).

> REMARQUE :
> L'approche des entreprises d'assurances diverge quant au point de savoir si le bâtiment doit être reconstruit sur le même emplacement ou à n'importe quel endroit du Grand-Duché de Luxembourg.
> La Cour de Cassation belge considère que les parties au contrat peuvent convenir qu'un bien doit être reconstruit aux mêmes fins que le bien endommagé et en Belgique[543].

1.4 Le bénéficiaire de l'indemnité en risque locatif et recours des voisins

Normalement, l'indemnité en cas de sinistre est due à celui qui a assuré le risque.

Cependant, en cas d'incendie d'un immeuble pris en location, l'indemnité de la part bâtiment due au locataire qui a fait assurer le risque locatif est dévolue au **propriétaire de l'immeuble**, à l'exclusion des créanciers de l'assuré. En d'autres termes : l'indemnité « bâtiment » payée au titre d'un risque locatif n'est jamais versée au locataire. Par contre, elle est directement payée au propriétaire de l'immeuble sinistré.

De même, l'indemnité due par l'entreprise d'assurances des risques du recours des voisins appartient exclusivement à ceux-ci. Le tout sans préjudice des droits du propriétaire ou des voisins, dans le cas où l'indemnité ne les couvrirait pas de la perte.

1.5 Créancier privilégiés et hypothécaires

L'indemnité versée par l'entreprise d'assurances est prioritairement employée pour la réparation ou le remplacement du bien sinistré[544]. Cette disposition est destinée à garantir au preneur d'assurance de reconstruire prioritairement l'immeuble endommagé par un incendie respectivement de reconstituer le contenu.

La partie de l'indemnité, qui n'est pas appliquée pour la réparation ou le remplacement du bien sinistré, est affectée au paiement de créances privilégiées ou hypothécaires dans la mesure où les créances ont fait l'objet d'une publicité ou d'une opposition à paiement.

---

543 L'assurance au Présent N° 26 du 5-9 août 2013, p. 3, Kluwer.
544 Art. 70 et 72 LCA.

2- LA DÉTERMINATION DE L'INDEMNITÉ

La détermination des dommages au jour du sinistre est faite selon les valeurs reprises au tableau ci-après :

BIENS ASSURÉS	VALEUR ASSURÉE
bâtiment	valeur à neuf au prix de reconstruction moins la vétusté dépassant 30% (ce pourcentage varie d'entreprise d'assuran-ces en entreprise d'assurances)
mobilier	valeur à neuf moins la vétusté dépassant 30%
effets vestimentaires	valeur à neuf moins la vétusté
animaux	valeur vénale abstraction faite d'une valeur de compétition
objets de valeurs, espèces et valeurs	valeur vénale au jour du sinistre
objets de valeurs, espèces et valeurs	valeur conventionnelle si prévue au contrat
collections de timbres et numismatiques	sur base des catalogues officiels
matériel	valeur à neuf moins la vétusté
marchandises	prix de revient au jour du sinistre
produits en cours de fabrication	valeur des matières premières

3- LES FORMES DE RÈGLEMENT

Partant du principe de la **bonne foi** de chaque assuré, les sinistres de moindre importance sont réglés sur base d'un état estimatif signé par l'assuré.

Normalement, les sinistres sont réglés de **gré à gré**, c'est-à-dire sur base d'une estimation des dommages d'un commun accord entre assuré et entreprise d'assurances.

À défaut de règlement de gré à gré, on recourt à l'**expertise contradictoire** à l'amiable. Dans ce cas, il est fait appel à deux experts dont l'un est nommé par l'assuré et l'autre par l'entreprise d'assurances. Les deux experts désignent un troisième expert chargé de les départager en cas de désaccord sur les points qui resteraient litigieux. En cas de litige, faute par l'une des parties de nommer son expert, ou par les deux de s'entendre sur le choix du troisième, ils sont nommés par le président du tribunal de l'arrondissement où le sinistre s'est produit, à la requête de la partie la plus diligente.

La décision des experts, statuant à la majorité des voix, est souveraine et irrévocable.

L'assuré ne peut en aucun cas **délaisser**, même partiellement, les **biens sinistrés** avant expertise c'est-à-dire qu'il ne peut ni les liquider ni les faire enlever. Cette disposition s'inscrit dans le principe du non enrichissement et de ne payer le seul sinistre et rien que le sinistre. Par ailleurs elle vise de faire obstacle à toute tentation de fraude et permet ainsi de protéger la mutualité de tous les assurés afin de ne pas se voir imputer la contrepartie d'une charge sinistre trop élevée.

4– VÉRIFIEZ VOS CONNAISSANCES

1) Expliquez le risque locatif ?
2) Qu'est-ce qui différencie le chômage immobilier d'une perte de jouissance des locaux ?
3) Qui prend en charge les frais médicaux survenus à l'occasion d'un incendie ?
4) Quels dommages peuvent-être réglés par la garantie pertes indirectes ?
5) À qui l'entreprise d'assurances paiera-t-elle une indemnité en risque locatif ?
6) Dans quel cas l'entreprise d'assurances ne peut-elle pas réduire l'indemnité ?
7) Lors d'un incendie, un pantalon de monsieur Weber est détruit. De quelle manière ce pantalon est-il réglé ?
8) Soit un immeuble dans lequel monsieur Schmit est locataire au 3e étage. Outre le risque locatif il a également assuré du contenu à hauteur de 86.000 € dans un contrat qui ne prévoit pas un premier risque. Lors d'un incendie dont monsieur Schmit est responsable, les pompiers doivent intervenir et l'eau s'écoule au 2e étage où Madame Thill est locataire. Lors du sinistre l'ensemble du contenu de monsieur Schmit est détruit dont la valeur effective s'élève à 150.000 €. Il doit quitter pour 3 mois l'appartement pris en location qui doit être repeint et doit se loger ailleurs. Dans l'appartement occupé par Madame Thill, le parquet qu'elle a mis en place doit être remplacé ainsi que le papier peint qui s'y trouvait au moment où elle a eu la jouissance de l'immeuble. Contrairement à monsieur Schmit, elle peut rester dans l'appartement mais ne peut pas occuper temporairement une des chambres. La fumée a causé des dommages à la façade de la maison voisine, qui doit être ravalée pendant le congé de monsieur Weber. Comment ce sinistre est-il réglé. Qui bénéficie de quelle indemnité ? Y a-t-il d'autres dommages à régler que ceux énumérés ci-avant ?

Chapitre 27

La tarification en assurance incendie

1 – Le mode de construction et la couverture	500
2 – La situation locale	500
3 – Le voisinage	501
4 – L'usage	501
5 – Règle du quart	501
6 – Taxe pompier	502

Dans une approche classique, les paramètres généralement retenus par les entreprises d'assurances dans la fixation de la prime incendie sont les suivants.

1– LE MODE DE CONSTRUCTION ET LA COUVERTURE

L'approche classique comprend :

CLASSE	CONSTRUCTION	DESCRIPTION
1	Massive	Historiquement on retrouve les pierres et le béton. A ce jour on rencontre des bâtiments partiellement en béton avec des façades ou autre parties totalement ou partiellement en métal ou en verre. Au niveau de la toiture on retrouve historiquement les ardoises et les briques. A ce jour on peut ajouter des couvertures en métal ou en verre dans lequel sont souvent intégrés des systèmes de production d'eau chaude et/ou d'électricité
2	Mixte	Les matériaux durs (pierre) prédominent
3	Légère	Le bois prédomine

REMARQUE :

Cette approche a été utilisée jusqu'à un passé récent par l'ensemble du marché. Actuellement, on trouve des dérogations à ce principe. L'énumération des différentes approches nous amènerait à identifier des entreprises d'assurances, ce qui n'est pas l'objet de la présente.

2– LA SITUATION LOCALE

Compte tenu de l'organisation des Services de Secours[545] dans tout le pays, le critère de tarification visant à accorder un taux de faveur pour les risques situés dans des villes disposant d'un corps de sapeurs pompiers professionnels a perdu sa raison d'être.

---

545 En l'occurrence sont visés les Corps de Sapeurs pompiers professionnels, la Protection Civile et le Service d'Incendie des différentes communes.

3 – LE VOISINAGE

Si des bâtiments jouxtent des exploitations particulièrement exposées à l'incendie (scierie, menuiserie, etc.) où une propagation de l'incendie est à craindre, une surprime est appliquée.

Le **voisinage** est **sans influence sur la tarification du risque locatif**, puisque le contrat d'assurance couvre la seule responsabilité du locataire vis-à-vis du propriétaire. Le risque, pour lequel doit le cas échéant répondre le locataire, est celui qui pourrait prendre naissance dans les locaux qu'il occupe et dont il serait responsable.

La partie contenu du contrat, souscrit par un locataire, a une double exposition au risque. D'abord, il faut savoir que le contenu appartient en personne au locataire sauf dans la mesure où il aurait loué un appartement partiellement meublé. Dès lors, un incendie pourrait survenir par la faute propre du propriétaire du contenu et avoir une cause extérieure aux locaux qu'il occupe. C'est justement ce risque extérieur qui pourrait être aggravé par un voisinage à risque. Si tel devait être le cas, un taux plus élevé pour la partie contenu du contrat est justifié.

4 – L'USAGE

L'usage d'un risque peut être :
- la simple habitation ;
- mixte c'est-à-dire habitation et commerce ou exploitation agricole ;
- commerce seul ;
- risque agricole seul.

5 – RÈGLE DU QUART

Dans les cas où un commerce est exploité dans un risque d'habitation et que la surface d'exploitation n'occupe pas plus d'un quart du bâtiment, on applique pour le bâtiment ainsi que pour le contenu se trouvant dans les autres parties du bâtiment les taux de prime du tarif du risque habitation.

6 – TAXE POMPIER

Pour mémoire : l'entreprise d'assurances est tenue de verser **6 %** de chaque prime incendie à l'État, en vue du financement du fonds d'équipement de la lutte contre l'incendie (**taxe pompier**).

Partie 6

Autres dommages aux biens

Chapitre 28 – L'assurance attentats et conflits de travail 505

Chapitre 29 – L'assurance tempête 509

Chapitre 30 – L'assurance dégâts des eaux 515

Chapitre 31 – L'assurance vol 523

Chapitre 32 – L'assurance bris de glace 539

Chapitre 33 – Les frais et pertes communs à certaines garanties 543

Chapitre 34 – Les catastrophes naturelles 551

Chapitre 35 – L'assurance combinée 557

Chapitre 36 – L'assurance défense et recours 565

Chapitre 37 – L'assurance protection juridique 571

Chapitre 38 – L'assistance 583

Chapitre 28

L'assurance attentats et conflits de travail

1 – Remarque préliminaire 506
2 – Définitions 506
3 – La garantie normale 507

1 – REMARQUE PRÉLIMINAIRE

En France, la couverture des dommages causés aux biens du fait d'actes de terrorisme ou de sabotage est obligatoire tandis qu'en Belgique la couverture du risque attentat et conflit de travail est obligatoire. Au Grand-Duché de Luxembourg, il n'y a pas de législation obligatoire en la matière. La loi sur le contrat d'assurance parle seulement des émeutes.

Pour compléter la gamme de leurs produits, certaines entreprises d'assurances du marché local offrent en combinaison avec la garantie incendie une couverture du risque attentat et des conflits de travail. Sont couvertes les conséquences d'attentats et d'actes de terrorisme et de conflits de travail, pour autant qu'ils ne s'inscrivent pas dans le cadre d'une guerre civile.

2 – DÉFINITIONS

2.1 L'attentat

- par **attentat** on entend toute forme d'émeutes, mouvements populaires, actes de terrorisme ou de sabotage ;

  REMARQUE :

  Suite à l'attentat contre le World Trade Center le 11 septembre 2001, qui a été un tournant incontestable dans la lutte contre le terrorisme, il n'y a d'après les informations de l'auteur pas eu de restrictions de couverture de la part des ré-assureurs, au niveau de la couverture attentat pour ce qui est des risques incendie habitations.
  Les grands risques (industriels) par contre se voient confrontés à une limitation de garantie par événement et année d'assurance.

- les **émeutes** sont des manifestations violentes, même non concertées, d'un groupe de personnes ; elles révèlent une agitation des esprits et se caractérisent par du désordre ou des actes illégaux ainsi que par une lutte contre les organismes chargés du maintien de l'ordre public, sans qu'il soit cherché pour autant à renverser des pouvoirs publics établis ;

  REMARQUE :

  Aux termes de la loi sur le contrat d'assurance, les émeutes sont couvertes d'office à moins qu'une clause conventionnelle n'exclue ce risque.
  Les violences urbaines en France du mois de novembre 2005 et ailleurs dans la suite n'ont d'après les informations de l'auteur pas eu de répercussion sur la couverture du risque au niveau local.

- les **mouvements populaires** sont des manifestations violentes, même non concertées, d'un groupe de personnes qui, sans qu'il y ait révolte contre l'ordre établi, révèlent cependant une agitation des esprits se caractérisant par du désordre ou des actes illégaux ;
- l'acte de **terrorisme** ou de **sabotage** est une action organisée dans la clandestinité à des fins idéologiques, politiques, économiques ou sociales, exécutée individuellement ou en groupe et attentant à des personnes ou détruisant un bien :
  - soit en vue d'impressionner le public et de créer un climat d'insécurité (terrorisme) ;
  - soit en vue d'entraver la circulation ou le fonctionnement normal d'un service ou d'une entreprise (sabotage).

2.2 Le conflit de travail

Un conflit de travail est toute contestation collective sous quelque forme qu'elle se manifeste dans le cadre de relations de travail, en ce compris :
- la **grève** qui est un arrêt concerté du travail par un groupe de salariés, employés, fonctionnaires ou indépendants ;
- le **lock-out** qui est la fermeture provisoire décidée par une entreprise afin d'amener son personnel à composer dans un conflit du travail.

3 - LA GARANTIE NORMALE

Sont couverts les dommages aux biens assurés :
- causés directement par des personnes prenant part à un attentat ou un conflit de travail,
- qui résulteraient de mesures prises pour la sauvegarde et la protection des biens assurés.

> REMARQUE :
> Si le contrat ne précise pas que la garantie est limitée aux seuls dommages directs, on peut raisonnablement estimer que les dommages indirects consécutifs aux dommages directs sont également couverts.

La couverture est normalement une extension d'un événement générateur : incendie, explosion, implosion et, le cas échéant, un bris de glace.

Les actes commis par le preneur d'assurance ou avec la complicité de son locataire, occupant, personnel ainsi que par les personnes vivant à son foyer sont toujours exclus.

> **Exemples :**
>
> Prenons à témoins les conflits réguliers de travail des routiers français. Lors d'un échauffement des grévistes pendant le blocage d'un poste frontalier, une vitre de la maison de monsieur Schmit est détruite par une pierre qui a été jetée. Dans ce cas, le dommage sera pris en charge par la garantie conflit de travail avec un recours éventuel contre l'auteur du dommage pour autant qu'il soit connu.
>
> Admettons en plus que, suite à la fenêtre cassée, la maison ne peut plus être chauffée convenablement et deux pièces sont inhabitables. S'agissant d'une conséquence directe du dommage couvert, l'entreprise d'assurances serait appelée à garantir.
>
> Les Schmit sont en manque de fuel et ne peuvent pas être ravitaillés parce que les camions citernes sont bloqués par les grévistes. Ce dommage ne serait pas pris en charge par l'entreprise d'assurances, puisqu'il ne s'agit pas d'une conséquence directe d'un dommage (incendie ou bris de glace) couvert.

Chapitre 29

L'assurance tempête

1— Remarque préliminaire...510
2— Définitions et garantie normale...510
3— Les garanties accessoires non payantes 510
4— Les exclusions spécifiques..511
5— Le règlement des sinistres...512
6— Vérifiez vos connaissances..514

1 – REMARQUE PRÉLIMINAIRE

L'assurance tempête ne peut être souscrite qu'**accessoirement** à une garantie **incendie**. En d'autres termes : l'assurance tempête ne peut jamais être souscrite seule.

2 – DÉFINITIONS ET GARANTIE NORMALE

L'assurance tempête couvre les **dégâts matériels** causés aux biens assurés par l'action directe du vent ou le choc d'un objet renversé ou projeté par le vent lorsque celui-ci a une force telle qu'il détruit, brise ou endommage, un certain nombre de bâtiments de bonne construction, arbres, etc. dans un rayon déterminé autour du bien sinistré.

En cas de doute, la station de météorologie la plus proche doit confirmer que le vent dépassait, au moment du sinistre une certaine vitesse qui peut varier d'entreprise d'assurances à entreprise d'assurances. La vitesse d'usage qui est considérée comme correspondant à une tempête est de 100 km/h.

> REMARQUE :
>
> S'il s'agit d'une tempête locale et qu'aucune station météo n'a pu enregistrer cette tempête, l'entreprise d'assurances considère qu'il y a eu tempête dès lors qu'il y a plusieurs bâtiments qui sont détruits.[546]

Partant du principe de l'exclusion mutuelle des risques, un sinistre tempête doit avoir un caractère accidentel et ne peut être couvert que pour autant que le risque à assurer est complètement couvert et fermé. En procédant de la sorte, l'entreprise d'assurance du risque tempête n'empiète pas sur le terrain de la couverture des catastrophes naturelles qui, le cas échéant, compte tenu de l'envergure ne permettent plus de retracer exactement toutes les circonstances de la survenance du sinistre.

3 – LES GARANTIES ACCESSOIRES NON PAYANTES

L'assurance tempête couvre dans les mêmes conditions que ci-dessus les dégâts matériels causés aux biens assurés par :

- la **grêle** sur les toitures ;

---

546 P.ex. le 28.07.1990 la tempête entre Esch-sur-Sûre et Vianden, et le 28.08.1990, la grêle dans la région Mamer/Capellen.

- le **poids de la neige** ou de la **glace** accumulé sur les toitures.

    REMARQUE :

    Tout comme dans les pays avoisinants, certaines entreprises d'assurances luxembourgeoises ont adapté leur couverture tempête et modifié le libellé de la garantie comme suit : assurance tempête-grêle et poids de la neige sur les toitures.

Par ailleurs, la garantie s'étend aux dommages de mouille causés par la pluie, la neige ou la grêle lorsque cette pluie, neige ou grêle a pénétré à l'intérieur du bâtiment assuré, du fait de sa destruction partielle ou totale par l'action directe du vent, de la grêle sur les toitures ou de la neige accumulée sur les toitures.

Sont pris en considération pour le même sinistre, les dommages de mouille qui ont pris naissance endéans un certain délai, suivant le moment de la destruction partielle ou totale du bâtiment assuré. Ce délai est normalement de 48 heures.

4– LES EXCLUSIONS SPÉCIFIQUES

Sont exclus :
- les dommages résultant d'un défaut de réparation ou d'entretien du bâtiment assuré ;
- les dommages occasionnés directement ou indirectement, même en cas d'orage, par les eaux de ruissellement, l'engorgement et le refoulement des égouts, par les inondations, le débordement des sources, de cours d'eau et, plus généralement, par les autres plans d'eau naturels ou artificiels ainsi que par les masses de neige ou de glace en mouvement ;
- les dommages aux bâtiments qui ne sont ni entièrement clos ni entièrement couverts (en l'espèce, on vise les bâtiments en voie de construction) ;
- les dommages résultant d'une responsabilité légale ou contractuelle de l'assuré ;
- les dommages :
    - causés à tout objet ou matériau fixé extérieurement au bâtiment alors même qu'il serait réputé immeuble par destination[547] ;

    REMARQUE :

    Pour des raisons commerciales certaines entreprises couvrent dans leurs produits haut de gamme des objets fixés à l'extérieur du bâtiment tel p.ex. les marquises (stores extérieurs).

---

547 Art. 525 Code Civil.

L'impact du vent est évidemment énorme sur de tels dispositifs une fois déplié complètement. Il se peut notamment qu'un coup de vent, sans pour autant qu'il s'agisse d'une tempête au sens contractuel d'un contrat d'assurance, peut causer des dommages assez considérables. Les marquises de dernières générations fonctionnent avec un détecteur de vent et un repliage automatique. Dans certains cas la vitesse de détection et le repliage conséquent n'est cependant pas suffisante pour éviter un dommage à la suite d'un simple coup de vent de sorte que toute indemnisation est exclue.

Voilà un bel exemple qu'un risque normalement exclu mais assuré sous le couvert d'une contrainte commerciale peut en fin de compte s'avérer comme contra productif dans la relation client – entreprise d'assurances.

- occasionnés aux éléments ou parties vitrés et plastifiés de construction ou de couverture, ainsi que ceux résultant de leur destruction partielle ou totale.

Ces dommages sont toutefois couverts lorsqu'ils sont la conséquence de la destruction partielle ou totale du reste du bâtiment. Cette approche varie légèrement d'entreprise d'assurances à entreprise d'assurances.

REMARQUE :

Compte de tenu de l'évolution des produits et de la pression du marché les contrats actuellement offerts sur le marché ont de plus en plus tendance à couvrir également les dommages causés à des objets fixés à l'extérieur de l'immeuble.

Suivant les entreprises d'assurances, sont encore exclus certains bâtiments suivant qu'ils sont construits en matériaux légers ou non, ainsi que les caravanes tractables et résidentielles.

5 – LE RÈGLEMENT DES SINISTRES

5.1 La définition de sinistre tempête

Sont considérés comme issu d'un seul et même sinistre, les dégâts qui se produisent dans un laps de temps de 48 heures après la survenance des premiers dégâts à l'objet assuré.

Cette approche repose sur une double justification :

- de par sa nature, une tempête dure un certain temps et n'est pas un phénomène éphémère ;
- pour les entreprises d'assurances qui appliquent une franchise, il n'y a qu'une seule fois application de la franchise, alors même qu'il pourrait s'agir de plusieurs sinistres endéans ces 48 heures. Le preneur qui, après 48 heures, à dater de la survenance du sinistre, a omis de prendre les mesures nécessaires pour couvrir

ou faire couvrir provisoirement le toit, ne saurait invoquer un deuxième sinistre (p. ex. pour dégâts causés par la pluie). Dans ce sens, il ne s'agirait plus d'un sinistre tempête mais d'un trou dans le toit qui est exclu en assurance tempête.

5.2 La règle proportionnelle

La règle proportionnelle est d'application, dans les mêmes conditions qu'en assurance incendie.

5.3 La franchise

Certaines entreprises d'assurances appliquent une franchise variant entre 10 et 15 % à appliquer sur l'indemnité tandis que d'autres entreprises d'assurances font abstraction de cette franchise.

5.4 L'exonération

Après la tempête Xynthia[548], se pose la question de savoir qui prend en charge les dommages causés par la tempête par un objet tombé ou projeté, au cas où la victime n'a pas souscrit :
- une assurance tempête pour les dommages causés à ses biens propres ;
- responsabilité civile vie privée et/ou responsabilité propriétaire d'immeuble pour les dommages causés à autrui.

En principe, le propriétaire et/ou gardien de l'objet tombé ou projeté est responsable pour les dommages causés à autrui à moins qu'il ne puisse s'exonérer de sa responsabilité en invoquant un cas de force majeure. Depuis les tempêtes de 1990 une exonération pour cause de force majeure est devenue difficile étant donné que des coups de vent qui peuvent atteindre les 134 km/h peuvent être considérés comme n'étant pas inhabituels ou extraordinaire pour le Luxembourg. Il appartiendra donc le cas échéant au juge d'apprécier un dossier et se prononcer si le gardien aurait pu prévoir la survenance du sinistre et prendre les dispositions nécessaires pour atténuer les conséquences. En présence d'un arbre tombé qui se trouve au bord d'une chaussée auquel nul soin n'a été porté pendant des années et qui en fonction de sa grandeur et de son poids a constitué un risque « prévisible », une exonération devrait s'avérer plus que difficile

---

548 28 février 2010.

6 – VÉRIFIEZ VOS CONNAISSANCES

1) Quand est-ce qu'on parle d'une tempête ?
2) Est-ce que la règle proportionnelle est toujours appliquée ?
3) Qui prend en charge les dégâts causés par la pluie à la suite d'une destruction partielle du toit par la tempête ?
4) Comment peut-on s'exonérer de sa responsabilité à la suite d'un arbre qui se trouve sur sa propriété et qui tombe sur le toit de la maison du voisin ?

Chapitre 30

L'assurance dégâts des eaux

1– La garantie normale 516
2– Les garanties accessoires non payantes 516
3– Les exclusions spécifiques 520
4– Vérifiez vos connaissances 522

1- LA GARANTIE NORMALE

L'assurance dégâts des eaux couvre les dégâts matériels causés aux biens assurés par les fuites d'eau et les débordements provenant des **conduites** se trouvant à l'**intérieur** des **bâtiments**, de toutes installations et appareils à effet d'eau et de chauffage reliés à une conduite d'eau, d'adduction et de distribution d'eau et d'évacuation des eaux pluviales et ménagères.

> REMARQUE :
>
> Compte tenu des dégâts importants que l'écoulement d'un liquide relié à une conduite peut causer, la couverture s'est étendue dans le temps bien au-delà de l'eau qui a donné son nom à la garantie. C'est ainsi que certaines entreprises d'assurances incluent l'écoulement de fuel de chauffage des citernes propres à la recevoir. Certaines entreprises d'assurances intitulent leur garantie en conséquence en précisant « dégâts des eaux et de combustibles liquides » alors que d'autres continuent à ne parler que de dégâts des eaux.

Même s'il n'est pas relié à une conduite d'eau, la garantie normale comprend également les dommages matériels causés par l'écoulement des eaux en provenance d'un aquarium et plus récemment de matelas à eau. Si à l'origine la garantie dégâts des eaux étaient limitée aux seuls sinistres dont l'origine remontait à une fuite d'une installation reliée à une conduite d'eau, l'aquarium et le matelas à eau sont bien des exemples pour illustrer l'évolution de la garantie pour des sinistres dans l'origine provient d'un récipient qui contient un liquide qui n'est pas forcément relié à une conduite d'adduction ou d'évacuation.

2- LES GARANTIES ACCESSOIRES NON PAYANTES

2.1 Dommages aux biens de l'assuré

L'assurance dégâts des eaux couvre également les dégâts matériels causés aux biens assurés par :
- les **infiltrations** (accidentelles) par les toitures de tout genre et provenant des eaux pluviales, de la fonte de la neige et de la glace ;
- la **rupture**, le dégorgement ou le débordement des chéneaux, des tuyaux de descente, des collecteurs d'eaux ou des conduites menant à la canalisation ;
- l'**écoulement** de **fuel** de chauffage hors des installations et citernes propres à le recevoir à l'intérieur du bâtiment. En l'occurrence

il faut cependant distinguer les dommages causés à l'intérieur de l'immeuble des dommages causés par l'écoulement de fuel en dehors de l'immeuble assuré. Les dommages causés à l'intérieur de l'immeuble sont couverts par la garantie dégâts des eaux alors que les dommages causés par l'écoulement de fuel à l'extérieur de l'immeuble constituent des atteintes à l'environnement et ne sont pas pris en charge par la garantie dégâts des eaux. Un tel sinistre est pris en charge par l'assurance de la responsabilité civile vie privée dans les limites prévues dans le contrat.

La perte de fuel à la suite d'un sinistre couvert est assurée dans certaines limites en fonction de l'entreprise d'assurances.

> REMARQUE 1 :
>
> Le libellé de garantie écoulement de fuel est normalement pris au sens large sans trop de restriction. Le sinistre classique auquel on est amené à penser est l'assuré qui perfore un trou dans un mur et endommage à ce moment la citerne de fuel.
>
> Mais quand est-il si l'origine du sinistre est externe et pour le surplus indépendamment de la volonté du preneur d'assurance ? Tel pourrait notamment être le cas si l'eau de pluie ou l'eau de la nappe phréatique entre dans le bâtiment et soulève la citerne à fuel, la renverse avec comme conséquence l'évacuation du liquide qui cause des dommages tant à l'intérieur de l'immeuble qu'à l'extérieur. La question qui se pose est de savoir si l'entreprise d'assurances peut être amenée à intervenir pour les conséquences d'un sinistre dont la cause n'est pas couverte en occurrence l'eau qui vient de l'extérieur ?
>
> Au-delà des dommages directs c.-à-d. ceux causés à l'intérieur de l'immeuble se pose, dans le cas qui nous occupe, la question des dommages consécutifs c.-à-d. les dommages causés à l'environnement par l'écoulement du fuel en dehors de l'immeuble couvert. La réponse à cette question n'est pas aussi évidente qu'on ne pourrait le penser. L'auteur s'interroge si dans un tel cas le preneur d'assurance pourrait le cas échéant s'exonérer en invoquant un cas de force majeur en se basant à la fois sur le fait que l'eau n'appartient à personne et sur le caractère tout à fait exceptionnel dans la mesure où la situation du risque n'est pas considérée comme zone potentiellement inondable, etc. Pour le surplus le preneur d'assurance, dans la mesure où aucune faute de construction ne pourrait lui être reprochée en ce qui concerne son immeuble, pourrait sur base de la responsabilité sans faute appeler la commune de la situation du risque en responsabilité en tant que gardienne de la rue à travers laquelle les eaux de pluie se sont écoulées en invoquant p.ex. le caractère prévisible de la non évacuation des eaux pluviales ou de fonte de neige. Tel pourrait notamment être le cas si la commune n'a pas pris les dispositions nécessaires pour évacuer les eaux dans une mesure qui est proportionnelle aux nombre des maisons et autres surfaces qui empêchent la pénétration de l'eau. Pour le surplus on pourrait être amené à réfléchir sur une co-responsabilité du promoteur qui aurait dû faire les recherches nécessaires avant de réaliser un ensemble constructible avec des conséquences éventuellement prévisibles.

REMARQUE 2 :

Les dégâts causés lors des opérations de **remplissage** des citernes à mazout ne sont **jamais compris** dans la garantie dégâts des eaux. En l'occurrence, l'entreprise chargée du remplissage de la citerne est seule responsable[549] sur base d'une obligation de résultat.

- les **frais de recherches** de fuite, d'ouverture et de fermeture des murs non occasionnées par le gel pour détecter la fuite, ouvrir et refermer les murs et planchers, si ces travaux sont en rapport avec un dommage assuré, causé au bâtiment et qu'elles proviennent de la réparation d'une conduite défectueuse à l'intérieur du bâtiment. Les frais de réparation des installations elles-mêmes sont cependant toujours exclus ;

> **EXEMPLE :**
> L'ouverture d'un plancher, la fermeture et remise en place du carrelage après réparation.

REMARQUE :

Pour des raisons commerciales, certaines entreprises d'assurances locales offrent dans le cadre d'un package la prise en charge des installations défectueuses à l'origine du sinistre. Si cette approche est commercialement défendable dans l'optique d'un consommateur de plus en plus orienté couverture tous risques, force est de constater qu'on s'écarte par des opérations pareilles de l'idée de base de la couverture et de la responsabilisation :
– du fournisseur dans le bon choix du matériel livré ;
– de l'assuré dans l'entretien du matériel acheté.

- les dégâts causés par le **gel** aux conduites et installations d'eau situées à l'intérieur des bâtiments, y compris les frais de dégèlement ainsi que les dépenses faites à cette occasion pour ouvrir et refermer les murs.

REMARQUE :

Pendant la période de gel, l'assuré doit, si les locaux ne sont pas chauffés, vidanger les conduites et réservoirs ainsi que les installations de chauffage non pourvues d'antigel en quantité suffisante[550].

2.1.1 *Comment protéger ses biens contre l'hiver*

(extraits d'une recommandation de l'UPEA (Union professionnelle des entreprises d'assurances belge) adaptée au marché luxembourgeois[551]

Prévenir vaut mieux qu'éponger

---

549 Obligation de résultat : Cour 27.01.1982.
550 Voir Annexe V « Comment protéger ses biens contre l'hiver ».
551 Extraits mis à disposition de l'UPEA.

Plusieurs mesures peuvent être prises au moment de la conception des installations de conduite de liquide de votre maison. Ainsi, il est indiqué de les doter de points de vidange ; on évitera que les conduites ne passent par l'extérieur dans des murs extérieurs, ou par des zones exposées au froid. Les bricoleurs veilleront à adopter des conduites présentant un diamètre adéquat.

Dès avant les grand froids, il est prudent de dégager les écoulements d'eau ainsi que les gouttières. On colmatera pour l'hiver les soupiraux à moins qu'une ventilation soit indispensable et vérifiera l'isolation des conduites et compteurs d'eau, l'ouverture des radiateurs dans les pièces inoccupées, où il faut prévoir des chauffages d'appoint si nécessaire. L'alimentation des robinets en façade ou assurant la desserte des jardins, garages et remises devra être coupée dès le premier gel. S'agissant des conduites, il existe des serpentins électriques à fixer aux tuyaux, qui garantissent qu'elles ne seront pas prises par le gel. On peut aussi, là où c'est possible, prévenir le gel en laissant couler un courant d'eau constant. Il est recommandé de ne pas laisser de casiers de boissons dans les lieux non chauffés : les bouteilles exploseraient et leur contenu pourrait causer des dommages.

Il est bon de rappeler que les conduites d'eau ne sont pas seules menacées : les canalisations de mazout pourraient être affectées par la formation de paraffine, qui peut occasionner une coupure du chauffage avec les dégâts qui s'ensuivraient ; on veillera donc à protéger ces conduites également ou à prévoir des additifs.

En hiver on évitera de quitter un bâtiment chauffage éteint ou en laissant les fenêtres ouvertes. Cette mesure est particulièrement recommandée pour ceux qui s'absentent pour les fêtes de fin d'année et lors des congés de sport d'hiver.

Lorsqu'une canalisation est prise par le gel, on s'efforcera de (faire) procéder à un dégel régulier en ménageant les matériaux et en évitant de causer un incendie si l'emploi d'appareil à air chaud ou à vapeur est envisageable, l'emploi de la lampe à souder entraîne des risques réels.

Enfin, après une période de froid intense, il est bon, lors du dégel, de se montrer particulièrement attentif à toute fuite, c'est le moment de vérifier l'état de la toiture et de visiter greniers, caves et autres lieux non habités où une fuite pourrait prendre des proportions importantes faute d'avoir été détectée à temps ;

C'est également le moment de casser les stalactites qui se seraient formés lors du gel.

2.1.2 Ce qu'il faut faire après un sinistre

En cas de sinistre il appartient à l'assuré d'intervenir sans délai pour limiter les dégâts. Il incombe donc de :
- couper d'abord l'électricité si la fuite se produit à proximité d'une installation électrique ;
- couper ensuite l'arrivée d'eau en prenant soin de vider l'installation et de refermer les robinets quand il aura été procédé à cette vidange ;
- retirer les objets endommagés de l'endroit menacé ;
- sécher et nettoyer les sol, murs et plafond qui ont été mouillés, ainsi que les objets imprégnés ;
- réunir ensuite les éléments de preuve nécessaires au règlement du sinistre (photos, devis etc) ;
- et enfin, déclarer au plus tôt le sinistre à l'assureur, le cas échéant en faisant appel aux services de son agent.

2.2 Dommages aux biens appartenant à des tiers

Lorsque la responsabilité de l'assuré est engagée à la suite d'un des événements assurés, l'assureur couvre :
- le risque locatif ;
- le recours des voisins et des tiers ;
- le recours du propriétaire pour perte de loyer.

3 – LES EXCLUSIONS SPÉCIFIQUES

Sont exclus les dégâts :
- occasionnés par les eaux de ruissellement des cours et jardins, voies publiques ou privées, par les inondations[552], débordements de sources, cours d'eau, plans d'eau naturels ou artificiels ainsi que par les infiltrations souterraines ;
- le refoulement des canalisations publiques ;

> **EXEMPLE :**
> Les eaux parviennent à s'évacuer de la propriété Schmit mais n'arrivent pas à rejoindre la canalisation publique.
> Il s'agit là d'un phénomène fréquent pour des maisons situées en aval d'une cité.

---

552 Sous réserve de ce qui est dit au point 3.5. inondation du chapitre 34 Les catastrophes naturelles.

> En effet, le diamètre de la canalisation publique avait été calculé pour un régime normal et, lors de la construction de la cité, on a omis d'adapter la canalisation aux nouveaux besoins.

- dus à l'humidité ou à la condensation ;
- causés :
  - par un incendie, une explosion, une implosion, la tempête, un ouragan, une trombe ou un cyclone ;
  - par des débordements et renversements de récipients ;
  - par le mérule dans la mesure où l'assuré aurait pu y remédier si elle avait été constatée en temps utile ;
  - lorsque le bâtiment est en cours de construction, de reconstruction ou de transformation dans les cas où un lien de causalité entre la survenance des dégâts et les travaux peut être établi ;
  - résultant d'un défaut d'entretien ou dus à une étanchéité mal conçue ou mal réalisée ;

    REMARQUE :
    Dans le chef d'un toit plat qui normalement est couvert e.a. par du roofing, le preneur d'assurance risque d'avoir un problème après une certaine durée de la mise en place de cette mesure d'étanchéité. En effet, en fonction de la qualité du roofing celui-ci ne remplira plus ses fonctions d'origine, ceci d'autant plus que les infiltrations éventuelles auront en l'espèce une origine horizontale. Dans le cas où l'étanchéité ne sera plus assurée parce que le matériel utilisé présente des défauts dont l'origine n'est pas accidentelle mais dus à l'âge et l'usure conséquente du matériel, l'entreprise d'assurances pourra invoquer un manque d'entretien et refuser son intervention. D'un autre côté elle pourra même invoquer que le preneur d'assurance n'aura pas pris les mesures adéquates face à une sinistre prévisible.

  - dus aux entrées ou infiltrations non accidentelles par des ouvertures telles que portes ou fenêtres.

Sont par ailleurs exclus :

- les réparations de toitures, ciels vitrés, terrasses, balcons, balcons formant terrasses, loggias et façades. Sont également exclus les dégâts occasionnés aux façades ainsi que les infiltrations à travers les façades, suite à la simple projection de la pluie, de la neige ou de la grêle ;
- les infiltrations à travers les gaines d'aération des fenêtres et les conduits de fumée ;
- les frais de dégorgement ;
- la réparation et le remplacement des conduites, robinets et appareils lorsqu'ils sont à l'origine des dommages ;
- les espèces et valeurs.

REMARQUE :

En fonction des entreprises d'assurances on trouve des exclusions spécifiques dans les caves des résidences dans lesquelles certaines mesures de précautions n'ont pas été prises. En l'occurrence il est recommandé de se renseigner d'avantage sur de telles exclusions éventuelles.

4– VÉRIFIEZ VOS CONNAISSANCES

1) Quels sont les conséquences possibles en cas de sinistre lors d'un transvasement de mazout et qu'elle couverture d'assurance couvre quel dommages ?
2) Comment sont réglés les dommages occasionnés par la pluie à la suite d'un oubli de la fermeture d'une fenêtre ?
3) Comment sont réglés les dommages de mouilles causés par l'infiltration de l'eau en provenance de l'eau d'extinction des pompiers à la suite d'un incendie dans l'appartement au-dessus du vôtre ?
4) Pourquoi les dommages causés par le mérule sont-ils exclus ?
5) Pourquoi est-il d'un point assurantiel délicat pour l'entreprise d'assurances de prendre en charge un robinet qui est à l'origine d'un sinistre dégât des eaux ?
6) Qui prend en charge, et sur base de quoi, les dommages dans la cave d'une maison en aval d'une nouvelle cité d'habitation causés par les eaux pluviales qui descendent la rue et que les canalisations publiques n'arrivent pas à évacuer ?

Chapitre 31

L'assurance vol

1– La garantie normale	524
2– Les garanties accessoires payantes	524
3– Les biens assurés et les limitations de garanties	527
4– Les mesures de prévention	527
5– Les exclusions spécifiques	532
6– La problématique des certains objets emportés avec soi	533
7– La réversibilité	534
8– Le règlement de sinistre	535
9– La tarification	537
10– Vérifiez vos connaissances	537

1- LA GARANTIE NORMALE

L'assurance vol couvre les **biens assurés** se trouvant à l'**intérieur** du **bâtiment** contre la disparition, la destruction et la détérioration du contenu résultant d'un vol :
- commis avec effraction ;
- suite à l'escalade ou l'usage de fausses clefs ;
- précédé ou suivi de meurtre, de tentative de meurtre, ou encore commis à l'aide de violence ou de menaces ;
- suite à une introduction clandestine ou par ruse.

> **EXEMPLE D'UNE INTRODUCTION PAR RUSE :**
> Un couple sonne à la porte et demande un verre d'eau pour le conjoint pris d'un léger malaise. Alors que l'assuré, induit en erreur, fait entrer le couple et s'apprête à servir de l'eau, celui-ci vole ce qu'il peut.

2- LES GARANTIES ACCESSOIRES PAYANTES

2.1 Les détériorations immobilières

L'entreprise d'assurances étend la garantie aux détériorations immobilières, y compris le bris de glace consécutif au vol ou à la tentative de vol.

> **EXEMPLE :**
> La glace de la porte-fenêtre de la cuisine est détruite par les voleurs au moment où ils entrent dans la maison.

2.2 Le vandalisme

En cas :
- de vandalisme (acte gratuit visant à endommager ou détruire un bien) ;
- d'actes de malveillance (acte intentionnel visant à nuire) ;

l'entreprise d'assurances intervient pour autant que les dommages se situent :
- à l'intérieur du bâtiment pour les maisons individuelles et ;
- dans les parties privatives des résidences clos et fermés.

> **Exemple 1 :**
> N'ayant rien trouvé qui les intéresse, les voleurs, par frustration, cassent les meubles.
>
> **Exemple 2 :**
> Dans une maison en voie de construction les vitres et la baignoire sont entreposées pour être montées dans les jours suivant. Pendant la nuit une personne s'introduit dans le bâtiment et asperge les vitres et la baignoire avec de la mousse de montage.
> Le dommage ainsi causé n'est pas pris en charge étant donné que le bâtiment n'était pas encore entièrement clos et fermé empêchant toute intrusion.

2.3 Vol dans une habitation donnée en location

Dans les cas où le propriétaire habite lui-même une partie du bâtiment donné en location, sa responsabilité civile peut le cas échéant être engagée vis-à-vis des locataires en raison d'un vol commis à leur détriment.

En cas de sinistre, même si le propriétaire n'habite pas lui-même l'habitation qui est donnée en location, la question de savoir quelle entreprise d'assurances doit intervenir pour les dommages causés, celle du propriétaire ou celle du locataire, donne le plus souvent lieu à un litige. Afin d'éviter des tensions inutiles entre entreprises d'assurances et dans l'intérêt d'un bon service au client, un accord entre compagnies faisant partie de l'ACA[553] a été trouvé visant à dire que c'est l'entreprise d'assurances du bailleur qui prend en charge les détériorations aux biens du bailleur, à l'exclusion des parties communes dans les copropriétés.

> **REMARQUE :**
> À l'exception d'une entreprise d'assurances regroupées dans l'ACA toutes les autres ont accepté cet accord.

2.4 Le vol dans les caves et greniers

Le vol dans les caves et greniers des résidences peut être couvert moyennant une clause spécifique insérée dans les Conditions Particulières alors que le vol dans les caves et greniers des maisons individuelles est couvert d'office.

La couverture du vol d'objets de valeurs et espèces en ces lieux varie d'entreprise d'assurances à entreprise d'assurances.

---

553 Association des Compagnies d'Assurances du Grand-Duché de Luxembourg.

2.5 Inhabitation au-delà d'un certain nombre de jours

Lorsqu'un immeuble est inhabité pendant un certain nombre de jours la garantie vol est suspendue d'office. Moyennant garantie accessoire, la garantie vol peut néanmoins rester acquise.

> REMARQUE :
>
> Cette garantie accessoire est particulièrement recommandée pour les personnes qui prennent des vacances de plus d'un mois et celles qui sont absentes pendant toute une saison.

La notion d'inhabitation au-delà d'un certain nombre de jours peut varier d'entreprise d'assurances à entreprise d'assurances. C'est ainsi que certaines parlent de 30 jours alors que d'autres vont jusqu'à 60 voire 90 jours en introduisant cependant des exclusions de certains objets assurés si le délai de 30 jours et dépassé.

Abstraction faite de la durée d'absence, il est toujours conseillé d'en informer son entourage immédiat – tel qu'un voisin avec lequel on entretient de bonnes relations afin que ce dernier jette de temps à autre un coup d'œil sur la maison inoccupée.

Dans sa brochure, Vacances en toute sécurité[554], la Police Grand-Ducale dans l'objectif de ne pas subir quelques mauvaises surprises à son retour, donne les conseils suivants :

- de vérifier bien avant la situation de sécurité de votre domicile et notamment les portes et fenêtres anti-effraction, le système d'alarme, les dispositifs d'éclairage. Pour avoir une meilleure visibilité sur tous les gestes et modèles d'équipements on peut se renseigner gratuitement au Bureau de Prévention du Crime à Luxembourg au tél. : 4997-2330 ;
- une bonne entente dans le voisinage est le premier pas vers une sécurité améliorée dans votre rue. Lorsque vous êtes absents, demandez à votre voisin de veiller sur votre propriété : Faites-lui part de votre départ en vacances et donnez-lui un numéro de téléphone où il pourra vous joindre en cas de besoin. Informez-le du passage éventuel de certaines personnes (famille…) à votre domicile pendant votre absence. Il pourra dès lors faire en sorte que votre maison paraisse habitée en :
    - vidant la boîte à lettres ;
    - ouvrant ou remontant les volets et les stores ;
    - allumant les lampes ;
    - sortant la poubelle.

---

554 http://www.police.public.lu/conseils_prevention/documents_telechargeables/Flyer-vacances_FR.pdf.

Sans pour autant vouloir voir dans chaque inconnu un voleur potentiel, n'hésitez pas à appeler la Police ((113) au cas où vous remarquez un comportement suspect aux alentours de votre maison ou celle de votre voisin ;
- faites part à **votre** commissariat de proximité de vos absences pendant les mois de juillet et d'août. Laissez vos coordonnées à la Police Grand-Ducale qui passera occasionnellement devant votre domicile, de jour ou de nuit afin de vérifier si tout est en ordre.

3– LES BIENS ASSURÉS ET LES LIMITATIONS DE GARANTIES

Ce sont les biens assurés appartenant à l'assuré, c'est-à-dire :
- le mobilier ;
- les objets de valeur ;
- les collections ;
- les espèces et valeurs, c'est-à-dire :
  - **espèces** : les billets de banque et pièces de monnaie en cours de validité (les billets qui n'ont plus de validité sont à ranger parmi les collections) ;
  - **valeurs** : les titres d'actions, d'obligations ou de créances, livrets d'épargne, lingots en métaux précieux, perles fines et pierres précieuses non montées.

  REMARQUE :

  Les espèces et valeurs sont uniquement assurables en vol[555] et la somme assurée est plafonnée (normalement un forfait p.ex.1.000 €).
- le matériel ;
- les marchandises.

4– LES MESURES DE PRÉVENTION

Compte tenu de l'augmentation du nombre de vol, certaines entreprises d'assurances exigent des mesures de prévention et limitent la garantie en cas d'absence de mesures adéquates. Parmi ces mesures on retrouve notamment :
- la conservation de bijoux et autres dans un contenant fermé à clef. Ce qu'il y a lieu d'entendre par contenant varie d'entreprise

---

555 Par opposition à la garnatie incendie.

d'assurances à entreprise d'assurances. Si certaines entreprises précisent qu'elles y voient un coffre-fort, d'autres parlent de contant sans trop le préciser ;
- l'obligation de fermer les portes à clefs pendant une absence de la maison ou pendant la nuit[556] ;
- un rabais de prime pour la mise en place d'un système antivol combinée avec un contrat d'entretien avec une société spécialisée en matière. En fonction des montants à couvrir la mise en place d'un système antivol deviendra néanmoins un critère d'acceptation du risque sans pour autant donner droit à un rabais de prime.

REMARQUE :

Compte tenu de la multitude des systèmes antivol qu'offre le marché, il est recommandé de s'informer sur l'efficacité du système à mettre en place et, au-delà, s'il donnera lieu à un rabais de prime. Le Bureau Conseil de la prévention du crime de la Police Grand-Ducale, 1 rue Pierre et Marie Curie, L-2957 Luxembourg-Ville (tél. 4997 2330) peut être consulté pour des renseignements sur l'efficacité d'un système antivol alors que votre entreprise d'assurances vous renseignera d'avantage si le dispositif mis en place donnera lieu à un rabais de prime.

En cas de vol de clefs, l'assuré est tenu d'en informer l'entreprise d'assurances et le remplacement conséquent des clefs et/ou des serrures compte parmi les mesures de prévention – protection contre des vols inexplicables en l'absence de traces d'une intrusion. Tout manquement à ce principe pourrait le cas échéant être préjudiciable à l'assuré.

4.1 Les mesures de protection mécaniques et électriques

Dans sa brochure relative aux mesures de Protection mécaniques et électriques[557], la Police Grand-Ducale donne une petite introduction en matière.

4.1.1 *La protection mécanique*

Les portes

Choisir de préférence un battant (vantail de porte) de constitution massive. D'habitude il est structuré en plusieurs couches de 40 à 60 mm d'épaisseur.

Les serrures cylindriques à pompe doivent fermer la porte au ras de l'armature, vissée de l'intérieur. L'armature de sécurité doit être constituée

---

556 Dans un jugement un assuré s'est vu refusé l'intervention de l'entreprise d'assurances pour avoir seulement verrouillé sa porte sans pour autant la fermer à clef (Gand (1re Chambre) 26 avril 2012, Bull. ass 2013/1 p 77).
557 Http://www.police.public.lu/conseils_prevention/documents_telechargeables/Flyer-Mesures_mecaniques_et_electriques.pdf.

d'un matériau résistant et être couverte d'une plaque de recouvrement contre le décrottage du cylindre.

Les châssis doivent être ancrés dans la maçonnerie.

Les cornières anti-pinces stabilisent la liaison entre la porte et le châssis du côté de la charnière et empêchent ainsi l'infraction.

Les serrures à verrou transversal offrent également une bonne protection, à condition qu'elles soient fixées solidement dans la maçonnerie.

Les fenêtres

La fermeture est le point faible de la fenêtre. Elle doit être équipée d'une armature de sécurité circulaire. Les tenons tournants doivent pouvoir s'engager tout autour du cadre, dans des nappes de pêne de sécurité de forme spéciale, en acier trempé.

Les poignets des fenêtres doivent être verrouillables.

Le vitrage doit être à l'épreuve de jets d'objets.

Les soupiraux, grillages et volets roulants

De l'intérieur, les soupiraux peuvent être renforcés par des fenêtres aveugles stables, en tôle d'acier ou par des grillages.

En guise de protection, les prises de lumière d'une cave (cour anglaise) peuvent être recouvertes de caillebotis stables, à mailles serrées.

Pour les grillages il convient d'utiliser des barreaux en acier d'une épaisseur d'au moins 18 mm.

Les intervalles entre les barreaux des grilles ne doivent pas dépasser les 12 cm.

Les barreaux sont à disposer en croix ou en losange et leurs extrémités doivent être ancrées dans la maçonnerie sur une profondeur d'au moins 8 cm.

Les volets roulants en plastique (jalousies) sont conçus pour protéger l'habitation du soleil ou des regards indiscrets, mais ils ne représentent en aucun cas une protection efficace contre l'effraction.

Il est conseillé de les doter supplémentairement d'une fermeture stable, qui rend l'arrachage plus difficile.

L'action de levage de l'extérieur est empêchée par des dispositifs de blocage, montés dans le tiers supérieur du rail ou dans le caisson du volet.

4.1.2 *La protection électrique*

L'éclairage

En éclairant de manière impromptue votre domicile vous pouvez prendre le cambrioleur par surprise.

L'éclairage réfléchi de votre propriété est d'autant plus important en automne et en hiver, lorsque les jours se raccourcissent et les nuits se rallongent.

Le détecteur de mouvements infrarouge externe actionne, dès que quelqu'un pénètre dans son champ, des projecteurs.

Le **système d'alarme** peut être conçu selon deux concepts différents :

la **volumétrie** – dispositif **intérieur** :

Ce système est à conseiller pour le scénario de protection d'un dépôt, d'un magasin ou de tout autre local non-habité. Le système prévoit la mise en place d'un certain nombre de détecteurs de mouvements la **périphérie** – dispositif **extérieur** :

Dans ce cas de figure toutes les ouvertures, portes et fenêtres des façades extérieures sont surveillées individuellement à l'aide de contacts magnétiques, montés sur les ouvertures et de détecteurs passifs de bris de verre montés sur les surfaces vitrées.

4.2 La sécurité par quelques gestes simples

Outre la protection mécanique et électrique de son habitation avec ou sans contrat d'entretien, quelques principes qui rentrent dans le bon sens de tout un chacun peuvent augmenter la protection de son bien.

Dans sa brochure[558], Prévention contre le cambriolage – La sécurité, par quelques gestes simples, la Police Grand Ducale recommande notamment :

- de veiller à ce que les plantations qui entourent votre maison soient aménagées de manière à ne pas offrir un abri visuel au cambrioleur. Une taille régulière s'impose ;
- de ne pas laisser traîner des moyens d'escalade (par exemple une échelle) qui traînent autour de la maison, qui facilitent la tâche au cambrioleur ;
- de veiller à disposer d'un interrupteur à l'intérieur pour des prises externes qui sont certes pratiques, mais fournissent aussi l'électricité aux outils du cambrioleur[559] ;
- de fermer toutes vos fenêtres et portes (aussi celle du garage) si vous vous absentez, ne serait-ce que pour un court moment ;

---

558 Http://www.police.public.lu/conseils_prevention/documents_telechargeables/Flyer-Prevention_contre_le_cambriolage_2008.pdf.
559 De l'avis de l'auteur cette recommandation est certes justifiée. Force est néanmoins de constater qu'à ce jour, du moins en ce qui concerne le risque du particulier, rares sont les cambrioleurs qui se baladent avec un appareil électrique avec en supplément une rallonge électrique alors que le marché offre plein d'outils sans fil.

- de fermer vos portes à clé en cas d'absence ;
- de ne jamais cacher votre clé à l'extérieur. Le cambrioleur découvrira la cachette ;
- de jamais laisser jamais la clé dans la serrure intérieure d'une porte en verre extérieure ;
- d'être conscient qu'une fenêtre basculante entre-ouverte offre un accès facile ;
- de ne pas laisser ni sommes d'argent liquide importantes, ni bijoux, à la vue de tout le monde, chez vous. Déposez-les dans un coffre-fort fixé dans le mur ;
- de ne pas ouvrir immédiatement la porte à une personne que vous ne connaissez pas. Utilisez l'œil d'espion et l'entrebâilleur ;
- de se rappeler que votre voisin est votre meilleur ami. La solidarité entre voisins est une forme conviviale de contrôle informel et social. C'est également un moyen de prévention efficace contre le cambriolage qui repose sur l'aide mutuelle et ne cause pas de coûts. Si vous êtes absent votre voisin peut vider votre boîte aux lettres, tondre le gazon, utiliser et rentrer vos poubelles, éclairer votre maison ou remonter vos jalousies ;
- d'alerter immédiatement la Police (appel d'urgence (113) si vous remarquez des personnes ou des véhicules suspects dans votre rue ou votre quartier.

5 – LES EXCLUSIONS SPÉCIFIQUES

Sont exclus les vols :
- simples résultant d'une négligence du fait de l'assuré (p.ex. clefs laissées sur la porte) ;
- la disparition inexplicable ;
- d'objets de valeurs ;
  - dans les caves et greniers en résidence ;
  - appartenant au personnel au service du preneur d'assurance ;
- d'objets se trouvant à l'extérieur (p.ex. le linge ou le mobilier de jardin) ;
- commis par les membres de la famille ;
- d'animaux ;
- les véhicules automoteurs et motos en ce compris les actes de home-jacking ;

REMARQUE :

L'exclusion du vol de véhicules automoteurs et de motos dans le cadre d'une assurance combinée habitation (ou garantie vol isolée) se justifie dans la mesure où cette garantie est assurable dans le cadre d'une assurance combinée auto puisque les objets ainsi assurés se trouvent le plus souvent en dehors de la situation du risque décrite dans les Conditions Particulières. Faire rentrer un véhicule ou une moto dans le contenu d'une garantie combinée habitation reviendrait par ailleurs à rendre au preneur d'assurances un service de moindre qualité puisque la garantie ainsi souscrite ne sortirait ses effets que dans la seule situation du risque reprise dans les Conditions Particulières. Pour le surplus ce serait contraire au principe de l'exclusion d'un risque dans un contrat d'assurance pour lequel une couverture spécifique peut être offerte.

- les cartes de crédits (suivant l'entreprise d'assurances).

REMARQUE :

En cas de perte ou de vol d'une carte de crédit, il y a lieu de faire immédiatement opposition. Dans un premier temps, cette opposition peut se faire par téléphone ou par fax. Dans la suite il est indispensable de faire suivre une opposition écrite, soit par lettre recommandée soit en se présentant auprès de la banque émettrice de la carte de crédit. En procédant de la sorte, il y a lieu de veiller à obtenir une pièce certifiant le dépôt d'opposition. Au cas où le détenteur ne se souviendrait plus du numéro de sa carte de crédit, il est possible de la faire bloquer en s'adressant à la CETREL, 10, Parc d'Activités Syrdal, L-5365 Munsbach, Tél. 49.10.10, en indiquant tout simplement le numéro du compte sur lequel les décomptes mensuels sont débités.

6- LA PROBLÉMATIQUE DES CERTAINS OBJETS EMPORTÉS AVEC SOI

D'une manière générale le contenu n'est assuré qu'à l'adresse indiquée dans les Conditions Particulières du contrat d'assurances.

En fonction des produits d'assurances et moyennant une prime adaptée en conséquence, le marché offre une extension de la garantie vol dans certains cas précis pour des objets portés avec soi. Tel peut notamment être le cas pour les appareils téléphoniques portables et les ordinateurs portables des étudiants.

REMARQUE :

Cette extension de garantie répond certes à une demande de la part du marché mais risque de s'avérer être une couverture qui pourrait décevoir le client en cas de sinistre. En effet, cette extension ne couvre que le seul cas de vol et non pas les autres dommages auxquels un tel objet pourrait être exposé tel que l'endommagement à la suite d'une chute. Afin de bénéficier d'une couverture complète en occurrence, l'auteur préconise plutôt une couverture tous risques que la simple extension au risque de vol.

Le fait de porter visiblement un portable dans la poche arrière de son pantalon ou dans une sacoche non fermée, peut être considéré comme une négligence dans le chef du client et aucune indemnisation ne serait payée.

Abstraction faite d'une couverture d'assurance, voici sans prétention d'être complet quelques numéros de provider locaux pour bloquer immédiatement votre puce téléphonique à partir du moment où vous avez constaté le vol de votre portable :
- Post Luxembourg 00352 8002 4321
- Tango 00352 691 700 777
- Orange 00352 8006 1606.

7– LA RÉVERSIBILITÉ

La réversibilité peut jouer à partir du moment où deux compartiments assurés sont concernés alors qu'il s'avère que l'un d'entre eux est sous-assuré. Il résulte de ce qui précède que la réversibilité ne peut jamais se substituer à une non assurance.

S'il devait s'avérer en cas de sinistre que la somme assurée pour « objets de valeurs » est insuffisante, un report de garantie peut être opéré depuis la somme assurée « contenu ». Le montant de ce report de garantie équivaut à un certain pourcentage de la somme assurée contenu (normalement 10 %).

> **EXEMPLE :**
>
> Admettons une somme assurée pour le contenu de 60.000 €. Dans l'optique de ce qui a été dit au point 2.3 « objets de valeurs du chapitre 23 « les biens assurés en assurance incendie » et partant d'une limitation de 30 %, la somme assurée pour objets de valeurs s'élève à (60.000 x 30 % =) 18.000 €. Dès lors, la somme assurée pour le contenu est ventilée de la sorte : objets de valeurs 18.000 € et mobilier proprement dit (60.000 – 18.000) = 42.000 €.
>
> Admettons encore qu'en cas de sinistre des objets de valeurs pour un montant total de 20.000 € soient volés. Normalement, il y aurait application d'une règle proportionnelle pour le poste objets de valeur.
>
> En l'occurrence, la clause « réversibilité » s'exerce à concurrence du pourcentage indiqué aux Conditions Générales. Dans notre cas, un maximum 10 % de 42.000 = 4.200 € en provenance du poste mobilier qui peuvent être transférés au poste objets de valeurs qui passera dès lors à 18.000 + 4.200 = 22.200 €.
>
> De ce fait, la règle proportionnelle précédemment invoquée est exclue.

8- LE RÈGLEMENT DE SINISTRE

Il est évident qu'en cas de sinistre, il appartient à l'assuré de rapporter la preuve relative à la propriété respectivement la détention des objets déclarés comme volés. Afin de faciliter ce rapport de preuve, il est recommandé de faire de temps à autre un inventaire des objets considérés comme précieux, de faire des photos qui permettent le cas échéant une indentification parmi des objets retrouvés et surtout garder les factures de tout objet dépassant un certain montant.

8.1 Les obligations de l'assuré

Dès la **constatation** du vol, l'assuré est obligé de :
- signaler le sinistre aux autorités (police) dans les 12 heures ;
- signaler le sinistre à l'entreprise d'assurances dans les 24 heures ;
- remettre à l'entreprise d'assurances dans les 5 jours, un relevé estimatif du contenu dérobé ou détérioré.

> REMARQUE :
>
> Il y a lieu de noter qu'il est dit « constatation » du vol et non pas « survenance ».

S'il est communément admis dans les assurances de dommages qu'il appartient à l'assuré de rapporter la preuve d'un sinistre, il a été jugé en matière d'assurance vol que l'assuré doit simplement créer à son profit une apparence en établissant la vraisemblance du sinistre et de ses conditions à l'aide de simples présomptions, et même de façon indirecte, par l'exclusion de toute autre hypothèse[560].

Pour accélérer le règlement d'un sinistre vol, il tombe sous le sens que la production de preuves à l'appui est d'une importance capitale. Outre le recours à la Police pour établir un constat des faits, la présentation de photos, tickets d'achats, extraits de carte bancaire ainsi que toute autre pièce certifiant la propriété des objets volés sont des éléments accélérateurs et indispensables pour un règlement rapide.

Rappelons dans ce cadre que l'obligation légale comme quoi l'assuré ne peut, de sa propre autorité, apporter sans nécessité au bien sinistré des modifications de nature à rendre impossible ou plus difficile la détermination des causes du sinistre ou l'estimation du dommage[561].

---

560 Cour 30 octobre 1985, 26, 362.
561 Art. 68 LCA.

Dans sa brochure[562], La lutte contre les cambriolages : une priorité policière, la Police Grand-Ducale donne de précieux tuyaux quant au **bon comportement à adapter sur le lieu d'un crime** :

C'est ainsi qu'après avoir fait appel à la Police et en attendant leur arrivé sur les lieux d'un crime qu'elle recommande :

- de ne toucher à rien pour ne pas effacer de traces et pour ne pas abandonner les vôtres sur le lieu du crime ;
- de ne rien ranger avant que toutes les traces soient sécurisées par la police scientifique ;
- de ne pas altérer le lieu du crime et de ne pas toucher aux objets, même pas à ceux qui ne vous semblent pas importants ;
- de ne rien jeter, même pas des restes alimentaires, des cendres, des ordures ou des liquides ;
- de ne pas activer la chasse de la toilette, de ne pas ouvrir les robinets et de ne pas déposer de vêtements ;
- de ne pas fumer sur le lieu du crime et de ne pas jeter votre mégot. ;
- de rester attentif : de noter la présence et les allers et venues de tierces personnes sur le lieu du crime. Ces indications peuvent être d'une grande importance pour les besoins ultérieurs de l'enquête ;
- d'interdire l'accès au lieu du crime aux badauds, mais aussi à vos connaissances ;
- de garer votre propre véhicule en dehors de l'enceinte du lieu du crime. Sinon vous pourriez effacer les traces pneumatiques du moyen de transport du cambrioleur.

8.2 La récupération des objets volés

Si les objets volés sont **retrouvés**, l'assuré doit en **aviser immédiatement** l'entreprise d'assurances. Il dispose d'un délai de 15 jours pour opter entre le délaissement de ses biens à l'entreprise d'assurances et leur reprise, moyennant restitution ou réduction de l'indemnité déjà payée par l'entreprise d'assurances.

Passé ce délai, il doit conserver l'indemnité, le bien sinistré restant alors la propriété de l'entreprise d'assurances.

Cette approche varie cependant d'entreprise d'assurances à entreprise d'assurances.

Si les objets volés sont **retrouvés après** le **paiement** de l'indemnité, on peut dire d'une manière générale que l'assuré aura le choix entre le délaissement à l'entreprise d'assurances et l'indemnité déjà payée.

---

562 Http://www.police.public.lu/conseils_prevention/documents_telechargeables/Flyer-La_lutte_contre_les_cambriolages.pdf.

Par contre, si les objets sont **retrouvés avant** que l'**indemnité** n'ait été **payée**, on retrouve d'une part l'approche décrite ci-dessus et, d'autre part, l'obligation de reprendre les objets volés moyennant prise en charge des frais de récupération et de remise en état éventuel.

9- LA TARIFICATION

Le tarif vol repose sur les bases suivantes :

9.1 Situation du risque

Les immeubles isolés présentent p.ex. un plus grand risque que ceux attenants à d'autres immeubles.

9.2 Mesures de protection

Les risques insuffisamment protégés sont plus exposés au vol que ceux pour lesquels des mesures adéquates ont été prises.

9.3 Nature du risque

Le risque est aggravé dans les lieux où il y a concentration d'objets de valeur pouvant engendrer des sinistres importants (p.ex. bijouteries, opticiens, articles photographiques, etc.).

9.4 Locaux non habités

Le risque de vol augmente nécessairement en cas d'absence prolongée. Lorsque les locaux sont inhabités pendant plus de 30 jours ininterrompus, certaines entreprises d'assurances demandent un supplément de prime.

10- VÉRIFIEZ VOS CONNAISSANCES

1) Qu'est-ce qu'on entend par réversibilité ?
2) Quelle est la particularité en assurances vol des objets remisés dans une cave d'une résidence ?
3) Dans quelles conditions un laptop emportés par un étudiant à l'université est couvert ?
4) Quelle est l'attitude par rapport aux dommages causés par un voleur en cas d'introduction dans une maison ?

5) Pendant combien de temps l'assuré bénéficie-t-il de la garantie vol en cas d'absence prolongée du risque couvert ?
6) Dans quelles conditions un acte de vandalisme est-il couvert ?
7) Dans quelle mesure le risque locatif a-t-il une influence sur la tarification en assurance vol ?
8) Expliquez le règlement de sinistre vol en présence d'un objet volé qui a déjà été indemnisé alors que l'objet est retrouvé
9) Quelle est la position de l'entreprise d'assurances en cas de vol d'une carte de crédit et quelles sont les démarches par ailleurs que l'assuré devrait entreprendre ?

Chapitre 32

L'assurance bris de glace

1 – La garantie normale 540
2 – Les frais de clôture provisoire 540
3 – Les garanties accessoires payantes 541
4 – Les exclusions spécifiques 541
5 – La tarification 542

1- LA GARANTIE NORMALE

L'assurance bris de glace couvre dans les bâtiments assurés, à la suite d'un bris accidentel, le **remplacement** :
- des vitrages et glace ;
- d'articles de miroiterie et de glace incorporés dans les meubles ou fixés à perpétuelle demeure.

Sont ainsi couverts les bris :
- non intentionnels dans le chef du preneur d'assurance ou d'une des personnes qui vit sous son toit ;
- par malveillance d'un tiers ;
- par la tempête, la grêle et les variations de température.

Sur base du principe de veiller à ce le dommage soit aussi minime que possible et d'éviter des frais accessoires inutiles, l'entreprise d'assurances bris de glace couvre le remplacement, abstraction faite d'une responsabilité dans le chef de l'auteur de dommage. Le cas échéant, l'entreprise d'assurances, par le biais de la subrogation, pourra se retourner contre l'auteur du dommage respectivement l'entreprise d'assurances de ce dernier.

> REMARQUE :
>
> Suivant l'entreprise d'assurances, on trouve les garanties accessoires de la garantie au bris de glace et de miroirs incorporés dans les meubles. Dans ce cas, le libellé de la garantie y fait référence.

2- LES FRAIS DE CLÔTURE PROVISOIRE

Les frais de clôture et d'obturation provisoires sont compris dans la garantie normale, c'est-à-dire la fermeture provisoire des lieux avec des moyens de fortune (planches, toile, ou verre de moindre valeur).

> RAPPEL :
>
> L'assuré doit faire toute diligence pour prévenir ou atténuer le dommage ; il doit, aussitôt que le dommage est arrivé, en donner connaissance à l'entreprise d'assurances, le tout sous peine de dommages et intérêts, s'il y a lieu.
> Les frais faits par l'assuré, aux fins d'atténuer le dommage, sont à charge de l'entreprise d'assurances.

3– LES GARANTIES ACCESSOIRES PAYANTES

Suivant les entreprises d'assurances, on rencontre les garanties accessoires payantes suivantes :
- les frais de peinture ou de gravure (décoration) ;
- les enseignes lumineuses ;
- les bris des parties vitrées des capteurs solaires ;

> REMARQUE :
> Pour ce qui est capteurs solaires le marché de l'assurance a développé plusieurs approches. Dans un premier temps on trouvait le seul remplacement des parties vitrés des capteurs. En fonction de l'évolution de la technique, on a vu le jour des panneaux dans lesquels la partie technique a été incorporée dans la partie vitrée. En cas de bris se pose dès lors la question supplémentaire de l'élimination des déchets dans un centre de recyclage. Dans la suite on a vu les premières assurances tous risques panneaux solaires jusqu'aux assurances qui prévoient l'ajout d'une couverture pertes d'exploitation.
> À l'intéressé de faire son choix qui est le plus approprié à sa situation.

- les bris accidentels des appareils sanitaires ;
- les plaques de cuisson vitrocéramique.

4– LES EXCLUSIONS SPÉCIFIQUES

Sont exclus les :
- dommages couverts au titre de l'assurance incendie, y compris les dommages dus aux explosions et franchissement du mur du son ;
- dommages occasionnés par la vétusté ou le défaut d'entretien des châssis, supports et soubassements ;
- égratignures et écaillement ;
- dommages lors de travaux aux châssis ;
- vitres et glace non encore posées ;
- dommages aux peintures, gravures et écritures (assurables suivant entreprise d'assurances).

5– LA TARIFICATION

La tarification bris de glace est fonction :
- du genre de verre ;
- de la grandeur de la vitre. Par grandeur au sens de la présente il y a lieu d'entendre des vitres dont les dimensions ou l'emplacement nécessitent la mise en place d'une infrastructure externe au bâtiment ;
- de son emplacement ;
- du caractère fixe ou mobile du châssis.

Chapitre 33

Les frais et pertes communs à certaines garanties

1 – Remarque préliminaire 544
2 – Les frais légalement admis 544
3 – Les frais facultatifs 545

1 – REMARQUE PRÉLIMINAIRE

Les frais et pertes suivants se rattachent aux garanties :
- incendie ;
- attentats et conflits de travail ;
- tempête ;
- dégâts des eaux ;
- bris de glaces

pour autant que la garantie à laquelle ils se réfèrent soit énumérée dans les Conditions Particulières.

Certains des frais et pertes sont couverts automatiquement, dès lors qu'ils s'inscrivent en tant que dommages indirects d'une responsabilité connexe encourue par le preneur.

Il est néanmoins d'usage que l'entreprise d'assurances limite son intervention en précisant si la couverture porte sur les seules suites matérielles et directes du sinistre.

2 – LES FRAIS LÉGALEMENT ADMIS

2.1 Les frais de sauvetage

La prise en charge des frais de sauvetage est légalement prévue[563] et représente les frais exposés par l'assuré pour prévenir ou atténuer les conséquences d'un sinistre **imminent ou déjà commencé**.

Cependant et afin de prévenir le risque de fraude quelconque, il est évident que l'entreprise d'assurances se réserve le droit de refuser ces frais si elle peut prouver qu'ils ont été faits inconsidérément[564].

2.2 Le frais de démolition

Les frais de démolition sont ceux nécessaires à la seule démolition. Ne sont donc pas visés par la présente les frais de dépollution qui peuvent être la conséquence de travaux de démolition à la suite d'un événement garanti.

---

563 Art. 64 LCA.
564 Voir chapitre 20 « Généralités sur l'assurance incendie », point 1.2.1. « Les garanties accessoires légales ».

3 – LES FRAIS FACULTATIFS

3.1 Les frais médicaux

Il s'agit des frais médicaux consécutifs aux dommages corporels subis par l'assuré ou par tout autre sauveteur bénévole.

Cette garantie est subsidiaire à tout remboursement auquel ces personnes ont droit, en vertu des dispositions légales ou réglementaires en matière de sécurité sociale.

Ne peuvent bénéficier de cette garantie les personnes qui, à titre professionnel ou volontaire, portent secours en tant que membres d'un organisme d'aide ou d'intervention.

> EXEMPLE :
> Admettons que l'huile servant à frire la fondue prenne feu. En essayant de combattre l'incendie, monsieur Schmit se brûle le bras.

3.2 Les frais de déblais et de dépollution

- les frais de **déblais**, de démolition et le cas échéant de nettoyage consécutifs à un événement garanti ayant atteint les biens assurés ;

> EXEMPLE :
> Enlèvement d'un revêtement mural endommagé par l'incendie.

- les frais de **dépollution** imposés par les autorités, après un événement garanti ayant atteint les biens assurés. Est couvert en particulier l'acheminement vers des centres de traitement spécialisés de déchets. Certaines entreprises d'assurances couvrent également le traitement et l'entreposage de produits polluants.

  REMARQUE :
  Cette garantie accessoire est plafonnée.

3.3 Les frais et honoraires d'expert

C'est-à-dire les frais et honoraires de l'expert que l'assuré a choisi pour fixer le montant des dommages consécutifs à un sinistre garanti.

L'expert est celui qui, en fonction de ses connaissances, est chargé de déterminer les causes d'un sinistre et d'évaluer le montant du dommage.

En pratique, l'expert intervient de la sorte :
- lorsque l'entreprise d'assurances estime le sinistre comme « important », il rend le client attentif au fait qu'il a droit aux services d'un expert ;
- lorsque l'entreprise d'assurances a fait procéder à l'estimation du sinistre alors que l'assuré conteste les conclusions. Dans ce cas, l'assuré a également droit à un expert.

3.4 Les pertes indirectes sur justificatifs

C'est-à-dire les frais pouvant rester à la charge de l'assuré suite à un sinistre ayant causé des dommages aux biens assurés alors qu'aucune autre garantie ne permet des les couvrir.

Cette garantie ne peut en aucun cas :
- compenser une insuffisance des montants fixés au titre d'une garantie souscrite ;
- se substituer à une garantie dont la couverture est assurable au moment de la souscription de l'assurance ;
- s'appliquer aux dommages électriques.

> **Exemple :**
> La maison des concubins Wagner et Hoffmann sise à Luxembourg Limpertsberg est partiellement détruite par un incendie. En attendant la fin des réparations, ils déménagent provisoirement à Walferdange dans un appartement. Pendant la durée des travaux de réparation, madame Hoffmann doit emmener son fils chaque jour de Walferdange au Limpertsberg.
> Les frais supplémentaires de ce déplacement sont pris en charge par l'entreprise d'assurances incendie de monsieur Wagner puisqu'ils sont la conséquence directe de l'incendie. Autrement dit, ils ne se seraient pas produits en l'absence du sinistre incendie.

3.5 Les frais de déplacement et de relogement

C'est-à-dire :
- les frais de **garde-meubles** (transport compris), de déplacement et de réinstallation des objets garantis dans l'assurance ;
- l'éventuelle différence entre le **loyer** que l'assuré est tenu de payer pour se **réinstaller**, pendant au maximum 18 mois après le sinistre, dans un autre local ou dans des conditions identiques et :
  - le loyer qu'il payait antérieurement au sinistre (cas du locataire) ;

– la valeur locative des locaux qu'il occupait (cas du propriétaire).

Les repas sont cependant toujours exclus.

3.6 Le chômage immobilier et la perte de loyer

L'approche pratiquée varie d'entreprise d'assurances à entreprise d'assurances.

D'une part, le chômage immobilier comporte la **privation de jouissance immobilière**, la perte de loyer et la responsabilité relative à l'une des situations ci-dessus énumérées. Pour une meilleure compréhension, il faut savoir qu'en l'occurrence on ne se trouve pas en présence d'une énumération de garanties qui se cumulent, mais qu'il s'agit d'une énumération alternative. En d'autres termes, c'est soit l'une soit l'autre garantie qui varie en fonction de la qualité de l'assuré et/ou de la partie lésée.

PROPRIÉTAIRE OCCUPANT	PROPRIÉTAIRE NON OCCUPANT	LOCATAIRE	
Perte de jouissance à titre personnel	Perte de loyer par son locataire	Compensation pour le propriétaire non occupant dans la mesure où le locataire ne peut pas s'exonérer de sa responsabilité	Perte de jouissance dans le chef du locataire dans la mesure où il peut s'exonérer de la responsabilité

Dans un esprit de transparence, la tendance à l'heure actuelle est de distinguer les garanties l'une de l'autre, et de ne plus offrir un package à garanties alternatives.

3.6.1 *Le chômage immobilier*

Le propriétaire comme assuré habite lui-même une partie de l'immeuble, et en tant que victime ne peut temporairement occuper la partie qu'il occupe.

Le chômage immobilier représente la **perte d'usage des locaux** qu'il ne peut utiliser temporairement en tout ou en partie. L'entreprise d'assurances indemnise cette perte pendant le temps nécessaire, à dire d'expert, à la remise en état des locaux sinistrés sans que ce délai puisse dépasser 18 mois.

L'indemnité n'est exigible qu'après l'achèvement des travaux de réparation ou de reconstruction.

Comme c'est le propriétaire qui occupe lui-même ses locaux, il n'y a pas de perception d'un loyer. Le calcul de la perte repose dès lors sur la valeur locative de l'immeuble ou de la partie de l'immeuble sinistré.

> **EXEMPLE :**
> À la suite d'un incendie dans sa maison que monsieur Schmit habite en tant que propriétaire, il doit être relogé. L'expert fixe la valeur locative de l'immeuble sinistré à 1.560.-€ par mois et la durée des travaux à 7 mois. Pour la période des travaux monsieur Schmit a trouvé un appartement pour lequel il doit payer 1.700.-€ par mois. Comment ce sinistre est-il réglé ?
> Dans un premier temps, l'entreprise d'assurances calcule l'indemnité du chômage immobilier comme suit.
> 7 mois x 1.560.-€ par mois = 10.920.-€
> Dans un deuxième temps, elle calcule les frais de relogement de la sorte :
> Loyer à payer 1.700.-€ moins valeur locative 1.560.-€ = 140.-€ par mois multiplié par la durée des travaux = 140 x 7 = 980.-€
> L'indemnité totale à laquelle monsieur Schmit aura droit s'élève dès lors à
> 10.920 + 980 = 11.900.-€

3.6.2 *La perte de loyer*

Dans ce cas, le propriétaire occupe une partie de l'immeuble, alors qu'une autre partie de l'immeuble est occupée par les locataires. Outre la partie que le propriétaire ne peut occuper lui-même, il souffre temporairement de la perte des loyers des parties que les locataires ne peuvent pas occuper.

La perte de loyer correspond au montant des loyers dont l'assuré, comme propriétaire occupant partiel, se trouve privé.

L'entreprise d'assurances indemnise cette perte pendant le temps nécessaire, à dire d'expert, à la remise en état des locaux sinistrés sans que ce délai puisse dépasser 18 mois. L'indemnité n'est exigible qu'après l'achèvement des travaux de réparation ou de reconstruction.

> **EXEMPLE :**
> Admettons que monsieur Ferreira soit propriétaire d'une maison qu'il habite et dont il a donné une partie en location à un travailleur immigré. Après incendie, cet immeuble ne peut être utilisé pendant une certaine période. La perte de monsieur Ferreira en tant que propriétaire, occupant partiel, est de double nature : d'une part, il ne peut pas utiliser les locaux qu'il occupait lui-même et, d'autre part, il subit la perte de loyer du locataire qui ne peut pas non plus habiter le risque.

3.7 La perte financière des locataires

Elles résultent pour l'assuré comme locataire des frais qu'il a engagés pour réaliser des **améliorations immobilières** ou **mobilières** qui deviennent la propriété du bailleur dès lors que, par le fait du sinistre :
- il y a résiliation de plein droit du bail ;
- en cas de continuation du bail, refus du propriétaire de reconstituer les améliorations telles qu'elles existaient au moment du sinistre.

> **EXEMPLE :**
> Madame Muller, locataire dans la résidence du Centre, a fait installer dans une niche une armoire portemanteau sur mesure d'une valeur de 2.500 €. Après sinistre, le propriétaire Schmit n'autorise plus Madame Muller à réinstaller cette armoire.

Chapitre 34

Les catastrophes naturelles

1– Notion 552
2– Cadre légal 552
3– La couverture contractuelle 553
4– Mesures de prévention – précaution 556

1 - NOTION

Une catastrophe naturelle peut avoir trois origines :
- **tectonique** qui peut déclencher un tremblement de terre, une éruption volcanique ou un tsunami ;
- **météorologique** qui peut entraîner un ouragan, un raz de marée, une inondation ou un feu de forêt ;
- **gravitaire** ayant pour suite un glissement de terrain, une avalanche voire l'impact d'un météorite.

Si, au Grand-Duché de Luxembourg, nous sommes à l'abri de sinistres tels que raz-de-marée, avalanches et éruptions volcaniques, il n'empêche que nous pouvons être touchés comme les autres pays par des phénomènes tels qu'inondations, tremblements de terre, etc.

2 - CADRE LÉGAL

Au Grand-Duché de Luxembourg, il n'existe pas de cadre légal ayant pour objet la souscription d'une couverture contre les risques émanant d'une catastrophe naturelle.

Les tempêtes dévastatrices de 1990, ainsi que les inondations de 1993 et 2016, ont contribué à relancer les discussions relatives à la couverture catastrophes naturelles mais l'ensemble des acteurs concernés n'a pu se mettre d'accord pour une approche commune visant à créer un cadre légal.

L'État a contribué partiellement pour subvenir aux suites des dommages causés par les susdites tempêtes et inondations. Il est cependant compréhensible que cette aide financée par la main publique ne saurait se répéter chaque fois et surtout en temps de crise.

Les problèmes majeurs rencontrés lors des discussions sur une éventuelle mise en place d'une couverture risque catastrophe naturelle ont tourné autour de la question de savoir si celle-ci :
- serait obligatoire ou facultative ;
- comprendrait une franchise et des exclusions ;
- comprendrait des mesures de précautions ;
- porterait uniquement sur les dommages directs ou également sur les dommages indirects en relation avec le sinistre.

Rendre l'assurance obligatoire aurait certainement contraint chaque souscripteur d'une assurance incendie à souscrire au risque catastrophe naturelle et forcément payer une prime pour un risque auquel, eu égard à sa localisation géographique, il ne serait jamais exposé.

> **EXEMPLE :**
> Le risque d'une inondation

D'un autre côté, les personnes les plus exposées aux aléas naturels auraient risqué de trop pénaliser la collectivité des assurés.

> **EXEMPLE :**
> Inondations répétitives, absence de mesure de protection, construction dans des zones inondables etc.

Finalement, il ne faut pas oublier les entreprises d'assurances qui, dans une configuration d'assurance obligatoire, seraient obligées d'accepter le risque. Le cas échéant pourraient-elles ne pas accepter des risques présentant un potentiel sinistre qui serait sûr et certain de se réaliser, donc trop vulnérable ?

> REMARQUE :
> La Commission Européenne a présenté un livre vert sur les assurances[565] contre les catastrophes d'origine naturelle et humaine dans lequel on pose un certain nombre de questions et notamment celle de l'adéquation et de la disponibilité des assurances contre les catastrophes.
> Les suites à donner à ce livre peuvent aux dires de la Commission être tant législatives que non législatives. Au moment de la rédaction de la présente, il est trop top pour avoir de plus amples renseignements à ce sujet et surtout l'impact au niveau d'une assurance obligatoire éventuelle au niveau national.

3 – LA COUVERTURE CONTRACTUELLE

Même s'il n'existe pas de couverture légale catastrophe naturelle pour un risque immobilier situé au Luxembourg, il ne faudra pas négliger le risque catastrophe naturelle en tant que tel.

Qu'advient-il si je suis victime d'un tel phénomène à l'étranger ou si un bien m'appartenant est endommagé ou détruit lors d'une telle catastrophe ?

---

565   16 avril 2013 http://europa.eu/rapid/press-release_IP-13-329_fr.htm.

3.1 Le dommage au véhicule

Pour un véhicule en déplacement à l'étranger dans les limites de la validité territoriale, l'entreprise d'assurances dégât matériel au véhicule étend sa couverture au risque émanant d'une catastrophe naturelle, si les mesures habituelles pour prévenir un tel dommage n'ont pas pu être prises voire empêcher sa survenance.

En fonction de la forme d'assurance dommage matériel au véhicule souscrite, une franchise peut être d'application.

Il ressort de ce qui précède que si jamais il y aurait une couverture obligatoire en matière de catastrophe naturelle pour les biens immeubles, celle-ci ne serait pas étendue aux véhicules au même titre que les véhicules sont exclus dans le contenu de l'assurance incendie.

3.2 L'assurance tous risques

L'assurance tous risques étend ses garanties aux dommages causés pour une catastrophe naturelle à des biens meubles. En l'occurrence, il s'agit principalement d'objets de valeurs, instruments de musiques, armes, de sports et de production et de reproduction du son et de l'image.

Pour tous ces objets, le même souci de prudence qu'en dégât matériel au véhicule dans le chef du propriétaire et/ou usager de ces biens est de mise.

Compte tenu des objets meubles dont question ci-dessus, le recours à la garantie tous risques se justifie dans la mesure où ces objets se trouvent très souvent en dehors du lieu indiqué dans les Conditions Particulières d'une assurance incendie.

3.3 L'assurance bagages

L'assurance bagages peut être conclue :
- soit en tant que contrat à part, à hauteur d'une somme assurée à convenir entre parties ;
- soit en tant que garantie accessoire dans le cadre d'un package payant de l'assurance combinée habitation à hauteur d'un montant forfaitaire en fonction du package.

La garantie bagages est normalement valable dans le monde entier, lors d'un séjour, voyage ou déplacement à titre privé en dehors du domicile habituel de l'assuré. Sous réserve des règles de protection et de prévention d'usage, sont couverts, dans le cadre qui nous occupe, la perte accidentelle et les frais de reconstitution des papiers d'usage.

3.4 La tempête

L'entreprise d'assurances couvre un bien immobilier entièrement clos contre le risque de tempête à partir du moment où le vent souffle avec une vitesse qui dépasse un certain kilométrage qui peut varier d'entreprise d'assurances à entreprise d'assurances. Si dans le passé cette vitesse était de 100 km/h, la tendance du marché est de revoir cette vitesse à la baisse.

Au cas où la vitesse prévue par l'entreprise d'assurances n'a pu être mesurée, les conditions de prise en charge par l'entreprise d'assurances sont également acquises si, dans un certain rayon du bien sinistré, d'autres constructions du même genre ont été endommagées.

3.5 Inondation

Même s'il n'y a pas de couverture légalement prévue pour couvrir les dommages causés par une inondation, ceci ne veut pas dire qu'aucune couverture n'est acquise. La garantie accessoire facultative dégâts électriques en assurance incendie couvre ainsi les dommages causés par une inondation aux parties électriques des appareils électriques, telles que la partie électronique d'un chauffage central, le moteur d'une machine à faire le linge alors qu'il tourne au moment du dommage, etc.

Pour le surplus depuis le 1.6.2017, les assureurs membres de l'ACA actifs sur le marché local non-vie s'engagent à offrir à ceux qui le souhaitent une couverture contre les risques liés aux inondations sous forme d'une garantie de base optionnelle. Chaque assureur peut, selon le libre jeu de la concurrence, offrir une couverture modulée et des garanties plus larges.

La charte de qualité de la couverture du risque inondation du 30 mars 2017 telle que publiée sur le site internet de l'ACA prévoit :

« La nouvelle garantie doit couvrir l'inondation *au sens large*, c'est-à-dire le refoulement des égouts publics, les débordements de cours d'eau suite à des précipitations atmosphériques (incluant la fonte de la neige), les glissements et affaissements de terrains suite à des précipitations atmosphériques ainsi que le ruissellement d'eau résultant du manque d'absorption du sol suite à des précipitations atmosphériques.

Cette nouvelle garantie s'adresse à toute la population du Luxembourg, sans distinction. Elle est destinée aux résidents luxembourgeois, personnes physiques, en complément de leur assurance Incendie. Chaque assureur doit laisser au client la possibilité de ne pas souscrire cette garantie.

La couverture doit prévoir une indemnité annuelle de base de **20 000 € par an et par sinistre** (bâtiment et contenu confondus) pour la population qui réside en zone de risque décennal avec une forte exposition au risque inondation (telle que cartographiée par l'Administration de la Gestion de l'Eau).

Pour les personnes qui résident hors zone de risque décennal, la couverture doit s'élever à une indemnité annuelle de base de **200 000 € par an et par sinistre** (bâtiment et contenu confondus).

Par ailleurs, les assureurs concernés sont tenus de sensibiliser la population sur l'utilité de souscrire à cette couverture. Ils s'engagent aussi à mener des actions ciblées pour permettre à leurs clients en portefeuille d'adapter leurs contrats pour qu'ils puissent également, s'ils le souhaitent, bénéficier aussi de cette garantie. »

4– MESURES DE PRÉVENTION – PRÉCAUTION

L'entreprise d'assurances, pour certains événements, n'intervient qu'à condition que le preneur d'assurance ait pris les mesures de prévention – précaution nécessaires pour éviter un sinistre éventuel. À titre d'exemple on peut citer l'obligation d'enlever sa voiture d'un endroit considéré comme potentiellement inondable alors que les eaux commencent à monter.

Dans un esprit que mieux vaut prévenir que guérir, chacun est donc bien conseillé de prendre ses dispositions une fois que les prévisions météo annoncent des orages ou des chutes de grêle.

Considérant que les objets qui se trouvent à l'extérieur ne sont normalement pas couverts contre le risque de tempête, il y aurait lieu de mettre à l'abri le mobilier le de jardin, les parasols, de rentrer les stores, de fermer les fenêtres etc. :

- pour les protéger contre leur propre endommagement ou destruction ;
- pour éviter qu'ils ne se transforment en objets volants pouvant causer un dommage à un tiers.

Dans la mesure où l'on dispose d'un garage, il y a lieu de rentrer son véhicule pour éviter l'impact de la grêle.

Au moins une fois par année on devrait nettoyer les caniveaux pour éviter qu'ils n'arrivent plus à accueillir les eaux de pluie et garantir leur évacuation normale.

Chapitre 35

L'assurance combinée

1− Le principe 558
2− Les événements assurés 559
3− Les sommes assurées bâtiment et contenu 560
4− La règle proportionnelle 560
5− L'indexation 561
6− Le tableau de garanties 562
7− Vérifiez vos connaissances 562

I – LE PRINCIPE

L'assurance combinée est un contrat qui, pour un même risque, couvre un **certain nombre de garanties** différentes. Les plus courantes sont les assurances combinées :

- des **particuliers** (ou encore habitation) ;
- des **artisans** et **commerçants** (ou encore PME/PMI) ;
- des **agriculteurs** et **viticulteurs**.

Pour mémoire, rappelons que le législateur prévoit qu'à défaut de convention contraire, lorsque, dans un même contrat, l'entreprise d'assurances s'engage à diverses prestations, la cause de résiliation relative à l'une des prestations n'affecte pas le contrat dans son ensemble. Si l'assureur résilie la garantie relative à une ou plusieurs prestations, le preneur d'assurance peut alors résilier le contrat dans son ensemble[566].

Le grand avantage classique d'une assurance combinée consiste dans le fait que :

- le preneur d'assurance a **un seul contrat** pour le même risque en lieu et place d'un contrat séparé pour chaque garantie ;
- la **prime** est généralement calculée forfaitairement (p.ex. en fonction d'une somme assurée, du nombre de pièces de la superficie développée, des m^2 ou des m^3) ;
- le **contenu** est garanti :
  - soit à concurrence d'une **somme assurée** fixée par le preneur d'assurance avec, le cas échéant, application de la règle proportionnelle ;
  - soit à concurrence d'une somme assurée au **premier risque** comprise dans une certaine fourchette et proposée par l'entreprise d'assurances ;
- sauf avis contraire du preneur d'assurance, le contrat est **indexé**.

Pour avoir une meilleure visibilité, le contrat est complété par un **tableau de garanties** destiné à résumer les garanties, les limites de garanties ainsi que les franchises éventuelles.

Comte tenu de l'évolution des marchés, les assurances combinées :

- offrent des prestations **package** qui font partie intégrante de l'offre et difficilement assurable à travers une garantie isolée ;
- s'orientent vers une logique d'**assistance** et de logistique à domicile.

---

566   Art. 19 LCA.

L'assurance combinée 559

2– LES ÉVÉNEMENTS ASSURÉS

Le tableau ci-après reprend les événements assurés les plus usuels.

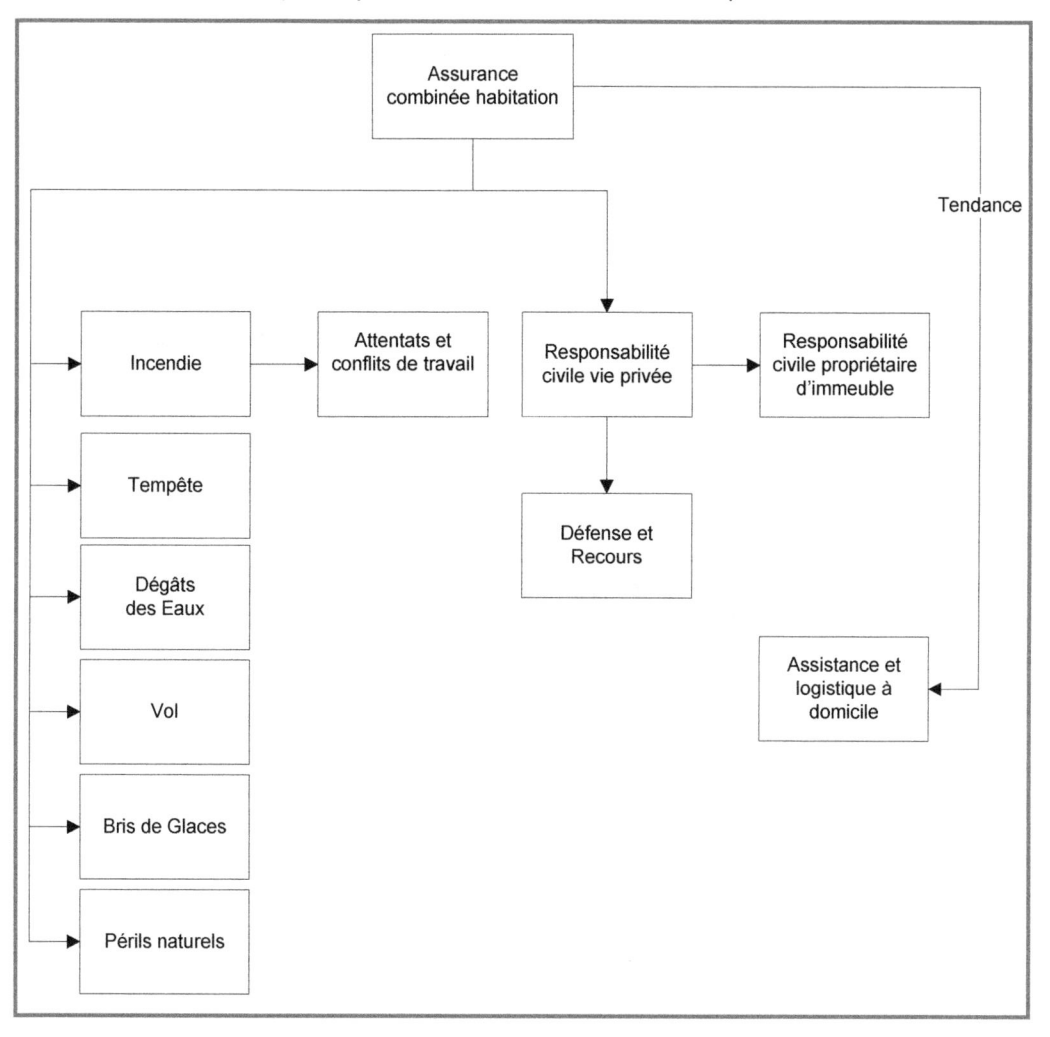

```
                      ┌──────────────────┐
                      │    Assurance     │──────────────────────────────┐
                      │combinée habitation│                              │
                      └────────┬─────────┘                         Tendance
        ┌──────────────────────┼──────────────────────┐
        │                      │                      │
   ┌─────────┐          ┌──────────────┐      ┌──────────────┐   ┌──────────────────┐
 → │ Incendie│    →     │  Attentats et│      │Responsabilité│ → │ Responsabilité   │
   └─────────┘          │conflits de   │      │civile vie    │   │civile propriétaire│
                        │travail       │      │privée        │   │  d'immeuble      │
                        └──────────────┘      └──────┬───────┘   └──────────────────┘
   ┌─────────┐                                       │
 → │ Tempête │                                       ▼
   └─────────┘                                ┌──────────────┐
                                              │  Défense et  │
   ┌─────────┐                                │   Recours    │
 → │ Dégâts  │                                └──────────────┘
   │des Eaux │
   └─────────┘                                              ┌──────────────────┐
                                                            │  Assistance et   │
   ┌─────────┐                                              │  logistique à    │ ←
 → │   Vol   │                                              │    domicile      │
   └─────────┘                                              └──────────────────┘

   ┌──────────────┐
 → │Bris de Glaces│
   └──────────────┘

   ┌──────────────┐
 → │Périls naturels│
   └──────────────┘
```

PROMOCULTURE - LARCIER

3 – LES SOMMES ASSURÉES BÂTIMENT ET CONTENU

Traditionnellement, le bâtiment est couvert à hauteur de la valeur entière de l'immeuble abstraction faite de la valeur du terrain. On trouve néanmoins sur le marché des variantes au calcul de la valeur exacte du bien à assurer. C'est ainsi qu'on trouve par ailleurs des approches reposant sur :
- la superficie ;
- sur le volume ;
- le nombre de pièces occupées ;
- …

Au cas où le preneur d'assurance a la qualité de locataire, il assurera le risque locatif à hauteur de la valeur ou d'un des critères ci-avant énumérés correspondant à la partie prise en location en ajoutant une proportion de +/– 10-15 % pour tenir compte des parties communes.

Afin d'éviter le cas échéant l'application d'une règle proportionnelle, le contenu qu'il appartienne au preneur d'assurance lui-même ou qu'il soit pris en location, est toujours assurable pour l'entièreté de sa valeur.

Au cas où l'entreprise d'assurances propose une couverture au premier risque, on est bien entendu à l'abri d'une éventuelle règle proportionnelle. Par contre, il ne faut pas oublier qu'on est son propre assureur pour le montant du dommage qui dépasserait la somme assurée.

4 – LA RÈGLE PROPORTIONNELLE

Il y a deux sortes de règles proportionnelles (RP)
- RP de primes ;
- RP de capitaux.

4.1 La RP de primes :

Dans ce cas, l'indemnité est calculée comme suit :

$$\text{montant du dommage} \times \frac{\text{prime payée}}{\text{prime due}} = \text{indemnité}$$

Elle est d'application dans les cas où le risque est plus élevé que le preneur ne l'avait signalé lors de la souscription ou encore lorsque le preneur a omis de signaler une aggravation de risque en cours de contrat.

4.2 La RP de capitaux

Dans ce cas, l'indemnité est calculée comme suit :

$$\text{montant du dommage} \times \frac{\text{valeur des biens assurés}}{\text{valeur des biens assurables}} = \text{indemnité}$$

Elle est d'application si la valeur des biens assurés est inférieure à la valeur des biens assurables.

> **EXEMPLE :**
> Une maison est assurée pour 175.000 €. Lors d'un incendie, le toit est détruit. La facture de la réparation s'élève à 50.000 €. Lors du règlement du sinistre, il s'avère que la valeur de la maison est de 225.000 €. Dans ce cas, l'indemnité à payer par l'entreprise d'assurances s'élève à :
>
> $$50.000 \times \frac{175.000}{225.000} = 38.889 \text{ €}$$

5– L'INDEXATION

Pour tenir compte du renchérissement du coût de la vie et de l'augmentation importante du coût des sinistres, les parties au contrat **peuvent** convenir de l'**indexation** des **polices**.

Si une indexation est prévue, elle est souvent liée à un avantage qui varie d'entreprise d'assurances à entreprise d'assurances, qu'on ne retrouve pas dans les contrats non indexés.

Les indices qu'on retrouve le plus souvent sont les suivants :
- l'indice bâtiment pour les biens immobiliers ;
- l'indice pondéré des prix à la consommation pour les biens mobiliers.

Sur le marché, on offre également la moyenne arithmétique des deux indices applicables. Dans ce cas, les capitaux immobiliers ainsi que les capitaux mobiliers sont indexés suivant le même indice.

6- LE TABLEAU DE GARANTIES

Comme l'assurance combinée couvre plusieurs garanties en même temps et qu'il s'avère parfois difficile d'avoir une vue globale de ce qui est couvert, les entreprises d'assurances introduisent peu à peu le tableau de garanties. Le tableau de garanties permet d'avoir une vue synthétisée des limites maximales des différentes garanties.

7- VÉRIFIEZ VOS CONNAISSANCES

1) Quelle est la différence entre un attentat et une émeute ?
2) En l'absence d'une preuve d'une station météo, comment le preneur d'assurance peut-il prouver qu'il y a eu une tempête ?
3) Pourquoi un sinistre tempête après plus de 48 heures de sa survenance n'est-il plus considéré comme étant un seul et même sinistre ?
4) Quels sont les risques qui sont exclus en assurances dégâts des eaux ?
5) Quelles dispositions particulières s'appliquent en cas de vol dans les caves et greniers ?
6) Quels sont les paramètres de tarification en assurance vol ?
7) De quelle option dispose le preneur d'assurance en cas de récupération des objets volés alors que la compagnie d'assurances a déjà réglé une indemnité ?
8) Quelles garanties sont payantes en assurance bris de glaces ?
9) Est-ce que le risque d'inondation est couvert ?
10) Quels sont les avantages d'une assurance combinée habitation ?
11) Monsieur Schmit est locataire au 2e étage de la Résidence du Centre. Outre son contenu à lui, s'y trouve également une armoire appartenant au propriétaire des locaux qui se trouve dans une pièce dans laquelle monsieur Schmit a remplacé la moquette par du parquet. En supplément du risque locatif, il a souscrit une assurance pour le contenu à hauteur de 110.000 €. À son retour à domicile il constate que la Police et les Pompiers se trouvent devant l'immeuble. Pendant son absence le locataire du 3e étage s'est rendu responsable d'un sinistre incendie d'une certaine envergure. Au moment où il peut accéder à son appartement, il constate que l'eau des pompiers commence à s'infiltrer chez lui. Le plafond est mouillé, depuis quelque temps des

gouttes tombent sur l'armoire remise dans la pièce dont question ci-dessus et les draps de son lit sont également mouillés. Par ailleurs, il doit constater qu'une personne a profité de l'occasion pour s'introduire chez lui et a volé un lap-top et un appareil photo. Qui paie quoi et sur base de quelle assurance ?

12) Les époux Schmit sont en train de construire une annexe à leur maison. Pendant leurs congés qu'ils passent annuellement en Espagne du 15 juillet à fin août, un violent orage accompagné d'une averse de pluie et d'une tempête avec des grêlons endommagent les velux de la maison dans laquelle le couple habite. Dans l'annexe, une partie du toit a été soulevée et les poutres sorties de leurs ancrages endommagent un mur. L'eau de pluie est entrée dans la maison en construction et certaines des vitres non encore montées ont été renversée et cassées. Plus tard, on constate qu'un éclair a fait sauter les fusibles de l'installation électrique de l'immeuble existant et de l'annexe en construction. Durant l'absence d'électricité pendant un certain temps, des denrées alimentaires dans le congélateur sont devenues inutilisables à cause d'une augmentation de la température. Malgré une installation d'alarme, des cambrioleurs ont essayé d'entrer dans la maison par la porte de la terrasse, mais ont probablement abandonné leur action au moment du déclenchement de l'alarme en laissant tout de même des dégâts importants sur l'armature de la porte. Comment ce sinistre est-il réglé, sur base de quelle couverture et, le cas échéant, quelle couverture aurait dû être souscrite pour prendre les dommages en charge ?

Chapitre 36

L'assurance défense et recours

1– Remarque préliminaire 566

2– Risques assures et limitations de garanties 566

3– Le règlement du sinistre 567

1 - REMARQUE PRÉLIMINAIRE

Les assurances de responsabilité civile comprennent, dans la majorité des cas, la garantie accessoire « Défense et Recours » visant dans le chef de l'entreprise d'assurances à assumer la défense de l'assuré ou d'exercer les recours qui en découlent.

La garantie « Défense et Recours » ne s'exerce que lorsque l'assurance responsabilité civile, à laquelle elle se réfère, est mise en œuvre.

2 - RISQUES ASSURES ET LIMITATIONS DE GARANTIES

2.1 La défense

En cas de poursuite pénale ou civile, les frais et honoraires pour la défense du preneur d'assurance, respectivement des personnes assurées, sont pris en charge par l'entreprise d'assurances. La couverture des frais n'est pas limitée à une ou plusieurs instances. La seule condition pour que la garantie prenne effet est qu'une infraction ait été commise.

Il est tout à fait logique que l'entreprise d'assurances prenne en charge les frais de défense de son assuré, puisque c'est elle qui est garante de la dette de responsabilité que l'assuré sera appelé à payer. En l'espèce, assuré et entreprise d'assurances ont une communauté d'intérêts.

> **EXEMPLE :**
> Monsieur Schmit heurte avec son véhicule un piéton qui franchit la route à une distance de plus de 50 mètres du passage pour piétons. Comme le piéton est blessé, monsieur Schmit est cité en justice pour répondre de son infraction, pour défaut de maîtrise au volant et coup et blessures involontaires. La garantie défense prend en charge les frais et honoraires de cette poursuite pénale et civile.

2.2 Le recours

L'assuré qui subit par la faute d'un tiers un dommage corporel ou matériel et qui n'obtient pas réparation directe auprès de l'auteur du dommage doit intenter une action en réparation. La garantie recours vise à mettre en œuvre et prendre en charge tous les moyens pour obtenir réparation.

> **Exemple :**
> Madame Thill heurte avec son véhicule un camion qui n'a pas respecté la priorité. Alors que le camion reste intact, le véhicule de madame Thill est réduit à un état d'épave. Madame Thill exige réparation près de l'entreprise d'assurances RC Auto du camion. Les frais de ce recours sont pris en charge par la garantie « Recours ».

2.3 Les franchises

L'entreprise d'assurances n'est pas tenue d'intervenir pour les litiges inférieurs à :

- 61,67 € pour une simple instance judiciaire et
- 1.239,46 € pour un recours en cassation[567].

2.4 Les montants garantis

La garantie varie selon l'entreprise d'assurances. C'est ainsi qu'on trouve des montants allant de 1.859,20-6.197,33 €[568]

3– LE RÈGLEMENT DU SINISTRE

3.1 Le libre choix de l'avocat

L'assuré a le **libre choix** de son avocat.

3.2 L'intervention de l'entreprise d'assurances et l'incidence sur le classement Bonus/Malus en RC AUTO

L'intervention de l'entreprise d'assurances pour un sinistre RC Auto n'a jamais d'incidence sur le classement dans le système Bonus/Malus RC Auto.

3.3 La prise en charge des frais de procédure civile et/ou pénale

Les frais de procédure civile et pénale sont pris en charge par l'entreprise d'assurances.

Par contre, les amendes restent à charge de l'assuré.

---

567 Ces montants non arrondis résultent de la conversion de l'ancien franc luxembourgeois en Euro (2.500 et 50.000).
568 En ancien francs luxembourgeois 75.000 – 250.000.

3.4 La fixation des montants à réclamer

Il incombe à l'assuré de fixer lui-même les montants à réclamer, en apportant à l'appui les pièces nécessaires.

L'entreprise d'assurances **ne peut** accepter aucune transaction **sans l'accord** de l'assuré.

> **EXEMPLE :**
> Monsieur Schmit prouve que son dommage porte sur 2.618 €.
> Lors des négociations avec l'entreprise d'assurances de la partie adverse, l'entreprise d'assurances de monsieur Schmit accepte l'offre transactionnelle de dédommagement forfaitaire de 2.500 €.
> Sans l'accord préalable de monsieur Schmit, l'entreprise d'assurances n'est pas habilitée à accepter cette offre de dédommagement.

Par contre, lorsque l'entreprise d'assurances estime que les prétentions de l'assuré sont contestables, elle peut refuser d'intervenir.

3.5 Le règlement du sinistre

Voir chapitre 36, « L'assurance protection juridique » sub 2.6.

3.6 Exemple de sinistre RC Auto, Défense et Recours et Fonds de Garantie Automobile

Pour son véhicule monsieur Weber a souscrit les garanties suivantes : RC Auto et Défense et Recours. Le 1er avril 2010, à un signal « STOP », monsieur Schmit heurte avec son véhicule celui de monsieur Weber qui se trouve devant lui. Sur place, les deux parties établissent un constat amiable.

Quelques jours plus tard, l'entreprise d'assurances de monsieur Schmit informe monsieur Weber qu'elle ne peut pas intervenir en sa faveur étant donné qu'elle n'assure plus le véhicule de monsieur Schmit depuis le 5 mars 2010.

- Quels sont les moyens d'actions de monsieur Weber pour obtenir une indemnisation de son dommage ?
- Qui va pouvoir l'aider ?
- Qui va payer le dommage matériel causé à son véhicule ?
- Quels sont le(s) recours possible(s) ?

QUESTION	BASE LÉGALE/ GARANTIE	RÉPONSE
Quels sont les moyens d'actions de monsieur Weber ?	Art 1384 al 1er du Code civil	Action directe contre monsieur Schmit sur base du droit commun.
	Loi RC Auto	Action contre l'entreprise d'assurances de monsieur Schmit ? Non : à la date de l'accident, la garantie RC Auto a cessé depuis plus de 16 jours si l'entreprise d'assurance RC Auto de monsieur Schmit a respecté la procédure suivante : notification de sortie du risque par par lettre recommandée à monsieur Schmit enregistrement de la sortie du risque au Ministère des Transports.
	Loi RC Auto	Recours au Fonds de garantie automobile ? Oui : car le tiers est identifié et sans assurance RC Auto valable.
Qui va pouvoir l'aider ?	Garantie défense et recours	L'entreprise d'assurances Défense et Recours de monsieur Weber – volet recours – va notamment saisir le Fonds de garantie automobile afin de permettre à son client, monsieur Weber, d'être indemnisé.
Qui va payer ?	Art 1384 al 1er du code civil	M. Schmit lui-même, soit amiablement, soit judiciairement. Compte tenu du fait qu'il s'agit en occurrence d'un accident de la circulation pour laquelle l'assurance RC Auto devrait normalement intervenir, toute indemnisation de la part d'une éventuelle couverture RC Vie Privée est exclue étant donné que cette dernière ne couvre jamais les sinistres assurables au titre d'une assurance rendue obligatoire par le législateur.
	Loi RC Auto	Le Fonds de Garantie automobile dans les mêmes limites qu'un assureur RC Auto.[566]
Quels sont le(s) recours possible(s) ?	Loi RC Auto	Si le Fonds de Garantie automobile intervient, il aura un recours illimité contre monsieur Schmit pour avoir conduit sans assurance RC Auto.

---

569 Pas d'application d'une franchise sur base de Ve Directive RC Auto à l'égard d'une victime d'un sinistre causé par un véhicule non assuré (même si le règlement grand-ducal du 11.11.2003 art. 12.a) la prévoit encore).

Chapitre 37

L'assurance protection juridique

1– Préambule 572

2– La base légale 572

3– Les formes d'assurances et les prestations 576

4– L'étendue territoriale 578

5– Les sommes assurées et les franchises 578

6– Les exclusions 579

7– La procédure de règlement sinistre 580

8– Vérifiez vos connaissances 580

1 - PRÉAMBULE

Si, dans le passé, le marché offrait accessoirement à une garantie responsabilité civile l'extension de garantie « Défense et Recours », les entreprises d'assurances préfèrent proposer à ce jour l'assurance « Protection Juridique » dont la couverture est plus étendue.

L'extension de garantie défense et recours ne sort ses effets qu'en relation avec un sinistre responsabilité civile, alors que la protection juridique s'étend à des litiges en l'absence de tout sinistre RC et intervient également en cas de litiges en matière contractuelle qui sont exclus en défense et recours. L'assurance de la protection juridique n'est pas pour autant une assurance de responsabilité puisque l'objet de la couverture est de prendre en charge les frais d'un litige et non pas l'indemnisation pour des dommages causés au patrimoine d'un tiers. L'objectif de l'entreprise d'assurances protection juridique est avant tout de résoudre le litige de manière amiable avant de s'engager dans des frais d'une procédure judiciaire. En procédant de la sorte, il répond par ailleurs à l'esprit du législateur dans sa mission d'information pour faire comprendre à l'assuré comment les choses en sont arrivés où elles en sont et qu'elles sont les solutions envisageables pour s'en sortir.

2 - LA BASE LÉGALE

La base légale est dictée par la législation sur le secteur des assurances[570] en tant qu'assurance de frais.

2.1 Définition

On entend par contrat d'assurance « protection juridique », le contrat par lequel une entreprise d'assurances s'engage, moyennant le paiement d'une prime, à prendre en charge les frais d'un différend ou d'un litige entre un assuré et un tiers et notamment les frais de procédure judiciaire et de fournir d'autres services découlant de la couverture d'assurance, notamment en vue de :
- **récupérer** le dommage subi par l'assuré, à l'amiable ou dans une procédure civile ou pénale ;
- **défendre** ou **représenter** l'assuré dans une procédure civile, pénale, administrative ou autre, ou contre une réclamation dont il est l'objet ;

---

570 Loi du 06.12.1991 qui s'inspire des dispositions prévues dans la directive CEE N° 87/344 du 22 juin 1987.

- **d'intenter** une **action** pour faire respecter les droits d'un assuré pour un préjudice qu'il a subi et dont un tiers est responsable.

Si en ce qui concerne les frais de procédures judiciaires on peut circonscrire les frais afférents, il est cependant plus difficile de savoir ce qu'il y a lieu d'entendre par frais pour d'autres services qui découlent du contrat d'assurance étant donné que le législateur n'y a pas apporté de précisions. La littérature assurantielle ne donne pas non plus une réponse claire et précise. Par opposition aux frais judiciaires proprement dit on pourrait dire qu'il s'agit des frais qui sont en dehors de la procédure proprement dite. S'agit-il dès lors des frais qui :
- doivent être en relation directe avec l'information de l'assuré qui n'est pas familiarisé avec le langage technico-juridique, l'instruction préalable du dossier et la procédure en tant que telle ;
- ou bien parle-t-on également de frais engagés pour un conseil et éviter que le litige ne soit porté en justice tel que frais engagés pour trouver une solution amiable etc. ?

De l'avis de l'auteur et conformément à l'esprit de la loi sur le contrat d'assurance, sont couverts tous les frais directs et indirects en relation avec le litige qui ne sont pas expressément exclus ou mis en évidence[571].

Dans certains cas, il se peut que néanmoins un conseil personnalisé pour guider l'assuré dans sa démarche soit préférable à une action en justice. Si tel devait être le cas, l'entreprise d'assurances protection juridique préféra cette approche avant d'aller plus loin.

Il résulte de ce qui précède que la couverture protection juridique ne saurait sortir ses effets en présence d'une partie adverse. D'où les exclusions logiques de toute action n'impliquant pas de partie adverse.

Compte tenu du fait qu'un risque doit toujours être futur et ne déjà avoir eu lieu au moment de la souscription du contrat, les entreprises d'assurances soulignent le caractère aléatoire du risque par l'insertion d'un délai d'attente[572] dans les Conditions Générales. Tel est notamment le cas dans la protection juridique auto.

On parle d'une défense :
- **civile** dans le cas où la partie adverse intente une action contre un assuré pour faire valoir ses droits ;

> EXEMPLE :
> Madame Thill est citée en justice pour un excès de vitesse combiné avec le retrait d'un certain nombre de points sur son permis de conduire.

---

571 Art. 16 LCA.
572 Le délai d'attente n'est pas systématique pour toutes les prestations.

- **pénale** dans le cas où l'assuré doit être défendu pour avoir commis une infraction pour laquelle il est cité en justice.

> **EXEMPLE :**
> Monsieur Schmit a heurté un cycliste au moment où il s'est engagé sur le parking d'un supermarché. Par la suite, il est cité en justice pour coups et blessures involontaires.

2.2 La police distincte ou la mention spéciale

L'assurance de la protection juridique doit faire l'objet d'un **contrat distinct** de celui établi pour les autres branches ou d'un chapitre distinct d'une police unique, avec indication du contenu de la garantie « protection juridique » et du montant de la prime correspondante.

2.3 Le libre choix de l'avocat par l'assuré lui-même

Dans toute procédure judiciaire ou administrative, lorsqu'il est fait appel à un **avocat** pour défendre, représenter ou servir les intérêts de l'assuré, celui-ci a la **liberté** de le **choisir**[573, 574, 575].

L'entreprise d'assurances ne peut en aucun cas, dans les limites de la garantie du contrat, porter atteinte à cette liberté de choix de l'avocat.

2.4 Le conflit d'intérêts

Dans le cadre du libre choix de son avocat, l'assuré y a également droit chaque fois que surgit un **conflit d'intérêts** entre lui-même et l'entreprise d'assurances.

On parle de conflit d'intérêts lorsque :
- il y a une **divergence d'opinion** entre l'entreprise d'assurances et l'assuré quant à l'attitude à adopter pour régler le différend ;
- l'**entreprise** d'assurances **couvre** deux ou **plusieurs parties** impliquées dans un différend.

---

573 Art. 94 LCA.
574 L'entreprise d'assurance ne peut pas non plus se réserver le droit de choisir elle-même l'avocat lorsqu'un grand nombre de preneur d'assurances sont lésés au titre d'un même événement CJCE, 2e chambre, 10 septembre 2009 – affaire C-199/08 Ehrhard Eschig/ Uniqa Sachversicherung AG.
575 Si l'entreprise d'assurance devait décider de procéder elle-même à l'assistance juridique ou bien si elle devait la déléguer, ceci ne doit pas interférer avec la liberté de l'assuré de choisir son avocat (CJUE, 8e ch, 7 novembre 2013, aff. C-442/12 S.c./Das Nederlandse Rechtsbijstand Verzeckeringsmaatschappij NV (L'argus de l'assurance N7338 du 22 novembre 2013 p. 27)).

En cas de conflit d'intérêt, l'entreprise d'assurances est obligée d'informer l'assuré de son droit de recourir à un avocat de son choix. Par ailleurs, cette information mentionnera également la possibilité de recourir à la procédure d'arbitrage.

2.5 L'arbitrage

En cas de divergence d'opinions entre l'entreprise d'assurances et l'assuré quant à l'attitude à adopter pour régler le différend, et notamment quant à l'opportunité d'engager ou de poursuivre une action judiciaire ou sur le montant du préjudice, cette divergence d'opinion peut être soumise à un arbitre désigné d'un commun accord par l'entreprise d'assurances et par l'assuré.

Faute de s'entendre sur le choix de l'arbitre, la nomination sera faite par ordonnance du juge des référés du tribunal d'arrondissement du domicile de l'assuré. Dans ce cas, chaque partie supporte la moitié des honoraires de l'arbitre.

Si avant tout arbitrage ou contrairement à l'avis de l'arbitre, l'assuré exerce une action judiciaire et obtient une solution plus favorable par rapport à l'avis de l'entreprise d'assurances ou de l'arbitre, l'entreprise d'assurances, dans les limites de la somme assurée, indemnise l'assuré des frais et honoraires exposés pour l'exercice de cette action.

2.6 Le règlement du sinistre

Toute entreprise d'assurances agréée pour l'exercice de la branche « protection juridique » doit adopter au moins l'une des solutions suivantes :

- aucun membre du personnel chargé de la gestion des sinistres de la branche « protection juridique » ou des conseils juridiques relatifs à cette gestion **ne peut exercer en même temps** une activité semblable :
    - pour une autre branche pratiquée par celle-ci, si l'entreprise est multi-branches ;
    - dans une autre entreprise ayant avec la première des liens financiers, commerciaux ou administratifs, que l'entreprise soit multi-branches ou spécialisée.
- la gestion des sinistres de la branche « protection juridique » est confiée à une **entreprise juridiquement distincte**. Il est fait mention de cette entreprise dans le contrat distinct ou dans un chapitre distinct, si la police couvre plusieurs risques. Si cette entreprise juridiquement distincte est liée à une autre entreprise qui pratique l'assurance d'une ou de plusieurs autres branches, les membres du personnel de cette entreprise chargée de la

gestion des sinistres ou des conseils juridiques relatifs à cette gestion ne peuvent pas exercer en même temps la même activité ou une activité semblable pour cette autre entreprise.

3- LES FORMES D'ASSURANCES ET LES PRESTATIONS

3.1 Les formes d'assurances

On connaît la protection juridique :
- du particulier ;
- des commerçants ;
- et les polices mixtes.

Dans l'assurance Protection Juridique du particulier, on englobe les différends et litiges gravitant autour de la vie privée dont les points principaux sont repris dans le tableau ci-après étant bien entendu que les différentes prestations sont couvertes soit sous forme de package soit sous forme de couvertures individuelles :

PROTECTION JURIDIQUE VIE PRIVÉE ET/OU FAMILLE	EXEMPLE DE SINISTRE
Recours civil	Le voisin de Monsieur Schmit tond le gazon et une pierre qui est projetée par la tondeuse endommage la voiture de Monsieur Schmit. Comme le voisin est insensible face à la réclamation de Monsieur Schmit, ce dernier fait appel à un avocat pour défendre ses intérêts.
Défense Pénale	En rase campagne Monsieur Weber heurte avec sa voiture une personne ivre mort qui couche sur la chaussée. Dans la suite il est inculpé pour homicide involontaire.
Droit du travail	Dans le cadre d'une restructuration de l'entreprise de construction auprès de laquelle il travaille depuis vingt ans, Monsieur Perreira est victime d'un licenciement abusif.
Juridiction sociale	Au moment de la préparation du dossier de sa retraite, Monsieur Weber rencontre des difficultés au niveau du calcul des majorations forfaitaires.
Contrat fournisseur	Un mois après la livraison et le montage de sa nouvelle cuisine, le couple Muller-Weber rencontre des difficultés avec le réfrigérateur. Le fournisseur ne veut rien en savoir et renvoie à une utilisation non conforme au guide utilisateur.
Défense civil	Le fils de monsieur Schmit a endommagé les lunettes de la fille Madame Weber en classe. La commune insiste sur le fait que le personnel enseignant n'est pas responsable pour des lunettes endommagées en classe.

PROTECTION JURIDIQUE AUTO	EXEMPLE DE SINISTRE
Litige contractuel	Monsieur Weber a remis ses pneus d'été en stockage chez son garagiste. Au printemps, le garagiste prétend qu'il a dû les liquider compte tenu de leur âge et refuse de compenser la perte.
Assistance permis de conduire	Malgré une erreur administrative pour la récupération de son permis de conduire, l'administration refuse de délivrer le permis.
Litige fiscal	Monsieur Gomes a payé dans les délais la vignette fiscale de sa voiture mais d'administration n'a pas eu le temps de délivrer la pièce justificative. Lors d'une vérification des papiers de bord, la police verbalise monsieur Gomes pour circulation malgré l'absence de la vignette fiscale.
Insolvabilité d'un tiers	Un tiers insolvable a fait des dommages à votre voiture.
Recours civil	Madame Muller conduit son véhicule sur une autoroute en dépassant successivement deux camions. Tout à coup elle entend un bruit et découvre une microfissure sur son pare-brise. Elle présume que l'origine du sinistre sont des cailloux qui sont tombés d'un des deux camions sans savoir duquel. Aucun constat amiable n'a été dressé. L'assuré souhaite une intervention de son entreprise d'assurances.

En fonction des entreprises d'assurances, la commercialisation des prestations se fait :
- soit avec ou sans un volet circulation/voiture
- soit à titre individuel ou pour une famille (ou personnes vivant sous le même toit).

3.2 Les prestations

Comme le précise la définition légale, l'assurance « protection juridique » est une assurance où l'entreprise d'assurances s'engage, moyennant le paiement d'une prime, à prendre en charge des frais de procédure judiciaire et de fournir d'autres services découlant de la couverture d'assurance.

La prestation de l'entreprise d'assurances se fait soit en nature soit en espèces.

La prestation en **nature** se fait essentiellement sous forme amiable et consiste notamment à rechercher un accord amiable avec la partie adverse. Une telle approche aura plus de chances de succès en présence d'un dossier bien préparé et, au cas où un arrangement à l'amiable ne devait pas aboutir, l'entreprise d'assurances protection juridique se substituera à l'assuré pour mettre en cause la partie adverse.

La partie prestation en **nature** comprend les frais et honoraires de tous les opérateurs intervenant dans le processus judiciaire et extra-judiciaire, les frais de justice et les frais d'exécution d'une décision judiciaire. En fonction du contrat, l'entreprise d'assurances peut prévoir une garantie caution remboursable.

Toujours en suivant le texte légal, le règlement d'un dommage peut se faire sous plusieurs formes :

3.2.1 *Régler le dommage à l'amiable*

En l'espèce, il s'agit de frais exposés en vue de régler le dommage subi par l'assuré de manière extra-judiciaire c'est-à-dire sans recours à une instance judiciaire. Tombent normalement dans cette rubrique les renseignements et conseils juridiques voire la simple information permettant de régler le litige à l'amiable.

3.2.2 *Régler le dommage dans une procédure civile*

Dans ce cas de figure, l'entreprise d'assurances prend en charge les honoraires de l'avocat chargé du dossier, les honoraires d'un ou des experts, les indemnités des témoins éventuels, l'ensemble des frais de procédure et, si besoin est, les frais de l'exécution forcée d'un jugement.

S'ajoutent à cette rubrique les frais de déplacement et de séjour près d'une juridiction étrangère ainsi que les frais de traduction.

3.2.3 *Défendre ou représenter l'assuré dans une procédure civile, pénale ou administrative*

L'approche de ce volet est identique à celle reprise sub. 3.2.2.

4- L'ÉTENDUE TERRITORIALE

L'étendue territoriale varie d'entreprise d'assurances à entreprise d'assurances. D'une manière générale, on peut dire qu'elle s'étend à toute l'Europe. Certaines entreprises d'assurances excluent certains pays de l'Est alors que d'autres couvrent les pays non européens limitrophes de la Méditerranée.

5- LES SOMMES ASSURÉES ET LES FRANCHISES

5.1 Les sommes assurées

Les contrats du marché local prévoient normalement la même somme assurée pour l'ensemble des prestations.

5.2 Les franchises

Afin d'éviter des abus, certaines entreprises d'assurances appliquent des franchises pour inciter l'assuré à la prudence et éviter les litiges de moindre importance.

6– LES EXCLUSIONS

D'une manière générale, on peut dire que sont exclus :
- les litiges en relation :
  - avec une guerre, des troubles civils et similaires, le risque atomique ;
  - les jeux et paris ;
  - avec une activité aléatoire ou spéculative ;
  - avec un fait intentionnel ;
  - avec une affaire de lotissement, remembrement rural et d'expropriation ;
  - avec un immeuble sauf convention spéciale insérée dans les Conditions Particulières du contrat ;
  - avec une procédure devant un tribunal constitutionnel ou une juridiction internationale ;
- les litiges relevant du droit familial et/ou successoral ;
- les amendes à charge de l'assuré.

> **EXEMPLES :**
> Lors d'une sortie mémorable, Messieurs Schmit et Weber se laissent aller au poker et perdent des montants assez considérables. Quelques jours plus tard ils réalisent les retombées de cette sortie et demandent à leur entreprise d'assurances si une action contre les autres joueurs du poker peut être ouverte en vue de la récupération de leurs pertes. Messieurs Schmit et Weber achètent online des billets pour assister à un match de football. Lors de l'entrée dans le stade il s'avère que les billets livrés sont falsifiés et l'accès au stade leur est refusée. Le lendemain ils intentent une action contre le site à partir duquel ils ont acquis les billets.

Les exclusions spécifiques à une forme d'assurance varient d'entreprise d'assurances à entreprise d'assurances et dépassent le cadre de la présente.

7- LA PROCÉDURE DE RÈGLEMENT SINISTRE

La procédure de règlement sinistre reprise ci-après s'inscrit dans la logique de la clause d'objectivité qui prévoit la prise en charge des frais d'un avocat si en cas divergence de vue entre l'entreprise d'assurances d'un côté et le preneur d'assurance de l'autre, le dernier obtiendrait gain de cause malgré un avis négatif de l'entreprise d'assurances[576].

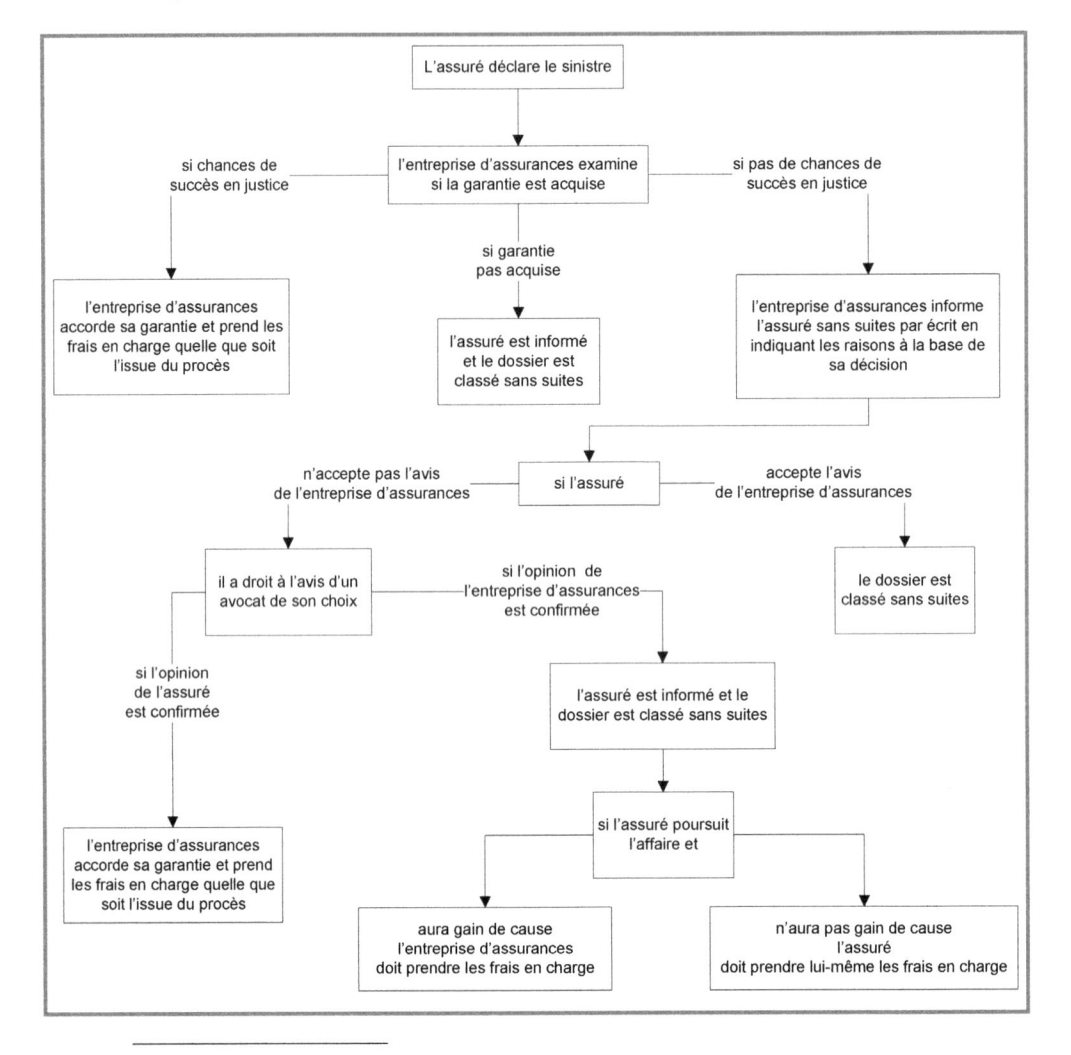

```
                          L'assuré déclare le sinistre
                                      │
                                      ▼
    si chances de          l'entreprise d'assurances examine       si pas de chances de
    succès en justice ←    si la garantie est acquise          →   succès en justice
           │                          │                                     │
           │                   si garantie pas acquise                      │
           ▼                          ▼                                     ▼
    l'entreprise d'assurances   l'assuré est informé          l'entreprise d'assurances informe
    accorde sa garantie et prend les   et le dossier est           l'assuré sans suites par écrit en
    frais en charge quelle que soit    classé sans suites           indiquant les raisons à la base de
    l'issue du procès                                                       sa décision
                                                                            │
                                                                            ▼
              n'accepte pas l'avis        si l'assuré         accepte l'avis
              de l'entreprise d'assurances ←   →   de l'entreprise d'assurances
                        │                                              │
                        ▼                                              ▼
              il a droit à l'avis d'un      si l'opinion de        le dossier est
              avocat de son choix           l'entreprise d'assurances   classé sans suites
                        │                   est confirmée
                        │                          │
         si l'opinion                              ▼
         de l'assuré                    l'assuré est informé et le
         est confirmée                  dossier est classé sans suites
                        │                          │
                        ▼                          ▼
              l'entreprise d'assurances       si l'assuré poursuit
              accorde sa garantie et prend    l'affaire et
              les frais en charge quelle que         │
              soit l'issue du procès    ┌────────────┴────────────┐
                                        ▼                         ▼
                              aura gain de cause         n'aura pas gain de cause
                              l'entreprise d'assurances  l'assuré
                              doit prendre les frais en charge   doit prendre lui-même les frais en charge
```

---

576   Art. 95 LCA.

8– VÉRIFIEZ VOS CONNAISSANCES

1) Quelle est la différence entre une garantie Défense et Recours et une couverture Protection Juridique ?
2) Pourquoi estimez-vous que les frais d'avocat pour un divorce sont exclus ?
3) Qui prend les frais en charge d'un procès que le preneur d'assurance continue malgré l'avis négatif de son entreprise d'assurances qui couvre la protection juridique et dans lequel le preneur d'assurance obtient gain de cause ?
4) Trouvez les erreurs dans le cas qui suit : monsieur Schmit est responsable d'un accident de la circulation alors qu'il a un taux d'alcool de 1,3 g/l dans le sang. L'entreprise d'assurances règle le dommage qu'il a causé à un autre véhicule et fait un recours pour l'ensemble de ses débours contre monsieur Schmit. D'autre part, l'entreprise d'assurances règle également les dégâts au véhicule et envoie dans les huit jours un courrier à son client pour l'informer qu'elle a réglé les dégâts par erreur et qu'il veuille bien la rembourser. Pour le dossier pénal, l'entreprise d'assurance charge Me Pascommode de la défense de monsieur Schmit et rappelle à son client les Conditions Particulières de son contrat qui prévoient qu'en cas de non-accord avec la partie adverse, ce sera l'expert Jesaistout qui sera appelé à départager les parties.

Chapitre 38

L'assistance

1– La base 584
2– Les prestations les plus usuelles 587
3– L'étendue territoriale 589
4– La tarification 589

I – LA BASE

L'objet de la garantie assistance consiste à mettre à disposition de l'assuré, dans les limites contractuelles d'un contrat temporaire ou annuel, une assistance lorsqu'il se trouve en difficulté au cours d'un déplacement ou d'une absence de son domicile ou de son lieu de résidence permanente. Cette assistance se fait :

- par la coordination de prestations en espèces ou en nature ;
- et dans la mesure où un contrat d'assurance couvre la prise en charge de certaines prestations.

Il résulte de ce qui précède que l'assisteur organise et coordonne la prestation alors que les frais en relation avec les services fournis par les corps de métier auxquels l'assisteur fait appel peuvent être assurés dans un contrat d'assurance tel qu'une assurance combinée ou auto.

> **Exemple :**
> Monsieur Schmit a perdu ses clefs pour rentrer dans sa maison. L'assisteur fait la recherche et organise les services d'un serrurier mais ne prend pas en charge la facture de son déplacement et le remplacement de la serrure. Ces frais sont le cas échéant couverts dans le cadre d'une assurance combinée.

L'exemple ci-dessus démontre à suffisance l'évolution de la garantie assistance. Si historiquement cette garantie visait principalement les difficultés médicales rencontrées lors d'un voyage dès qu'on avait quitté un certain rayon à partir de son domicile, les produits d'aujourd'hui offrent à travers les assurances auxquelles elles sont rattachées des solutions gravitant autour bien entendu des déplacements mais aussi du véhicule et de l'assistance pour le domicile. La tendance qui se dessine à l'horizon sont des produits dont le déclenchement n'est pas forcément lié à la survenance d'un sinistre tels que le soutien d'une population vieillissante et avant tout leur maintien à domicile. Dans ce domaine, l'ensemble de l'offre de l'assisteur ne pourra certainement pas être couvert par une assurance étant donné que l'aléa n'est pas donné dans tous les cas. On peut certes soutenir que certains soins seront incontournables mais le moment de survenance n'est pas connu. Vu sous cet angle on se rapproche des assurances à caractère forfaitaire de sorte que l'assurabilité du risque serait donnée ce qui n'est pendant pas le cas pour des prestations récurrentes. On s'orientera en occurrence probablement vers un mixe entre assurance et services pour organiser les prestations rattachées à l'offre.

REMARQUE :

L'assisteur ne pourra mettre à disposition des services que dans la mesure où il trouve un prestataire spécialisé dans le domaine recherché. En occurrence il a une obligation de moyens[577] et non pas de résultat. Une responsabilité de l'assisteur pourrait tout au plus être recherchée au cas où un assuré pourrait prouver des conséquences à son égard à la suite d'une absence ou d'une mauvaise organisation des secours. Par contre si à la suite d'une organisation en due forme des secours qui n'arriveraient cependant pas en temps utile sur les lieux ne sauraient engager la responsabilité de l'assisteur.

Il est donc erroné de croire que l'assisteur devra dans tous les cas offrir le service sollicité au même titre que l'assisteur ne pourra jamais s'engager à offrir dans tous les cas son service immédiatement même si ce terme est repris dans la Directive sur l'assistance[578]. Si immédiat se réduit à dire que l'assisteur, dès que l'assuré aura fait appel à ses services, s'occupera dans le cadre d'une plate-forme permanente et de manière d'urgence du dossier, l'auteur n'y voit pas de problème. Néanmoins si l'assuré s'attend à ce que le service sollicité soit servi de suite, la pratique du terrain ne saurait satisfaire à cette demande. Prenons deux exemples :

1. un assuré est tombé dans un ravin dans les montagnes et nécessite l'invention de secours et d'un médecin. Le secours en tant que tel est du ressort des corps locaux du lieu de survenance et l'assisteur ne saurait se substituer à leur mission ni non plus dans leur domaine de compétence. Une fois que l'état de la victime aura été déclaré comme stable et qu'un médecin aura attesté qu'elle est transportable, l'assisteur mettra tous les moyens en place pour son rapatriement ou le cas échéant pour amener un membre de la famille à son chevet. Si l'assisteur est responsable pour l'organisation de ce transport, les frais de la prestation proprement dite tombe sous la couverture d'une assurance qui est rattachée au rapatriement. Par temps normal ceci de ne devrait pas poser de problème. Or si dans le rayon d'intervention du rapatriement uniquement un hélicoptère ou avion sanitaire est disponible alors qu'il est le cas échéant déjà en mission ou si pour des raisons politico stratégiques les autorités ont la main sur tous les vol en hélicoptère/avion ou encore si la nuit, le vent ou le brouillard ne permet pas un décollage, la notion d'immédiateté devient relative. Pour satisfaire à sa responsabilité contractuelle, l'assisteur devra juste prouver qu'il a tout mis en œuvre pour organiser les secours ;

2. à la suite d'un accident en l'absence de blessés, une famille a besoin d'un véhicule de remplacement pour continuer son chemin. Si la Police à fermé tous les accès, ou si la route est impraticable à cause d'une inondation, en cas de verglas ou d'enneigement etc. l'assuré ne pourra pas faire valoir l'immédiateté de la prestation ceci d'autant plus que l'organisation des secours pour dommages corporels l'emporte sur les dégâts matériels.

---

577 Qui vise à tout mettre en œuvre pour y arriver sans engagement de pouvoir le faire.
578 Directive 84/641/CEE.

1.1 La branche assistance

La branche d'assurance assistance comprend ainsi :
- l'assistance aux **personnes** en difficultés au cours de déplacements ou d'absences du domicile ou du lieu de résidence permanente. Cette assistance est compartimentée en plusieurs segments :
  - pendant les loisirs et en vacances ;
  - en déplacement à pied, par la force musculaire à bicyclette et similaire, par la force mécanique en voiture, train, avion et bateau ;
  - tout ce qui gravite autour de la santé.
- l'assistance à des **objets** :
  - au domicile ;
  - aux moyens de déplacement et principalement à la voiture.

1.2 L'assistance aux personnes en difficultés hors de leur domicile ou résidence permanente

L'assistance aux personnes en difficultés hors de leur domicile ou résidence permanente consiste, moyennant le paiement préalable d'une prime, à prendre l'engagement de mettre immédiatement une aide à la disposition du bénéficiaire d'un contrat d'assistance lorsque celui-ci se trouve en difficulté par suite d'un événement fortuit, dans les cas et dans les conditions prévues par le contrat.

L'aide peut consister en des prestations en espèces ou en nature. Les prestations en nature peuvent également être fournies par l'utilisation du personnel ou du matériel appartenant au prestataire.

L'activité d'assistance ne couvre pas les services d'entretien ou de maintenance, les services après-vente et la simple indication ou mise à disposition d'une aide, en tant qu'intermédiaire.

1.3 Exclusions

Ne sont pas comprises dans la base légale, les sociétés d'assistance qui pratiquent une activité d'assistance lors d'un accident ou d'une panne survenue à un véhicule sur le territoire du Grand-Duché de Luxembourg et dont l'activité est limitée :
- au dépannage sur place, pour lequel l'entreprise utilise, dans la plupart des circonstances, son personnel et son matériel propres ;
- à l'acheminement du véhicule jusqu'au lieu de réparation le plus proche et le plus approprié où la réparation pourra être effectuée, ainsi que l'éventuel accompagnement, normalement par le même moyen de secours, du conducteur et des passagers,

jusqu'au lieu le plus proche d'où ils pourront poursuivre leur voyage par d'autres moyens.
- La condition que l'accident ou la panne soit survenus sur le territoire du Grand-Duché de Luxembourg n'est pas applicable, lorsque l'entreprise est un organisme dont le bénéficiaire est membre et que le dépannage ou l'acheminement du véhicule est effectué sur simple présentation de la carte de membre, sans paiement de surprime, par un organisme similaire du pays concerné sur la base d'un accord de réciprocité.
- à l'acheminement du véhicule, éventuellement accompagné par le conducteur et les passagers, jusqu'au domicile, au point de départ ou à la destination originelle, à l'intérieur du Grand-Duché de Luxembourg ;
- aux opérations d'assistance effectuées à l'occasion d'un accident ou d'une panne affectant un véhicule routier et consistant en l'acheminement du véhicule accidenté ou en panne à l'extérieur du Grand-Duché de Luxembourg, éventuellement accompagné par le conducteur et les passagers, jusqu'au domicile, lorsque ces opérations sont effectuées par l'Automobile Club du Grand-Duché de Luxembourg ;
- les cas de force majeure tel que raz de marée, éruption volcanique etc. ;
- le fait intentionnel et volontaire y compris le suicide
- les conséquences de maladies connues avant un déplacement
- les risques de guerre, de terrorisme.

À la suite d'un sinistre, l'assuré doit se mettre prioritairement en rapport avec l'assisteur afin de lui permettre d'organiser les secours. L'assisteur n'est pas tenu pour des frais engagés par l'assuré lui-même en l'absence d'une coordination entre parties.

2– LES PRESTATIONS LES PLUS USUELLES

Les prestations d'assistance sont divisées en assistance aux personnes ou véhicules et en assistance voyage.

2.1 Assistance aux personnes

Cette assistance s'exerce en cas de maladie, de blessures et du décès de l'assuré.

Sont notamment couverts :
- le transport/rapatriement du malade ou du blessé ;
- l'accompagnement du malade ou du blessé ;
- le retour et l'accompagnement des enfants ;
- le retour des autres assurés ;
- la visite à l'hospitalisé ;
- un chauffeur de remplacement ;
- une assistance en cas de décès ;
- les frais médicaux à l'étranger ;
- un envoi de médicaments à l'étranger ;
- le transport/rapatriement des bagages et des animaux de compagnie ;
- les messages urgents.

2.2 Assistance aux véhicules

Cette assistance concerne le véhicule et les passagers immobilisés en cas de panne, d'accident ou de vol du véhicule.

Sont notamment couverts :
- le dépannage – remorquage ;
- l'envoi de pièces détachées ;
- l'hébergement ou transport des passagers dans l'attente des réparations ;
- le transport/rapatriement du véhicule et des passagers immobilisés ;
- l'assistance en cas de vol du véhicule ;
- les frais de gardiennage ;
- le transport /rapatriement des bagages et des animaux de compagnie ;
- l'assistance à la remorque ou la caravane ;
- l'assistance aux bicyclettes et motocyclettes.

2.3 Assistance voyage

Cette assistance couvre les difficultés pouvant survenir au cours d'un voyage :
- la perte ou le vol de documents de voyage et de titres de transport à l'étranger ;
- la perte ou le vol de bagages ;
- le retour anticipé pour décès d'un proche ou pour sinistre grave au domicile ;

- la mise à disposition (c'est-à-dire l'avance) d'argent à l'étranger ;
- l'assistance en cas de poursuites judiciaires.

3– L'ÉTENDUE TERRITORIALE

L'étendue territoriale est en principe fonction de la prestation d'assistance souscrite.

Si la prestation véhicule est limitée le plus souvent aux pays que l'on peut « normalement » visiter sans grandes difficultés en voiture, l'étendue territoriale pour les prestations personne et voyage peut être étendue au monde entier.

4– LA TARIFICATION

La tarification est fonction :
- des prestations choisies ;
- du nombre d'assurés ;
- de l'inclusion du véhicule dans la garantie ;
- de l'étendue territoriale.

Dictionnaires

FRANÇAIS	ALLEMAND	ANGLAIS
À l'amiable	Auf gütlichem Wege	Out of court
À titre gratuit	Unentgeltlich	Free of charge
Acceptation du bénéfice	Annahme des Rechtsvorteil	Adoption of a benefit
Acceptation expresse	Ausdrückliche Annahme	Express acceptance
Acceptation tacite	Stillschweigende Annahme	Tacit renewal
Accident de trajet	Wegeunfall	Route accident
Action	Aktie	Company share
Agent d'assurance	Versicherungsagent	Insurance agent
Annulation	Annulierung	Cancellation
Assistance	Beistandsleistung	Assistance
Assurance bris de glaces	Glasbruchversicherung	Plate glas insurance
Assurance survie	Überlebensversicherung	Survivorship insurance
Assurance à paiements échelonnés	Versicherung mit mehreren Teilzahlungen	Payment in part insurance
Assurance combinée	Kombinierte Versicherung	Combined insurance
Assurance complémentaire	Zusatzversicherung	Additional insurance
Assurance de capital différé	Kapitalversicherung	Insurance for a lump sum

FRANÇAIS	ALLEMAND	ANGLAIS
Assurance de capital mixte	Gemischte Kapitallebensversicherung	Endowment insurance
Assurance défense et recours	Rechtsschutzversicherung	Legal expenses insurance
Assurance dégâts des eaux	Leitungswasserversicherung	Water pipe insurance
Assurance dotale	Aussteuerversicherung	Child endowment insurance
Assurance en cas de décès	Todesfallversicherung	Straight life insurance
Assurance études	Ausbildungsversicherung	Student term insurance
Assurance familiale	Familienzusatzversicherung	Supplemantary insurance family
Assurance incendie	Feuerversicherung	Fire insurance
Assurance individuelle accident	Private Unfallversicherung	Individual accident insurance
Assurance maladie	Krankenversicherung	Health insurance
Assurance nuptialité	Heiratsversicherung	Dowry insurance
Assurance obligatoire	Pflichtversicherung	Compulsory coverage
Assurance pour compte de	Versicherung für fremde Rechnung	Insurance for another person's account
Assurance prévoyance vieillesse	Altervorsorgeversicherung	Age provision insurance
Assurance rente viagère	Leibrentenversicherung	Life annuity insurance
Assurance responsabilité civile	Haftpflichtversicherung	Third party insurance
Assurance sur la tête d'un tiers	Versicherung auf fremdes Leben	Assured on the life of another person
Assurance sur plusieurs têtes	Versicherung auf verbundene Leben	Insurance on the life of another person
Assurance tempête	Sturmversicherung	Storm insurance

FRANÇAIS	ALLEMAND	ANGLAIS
Assurance temporaire solde restant dû	Risikolebensversicherung mit fallender Versicherungssumme	Residual mortgage debt insurance
Assurance terme fixe	Versicherung mit festem Auszahlungstermin	Term insurance
Assurance valeur partielle	Teilwertversicherung	Fraction value insurance
Assurance valeur totale	Vollwertversicherung	Whole / regular value insurance
Assurance vie	Lebensversicherung	Life insurance
Assurance vie en unités de comptes	Fondsgebundene Lebensversicherung	Unit linked insurance
Assurance vie temporaire	Risikolebensversicherung	Term policy
Assurance vol	Diebstahlversicherung	Theft insurance
Assurances de dommages	Schadenversicherungen	Indemnity insurance
Assurances de personnes	Personenversicherungen	Life health and personal accident insurance
Assuré	Versicherter	Person insured
Attentat	Attentat	Assassination attempt
Attestation	Bescheinigung	Written confirmation
Augmentation du risque	Risikoerhöhung	Addid perril
Augmentation tarifaire	Prämienerhöhung	Increase in premium
Avance sur contrat	Vorauszahlung auf den Versicherungsvertrag	Policy loan
Avenant	Nachtrag	Addendum
Barème d'invalidité	Invaliditätstabelle	Disablement scale
Bâtiment	Gebäude	Building
Bénéficiaire	Bezugsberechtigter	Beneficiary of
Bénéficiaire économique	Wirtschaftlich Begünstigter	Economic beneficiary

FRANÇAIS	ALLEMAND	ANGLAIS
Blanchiment d'argent	Geldwäsche	Money laundering
Cession	Abtretung	Assignment
Chômage immobilier	Nutzungsausfall	Loss of use
Clôture provisoire	Notverglasung	Provisorily vitrification
Coassurance	Mitversicherung	Coinsurer
Collections	Sammlungen	Collections
Conditions Générales	Allgemeine Bedingungen	General conditions
Conditions Particulières	Besondere Bedingungen	Specific/particular conditions
Conducteur seul	Nur für den Fahrer	Only the driver
Conflit de travail	Arbeitskonflikt	Industrial /labor conflict
Conflit d'intérets	Interessenkonflikt	Conflict of interests
Consentement de l'assuré	Zustimmung des Versicherten	Assent of the insured
Constat amiable d'accident	Verkehrsunfallbericht	Accident statement
Contenu	Inhalt	Content
Contrat d'assurance	Versicherungsvertrag	Insurance policy/ agreement
Coopération avec les autorités	Zusammenarbeit mit den Behörden	Cooperation with authorities
Courtier en assurance	Versicherungsmakler	Insurance broker
Couverture	Versicherungsdeckung	Insurance cover(age)
Crédit de prime	Prämiengutschrift	Credit entry
Déclaration de sinistre	Schadenanzeige	Notice of loss
Déductibilité fiscale	Steuerliche Absetzbarkeit	Taxe write off
Dégât électrique	Elektroschaden	Electrical claim
Dégât immatériel	Immaterieller Schaden	Incorporal damage
Dégât matériel	Sachschaden	Property damage

FRANÇAIS	ALLEMAND	ANGLAIS
Dégât matériel au véhicule	Fahrzeugschaden	Car damage
Dégât ménager	Haushaltsschaden	Household damage
Délai	Frist	Deadline
Délai de carence	Karenzzeit	Waiting period
Délit	Delikt	Offense / civil wrong
Déménagement	Umzug	Move of residence
Difficultés de paiement	Zahlungsschwierigkeiten	Financial difficulties
Diminution du risque	Risikoverringerung	Risk decrase
Document probant	Beweisurkunde	Exhibit in form of a document
Dommage	Schaden	Damage
Dommage consécutif	Folgeschaden	Consequential loss
Dommage corporel	Personenschaden	Bodily injury
Dommages et intérets	Schadenersatz	Compensation for damage
Droit commun	Allgemeinrecht	Substantive law
Durée	Versicherungsdauer	Term of insurance
Échéance annuelle	Jährlicher Erfallstag	Annual due day
Échelle bonus-malus	Bonus-Malus Skala	Bonus malus system/scale
Émeute	Aufruhr	Insurrection
Entreprise d'assurance	Versicherungsunternehmen	Insurance business enterprise
Étendue territoriale	Geographischer Geltungsbereich	Geographical aera of application
Examen médical	Ärztliche Untersuchung	Physical examination
Exclusion	Ausschluss	Exclusion
Exonération	Entlastung	Indemnification

FRANÇAIS	ALLEMAND	ANGLAIS
Explosion	Explosion	Explosion
Facture	Rechnung	Bill / Invoice
Faillite	Konkurs	Bankrutpcy
Faute	Verschuldung	Fault
Formation	Schulung	Training
Foudre	Blitzschlag	Lightning stroke
Frais de déblais	Aufräumungskosten	Cost of clearance of debris
Frais de gestion	Verwaltungskosten	Insurance expenses
Frais de sauvetage	Rettungskosten	Rescue costs
Frais de secours	Bergungskosten	Salvage costs
Franchise	Selbstbehalt	Own risk / self detention
Fraude	Versicherungsbetrug	Insurance fraud
Fréquence	Häufigkeit	Frequency
Gel	Einfrieren	Frost
Grêle	Hagel	Hail
Grève	Streik	Strike
Guerre	Krieg	War
Héritiers	Erben	Successors
Heurt de véhicule	Fahrzeugaufprall	Car crash
Impôts	Steuern	Taxes
Imputabilité	Zurechenbarkeit	Accountability / responsability
Indemnité	Entschädigung	Compensation
Indemnité journalière	Tagegeld	Day to day money
Indexation	Indexation	Index linked
Infiltration accidentelle	Zufälliges Einsickern	Accidental infiltration

FRANÇAIS	ALLEMAND	ANGLAIS
Intermédiaire en assurance	Versicherungsvermittler	Insurance agent
Invalidité	Invalidität	Disablement
Invalidité préexistante	Altes Leiden	Preexisting disablement
Juridiction compétente	Gerichtsstand	Place of jurisdiction
Liberté d'acceptation	Annahmefreiheit	No obligation to accept
Libre choix de l'avocat	Freie Anwaltswahl	Free choice
Locataire	Mieter	Tenant
Lock out	Aussperrung	Lock out
Lutte contre le blanchiment d'argent	Bekämpfung der Geldwäsche	Anti money laundering
Mensualisation des primes	Monatliche Prämienzahlung	Premium installment
Mesures de prévention	Vorbeugemasnahmen	Precautionary measures
Mise en gage	Verpfändung	Mortgaging / pawning
Mobilier	Mobiliar	Furniture
Moins value	Wertminderung	Depreciation
Montant forfaitaire	Pauschalbetrag	Global sum
Mouvement populaire	Volksbewegung	Uprising of the people
Nommément désigné	Namentlich benannt	Mentioned by name
Non paiement de la prime	Nichtzahlung der Prämie	Default of premium payment
Note de couverture	Deckungszusage	Confirmation of insurance
Nullité	Ungültigkeit	Invalidity
Objets de valeur	Wertgegenstände	Object of value
Obligation	Schuldverschreibung	Debenture bond
Obligation d'identification	Identifizierungspflicht	Identification obligation

FRANÇAIS	ALLEMAND	ANGLAIS
Origine des fonds	Herkunft der Mittel	Provenance of financial resources
Paiement de la prime	Prämienzahlung	Payment of premium
Participation au bénéfice	Überschussbeteiligung	Participation in net proceeds
Période d'observation	Beobachtungszeitraum	Period under observation
Personne lésée	Geschädigter	Injured party / person
Personne morale	Juristische Person	Legal entity / juristic person
Personne physique	Natürliche Person	Natural / physical person
Perte de loyer	Mietausfall	Loss of rent
Pertes indirectes	Indirekte Verluste	Secondhand losses
Poids de la neige	Schneedruck	Snow pressure
Police distincte	Getrennte Police	Seperate policy
Police présignée	Vorunterzeichnete Police	Pre signed policy
Pré-décès	Vorversterben	Prior death
Premier risque	Erstes Risiko	First average
Preneur d'assurance	Versicherungsnehmer	Policyholder
Prescription	Verjährung	Limitation of actions
Présomption de faute	Verschuldensvermutung	Fault presumption
Prestation en cas de décès	Todesfallleistung	Whole life insurance / payable on death
Prestation en cas de vie	Erlebensfallleistung	Pure endowment insurance
Preuve	Nachweis	Proof
Prime	Prämie	Premium
Prime annuelle	Jährliche Prämie	Annual premium advice
Principe indemnitaire	Entschädigungsprinzip	Principle of indemnity

FRANÇAIS	ALLEMAND	ANGLAIS
Procédure administrative	Verwaltungsstreitverfahren	Civil administration procedure
Procédure civile	Zivilstreitverfahren	Civil litigation process
Procédure pénale	Strafstreitverfahren	Penal process
Proposition d'assurance	Versicherungsantrag	Insurance proposal
Quasi délit	Gefährdung	Strict liability
Quittance pour solde	Ausgleichsquittung	General discharge
Rachat	Rückkauf	Buy back
Réassurance	Rückversicherung	Reinsurance
Recherche de fuites	Lecksuche	Leak searching
Reconduction tacite	Stillschweigende Verlängerung	Extended insurance term
Recours	Regress	Recourse
Recours des tiers	Regressanspruch von Dritten	Third party right of recourse
Recours des voisins	Regressanspruch von Nachbarn	Neighbours right of recourse
Réduction à long terme	Längerfristige Prämienfreistellung	Long terme dispensation
Réduction temporaire	Zeitlich begrentze Prämienfreistellung	Premium term rate exemption
Règle proportionnelle	Verhältnisregel	Average clause
Renonciation au recours	Regressverzicht	Knock for knock agreement
Rente certaine	Zeitrente	Pension for a certain period
Rente constante	Gleichbleibende Rente	Constant pension
Rente viagère	Leibrente	Life annuity
Réserve mathématique	Mathematische Rückstellung	Technical provision

FRANÇAIS	ALLEMAND	ANGLAIS
Résiliation du contrat	Kündigung des Vertrags	Denunciation
Revalorisation	Dynamisierung	Periodic adjustment
Réversibilité	Übertragbarkeit	Transferability
Révocation du bénéficiaire	Absetzung des Bezugsberechtigten	Beneficiary removal of
Risque d'infection	Infektionsrisiko	Risk of infection
Sabotage	Sabotage	Sabotage
Secret professionnel	Berufliche Schweigepflicht	Professional discretion
Sélection des risques	Risikoauslese	Selection of risks
Sinistre	Schadenfall	Claim
Somme assurée	Versicherungssumme	Sum insured
Sports dangereux	Gefährliche Sportarten	Dangerous sports
Subrogation	Forderungsübertragung	Subrogation
Suicide	Selbstmord	Suicide
Suspension	Ausserkraftsetzung	Abrogation
Table de mortalité	Sterbetafel	Mortality table
Tableau de garantie	Versicherungstabelle	Insurance scale
Taux d'intérêt technique	Technischer Zinssatz	Technical rate
Tempête	Sturm	Storm
Terrorisme	Terrorismus	Terrorism
Tiers	Dritter	Third party
Transaction	Vergleich	Compromise
Transfert de droit patrimoniaux	Übertragung von Vermögensrechten	Transcription of econmic rights
Trouble de jouissance immobilier	Besitzstörung am Gebäude	Disturbance of building
Unités de compte	Rechnungseinheiten	Unit of account
Valeur à neuf	Neuwert	Original value

FRANÇAIS	ALLEMAND	ANGLAIS
Valeur de remplacement	Ersatzwert	Indemnification value
Valeur d'épave	Schrottwert	Scrap / junk value
Vandalisme	Vandalismus	Vandalism
Villégiature	Aussenversicherung	Off premises insurance
Voiture	Fahrzeug	Car

ALLEMAND	FRANÇAIS	ANGLAIS
Absetzung des Bezugsberechtigten	Révocation du bénéficiaire	Beneficiary removal of
Abtretung	Cession	Assignment
Aktie	Action	Company share
Allgemeine Bedingungen	Conditions Générales	General conditions
Allgemeinrecht	Droit commun	Substantive law
Altervorsorgeversicherung	Assurance prévoyance vieillesse	Age provision insurance
Altes Leiden	Invalidité préexistante	Preexisting disablement
Annahme des Rechtsvorteil	Acceptation du bénéfice	Adoption of a benefit
Annahmefreiheit	Liberté d'acceptation	No obligation to accept
Annulierung	Annulation	Cancellation
Arbeitskonflikt	Conflit de travail	Industrial /labor conflict
Ärztliche Untersuchung	Examen médical	Physical examination
Attentat	Attentat	Assassination attempt
Auf gütlichem Wege	A l'amiable	Out of court
Aufräumungskosten	Frais de déblais	Cost of clearance of debris
Aufruhr	Emeute	Insurrection
Ausbildungsversicherung	Assurance études	Student term insurance
Ausdrückliche Annahme	Acceptation expresse	Express acceptance
Ausgleichsquittung	Quittance pour solde	General discharge
Ausschluss	Exclusion	Exclusion
Aussenversicherung	Villégiature	Off premises insurance
Ausserkraftsetzung	Suspension	Abrogation
Aussperrung	Lock out	Lock out
Aussteuerversicherung	Assurance dotale	Child endowment insurance

ALLEMAND	FRANÇAIS	ANGLAIS
Beistandsleistung	Assistance	Assistance
Bekämpfung der Geldwäsche	Lutte contre le blanchiment d'argent	Anti money laundering
Beobachtungszeitraum	Période d'observation	Period under observation
Bergungskosten	Frais de secours	Salvage costs
Berufliche Schweigepflicht	Secret professionnel	Professional discretion
Bescheinigung	Attestation	Written confirmation
Besitzstörung am Gebäude	Trouble de jouissance immobilier	Disturbance of building
Besondere Bedingungen	Conditions Particulières	Specific / particular conditions
Beweisurkunde	Document probant	Exhibit in form of a document
Bezugsberechtigter	Bénéficiaire	Beneficiary of
Blitzschlag	Foudre	Lightning stroke
Bonus-Malus Skala	Echelle bonus-malus	Bonus malus system / scale
Deckungszusage	Note de couverture	Confirmation of insurance
Delikt	Délit	Offense / civil wrong
Diebstahlversicherung	Assurance vol	Theft insurance
Dritter	Tiers	Third party
Dynamisierung	Revalorisation	Periodic adjustment
Einfrieren	Gel	Frost
Elektroschaden	Dégât électrique	Electrical claim
Entlastung	Exonération	Indemnification
Entschädigung	Indemnité	Compensation
Entschädigungsprinzip	Principe indemnitaire	Principle of indemnity
Erben	Héritiers	Successors

ALLEMAND	FRANÇAIS	ANGLAIS
Erlebensfallleistung	Prestation en cas de vie	Pure endowment insurance
Ersatzwert	Valeur de remplacement	Indemnification value
Erstes Risiko	Premier risque	First average
Explosion	Explosion	Explosion
Fahrzeug	Voiture	Car
Fahrzeugaufprall	Heurt de véhicule	Car crash
Fahrzeugschaden	Dégât matériel au véhicule	Car damage
Familienzusatzversicherung	Assurance familiale	Supplemantary insurance family
Feuerversicherung	Assurance incendie	Fire insurance
Folgeschaden	Dommage consécutif	Consequential loss
Fondsgebundene Lebensversicherung	Assurance vie en unités de comptes	Unit linked insurance
Forderungsübertragung	Subrogation	Subrogation
Freie Anwaltswahl	Libre choix de l'avocat	Free choice
Frist	Délai	Deadline
Gebäude	Bâtiment	Building
Gefährdung	Quasi délit	Strict liability
Gefährliche Sportarten	Sports dangereux	Dangerous sports
Geldwäsche	Blanchiment d'argent	Money laundering
Gemischte Kapitallebensversicherung	Assurance de capital mixte	Endowment insurance
Geographischer Geltungsbereich	Etendue territoriale	Geographical aera of application
Gerichtsstand	Juridiction compétente	Place of jurisdiction
Geschädigter	Personne lésée	Injured party / person
Getrennte Police	Police distincte	Seperate policy
Glasbruchversicherung	Assurance bris de glaces	Plate glas insurance

ALLEMAND	FRANÇAIS	ANGLAIS
Gleichbleibende Rente	Rente constante	Constant pension
Haftpflichtversicherung	Assurance responsabilité civile	Third party insurance
Hagel	Grêle	Hail
Häufigkeit	Fréquence	Frequency
Haushaltsschaden	Dégât ménager	Household damage
Heiratsversicherung	Assurance nuptialité	Dowry insurance
Herkunft der Mittel	Origine des fonds	Provenance of financial resources
Identifizierungspflicht	Obligation d'identification	Identification obligation
Immaterieller Schaden	Dégât immatériel	Incorporal damage
Indexation	Indexation	Index linked
Indirekte Verluste	Pertes indirectes	Secondhand losses
Infektionsrisiko	Risque d'infection	Risk of infection
Inhalt	Contenu	Content
Interessenkonflikt	Conflit d'intérets	Conflict of interests
Invalidität	Invalidité	Disablement
Invaliditätstabelle	Barème d'invalidité	Disablement scale
Jährliche Prämie	Prime annuelle	Annual premium advice
Järhlicher Erfallstag	Échéance annuelle	Annual due day
Juristische Person	Personne morale	Legal entity / juristic person
Kapitalversicherung	Assurance de capital différé	Insurance for a lump sum
Karenzzeit	Délai de carence	Waiting period
Kombinierte Versicherung	Assurance combinée	Combined insurance
Konkurs	Faillite	Bankrutpcy
Krankenversicherung	Assurance maladie	Health insurance

ALLEMAND	FRANÇAIS	ANGLAIS
Krieg	Guerre	War
Kündigung des Vertrags	Résilitation du contrat	Denunciation
Längerfristige Prämienfreistellung	Réduction à long terme	Long terme dispensation
Lebensversicherung	Assurance vie	Life insurance
Lecksuche	Recherche de fuites	Leak searching
Leibrente	Rente viagère	Life annuity
Leibrentenversicherung	Assurance rente viagère	Life annuity insurance
Leitungswasserversicherung	Assurance dégâts des eaux	Water pipe insurance
Mathematische Rückstellung	Réserve mathématique	Technical provision
Mietausfall	Perte de loyer	Loss of rent
Mieter	Locataire	Tenant
Mitversicherung	Coassurance	Coinsurer
Mobiliar	Mobilier	Furniture
Monatliche Prämienzahlung	Mensualisation des primes	Premium installment
Nachtrag	Avenant	Addendum
Nachweis	Preuve	Proof
Namentlich benannt	Nommément désigné	Mentioned by name
Natürliche Person	Personne physique	Natural / physical person
Neuwert	Valeur à neuf	Original value
Nichtzahlung der Prämie	Non paiement de la prime	Default of premium payment
Notverglasung	Clôture provisoire	Provisorily vitrification
Nur für den Fahrer	Conducteur seul	Only the driver
Nutzungsausfall	Chômage immobilier	Loss of use
Pauschalbetrag	Montant forfaitaire	Global sum

ALLEMAND	FRANÇAIS	ANGLAIS
Personenschaden	Dommage corporel	Bodily injury
Personenversicherungen	Assurances de personnes	Life health and personal accident insurance
Pflichtversicherung	Assurance obligatoire	Compulsory coverage
Prämie	Prime	Premium
Prämienerhöhung	Augmentation tarifaire	Increase in premium
Prämiengutschrift	Crédit de prime	Credit entry
Prämienzahlung	Paiement de la prime	Payment of premium
Private Unfallversicherung	Assurance individuelle accident	Individual accident insurance
Rechnung	Facture	Bill / Invoice
Rechnungseinheiten	Unités de compte	Unit of account
Rechtsschutzversicherung	Assurance défense et recours	Legal expenses insurance
Regress	Recours	Recourse
Regressanspruch von Dritten	Recours des tiers	Third party right of recourse
Regressanspruch von Nachbarn	Recours des voisins	Neighbours right of recourse
Regressverzicht	Renonciation au recours	Knock for knock agreement
Rettungskosten	Frais de sauvetage	Rescue costs
Risikoauslese	Sélection des risques	Selection of risks
Risikoerhöhung	Augmentation du risque	Addid perril
Risikolebensversicherung	Assurance vie temporaire	Term policy
Risikolebensversicherung mit fallender Versicherungssumme	Assurance temporaire solde restant dû	Residual mortgage debt insurance
Risikoverringerung	Diminution du risque	Risk decrase
Rückkauf	Rachat	Buy back

ALLEMAND	FRANÇAIS	ANGLAIS
Rückversicherung	Réassurance	Reinsurance
Sabotage	Sabotage	Sabotage
Sachschaden	Dégât matériel	Property damage
Sammlungen	Collections	Collections
Schaden	Dommage	Damage
Schadenanzeige	Déclaration de sinistre	Notice of loss
Schadenersatz	Dommages et intérêts	Compensation for damage
Schadenfall	Sinistre	Claim
Schadenversicherungen	Assurances de dommages	Indemnity insurance
Schneedruck	Poids de la neige	Snow pressure
Schrottwert	Valeur d'épave	Scrap / junk value
Schuldverschreibung	Obligation	Debenture bond
Schulung	Formation	Training
Selbstbehalt	Franchise	Own risk / self detention
Selbstmord	Suicide	Suicide
Sterbetafel	Table de mortalité	Mortality table
Steuerliche Absetzbarkeit	Déductibilité fiscale	Taxe write off
Steuern	Impôts	Taxes
Stillschweigende Annahme	Acceptation tacite	Tacit renewal
Stillschweigende Verlängerung	Reconduction tacite	Extended insurance term
Strafstreitverfahren	Procédure pénale	Penal process
Streik	Grève	Strike
Sturm	Tempête	Storm
Sturmversicherung	Assurance tempête	Storm insurance
Tagegeld	Indemnité journalière	Day to day money
Technischer Zinssatz	Taux d'intérêt technique	Technical rate

ALLEMAND	FRANÇAIS	ANGLAIS
Teilwertversicherung	Assurance valeur partielle	Fraction value insurance
Terrorismus	Terrorisme	Terrorism
Todesfallleistung	Prestation en cas de décès	Whole life insurance / payable on death
Todesfallversicherung	Assurance en cas de décès	Straight life insurance
Überlebensversicherung	Assurance survie	Survivorship insurance
Überschussbeteiligung	Participation au bénéfice	Participation in net proceeds
Übertragbarkeit	Réversibilité	Transferability
Übertragung von Vermögensrechten	Transfert de droit patrimoniaux	Transcription of econmic rights
Umzug	Déménagement	Move of residence
Unentgeltlich	A titre gratuit	Free of charge
Ungültigkeit	Nullité	Invalidity
Vandalismus	Vandalisme	Vandalism
Vergleich	Transaction	Compromise
Verhältnisregel	Règle proportionnelle	Average clause
Verjährung	Prescription	Limitation of actions
Verkehrsunfallbericht	Constat amiable d'accident	Accident statement
Verpfändung	Mise en gage	Mortgaging / pawning
Verschuldensvermutung	Présomption de faute	Fault presumption
Verschuldung	Faute	Fault
Versicherter	Assuré	Person insured
Versicherung auf fremdes Leben	Assurance sur la tête d'un tiers	Assured on the life of another person
Versicherung auf verbundene Leben	Assurance sur plusieurs têtes	Insurance on the life of another person
Versicherung für fremde Rechnung	Assurance pour compte de	Insurance for another person's account

ALLEMAND	FRANÇAIS	ANGLAIS
Versicherung mit festem Auszahlungstermin	Assurance terme fixe	Term insurance
Versicherung mit mehreren Teilzahlungen	Assurance à paiements échelonnés	Payment in part insurance
Versicherungsagent	Agent d'assurance	Insurance agent
Versicherungsantrag	Proposition d'assurance	Insurance proposal
Versicherungsbetrug	Fraude	Insurance fraud
Versicherungsdauer	Durée	Term of insurance
Versicherungsdeckung	Couverture	Insurance cover(age)
Versicherungsmakler	Courtier en assurance	Insurance broker
Versicherungsnehmer	Preneur d'assurance	Policyholder
Versicherungssumme	Somme assurée	Sum insured
Versicherungstabelle	Tableau de garantie	Insurance scale
Versicherungsunternehmen	Entreprise d'assurance	Insurance business enterprise
Versicherungsvermittler	Intermédiaire en assurance	Insurance agent
Versicherungsvertrag	Contrat d'assurance	Insurance policy / agreement
Verwaltungskosten	Frais de gestion	Insurance expenses
Verwaltungsstreitverfahren	Procédure administrative	Civil administration procedure
Volksbewegung	Mouvement populaire	Uprising of the people
Vollwertversicherung	Assurance valeur totale	whole / regular value insurance
Vorauszahlung auf den Versicherungsvertrag	Avance sur contrat	Policy loan
Vorbeugemasnahmen	Mesures de prévention	Precautionary measures
Vorunterzeichnete Police	Police présignée	Pre signed policy
Vorversterben	Pré-décès	Prior death
Wegeunfall	Accident de trajet	Route accident

ALLEMAND	FRANÇAIS	ANGLAIS
Wertgegenstände	Objets de valeur	Object of value
Wertminderung	Moins value	Depriciation
Wirtschaftlich Begünstigter	Bénéficiaire économique	Economic beneficiary
Zahlungsschwierigkeiten	Difficultés de paiement	Financial difficulties
Zeitlich begrentze Prämienfreistellung	Réduction temporaire	Premium term rate exemption
Zeitrente	Rente certaine	Pension for a certain period
Zivilstreitverfahren	Procédure civile	Civil litigation process
Zufälliges Einsickern	Infiltration accidentelle	Accidental infiltration
Zurechenbarkeit	Imputabilité	Accountability / responsability
Zusammenarbeit mit den Behörden	Coopération avec les autorités	Cooperation with authorities
Zusatzversicherung	Assurance complémentaire	Additional insurance
Zustimmung des Versicherten	Consentement de l'assuré	Assent of the insured

ANGLAIS	ALLEMAND	FRANÇAIS
Abrogation	Ausserkraftsetzung	Suspension
Route accident	Wegeunfall	Accident de trajet
Accident statement	Verkehrsunfallbericht	Constat amiable d'accident
Accidental infiltration	Zufälliges Einsickern	Infiltration accidentelle
Accountability / responsability	Zurechenbarkeit	Imputabilité
Addid perril	Risikoerhöhung	Augmentation du risque
Additional insurance	Zusatzversicherung	Assurance complémentaire
Addendum	Nachtrag	Avenant
Adoption of a benefit	Annahme des Rechtsvorteil	Acceptation du bénéfice
Age provision insurance	Altervorsorgeversicherung	Assurance prévoyance vieillesse
Annual due day	Jährlicher Erfallstag	Échéance annuelle
Annual premium advice	Jährliche Prämie	Prime annuelle
Anti money laundering	Bekämpfung der Geldwäsche	Lutte contre le blanchiment d'argent
Assassination attempt	Attentat	Attentat
Assent of the insured	Zustimmung des Versicherten	Consentement de l'assuré
Assignment	Abtretung	Cession
Assistance	Beistandsleistung	Assistance
Assured on the life of another person	Versicherung auf fremdes Leben	Assurance sur la tête d'un tiers
Avarage clause	Verhältnisregel	Règle proportionnelle
Bankrutpcy	Konkurs	Faillite
Beneficiary of	Bezugsberechtigter	Bénéficiaire
Beneficiary removal of	Absetzung des Bezugsberechtigten	Révocation du bénéficiaire

ANGLAIS	ALLEMAND	FRANÇAIS
Bill / Invoice	Rechnung	Facture
Bodily injury	Personenschaden	Dommage corporel
Bonus malus system / scale	Bonus-Malus Skala	Echelle bonus-malus
Building	Gebäude	Bâtiment
Buy back	Rückkauf	Rachat
Cancellation	Annulierung	Annulation
Car	Fahrzeug	Voiture
Car crash	Fahrzeugaufprall	Heurt de véhicule
Car damage	Fahrzeugschaden	Dégât matériel au véhicule
Child endowment insurance	Aussteuerversicherung	Assurance dotale
Civil administration procedure	Verwaltungsstreitverfahren	Procédure administrative
Civil litigation process	Zivilstreitverfahren	Procédure civile
Claim	Schadenfall	Sinistre
Coinsurer	Mitversicherung	Coassurance
Collections	Sammlungen	Collections
Combined insurance	Kombinierte Versicherung	Assurance combinée
Company share	Aktie	Action
Compensation	Entschädigung	Indemnité
Compensation for damage	Schadenersatz	Dommages et intérets
Compromise	Vergleich	Transaction
Compulsory coverage	Pflichtversicherung	Assurance obligatoire
Confirmation of insurance	Deckungszusage	Note de couverture
Conflict of interests	Interessenkonflikt	Conflit d'intérets

ANGLAIS	ALLEMAND	FRANÇAIS
Consequential loss	Folgeschaden	Dommage consécutif
Constant pension	Gleichbleibende Rente	Rente constante
Content	Inhalt	Contenu
Cooperation with authorities	Zusammenarbeit mit den Behörden	Coopération avec les autorités
Cost of clearance of debris	Aufräumungskosten	Frais de déblais
Credit entry	Prämiengutschrift	Crédit de prime
Damage	Schaden	Dommage
Dangerous sports	Gefährliche Sportarten	Sports dangereux
Day to day money	Tagegeld	Indemnité journalière
Deadline	Frist	Délai
Debenture bond	Schuldverschreibung	Obligation
Default of premium payment	Nichtzahlung der Prämie	Non paiement de la prime
Denunciation	Kündigung des Vertrags	Résiliation du contrat
Depriciation	Wertminderung	Moins value
Disablement	Invalidität	Invalidité
Disablement scale	Invaliditätstabelle	Barème d'invalidité
Disturbance of building	Besitzstörung am Gebäude	Trouble de jouissance immobilier
Dowry insurance	Heiratsversicherung	Assurance nuptialité
Economic beneficiary	Wirtschaftlich Begünstigter	Bénéficiaire économique
Electrical claim	Elektroschaden	Dégât électrique
Endowment insurance	Gemischte Kapitallebensversicherung	Assurance de capital mixte
Exclusion	Ausschluss	Exclusion
Exhibit in form of a document	Beweisurkunde	Document probant

ANGLAIS	ALLEMAND	FRANÇAIS
Explosion	Explosion	Explosion
Express acceptance	Ausdrückliche Annahme	Acceptation expresse
Extended insurance term	Stillschweigende Verlängerung	Reconduction tacite
Fault	Verschuldung	Faute
Fault presumption	Verschuldensvermutung	Présomption de faute
Financial difficulties	Zahlungsschwierigkeiten	Difficultés de paiement
Fire insurance	Feuerversicherung	Assurance incendie
First average	Erstes Risiko	Premier risque
Fraction value insurance	Teilwertversicherung	Assurance valeur partielle
Free choice	Freie Anwaltswahl	Libre choix de l'avocat
Free of charge	Unentgeltlich	A titre gratuit
Frequency	Häufigkeit	Fréquence
Frost	Einfrieren	Gel
Furniture	Mobiliar	Mobilier
General conditions	Allgemeine Bedingungen	Conditions Générales
General discharge	Ausgleichsquittung	Quittance pour solde
Geographical aera of application	Geographischer Geltungsbereich	Etendue territoriale
Global sum	Pauschalbetrag	Montant forfaitaire
Hail	Hagel	Grêle
Health insurance	Krankenversicherung	Assurance maladie
Household damage	Haushaltsschaden	Dégât ménager
Identification obligation	Identifizierungspflicht	Obligation d'identification
Incorporal damage	Immaterieller Schaden	Dégât immatériel
Increase in premium	Prämienerhöhung	Augmentation tarifaire

ANGLAIS	ALLEMAND	FRANÇAIS
Indemnification	Entlastung	Exonération
Indemnification value	Ersatzwert	Valeur de remplacement
Indemnity insurance	Schadenversicherungen	Assurances de dommages
Index linked	Indexation	Indexation
Individual accident insurance	Private Unfallversicherung	Assurance individuelle accident
Industrial /labor conflict	Arbeitskonflikt	Conflit de travail
Injured party / person	Geschädigter	Personne lésée
Insurance agent	Versicherungsagent	Agent d'assurance
Insurance agent	Versicherungsvermittler	Intermédiaire en assurance
Insurance broker	Versicherungsmakler	Courtier en assurance
Insurance business enterprise	Versicherungsunternehmen	Entreprise d'assurance
Insurance cover(age)	Versicherungsdeckung	Couverture
Insurance expenses	Verwaltungskosten	Frais de gestion
Insurance for a lump sum	Kapitalversicherung	Assurance de capital différé
Insurance for another person's account	Versicherung für fremde Rechnung	Assurance pour compte de
Insurance fraud	Versicherungsbetrug	Fraude
Insurance on the life of another person	Versicherung auf verbundene Leben	Assurance sur plusieurs têtes
Insurance policy / agreement	Versicherungsvertrag	Contrat d'assurance
Insurance proposal	Versicherungsantrag	Proposition d'assurance
Insurance scale	Versicherungstabelle	Tableau de garantie
Insurrection	Aufruhr	Emeute
Invalidity	Ungültigkeit	Nullité

ANGLAIS	ALLEMAND	FRANÇAIS
Knock for knock agreement	Regressverzicht	Renonciation au recours
Leak searching	Lecksuche	Recherche de fuites
Legal entity / juristic person	Juristische Person	Personne morale
Legal expenses insurance	Rechtsschutzversicherung	Assurance défense et recours
Life annuity	Leibrente	Rente viagère
Life annuity insurance	Leibrentenversicherung	Assurance rente viagère
Life health and personal accident insurance	Personenversicherungen	Assurances de personnes
Life insurance	Lebensversicherung	Assurance vie
Lightning stroke	Blitzschlag	Foudre
Limitation of actions	Verjährung	Prescription
Lock out	Aussperrung	Lock out
Long terme dispensation	Längerfristige Prämienfreistellung	Réduction à long terme
Loss of rent	Mietausfall	Perte de loyer
Loss of use	Nutzungsausfall	Chômage immobilier
Mentioned by name	Namentlich benannt	Nommément désigné
Money laundering	Geldwäsche	Blanchiment d'argent
Mortality table	Sterbetafel	Table de mortalité
Mortgaging / pawning	Verpfändung	Mise en gage
Move of residence	Umzug	Déménagement
Natural / physical person	Natürliche Person	Personne physique
Neighbours right of recourse	Regressanspruch von Nachbarn	Recours des voisins
No obligation to accept	Annahmefreiheit	Liberté d'acceptation
Notice of loss	Schadenanzeige	Déclaration de sinistre

ANGLAIS	ALLEMAND	FRANÇAIS
Object of value	Wertgegenstände	Objets de valeur
Off premises insurance	Aussenversicherung	Villégiature
Offense / civil wrong	Delikt	Délit
Only the driver	Nur für den Fahrer	Conducteur seul
Original value	Neuwert	Valeur à neuf
Out of court	Auf gütlichem Wege	A l'amiable
Own risk / self detention	Selbstbehalt	Franchise
Participation in net proceeds	Überschussbeteiligung	Participation au bénéfice
Payment in part insurance	Versicherung mit mehreren Teilzahlungen	Assurance à paiements échelonnés
Payment of premium	Prämienzahlung	Paiement de la prime
Penal process	Strafstreitverfahren	Procédure pénale
Period under observation	Beobachtungszeitraum	Période d'observation
Periodic adjustment	Dynamisierung	Revalorisation
Person insured	Versicherter	Assuré
Pension for a certain period	Zeitrente	Rente certaine
Physical examination	Ärztliche Untersuchung	Examen médical
Place of jurisdiction	Gerichtsstand	Juridiction compétente
Plate glas insurance	Glasbruchversicherung	Assurance bris de glaces
Policy loan	Vorauszahlung auf den Versicherungsvertrag	Avance sur contrat
Policyholder	Versicherungsnehmer	Preneur d'assurance
Pre signed policy	Vorunterzeichnete Police	Police présignée
Precautionary measures	Vorbeugemasnahmen	Mesures de prévention
Preexisting disablement	Altes Leiden	Invalidité préexistante
Premium	Prämie	Prime

ANGLAIS	ALLEMAND	FRANÇAIS
Premium installment	Monatliche Prämienzahlung	Mensualisation des primes
Premium term rate exemption	Zeitlich begrentze Prämienfreistellung	Réduction temporaire
Principle of indemnity	Entschädigungsprinzip	Principe indemnitaire
Prior death	Vorversterben	Pré-décès
Professional discretion	Berufliche Schweigepflicht	Secret professionnel
Proof	Nachweis	Preuve
Property damage	Sachschaden	Dégât matériel
Provenance of financial resources	Herkunft der Mittel	Origine des fonds
Provisorily vitrification	Notverglasung	Clôture provisoire
Pure endowment insurance	Erlebensfallleistung	Prestation en cas de vie
Recourse	Regress	Recours
Reinsurance	Rückversicherung	Réassurance
Rescue costs	Rettungskosten	Frais de sauvetage
Residual mortgage debt insurance	Risikolebensversicherung mit fallender Versicherungssumme	Assurance temporaire solde restant dû
Risk decrase	Risikoverringerung	Diminution du risque
Risk of infection	Infektionsrisiko	Risque d'infection
Sabotage	Sabotage	Sabotage
Salvage costs	Bergungskosten	Frais de secours
Scrap / junk value	Schrottwert	Valeur d'épave
Secondhand losses	Indirekte Verluste	Pertes indirectes
Selection of risks	Risikoauslese	Sélection des risques
Seperate policy	Getrennte Police	Police distincte
Snow pressure	Schneedruck	Poids de la neige

ANGLAIS	ALLEMAND	FRANÇAIS
Specific / particular conditions	Besondere Bedingungen	Conditions Particulières
Storm	Sturm	Tempête
Storm insurance	Sturmversicherung	Assurance tempête
Straight life insurance	Todesfallversicherung	Assurance en cas de décès
Strict liability	Gefährdung	Quasi délit
Strike	Streik	Grève
Student term insurance	Ausbildungsversicherung	Assurance études
Subrogation	Forderungsübertragung	Subrogation
Substantive law	Allgemeinrecht	Droit commun
Successors	Erben	Héritiers
Suicide	Selbstmord	Suicide
Sum insured	Versicherungssumme	Somme assurée
Supplemantary insurance family	Familienzusatzversicherung	Assurance familiale
Survivorship insurance	Überlebensversicherung	Assurance survie
Tacit renewal	Stillschweigende Annahme	Acceptation tacite
Taxe write off	Steuerliche Absetzbarkeit	Déductibilité fiscale
Taxes	Steuern	Impôts
Technical rate	Technischer Zinssatz	Taux d'intérêt technique
Technical provision	Mathematische Rückstellung	Réserve mathématique
Tenant	Mieter	Locataire
Term insurance	Versicherung mit festem Auszahlungstermin	Assurance terme fixe
Term of insurance	Versicherungsdauer	Durée
Term policy	Risikolebensversicherung	Assurance vie temporaire
Terrorism	Terrorismus	Terrorisme

ANGLAIS	ALLEMAND	FRANÇAIS
Theft insurance	Diebstahlversicherung	Assurance vol
Third party	Dritter	Tiers
Third party insurance	Haftpflichtversicherung	Assurance responsabilité civile
Third party right of recourse	Regressanspruch von Dritten	Recours des tiers
Training	Schulung	Formation
Transcription of econmic rights	Übertragung von Vermögensrechten	Transfert de droit patrimoniaux
Transferability	Übertragbarkeit	Réversibilité
Unit linked insurance	Fondsgebundene Lebensversicherung	Assurance vie en unités de comptes
Unit of account	Rechnungseinheiten	Unités de compte
Uprising of the people	Volksbewegung	Mouvement populaire
Vandalism	Vandalismus	Vandalisme
Waiting period	Karenzzeit	Délai de carence
War	Krieg	Guerre
Water pipe insurance	Leitungswasserversicherung	Assurance dégâts des eaux
Whole / regular value insurance	Vollwertversicherung	Assurance valeur totale
Whole life insurance / payable on death	Todesfallleistung	Prestation en cas de décès
Written confirmation	Bescheinigung	Attestation

Index alphabétique

(Les chiffres renvoient au tome/à la page/au titre)

A

ACA questionnaire :
- Lutte contre le blanchiment d'argent : T2/210/6.

Acceptation liberté :
- Assurance vie : T2/115/6.7.

Accident de trajet :
- L'assurance dommages matériels au véhicule : T1/402/4.2.

Accident notion :
- Assurance individuelle accident : T2/22/2.

Accord préalable :
- Information médicale : T2/18/2.

ACRA :
- Assurance vie : T2/89/4.4.

ACRHO :
- Assurance vie : T2/91/4.4.3.

ACRI :
- Assurance vie : T2/90/4.4.2.

ACRIT :
- Assurance vie : T2/90/4.4.2.

Action directe victime :
- Assurance responsabilité civile : T1/304/11.2.

Affaire nouvelle souscription :
- Généralités : T1/58/3.5.

Agence d'assurance :
- Intermédiation en assurance : T1/168/4.

Agent changement d'adresse :
- Intermédiation en assurance : T1/166/3.6.

Agent conditions d'agrément :
- Intermédiation en assurance : T1/164/3.1.

Agent courtier incompatibilité :
- Intermédiation en assurance : T1/182/9.

Agent d'assurance :
- Intermédiation en assurance : T1/161/1.4., T1/163/3.

Agent décès :
- Intermédiation en assurance : T1/168/3.8.

Agent demande d'agrément :
- Intermédiation en assurance : T1/164/3.2.

Agent demande retrait :
- Intermédiation en assurance : T1/167/3.7.

Agent jury d'examen :
- Intermédiation en assurance : T1/166/3.4.

Agent titres :
- Intermédiation en assurance : T1/166/3.5.

Agent vérification connaissances :
- Intermédiation en assurance : T1/165/3.3.

Agrément préalable :
- Intermédiation en assurance : T1/162/2.

Agriculteur et viticulteurs :
- Responsabilité civile entreprise : T1/323/2.5.3.

Aléatoire :
- Généralités : T1/56/2.1.

Ambulatoire :
- Assurance maladie : T2/43/3.

Animaux :
- Assurance incendie : T1/457/2.2.

Arbitrage :
- Assurance vie : T2/126/6.18.
- Protection juridique : T1/575/2.5.

Arbitrage clause :
- Le contrat d'assurance : T1/137/3.10.

Architectes, ingénieurs conseils :
- Responsabilité civile entreprise : T1/324/2.5.5.

Assise financière :
- Généralités : T1/52/1.2.1.

Assistance :
- Assistance aux personnes : T1/587/2.1.
- Assistance aux véhicules : T1/588/2.2.
- Assistance voyage : T1/588/2.3.
- Base : T1/584/1.
- Etendue territoriale : T1/588/2.3.
- L'assurance dommages matériels au véhicule : T1/398/2.3.

Assistance aux personnes :
- Assistance : T1/587/2.1.

Assistance aux véhicules :
- Assistance : T1/588/2.2.

Assistance voyage :
- Assistance : T1/588/2.3.

Assurance accident du chauffeur :
- Assurance occupant auto : T2/36/2.
- Assurance seul conducteur : T2/37/3.
- Caractère forfaitaire : T2/37/3.
- Caractère indemnitaire : T2/37/3.
- Conduite accompagnée : T2/38/3.2.
- Droit commun : T2/37/3.
- Exclusions : T2/39/3.3.
- Limites d'intervention : T2/39/3.4.

Assurance attentats et conflits de travail :
- Attentat : T1/506/2.1.
- Conflit de travail : T1/507/2.2.
- Emeute : T1/506/2.1.
- Mouvement populaire : T1/506/2.1.
- Terrorisme : T1/506/2.1.

Assurance bagages :
- Catastrophes naturelles : T1/554/3.3.

Assurance bris de glaces :
- Exclusions : T1/541/4.
- Frais de clôture : T1/540/2.
- Garantie normale : T1/540/1.
- Garanties accessoires : T1/545/3.

Assurance capital différé :
- Assurance vie : T2/75/4.2.1.

Assurance combinée :
- Evénements assurés : T1/559/2.
- Indexation : T1/561/5.
- Le contrat d'assurance : T1/105/3.5.2.
- Principe : T1/1.2.2.
- Règle proportionnelle : T1/560/4.
- Sommes assurées : T1/560/3.
- Tableau des garanties : T1/562/6.

Assurance défense et recours :
- Avocat libre choix : T1/567/3.1.
- Défense : T1/566/1.
- Franchise : T1/567/2.3.
- Recours : T1/566/2.2.

Assurance dégâts des eaux :
- Exclusions : T1/520/3.
- Frais de recherche : T1/516/2.
- Garantie normale : T1/516/1.
- Garanties accessoires : T1/516/2.

Assurance en cas de décès :
- Assurance vie : T2/68/4.1.

Assurance en cas de vie :
- Assurance vie : T2/75/4.2.

Assurance frontière :
- Responsabilité civile automobile : T1/339/4.1.

Assurance incendie :
- Animaux : T1/457/2.2.
- Bâtiment : T1/456/1.
- Chômage immobilier : T1/547/3.6.1.
- Collections : T1/458/2.4.
- Contenu : T1/457/2.
- Contenu grille de calcul : T1/462/5.
- Créanciers privilégiés : T1/495/1.5.
- Dégâts ménagers : T1/469/1.2.2.
- Déménagement : T1/460/3.3.
- Dommages électriques : T1/469/1.2.2.
- Exclusions : T1/471/1.3.
- Exclusivité clause : T1/462/4.
- Frais de démolition : T1/544/2.2.
- Frais de déplacement : T1/546/3.5.
- Frais de dépollution : T1/545/3.2.
- Frais de sauvetage : T1/544/2.1.
- Frais médicaux : T1/545/3.1.
- Franchissement mur du son : T1/1.2.2.
- Fumée : T1/469/1.2.2.
- Garantie normale : T1/466/1.1.
- Garanties accessoires : T1/468/1.2.
- Indemnité détermination : T1/496/2.
- Indemnité paiement : T1/494/1.3.
- Indemnité règlement formes : T1/496/3.
- Indexation : T1/474/3.

- Logement étudiant à l'étranger : T1/460/3.2.
- Membres de la famille abandon de recours : T1/468/1.2.1.
- Mobilier : T1/457/2.
- Objets de valeurs : T1/457/2.
- Perte de loyer : T1/547/3.6.
- Pertes financières locataire : T1/545/3.
- Pertes indirectes : T1/546/3.4.
- Recours abandon contre locataire : T1/491/5.
- Recours des tiers : T1/487/3.
- Recours des voisins : T1/487/3.
- Recours du propriétaire : T1/490/4.
- Règle proportionnelle : T1/472/2.2.
- Règle proportionnelle abandon : T1/473/2.3.
- Remise en état jardin : T1/469/1.2.2.
- Risque locatif : T1/479/2.
- Risque locatif bénéficiaire indemnité : T1/495/1.4.
- Risque locatif exonérations : T1/484/2.3.3.
- Risque locatif locataire unique : T1/480/2.2.
- Risque locatif pluralité de locataires : T1/481/2.3.
- Sinistre absence de bénéfice : T1/494/1.1.
- Structure : T1/454.
- Tarification : T1/500
- Trouble de jouissance immobilier : T1/491/5.
- Véhicules automoteurs : T1/458/2.7.
- Villégiature : T1/459/3.1.

Assurance individuelle accident :
- Accident notion : T2/22/2.
- Barème d'invalidité : T2/32/10.4.
- Caractère forfaitaire : T2/24/6.
- Caractère indemnitaire : T2/23/5.
- Décès : T2/24/6.1.
- Enfant notion : T2/29/8.3.
- Etendue territoriale : T2/23/4.
- Exclusions : T2/27/7.
- Extensions : T2/27/6.4.
- Formule d'assurances : T2/31/9.
- Garanties accessoires : T2/26/6.3.
- Invalidité : T2/26/6.2.
- Invalidité préexistante : T2/30/8.4.
- Prime réduction : T2/33/11.2.
- Risque acceptation : T2/29/8.1.

- Risque aggravation : T2/31/10.2.
- Risque d'aviation : T2/28/7.2.2.
- Risque de guerre : T2/28/7.2.1.
- Tarification : T2/32/11.

Assurance intérêt :
- Le contrat d'assurance : T1/138/4.1., T1/148/5.1.

Assurance maladie :
- Ambulatoire : T2/43/3.
- Délai d'attente : T2/47/5.4.
- Exclusions : T2/46/4.
- Incapacité temporaire : T2/43/3.3.
- Indemnité journalière d'hospitalisation : T2/43/3.2.
- Infirmité : T2/46/3.3.2.
- Limite d'âge : T2/47/5.3.
- Maladie notion : T2/42/2.2.
- Prestations en espèces : T2/42/2.3.1.
- Prestations en nature : T2/43/2.3.2.
- Remboursement frais : T2/43/3.
- Risque acceptation : T2/46/5.1.
- Stationnaire : T2/43/3.
- Tarification : T2/47/5.4.

Assurance mixte :
- Assurance vie : T2/85/4.3.

Assurance mixte ordinaire :
- Assurance vie : T2/85/4.3.1.

Assurance obligatoire véhicules exempts :
- Responsabilité civile automobile : T1/333/1.2.2.

Assurance obligatoires :
- Divers : T1/264/5.
- Moyens de transports : T1/263/1
- Professions : T1/263/2.
- Risques liés à l'environnement : T1/264/4.
- Sports : T1/263/3.

Assurance occupant auto :
- Assurance accident du chauffeur : T2/36/2.

Assurance paiement échelonné :
- Assurance vie : T2/88/4.3.4.

Assurance pension complu. entreprise :
- Assurance vie : T2/82/4.2.6.

Assurance pour compte :
- Le contrat d'assurance : T1/138/4.2.

Assurance prévoyance vieillesse :
- Assurance vie : T2/81/4.2.5.

Assurance rente piliers :
- Assurance vie : T2/77/4.2.3.

Assurance rente viagère :
- Assurance vie : T2/76/4.2.2.

Assurance responsabilité civile :
- Action directe victime : T1/304/11.2.
- Assuré : T1/293/4.1.
- Comparution défaut : T1/305/11.5.
- Dommages corporels : T1/294/5.1.
- Dommages immatériels : T1/294/5.1.
- Dommages matériels : T1/294/5.1.
- Double fonction : T1/292/3.
- Etendue territoriale : T1/302/9.
- Evénements garantis : T1/295/5.2.
- Exclusions : T1/302/10.
- Garantie dans le temps : T1/298/8.
- Indemnité droit propre personne lésée : T1/306/11.10.
- Indemnité libre disposition : T1/305/11.7.
- Indexation : T1/298/7.
- Montants garantis : T1/297/6.
- Objets confiés : T1/296/5.2.3.
- Opposabilité exceptions, nullités : T1/307/11.11.
- Quittance pour solde : T1/306/11.8.
- Recours contre preneur d'assurance : T1/307/11.13.
- Responsabilité mise en cause : T1/304/11.3.
- Sinistre reconnaissance des faits : T1/303/11.1.
- Tiers : T1/293/4.2.
- Transmission de pièces : T1/305/11.4.

Assurance responsabilité civile propriétaire d'immeuble :
- Assuré : T1/313/1.2.2.
- Base légale : T1/313/1.2.1.
- Exclusions : T1/314/1.2.5.
- Garantie normale : T1/314/1.2.5.
- Garanties accessoires : T1/314/1.2.4.

Assurance responsabilité vie privée :
- Assuré : T1/310/1.1.2.
- Base légale : T1/310/1.1.1.
- Exclusions : T1/312/1.1.5.
- Garantie normale : T1/310/1.1.3.
- Garanties accessoires : T1/312/1.1.4.

Assurance seul conducteur :
- Assurance accident du chauffeur : T2/37/3.

Assurance sur plusieurs têtes :
- Assurance vie : T2/89/4.3.5.

Assurance sur tête d'un tiers :
- Assurance vie : T2/110/6.3.

Assurance survie :
- Assurance vie : T2/72/4.1.3.

Assurance tempête :
- Définition : T1/510/2.
- Exclusions : T1/511/4.
- Exonération : T1/513/5.4.
- Franchise : T1/513/5.3.
- Garantie normale : T1/510/2.
- Grêle : T1/510/3
- Poids de la neige : T1/510/3.
- Règle proportionnelle : T1/513/5.2.

Assurance temporaire :
- Assurance vie : T2/69/4.1.2.

Assurance terme fixe :
- Assurance vie : T2/86/4.3.2.

Assurance terme fixe dotale :
- Assurance vie : T2/87/4.3.3.2.

Assurance terme fixe enfants :
- Assurance vie : T2/86/4.3.3.

Assurance terme fixe études :
- Assurance vie : T2/87/4.3.3.3.

Assurance terme fixe nuptialité :
- Assurance vie : T2/86/4.3.3.1.

Assurance tous risques :
- Catastrophes naturelles : T1/554/3.2.

Assurance vie :
- Acceptation liberté : T2/115/6.7.
- ACRA : T2/89/4.4.
- ACRHO : T2/91/4.4.3.
- ACRI : T2/90/4.4.2.
- ACRIT : T2/90/4.4.2.
- Arbitrage : T2/126/6.18.
- Assurance capital différé : T2/75/4.2.1.
- Assurance en cas de décès : T2/68/4.1.
- Assurance en cas de vie : T2/75/4.2.
- Assurance mixte : T2/85/4.3.
- Assurance mixte ordinaire : T2/85/4.3.1.
- Assurance paiement échelonné : T2/88/4.3.4.
- Assurance pension complu. entreprise : T2/82/4.2.6.
- Assurance prévoyance vieillesse : T2/81/4.2.5.
- Assurance rente piliers : T2/77/4.2.3.
- Assurance rente viagère : T2/76/4.2.2.
- Assurance sur plusieurs têtes : T2/89/4.3.5.
- Assurance sur tête d'un tiers : T2/110/6.3.

Index alphabétique **627**

- Assurance survie : T2/72/4.1.3.
- Assurance temporaire : T2/69/4.1.2.
- Assurance terme fixe : T2/86/4.3.2.
- Assurance terme fixe dotale : T2/87/4.3.3.2.
- Assurance terme fixe enfants : T2/86/4.3.3.
- Assurance terme fixe études : T2/87/4.3.3.3.
- Assurance terme fixe nuptialité : T2/86/4.3.3.1.
- Assurance vie entière : T2/68/4.1.1.
- Assurances en unités de compte : T2/98/5.2.
- Assurances nouvelle génération : T2/95/5.
- Assuré : T2/53/3.3.
- Assuré consentement : T2/111/6.4.
- Bénéfice acceptation : T2/161/14.1.
- Bénéfice distribution : T2/145/11.2.3.
- Bénéfice financier : T2/144/11.2.2.
- Bénéfice technique : T2/144/11.2.1.
- Bénéficiaire : T2/53/3.4.
- Bénéficiaire acceptation : T2/54/3.6.
- Bénéficiaire désignation : T2/54/3.6.
- Bénéficiaire désignation à éviter : T2/65/3.15.
- Bénéficiaire droits : T2/160/14.
- Bénéficiaire prédécès : T2/64/3.14.
- Bénéficiaire révocation : T2/62/3.13.
- Bénéficiaire tiers : T2/61/3.11.
- Capital assuré évolution : T2/142/11.
- Capital constitution assurances vie : T2/141/10.2.
- Capital non garanti : T2/65/4.
- Cession : T2/159/13.7.
- Code de bonne conduite : T2/127/7.1.
- Conditions générales : T2/118/6.10.
- Conditions particulières : T2/118/6.11.
- Conjoint désignation : T2/57/3.8.
- Contrat contenu : T2/117/6.9.
- Contrat d'investissement taux garanti : T2/96/5.1.
- Contrat durée obligations : T2/126/6.17.2.
- Contrat prise d'effet : T2/125/6.17.
- Décès cause : T2/172/18.6.
- Déclaration en cours de contrat : T2/119/6.12.
- Déclaration irrégulière sanction : T2/111/6.5.
- Déclaration obligations : T2/112/6.5.1.

- Délais non respect : T2/169/18.2.
- Désignation conjointe : T2/60/3.10.
- Directive Européenne : T2/51/2.
- Dol : T2/167/17.5.
- Dread disease cover : T2/108/5.3.
- Droits de succession et assurance vie : T2/173/19.
- Droits patrimoniaux transfert : T2/157/13.5.
- Enfant désignation : T2/58/3.9.
- Entreprise d'assurances : T2/52/3.1.
- Entreprise d'assurances prestation : T2/171/18.5.
- Evénement assuré survenance : T2/168/18.
- Evolution épargne unités de compte : T2/102/5.2.2.
- Exclusions : T2/165/17.
- Fonds monétaire : T2/98/5.2.
- Formule d'assurances : T2/65/4.
- Frais : T2/134/8.4.
- Garantie familiale : T2/92/4.4.4.
- Garanties complémentaires : T2/89/4.4.
- Impôts : T2/134/8.5.
- Indexation : T2/147/11.4.
- Information annuelle unités de compte : T2/105/5.2.3.
- Information médicale : T2/114/6.5.4.
- Intérêt de l'assurance : T2/54/3.5.
- Intervenants : T2/51/3.
- Juridiction compétente : T2/6.19.
- Liquidation capital sous forme de rente : T2/77/4.2.3.
- Masse successorale : T2/175/19.3.
- Mise en gage : T2/157/13.6.
- Omission intentionnelle : T2/123/6.15.1.
- Omission non intentionnelle : T2/124/6.15.2.
- Participation au bénéfice : T2/143/11.2.
- Preneur d'assurance : T2/52/3.2.
- Preneur d'assurance droits : T2/148/12.
- Preneur d'assurance info préalable : T2/116/6.8.
- Preneur d'assurance succession : T2/164/15.
- Preneur d'assurances créanciers : T2/165/16.
- Prescription : T2/168/18.1.
- Prestation assurée avance : T2/152/13.3.
- Prime calcul : T2/129/8.

PROMOCULTURE - LARCIER

- Prime difficultés de paiement :
  T2/138/9.8., T2/148/13.
- Prime fractionnement : T2/136/9.5.
- Prime nivellement assurances décès :
  T2/139/10.1.
- Prime non paiement : T2/136/9.7.
- Prime paiement : T2/135/9.
- Proposition d'assurance : T2/108/6.1.
- Provision mathématique : T2/139/10.
- Rachat : T2/155/13.4.
- Réduction long terme : T2/151/13.2.
- Réduction temporaire : T2/149/13.1.
- Régimes matrimoniaux : T2/177/19.4.
- Renonciation droit et forme :
  T2/125/6.16.
- Rente certaine : T2/77/4.2.3.
- Rente constante : T2/77/4.2.3.
- Rente croissante : T2/77/4.2.3.
- Rente dégressive : T2/77/4.2.3.
- Rente viagère : T2/77/4.2.3.
- Revalorisation : T2/146/11.3.
- Risque aggravation : T2/119/6.13.
- Risque décès unités de compte :
  T2/105/5.2.4.
- Risque diminution : T2/122/6.14.
- Risque exclu survenance : T2/166/17.3.
- Risque initial déclaration : T2/110/6.2.
- Risque sélection assurance décès :
  T2/113/6.5.2.
- Risque sélection avec examen médical :
  T2/114/6.5.4.
- Risque sélection sans examen médical :
  T2/113/6.5.3.
- Somme assurée fixation : T2/72/4.1.4.
- Suicide : T2/165/17.2.
- Tables de mortalité : T2/131/8.1.
- Tarifs préférentiels : T2/134/8.6.
- Taux d'intérêt technique : T2/133/8.2.,
  T2/143/11.1.
- Taux garanti : T2/65/4.
- Titre gratuit : T2/54/3.6.
- Titre onéreux : T2/54/3.6.
- Valeur du contrat unités de compte :
  T2/102/5.2.1.

Assurance vie entière :
- Assurance vie : T2/68/4.1.1.

Assurance vol :
- Biens assurés : T1/527/3.
- Caves et greniers : T1/525/2.4.
- Détériorations immobilières : T1/524/2.1.
- Exclusions : T1/532/5.
- Garantie normale : T1/524/1.
- Garanties accessoires : T1/524/2.
- Habitation donnée en location :
  T1/525/2.3.
- Inhabitation : T1/526/2.5.
- Mesures de prévention : T1/527/4.
- Objets volés retrouvés : T1/533/6.
- Réversibilité : T1/534/7.
- Sinistre règlement : T1/535/8.
- Tarification : T1/537/9.
- Vandalisme : T1/524/2.2..

Assurances cumul caractère différent :
- Le contrat d'assurance : T1/139/4.4.

Assurances de choses :
- Généralités : T1/71/4.1.1.

Assurances de dommages :
- Généralités : T1/55/1.3., T1/71/4.1.1.

Assurances de frais :
- Généralités : T1/71/4.1.1.

Assurances de personnes :
- Généralités : T1/56/1.4., T1/72/4.1.2.

Assurances de responsabilité :
- Généralités : T1/71/4.1.1.

Assurances en unités de compte :
- Assurance vie : T2/98/5.2.

Assurances nouvelle génération :
- Assurance vie : T2/95/5.

Assuré :
- Assurance responsabilité civile :
  T1/293/4.1.
- Assurance responsabilité civile
  propriétaire d'immeuble :
  T1/313/1.2.2.
- Assurance responsabilité vie privée :
  T1/310/1.1.2.
- Assurance vie : T2/53/3.3.
- Généralités : T1/55/1.2.3.
- Responsabilité bâtiment plaisance :
  T1/315/1.3.2.
- Responsabilité civile automobile :
  T1/339/4.2.
- Responsabilité civile chasse :
  T1/315/1.3.2.
- Responsabilité civile entreprise :
  T1/319/2.1.

Assuré consentement :
- Assurance vie : T2/111/6.4.

Assuré consentement :
- Le contrat d'assurance : T1/148/5.2.

Assuré volonté :
- Généralités : T1/56/2.1.

Attentat :
- Assurance attentats et conflits de travail : T1/506/2.1.

Auteurs responsables :
- Notions de responsabilités : T1/268/2.

Autorité compétente :
- Intermédiation en assurance : T1/162/1.8.

Autorités coopération :
- Lutte contre le blanchiment d'argent : T2/204/3.14.

Avenant :
- Le contrat d'assurance : T1/150/6.1.

Avocat libre choix :
- Assurance défense et recours : T1/567/3.1.
- Protection juridique : T1/574/2.3.

B

Barème d'invalidité :
- Assurance individuelle accident : T2/32/10.4.

Base :
- Assistance : T1/584/1.

Base légale :
- Assurance responsabilité civile propriétaire d'immeuble : T1/313/1.2.1.
- Assurance responsabilité vie privée : T1/310/1.1.1.
- Responsabilité bâtiment plaisance : T1/315/1.3.1.
- Responsabilité civile chasse : T1/315/1.3.1.

Bâtiment :
- Assurance incendie : T1/456/1.

Bénéfice acceptation :
- Assurance vie : T2/161/14.1.

Bénéfice distribution :
- Assurance vie : T2/145/11.2.3.

Bénéfice financier :
- Assurance vie : T2/144/11.2.1.

Bénéfice technique :
- Assurance vie : T2/144/11.2.1.

Bénéficiaire :
- Assurance vie : T2/53/3.4.
- Généralités : T1/55/1.2.4.

Bénéficiaire acceptation :
- Assurance vie : T2/54/3.6.

Bénéficiaire désignation :
- Assurance vie : T2/54/3.6.

Bénéficiaire désignation à éviter :
- Assurance vie : T2/65/3.15.

Bénéficiaire droits :
- Assurance vie : T2/160/14.

Bénéficiaire effectif :
- Lutte contre le blanchiment d'argent : T2/192/3.1.2.

Bénéficiaire prédécès :
- Assurance vie : T2/64/3.14.

Bénéficiaire révocation :
- Assurance vie : T2/62/3.13.

Bénéficiaire tiers :
- Assurance vie : T2/61/3.11.

Biens assurés :
- Assurance vol : T1/527/3.

Blessés même légers :
- Constat amiable : T1/429/2.3.

Bonne foi :
- Le contrat d'assurance : T1/86/2.6.

Branches d'assurances :
- Généralités : T1/70/4.

Branches d'assurances classification :
- Généralités : T1/74/4.2.

Bureau Luxembourgeois :
- Carte verte : T1/422/3.
- Mission : T1/422/3.

C

Cadre légal :
- Catastrophes naturelles : T1/552/2.

Capital assuré évolution :
- Assurance vie : T2/142/11.

Capital constitution assurances vie :
- Assurance vie : T2/141/10.2.

Capital non garanti :
- Assurance vie : T2/65/4.

Capital payé au terme :
- Déductibilité fiscale : T1/212/5.

Capitalisation opération :
- Le contrat d'assurance : T1/85/1.2.

Captive :
- Généralités : T1/69/3.7.4.

Caractère aléatoire :
- Le contrat d'assurance : T1/86/2.3.

Caractère consensuel :
- Le contrat d'assurance : T1/86/2.4.

Caractère forfaitaire :
- Assurance accident du chauffeur : T2/37/3.
- Assurance individuelle accident : T2/24/6.

Caractère indemnitaire :
- Assurance accident du chauffeur : T2/37/3.
- Assurance individuelle accident : T2/23/5.

Caractère onéreux :
- Le contrat d'assurance : T1/85/2.2.

Caractère synallagmatique :
- Le contrat d'assurance : T1/85/2.1.

Carte verte :
- Bureau Luxembourgeois : T1/422/3.
- Responsabilité civile automobile : T1/339/4.3.

Carte verte champs d'application :
- Responsabilité civile automobile : T1/362/12.5.

Catastrophes naturelles :
- Assurance bagages : T1/554/3.3.
- Assurance tous risques : T1/554/3.2.
- Cadre légal : T1/552/2.
- Couverture contractuelle : T1/553/3.
- Dommage au véhicule : T1/554/3.1.
- Inondation : T1/555/3.5.
- Mesures de prévention : T1/555/4.
- Tempête : T1/555/3.4.

Caves et greniers :
- Assurance vol : T1/525/2.4.

Cédante :
- Généralités : T1/65/3.7.2.

Celui qui doit contracter :
- Responsabilité civile automobile : T1/334/1.2.3.

Cession :
- Assurance vie : T2/159/13.7.

Cession chose assurée :
- Généralités assurances dommages : T1/228/4.4.

Cessionnaire :
- Généralités : T1/65/3.7.2.

Chômage immobilier :
- Assurance incendie : T1/547/3.6.1.

Circonstances :
- Constat amiable : T1/432/2.12.

Coassurance :
- Généralités : T1/64/3.7.1.

Coassurance apériteur :
- Généralités : T1/64/3.7.1.

Coassurance quittance unique :
- Généralités : T1/64/3.7.1.

Coassurance solidarité :
- Généralités : T1/64/3.7.1.

Code de bonne conduite :
- Assurance vie : T2/127/7.1.

Collections :
- Assurance incendie : T1/458/2.4.

Collision avec du gibier :
- L'assurance dommages matériels au véhicule : T1/393/2.1.7.

Commissariat aux assurances :
- Généralités : T1/76/5.2.

Compagnie à prime fixe :
- Généralités : T1/52/1.2.1.

Comparution défaut :
- Assurance responsabilité civile : T1/305/11.5.

Conditions générales :
- Assurance vie : T2/118/6.10.
- Le contrat d'assurance : T1/102/3.4.2.

Conditions particulières :
- Assurance vie : T2/118/6.11.
- Le contrat d'assurance : T1/103/3.4.3.

Conducteur :
- Constat amiable : T1/431/2.9.

Conducteurs signatures :
- Constat amiable : T1/433/2.15.

Conduite accompagnée :
- Assurance accident du chauffeur : T2/38/3.2.

Conflit de travail :
- Assurance attentats et conflits de travail : T1/507/2.2.

Conflit d'intérêts :
- Protection juridique : T1/574/2.4.

Conjoint désignation :
- Assurance vie : T2/57/3.8.

Conseils juridiques :
- Responsabilité civile entreprise : T1/324/2.5.4.

Conservation des documents :
- Lutte contre le blanchiment d'argent : T2/195/3.4.

Constat amiable :
- Blessés même légers : T1/429/2.3.
- Circonstances : T1/432/2.12.
- Conducteur : T1/431/2.9.
- Conducteurs signatures : T1/433/2.15.
- Constat dépôt : T1/434/3.4.
- Croquis de l'accident : T1/432/2.13.
- Date de l'accident : T1/429/2.1.
- Dégâts apparents : T1/432/2.11.
- Dégâts matériels autres : T1/430/2.4.
- Localisation : T1/429/2.2.
- Observations mes : T1/432/2.14.
- Point de choc : T1/432/2.10.
- Preneur d'assurances : T1/431/2.6.
- Problèmes linguistiques : T1/434/3.3.
- Société d'assurances : T1/431/2.8.
- Témoins : T1/430/2.5.
- Véhicule : T1/431/2.7.

Constat dépôt :
- Constat amiable : T1/434/3.4.

Constitution partie civile :
- Fonds de Garantie Automobile : T1/417/7.

Contenu :
- Assurance incendie : T1/457/2.

Contenu grille de calcul :
- Assurance incendie : T1/462/5.

Contrat à distance :
- Le contrat d'assurance : T1/152/9.

Contrat contenu :
- Assurance vie : T2/117/6.9.
- Le contrat d'assurance : T1/101/3.4.1.

Contrat d'adhésion :
- Le contrat d'assurance : T1/86/2.5.

Contrat d'investissement taux garanti :
- Assurance vie : T2/96/5.1.

Contrat durée obligations :
- Assurance vie : T2/126/6.17.2.

Contrat exécution :
- Le contrat d'assurance : T1/104/3.5.

Contrat fin :
- Le contrat d'assurance : T1/125/3.8.

Contrat intuitu personae :
- Le contrat d'assurance : T1/147/4.7.

Contrat obligations :
- Le contrat d'assurance : T1/121/3.7.2.

Contrat prise d'effet :
- Assurance vie : T2/125/6.17.

Contrat reconduction tacite :
- Le contrat d'assurance : T1/123/3.7.2.4.

Contrat résiliation :
- Responsabilité civile automobile : T1/375/14.6.

Contrat résiliation après sinistre :
- Le contrat d'assurance : T1/130/3.8.2.

Contrat résiliation effet :
- Le contrat d'assurance : T1/122/3.7.2.3.

Contrat résiliation entreprise d'assurances :
- Le contrat d'assurance : T1/121/3.7.2.

Contrat résiliation information :
- Le contrat d'assurance : T1/122/3.7.2.2.

Contrat résiliation modalités :
- Le contrat d'assurance : T1/125/3.8.1.

Contrat résiliation transfert portefeuille :
- Le contrat d'assurance : T1/131/3.8.3.

Courtier compte rendu annuel :
- Intermédiation en assurance : T1/174/5.8.

Courtier conditions d'agrément :
- Intermédiation en assurance : T1/170/5.2.

Courtier décès :
- Intermédiation en assurance : T1/175/5.10.

Courtier demande retrait :
- Intermédiation en assurance : T1/175/5.9., T1/177/5.13.

Courtier jury d'examen :
- Intermédiation en assurance : T1/173/5.5.

Courtier responsabilité civile :
- Intermédiation en assurance : T1/174/5.7.

Courtier rôle conseil :
- Intermédiation en assurance : T1/176/5.12.

Courtier société courtage :
- Intermédiation en assurance : T1/175/5.11.

Courtier vérifications connaissances :
- Intermédiation en assurance : T1/173/5.4.

Coutier d'assurance :
- Intermédiation en assurance : T1/161/1.5.

Coutrier assises financières :
- Intermédiation en assurance : T1/169/5.

Couverture contractuelle :
- Catastrophes naturelles : T1/553/3.

Créanciers privilégiés :
- Assurance incendie : T1/495/1.5.

Crédit de prime :
- Le contrat d'assurance : T1/131/3.8.4.

Croquis de l'accident :
- Constat amiable : T1/432/2.13.

D

Date de l'accident :
- Constat amiable : T1/429/2.1.

Décès :
- Assurance individuelle accident : T2/24/6.1.

Décès cause :
- Assurance vie : T2/172/18.6.

Déchéance :
- Le contrat d'assurance : T1/104/3.5.1.

Déclaration en cours de contrat :
- Assurance vie : T2/119/6.12.

Déclaration irrégulière sanction :
- Assurance vie : T2/111/6.5.

Déclaration obligations :
- Assurance vie : T2/112/6.5.1.

Déductibilité des primes d'assurances :
- Déductibilité fiscale : T1/204/1.

Déductibilité fiscale :
- Capital payé au terme : T1/212/5.
- Déductibilité des primes d'assurances : T1/204/1.
- Déduction forfaitaires : T1/215/7.
- Imposition rente : T1/215/6.
- LIR 110 : T1/206/2.3.
- LIR 111 : T1/204/2.
- LIR 111bis : T1/205/2.2.
- Plafonds déductibles : T1/207/3.
- Plafonds sur majorés : T1/208/3.2.
- Primes prêt exclusions : T1/215/8.

Déduction forfaitaires :
- Déductibilité fiscale : T1/215/7.

Défense :
- Assurance défense et recours : T1/566/1.

Définition :
- Assurance tempête : T1/510/2.
- Lutte contre le blanchiment d'argent : T2/184/2.1.

- Notions de responsabilités : T1/268/1
- Protection juridique : T1/572/2.1.

Dégâts apparents :
- Constat amiable : T1/432/2.11.

Dégâts matériels au véhicule :
- L'assurance dommages matériels au véhicule : T1/394/2.2.1.

Dégâts matériels au véhicule tierce collision combinée :
- L'assurance dommages matériels au véhicule : T1/395/2.2.2.

Dégâts matériels autres :
- Constat amiable : T1/430/2.4.

Dégâts ménagers :
- Assurance incendie : T1/469/1.2.2.

Délai d'attente :
- Assurance maladie : T2/47/5.4.

Délais :
- Fonds de Garantie Automobile : T1/418/9.

Délais non respect :
- Assurance vie : T2/169/18.2.

Délits et quasi-délits :
- Responsabilité extra-contractuelle : T1/278/2.

Déménagement :
- Assurance incendie : T1/460/3.3.

Désignation conjointe :
- Assurance vie : T2/60/3.10.

Détériorations immobilières :
- Assurance vol : T1/524/2.1.

Directive Européenne :
- Assurance vie : T2/51/2.

Directives Européennes :
- Responsabilité civile automobile : T1/335/1.3.

Divers :
- Assurance obligatoires : T1/264/5.

Dol :
- Assurance vie : T2/167/17.5.
- Le contrat d'assurance : T1/100/3.3.

Dommage au véhicule :
- Catastrophes naturelles : T1/554/3.1.

Dommage corporel :
- Généralités assurances dommages : T1/243/6.
- Dommage règlement à l'amiable : Protection juridique : T1/578/3.2.1.

Dommages causés à l'étranger :
- Responsabilité civile automobile : T1/349/8.

Dommages corporels :
- Assurance responsabilité civile : T1/294/5.1.

Dommages électriques :
- Assurance incendie : T1/469/1.2.2.

Dommages et intérêts :
- Responsabilité contractuelle : T1/275/5.

Dommages immatériels :
- Assurance responsabilité civile : T1/294/5.1.

Dommages matériels :
- Assurance responsabilité civile : T1/294/5.1.

Double fonction :
- Assurance responsabilité civile : T1/292/3.

Dread disease cover :
- Assurance vie : T2/108/5.3.

Droit commun :
- Assurance accident du chauffeur : T2/37/3.

Droits de succession et assurance vie :
- Assurance vie : T2/173/19.

Droits patrimoniaux transfert :
- Assurance vie : T2/157/13.5.

Egalité traitement homme-femme :
- Le contrat d'assurance : T1/152/8.

E

Emeute :
- Assurance attentats et conflits de travail : T1/506/2.1.

Empilage :
- Lutte contre le blanchiment d'argent : T2/182/1.

Enfant désignation :
- Assurance vie : T2/58/3.9.

Enfant notion :
- Assurance individuelle accident : T2/29/8.3.

Engagement du Fonds absence :
- Fonds de Garantie Automobile : T1/416/6.

Enrichissement absence :
- Le contrat d'assurance : T1/86/2.6.

Entreprise d'assurance faillite :
- Le contrat d'assurance : T1/134/3.8.7.

Entreprise d'assurances :
- Assurance vie : T2/52/3.1.

Entreprise d'assurances agrément :
- Généralités : T1/79/5.4.

Entreprise d'assurances autorisée :
- Responsabilité civile automobile : T1/339/4.4.

Entreprise d'assurances contrôle :
- Généralités : T1/79/5.5.

Entreprise d'assurances établie :
- Responsabilité civile automobile : T1/340/4.5.

Entreprise d'assurances prestation :
- Assurance vie : T2/171/18.5.
- Généralités : T1/57/2.2.

Entreprise d'assurances surveillance :
- Généralités : T1/76/5.2.

Etat membre d'accueil :
- Intermédiation en assurance : T1/162/1.7.

Etat membre d'origine :
- Intermédiation en assurance : T1/162/1.6.

Etendue territoriale :
- Assistance : T1/588/2.3.
- Assurance individuelle accident : T2/23/4.
- Assurance responsabilité civile : T1/302/9
- Protection juridique : T1/578/4.
- Responsabilité civil automobile : T1/338/2.

Evénement assuré survenance :
- Assurance vie : T2/168/18.

Evénements assurés :
- Assurance combinée : T1/559/2.

Evénements garantis :
- Assurance responsabilité civile : T1/295/5.2.

Evolution épargne unités de compte :
- Assurance vie : T2/102/5.2.2.

Exclusions :
- Assurance accident du chauffeur : T2/39/3.3.
- Assurance bris de glaces : T1/541/4.
- Assurance dégâts des eaux : T1/520/3.
- Assurance incendie : T1/471/1.3.

- Assurance individuelle accident : T2/27/7.
- Assurance maladie : T2/46/4.
- Assurance responsabilité civile : T1/302/10.
- Assurance responsabilité civile propriétaire d'immeuble : T1/314/1.2.5.
- Assurance responsabilité vie privée : T1/312/1.1.5.
- Assurance tempête : T1/511/4.
- Assurance vie : T2/165/17.
- Assurance vol : T1/532/5.
- Fonds de Garantie Automobile : T1/418/10.
- Protection juridique : T1/579/6.
- Responsabilité bâtiment plaisance : T1/317/1.3.4.
- Responsabilité civile automobile : T1/353/11.
- Responsabilité civile chasse : T1/317/1.3.4.
- Responsabilité civile entreprise : T1/320/2.3., T1/327/3.5.

Exclusions mise en évidence :
- Le contrat d'assurance : T1/101/3.4.1.

Exclusivité clause :
- Assurance incendie : T1/462/4.

Exécutions natures :
- Responsabilité contractuelle : T1/272/2.

Exonération :
- Assurance tempête : T1/513/5.4.

Extensions :
- Assurance individuelle accident : T2/27/6.4.

Externalisation :
- Lutte contre le blanchiment d'argent : T2/200/3.8.2.

F

Faute :
- Le contrat d'assurance : T1/100/3.3.

Faute contractuelle :
- Responsabilité contractuelle : T1/275/4.

Faute et fait personnel :
- Responsabilité extra-contractuelle : T1/279/3.

Fin de contrat document à remettre :
- Responsabilité civile automobile : T1/382/14.12.

Fonds de Garantie Automobile :
- Constitution partie civile : T1/417/7.
- Délais : T1/418/9.
- Engagement du Fonds absence : T1/416/6.
- Exclusions : T1/418/10.
- Indemnisation par entreprise d'assurances : T1/416/4.
- Indemnisation par Sécu ou employeur : T1/416/3.
- Information sur demande : T1/412/2.
- Limite d'intervention : T1/417/8.
- Mission : T1/412/2.
- Recours absence : T1/416/5.
- Subrogation absence : T1/416/5.

Fonds monétaire :
- Assurance vie : T2/98/5.2.

Forces de la nature :
- L'assurance dommages matériels au véhicule : T1/392/2.1.6.

Formation du personnel :
- Lutte contre le blanchiment d'argent : T2/203/3.12.

Formes d'assurances :
- Protection juridique : T1/576/3.1.

Formule d'assurances :
- Assurance individuelle accident : T2/31/9.
- Assurance vie : T2/65/4.

Frais :
- Assurance vie : T2/134/8.4.

Frais de clôture :
- Assurance bris de glaces : T1/540/2.

Frais de démolition :
- Assurance incendie : T1/544/2.2.

Frais de déplacement :
- Assurance incendie : T1/546/3.5.

Frais de dépollution :
- Assurance incendie : T1/545/3.2.

Frais de recherche :
- Assurance dégâts des eaux : T1/516/2.

Frais de sauvetage :
- Assurance incendie : T1/544/2.1.
- Généralités assurances dommages : T1/221/2.

Frais médicaux :
- Assurance incendie : T1/545/3.1.

Franchise :
- Assurance défense et recours : T1/567/2.3.

- Assurance tempête : T1/513/5.3.
- Généralités : T1/62/3.6.2.
- Protection juridique : T1/579/5.2.

Franchise absolue :
- Généralités : T1/62/3.6.3.

Franchise fixe :
- Généralités : T1/62/3.6.3.

Franchise non opposabilité :
- Généralités : T1/63/3.6.5.

Franchise opposabilité :
- Généralités : T1/63/3.6.5.

Franchise rachetable :
- Généralités : T1/63/3.6.6.

Franchise simple :
- Généralités : T1/62/3.6.4.

Franchises :
- L'assurance dommages matériels au véhicule : T1/399/3.1.
- Responsabilité civile automobile : T1/351/10.

Franchises inopposabilité :
- Responsabilité civile automobile : T1/352/10.2.

Franchissement mur du son :
- Assurance incendie : T1/1.2.2.

Fréquence :
- Généralités : T1/58/3.4.

Fronting :
- Généralités : T1/68/3.7.3.

Fumée :
- Assurance incendie : T1/469/1.2.2.

G

Garantie dans le temps :
- Assurance responsabilité civile : T1/298/8.

Garantie étendue :
- Le contrat d'assurance : T1/100/3.3.

Garantie familiale :
- Assurance vie : T2/92/4.4.4.

Garantie normale :
- Assurance bris de glaces : T1/540/1.
- Assurance dégâts des eaux : T1/516/1.
- Assurance incendie : T1/466/1.1.
- Assurance responsabilité civile propriétaire d'immeuble : T1/314/1.2.5.

- Assurance responsabilité vie privée : T1/310/1.1.3.
- Assurance tempête : T1/510/2.
- Assurance vol : T1/524/1.
- Responsabilité bâtiment plaisance : T1/315/1.3.2.
- Responsabilité civile chasse : T1/315/1.3.2.
- Responsabilité civile entreprise : T1/319/2.1.

Garantie prise d'effet :
- Le contrat d'assurance : T1/119/3.7.1.

Garanties accessoires :
- Assurance bris de glaces : T1/545/3.
- Assurance dégâts des eaux : T1/516/2.
- Assurance incendie : T1/468/1.2.
- Assurance individuelle accident : T2/26/6.3.
- Assurance responsabilité civile propriétaire d'immeuble : T1/314/1.2.4.
- Assurance responsabilité vie privée : T1/312/1.1.4.
- Assurance vol : T1/524/2.
- Responsabilité bâtiment plaisance : T1/316/1.3.3.
- Responsabilité civile chasse : T1/316/1.3.3.
- Responsabilité civile entreprise : T1/319/2.2.

Garanties complémentaires :
- Assurance vie : T2/89/4.4.

Généralités :
- Affaire nouvelle souscription : T1/58/3.5.
- Aléatoire : T1/56/2.1.
- Assise financière : T1/52/1.2.1.
- Assurances de choses : T1/71/4.1.1.
- Assurances de dommages : T1/55/1.3., T1/71/4.1.1.
- Assurances de frais : T1/71/4.1.1.
- Assurances de personnes : T1/56/1.4., T1/72/4.1.2.
- Assurances de responsabilité : T1/71/4.1.1.
- Assuré : T1/55/1.2.3.
- Assuré volonté : T1/56/2.1.
- Bénéficiaire : T1/55/1.2.4.
- Branches d'assurances : T1/70/4.
- Branches d'assurances classification : T1/74/4.2.
- Captive : T1/69/3.7.4.

- Cédante : T1/65/3.7.2.
- Cessionnaire : T1/65/3.7.2.
- Coassurance : T1/64/3.7.1.
- Coassurance apériteur : T1/64/3.7.1.
- Coassurance quittance unique : T1/64/3.7.1.
- Coassurance solidarité : T1/64/3.7.1.
- Commissariat aux assurances : T1/76/5.2.
- Compagnie à prime fixe : T1/52/1.2.1.
- Entreprise d'assurances agrément : T1/79/5.4.
- Entreprise d'assurances contrôle : T1/79/5.5.
- Entreprise d'assurances prestation : T1/57/2.2.
- Entreprise d'assurances surveillance : T1/76/5.2.
- Franchise : T1/62/3.6.2..
- Franchise absolue : T1/62/3.6.3.
- Franchise fixe : T1/62/3.6.3.
- Franchise non opposabilité : T1/63/3.6.5.
- Franchise opposabilité : T1/63/3.6.5.
- Franchise rachetable : T1/63/3.6.6.
- Franchise simple : T1/62/3.6.4.
- Fréquence : T1/58/3.4.
- Fronting : T1/68/3.7.3.
- Intermédiaire : T1/80/5.5.4.
- Mutuelle : T1/52/1.2.1.
- Personne lésée : T1/55/1.2.5.
- Personnes morales : T1/53/1.2.2.
- Personnes physiques : T1/53/1.2.2.
- Preneur d'assurance : T1/53/1.2.2.
- Prime : T1/59/3.6.
- Prime chargements : T1/59/3.6.1.
- Prime comptant : T1/59/3.6.1.
- Prime de base : T1/59/3.6.1.
- Prime impôts : T1/59/3.6.1.
- Prime impôts exempts : T1/59/3.6.1.
- Prime nette : T1/59/3.6.1.
- Prime pure : T1/59/3.6.1..
- Réassurance : T1/65/3.7.2.
- Réassurance cession : T1/59/3.6.1.
- Réassurance excédent pertes : T1/59/3.6.1.
- Réassurance excédent risque : T1/65/3.7.2.
- Réassurance excédent sinistres : T1/59/3.6.1.
- Réassurance fac/obl : T1/65/3.7.2.
- Réassurance facultative : T1/65/3.7.2.
- Réassurance obligatoire : T1/65/3.7.2.
- Réassurance quote-part : T1/65/3.7.2.
- Rétention : T1/65/3.7.2.
- Risque : T1/56/2.1.
- Risque compensation : T1/57/2.3.
- Risque dispersion : T1/58/3.2.
- Risque division : T1/63/3.7.
- Risque homogénéité : T1/58/3.3.
- Risque multitude : T1/58/3.1.

Généralités assurances dommages :
- Cession chose assurée : T1/228/4.4.
- Dommage corporel : T1/243/6.
- Frais de sauvetage : T1/221/2.
- Montant assuré fixation : T1/226/4
- Préjudice cas de décès : T1/251/6.4.
- Premier risque : T1/228/4.3.
- Primes remboursement : T1/255/7.7.
- Principe indemnitaire : T1/220/1.
- Règle proportionnelle : T1/231/5.3.
- Sinistre aggravation risque : T1/254/7.3.
- Sinistre entreprise assurances insolvabilité : T1/243/5.10.
- Sinistre état des lieux : T1/231/5.2.
- Sinistre faillite assuré : T1/242/5.9.3.
- Sinistre fraude : T1/253/7.
- Sinistre intervention dans procédure : T1/255/8.
- Sinistre obligation de déclaration : T1/253/7.2.
- Sinistre paiement indemnité privilège : T1/240/5.9.
- Sinistre pluralité contrats : T1/234/5.5.
- Sinistre prescription : T1/254/7.5.
- Sinistre preuve : T1/230/5.1.
- Sinistre règlement : T1/229/5.
- Sinistre règlement via intermédiaire : T1/242/5.9.2.
- Sinistre remplacement objet endommagé : T1/239/5.7.
- Sinistre résiliation postérieure : T1/254/7.4.
- Sous-assurance : T1/231/5.3.
- Sur-assurance : T1/233/5.4.
- Valeur à neuf : T1/222/3.1.
- Valeur agréée : T1/225/3.5.
- Valeur de reconstitution : T1/224/3.3.
- Valeur de reconstruction : T1/223/3.2.
- Valeur de remplacement : T1/225/3.4.
- Valeur partielle : T1/227/4.2.
- Valeur totale : T1/227/4.1.
- Valeur vénale : T1/225/3.6.

Grêle :
- Assurance tempête : T1/510/1.

Guerre :
- Le contrat d'assurance : T1/100/3.3.2.

H

Habitation donnée en location :
- Assurance vol : T1/525/2.3.

Horesca :
- Responsabilité civile entreprise : T1/321/2.5.2.

I

Identification dans le temps :
- Lutte contre le blanchiment d'argent : T2/193/3.1.3.

Imposition rente :
- Déductibilité fiscale : T1/215/6.

Impôts :
- Assurance vie : T2/134/8.5.

Incapacité temporaire :
- Assurance maladie : T2/43/3.3.

Incendie, vol, bris de glaces :
- L'assurance dommages matériels au véhicule : T1/389/2.1.

Indemnisation par entreprise d'assurances :
- Fonds de Garantie Automobile : T1/416/4.

Indemnisation par Sécu ou employeur :
- Fonds de Garantie Automobile : T1/416/3.

Indemnité détermination :
- Assurance incendie : T1/496/2.

Indemnité droit propre personne lésée :
- Assurance responsabilité civile : T1/306/11.10.

Indemnité journalière d'hospitalisation :
- Assurance maladie : T2/43/3.2.

Indemnité libre disposition :
- Assurance responsabilité civile : T1/305/11.7.

Indemnité paiement :
- Assurance incendie : T1/494/1.3.

Indemnité règlement formes :
- Assurance incendie : T1/496/3.

Indemnités cumul :
- Le contrat d'assurance : T1/150/5.4.

Indexation :
- Assurance combinée : T1/561/5.
- Assurance incendie : T1/474/3.
- Assurance responsabilité civile : T1/298/7.
- Assurance vie : T2/147/11.4.

Inexactitudes intentionnelles :
- Le contrat d'assurance : T1/95/3.2.

Inexécution preuve :
- Responsabilité contractuelle : T1/274/3.

Infirmité :
- Assurance maladie : T2/46/3.3.2.

Information annuelle unités de compte :
- Assurance vie : T2/105/5.2.3.

Information intermédiaire :
- Le contrat d'assurance : T1/93/3.1.5.

Information médicale :
- Accord préalable : T2/18/2.
- Assurance vie : T2/114/6.5.4.
- Sélection des risques : T2/18/1.

Information modalités :
- Le contrat d'assurance : T1/94/3.1.6.

Information préalable :
- Le contrat d'assurance : T1/90/3.1.4.

Information sur demande :
- Fonds de Garantie Automobile : T1/412/2.

Informations en cours de contrat :
- Le contrat d'assurance : +

Infraction primaire :
- Lutte contre le blanchiment d'argent : T2/186/2.2.

Inhabitation :
- Assurance vol : T1/526/2.5.

Injection :
- Lutte contre le blanchiment d'argent : T2/182/1.

Inondation :
- Catastrophes naturelles : T1/555/3.5.

Intégration :
- Lutte contre le blanchiment d'argent : T2/182/1.

Intérêt de l'assurance :
- Assurance vie : T2/54/3.5.

Intermédiaire :
- Généralités : T1/80/5.5.4.

- Intermédiation en assurance :
T1/161/1.2.
Intermédiaire agrément non soumis :
- Intermédiation en assurance : T1/178/6.
Intermédiaire obligations :
- Intermédiation en assurance :
T1/183/11.2.
Intermédiaire PSA :
- Intermédiation en assurance : T1/179/7.
Intermédiaires affiliation Sécu :
- Intermédiation en assurance :
T1/195/16.
Intermédiaires comptabilité :
- Intermédiation en assurance :
T1/194/15.
Intermédiaires déontologie professionnelle :
- Intermédiation en assurance :
T1/188/13.
Intermédiaires droits :
- Intermédiation en assurance :
T1/187/12.
Intermédiaires imposition :
- Intermédiation en assurance :
T1/201/17.
Intermédiaires registre :
- Intermédiation en assurance :
T1/180/8.
Intermédiaires surveillance :
- Intermédiation en assurance : T1/194/15.
Intermédiation en assurance :
- Agence d'assurance : T1/168/4.
- Agent changement d'adresse :
T1/166/3.6..
- Agent conditions d'agrément :
T1/164/3.1.
- Agent courtier incompatibilité :
- T1/182/9.
- Agent d'assurance : T1/161/1.4.,
T1/163/3.
- Agent décès : T1/168/3.8.
- Agent demande d'agrément :
T1/164/3.2.
- Agent demande retrait : T1/167/3.7.
- Agent jury d'examen : T1/166/3.4.
- Agent titres : T1/166/3.5.
- Agent vérification connaissances :
T1/165/3.3.
- Agrément préalable : T1/162/2.
- Autorité compétente : T1/162/1.8.

- Courtier compte rendu annuel :
T1/174/5.8.
- Courtier conditions d'agrément :
T1/170/5.2.
- Courtier décès : T1/175/5.10.
- Courtier demande retrait : T1/175/5.9.,
T1/177/5.13.
- Courtier jury d'examen : T1/173/5.5.
- Courtier responsabilité civile :
T1/174/5.7.
- Courtier rôle conseil : T1/176/5.12.
- Courtier société courtage :
T1/175/5.11.
- Courtier vérifications connaissances :
T1/173/5.4.
- Coutier d'assurance : T1/161/1.5.
- Coutier assises financières : T1/169/5.
- Etat membre d'accueil : T1/162/1.7.
- Etat membre d'origine : T1/162/1.6.
- Intermédiaire : T1/161/1.2.
- Intermédiaire agrément non soumis :
T1/178/6.
- Intermédiaire obligations : T1/183/11.2.
- Intermédiaire PSA : T1/179/7.
- Intermédiaires affiliation Sécu :
T1/195/16.
- Intermédiaires comptabilité : T1/194/15.
- Intermédiaires déontologie
professionnelle : T1/188/13.
- Intermédiaires droits : T1/187/12.
- Intermédiaires imposition : T1/201/17.
- Intermédiaires registre : T1/180/8.
- Intermédiaires surveillance : T1/194/15.
- Lutte contre le blanchiment d'argent :
T1/186/11.6.
- Secret professionnel : T1/185/11.5.
- Sous-courtier : T1/172/5.3.2.
Intervenants :
- Assurance vie : T2/51/3.
Invalidité :
- Assurance individuelle accident :
T2/26/6.2.
Invalidité préexistante :
- Assurance individuelle accident :
T2/30/8.4.

J

Juridiction compétente :
- Assurance vie : T2/6.19.
- Le contrat d'assurance : T1/137/3.11.

L

Langue officielle :
- Le contrat d'assurance : T1/151/7.

L'assurance dommages matériels au véhicule :
- Accident de trajet : T1/402/4.2..
- Assistance : T1/398/2.3.
- Collision avec du gibier : T1/393/2.1.7.
- Dégâts matériels au véhicule : T1/394/2.2.1.
- Dégâts matériels au véhicule tierce collision combinée : T1/395/2.2.2.
- Forces de la nature : T1/392/2.1.6.
- Franchises : T1/399/3.1.
- Incendie, vol, bris de glaces : T1/389/2.1.
- Matériel audio visuel et de transmission : T1/389/1.5.
- Valeur à neuf : T1/389/2.
- Valeur de récupération : T1/388/1.4.
- Valeur de remplacement : T1/388/1.3.
- Véhicule assuré : T1/388/1.1.
- Véhicule de remplacement : T1/405/4.3.

Le contrat d'assurance :
- Arbitrage clause : T1/137/3.10.
- Assurance combinée : T1/105/3.5.2..
- Assurance intérêt : T1/138/4.1., T1/148/5.1.
- Assurance pour compte : T1/138/4.2.
- Assurances cumul caractère différent : T1/139/4.4.
- Assuré consentement : T1/148/5.2.
- Avenant : T1/150/6.1.
- Bonne foi : T1/86/2.6.
- Capitalisation opération : T1/85/1.2.
- Caractère aléatoire : T1/86/2.3.
- Caractère consensuel : T1/86/2.4.
- Caractère onéreux : T1/85/2.2.
- Caractère synallagmatique : T1/85/2.1.
- Conditions générales : T1/102/3.4.2.
- Conditions particulières : T1/103/3.4.3.
- Contrat à distance : T1/152/9.
- Contrat contenu : T1/101/3.4.1.
- Contrat d'adhésion : T1/86/2.5.
- Contrat exécution : T1/104/3.5.
- Contrat fin : T1/125/3.8.
- Contrat intuitu personae : T1/147/4.7.
- Contrat obligations : T1/121/3.7.2.
- Contrat reconduction tacite : T1/123/3.7.2.4.
- Contrat résiliation après sinistre : T1/130/3.8.2.
- Contrat résiliation effet : T1/122/3.7.2.3.
- Contrat résiliation entreprise d'assurances : T1/121/3.7.2.1..
- Contrat résiliation information : T1/122/3.7.2.2.
- Contrat résiliation modalités : T1/125/3.8.1.
- Contrat résiliation transfert portefeuille : T1/131/3.8.3.
- Crédit de prime : T1/131/3.8.4.
- Déchéance : T1/104/3.5.1.
- Dol : T1/100/3.3.
- Egalité traitement homme-femme : T1/152/8.
- Enrichissement absence : T1/86/2.6.
- Entreprise d'assurance faillite : T1/134/3.8.7.
- Exclusions mise en évidence : T1/101/3.4.1.
- Faute : T1/100/3.3.
- Garantie étendue : T1/100/3.3.
- Garantie prise d'effet : T1/119/3.7.1.
- Guerre : T1/100/3.3.2.
- Indemnités cumul : T1/150/5.4.
- Inexactitudes intentionnelles : T1/95/3.2.
- Information intermédiaire : T1/93/3.1.5.
- Information modalités : T1/94/3.1.6.
- Information préalable : T1/90/3.1.4.
- Informations en cours de contrat : T1/103/3.4.4.
- Juridiction compétente : T1/137/3.11.
- Langue officielle : T1/151/7.
- Note de couverture : T1/88/3.1.2.
- Omissions intentionnelles : T1/95/3.2.
- Police présignée : T1/89/3.1.3.
- Preneur d'assurance décès : T1/145/4.6.
- Preneur d'assurance faillite : T1/134/3.8.6.
- Prescription : T1/134/3.9.
- Prescription interruption : T1/136/3.9.3.
- Prestation d'assurance étendue : T1/139/4.3.
- Prime à échoir : T1/111/3.5.4.3.
- Prime avis d'échéance : T1/106/3.5.3.
- Prime non paiement : T1/107/3.5.4.
- Prime paiement : T1/106/3.5.3.
- Proposition d'assurance : T1/87/3.1.1.
- Renseignements préalables : T1/87/3.1.

- Risque aggravation : T1/117/3.6.3.
- Risque diminution : T1/116/3.6.2.
- Risque inexistence : T1/115/3.6.1.
- Sinistre déclaration : T1/112/3.5.5.
- Sinistre devoir assuré : T1/113/3.5.6.
- Sinistre état des lieux : T1/114/3.5.8.
- Sinistre non respect obligation : T1/113/3.5.7.
- Sinistre prestation : T1/114/3.5.9.
- Subrogation : T1/140/4.5.
- Subrogation absence : T1/149/5.3.
- Tarif augmentation : T1/132/3.8.5.

Limite d'âge :
- Assurance maladie : T2/47/5.3.

Limite d'intervention :
- Fonds de Garantie Automobile : T1/417/8.

Limites d'intervention :
- Assurance accident du chauffeur : T2/39/3.4.

Liquidation capital sous forme de rente :
- Assurance vie : T2/77/4.2.3.

LIR 110
- Déductibilité fiscale : T1/206/2.3.

LIR 111
- Déductibilité fiscale : T1/204/2.

LIR 111bis :
- Déductibilité fiscale : T1/205/2.2.

Localisation :
- Constat amiable : T1/429/2.2.

Logement étudiant à l'étranger :
- Assurance incendie : T1/460/3.2.

Lutte contre le blanchiment d'argent :
- ACA questionnaire : T2/210/6.
- Autorités coopération : T2/204/3.14.
- Bénéficiaire effectif : T2/192/3.1.2.
- Conservation des documents : T2/195/3.4.
- Définition : T2/184/2.1.
- Empilage : T2/182/1.
- Externalisation : T2/200/3.8.2.
- Formation du personnel : T2/203/3.12.
- Identification dans le temps : T2/193/3.1.3.
- Infraction primaire : T2/186/2.2.
- Injection : T2/182/1.
- Intégration : T2/182/1.
- Intermédiation en assurance : T1/186/11.6.
- Organisation interne : T2/202/3.11.
- Origine des fonds : T2/206/3.15.
- Peines encourues : T2/187/2.3.
- Personnes politiquement exposées : T2/197/3.6.
- Procédures écrites : T2/201/3.10.
- Sanctions : T2/208/4.2.
- Surveillance mission : T2/207/4.1.
- Tiers notion : T2/198/3.8.1.
- Vérification d'identité : T2/190/3.1.1.
- Vigilance obligations : T2/190/3.1.
- Vigilance renforcée : T2/196/3.5.
- Vigilance simplifiée : T2/200/3.9.

M

Maladie notion :
- Assurance maladie : T2/42/2.2.

Masse successorale :
- Assurance vie : T2/175/19.3.

Matériel audio visuel et de transmission :
- L'assurance dommages matériels au véhicule : T1/389/1.5.

Membres de la famille abandon de recours :
- Assurance incendie : T1/468/1.2.1.

Mesures de prévention :
- Assurance vol : T1/527/4.
- Catastrophes naturelles : T1/555/4.

Mise en gage :
- Assurance vie : T2/157/13.6.

Mission :
- Bureau Luxembourgeois : T1/422/3.
- Fonds de Garantie Automobile : T1/412/2
- Pool des risques aggravées : T1/426/2.

Mobilier :
- Assurance incendie : T1/457/2.1.

Montant assuré fixation :
- Généralités assurances dommages : T1/226/4.

Montants garantis :
- Assurance responsabilité civile : T1/297/6.

Mouvement populaire :
- Assurance attentats et conflits de travail : T1/506/2.1.

Moyens de transports :
- Assurance obligatoires : T1/263/1.

Mutuelle :
- Généralités : T1/52/1.2.1.

N

Note de couverture :
- Le contrat d'assurance : T1/88/3.1.2.

Notions de responsabilités :
- Auteurs responsables : T1/268/2.
- Définition : T1/268/1.
- Responsabilité civile : T1/270/3.2.
- Responsabilité pénale : T1/269/3.1.

O

Objet de l'assurance :
- Responsabilité civile automobile : T1/341/5.

Objets confiés :
- Assurance responsabilité civile : T1/296/5.2.3.

Objets de valeurs :
- Assurance incendie : T1/457/2.3.

Objets volés retrouvés :
- Assurance vol : T1/533/6.

Obligation de moyens :
- Responsabilité contractuelle : T1/274/3.2.

Obligation de résultat :
- Responsabilité contractuelle : T1/274/3.1.

Observations mes :
- Constat amiable : T1/432/2.14..

Omission intentionnelle :
- Assurance vie : T2/123/6.15.1.

Omission non intentionnelle :
- Assurance vie : T2/124/6.15.2.

Omissions intentionnelles :
- Le contrat d'assurance : T1/95/3.2.

Opposabilité exceptions, nullités :
- Assurance responsabilité civile : T1/307/11.11.

Organisation interne :
- Lutte contre le blanchiment d'argent : T2/202/3.11.

Origine des fonds :
- Lutte contre le blanchiment d'argent : T2/206/3.15.

P

Participation au bénéfice :
- Assurance vie : T2/143/11.2.

Peines encourues :
- Lutte contre le blanchiment d'argent : T2/187/2.3.

Personne lésée :
- Généralités : T1/55/1.2.5..
- Responsabilité civile automobile : T1/340/4.6.

Personnes exclues :
- Responsabilité civile automobile : T1/353/11.1.

Personnes morales :
- Généralités : T1/53/1.2.2..

Personnes physiques :
- Généralités : T1/53/1.2.2..

Personnes politiquement exposées :
- Lutte contre le blanchiment d'argent : T2/197/3.6.

Perte de loyer :
- Assurance incendie : T1/548/3.6.2.

Pertes financières locataire :
- Assurance incendie : T1/549/3.7.

Pertes indirectes :
- Assurance incendie : T1/546/3.4.

Plafonds déductibles :
- Déductibilité fiscale : T1/207/3.

Plafonds sur majorés :
- Déductibilité fiscale : T1/208/3.2.

Poids de la neige :
- Assurance tempête : T1/510/3.

Point de choc :
- Constat amiable : T1/432/2.10..

Police distincte :
- Protection juridique : T1/574/2.2.

Police présignée :
- Le contrat d'assurance : T1/89/3.1.3..

Pool des risques aggravées :
- Mission : T1/426/2.

Préjudice cas de décès :
- Généralités assurances dommages : T1/251/6.4..

Premier risque :
- Généralités assurances dommages : T1/228/4.3..

Preneur d'assurance :
- Assurance vie : T2/52/3.2.
- Généralités : T1/53/1.2.2.
- Responsabilité civile automobile : T1/340/4.7.

Preneur d'assurance adresse :
- Responsabilité civile automobile : T1/381/14.9.

Preneur d'assurance citation en justice :
- Responsabilité civile automobile : T1/371/12.10.

Preneur d'assurance décès :
- Le contrat d'assurance : T1/145/4.6..

Preneur d'assurance droits :
- Assurance vie : T2/148/12.

Preneur d'assurance faillite :
- Le contrat d'assurance : T1/134/3.8.6..

Preneur d'assurance info préalable :
- Assurance vie : T2/116/6.8.

Preneur d'assurance succession :
- Assurance vie : T2/164/15.

Preneur d'assurances :
- Constat amiable : T1/431/2.6..

Preneur d'assurances créanciers :
- Assurance vie : T2/165/16.

Prescription :
- Assurance vie : T2/168/18.1.
- Le contrat d'assurance : T1/134/3.9..

Prescription interruption :
- Le contrat d'assurance : T1/136/3.9.3..

Présomption de faute :
- Responsabilité extra-contractuelle : T1/282/4.

Prestation assurée avance :
- Assurance vie : T2/152/13.3.

Prestation d'assurance étendue :
- Le contrat d'assurance : T1/139/4.3..

Prestations en espèces :
- Assurance maladie : T2/42/2.3.1.

Prestations en nature :
- Assurance maladie : T2/43/2.3.2.

Prime :
- Généralités : T1/59/3.6..

Prime à échoir :
- Le contrat d'assurance : T1/111/3.5.4.3..

Prime avis d'échéance :
- Le contrat d'assurance : T1/106/3.5.3..

Prime calcul :
- Assurance vie : T2/129/8.

Prime chargements :
- Généralités : T1/59/3.6.1..

Prime comptant :
- Généralités : T1/59/3.6.1..

Prime de base :
- Généralités : T1/59/3.6.1..

Prime difficultés de paiement :
- Assurance vie : T2/138/9.8., T2/148/13.

Prime fractionnement :
- Assurance vie : T2/136/9.5.

Prime impôts :
- Généralités : T1/59/3.6.1..

Prime impôts exempts :
- Généralités : T1/59/3.6.1..

Prime nette :
- Généralités : T1/59/3.6.1..

Prime nivellement assurances décès :
- Assurance vie : T2/139/10.1.

Prime non paiement :
- Assurance vie : T2/136/9.7.
- Le contrat d'assurance : T1/107/3.5.4..

Prime paiement :
- Assurance vie : T2/135/9.
- Le contrat d'assurance : T1/106/3.5.3..

Prime personnalisation :
- Responsabilité civile automobile : T1/375/14.8.

Prime pure :
- Généralités : T1/59/3.6.1..

Prime réduction :
- Assurance individuelle accident : T2/33/11.2.

Primes prêt exclusions :
- Déductibilité fiscale : T1/215/8.

Primes remboursement :
- Généralités assurances dommages : T1/255/7.7..

Principe :
- Assurance combinée : T1/1.2.2.

Principe indemnitaire :
- Généralités assurances dommages : T1/220/1.

Problèmes linguistiques :
- Constat amiable : T1/434/3.3.

Procédures écrites :
- Lutte contre le blanchiment d'argent : T2/201/3.10.

Professions :
- Assurance obligatoires : T1/263/2.

Professions médicales :
- Responsabilité civile entreprise : T1/320/2.5.1.

Proposition d'assurance :
- Assurance vie : T2/108/6.1.
- Le contrat d'assurance : T1/87/3.1.1.

Protection juridique :
- Arbitrage : T1/575/2.5.
- Avocat libre choix : T1/574/2.3.
- Conflit d'intérêts : T1/574/2.4.
- Définition : T1/572/2.1.
- Dommage règlement à l'amiable : T1/578/3.2.1.
- Etendue territoriale : T1/578/4.
- Exclusions : T1/579/6.
- Formes d'assurances : T1/576/3.1.
- Franchise : T1/579/5.2.
- Police distincte : T1/574/2.2.
- Sinistre règlement : T1/575/2.6.

Provision mathématique :
- Assurance vie : T2/139/10.

Q

Quittance pour solde :
- Assurance responsabilité civile : T1/306/11.8.

R

Rachat :
- Assurance vie : T2/155/13.4.

Réassurance :
- Généralités : T1/65/3.7.2.

Réassurance cession :
- Généralités : T1/59/3.6.1.

Réassurance excédent pertes :
- Généralités : T1/59/3.6.1.

Réassurance excédent risque :
- Généralités : T1/65/3.7.2.

Réassurance excédent sinistres :
- Généralités : T1/59/3.6.1.

Réassurance fac/obl :
- Généralités : T1/65/3.7.2.

Réassurance facultative :
- Généralités : T1/65/3.7.2.

Réassurance obligatoire :
- Généralités : T1/65/3.7.2.

Réassurance quote-part :
- Généralités : T1/65/3.7.2.

Recours :
- Assurance défense et recours : T1/566/2.2.
- Responsabilité civile automobile : T1/344/7.

Recours abandon contre locataire :
- Assurance incendie : T1/491/5.

Recours absence :
- Fonds de Garantie Automobile : T1/416/5.

Recours abus alcool - stupéfiants :
- Responsabilité civile automobile : T1/348/7.6.

Recours au Fonds de garantie :
- Responsabilité civile automobile : T1/361/12.3.

Recours cessation de garantie :
- Responsabilité civile automobile : T1/348/7.4.

Recours contre preneur d'assurance :
- Assurance responsabilité civile : T1/307/11.13.

Recours des tiers :
- Assurance incendie : T1/487/3.

Recours des voisins :
- Assurance incendie : T1/487/3.

Recours du propriétaire :
- Assurance incendie : T1/490/4.

Recours inopposabilité :
- Responsabilité civile automobile : T1/345/7.1.

Recours places non inscrites :
- Responsabilité civile automobile : T1/347/7.3.

Recours sinistre intentionnel :
- Responsabilité civile automobile : T1/349/7.7.

Recours transfert véhicule :
- Responsabilité civile automobile : T1/348/7.5.

Recours transport en surnombre :
- Responsabilité civile automobile : T1/346/7.2.

Réduction long terme :
- Assurance vie : T2/151/13.2.

Réduction temporaire :
- Assurance vie : T2/149/13.1.

Régimes matrimoniaux :
- Assurance vie : T2/177/19.4.

Règle proportionnelle :
- Assurance combinée : T1/560/4.
- Assurance incendie : T1/472/2.2.
- Assurance tempête : T1/513/5.2.
- Généralités assurances dommages : T1/231/5.3.

Règle proportionnelle abandon :
- Assurance incendie : T1/473/2.3.

Remboursement frais :
- Assurance maladie : T2/43/3.

Remise en état jardin :
- Assurance incendie : T1/469/1.2.2.

Remise en vigueur :
- Responsabilité civile automobile : T1/374/14.5.

Renonciation à intermédiaire :
- Responsabilité civile automobile : T1/409/2.

Renonciation droit et forme :
- Assurance vie : T2/125/6.16.

Renseignements préalables :
- Le contrat d'assurance : T1/87/3.1.

Rente certaine :
- Assurance vie : T2/77/4.2.3.

Rente constante :
- Assurance vie : T2/77/4.2.3.

Rente croissante :
- Assurance vie : T2/77/4.2.3.

Rente dégressive :
- Assurance vie : T2/77/4.2.3.

Rente viagère :
- Assurance vie : T2/77/4.2.3.

Responsabilité bâtiment plaisance :
- Assuré : T1/315/1.3.2.
- Base légale : T1/315/1.3.1.
- Exclusions : T1/317/1.3.4.
- Garantie normale : T1/315/1.3.2.
- Garanties accessoires : T1/316/1.3.3.

Responsabilité civile :
- Notions de responsabilités : T1/270/3.2.

Responsabilité civile après livraison :
- Responsabilité civile entreprise : T1/325/3.

Responsabilité civile automobile :
- Assurance frontière : T1/339/4.1.
- Assurance obligatoire véhicules exempts : T1/333/1.2.2.
- Assuré : T1/339/4.2.
- Carte verte : T1/339/4.3.
- Carte verte champs d'application : T1/362/12.5.
- Celui qui doit contracter : T1/334/1.2.3.
- Contrat résiliation : T1/375/14.6.
- Directives Européennes : T1/335/1.3.
- Dommages causés à l'étranger : T1/349/8.
- Entreprise d'assurances autorisée : T1/339/4.4.
- Entreprise d'assurances établie : T1/340/4.5.
- Etendue territoriale : T1/338/2.
- Exclusions : T1/353/11.
- Fin de contrat document à remettre : T1/382/14.12.
- Franchises : T1/351/10.
- Franchises inopposabilité : T1/352/10.2.
- Objet de l'assurance : T1/341/5.
- Personne lésée : T1/340/4.6.
- Personnes exclues : T1/353/11.1.
- Preneur d'assurance : T1/340/4.7.
- Preneur d'assurance adresse : T1/381/14.9.
- Preneur d'assurance citation en justice : T1/371/12.10.
- Prime personnalisation : T1/375/14.8.
- Recours : T1/344/7.
- Recours abus alcool - stupéfiants : T1/348/7.6.
- Recours au Fonds de garantie : T1/361/12.3.
- Recours cessation de garantie : T1/348/7.4.
- Recours inopposabilité : T1/345/7.1.
- Recours places non inscrites : T1/347/7.3.
- Recours sinistre intentionnel : T1/349/7.7.
- Recours transfert véhicule : T1/348/7.5.
- Recours transport en surnombre : T1/346/7.2.
- Remise en vigueur : T1/374/14.5.
- Renonciation à intermédiaire : T1/409/2.
- Secours bénévole : T1/350/9.
- Sinistre : T1/340/4.8.
- Sinistre déclaration : T1/359/12.
- Sinistre délais à respecter : T1/361/12.2.
- Sinistre non déclaration préjudice : T1/371/12.8.

- Sommes assurées : T1/342/6.
- Sommes assurées limites : T1/343/6.1.
- Subrogation : T1/372/13.
- Suspension : T1/374/14.1.
- Tarification : T1/408/1.
- Véhicule : T1/340/4.9.
- Victime faible : T1/341/4.10.

Responsabilité civile chasse :
- Assuré : T1/315/1.3.2.
- Base légale : T1/315/1.3.1.
- Exclusions : T1/317/1.3.4.
- Garantie normale : T1/315/1.3.2.
- Garanties accessoires : T1/316/1.3.3.

Responsabilité civile entreprise :
- Agriculteur et viticulteurs : T1/323/2.5.3.
- Architectes, ingénieurs conseils : T1/324/2.5.5.
- Assuré : T1/319/2.1.
- Conseils juridiques : T1/324/2.5.4.
- Exclusions : T1/320/2.3., T1/327/3.5.
- Garantie normale : T1/319/2.1.
- Garanties accessoires : T1/319/2.2.
- Horesca : T1/321/2.5.2.
- Professions médicales : T1/320/2.5.1.
- Responsabilité civile après livraison : T1/325/3.
- Responsabilité de l'Etat : T1/328/4.

Responsabilité contractuelle :
- Dommages et intérêts : T1/275/5.
- Exécutions natures : T1/272/2.
- Faute contractuelle : T1/275/4.
- Inexécution preuve : T1/274/3.
- Obligation de moyens : T1/274/3.2.
- Obligation de résultat : T1/274/3.1.

Responsabilité de l'Etat :
- Responsabilité civile entreprise : T1/328/4.

Responsabilité extra-contractuelle :
- Délits et quasi-délits : T1/278/2.
- Faute et fait personnel : T1/279/3.
- Présomption de faute : T1/282/4.
- Responsabilité fait d'animaux : T1/288/4.4.
- Responsabilité fait des animaux : T1/287/4.3.
- Responsabilité fait des choses : T1/284/4.2.
- Responsabilité faute d'autrui : T1/283/4.1.
- Responsabilité sans faute : T1/288/5.

Responsabilité fait d'animaux :
- Responsabilité extra-contractuelle : T1/288/4.4.

Responsabilité fait des animaux :
- Responsabilité extra-contractuelle : T1/287/4.3.

Responsabilité fait des choses :
- Responsabilité extra-contractuelle : T1/284/4.2.

Responsabilité faute d'autrui :
- Responsabilité extra-contractuelle : T1/283/4.1.

Responsabilité mise en cause :
- Assurance responsabilité civile : T1/304/11.3.

Responsabilité pénale :
- Notions de responsabilités : T1/269/3.1.

Responsabilité sans faute :
- Responsabilité extra-contractuelle : T1/288/5.

Rétention :
- Généralités : T1/65/3.7.2.

Revalorisation :
- Assurance vie : T2/146/11.3.

Réversibilité :
- Assurance vol : T1/534/7.

Risque :
- Généralités : T1/56/2.1.

Risque acceptation :
- Assurance individuelle accident : T2/29/8.1.
- Assurance maladie : T2/46/5.1.

Risque aggravation :
- Assurance individuelle accident : T2/31/10.2.
- Assurance vie : T2/119/6.13.
- Le contrat d'assurance : T1/117/3.6.3.

Risque compensation :
- Généralités : T1/57/2.3.

Risque d'aviation :
- Assurance individuelle accident : T2/28/7.2.2.

Risque de guerre :
- Assurance individuelle accident : T2/28/7.2.1.

Risque décès unités de compte :
- Assurance vie : T2/105/5.2.4.

Risque diminution :
- Assurance vie : T2/122/6.14.
- Le contrat d'assurance : T1/116/3.6.2.

Risque dispersion :
- Généralités : T1/58/3.2.

Risque division :
- Généralités : T1/63/3.7.

Risque exclu survenance :
- Assurance vie : T2/166/17.3.

Risque homogénéité :
- Généralités : T1/58/3.3.

Risque inexistence :
- Le contrat d'assurance : T1/115/3.6.1.

Risque initial déclaration :
- Assurance vie : T2/110/6.2.

Risque locatif :
- Assurance incendie : T1/479/2.

Risque locatif bénéficiaire indemnité :
- Assurance incendie : T1/495/1.4.

Risque locatif exonérations :
- Assurance incendie : T1/484/2.3.3.

Risque locatif locataire unique :
- Assurance incendie : T1/480/2.2.

Risque locatif pluralité de locataires :
- Assurance incendie : T1/481/2.3.

Risque multitude :
- Généralités : T1/58/3.1.

Risque sélection assurance décès :
- Assurance vie : T2/113/6.5.2.

Risque sélection avec examen médical :
- Assurance vie : T2/114/6.5.4.

Risque sélection sans examen médical :
- Assurance vie : T2/113/6.5.3.

Risques liés à l'environnement :
- Assurance obligatoires : T1/264/4.

S

Sanctions :
- Lutte contre le blanchiment d'argent : T2/208/4.2.

Secours bénévole :
- Responsabilité civile automobile : T1/350/9.

Secret professionnel :
- Intermédiation en assurance : T1/185/11.5.

Sélection des risques :
- Information médicale : T2/18/1.

Sinistre :
- Responsabilité civile automobile : T1/340/4.8.

Sinistre absence de bénéfice :
- Assurance incendie : T1/494/1.1.

Sinistre aggravation risque :
- Généralités assurances dommages : T1/254/7.3.

Sinistre déclaration :
- Le contrat d'assurance : T1/112/3.5.5.
- Responsabilité civile automobile : T1/359/12.

Sinistre délais à respecter :
- Responsabilité civile automobile : T1/361/12.2.

Sinistre devoir assuré :
- Le contrat d'assurance : T1/113/3.5.6.

Sinistre entreprise assurances insolvabilité :
- Généralités assurances dommages : T1/243/5.10.

Sinistre état des lieux :
- Généralités assurances dommages : T1/231/5.2.
- Le contrat d'assurance : T1/114/3.5.8.

Sinistre faillite assuré :
- Généralités assurances dommages : T1/242/5.9.3.

Sinistre fraude :
- Généralités assurances dommages : T1/253/7.

Sinistre intervention dans procédure :
- Généralités assurances dommages : T1/255/8.

Sinistre non déclaration préjudice :
- Responsabilité civile automobile : T1/371/12.8.

Sinistre non respect obligation :
- Le contrat d'assurance : T1/113/3.5.7.

Sinistre obligation de déclaration :
- Généralités assurances dommages : T1/253/7.2.

Sinistre paiement indemnité privilège :
- Généralités assurances dommages : T1/240/5.9.

Sinistre pluralité contrats :
- Généralités assurances dommages : T1/234/5.5.

Sinistre prescription :
- Généralités assurances dommages : T1/254/7.5.

Sinistre prestation :
- Le contrat d'assurance : T1/114/3.5.9.

Sinistre preuve :
- Généralités assurances dommages : T1/230/5.1.

Sinistre reconnaissance des faits :
- Assurance responsabilité civile : T1/303/11.1.

Sinistre règlement :
- Assurance vol : T1/535/8.
- Généralités assurances dommages : T1/229/5.
- Protection juridique : T1/575/2.6.

Sinistre règlement via intermédiaire :
- Généralités assurances dommages : T1/242/5.9.2.

Sinistre remplacement objet endommagé :
- Généralités assurances dommages : T1/239/5.7.

Sinistre résiliation postérieure :
- Généralités assurances dommages : T1/254/7.4.

Société d'assurances :
- Constat amiable : T1/431/2.8.

Somme assurée fixation :
- Assurance vie : T2/72/4.1.4.

Sommes assurées :
- Assurance combinée : T1/560/3.
- Responsabilité civile automobile : T1/342/6.

Sommes assurées limites :
- Responsabilité civile automobile : T1/343/6.1.

Sous-assurance :
- Généralités assurances dommages : T1/231/5.3.

Sous-courtier :
- Intermédiation en assurance : T1/172/5.3.2.

Sports :
- Assurance obligatoires : T1/263/3.

Stationnaire :
- Assurance maladie : T2/43/3.

Structure :
- Assurance incendie : T1/454.

Subrogation :
- Le contrat d'assurance : T1/140/4.5.
- Responsabilité civile automobile : T1/372/13.

Subrogation absence :
- Fonds de Garantie Automobile : T1/416/5.
- Le contrat d'assurance : T1/149/5.3.

Suicide :
- Assurance vie : T2/165/17.2.

Sur-assurance :
- Généralités assurances dommages : T1/233/5.4.

Surveillance mission :
- Lutte contre le blanchiment d'argent : T2/207/4.1.

Suspension :
- Responsabilité civile automobile : T1/374/14.1.

T

Tableau des garanties :
- Assurance combinée : T1/562/6.

Tables de mortalité :
- Assurance vie : T2/131/8.1.

Tarif augmentation :
- Le contrat d'assurance : T1/132/3.8.5.

Tarification :
- Assurance incendie : T1/500
- Assurance individuelle accident : T2/32/11.
- Assurance maladie : T2/47/5.4.
- Assurance vol : T1/537/9.
- Responsabilité civile automobile : T1/408/1.

Tarifs préférentiels :
- Assurance vie : T2/134/8.6.

Taux d'intérêt technique :
- Assurance vie : T2/133/8.2., T2/143/11.1.

Taux garanti :
- Assurance vie : T2/65/4.

Témoins :
- Constat amiable : T1/430/2.5.

Tempête :
- Catastrophes naturelles : T1/555/3.4.

Terrorisme :
- Assurance attentats et conflits de travail : T1/506/2.1.

Tiers :
- Assurance responsabilité civile : T1/293/4.2.

Tiers notion :
- Lutte contre le blanchiment d'argent : T2/198/3.8.1.

Titre gratuit :
- Assurance vie : T2/54/3.6.

Titre onéreux :
- Assurance vie : T2/54/3.6.

Transmission de pièces :
- Assurance responsabilité civile : T1/305/11.4.

Trouble de jouissance immobilier :
- Assurance incendie : T1/491/5.

V

Valeur à neuf :
- Généralités assurances dommages : T1/222/3.1.
- L'assurance dommages matériels au véhicule : T1/389/2.

Valeur agréée :
- Généralités assurances dommages : T1/225/3.5.

Valeur de reconstitution :
- Généralités assurances dommages : T1/224/3.3.

Valeur de reconstruction :
- Généralités assurances dommages : T1/223/3.2.

Valeur de récupération :
- L'assurance dommages matériels au véhicule : T1/388/1.4.

Valeur de remplacement :
- Généralités assurances dommages : T1/225/3.4.
- L'assurance dommages matériels au véhicule : T1/388/1.3.

Valeur du contrat unités de compte :
- Assurance vie : T2/102/5.2.1.

Valeur partielle :
- Généralités assurances dommages : T1/227/4.2.

Valeur totale :
- Généralités assurances dommages : T1/227/4.1.

Valeur vénale :
- Généralités assurances dommages : T1/225/3.6.

Vandalisme :
- Assurance vol : T1/524/2.2.

Véhicule :
- Constat amiable : T1/431/2.7.
- Responsabilité civile automobile : T1/340/4.9.

Véhicule assuré :
- L'assurance dommages matériels au véhicule : T1/388/1.1.

Véhicule de remplacement :
- L'assurance dommages matériels au véhicule : T1/405/4.3.

Véhicules automoteurs :
- Assurance incendie : T1/458/2.7.

Vérification d'identité :
- Lutte contre le blanchiment d'argent : T2/190/3.1.1.

Victime faible :
- Responsabilité civile automobile : T1/341/4.10.

Vigilance obligations :
- Lutte contre le blanchiment d'argent : T2/190/3.1.

Vigilance renforcée :
- Lutte contre le blanchiment d'argent : T2/196/3.5.

Vigilance simplifiée :
- Lutte contre le blanchiment d'argent : T2/200/3.9.

Villégiature :
- Assurance incendie : T1/459/3.1.